교육행정 및 교육경영 ^{2판}

EDUCATIONAL ADMINISTRATION &
EDUCATIONAL MANAGEMENT

주철안 · 홍창남 · 박병량 공저

학지사

머리말

 오늘날 교육발전을 위한 교육행정 및 교육경영의 중요성은 날로 중대되고 있다. 단위학교의 구성원들 중에서 교사들은 교과 및 교수방법에 대한 전문성, 아동에 대한 깊은 이해를 갖출 뿐만 아니라 학교운영에 적극적으로 참여하고, 학급을 효과적으로 경영할 수 있는 능력을 겸비해야 한다. 교사들의 교육경영에 대한 기초적인 소양, 학교 및 학급경영에 대한 전문성과 능력은 학교교육의 성과 향상에 크게 영향을 미치기 때문이다.

 이 책은 출간된 지 상당한 세월이 흘렀기 때문에 교육행정이론의 발전, 교육행정제도, 교육행정 및 교육경영 실제의 변화가 적지 않았다. 이번 판에서는 초판의 구성을 유지하면서 행정이론과 실제의 변화를 반영하기 위해서 기존의 내용을 대폭 수정하고, 새로운 내용을 수록하였다. 구체적으로 제1부의 교육제도와 교육행정체제, 제3부의 지도성, 제4부의 학교인사, 장학, 학교재정에서 중점적으로 개정 작업이 이루어졌다.

 이 책은 총 4부 16장으로 구성되었다. 제1부 학교경영의 기초와 교육행정체제에서는 학교경영의 기초, 교육행정이론의 발전, 교육제도와 교육행정체제를 소개하였다. 제2부 학교경영조직에서는 학교의 조직구조, 학교 구성원의 동기, 학교의 정치, 학교의 문화를 체계적으로 분석하였다. 제3부 학교경영의 과정에서는 의사결정, 의사소통, 지도성을 설명하였다. 제4부 학교·학급경영 실제와 개혁에서는 학교경영계획과 관리기법, 학교인사, 장학, 학교재정, 학급경영, 학교효과성과 학교개선을 다루었다.

 이 책은 예비교사들을 양성하는 사범대학, 교육대학, 교육대학원, 일반대학 교직과정의 교과목인 교육행정 및 교육경영의 교재로 집필되었다. 아울러 현직 교사, 대학원생, 교육행정가 등의 독자들도 이론적이고 실제적인 참고도서로서 활용할 수 있다. 아무쪼록 이 책이 많은 독자에게 읽히고 사랑받기를 바란다. 또한 모든 독자의 교육행정 및 교육경영에 대한 전문성을 함양하는 데 일조함으로써 우리나라의 교육발전에 기여할 수 있기를 희망한다.

이 책이 나오기까지 저자들은 학문적으로 수많은 사람의 도움을 받았다. 이 책의 초판뿐 아니라 개정판을 만들어 준 학지사 김진환 사장님과 직원들의 수고에 감사드린다.

2021년 3월

주철안, 홍창남, 박병량

차례

□ 머리말 … 3

제1부 학교경영의 기초와 교육행정체제

제1장 학교경영의 기초 / 13

　　1. 학교, 학교교육, 학교의 특성 / 13

　　2. 학교경영의 개념 / 17

　　3. 학교경영의 원리: 학교경영이 추구하는 가치 / 19

　　4. 학교경영의 영역 및 업무 / 22

제2장 교육행정이론의 발전 / 25

　　1. 고전이론 / 26

　　2. 인간관계론 / 32

　　3. 행동과학적 접근 / 35

　　4. 체제이론 / 37

　　5. 대안적 관점과 이론 / 45

제3장 교육제도와 교육행정체제 / 49

    1. 교육법 / 50

    2. 학교제도 / 59

    3. 교육행정체제 / 71

제2부   학교경영조직

 제4장 학교의 조직구조 / 83

    1. 조직설계의 기본 요소 / 83

    2. 학교의 조직이론 / 85

    3. 학교의 조직특성 / 92

    4. 학교조직의 구조 / 99

    5. 교수-학습조직 / 107

    6. 학교의 재구조화 / 112

 제5장 학교 구성원의 동기 / 121

    1. 동기의 개념 / 121

    2. 동기이론 / 122

    3. 동기유발의 방안 / 141

학교의 정치 / 149

    1. 정치적 관점 / 150

    2. 권력과 권위 / 151

    3. 조직과 갈등 / 161

    4. 조직과 정치 / 172

 학교의 문화 / 183

    1. 문화상징적 관점 / 184

    2. 문화의 수준과 내용 / 187

    3. 학교의 하위문화 / 196

    4. 학교풍토와 건강 / 206

    5. 학교문화의 형성과 변화 / 212

제3부   학교경영의 과정

 의사결정 / 225

    1. 의사결정의 개념과 과정 / 226

    2. 의사결정 모형 / 231

    3. 의사결정과 비합리성 / 236

    4. 의사결정과 참여 / 239

제9장 의사소통 / 249

　　　1. 의사소통의 개념 / 249

　　　2. 의사소통의 과정 / 252

　　　3. 의사소통의 형태 / 254

　　　4. 의사소통의 장애와 장애극복 / 259

　　　5. 효과적인 의사소통 / 264

제10장 지도성 / 269

　　　1. 지도성의 본질 / 270

　　　2. 지도성과 특성, 상황 및 행동 / 273

　　　3. 지도성의 상황적응이론 / 280

　　　4. 변혁적 지도성 / 285

　　　5. 분산적 지도성 / 288

　　　6. 지도성 유형의 통합 / 290

　　　7. 지도성과 학교경영 / 293

　　　8. 지도성과 학교개혁 / 299

제4부　학교 · 학급경영 실제와 개혁

제11장 학교경영계획과 관리기법 / 305

　　　1. 학교경영계획의 성격 / 305

2. 학교경영계획의 과정 / 309

3. 계획관리기법 / 312

제12장 학교인사 / 331

1. 학교인사의 성격 / 332

2. 교원의 임용과 배치 / 334

3. 교원의 능력 계발 / 339

4. 교원의 보수 / 352

5. 직무 재설계 / 357

6. 교원의 단체활동 / 363

제13장 장학 / 367

1. 장학의 개념 / 367

2. 장학의 과업 / 372

3. 교내장학 / 375

4. 교내장학의 방법 / 380

5. 장학담당자의 자질 / 395

제14장 학교재정 / 399

1. 교육재정의 본질과 이념 / 400

2. 교육의 비용과 수익 / 403

3. 교육재정의 확보와 배분 / 407

4. 학교재정의 운영 / 415

5. 학교재정의 개혁 / 423

제15장 학급경영 / 425

    1. 학급경영의 이해 / 425

    2. 학급집단의 편성, 특성 및 활동 / 434

    3. 학급의 인간관계 / 442

    4. 학급환경 정비 / 447

    5. 학급경영계획 / 453

    6. 수업 / 457

    7. 특별활동 / 464

    8. 생활지도, 안전관리 및 사무관리 / 469

    9. 가정 · 지역사회와의 관계 / 476

    10. 훈육 / 482

    11. 학급경영평가 / 502

제16장 학교효과성과 학교개선 / 509

    1. 학교효과성 / 509

    2. 학교개선 / 517

    3. 학교의 질 관리 / 523

    4. 학교의 개혁 방향 / 527

    □ 참고문헌 … 531

    □ 찾아보기 … 553

PART ··· 01

학교경영의 기초와
교육행정체제

제1장 학교경영의 기초

제2장 교육행정이론의 발전

제3장 교육제도와 교육행정체제

제1장
학교경영의 기초

학교경영에 입문하는 사람은 다음과 같은 질문을 하게 된다. 학교란 어떤 곳이고 무엇을 하는 곳인가? 학교가 다른 사회기관과 다른 점은 무엇인가? 학교경영이란 어떠한 활동이며, 왜 필요하고, 추구하는 가치는 무엇인가? 학교경영에서 다루는 일에는 어떤 것이 있는가? 이 장에서는 이런 질문들에 대해 학교와 학교교육, 학교경영의 개념, 학교경영이 추구하는 가치로서 학교경영의 원리, 학교경영의 영역 및 업무라는 주제를 살펴보고자 한다.

1. 학교, 학교교육, 학교의 특성

1) 학교와 학교교육

학교는 교육을 위하여 특별히 조직된 사회기관으로 교육을 의도적이고 조직적으로 수행하는 교육조직이다. 교육은 넓은 의미에서 사람을 문화적 생활로 인도하는 전 사회적

과정이라고 할 수 있다(Gutek, 1988, p. 4). 즉, 교육은 사람이 인간으로서 삶을 영위하는 데 필요한 지식, 기술, 태도, 가치, 감성을 학습하는 사회적 과정의 전부를 의미한다. 이런 과정을 문화화, 사회화, 적응, 훈련, 도야 등으로 표현한다. 넓은 의미의 교육은 학교뿐만 아니라 가정, 동료집단, 종교집단, 직장, 매스미디어 등 사회 곳곳에서 이루어지고 있다. 그중에서도 교육이 가장 의도적이고 계획적으로 이루어지는 곳이 학교이다. 학교교육이 의도적이고 계획적이라 함은 가치가 있다고 판단되는 교육의 목적, 내용, 방법을 선정하고 계획하여 교육한다는 것을 의미한다. 가정이나 사회에서 이루어지는 교육은 일상생활에서 비교적 자연스럽게 이루어지지만 학교에서 이루어지는 교육은 일정한 교육목표를 세우고 계획적·조직적으로 수행된다.

학교의 교육은 가정이나 사회에서 이루어지는 교육과 비교하여 일정한 형식과 절차에 따라 수행되는 것이 특징이다. 박철홍(2002)은 '학교는 제도화된 틀 속에서 전문적인 소양과 지식을 갖춘 교사가 일정한 연령층의 학생을 대상으로 정선된 문화유산을 교육 내용으로 구성하여 계획적으로 교육하는 기관'(p. 45)이라고 정의하여 학교 형식성의 특징을 규정하고 있다. 물론 학교에서 행해지는 교육도 여러 가지 형태가 있을 수 있지만, 가정이나 사회에서 이루어지는 교육과 비교하여 학교교육은 교육의 내용·방법·대상·기간 등 여러 측면에서 정형화되어 있는 특징을 지니고 있다. 즉, 전통적인 학교교육은 ① 학교라고 하는 독립된 공간 또는 장소에서, ② 전문적인 직업인으로서의 교사가, ③ 교육과정에 체계화되고 구조화된 교육내용을 기초로, ④ 전일제로 취학하는 말하자면 '전업'의 학생을 대상으로, 그것도 ⑤ 그 연령과 기간을 인생의 빠른 단계에 한정해서, ⑥ 일제지도 방식으로 이루어지고 있다(김영식 외, 1996, pp. 206-207). 이러한 교육형태상의 특징으로 인해서 학교에서 이루어지는 교육을 형식교육이라 하고, 가정이나 사회에서 이루어지는 교육을 비형식교육이라 구분하기도 한다.

학교와 같은 형식적인 교육기관은 고대사회에서도 존재하였다. 그러나 오늘날과 같은 정형화된 학교형태는 서구사회에서 공교육제도가 성립된 19세기 후반에 이르러 출현하였다.

Cohen(1970)은 형식적인 학교교육은 문명국가의 출현과 더불어 나타났다고 주장하였다. 문명국가는 사회·문화적으로 통합된 국가인데 바빌론, 이집트, 그리스 등이 고대문명국가들이다. 이 문명국가들은 국가체제의 존속과 적응을 위해서 국가적 과제, 예컨대 행정, 상업, 군사, 신앙 등을 수행할 엘리트를 필요로 하였으며, 그들의 교육을 위해서 형식적 학교를 필요로 하였다. 확실히 고대사회에서 학교형태의 교육시설은 승려나 행정관 등 문명을 유지하는 데 필요한 소수자를 위한 교육만을 하였다. 중세에서도 학교는 지배계급의 자제라든가 약간의 전문직업에 대한 준비교육을 하는 곳이었다. 그때까지 교육 기능은 종교, 경제, 군사 등의 다른 주요한 사회 기능에 수반되는 부수적 형태로 행해지고 있었다.

오늘날과 같은 근대 학교는 서구사회에서 공교육제도가 성립된 19세기 후반에 이르러 발전하였다. 근대 국민국가가 형성되고 산업자본주의가 발달함에 따라 국민교육의 필요성이 사회적으로 인식되고, 이를 바탕으로 공교육제도가 성립되었다. 공교육은 국민교육을 위해서 국가가 교육기관을 설치 · 운영하는 교육제도이다. 공교육제도의 성립을 계기로 학교가 교육제도의 주요한 형태가 되고, 교육기능을 전문적으로 담당하는 주요한 사회제도로 발전하여 오늘날 학교교육은 사회 전체의 정치, 경제, 사회, 문화 발전의 원천이 되고 있다.

역사적 발전 과정을 통해서 형성된 오늘날의 학교교육의 성격을 요약하면, 학교교육은 사회적 · 공공적 · 조직적 활동으로서의 교육활동이라 할 수 있다(김종철, 1982). 교육이 사회적인 성격을 지니고 있다는 것은 교육의 목적, 교육기관의 조직, 교육내용, 교육방법 등이 사회적으로 규정되며 교육활동이 이루어지는 사회와 밀접한 관련을 맺고 있다는 것을 가리킨다. 교육이 공공적인 성격을 지니고 있다는 것은 오늘날의 교육이 모든 국민이 인간다운 생활을 영위하기 위해 받아야 할 필수적인 서비스로 규정되어 국가 및 지방자치단체가 교육기관의 설치 · 운영에 관여한다는 것을 의미한다. 교육이 조직적인 성격을 지니고 있다는 것은 교육을 받는 사람의 수가 많아지고 교육내용이 다양해짐에 따라 교육기관의 설치와 운영이 계획적이고 체계적으로 이루어진다는 것을 말한다.

2) 학교의 특성

학교는 조직의 측면에서 다른 행정기관 또는 기업들과 공통된 속성을 지니고 있다. 그러나 학교가 수행하는 임무로 인하여 다른 조직과 구별되는 특성을 지니고 있다. 학교가 지니고 있는 일반적인 특성은 다음과 같다(윤정일 외, 1994; 이군현, 1996; Sergiovanni et al., 1980).

- 학교의 임무: 학교는 사회에서 대단히 중요한 역할을 담당한다. 학교는 아동들에게 사회의 전통과 가치, 지식과 기술을 전승시켜 사회체제의 구성원으로서 활동할 수 있도록 준비하는 역할을 담당한다.
- 학교의 공공성: 학교는 설립 주체(국립, 공립, 사립)에 관계 없이 공공성이 높다. 공공성은 국민 대다수의 이익을 우선시한다.
- 기술의 전문성: 학교에서 주로 사용되는 기술은 교사와 학생들 간에 이루어지는 교수-학습활동이다. 교수-학습활동은 복잡하고 전문적인 특성을 지닌다. 교수-학습과정의 복잡성과 학습자의 개별적인 특성 등으로 인하여 교수-학습기술이 표준화되기 어렵다.
- 교원의 전문성: 학교의 주요 구성원들인 교사들은 교과목에 대한 전문적인 지식과 학생지도에 대한 전문성과 능력을 소유한다. 이에 따라 교사들은 교수-학습활동에 대한 높은 자율성을 지닌다.
- 학교의 성과: 학교의 성과는 학생들의 지식, 기술 및 태도의 변화 등을 포함하며 성과를 평가하기가 쉽지 않다. 학교교육의 성과는 오랜 기간에 걸쳐서 발생한다.
- 목표와 방법의 연관성: 학교는 교육목표(학생의 교육)와 이를 달성하는 방법(교수활동)이 밀접하게 연결되어 있다. 교육목표(가치) 실현에 부합되는 교육방법을 사용한다.
- 목표달성과 구성원의 협력: 학교의 목표를 달성하기 위해서는 학습자, 교사, 학부모 등의 상호협력이 필수적이다.

학교는 사기업체에 비해 공공기관의 특성을 더 지닌다는 점에서 일반행정의 속성을 보다 많이 공유한다. 그러나 학교는 다른 일반행정조직과도 본질적인 면에서 차이가 있다. 학교는, 조직이 산출하는 결과가 사람이며, 활동과정에서도 사람을 계발하는 것이 주된 과업이고, 주로 사용되는 기술도 사람에 의해서 이루어진다는 점에서 인간적인 조직이다.

학교경영은 인간적인 조직의 특성과 가치체제를 중심으로 이루어지게 된다.

2. 학교경영의 개념

국내 학자들은 학교경영을 여러 가지로 정의하고 있다. 김종철 등(1991)은 "학교경영이란 단위학교, 특히 초·중등학교에 있어서 교육목표를 설정하고 그것을 달성하기 위한 프로그램 및 인적·물적·기타 지원 조건을 정비·확립하여, 목표 달성을 위한 계획과 결정, 집행과 지도, 통제와 평가 등을 포함하는 일련의 봉사활동을 지칭하며 학교 조직 내에서의 집단적 협동 행위를 위하여 효과적으로 지원하는 것을 본질로 하는 작용이다." (p. 27)라고 하였다. 김창걸(1985)은 학교경영을 "교수 학습의 원칙이나 준거에 따라 교육과정의 효율성을 극대화하고 생산성을 높이기 위하여 학교경영의 계획, 조직, 운영, 평가를 포함하는 일련의 활동과정을 의미한다."(p. 342)라고 하였다. 김윤태(1994)는 '교육목표를 세우고 그것을 효율적으로 달성하기 위한 조직적 활동'(p. 531)이라고 정의하였고, 서정화 등(2002)은 '학교경영은 학교의 교육목표를 달성할 수 있도록 제반 자원들을 확보하여 이를 배분하고 조정하며 평가하는 일련의 활동 또는 행위'(p. 23)라고 정의하였다.

국내 학자들이 제시한 대부분의 학교경영 정의는 조직의 목표 달성, 자원의 확보와 활용, 경영의 과정에 초점을 두는 경영 개념을 바탕으로 하고 있다. 이들 학교경영 정의를 종합하면, 학교경영이란 학교의 목적을 달성하기 위하여 인적·물적·기타 자원을 확보하고 활용하여 계획, 조직, 지시, 조정, 통제하는 일련의 활동과정을 말한다. 부연하면, 학교경영은 단위학교에서 교육목적을 설정하고 교육활동에 필요한 교사, 학생, 교육과정 및 시설과 설비 등의 교육자원을 확보하고 교육여건을 조성하며, 교육목적을 효과적으로 달성할 수 있도록 교육활동을 계획, 조직, 지도, 조정, 통제하는 일련의 활동들이다.

학교경영의 정의를 좀 더 풀어 설명하면 다음과 같다.

첫째, 학교경영은 학교의 목적을 추구하는 활동이다.

학교경영은 학교의 존재 이유가 되는 학교의 교육목적을 성취하고자 한다. 학교교육의 일반적 목표는 학생들이 사회에서 인간다운 삶을 영위할 수 있도록 문화를 전수하여 그들의 성장과 발달을 도모하는 데 있다. 이런 바탕에서 학교는 교육제도상 국가의 교육목표를 추구한다. 우리나라 교육의 기본 목표는 홍익인간의 이념 아래 인격의 완성, 자주적 생활능력의 함양, 민주시민으로서 자질 함양을 통하여 인간다운 삶을 영위하고 국가와 인류에 봉사하는 인간을 길러 내는 데 있다(「교육기본법」 제2조). 이러한 교육이념을 바탕으로 초·중등 각급 학교는 학교 수준의 교육목표를 설정한다.

미국의 저명한 교육학자인 Goodlad(1984)는 학교교육의 목적을 지적 목표, 직업적 목표, 사회적 목표, 그리고 개인적 목표로 범주화하였다.

- 지적 목표는 학문적 지식과 기능에 초점을 둔다.
- 직업적 목표는 직업과 일을 준비시키는 것이다.
- 사회적 목표는 학생들에게 사회적·시민적·문화적 삶을 준비시키는 데 초점을 둔다.
- 개인적 목표는 개인의 정서적·신체적·예술적 발달에 초점을 둔다.

둘째, 학교경영은 교육자원을 획득하고 배분하고 활용하는 활동이다.

교육자원은 교육목적을 달성하기 위한 활동에 투입되어 공헌할 수 있는 힘을 지닌 모든 것을 말한다. 이런 교육자원에는 교직원·학생·학부모와 같은 인적 자원, 건물·시설·설비와 같은 물적 자원, 운영비와 같은 금전적 자원, 그리고 지식, 정보, 시간, 노력 등의 자원이 포함된다. 이러한 자원들을 획득하고 효율적으로 사용하는 일이 학교경영의 중요한 내용이 된다.

셋째, 학교경영은 계획, 조직, 지도, 조정, 통제 등의 일련의 활동과정으로 이루어진다. 이러한 일련의 경영과정은 학교운영을 합리적으로 수행하는 데 필요한 과정이다.

계획은 목표를 세우고 이를 성취할 수 있는 미래의 행동을 예정하고 준비하는 과정이다. 이 과정에서는 관련 자료를 바탕으로 하여 학교경영 목표와 방침을 설정하고 학교경영의 여러 활동 및 영역별 실천계획과 평가계획을 학교경영안으로 작성한다.

조직은 공동목표를 달성하기 위한 분업적 협동체제의 구성을 말한다. 협동체제는 공동의 목표, 책임과 임무의 분담 및 지도체제를 포함한 협동적 관계의 수립을 요건으로 한다. 이 같은 요건으로 학교에서는 교수조직, 교무분장조직, 학교운영조직, 학부모조직, 학생자치활동조직, 특별활동조직 등이 구성된다.

지도는 계획에 따라 여러 가지 활동을 운영하고 실천하는 과정이다. 이 과정에서는 교과지도활동, 특별활동, 생활지도활동 등 학교경영 전반에 걸친 활동들이 전개된다. 또한 학습목표를 향하여 학교구성원의 활동을 촉진하고 유지하며 조정하는 학교장의 지도력이 크게 요청된다.

조정은 조직의 여러 활동을 상호 관련시켜서 조직 노력을 통합하고 조절하는 것이다. 교무부, 연구부, 학생부, 행정실 등 여러 부서의 활동을 상호 관련시켜서 때로는 통합하고 조절하여 학교의 공동목표를 효율적으로 달성하도록 한다.

통제는 모든 활동이 계획된 대로 목표를 향하여 진행되도록 규제하는 활동이다. 학교의 모든 활동이 계획된 목표를 지향하고 있는가, 계획된 대로 실천하고 있는가를 점검하여 계획이나 목표를 이탈했을 때 이를 교정하는 활동이 통제활동이다. 이 단계에서 평가활동이 이루어진다.

이상과 같은 학교경영의 요소 활동들은 서로 분리된 활동으로서가 아니라, 서로 연계된 활동으로서 전체적으로는 학교의 목표를 효율적으로 달성하는 데 필요한 순환적 과정활동이다.

3. 학교경영의 원리: 학교경영이 추구하는 가치

학교가 성공적으로 운영되기 위해서는 조직으로서, 제도로서 그리고 사회체제로서 제반 특성 및 지배 원리가 잘 발휘되어야 한다. 학교경영이 추구하는 중요한 가치로서 학교경영의 원리를 정리하면 다음과 같다.

- 민주성: 민주성은 민주주의의 원칙을 추구하는 것이다. 인간존중, 자유, 평등, 참여와

합의 등은 민주주의를 특징짓는 이상과 원칙이다. 민주적인 학교경영은 학교구성원 개개인의 인격이 존중되고, 학교운영과 관련된 각종 정보와 참여기회가 개방되고, 자유로운 의사표현과 의사소통이 이루어지고, 다수결의 원칙이 존중되는 방식으로 교직원 및 학생의 의견이 학교운영에 반영되고, 학교운영에서 구성원의 자율성이 존중된다.

- 효과성: 효과성은 목적 달성을 의미한다. 학교의 목적은 교육을 통하여 학생 개개인의 성장, 발달을 촉진하여 그들이 자아실현된 인간이 되도록 돕는 데 있다. 따라서 효과성을 지향하는 학교는 인간 성향의 가변성을 믿고 학생 개개인의 지적·정의적·사회적·도덕적 성향을 발달시켜서 자아실현된 인간에 도달할 수 있도록 노력한다. 효과적인 학교는 교수–학습활동을 통한 학생의 교육성취에 초점을 둔다.

- 능률성: 능률성은 산출과 관련하여 투입과 과정의 최적한 상태를 의미한다. 능률성의 일차적 의미는 최소한의 자원을 투입하여 최대의 효과를 거두는 경제적 원리이다. 확장된 능률성의 개념은 인적·물적 자원과 시간의 최적한 투입뿐만 아니라 구성원의 심리적 상태와 경영과정을 최적한 상태로 유지하여 산출을 극대화하는 것을 의미한다. 학교는 이러한 능률성을 추구한다.

- 공평성: 공평성은 분배가 공평하게 이루어지는 것이다. 그것은 돈, 권한, 기회, 이득 등 사람에게 중요하게 여겨지는 것이 공정한 방법으로 공평하게 분배되는 것이다. 공평성을 지향하는 학교경영은 인적·물적·재화적·기타 자원이 공평하게 배분되고, 권한, 기회, 이익과 불이익, 상·벌 등이 부당한 차별을 두지 않고 모든 구성원들에게 공정하게 부여되고 배분된다.

- 규율성: 규율성은 규칙에 따라 통제되는 것을 의미한다. 규칙에는 법, 규정과 같은 형식적 규칙과 사회적 원칙, 관습, 전통, 집단 또는 조직의 규범과 같은 비형식적인 규범이 있다. 규율적인 학교경영에서는 학교와 학교구성원이 헌법을 비롯한 각종 관련 법규에 어긋나지 않도록 행동하며, 그 행동이 사회적 원칙, 문화와 전통 및 학교조직의 규범에 따라서 조정된다.

- 전문성: 전문성은 과업의 특수성으로 인하여 지적·기술적 수월성을 갖고 과업을 수행하는 것이다. 전문성은 지식과 기술, 윤리성과 자율성, 그리고 전문적 분업을 특징

으로 한다. 전문성을 지향하는 학교경영은 업무가 기능적으로 분업화되고(예, 국어, 수학, 상담 등), 각 해당 분야에는 전문적 지식과 기술을 갖춘 교직원이 배치되고, 그들은 전문인으로서의 윤리와 자율성을 지니고 의사를 결정하고 업무를 수행한다. 전문적인 학교경영에서는 교직원의 계속적인 학습과 연구를 통한 자기개발과 윤리성이 강조되고 자율성이 존중된다.

- 자율성: 자율성은 스스로 결정하고 스스로 통제하며 결과에 대해서 스스로 책임을 지는 것이다. 자율은 타율과 반대되는 개념이다. 자율적인 학교는 독자적인 권한과 책임하에서 학교의 제반 업무를 결정하고 수행한다. 또한 자율적인 학교는 학교의 권한과 책임이 하위 부서에 위임·분산되고, 각 부서의 업무가 자율적으로 수행된다. 자율성은 자율적 능력을 전제로 한다. 학교의 자율적 능력은 학교 구성원의 참여와 협동, 그리고 그들의 전문성을 요건으로 한다.

- 책무성: 책무성은 수행된 과업이 일정한 기준에 따라 평가받고 그 결과에 대하여 책임을 지는 것이다. 책무성을 추구하는 학교는 책무성을 검토하는 체제를 갖추고, 학교와 학교구성원이 수행하는 과업의 타당성, 효과성, 능률성 등을 합의된 기준에 따라 평가하고, 평가결과에 따라 과업 담당자에게 책임과 보상이 주어지며, 평가결과는 공개되어 학교경영의 개선 자료로 활용된다.

- 지역성: 지역성은 지역의 특수성을 살리는 것이다. 학교가 위치한 지역사회의 물리적·사회적·문화적 환경은 학교교육에 직·간접적으로 영향을 미친다. 따라서 학교경영은 지역사회의 여러 특성—지리, 경제, 인구, 자원, 문화, 사회적 구조, 정치적 구조 등 — 을 학교경영에 반영하고 활용하여 교육의 효과를 높이도록 한다.

- 적응성: 적응성은 변화하는 환경에 대응하는 능력이다. 학교는 학생, 교사, 학부모 등의 인구학적 및 성향의 변화, 교육과정 및 교육사조의 변화, 교육청 및 교육부와 같은 상위 교육행정기관의 정책 및 시책의 변화, 나아가서 정치, 경제, 사회, 문화 등 사회 전반의 변화 등 학교 내외의 환경 변화를 이해하고 이에 능동적으로 대처하여 학교를 유지·발전시키는 노력을 기울여야 한다.

- 발전성: 발전성이란 바람직한 방향으로의 변화를 추구하는 경향성을 말한다. 발전적인 학교는 학교의 제반 조건을 개선하여 보다 좋은 학교가 되도록 노력하는 학교이

다. 발전적인 학교는 학교발전의 비전을 가지고, 학교 상태를 계속 진단·평가하면서, 개선이 필요한 경우 학교 구성원의 참여와 협동하에서 변화를 계획하고 프로그램을 개발하고 이를 실행하는 일련의 변화 과정을 반복함으로써, 늘 학교발전을 도모한다. 이러한 학교에서는 학생의 교육적 성취, 구성원의 참여와 협동, 구성원의 능력 개발이 강조된다.

4. 학교경영의 영역 및 업무

학교경영 영역은 학교경영의 업무 내용을 분류한 것이다. 학교의 업무는 여러 가지 방식으로 구분될 수 있으나 일반적으로 다음과 같이 몇 가지 영역으로 구분된다(서정화 외, 2002, pp. 26-28).

- 교육과정운영: 교육과정운영은 교육목표 달성을 위해 학교에서 계획적으로 이루어지는 학생들의 모든 교육적 경험을 관리하는 일이다. 이 영역에는 시간운영, 교과운영, 특별활동운영 등이 포함된다. 교육과정운영 측면에서는 교육과정의 정상적 운영 여부 및 정도, 교육과정구성의 적합성 및 다양성, 학생들의 학력, 학습태도, 교육평가활동 등의 측면이 주요 관심이 된다.
- 학생생활지도: 생활지도는 학생들의 교내외 생활·활동에 관한 안내, 지도활동이다. 상담, 진로, 건강 및 여가, 태도 및 성격 지도 등이 포함될 수 있고 또 적성존중, 적정한 기회제공, 도덕성 및 개성신장 등의 측면이 주요 관심이 된다.
- 교직원연수 및 인사관리: 교직원연수 및 인사관리는 교직원의 직무능력 향상을 위해 개인 또는 집단적으로 수행되는 연수활동과 교직원의 평정, 이동에 관한 내신, 교직원의 사기앙양 및 인간관계관리 등을 말한다. 이 영역에는 연수의 기회와 질과 효과, 평정의 공정성 및 합리성, 근무조건 및 복지, 교사의 사기수준, 교직원 간의 응집성 등이 주요 관심이 된다.
- 교내장학: 교내장학은 교사의 교수-학습지도 기술향상과 교육과정 운영 개선, 그리

고 학급 및 학년경영의 합리화를 위해 학교장 등 경영관리층이 수행하는 전문적 보조활동이라 할 수 있다. 이러한 교내장학은 수업지도성 발휘, 교내장학 책임자로서의 학교장의 역할이 강조될 것임에 비추어 수업장학 또는 임상장학형태의 실질적인 장학활동 활성화와 그 도움 정도, 여건조성 등이 주요 관심이 되고 있다.

- 사무관리: 사무관리는 학교경영활동을 수행하는 과정에서 수반되는 제반 기록과 장부의 작성 및 보관, 공문서처리 등 문서관리활동을 말한다. 사무관리는 학교내규, 학생 전출입, 장부의 작성 및 보관, 문서의 수발, 각종 사무용품의 조달ㆍ배분 등이 포함되며, 여기서는 교육활동의 지원 정도, 효율적 운영 등이 주요 관심이 된다.
- 시설 및 매체관리: 시설 및 매체관리는 학교교육활동 수행에 필요한 물적 조건과 자료관리를 포괄적으로 지칭한다. 이 영역에는 교지, 교사(校舍) 등 시설과 환경구성, 그리고 각종 교수-학습매체 및 기자재관리 등이 포함되며, 시설 및 매체의 확보 정도, 현대화, 인간화, 효율적 활용 등이 주요 관심이 된다.
- 재무관리: 재무관리는 학교교육활동에 필요한 경비를 조달ㆍ운영하는 활동을 말한다. 학교교육비, 학교운영지원비, 예산편성ㆍ집행ㆍ결산 등이 포함되며, 학교재정 규모의 적정, 안정재원의 확보, 효율적 운영, 공개성 등이 주요 관심의 대상이 된다.
- 대외관계: 대외관계는 학부모, 지역사회, 행정당국 등과의 관계를 말한다. 이 영역에는 학부모회 운영, 지역사회봉사, 지역사회 자원활용, 홍보활동 등을 포함하며, 학교교육에 대한 학부모의 반응 및 지원, 지역사회 및 학교의 상호작용 등이 주요 관심의 대상이다. 대외관계는 학교의 자율적 운영과 교육자치의 활성화와 함께 학교경영의 매우 중요한 대상영역이 되고 있다.

제**2**장
교육행정이론의 발전

    교육행정에 관한 이론은 교육행정 현상을 체계적으로 기술하고 설명하는 지식체로서, 그것은 개념, 가정, 일반화 등으로 구성된다. 이러한 교육행정이론은 교육조직 내의 인간 행동을 이해하고 분석하고 설명하고 통제하는 사고의 틀을 제공해 준다. 따라서 교육행정 이론에 대한 올바른 이해와 활용은 교육행정을 효과적으로 수행할 수 있는 실무적 능력과 교육행정에 대한 연구 능력을 증대시켜 준다. 교육행정이론은 행정 및 경영 이론의 발달과 궤(軌)를 같이한다. 행정 및 경영 이론은 20세기 초에 발달하기 시작하였다. 이 시점을 기점으로 교육행정이론은 고전 이론, 인간관계론, 행동과학적 이론, 체제이론 그리고 최근에 등장한 대안적 관점에 이르는 발달단계를 거쳐 오고 있다. 이 장에서는 이론의 발달단계에 따라 각 이론의 주된 내용을 살펴보고, 이러한 이론들이 교육행정에 어떻게 영향을 미치고 적용되었는가에 대해서 살펴보고자 한다.

1. 고전이론

인류에 있어서 행정의 역사는 매우 오래되었으며, 행정이 인간문명에 활용된 실례로는 이집트의 피라미드 건설, 중국의 관료제도 등에서 쉽게 찾아볼 수 있다. 이집트인들이 기원전 2000년경에 피라미드를 건축하는 데에는 현대행정의 주요 요소인 행정기구, 건설계획, 사람들에 대한 지도성, 업무의 조정 등이 다 활용되었을 것이다. 20세기 초에 현대행정의 초기 사상을 이루는 효율성주의가 고전적 조직이론을 태동하였다. 행정의 효율성주의는 당시 산업혁명으로 인해 공장의 운영을 보다 과학적으로 하기 위해 근로자들의 업무수행 방식을 분석하고 처방하는 움직임, 관리자들에 의한 회사경영을 보다 능률적으로 하기 위해 관리과정을 체계화하려는 노력, 그리고 행정가와 조직구성원이 소속된 조직을 과거의 전통적·권위적인 방식이 아닌 합리적, 법적 권한관계를 바탕으로 구조화시켜야 한다는 사상 등에 의해 영향을 받았다. 이러한 행정사상의 흐름은 과학적 관리이론, 행정관리론, 관료제이론으로 대표되는 고전적 조직이론을 발전시켰으며, 이러한 이론들은 교육행정 연구와 실제에 영향을 미치게 되었다.

1) 과학적 관리론

과학적 관리이론의 창시자인 미국의 Taylor(1947)는 공장종업원들의 업무수행 방식에 대한 연구(1900~1915)를 통하여 생산의 효율성을 향상하고자 하였다. 그는 산업체 조직관리의 중요한 목적은 조직구성원 모두의 이익을 증진하는 데 있으며, 이를 위해서는 조직의 생산성을 증대시켜야 한다고 믿었다. 생산성 향상의 장애는 관리자와 근로자 간의 적대심과 비능률이라고 보고, 이를 제거하고 생산성을 향상시키기 위해서는 조직관리가 과학적·합리적·능률적으로 되어야 한다고 하였다. 이러한 측면에서 그는 과학적 분석을 통해 작업능률이 개선될 수 있다는 생각을 추구하였다. 생산현장에 대한 연구를 통하여 Taylor는 과학적 관리원리라는 다음과 같은 네 가지 관리지침을 제시하였다(Taylor, 1947).

첫째, 관찰과 분석에 기초한 과학적 방법으로 조직의 업무수행 시간·동작을 연구하여 가장 적절한 작업표준을 정한다.

둘째, 직무에 가장 적합한 종업원을 과학적인 방법으로 선발하여 직무와 업무절차에 대해 철저하게 훈련한다.

셋째, 종업원과 도급계약에 의해 정한 작업표준과 절차에 따라 서로 협력하여 업무를 수행한다.

넷째, 관리자는 업무를 기획·준비하고 감독하는 책임을 맡고, 종업원은 이에 따라 작업한다.

이러한 네 가지 지침은 노동자의 생산성을 극대화하기 위해 고안된 것이었다. 작업에 소요되는 시간과 동작 연구를 통한 최선의 작업 방식의 선정은 조직의 문제를 해결하고 생산성을 증대시켜 관리자와 종업원 간의 분업, 임금유인체제 등의 과학적 관리가 조직적 태업문제를 해결할 수 있다고 생각하였다. 주먹구구식 방법보다는 연구와 실험에 근거를 두어 생산관리를 개선하기 위한 명확한 지침을 관리자에게 제공하고자 하였던 것이다. 과학적 관리에 대한 사고방식과 제안은 미국 사회에 많은 영향을 미치게 되었다.

2) 행정관리론

Taylor의 과학적 관리에 대한 사상이 미국 사회에 영향을 미칠 때, 서유럽에서는 회사 관리자였던 Fayol이 모든 관리자는 본질적으로 같은 과업을 수행한다고 보고, 조직을 관리하는 행정기능으로서 기획, 조직, 명령, 조정, 통제를 제시하였다(Urwick, 1937). 이 다섯 가지 활동을 행정과정이라고 지칭한다.

- 기획(planning): 미래를 연구하고 운영계획을 수립하는 것
- 조직(organizing): 사업의 인적·물적 자원을 조직하는 것
- 명령(commanding): 직원들로 하여금 그들의 업무를 수행하도록 하는 것
- 조정(coordinating): 모든 활동을 통합하고 상호관련시키는 것

● 통제(controlling): 모든 일이 정해진 규칙과 주어진 지시에 따라 수행되고 있는지를 확인하는 일

뒤이어 미국의 Gulick과 Urwick은 Fayol이 제시한 다섯 가지 행정기능을 보다 구체화하여 행정기능은 POSDCoRB의 일곱 가지 절차를 거친다고 말하였다. POSDCoRB는 기획(Planning), 조직(Organizing), 인사(Staffing), 지시(Directing), 조정(Coordinating), 보고(Reporting), 예산편성(Budgeting)의 일곱 가지 행정과정에 대한 단어의 머릿글자를 따서 만든 것이다. 이들은 공공행정에 초점을 두고 행정 전반에 폭넓게 접근하였다(Gulick, 1937).

Fayol은 또한 자신의 행정경험을 통해서 얻은 교훈을 다음과 같은 14가지 관리원리로 요약하였다. 이 원리들은 ① 분업의 원리, ② 권한의 원리, ③ 규율의 원리, ④ 명령통일의 원리, ⑤ 지휘통일의 원리, ⑥ 일반적 이익에 대한 개인적 이익의 종속원리, ⑦ 보상의 원리, ⑧ 집권화의 원리, ⑨ 책임계열의 원리, ⑩ 질서의 원리, ⑪ 공평성의 원리, ⑫ 직원 신분보장의 원리, ⑬ 자발성의 원리, ⑭ 단체정신의 원리들이다. 이러한 원리들은 명령계통, 권한의 배분, 질서, 능률, 공정성 및 안정성 등을 강조하고 있다. Fayol은 조직을 관리하는 행정가들이 관리원리를 습득할 수 있도록 행정가들에 대한 철저한 훈련과 준비를 강조하였다. 행정가들이 수행하는 역할은 전문 기술자들과는 다르지만 그러나 이와 동등하게 중요한 것으로 보았다. Fayol이 제시한 행정의 과정과 원리들은 여러 행정 분야에 폭넓게 적용되었다.

3) 관료제

Taylor와 Fayol이 활동하던 서구 유럽사회는 산업혁명의 영향으로 산업사회가 발달하여 점차 도시화되어 가고 있었다. 1900년대 초에 산업조직체들이 성장하여 정치적 · 경제적인 힘을 발휘하게 되었으며, 산업사회에서 인간과 조직 간의 갈등이 증가하게 되었다. 이런 상황에서 독일의 Max Weber는 인간과 조직이 권위주의적인 산업가들과 기존의 정치체제에 의해 지배된 조직과 비교되는 이상적인 조직으로 관료제(bureaucracy)를 제시하였다.

Weber의 관료제이론은 권위구조에 기초를 둔 것이다. Weber는 조직체에는 통제와 권위가 있게 마련이라고 보고, 권위가 정당화되는 방법에 따라 권위 유형을 전통적 권위, 카리스마적 권위, 합리적·합법적 권위로 구분하였다(Weber, 1947).

- 전통적 권위(traditional authority): 이는 하위자가 상위자의 명령을 전통에 따른 것이라는 근거에서 정당한 권위로 받아들일 때 나타난다.
- 카리스마적 권위(charismatic authority): 이는 상위자의 비범한 능력에 달려있는 경우에 나타난다.
- 합리적·합법적 권위(rational-legal authority): 이는 법에 근거하여 권위가 발생되는 경우다. 개인은 그가 지닌 법적 지위에 따라 권위를 다른 사람들로부터 부여받고 그 권위를 행사하며, 법적 지위를 상실하면 자동적으로 권위를 상실하는 것으로 간주된다.

Weber는 이러한 합리적·합법적 권위가 관료제를 이루어야 한다고 주장하였다. Weber가 구상했던 이상적인 관료제는 다음과 같은 특징을 지니고 있다(Hoy & Miskel, 2001, pp. 79-80).

- 분업과 전문화(division of labor and specialization): 조직의 목적 달성을 위한 과업이 구성원의 직무로서 배분되고 전문화된다.
- 몰인정성(impersonal orientation): 구성원의 직무수행이 개인적인 감정이나 정에 지배되지 않고 합리성에 근거한다.
- 권위의 위계(hierarchy of authority): 부서가 권위에 따라 위계적으로 배치되고 하위 부서는 상위 부서의 통제와 감독을 받는다.
- 규칙과 규정(rules and regulations): 구성원의 권리와 의무를 포함한 역할수행이 규칙과 규정에 따라 일관성 있게 규제된다.
- 경력지향성(carrier orientation): 구성원들은 자신의 직무를 경력으로 간주하고, 연공서열이나 실적 또는 양자를 조합하여 승진이 결정된다.

Weber의 관료제는 조직의 효율성을 극대화하는 행정체제이다. 분업과 전문화는 전문가를 배출하며, 몰인정성을 가진 전문가는 사실에 근거하여 기술적으로 정확하고 합리적인 결정을 내린다. 일단 합리적인 의사 결정이 이루어지면, 권위의 위계는 상급자의 지시에 대하여 엄격한 복종을 보장해 주며, 조직 운영에서 규칙과 규정이 잘 조정된 이행체제와 안정성 그리고 통일성을 확보해 준다. 끝으로 경력지향성은 피고용인들을 조직에 충성하도록 만드는 인센티브가 되며, 보다 많은 노력을 이끌어 낸다. 이러한 특징들은 헌신적인 전문가들이 훈련된 방식으로 이행되고 조정되는 합리적인 의사결정을 내리게 하기 때문에, 행정의 효율성을 극대화하게 만든다. 관료제의 특성에 따른 이러한 기능들은 관료제의 순기능이라 할 수 있다.

관료제의 특징은 이러한 순기능으로 작용하는 한편 역기능으로도 작용한다. Hoy와 Miskel(1996)은 앞에서 언급한 특징에 따라 관료제의 순기능과 역기능을 분석하여 〈표 2-1〉과 같이 요약·제시하였다(p. 83).

〈표 2-1〉 관료제의 순기능과 역기능

관료제의 특징	순기능	역기능
분업	전문적 기술	권태
몰인정성	합리성	사기 저하
권위의 위계	훈련된 순응 및 조정	의사소통 두절
규칙과 규정	계속성과 통일성	경직성과 목적의 도치
경력지향성	유인가	업적과 연공서열 간의 갈등

현대 행정사상의 출발점인 행정의 효율성주의는 20세기 초에 각기 다른 장소에서 발생한 세 가지 흐름으로 시작되었다. 이 흐름은 Taylor의 과학적 관리, Fayol의 행정관리, Weber의 관료제이론이다. 이들에 의해 형성된 행정의 효율성주의는 뒤이어 교육행정 실제에 직접적으로 영향을 미치게 되었다.

4) 고전이론과 교육행정

행정의 과학적 관리사상은 학교의 조직과 관리방식에 광범한 영향을 미치게 되었다. 미국의 경우에는 학교장들이 과학적 관리사상의 영향을 많이 받아 학교를 운영할 때 효율성, 세부적이고 획일적인 작업절차, 회계절차 등을 강조하였다(Callahan, 1962). 교육행정학자들은 학교행정을 과학적으로 관리하기 위해서 학교장이 실제로 수행하는 일을 기술하고 분석하여, 이를 보다 효율적으로 수행하는 방법을 찾아내는 데 주력하였다. 교육행정에 과학적 관리를 적용하기 위해서 학교경영성과의 측정과 비교, 성과를 달성할 수 있는 조건에 대한 분석과 비교, 성과에 따라 정당화될 수 있는 수단의 계속적 채택과 이용이 강조되었다. 과학적 원리는 교육행정가들로부터 큰 반응을 얻어 교육재정의 절감과 과학적 직무수행을 촉진하는 데 공헌하였다.

과업과 조직에서 능률의 원리는 오늘날 교육과정개발, 교육자료선정, 수업체제개발, 그리고 기타 교육행정의 여러 측면에서 강력하게 고려되고 있다. 교육에서 과학적 관리는 성과계약, 비용-편익분석, 목표관리(MBO), 기획예산제도(PPBS), 경영정보체제(MIS)와 같은 능률의 아이디어를 제공하였다. 이러한 관리기법들은 조직의 비용을 감소시키면서 교육의 신뢰도와 생산성을 극대화하는 방법으로 등장하였다. 관료제이론은 고전적 교육행정이론으로서 공식적인 학교 조직의 특성을 이해하는 데 기여하였다. 관료제에 대한 연구는 학교 내의 권한, 규칙에 대한 인식을 높여 주었다. 또한 관료제이론은 학교 조직개선을 위한 구조설계의 토대가 된다.

과학적 관리, 행정관리론, 관료제이론으로 대표되는 고전적 행정이론은 조직의 능률을 올리는 것을 강조함으로써 조직경영의 효율화에 기여하였지만 다음 몇 가지 점에서 비판된다.

첫째, 고전적 행정이론에서 제시한 행정과정이나 조직구조형성에 관한 원리들은 대부분 과거의 경험과 직감으로 이루어진 것으로 실증적으로 검증되지 않아 일반화되기 어렵다.

둘째, 고전적 행정이론에서 제시한 인간관은 주로 합리적, 경제적 인간관이기 때문에 조직의 합리적인 유인제공에 의해 개인과 조직 간의 갈등은 해결되며, 조직에 참여하는 사람은 수동적인 존재이기 때문에 세밀한 지도 감독이 있어야 된다고 보았다.

셋째, 조직 내의 공식적인 요인들에 치중하여 조직과 환경과의 상호작용을 소홀히 함으로써 조직을 폐쇄체제로서 다루었다.

넷째, 작업장의 심리적, 사회적 요인은 무시되었다.

결론적으로 고전적 행정이론은 조직 내 중요한 구성원인 사람들의 인간적 측면을 무시하거나 부차적인 것으로 생각했던 점에서 커다란 한계를 보여 주었고, 이러한 한계를 극복하기 위해 행정이론은 인간관계론이라는 새로운 흐름으로 접목되었다.

2. 인간관계론

1930년대 세계공황이 심화되면서 고전적 조직이론으로는 조직관리에 한계를 느끼게 되었다. 점차 사회가 변화되고 노동자들의 교육정도와 생활수준도 높아짐에 따라 권리와 인간적 대우에 대한 요구가 늘어났다. 이러한 사회적 변화와 통신, 교통 등의 발달은 인력에서 기계력, 분업화에서 상호의존성에 대한 강조와 조정의 필요성을 제기하기 시작하였다.

고전적 조직이론은 사람을 통제하여 조직의 효율성, 생산성을 높이는 데 주목적이 있었으며, 조직의 공식적인 구조에만 집중한 단점이 있었다. 이에 고전적 조직이론의 결점을 보충하려는 경향이 나타나게 되었는데 이를 신고전적 조직이론이라 하며, 이는 고전원리를 받아들이지만 개인적 행동과 비공식집단의 영향으로부터 초래되는 사항을 추가하였다.

1) Hawthorne 실험

Taylor가 제안한 과학적 관리의 원리가 산업현장에 적용됨에 따라 공장에서 제품을 보다 효율적으로 생산하는 데 미치는 요인들을 과학적으로 알아보려는 실험이 시작되었다.

미국 시카고 교외에 있는 전기회사의 Hawthorne 공장에서 하버드대학교 경영학교수인 Mayo와 Loethlisberger를 중심으로 조직 내 물리적인 요인과 생산성과의 관계에 대한 연구(1924~1932)를 수행하였다.

Hawthorne 실험으로 알려진 일련의 연구를 통해서 학자들은 작업장의 조명수준, 휴식시간, 노동시간, 급료 등과 같은 물리적인 요인과 생산성 간의 관계를 밝히고자 하였다. 실험의 결과 이제까지 단순한 공식적 구조로만 인식되던 조직을 구성원, 비공식조직, 집단상호 간의 관계로 이루어지는 다원적인 사회체제로 인식하게 되었고, 특히 인간적 요인이 조직의 주요 관심사로 등장하게 되었다(Roethlisberger & Dickson, 1939).

실험결과로부터 학자들은 공장의 물리적인 작업환경보다 근로자들의 사회심리적인 요인이 생산성의 증가와 더 관련이 있음을 발견하였다. Hawthorne 실험을 통해서 내려진 다음과 같은 결론들은 과학적 관리론에서 주장하는 여러 원칙들이 반드시 옳은 것은 아니라는 점을 시사해 주었다(Hoy & Miskel, 1996).

① 경제적인 유인이 유일하게 중요한 동기 요인은 아니다. 비경제적이고 사회적인 제재(sanction)가 경제적인 유인의 효과성을 제한한다.
② 근로자들은 개인으로서가 아니라 비공식집단의 구성원으로서 관리층에 반응한다.
③ 생산수준은 생리적인 능력보다는 비공식조직의 사회적 규범에 따라 더 제한된다.
④ 전문화가 반드시 작업집단을 가장 효과적으로 조직하는 방법은 아니다.
⑤ 근로자들은 관리층의 자의적인 결정에 대하여 자신들을 보호하는 비공식 조직을 활용한다.
⑥ 비공식적인 사회적 조직이 관리층과 상호작용한다.
⑦ 통솔범위를 좁히는 것이 효과적인 감독을 가져오는 전제조건은 아니다.
⑧ 비공식적인 지도자들은 공식적인 감독자만큼이나 중요할 때가 자주 있다.
⑨ 개인들은 기계의 수동적인 부속품이 아니라 능동적인 사람이다.

이상과 같은 실험을 통하여 발견하게 된 한 가지 주된 결과로 소속감, 응집력, 사기와 같은 조직 내 인간의 사회심리적인 요인이 중요하며 이의 충족을 통해서 동기가 유발되고

생산성이 향상된다는 것이 발견되었다. 또한, 조직구성원의 사회심리적 요인을 바탕으로
하여 형성된 비공식집단의 중요성과 집단역학에 대해 이해하게 되었다. Hawthorne 실험
연구는 조직에서 인간관계의 중요성을 규명하는 데 큰 기여를 하였다.

2) 인간관계론과 교육행정

인간관계론이 교육행정에 미친 영향은 비공식조직이나 소집단의 중요성을 인정하게
되었고, 구성원들의 참여를 바탕으로 지도하는 민주적 지도성이 중시되었으며, 조직 내에
서의 구성원들의 사회심리적인 필요를 충족시켜 주기 위해 구성원 간의 의사소통이 강조
되었다는 점이다. 이 외에도 인사상담이나 고충처리제도 등을 도입하게 되었다. 교육행
정분야에 특히 영향을 미친 것은 1938년에 Lewin 등에 의해 실시된 지도성에 관한 실험연
구이다. 이들은 지도성을 권위형, 민주형, 자유방임형으로 구분하고 민주형 지도성이 협
동성, 창의성, 생산성 등에서 다른 지도성유형보다 높음을 발견하였다. 민주형 지도성은
인간관계이론을 바탕으로 하고 있다.

20세기 초에 등장한 민주적 행정철학과 1940년 이후 교육자들이 채택한 인간관계론은
의사결정 책임을 재분배하고 행정가가 교사와 함께 더 효과적으로 일하는 것을 도와주는
방안을 제시하였다. 이러한 이론들은 학교 내의 사기 및 소외, 학교 외 조직과의 대외관계
등을 다루는 데 필요한 학교경영자들의 대인관계 능력을 향상시키는 데 기여하였다. 민주
적 행정철학과 인간관계론은 학교경영의 민주화에 공헌하였다.

1920년대와 30년대에 인간관계론이 조직의 중요한 인간적인 요인을 조명하였지만 조
직생활의 복잡한 측면들을 지나치게 단순화한 것이 제한점이었다. 조직은 구성원들 간에
가치나 이해관계를 공유하기도 하지만 이들 간에 갈등을 일으키는 측면이 있기 때문에 이
들이 개인의 만족을 가져올 뿐만 아니라 소외의 근원이 되기도 한다. 또한 인간관계론적
접근은 성취나 책임에 대한 필요성을 희생하면서 인간의 사회적 욕구를 지나치게 강조한
다는 비판을 받는다. 이 외에도 인간관계론은 조직구성원들에 대한 진정한 관심이라기보
다는 관리자들이 이들을 다루는 방법으로 활용하였다는 비판도 받는다. 그러나 인간관계
론은 과학적 방식을 따르는 관리자들의 조직구조에 대한 치중에서 조직구성원의 동기와

만족, 그리고 소집단의 사기를 강조하게 되었다는 점에서 행정이론의 발전에 기여하였다.

3. 행동과학적 접근

1) 조직행동론

고전적 조직이론과 인간관계론이 여러 가지 점에서 대립되기는 하지만 조직행동을 이해하는 데는 상호보완관계에 있다고 볼 수 있다. 이들은 다같이 다른 이론의 변인에 대해서는 관심을 두지 않았다. 즉, 고전적 조직이론은 인간관계의 영향을, 인간관계론은 조직구조의 영향을 무시하였다. 1950년대 들어서 다른 변인을 고려하지 않는 인간관계론의 한계가 드러나면서 단일요인에 대한 연구에서도 여러 다른 요인과의 관련을 중시하는 행동과학적 접근의 연구가 수행되었다. 행동과학적 접근은 고전적 조직이론과 인간관계론을 다시 사용하고, 심리, 사회, 행정, 정치학으로부터 도출된 명제들을 첨가하고, 그리고 개념, 원리, 모형, 연구설계 등을 이용하여 이론적 가설을 경험적으로 검증함으로써 이론을 개발하려는 경향을 보였다.

인간관계론의 연구결과가 행동과학적 이론의 성립 계기를 마련하였으며, 초기에 큰 공헌을 한 사람은 Barnard와 Simon이다. Barnard(1938)는 조직을 사회적 협동체로 보고, 조직의 요소로서 ① 의사소통, ② 협동, ③ 공동의 목적 등을 제시하였으며, 조직 내 비공식조직의 중요성과 공식조직과의 불가피한 상호작용을 설명하였다. 조직이 최대한의 목표달성을 하기 위해서는 효과성과 능률성 간의 균형이 이루어져야 한다고 보았다. 효과성(effectiveness)은 조직중심적이고 조직목표 달성에 우선을 두는 입장이고, 능률성(efficiency)은 구성원중심적이고 구성원들의 만족과 사기를 강조하는 입장이다.

Simon(1947)은 Barnard의 이론을 확대하고 작업동기에 관한 공식적 이론에 초점을 두어 조직의 균형에 관한 개념을 도입하였다. 의사결정과정에서 최적의 합리화만을 추구하는 경제적 인간형과, 인간은 모든 일을 합리적으로 처리할 수는 없고 만족스러운 범위 내에서 의사결정을 하면 된다고 보는 행정적 인간형으로 구분하면서 경제적 인간형 대신에 행정적 인간형을 제시하였다. 제한된 합리성이 효과적이라는 것이다. 즉, 최대의 이익을 찾는 것이 아니라 현실적인 적절한 이익을 찾는 것이다. Simon은 조직을 작업에 대한 보상이 교환되는 체제로 보았다. 즉, 조직의 구성원은 그가 조직에 공헌하는 것과 조직으로부터 받는 보상이 균형상태에 있거나, 혹은 자신의 공헌보다 조직의 보상이 크다는 것을 지각하는 동안에만 조직에 남아 있다는 것이다. 행동과학론자들은 인간을 단순히 기계적, 합리적 존재로만 보던 종래의 인간관과는 달리 인간행동을 변화시킬 수 있다고 보았다. 인간의 성격에 대한 연구를 통하여 사기, 감수성, 심리적 안정 등과 같은 정서적 측면 및 기업심리면에 관심을 갖게 되었다. 조직과 구성원 간의 긴장과 갈등을 효율적으로 관리하고, 인간의 성장욕구와 자기실현에 대한 기대와 함께 종래 강제력이 뒷받침되던 권력을 합의와 협력관계로 조정하였다.

2) 교육행정의 이론화 운동

1950년대부터 교육행정에 행동과학적 접근이 시도되고, 이론화 운동이 본격적으로 전개되면서 현장중심의 사실 그대로의 관찰은 이론적 연구로 바뀌었고, 여러 학문으로부터 나온 개념들이 교육행정연구와 결합되었다. Halpin과 Thompson은 교육행정의 이론화 운동의 본질을 다음과 같이 설명하였다(Culberston, 1988).

첫째, 과학과 이론은 조직과 행정가가 무엇을 해야 한다는 진술을 포함할 수 없다.

둘째, 과학적인 이론은 존재하는 현상을 다룬다.

셋째, 효과적인 연구는 이론으로부터 나오며, 이론에 의해 인도된다.

넷째, 가장 좋은 이론은 수학적 논리의 절차에 따른 가설연역적 개념체제로 구성된다.

다섯째, 사회과학은 이론 발전에 필수적이다. 사회과학이론은 조직과 사회에 대한 이해를 위해 행정가들을 훈련하는 데 사용될 수 있다.

여섯째, 행정은 모든 조직에서 발견되는 일반적인 현상으로 간주된다. 행정현상에서 정립된 이론은 다른 모든 조직에 적용된다.

1950, 1960년대의 행동과학은 교육행정의 이론과 연구를 강조하는 이론화 운동의 선도적 역할을 하였다고 볼 수 있다. 그러나 이론화 운동은 폐쇄적 체제관에 입각한 것이어서 제한적이었다. 행동과학적 접근은 행정가들이 조직생활의 복잡성을 이해하려고 할 때 그들을 도와주는 일련의 개념적 지침을 제공한다고 할 수 있다. 그러나 행동과학에서 나온 이론적 지식을 응용하는 데 있어서 한 가지 위험한 점은 그것을 모든 상황에 지나치게 일반화하는 경향이 있다는 것이다.

3) 상황적응론

상황적응론(contingency theory)은 학교 조직의 연구에서 새로운 계기를 마련하였다. 행동과학적 접근에서 연구자들은 모든 조건에서 사용할 수 있는 최선의 이론을 발견하고 개발하는 데 초점을 두었다. 이에 비해서 상황적응론은 모든 상황에서 적용 가능한 하나의 최선의 이론은 없다고 가정하고 상황조건에 따라 가장 효과적인 조직설계와 관리방식이 있다고 본다. 조직행동을 효과적으로 이해하고 다루기 위해 중요한 것은 일련의 상황에서 핵심적인 요인들을 분석할 수 있는 데 있다. 효과적인 행정가의 행동은 보편적인 고정된 형태로 특징지어지는 것이 아니라, 상황에 적응할 수 있는 방식으로 접근한다(Fiedler, 1973). 학교경영자들의 상황적응적 접근은 다음의 세 가지 기본전제에 따른다.

① 학교를 조직 관리하기 위한 한 가지 최선의 보편적 방법은 없다.
② 조직을 관리하는 모든 방법들이 주어진 일련의 상황에 똑같이 효과적인 것은 아니다. 효과성은 조직 상황에의 설계 또는 형태의 적절성에 따른 것이다.
③ 조직설계와 관리형태의 선택은 상황적인 요소들에 대한 분석에 근거해야 한다.

4. 체제이론

1960년대 초에 교육행정이론에서는 체제이론(system theory)이 대두되었다. 체제이론은 조직이 주위 환경의 영향을 받을 뿐만 아니라 환경에 의존한다는 사실을 강조하기 시작하였다. 체제이론은 조직을 관리하는 하나의 분리된 접근방법이 아니라 조직을 종합적이고 체계적으로 조망하는 하나의 방식이다. 체제이론가들은 조직을 전체적으로 연구하고, 조직의 구성요소들 간의 상호관계, 그리고 조직과 외부환경과의 관계를 중점적으로 탐구한다.

1) 체제의 개념과 기본모형

체제(system)라는 용어는 그리스어인 'systema'에서 유래했으며, '여러 부분들로 복합된 전체'라는 뜻이다. 체제 개념은 원래 세포로 구성된 유기체를 지칭하는 자연과학의 개념이었으나 사회과학에 수용되면서 체제이론으로 발전하였다(Bertalanffy, 1968).

체제의 정의를 살펴보면, Flagle(1960)은 체제를 '하나의 예정된 기능을 협동적으로 수행하기 위하여 마련된 상호작용하는 요소들의 통합된 집합'(p. 58)으로 정의하였고, Griffiths(1964)는 '상호작용하는 요소들의 결합체'라고 하였다. Kaufman(1972)은 체제를 '정해진 목표를 달성하기 위하여 개별적으로나 상호관련적으로 작용하는 개개의 요소들의 결합체'(p. 1)라고 정의하였다. 체제의 정의를 종합하여 보면, 체제란 정해진 기능을 수행하는 상호작용하는 요소들의 결합체라고 할 수 있다.

체제의 정의에 따르면, 삼라만상의 모든 것은 체제로 규정될 수 있다. 따라서 체제의 종류는 여러 가지로 분류할 수 있다. 예컨대, 자동차나 시계와 같은 물리체제, 동물, 식물과 같은 생물체제, 가족, 집단, 기관 같은 사회체제, 지구, 태양계 같은 우주체제, 수학, 물리학 같은 학문·논리 체제, 교통신호, 서비스 체제와 같은 실제적 체제 등 여러 종류의 체제로 분류할 수 있다.

이러한 체제들은 다음과 같은 공통적 속성을 지니고 있다(이형행, 1989, p. 195).

① 체제는 여러 하위체제(subsystem)들로 구성되며, 이것들은 상호의존 관계에 있다.

② 체제는 환경으로부터 투입(input)을 받아들이고, 이를 전환(transformation) 또는 처리과정(process)을 통해 산출(output)로 변화시켜서 환경으로 내보낸다. 산출에 관한 정

보는 투입 또는 처리과정으로 환류(feedback)되어 평가적 정보로 활용된다.

③ 하나의 체제는 경계(boundaries)라는 개념에 의해서 다른 체제들과 구별되며, 경계밖은 그 체제의 환경(environment)이 된다.

위의 체제 속성은 투입-산출 전환과정 모형으로 개념화된다. 이를 그림으로 나타내면 [그림 2-1]과 같다. 실제로, 체제 개념은 투입-산출 전환과정 관계를 전제로 하여 성립된 이론이다. 따라서 투입-산출 모형은 체제의 가장 기본적인 모형으로써 체제의 분석과 기능을 위하여 가장 유용하게 사용되는 모형이다.

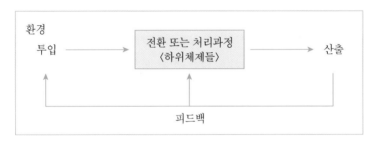

[그림 2-1] 체제의 기본 모형

2) 개방체제의 속성

모든 체제들은 외부 환경과의 상호작용 여하에 따라 두 가지 기본 유형—개방체제(open-system)와 폐쇄체제(closed-system)—으로 구분된다. 개방체제는 환경과 상호작용(투입과 산출을 통해서)하는 체제이고, 폐쇄체제는 환경과의 상호작용이 없는 체제다. 하지만 이 두 가지 체제는 이분법으로 구분되기보다는 개방과 폐쇄의 연속선상에 나타나는 정도로 이해한다.

개방체제의 속성을 Immegart와 Pilecki(1973, pp. 39-45)는 다음과 같이 정리하였다.

● 투입과 산출: 앞에서 말한 것과 같이 개방체제는 투입과 산출로 환경과 상호작용한다. 개방체제는 환경으로부터 투입을 받아들이고 이를 산출로 전환시켜서 환경으로 내

보낸다. 예를 들면, 학교는 학생(투입)을 받아들이고 '교육받은 학생'(산출)으로 전환시켜서 환경, 즉 다른 체제로 내보낸다. 투입과 산출 과정을 통해서 체제는 스스로를 유지함과 동시에 환경에 공헌한다.

- 안정된 상태: 개방체제는 안정된 상태(steady state)로 자기 자신을 유지하려 한다. 이것은 개방체제가 체제의 요소들과 특질들을 역동적 상태(비율)로 유지함으로써 고도의 통합성을 유지하는 것을 의미한다. 여기에서 역동적 상태란 행동이 없는 정지된 균형상태와는 반대로 불균형상태에서 질서를 찾아 안전성을 추구하는 것을 시사한다. 불균형은 체제로 하여금 생존과 성장을 위해서 적응하고 진화하도록 자극한다. 학교는 문제(불균형 상태)를 해결함으로써 한 단계 높은 수준의 안정된 상태에 이르게 된다.

- 자기 규제: 개방체제는 자기 규제(self-regulating)를 특징으로 한다. 그것은 개방체제가 스스로 명령하고 체제에 영향을 주는 힘을 통제하는 것을 의미한다. 기온에 따른 인체의 변화(예, 땀)와 자동온도조절기는 대표적인 예다. 자기 규제력으로 인해서 개방체제는 비록 적대적인 환경에 직면하더라도 역동적인 생존 상태를 유지할 수 있으며, 자기규제 절차와 메커니즘을 의도적으로 개발하고 장치화 또는 제도화함으로써 체제는 적대적인 힘을 자동적으로 통제할 수 있다. 학교에서도 기능장애를 주기적으로 그리고 자동적으로 다룰 수 있는 자기 규제 장치가 필요한 경우가 있을 것이다.

- 이인동과성(異因同果性): 개방체제는 이인동과성(equifinality)을 나타낸다. 이것은 개방체제들은 각기 다른 조건에서 출발하거나 각기 다른 과정을 밟더라도 결국에는 동일한 결과에 도달할 수 있는 능력을 갖고 있다는 것을 시사한다. 간단히 말하자면, 정상에 도달하는 코스는 여러 가지가 있다는 것이다. 이인동과성은 목적이 분명하면 거기에 도달할 수 있는 여러 가지 방법을 강구할 수 있다는 것을 시사한다.

- 역동적 상호작용: 개방체제는 기능적 하위체제의 역동적 상호작용에 의해서 스스로가 유지된다. 체제의 효과는 체제의 목적과 관련되는 하위체제들의 기능적 상호작용의 결과에 의존하므로 하위체제의 개념은 중요하다. 아무리 많은 자원이 체제에 투입되더라도 체제 내의 하위체제들이 제대로 기능을 수행하지 못하거나 그들의 활동이 체제의 목적달성과의 관련성이 낮아지게 되면 체제의 효과는 약화된다.

- 피드백: 개방체제는 부분적으로 피드백(feedback) 과정을 통해서 안정적인 상태를 유지한다. 피드백은 개방체제가 그들의 산출과 과정을 평가하는 평가과정 또는 점검과정이다. 체제는 자신의 과거 행동에 대한 정보를 받고, 이 정보를 평가에 이용하고, 필요하다면 미래 행동을 위해 체제구조와 과정을 수정하는 데 사용함으로써 안정적인 상태를 유지한다. 지속적인 점검은 체제의 존속을 위해서 필수적이다.
- 점진적 분화: 모든 개방체제는 점진적으로 분화(progressive segregation)한다. 이것은 하위체제가 기능적이고 위계적인 순서로 분화되는 과정이다. 체제의 요소(하위체제)와 그들의 기능적 관계가 보다 복잡한 단계로 분화되는 것은 개방체제에 내재되어 있는 진화적 발달 과정이다. 점진적 분화를 통해서 체제의 능력과 효과성은 증대된다.
- 점진적 장치화: 개방체제는 점진적 장치화(progressive mechanization)의 특성을 가지고 있다. 이것은 모든 개방체제는 어떤 절차 또는 과정의 순서를 고정화하여 배열한다는 것을 의미한다. 달리 말한다면, 이 과정을 통해서 체제는 행동의 '규칙성'을 확보한다. 개방체제는 규칙적인 절차와 실제를 적용하고 사용함으로써 일처리를 효율적으로 수행한다.
- 역소멸지향성: 역소멸지향성(negentropy)은 소멸지향성(entropy)의 반대되는 개념이다. 체제의 특성으로 소멸지향성은 체제가 해체 또는 소멸되어 가는 경향성을 말한다. 그러므로 개방체제는 생존하기 위해서 소멸경향성을 없애야 하며, 그것은 부정적 소멸지향성을 지녀야 함을 뜻한다. 역소멸성은 개방체제만이 지니는 특성이다.

3) 사회체제의 속성

앞에서 언급한 것과 같이 체제의 종류로 물리체제, 생물체제, 논리체제, 교통체제, 사회체제 등 여러 가지가 있다. 이 중에서 우리의 관심사는 집단, 사회조직, 학교와 같이 사람으로 구성된 사회체제다. 사회체제로서의 학교의 특성을 정리하면 다음과 같다(Hoy & Miskel, 2001, pp. 22-23, 김형관 외 공역, 2003, pp. 32-33).

- 사회체제는 개방체제이다. 학교는 지역사회의 가치, 정치 및 역사의 영향을 받는다.

요컨대, 지역사회와 사회의 세력들은 학교에 영향을 준다.

● 사회체제는 사람들로 되어 있다. 사람들은 자기들의 역할, 지위는 물론이고 욕구를 토대로 해서 행동한다. 학교에서 사람들은 행정가, 교사, 학생, 관리인 등의 역할을 수행한다.

● 사회체제는 상호의존적인 부분들, 특성들, 그리고 전체에 기여하고 전체로부터 받은 행위들로 구성되어 있다. 한 부분이 영향을 받을 때, 그 파문은 사회체제를 통하여 전달된다. 예컨대, 학교장이 새로운 교과과정을 개설하라는 부모들의 요구에 직면할 때, 직접적으로 교장이 영향을 받을 뿐만 아니라, 교사와 학생도 영향을 받는다.

● 사회체제는 목적지향적이다. 실제로, 사회체제는 흔히 다수의 목적을 갖는다. 학교에서, 학생의 학습과 통제는 많은 목적 가운데 단지 두 가지 목적에 불과하다. 모든 학교체제가 가지는 중추적 목적은 학생들이 성인 역할을 하도록 준비시키는 일이다.

● 사회체제는 구조적이다. 구성요소마다 각기 다른 특정 기능을 수행하고 또 자원을 배분할 필요가 있다. 사회체제는 어느 정도 관료적인 면이 있다. 사회체제는 분업(수학교사, 과학교사), 전문화(교사, 상담교사, 행정가), 그리고 위계(교육장, 교장, 교감, 교사)를 가지고 있다.

● 사회체제는 규범적이다. 비공식적인 규범은 물론 공식적 규칙과 규정은 행동을 규제한다. 참가자들은 사회체제가 기대하는 것을 잘 알고 있다.

● 사회체제는 제재(sanction)를 수반한다. 행동규범은 보상과 벌을 통해 집행된다. 공식적 제재에는 정직, 계약종결, 신분보장과 승진 등이 있다. 비공식적 제재에는 빈정거림, 추방, 조소 등이 있다.

● 사회체제는 정치적이다. 사회적 관계에는 불가피하게 권력관계가 끼어든다.

● 사회체제는 독특한 문화, 말하자면, 일단의 지배적인 공유가치를 가지고 있다.

● 사회체제는 개념적이고 상대적이다. 사회체제 개념은 규모에 관계 없이 모든 사회적 조직들에 적용하는 일반적 개념이다. 어떤 목적을 위해서는 학급도 사회체제로 고려될 수 있다. 다른 목적을 위해서는 학교 또는 학교구가 한 사회체제로 간주될 수도 있다.

● 공식적 조직은 모두 사회체제다. 그러나 모든 사회체제가 공식적 조직은 아니다.

4) 사회과정이론

사회체제 내에서 인간의 행동을 설명하는 대표적인 이론이 사회과정이론이다. 사회과정이론의 기본적인 가정은 인간의 행동은 조직의 기대에 의해서 규정된 역할과 인간욕구를 기저로 하는 개인의 인성과의 상호작용으로 결정된다는 것이다. 즉, 사회체제 속에서 인간의 행동(B=behavior)은 인성(P=personality)과 역할(R=role)의 함수관계로 B=f(P · R)의 공식으로 표현된다. 이를 도식화하면 [그림 2-2]와 같다. [그림 2-2]에서 수직으로 표시된 A선은 조직구조적인 역할에 의해서 통제되는 행동의 비율이 큰 상황을 나타내고, B선은 행동이 기본적으로 개인 욕구에 의해 통제되는 상황을 나타내고 있다. 군대조직은 A조직의 예, 예술가조직은 B조직의 예라고 할 수 있다.

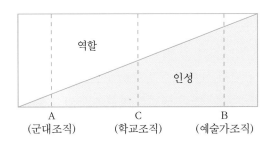

[그림 2-2] **역할과 인성의 상호작용 모형**

Getzels와 Guba(1957)는 사회체제 내에서 인간의 사회적 행동이 유발되는 경로를 규범적 차원과 개인적 차원으로 제시하고, 두 차원의 구성요소인 조직 내 역할과 개인의 인성이 상호작용하여 인간의 행동이 발생된다고 설명한다(Getzels & Guba, 1957). 이를 도식화

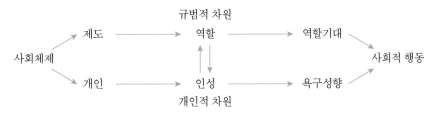

[그림 2-3] **Getzels와 Guba의 사회과정 모형**

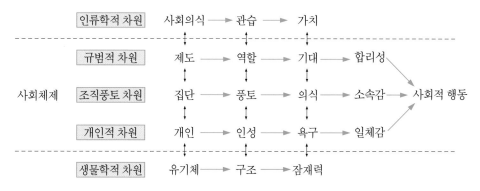

[그림 2-4] Getzels와 Thelen의 사회체제 모형

하면 [그림 2-3]이 된다.

　Getzels와 Thelen(1960)은 위의 Getzels와 Guba(1957)의 모형을 보완하여 수정된 사회체제 모형을 제시하였다([그림 2-4] 참조). 그들은 인간의 행동은 단순히 조직과 개인의 차원에서만 이루어지는 것이 아니라 전체사회, 조직의 문화와 풍토, 인간의 생리적인 상태 등 보다 복잡한 차원과 관련된 사회적 상호작용에 의해 이루어진다고 보았다. 수정된 사회체제 모형에서는 [그림 2-4]와 같이 규범적 차원과 개인적 차원에 인류학적 차원, 조직풍토 차원, 생물학적 차원을 추가하여 보다 다양한 요인들의 상호작용으로 사회적 행동을 설명한다.

5) 체제이론과 교육행정

　조직행위를 설명함에 있어서 고전적 이론은 구조적 측면을 중시하였고, 인간관계론은 인간적 측면을 중시하였다. 이와는 대조적으로 체제이론은 구조와 인간을 다 함께 중시한다. 또한 조직을 이해하는 데 있어서 고전적 이론과 인간관계론은 조직의 환경에 별 관심을 두지 않았으나 체제이론은 환경이 조직에 중요한 영향을 미친다고 파악한다. 따라서 체제이론은 조직을 이해하는 데 구조, 인간, 환경을 다 함께 중요시하는 통합적 시각을 제공한다. 구체적으로 체제이론은 교육행정 분야에 다음과 같은 유용한 시각을 제공하였다.

첫째, 체제이론은 조직을 전체적이고 통합적으로 이해하는 사고방식을 제공한다. 체제적 사고는 조직의 부분들을 따로따로 생각하기보다는 전체적인 맥락 속에서 부분들의 기능을 상호관련시켜 살펴보도록 한다.

둘째, 체제이론은 환경의 중요성을 강조한다. 조직이 개방체제가 되기 위해서는 환경과의 상호작용이 필수적이다. 즉, 개방체제는 투입-산출을 통해 환경과 상호작용하면서 체제를 유지·발전시킨다.

셋째, 체제이론은 하위체제의 역동적 상호작용을 중요시한다. 조직의 역동성을 유지하고 효과를 극대화하기 위해 조직의 하위체제들의 활동을 조정하고 기능을 통합하여 최적의 산출과정이 되도록 한다.

넷째, 체제이론은 피드백의 중요성을 강조한다. 조직산출에 대한 평가와 평가자료의 활용을 통해 조직의 개선과 발전을 도모한다.

다섯째, 모든 체제는 소멸하려는 경향이 있다. 따라서 조직구성원은 의식적인 노력을 통해 조직이 무질서해져 소멸하려는 경향을 극복하고 조직을 유지·발전시킬 책임이 있다.

5. 대안적 관점과 이론

앞에서 논의된 조직이론들은 전통적인 사회과학적 방법에 기초를 두고 있다. 이러한 조직이론에 대해서 비판적인 대안적 이론들이 나타나고 있다. 이러한 관점들은 조직행동에 관하여 확립된 기존의 지식에 지적으로 도전하고 있다. 이러한 대안적 관점들은 기존의 조직이론에서 소홀히 다루어진 조직의 중요한 문제들을 다루고 있다. 비전통적인 관점들은 전통적인 과학의 가정과 방법에 대해 의문을 제기한다. 또한 전통적인 과학의 객관성, 인과성, 합리성, 물질적인 실재, 사회과학적인 탐구방식의 보편적인 규칙 등을 반대한다. 그 대신에 주관성, 비결정성, 비합리성, 개인적인 해석 등을 제안한다. 감정에 대한 신뢰가 중립적인 관찰을 대치한다. 객관주의보다 상대주의가 추구된다. 단편성이 통일성보다 선호되며 조직의 독특한 특성이 규칙성보다 선호된다.

Clark와 동료들(1994)은 네오마르크스주의자들이 주장하는 대안적인 견해를 다음과 같이 요약한다.

첫째, 인간은 자신의 세계를 구성하는 적극적인 행위자다. 지식과 권력은 복잡하게 서로 관련되어 있다.

둘째, 사실은 사회적인 상황 속에 기초한다. 사실은 사회적이고 가치개입적인 과정을 통해서 해석된다.

셋째, 사회과정과 공식적인 계서제는 노출되는 것만큼 은폐한다.

대안적인 관점들은 현대 조직에서 발생되는 다음과 같은 쟁점들에 초점을 맞춘다. 조직의 비합리적인 측면, 독특한 특성, 억압된 측면, 경계, 거절되고 주변적인 것, 침묵하는 무력한 사람들 등에 초점을 둔다. 해석론, 비판이론, 포스트모더니즘, 페미니즘의 네 가지 대안적 관점을 통해서 주류 조직이론의 가정과 주장들에 대한 지적인 도전을 볼 수 있다. 이 네 가지 견해들은 각 견해들이 갖고 있는 가정에 있어서 유사하고, 기존의 조직이론에 의문을 제기하며, 기존의 사회과학적인 분석을 비판한다는 점에서 공통점을 지니고 있다.

대안적 관점의 이론들을 아래에서 간략하게 살펴본다(Hoy & Miskel, 1996, pp. 17-20).

■ 해석론

해석론적 관점은 인간이 경험하는 사회생활의 특별한 형식이 갖는 의미에 대해 특정 상황에서 특정 개인의 행동 방식을 지배하고 있는 주관적 의미구조를 체계적으로 구체화한다. 따라서 해석론적 관점에서 중요한 것은 외부로 표현된 행동 그 자체이기보다는 행동이 담고 있는 배후의 의미를 그 행동이 발생한 상황에서 간주관적으로 어떻게 해석하느냐이다. 행정연구에서 해석론적 관점은 자연과학적 연구방법이 갖고 있는 현상인식의 문제를 비판하면서 새로운 학문탐구의 방식을 제시했다는 데 그 의의가 있다.

■ 비판이론

비판이론가들이 설정한 임무는 비판을 통하여 계몽하는 것이다. 이 접근방법은 조직이론에 반대되는 것이며 현재의 상태에 대한 마르크스주의자들의 공격으로서 인류, 특히 노동자들의 소외된 상태를 강조한다. 조직의 비판이론은 사회적인 실재를 해체하여 현대의 조직들이 지배하고 있는 정치·경제적인 이익에 어떻게 기여하고 있는지를 보여 주고자 한다. 지배하고 있는 인사들이 질서, 권위, 그리고 규율을 강조하는 신념체계를 만들고 이를 항구화함으로써 그들의 권력을 정당화한다고 본다. 이들의 비판은 노동자들의 소외된 상태를 부각시킬 뿐만 아니라 '잘못된 의식'을 조명함으로써 이를 변화시키고자 한다. 비판이론의 관점은 다음과 같은 말로 간략하게 정리될 수 있다. 비판이론은 실제와의 직접적인 연결을 통해서 그리고 실제에 대한 영향을 통해 근본적인 주요 변화를 추구한다. 이는 현존 상태에 대한 비판을 통해서, 그리고 발전을 위해 새로운 인간의 가능성에 대한 징후를 통해서 수행된다(Culberston, 1981, p. 5).

■ 포스트모더니즘

포스트모더니즘은 현대 사회과학의 기본적인 가정들을 반대하고 기존 조직이론의 지식을 거절한다. 포스트모더니즘은 문화적인 비판 성향을 띠며 논리적인 경험주의에 대항하여 지식에 대한 고도로 개인적, 비일반화, 감정적인 형태를 지닌다. 포스트모더니즘주의자들은 해체와 해석을 도구로 사용한다. 이들의 목적은 모든 설명들을 풀어헤치는 것이다. 해체는 본문 내용의 모순과 비일관성을 밝혀 냄으로써 조각을 낸다. 그러나 그 의도는 이를 수정하거나 개선하거나 또는 보다 나은 비전을 제시하는 것이 아니다. 어떤 해석도 옳지 않지만 여기에는 다원적인 해석이 있다. 포스트모더니즘주의자들에게 세계는 복수의 설명과 다양한 실재로 구성된다. 포스트모더니즘주의자들은 사실, 정확성, 타당성과 명료성의 문제들은 제기될 수 없고 또한 과학은 해답을 줄 수 없다고 주장한다. 포스트모더니즘주의자들의 목표는 현대 사회과학지식을 해체하는 것이다. 조직학에서 이들은 지식의 기초, 즉 현대의 조직이론 자체를 공격한다.

■ 페미니즘

페미니즘에서는 남성문화가 조직을 지배하고 있다고 주장한다. 이러한 남성문화에서 강조하는 것으로 순응, 권위에 대한 존중, 충성, 경쟁, 공격성을 든다. 개인들은 조직의 성공을 위해 각자가 기여하는 정도에 따라 가치를 인정받는다. 인간관계에 대한 페미니스트의 시각은 관료적인 조직 내에서 가치를 인정받지 못한다. 전통적으로 여성적인 역할에 연관된 개인이나 집단의 특성(지원적, 비주장적, 정서적, 의존적, 경청하는, 표현적)은 관습적으로 남성적인 특성(분석적, 공격적, 합리적, 독자적, 비개인적, 수단적)들에 종속된다. 일부 페미니스트들은 조직연구와 이론이 남성에 치우쳐 있다고 주장한다. 즉, 남성적인 탐구방식으로 경도되어 있다고 본다.

제**3**장
교육제도와 교육행정체제

　교육법은 교육제도 성립을 위한 기초가 된다. 교육법은 「헌법」, 「교육기본법」, 「초 · 중등교육법」, 「고등교육법」, 「지방교육자치에 관한 법률」을 중심으로 구성된다. 교육법규에 따라 공적으로 인정되는 학교제도는 학교교육의 각 단계를 설정하고 각 단계별 교육목표와 내용, 접속관계를 규정하며, 학교교육과 학교 외 교육을 연결한다. 우리나라의 기본학제는 6-3-3-4제이며 복선형 요소를 가미한 단선형 제도다. 북한은 기본학제로서 11년간의 의무교육제도(1-4-6)를 갖추었다. 우리나라의 교육행정체제는 중앙교육행정조직과 지방교육행정조직으로 구분된다. 중앙교육행정조직은 교육부를 중심으로 기능을 수행하며, 지방교육행정조직은 지방교육자치를 기본으로 하여 교육감, 시 · 도 교육청, 시 · 군 · 구 교육청이 기능을 담당하고 있다. 교육법, 학교제도, 교육행정조직은 서로 밀접하게 연결된 공식적인 제도적 틀로서 단위학교경영에 지속적으로 영향을 미친다. 이 장에서는 교육법규, 학교제도, 교육행정조직을 살펴본다.

1. 교육법

1) 교육법의 개념과 법원

(1) 교육법의 개념

교육법은 교육에 관한 법규를 통칭한다. 교육법은 인간의 성장을 다루는 교육과 사회 질서를 유지하기 위한 규범으로서의 성격을 지닌다. 따라서 교육법은 다른 법규와는 달리 조장적이고, 특별법이면서 일반법적인 요소, 특수법적인 요소, 윤리적 성격을 지닌다. 구체적으로 교육법은 다음과 같은 성격을 지닌다(윤정일 외, 1988).

- 교육법은 교육에 관한 법률이기 때문에 지도·조언하고 육성하는 전문적 기술을 필요로 하는 조장적인 성격을 지닌다.
- 교육법은 교육에 관한 한 다른 법률에 대하여 특별법인 동시에 일반법적인 성격을 지닌다.
- 교육법은 공법과 사법의 구별이 어려운 특수법적인 성격을 지닌다.
- 교육법은 윤리적인 특성이 강조된다.

(2) 교육법의 법원(法源)

교육법은 넓은 의미에서 교육에 관한 조직과 작용을 규정한 법령이다. 교육법의 법원은 크게 성문법과 불문법으로 나누어진다. 성문법에는 헌법, 교육관계 법률(「교육기본법」, 「유아교육법」, 「초·중등교육법」, 「고등교육법」, 「평생교육법」, 「지방교육자치에 관한 법률」 등), 조약 및 국제법규, 명령(대통령령, 총리령, 교육부령) 등이 있다. 대통령령으로는 「초·중등교육법 시행령」, 「고등교육법 시행령」, 「지방교육자치에 관한 법률 시행령」을 예로 들 수 있다. 이 외에 지방자치단체가 법령의 범위 안에서 제정한 자치법규로서 조례와 규칙이 있다. 교육에 관한 조례의 대표적인 예는 광역자치단체로서 시·도의 학교설치 관련 조례이고, 규칙으로는 시·도의 교육·학예에 관한 집행기관인 교육감이 제정하는 교육규칙이 있다.

불문법에는 법원의 판례, 관습, 조리 등이 있다. 판례는 법원의 판결이 그 후 동일한 사건에 대해서 사실상 구속력을 갖게 된다. 조리는 사물의 이치나 인간의 기본적인 도리에 비추어 성립할 수 있는 규범으로서 조리의 보충적인 효력을 인정한다. 체벌의 허용범위와 관련해서 '사회 상규'에 위배되지 아니하는 행위에 대해서는 벌하지 아니하고, 교원의 징계 처분이 '사회 통념'상 지나치게 가혹한 경우에는 재량권 남용에 해당한다고 보는데 사회 상규나 사회 통념 모두 관습이나 조리에 관련되는 용어이다(조석훈, 2002).

이와 같이 교육법규는 성문법이 원칙이지만 성문법이 규정하지 않은 경우에는 불문법도 법원이 된다. 교육법의 법원으로서 불문법원의 비중은 상대적으로 작지만 최근 국민의 교육권 의식이 향상되면서 교육 관련 소송이 늘어남에 따라 점차 판례법의 역할이 커지고 있다.

2) 교육법의 기본원리

교육법의 기본원리는 헌법과 교육관계법령의 기초가 된다. 교육기본법에서는 제1장 총칙에서 학습권, 교육의 기회균등, 교육의 자주성, 전문성, 중립성, 의무교육 등에 관한 기본적인 방향을 설정하고 있다. 일반적으로 교육법의 기본원리는 교육제도의 법정주의, 교육자주성의 원리, 교육권 보장의 원리, 교육전문성의 원리, 교육기회균등의 원리, 교육중립성의 원리 등이 있다.

■ 교육제도의 법정주의

교육제도는 법으로 정해져야 한다는 것을 가리킨다. 「헌법」 제31조는 교육에 관한 중요 사항은 반드시 법률로 정하도록 하는 원칙을 규정하고 있다.

■ 교육자주성의 원리

이는 민주교육의 원리 또는 지방교육자치의 원리와 통한다. 일반행정으로부터 교육의 자주성을 실현하기 위해서 시·도 교육감 제도 등을 통해 지방교육자치제를 실시한다.

■ **교육권 보장의 원리**

이는 학습자의 교육에 대한 권리를 보장하기 위한 것이다. 「초·중등교육법」에서는 교육권을 보장하기 위해서 모든 아동의 보호자에게 자녀가 교육을 받게 할 의무를 지우고 있으며, 무상의무교육을 규정하고 있다.

■ **교육전문성의 원리**

「헌법」 제31조 4항에서는 교육의 전문성은 법률이 정하는 바에 의하여 보장된다고 규정하고 있으며, 이를 뒷받침하기 위해 「헌법」 제22조 1항에서는 모든 국민이 학문과 예술의 자유를 가지고 있음을 명시하고 있다.

■ **교육기회균등의 원리**

「헌법」 제31조 1항에서는 모든 국민은 능력에 따라 균등하게 교육을 받을 권리를 가진다고 규정하고 있다. 교육기회균등의 원리에는 사회적 신분에 따른 차별의 금지, 의무교육의 무상 원칙, 단선형 학교제도의 운영 등이 포함된다.

■ **교육중립성의 원리**

교육중립성의 원리는 교육의 종교적 중립성과 정치적 중립성을 포함한다.

3) 교육법의 구조

(1) 헌법상의 교육규정

「헌법」에서는 교육에 관하여 제31조 1항에서 6항까지 규정하였다. 여기서 규정된 내용은 교육을 받을 권리, 의무교육의 무상성과 보호자의 의무, 교육의 자주성, 전문성, 정치적 중립성 및 대학의 자율성 보장, 평생교육의 진흥, 교육제도의 법률주의 등이다.

■ **교육을 받을 권리**

「헌법」 제31조 1항에서는 "모든 국민은 능력에 따라 균등하게 교육을 받을 권리를 가진다."라고 규정하고 있다.

■ 무상의무교육과 보호자의 의무

「헌법」 제31조 2항과 3항에서는 "모든 국민은 그 보호하는 자녀에게 적어도 초등교육과 법률이 정하는 교육을 받게 할 의무를 진다." "의무교육은 무상으로 한다."라고 규정하여 의무교육에 대하여 명시하고 있다.

■ 교육의 자주성, 전문성, 정치적 중립성과 대학의 자율성 보장

「헌법」 제31조 4항에서는 교육의 자주성, 전문성, 정치적 중립성과 대학의 자율성의 보장에 대한 내용을 규정하고 있다.

■ 평생교육의 진흥

「헌법」 제31조 5항에서는 "국가는 평생교육을 진흥하여야 한다."라고 평생교육 진흥에 관하여 명시하고 있다.

■ 교육제도의 법률주의

「헌법」 제31조 6항에서는 "학교교육 및 평생교육을 포함한 교육제도와 그 운영, 교육재정 및 교원의 지위에 관한 기본적인 사항은 법률로 정한다."라고 규정하고 있다.

(2) 교육기본법

1949년에 제정·공포된 교육법은 우리나라 교육제도에 관한 기본법으로 운영되었다. 이 교육법이 1991년에 32차 개정에서 지방교육에 관련된 '제2장 교육위원회'와 '제3장 지방교육재정'에 관한 규정을 삭제하면서 「지방교육자치에 관한 법률」이 분리되었고, 1997년 12월 13일에 다시 「교육기본법」 「초·중등교육법」 「고등교육법」으로 분리되었다. 「교육기본법」은 교육관계기본법령의 기본이 될 수 있는 법률로서, 교육에 관한 국민의 권리 의무와 국가 및 지방자치단체의 책임을 정하고 교육제도와 운영에 관한 기본적 사항을 규정함을 목적으로 제정되었다. 「교육기본법」은 부칙을 제외하고 3장 29개조로 구성되어 있다.

■ 총칙

제1장에서는 교육이념, 학습권, 교육의 기회균등, 교육의 자주성·전문성·자율성, 교육의 중립성, 교육재정, 의무교육, 학교교육, 사회교육 등을 규정하고 있다. 특히 2007년에 "모든 국민은 평생에 걸쳐 학습하고 능력과 적성에 따라 교육받을 권리를 가진다."라고 규정함으로써 국민의 학습권을 설정하였다.

■ 교육당사자

제2장에서는 학습자, 보호자, 교원, 교원단체, 학교 등의 설립 경영자, 국가 및 지방자치단체 등 교육당사자에 대해 규정하고 있다.

■ 교육의 진흥

제3장에서는 특수교육, 영재교육, 유아교육, 직업교육, 과학 기술 교육, 교육의 정보화, 학술문화의 진흥, 사학의 육성, 평가 및 인증제도, 보건 및 복지, 장학제도, 국제교육 및 국제협력교육 등에 관한 사항을 규정하고 있다.

(3) 유아교육법

이 법은 「교육기본법」 제9조에 의거해 유아교육에 관한 사항을 규정하고 있다. 「유아교육법」은 부칙을 제외하고 5장 35개조로 구성되어 있다.

■ 총칙

제1장에서는 유아교육의 책임, 유아교육발전기본계획, 유아교육위원회, 유아교육진흥원 등에 관한 사항을 규정하고 있다.

■ 유치원의 설립 등

제2장에서는 유치원의 설립, 유치원 규칙, 입학연령, 학년도, 교육과정, 유치원생활기록, 건강검진 및 급식, 지도·감독, 평가 등에 관하여 규정하고 있다.

■ 교직원

제3장에서는 교직원의 임무, 교원의 자격, 강사 등을 규정하고 있다.

■ 비용

제4장에서는 유아에 대한 무상교육, 교육비용 및 비용부담, 종일제 운영 등에 대한 지원 등을 규정하고 있다.

■ 보칙 및 벌칙

제5장에서는 권한 등의 위임 및 위탁, 시정 또는 변경 명령, 휴업 및 휴원 명령, 유치원의 폐쇄, 청문, 벌칙 등을 규정하고 있다.

(4) 초 · 중등교육법

이 법은 초 · 중등교육에 관한 사항을 규정하고 있다. 「초 · 중등교육법」은 부칙을 제외하고 5장 68개조로 구성되어 있다.

■ 총칙

제1장에서는 학교의 종류, 국 · 공 · 사립학교의 구분, 학교의 설립, 학교의 병설, 지도 · 감독, 장학지도, 학교규칙, 평가, 수업료, 학교시설의 이용 등에 관한 사항을 규정하고 있다.

■ 의무교육

제2장에서는 의무교육, 취학의무 및 면제, 고용자의 의무, 친권자 등에 대한 보조 등에 관하여 규정하고 있다.

■ 학생과 교직원

제3장에서는 학생자치활동, 학생의 징계, 교직원의 구분과 임무, 교원의 자격, 산학 겸임교사에 관하여 규정하고 있다.

■ 학교

제4장에서는 교육과정, 수업, 학교생활기록, 학년제, 조기진급 및 조기졸업, 학습부진아 교육, 교과용 도서의 사용, 초·중·고등학교의 통합·운영, 학교운영위원회의 설치와 기능, 학교발전기금, 학교운영위원회의 구성과 운영, 유치원, 초등학교·공민학교, 중학교·고등공민학교, 고등학교·고등기술학교, 특수학교, 각종학교 등에 관한 사항을 규정하고 있다.

■ 보칙 및 벌칙

제5장에서는 학교 및 교육과정 운영의 특례, 권한의 위임, 시정 및 변경명령, 휴업 및 휴교 명령, 학교의 폐쇄, 청문, 벌칙 등에 관한 사항을 규정하고 있다.

(5) 고등교육법

이 법은 「교육기본법」 제9조의 규정에 따라 고등교육에 관한 사항을 정하기 위해 규정되었다. 「고등교육법」은 부칙을 제외하고 모두 4장 64개조로 구성되어 있다.

■ 총칙

제1장에서는 학교의 종류, 국·공·사립학교의 구분, 학교의 설립, 지도·감독, 학교규칙, 교육재정, 실험실습비 등의 지급, 학교협의체, 수업료 등에 관한 사항을 규정하고 있다.

■ 학생과 교직원

제2장에서는 학생자치활동, 학생의 징계, 교직원의 구분과 임무, 교원의 자격기준, 겸임교원 등에 관하여 규정하고 있다.

■ 학교

제3장에서는 학교의 명칭과 조직, 학년도, 교육과정의 운영과 수업, 학점 인정, 분교, 연구시설, 공개강좌 등의 통칙과 대학 및 산업대학, 교육대학, 전문대학, 방송통신대학, 기

술대학, 각종 학교 등에 관한 사항을 규정하고 있다.

■ 보칙 및 벌칙

제4장에서는 시정 또는 변경 명령, 휴업 및 휴교 명령, 학교의 폐쇄, 청문, 벌칙 등에 관한 사항을 규정하고 있다.

(6) 평생교육법

이 법은 「헌법」과 「교육기본법」에 규정된 평생교육의 진흥에 대한 국가 및 지방자치단체의 책임과 평생교육제도와 그 운영에 관한 사항을 규정하고 있다. 이 법은 부칙을 제외하고 8장 46개조로 구성되어 있다.

■ 총칙

제1장에서는 동법의 목적, 평생교육의 이념, 국가 및 지방자치단체의 임무, 교육과정, 공공시설의 이용, 학습휴가 및 학습비 지원 등에 대한 사항을 규정하고 있다.

■ 평생교육진흥기본계획

제2장에서는 평생교육진흥기본계획의 수립, 평생교육진흥위원회의 설치, 시·도 평생교육협의회, 시·군·자치구 평생교육협의회, 평생학습도시, 경비보조 및 지원 등을 규정하고 있다.

■ 평생교육진흥원 및 평생교육사

제3장에서는 평생교육진흥원, 시·도 평생교육진흥원의 운영, 시·군·구 평생학습관의 설치·운영, 학습계좌 등에 관한 사항을 규정하고 있다. 제4장에서는 평생교육사, 평생교육사 양성기관, 평생교육사의 배치 및 채용 등에 관한 사항을 규정하고 있다.

■ 평생교육기관

제5장에서는 평생교육기관의 설치자, 학교의 평생교육, 학교 부설 평생교육시설, 사내

대학 형태의 평생교육시설, 원격 대학 형태의 평생교육시설, 사업장 부설 평생교육시설, 시민사회단체 부설 평생교육시설, 언론기관 부설 평생교육시설 등에 관한 사항을 규정하고 있다.

■ 문해교육, 평생학습 결과의 관리·인정

제6장에서는 문해교육, 제7장에서는 평생학습결과의 학점 및 학력 등의 인정에 관한 사항, 제8장에서는 보칙으로서 행정처분, 청문, 권한의 위임, 과태료 등을 규정하고 있다.

(7) 지방교육자치에 관한 법률

이 법은 '교육의 자주성 및 전문성과 지방교육의 특수성을 살리기 위하여 지방자치단체의 교육·과학·기술·체육 그 밖의 학예에 관한 사무를 관장하는 기관의 설치와 그 조직 및 운영 등에 관한 사항을 규정함으로써 지방교육의 발전에 이바지함을 목적'으로 1991년 3월 8일 교육법에서 지방교육자치에 관련 조항을 이관하여 제정되었다.

■ 총칙

제1장에서는 동 법의 목적 및 교육·학예사무의 관장에 대한 사항을 규정하고 있다.

■ 교육감

제3장에서는 교육감의 지위와 권한·관장사무·임기·겸직의 제한·소환·퇴직, 보조기관 및 소속 교육기관, 하급 교육행정기관에 관한 사항을 규정하고 있다.

■ 교육재정

제4장에서는 교육·학예에 관한 경비, 의무교육 경비, 교육비 특별회계 등에 관한 사항을 정하고 있다.

■ 지방교육에 관한 협의

제5장에서는 지방교육행정협의회의 설치, 교육감 협의체의 설립에 관한 사항을 규정하

고 있다.

■ **교육감 선거**

제6장에서는 교육감의 선출, 선거구선거관리, 선거구, 정당의 선거관여행위 금지, 공무원 등의 입후보 등 선거에 관련된 사항을 규정하고 있다.

2. 학교제도

학교제도는 한 나라의 교육이념을 달성하기 위한 기본적인 틀로서 각 나라에서는 그 나라의 교육이념과 전통, 역사 속에서 학교제도를 발전시킨다. 학교제도를 통해서 학교교육의 각 단계를 설정하고 단계별 교육목표, 교육기간, 교육내용을 규정한다. 또한 학제는 학교 단계별 교육 간의 접속, 학교교육과 학교 외 교육을 연결하는 제도적인 장치다.

1) 학교제도의 개념

(1) 학제의 개념

교육제도는 교육 목적을 실현하기 위해 특별히 조직된 사회제도다. 교육제도는 교육활동, 학생, 교원, 교육기관, 교과용 도서, 교육조직 및 기구 등에 관한 기준을 총칭하는 개념이다. 오늘날과 같은 교육제도는 산업화 과정을 통해서 사회구조가 복잡하게 분화된 결과로서 확립되었다. 이전까지는 교육기능이 종교, 경제, 군사와 같은 다른 사회기능에 수반되는 형태로 행해지고 있었다. 학교가 교육제도의 중요한 형태가 되고, 교육제도가 독립된 사회제도로 인정된 것은 일반적으로 근대적인 공교육제도가 확립된 19세기 후반이다(김영식, 최희선, 1988).

학교교육제도는 사회 구성원을 대상으로 교육의 목적을 달성하기 위해 존재하는 사회제도이기 때문에 학생의 학습권 보장이라는 차원뿐만 아니라 국가와 사회의 교육이념 구현이라는 차원에서 적합성과 효율성이 추구된다. 학교교육제도는 또한 국가와 사회가 표방하는 교육이념을 구현하는 교육적 수단이기 때문에 각국이 추구하는 이념에 따라 국가별로 학제가 다르게 나타난다. 교육의 이념은 두 가지 차원으로 분류될 수 있다. 즉, 교육을 받는 대상에 따라 소수 엘리트로 제한하는 경우와 일반 대중을 대상으로 하는 경우가 있고, 교육의 내용에 따라 인격 함양과 같은 일반적인 교육과 각 분야의 전문적인 지식을 가르치는 전문교육으로 구분될 수 있다. 이상의 두 가지 차원에 따라 네 가지 교육이념이 구분된다(김영식, 최희선, 1988).

첫째, 귀족주의 사회에서는 소수 귀족계급 출신을 대상으로 사회의 지도자 역할을 수행하기 위한 소수정에 일반교육을 시킨다.

둘째, 선발주의 사회에서는 사회의 지도자 역할을 수행할 개인들을 전문가로 양성시키고자 소수정예지향 전문교육을 실시한다.

셋째, 공리주의 사회에서는 일반시민의 자녀들을 사회의 여러 직종에 적합한 사람으로 키우기 위한 대중지향 전문교육을 시킨다.

넷째, 민주주의 사회에서는 사회적 지위에 관계없이 사회의 모든 구성원들을 대상으로 민주사회 시민으로서의 기본적인 소양을 갖출 수 있도록 일반시민교육을 실시한다.

이상 여러 유형의 교육이념은 학제를 설계하고 개선하는 데 많은 시사점을 제공해 준다. 실제로 세계 여러 나라의 학제는 크게 보아서 엘리트 양성을 추구하는 복선형적인 유럽형 학교제도와 교육의 기회균등을 추구하는 민주적 단선제적인 미국형 학제로 구분된다.

가정, 사회교육기관, 학교 등은 사회에서 교육기능을 수행하고 있는 주요 기관들이다. 이들 중에서 전문적인 교육기능을 수행하는 곳은 학교다. 학교는 유아기부터 장년기에 이르기까지 인간의 각 발달단계에 따라 각 단계에 적절하고 필요한 것을 의도적, 조직적, 체계적으로 교육한다. 학교 간의 결합에 바탕을 둔 학교교육제도는 교육제도의 한 영역이며 교육제도의 중핵이다.

학제는 국가의 교육이념을 실현하려는 제도적인 장치로서 학교교육을 단계별로 구분하고, 각 단계의 교육목적과 교육기관, 교육내용을 설정한다. 학제는 또한 수직적으로는 교육단계 간의 접속관계, 수평적으로는 학교교육과 학교 외 교육 간의 연결관계를 규정함으로써 국가의 교육운영을 제도적으로 규정한다. 학제의 구조는 수직적 계통성과 수평적 단계성에 따라 구성된다. 계통성은 어떤 교육을 하는가, 또는 어떤 계층의 취학자를 대상으로 하는가를 나타내며, 단계성은 어떤 연령층을 대상으로 하는가, 또는 어느 정도의 교육단계인가를 나타낸다. 따라서 각급 학교는 계통성과 단계성의 관계를 갖는 학제 속에서 한 위치를 갖게 된다. 또한 학제는 국가의 기본법에 바탕을 둔 교육이념의 실현을 목표로 하여 경제·사회의 여건과 변화의 추세에 적합하게, 그리고 교육 내적으로는 인간발달과 교육내용의 선정과 조직에 관한 타당한 원칙들을 존중하는 방향에서 조직되고 운영되어야 한다(최희선, 1998).

(2) 학교계통과 학교단계

학교계통은 학교제도에서 계열별로 구성된 수직적인 학교 종별, 즉 각종 학교계열을 의미한다. 이는 계급사회의 복선형 학교계통과 평등사회의 단선형 학교계통으로 구분된다. 학교계열별로는 일반계 학교계통, 전문계 학교계통, 특수교육 학교계통 등이 있다. 학교단계는 여러 가지 유형의 학교들을 수평적으로 구분하는 것을 나타낸다. 이는 학교에 다니고 있는 연령층을 대상으로 하거나 혹은 교육단계에 따라서 구분한다. 학교단계는 일반적으로 취학전 교육, 초등교육, 중등교육, 고등교육으로 구분한다.

(3) 기본학제와 특별학제

기본학제는 학제의 주류를 이루는 초등학교, 중학교, 고등학교, 대학 및 대학원 등의 정규학교교육에 대한 제도를 가리키며, 기간학제라고도 한다. 특별학제는 기본학제의 보완적 기능을 수행하거나 사회교육의 성격을 지니고 정규학교의 교육과정에 준하는 교육을 실시하는 학교제도를 가리키며, 방계학제라고도 한다. 방송고등학교, 방송통신대학교, 공민학교, 고등공민학교, 기술학교 등이 이에 포함된다.

2) 학제의 유형

(1) 복선형

복선형은 상호 관련성이 없는 두 가지 이상의 학교계통이 병존하면서 학교계통 간의 이동을 인정하지 않는 학교제도이다. 여기서는 단계성보다 계통성이 중시되며, 사회계급과 계층을 재생산한다. 일반적으로 영국, 프랑스 등과 같은 유럽 국가에서 발달해 왔다.

(2) 단선형

단선형은 복선형에 반대되는 제도로서 학교계통이 하나뿐인 제도이다. 현실적으로는 순수한 단선형은 존재하지 않으며, 공통의 기초 학교 위에 수업 연한이나 수료자격에서 동등한 복수의 학교나 코스로 분화하는 형태를 취하는 경우가 많다. 여기서는 계통성보다는 단계성이 중시된다. 단선형은 미국에서 발달하였다.

(3) 분기형

분기형은 복선형과 단선형의 중간 형태이다. 분기형은 기초학교 부분은 통일되어 전 국민에게 동일한 기초교육을 실시하고, 그 위에 동격이 아닌 복수의 학교계통이 병존하는 형태이다. 분기형은 독일을 비롯한 서구 유럽에서 볼 수 있다.

3) 학제의 주요 요건

한 나라의 학제는 거시적인 의미에서는 그 나라의 정치, 문화, 경제, 사회적 여건 및 교육이념과 끊임없이 상호작용하고 있다. 따라서 학제는 교육적, 심리적, 지적, 사회적 기초 위에서 민주교육의 기본이념에 따라 학생의 인간발달적 측면이 충분히 고려되고 다른 사회체제와도 유기적으로 연결되어야 한다. 이런 측면에서 학제는 교육이념적 측면, 인간발달적 측면, 그리고 사회체제와의 적절성 측면에서 다음과 같은 여러 요건을 갖추어야 한다(이원호, 박병량, 주철안, 1996).

(1) 교육이념의 구현

■ 교육의 본질 추구

교육의 수단적인 가치보다는 본질적인 가치를 우선하려는 이념이다. 교육의 본질적인 목표를 실현하기 위해서 개개인이 지니고 있는 잠재적 능력과 적성을 최대한으로 발휘할 수 있도록 개인의 자아실현을 도와주는 것을 의미한다.

■ 교육기회의 평등성

이는 교육의 기회와 여건의 평등성을 가리킨다. 즉, 성별, 연령별, 사회계층별, 지역별에 관계없이 인생의 전 기간에 걸쳐서 교육기회와 여건 등을 균등하게 지속적으로 제공받는 것을 의미한다. 또한, 평등교육은 평생교육의 개념과 연결된다. 교육을 받을 기회와 연한을 인생의 한 시기에 고정하지 않고 인생의 전 기간을 통해서 받을 수 있도록 교육기회를 개방한다. 교육이 보편화됨에 따라서 교육기회의 평등은 단지 차별 금지라는 소극적인 의미를 벗어나 보다 적극적으로 교육에 대한 투입의 평등과 교육결과, 즉 성취도에 대한 평등도 포함한다.

■ 교육체제의 다양화

교육이 개인과 사회의 다양한 요구를 충족시켜 주기 위해 학교프로그램이나 계열을 다양하게 제공해 주는 것을 가리킨다. 특히, 진학과 취업을 위해 여러 가지 프로그램을 필요로 하는 중등교육 단계에서 학제의 다양성이 중요하다.

■ 교육체제의 개방화

학생이 필요에 따라 언제라도 교육을 받을 수 있도록 평생교육체제를 확립하고 학생들의 수직적·수평적인 이동을 자유롭게 허용하는 것을 가리킨다. 이러한 열린 학제가 구축되기 위해서는 학교단계 간의 수직적인 연결과 이동이 유연하게 이루어질 수 있어야 한다. 학교단계 간 이동에는 학생의 선발제도가 관련된다. 또한, 학교단계 내에서의 학교계열 간 이동이나 학교 간의 수평적 이동인 전학과 전과 등이 자유롭게 이루어질 수 있어야 한다. 교육체제의 개방화는 학생들이 성장하면서 자신의 능력과 적성을 고려하여 학교와 계열을 자유롭게 선택할 수 있게 하며, 교육받는 시기도 학생들의 필요에 따라서 언제라도 가능할 수 있도록 배려하기 위한 것이다.

(2) 인간발달과의 적합성

학생의 취학연령과 학교단계의 설정은 학생의 신체적, 인지적, 정서적, 도덕적인 발달수준 등과 적합하게 이루어져야 한다. 또한, 아동에 따라 성장에서 개인적인 차이가 나타날 수 있기 때문에 취학연령에 신축성을 부여할 수 있다. 인간발달이론에서는 아동이 성장할 때 겪는 초기경험의 중요성을 강조하고 있다. 따라서 학제에서도 취학전 교육과 조기교육에 대한 정책적인 배려의 필요성이 제기되고 있다.

(3) 교육체제의 효율성

이는 학제가 원래의 의도에 충실하여 교육투자의 효과를 제대로 가져오는가를 의미한다. 여기에는 내적 효율성으로서 학교교육에 투입한 자원을 효율적으로 활용하여 교육목적을 달성하고 있는가에 관한 것과, 외적 효율성으로 학교교육을 통해서 배출된 인력이 사회발전에 얼마나 기여하고 있는가가 포함된다.

(4) 사회체제와의 통합성

전통사회에서는 가정이 자녀교육의 중심이었다. 그러나 사회가 산업화되면서 가정 중심의 교육이 가정, 학교, 사회로 분산되었다. 교육의 효과를 얻기 위해서는 교육의 기능을 담당하고 있는 여러 제도가 협조하여 통합적인 교육을 실시하는 것이 바람직하다.

4) 현행 학제의 구조와 문제

현행 학제는 1950년대에 6-3-3-4제의 골격을 갖춘 이후 기본구조는 지난 40여 년간 큰 변화 없이 유지되어 왔다.

(1) 기본학제

우리나라의 기본학제는 유치원, 초등학교, 중학교, 고등학교, 대학으로 이어지는 정규 학교교육제도이다.

■ 유치원

유치원은 취학전 교육으로서 '유아를 교육하고 유아에게 알맞은 교육환경을 제공하여 심신의 조화로운 발달을 조장하는 것을 목적'으로 한다. 유치원에 취학할 수 있는 자격은 만 3세부터 초등학교 취학시기 전까지의 유아이다.

■ 초등학교

초등학교는 '국민생활에 필요한 기초적인 초등교육을 하는 것을 목적'으로 하며, 기초 학교인 동시에 의무교육기관으로서의 성격을 지닌다. 초등학교의 수업연한은 6년이다.

■ 중학교

중학교는 '초등학교에서 받은 교육의 기초 위에 중등교육을 하는 것을 목적'으로 한다. 중학교는 전기 중등교육기관으로서 현재 의무교육기관으로 규정되어 있다. 수업연한은 3년이다.

■ 고등학교

고등학교는 '중학교에서 받은 교육의 기초 위에 중등교육 및 기초적인 전문교육을 하는 것을 목적'으로 한다. 고등학교는 중간 학교로서의 고등보통교육과 종국학교로서의 전문 교육을 실시하는 후기 중등교육기관으로서의 이중 성격을 갖는다. 고등학교는 교육과정 운영과 학교의 자율성을 기준으로 일반고등학교, 특수목적고등학교, 특성화고등학교, 자율고등학교로 구분된다. 일반고등학교는 다양한 분야에 걸쳐 일반적인 교육을 실시하는 고등학교를 말한다. 특수목적고등학교는 특수분야(외국어계열, 국제계열, 예술계열, 체육계열 등)의 전문적인 교육을 목적으로 하는 고등학교이다. 특성화고등학교는 특정분야의 인재양성 또는 자연현장실습 등의 교육을 전문적으로 실시하는 고등학교이다. 고등학교의 수업연한은 3년이다.

■ 고등교육기관

우리나라의 고등교육기관에는 대학교, 교육대학, 전문대학, 산업대학, 방송통신대학교, 기술대학, 각종 학교 등이 있다. 이 중에서 기본학제에 포함되는 고등교육기관은 대학교, 교육대학교, 전문대학이다. 대학은 '인격을 도야하고, 국가와 인류사회의 발전에 필요한 학술의 심오한 이론과 그 응용방법을 교수·연구하며, 국가와 인류사회에 공헌함을 목적'으로 설치·운영된다. 대학의 수업연한은 4년에서 6년이다. 대학에는 석·박사 학위과정을 제공하는 대학원이 설치·운영된다. 교육대학은 '초등학교의 교원을 양성함을 목적'으로 하며, 사범대학은 '중등학교의 교원을 양성함을 목적'으로 설치·운영된다. 전문대학은 '사회 각 분야에 관한 전문적인 지식과 이론을 교수·연구하고 재능을 연마하며 국가사회의 발전에 필요한 중견직업인을 양성함을 목적'으로 한다. 전문대학의 수업연한은 2년이나 3년이다.

(2) 특별학제

특별학제는 기본학제의 보완적 기능을 수행하거나 사회교육의 성격을 지니고 정규학교의 교육과정에 준하는 교육을 실시하는 학제를 가리킨다. 현행 특별학제에 속하는 학교로는 초등학교 과정으로 공민학교, 중학교 과정으로 고등공민학교와 근로청소년을 위한 특별학급이 있다. 고등학교 과정으로는 방송통신고등학교, 근로청소년을 위한 특별학급, 고등기술학교가 있다. 고등교육기관으로서는 산업대학, 방송통신대학교, 기술대학이 있다. 이 외에 특수학교가 설치되어 '신체적·정신적·지적 장애 등으로 인하여 특수교육을 필요로 하는 자에게 유치원·초등학교·중학교 또는 고등학교에 준하는 교육과 실생활에 필요한 지식·기능 및 사회 적응 교육을 하는 것을 목적'으로 운영된다.

(3) 학교 외 교육제도

앞에서 설명된 교육기관 외에 정부 부처 산하에서 설치·운영하는 교육기관이 있다. 여기에는 한국과학기술원, 기능대학, 경찰대학, 삼군사관학교 등이 있다. 또한, 정부 각 부처에서 실시하는 연수원, 훈련원이 설치·운영되고 있다. 이와 함께 각종 민간단체 및 기업체에서 실시하는 각종 사내 교육 및 연수 교육이 있다.

(4) 현행 학제의 문제

현행 학제는 대학진학을 둘러싸고 과외가 확산되고 사교육비가 증대하는 것이 주된 문제이다. 이 외에도 유치원교육의 보편화에 따라 취학전 교육의 공교육화와 이에 따른 초등교육 연한의 적절성 등의 문제도 새롭게 대두되고 있다. 현행 학제의 주요 문제는 교육의 본질적인 목표달성 미흡, 경직성, 개방성 미흡, 다양화 미흡, 비효율성, 비연계성 등으로 요약된다(이원호, 박병량, 주철안, 1996; 윤정일 외, 1998).

■ 교육의 본질적인 목표달성 미흡

우리나라 학제는 획일적인 교육운영 위주로 이루어져 왔으며 학생 개개인의 능력 계발을 소홀히 해 왔다. 특히, 대학 진학을 목표로 하는 하급 학교의 입시위주 교육은 교육의 황폐화를 촉진하여 학생의 전인적인 능력 함양보다는 지식 위주의 교육에 치중되어 있다. 이로 인해 학생의 지적, 정서적, 도덕적 발달이 이루어지지 못하여 교육의 본질적인 목표 달성을 어렵게 만들고 있다.

■ 교육체제의 경직성

현행 학제는 개인의 능력차에 따른 교육을 충분히 실시하지 못하고 있다. 학생의 진급에 관련해서는 우수한 영재학생을 위한 월반제도가 확립되어 있지 않다. 또한 학생부진아를 위한 유급제도도 정착되어 있지 않고 모든 학생이 매년 일제히 진급하기 때문에 학습부진아에 대한 학습결손이 심화된다. 이외에도 학교 학년제의 고정으로 인해 농어촌 지역의 소규모 학교나 도시의 과대규모 학교에서는 학생들에 대한 교수-학습활동에서 효과적으로 대처하지 못한다. 교육내용과 방법 면에서 선택교육과정, 진급, 졸업, 전학 등이 탄력적으로 이루어져야 할 것이다.

■ 교육체제의 개방성 미흡

학생이 필요에 따라 자유롭게 종적으로 또는 횡적으로 이동하는 데 제도적인 장애가 아직도 많이 남아 있다. 1990년대 중반 이후에 열린 교육체제를 지향하여 학교 간의 편입학, 전학이 긍정적으로 개선되고 있지만 아직도 학생의 수평적인 이동에는 어려움이 많다. 또한, 기본학제와 특별학제 간의 기능적인 상호 연결이 부족하여 특별학제에 소속된 학생들이 기본학제에 진입하기는 쉽지 않은 실정이다.

■ 교육체제의 다양화 미흡

사회의 다양화에 발맞추어 학생과 학부모들의 교육프로그램 및 교육내용에 대한 다양화 욕구가 증가하고 있다. 이에 따라 선진 주요국에서는 후기 중등교육단계에서 학생의 흥미와 적성에 따라 다양한 교육과정을 제공할 수 있는 교육기관의 설립에 주력하고 있다. 우리나라에서도 전문계 고등학교의 경우 사회의 필요에 따라 새로운 학과의 신설이 탄력성 있게 이루어져야 할 것이다.

■ 교육체제의 비효율성

각급 학교의 교육적 요구에 따른 교육 연한의 적절성에 대한 재검토가 필요하다. 특히, 취학전 교육과 초등교육 간의 연결을 통해 초등교육 연한을 적절하게 단축할 수도 있다. 또한 대학에 진학하기 위한 입시준비로 학부모들의 사교육비 부담이 과중하다. 이 외에도 진로결정이 늦게 이루어지고 있으며 일반계 학생뿐 아니라 전문계 학생들도 고등교육기관에 진학을 희망한다는 등의 이유로 약화된 전문계 고교의 기능을 강화하는 것이 우선적으로 이루어져야 할 것이다.

■ 사회체제와의 비연계성과 교육기관과의 협력 미흡

정규교육기관과 사회교육기관들과의 연계성이 부족하고 서로 단절되어 운영되기 때문에 지역사회 내에서의 교육의 성과를 충분히 얻지 못하고 있다. 또한 학교 간 협력 관계가 체계적으로 확립되어 있지 않기 때문에 대학 간 전학과 같은 학생 이동이 불가능하다.

■ 근로청소년에 대한 교육체제 미흡

근로청소년들의 직업과 학업을 효과적으로 연결시킬 수 있는 교육제도가 결여되어 있다. 1990년대 중반에 들어서는 우리나라 학제의 이러한 문제점을 감안하여 열린 학습사회를 지향하기 위해 독학학위제도, 학점누적제, 대학의 편입학제 개선 등 다양한 학제 개선방안들을 도입하고 있다.

우리나라의 교육제도는 해방 이후 기본구조가 큰 변화 없이 유지되어 왔다. 그러나 교육인구가 급격히 증가하고 국민들의 교육에 대한 다양한 욕구가 분출되며, 교육에 영향을 주는 정치, 경제, 사회 등 여러 측면에서 많은 변화와 발전이 이루어지고 있다. 이런 환경적 변화에 따라 우리나라의 학제도 발전되어야 한다.

5) 북한의 학제

북한의 학교교육은 두 단계로 구분된다. 첫 단계는 보통교육으로서 유치원 높은 반 1년, 인민학교 4년, 고등중학교 6년의 교육이 실시된다. 이 보통교육제도는 11년제 의무교육 제도이며 이는 둘째 단계인 고등교육제도(전문고등학교, 단과대학, 대학교, 연구원)와 연결된다. 북한의 특별학제는 11년제로 운영되는 예능교육기관, 혁명학원, 7년제로 운영되는 외국어학교, 4년제로 운영되는 체육학교 등이 골격을 이루고 있다. 대개 특별학제에 속하는 학교는 출신성분이 좋은 자녀들이 입학하며 기본학제에 속해 있는 학생들과 횡적인 이동이 거의 어렵다(최영표 외, 1988).

(1) 취학전 교육

북한의 취학전 교육기관은 보육원과 유치원으로, 생후 1개월에서 만 4세 미만 어린이는 보육원에서 담당하고, 만 4세부터 6세까지는 유치원에서 교육을 담당하고 있다. 보육원에서는 유아들의 연령에 따라 반을 편성하고, 계획된 시간에 맞추어 대소변을 가리게 하고 먹이고 재우며 각종 학습활동을 지도한다. 유치원 교육은 집단학습시간이 많으며, 다양한 활동—운동, 노래, 춤, 집단놀이, 동화, 동시, 시청각교육, 자연관찰, 명소방문 등—을 통하여 공산주의 교육을 시키고 있다. 유치원은 낮은 반 1년, 높은 반 1년으로 구분하고 높은 반 1년은 의무교육으로 운영되고 있다.

(2) 초 · 중등교육

■ 초등교육

북한 초등교육의 목적은 사회와 인민을 위하여 투쟁하는 혁명가, 즉 지 · 덕 · 체를 갖춘 공산주의적 새 인간으로 키우는 것이다. 초등교육을 담당하는 기관은 인민학교로서 1947년경에 5년제로 실시되다가 1953년에 4년제로 전환되어 현재까지 지속되고 있다. 북한의 초등교육기간이 4년으로 비교적 짧은 것은 국가나 가정에 의존하는 소년기를 단축하고 조기에 독립된 일꾼의식을 갖게 하여 노동활동에 참여시키려는 목적이 있다(김동규, 1990; 김형찬 외, 1990).

북한의 인민학교는 1학기가 9월 1일에 시작되어 12월 말에 끝나며, 2학기는 2월 중순에 시작하여 7월 말경에 종료된다. 하루의 수업시간은 보통 5시간이고 과외활동이 매일 2시간 정도 있으며, 이때 소년단 활동 및 혁명사적지 답사 등을 한다. 인민학교의 교과편제는 국어, 수학, 체육, 음악, 도화, 공작 등으로 구성되며, 이 가운데 국어와 수학의 비중이 가장 크다. 국어과목의 교과서 내용은 공산주의 도덕 등 정치적인 주제를 많이 다루는 반면에, 국어교육 본연의 문법, 낱말, 문장이해, 작문과 같은 주제는 일부분에 그친다. 한편 교내외 과외활동을 통해 집단정신을 발양하고 혁명투쟁정신 함양을 위해서 단체활동을 중시하고 있다.

■ 중등교육

1972년부터 11년제 의무교육기간으로 정착된 북한의 중등학교는 6년제이다. 고등중학교라는 이름의 중등학교는 중등반 4년과 고등반 2년으로 구분된다. 중등반에 비해서 고등반의 교과과정 편성에는 직업계통의 과목이 보다 많이 부과된다. 고등중학교의 교과과정에 따르면, 수업 일수는 첫 3년 동안에 36주를 실시하나 학년이 올라갈수록 감소되어 6학년 때는 25주에 그친다. 이것은 고등중학교 상급학생들이 생산노동에 많은 시간을 할애하기 때문으로 분석된다. 교과과정에서는 수학 및 과학기술교육을 가장 중시하고, 그 다음 국어와 외국어 교육을 강조하고 있다.

(3) 고등교육

고등중학교를 졸업한 학생이 대학에 진학하여 고등교육을 받기 위해서는 성분이 좋은 핵심계층의 자녀이거나, 그렇지 않은 경우 직장생활을 하거나 군복무를 마쳐야 한다. 대부분의 학생들이 군복무를 마치고 대학에 진학하기 때문에 북한 청소년은 대개 고등중학교 졸업 후에 군복무에 임한다. 대학입학절차는 고등중학교 졸업(예정)자가 매년 3월에 실시하는 대학입학자격고사에 응시해서 합격하면 학교장(군인은 소속부대 책임자, 직장인은 직장책임자)의 추천서와 필요한 서류를 해당지역의 행정위원회에 제출하여 평가받는 방식이다. 대학추천위원회의 검토를 거쳐 응시자는 희망대학에서 입학시험을 친다.

북한의 대학은 종합대학으로 김일성종합대학이 평양에 설치되어 있다. 전문단과대학은 김책공대, 평양의대, 원산농대 등으로 전국에 분포되어 있다. 특수대학으로는 현직의 당 고급간부나 기간당원의 재교육을 위한 당 중앙학교(3년), 정치대학(3년)이 있다. 일반 관료나 생산관리 책임자를 위한 인민경제대학(1개월~3년)도 있다. 이 외에도 철도대학, 건설대학, 운수대학, 지질대학 등이 산업영역별로 분화·발달되어 있다. 대학생들은 재학 중 군사교육을 받는 시간이 상당히 많으며, 대학생들의 교내외 과외활동 조직이 발달되어 있다. 고등중학교 높은 반부터 대학생에 이르는 학생을 대상으로 사로청(사회주의 노동 청년동맹)이 결성되어 사회봉사활동에 참여, 하급학생조직인 소년단원들을 지도한다.

3. 교육행정체제

우리나라의 교육행정조직은 중앙교육행정조직과 지방교육행정조직으로 구성된다. 우리나라의 중앙교육행정조직은 교육부가 중심기구로서의 기능을 수행하고 있다. 지방교육행정조직은 지방교육자치를 기본으로 하여 지방 교육·학예에 관한 사무의 집행기관으로서 교육감이 중심적인 역할을 담당하고 있으며, 교육감의 하부기관으로서 교육지원청이 실질적인 기능을 수행한다.

1) 중앙교육행정조직

중앙교육행정조직은 중앙의 교육행정을 위한 조직과 구조를 말하며, 우리나라의 중요한 중앙교육행정기구는 교육부이다. 교육부는 교육·사회·문화 분야 정책의 총괄·조정, 인적자원개발정책, 학교교육·평생교육 및 학술에 관한 사무를 관장한다. 구체적으로 교육·사회·문화 분야 정책을 총괄하고, 학교교육, 평생교육, 인적자원 등에 관한 기본적인 정책을 개발하고, 장기적인 교육계획을 수립하며, 수립된 정책과 계획의 집행을 담당한다. 교육부장관은 국무회의의 구성원으로서 학교교육, 평생교육, 인적자원 등에 관련된 사항에 대하여 국정의 최고책임자인 대통령에게 보고하며 지시받는다.

■ 교육부장관

교육부장관은「정부조직법」에 근거하여 부총리로서 교육·사회 및 문화 정책에 관하여 국무총리의 명을 받아 관계 중앙행정기관을 총괄·조정하는 기능을 수행하며, 인적자원개발정책, 학교교육·평생교육, 학술에 관한 사무를 관장한다.

■ 교육부의 조직 및 기능

교육부에는 차관, 차관보, 운영지원과·고등교육정책실·학교혁신지원실·교육복지정책국·학생지원국·평생미래교육국 및 교육안전정보국 등이 설치되어 있으며, 장관 밑에 대변인 1명 및 장관정책보좌관 2명을 두고, 차관 밑에 기획조정실장, 사회정책협력관 및 감사관 각 1명이 배치되어 있다.

■ 기획조정실

기획조정실은 주요업무계획 및 성과관리전략계획의 수립·운영, 각종 공약과 대통령 지시사항 및 부 내 국정과제의 점검·관리, 정책자문위원회의 구성·운영, 교육에 관한 중장기 발전계획의 수립, 국가교육정책 네트워크 및 정책중점연구소의 육성·지원, 각종 정보·의제의 발굴 및 정보의 대내외 공유·협조, 예산편성, 집행조정, 재정성과 관리, 기금관리 및 결산, 교육부 내 행정관리업무의 총괄·조정 등을 담당한다.

■ **고등교육정책실**

고등교육정책실은 고등교육 기본정책의 수립·시행, 대학자율화, 대학 교원인사·학생정원·행정제재 제도의 개선 및 운영, 대학 기본역량 진단 및 구조개혁에 관한 기본정책의 수립·시행, 고등교육기관의 평가·인증, 지역대학 육성 기본계획의 수립·시행 및 제도 개선, 국립대학 발전방안의 수립·시행, 사립대학의 설치·폐지 및 운영 지원 등을 담당한다.

■ **학교혁신지원실**

학교혁신지원실은 초·중등학교 교육제도 및 입학제도의 개선, 자율형 공립·사립 고등학교 및 자율학교의 제도 개선 및 운영 지원, 특성화중학교, 외국어고등학교 및 국제고등학교의 제도 개선 및 운영 지원, 초·중등 사립학교 정책 및 학교법인 관련 제도 개선, 공교육정상화정책의 수립·시행, 지방교육자치제도 기본정책의 수립 및 제도 개선, 시·도교육청 평가계획의 수립·시행 및 제도 개선, 교원에 관한 종합정책의 수립·시행, 초·중등교원 인사제도 및 정원에 관한 사항, 교원의 자격·양성·연수·임용 관리 및 제도 개선 등을 담당한다.

■ **교육복지정책국**

교육복지정책국은 초·중등학교 학생복지정책의 총괄 및 관련 법령의 제·개정,「국민기초생활 보장법」에서 정하는 교육급여에 관한 사항, 고등학교 무상교육의 추진에 관한 사항, 농어촌 초·중등학교 지원계획의 수립·시행, 지방교육재정 기본정책 및 재원의 확보·배분에 관한 사항, 교육비특별회계 및 학교회계의 운영과 예산·결산 분석, 학교설립 기본정책의 수립·시행 및 학교용지 확보에 관한 사항, 지방교육 행정·재정 통합시스템 관련 사업계획의 수립·시행, 유아교육 진흥 기본정책의 수립·시행, 유아 교육비 지원계획의 수립·시행, 유치원 교육과정 및 교원 관련 제도 개선 등을 담당한다.

■ **학생지원국**

학생지원국은 교육소외 계층·지역 지원계획의 수립·시행, 다문화교육 지원 및 다문화가정 학생에 대한 교육 지원, 북한이탈 학생 교육 지원, 학업중단의 예방 및 대안교육 운영 지원, 기초학력 미달학생을 위한 지원, 국가수준 학업성취도 평가계획의 수립·시행 및 제도 개선, 학생 생활지도에 관한 사항, 학교 폭력 예방 종합대책의 수립·시행, 학교 부적응 예방 종합대책의 수립·시행, 학교급식 기본정책의 수립·시행 및 영양관리에 관한 사항, 특수교육발전 기본계획의 수립·시행 등을 담당한다.

■ 평생미래교육국

평생미래교육국은 4차 산업혁명에 대비한 교육 정책 수립·시행, 인재개발 정책의 기획·총괄, 초·중등학교 과학·수학·정보교육 및 융합인재교육 기본정책의 수립·시행, 영재교육진흥 기본정책의 수립·시행, 평생교육진흥 종합정책의 수립·시행, 지방자치단체의 평생교육 진흥 지원, 생애주기 및 계층별 맞춤형 평생학습 지원, 자격제도 및 정책 기본계획의 수립·시행, 진로교육 정책의 수립·시행 등을 담당한다.

■ 교육안전정보국

교육안전정보국은 학교 및 학생 안전사고 예방 및 대책 수립 총괄, 학교안전 및 시설 업무 총괄, 재난대비 매뉴얼, 안전관련 교사·학부모 교육자료 개발, 범 정부차원의 안전관련 연계 계획 수립 및 통합지원체제 구축 등, 각급 학교 시설사업 계획의 수립·지원 및 민자유치사업에 관한 사항, 교육시설물의 안전관리에 관한 사항, 교육 정보화의 총괄·조정 및 평가, 교육행정정보시스템(NEIS)의 구축·운영·보급 및 통계 활용, 교육통계정책의 기획·총괄 등을 담당한다.

2) 지방교육자치제도

지방자치란 국가 내의 일정 지역을 기초로 하고 지역주민을 구성원으로 하여 국가로부터 부여된 그 지방의 행정을 공공단체인 지방자치단체가 자주적으로 책임을 지고 수행하는 것을 말한다. 지방교육자치는 지방의 주민들이 주체가 되어 대표자를 선출하고 이들이 자주적으로 지방의 교육사업을 경영해 나가는 것을 가리킨다. 일반적으로 지방교육자치제도가 운영될 때 따르게 되는 원리들로 다음 네 가지를 들 수 있다.

■ 지방분권의 원리

중앙에서 교육 정책의 수립과 시행을 전담할 때 지역실정이 간과될 수 있고, 지역주민의 여론이 전달되기 어려운 문제가 발생된다. 이러한 문제를 시정하기 위한 것으로서 교육행정에서 지역 주민의 참여 의식을 증대하고, 지방 실정에 적합한 교육 정책을 수립하고 시행해 나가기 위한 원리다.

■ 교육의 자주성 존중

교육은 장기적인 사업으로 정치적인 중립을 유지하고 계급적, 지방적인 이해관계를 넘어서 개인의 능력을 계발하여 국가에 기여할 수 있어야 한다. 이러한 특성으로 인해 교육사업의 운영은 교육의 본질적인 관점에 따라 자주적으로 운영되어야 하며 정치의 영향에서 벗어나야 한다.

■ 주민통제의 원리

지역의 주민이 그들의 대표자를 선출하여 교육정책을 수립하고 시행해 나가도록 한다. 주민들은 대표자들의 교육에 대한 경영책임을 선거과정을 통해서 통제할 수 있다. 그리고 특별한 경우에 지역주민은 교육감을 소환하는 권리의 행사를 통해서 대표자를 통제할 수 있다.

■ 전문적 관리

교육활동의 본질과 특성을 이해하고 있는 인사들로 하여금 지방교육에 대한 경영책임을 지게 함으로써 교육활동이 보다 효과적으로 이루어질 수 있도록 한다.

3) 지방교육행정조직

(1) 교육감

▪ 지위

시·도의 교육·학예에 관한 사무의 집행기관으로 교육·학예에 관한 소관사무로 인한 소송이나 재산의 등기 등에 대하여 당해 시·도를 대표한다. 또한 국가행정사무 중 시·도에 위임하여 시행하는 사무로서 교육·학예에 관한 사무는 교육감이 위임을 받아 집행한다.

▪ 자격·선출 및 임기

교육감은 당해 시·도 지사의 피선거권이 있는 자로서 후보자등록신청개시일부터 과거 1년 동안 정당의 당원이 아닌 자이어야 하며, 교육 경력 또는 교육행정경력이 3년 이상 있거나 양 경력을 합하여 3년 이상이 되어야 한다. 교육감은 주민의 보통·평등·직접·비밀선거에 따라 선출한다. 교육감의 임기는 4년이며 계속 재임은 3기에 한한다.

▪ 관장사무

교육감은 교육·학예에 관한 조례안의 작성 및 제출, 예산안의 편성 및 제출, 결산서의 작성 및 제출, 교육규칙의 제정, 학교 및 그 밖의 교육기관의 설치·이전 및 폐지, 교육과정의 운영, 과학·기술교육의 진흥, 평생교육 및 그 밖의 교육·학예진흥, 학교체육·보건 및 학교환경정화, 학생통학구역, 교육·학예의 시설·설비 및 교구, 재산의 취득·처분에 관한 사항, 특별부과금·사용료·수수료·분담금 및 가입금 등 총 17가지 사무이다.

▪ 권한

교육감의 권한은 교육·학예에 관한 사무집행권, 교육규칙 제정권, 교육·학예에 관하여 지방자치단체의 대표권, 소속공무원의 지휘감독권, 시·도 의회의 의결에 대한 재의 권, 시·도 의회 등의 재의결에 대한 제소권, 시·도 의회가 성립되지 않은 때 및 학생의 안전과 교육기관 등의 재산보호를 위해 긴급히 필요한 사항에 대한 선결처분권이다. 한편 교육감과 시·도 지사 사이에 지방교육관련 업무협의를 통해 지방자치단체의 교육·학예에 관한 사무를 효율적으로 처리하기 위해 '지방교육행정협의회'를 두고, 그 구성 및 운영에 관한 사항은 조례로 설치한다. 또한, 교육감은 상호 간의 교류·협력 증진 및 공동의 문제를 협의하기 위한 전국적인 협의체를 설립할 수 있다.

(2) 시·도 교육청 및 시·군·구 교육지원청

■ 시·도 교육청

서울특별시, 광역시 및 도에는 교육청이 설치되어 교육감의 하부기관으로서 부교육감, 국장, 과장, 계장으로 권한이 위임되며 당해 지방자치단체의 교육·학예에 관한 사항을 관장한다. 부교육감은 국가공무원으로서 고위공무원단에 속하는 일반직공무원 또는 장학관으로 보하되, 시·도 교육감이 추천하여 교육부장관의 제청으로 국무총리를 거쳐 대통령이 임명한다. 시·도 교육청의 조직은 서울특별시, 부산광역시, 그리고 광역시별로 약간씩 다르다.

■ 시·군·구 교육지원청

시·군·구 교육지원청에는 교육장을 두고 장학관으로서 임명하되, 규모가 큰 경우에는 학무국 및 관리국을 설치하고 작은 경우에는 학무과, 사회교육체육과, 관리과 및 재무과, 기타 지역에는 학무과 및 관리과를 설치한다. 교육장은 시·도의 교육·학예에 관한 사무 중 공·사립의 유치원, 초등학교, 중학교, 고등공민학교 및 이에 준하는 각종 학교의 운영관리에 관한 지도·감독, 그리고 기타 조례로 정하는 사무를 관장한다.

4) 교육행정조직의 문제

(1) 중앙교육행정조직의 문제

현행 중앙교육행정조직의 주요 문제로는 중앙교육행정기구의 잦은 개편, 장학·기획·조정·연구 기능의 미약, 중앙집권적인 교육행정업무 처리, 각종 자문위원회 운영의 활용 미흡 등을 지적할 수 있다.

첫째, 중앙교육행정기구 개편이 빈번하게 이루어져 업무 분담의 혼선과 정책집행의 일관성이 결여되고 있다.

둘째, 중앙교육행정기구의 기능 중에 장학, 기획, 연구, 조정의 기능이 미약하다.

셋째, 지방교육자치 실시로 중앙교육행정기구 소관 업무가 대폭 시·도교육청에 이양되었으나 아직도 교육행정기능은 여전히 중앙집권적으로 운영되고 있다.

넷째, 각종 자문위원회의 적극적인 활용이 부족하다.

(2) 지방교육행정조직의 문제

지방교육행정조직의 문제로서는 지방교육자치기능의 약화, 정치적 중립의 훼손, 지방교육재정의 자율성 저조, 교육감 자격기준의 미약 등이 있다.

첫째, 지방교육자치기능의 약화다. 즉, 현행 지방교육자치제도에서는 과거에 독립적인 심의·의결기구로서의 기능을 수행하던 교육위원회가 폐지되고, 그 대신 시·도 의회 내 상임위원회로 설치된 교육위원회가 교육·학예에 관련된 사항에 대해서 시·도의회의 전심기구로서 기능을 수행하고 있다. 이로 인하여 지방교육자치는 집행기관으로서의 자치만 남게 되어 지방교육자치가 약화되는 결과를 가져왔다.

둘째, 교육위원회는 시·도 의원으로 구성되어 교육·학예에 관련된 의안과 청원 등을 심사·처리하는 상임위원회로 설치되어 있다. 따라서, 정당 배경을 지닌 시·도 의회, 시·도 자치단체장의 지방교육에 대한 영향력이 증대되어 교육의 정치적 중립성이 훼손될 수 있다.

셋째, 지방교육재정의 대부분을 중앙정부 및 지방자치단체에서 지원받고 있으며, 지방교육예산의 심의·의결권이 시·도 의회에 부여되어 있기 때문에 지방교육재정의 자율성이 매우 낮다.

넷째, 지방교육의 발전에 대한 책임을 맡고 있는 교육감의 전문적인 자격기준이 미약하다. 현행「지방교육자치법」에서는 교육감의 자격기준을 교육 또는 교육공무원으로서 교육행정경력이 3년 이상인 자로 규정함으로써 교육감의 전문성에 대한 기준이 취약한 수준이다.

PART ··· **02**

학교경영조직

제4장 학교의 조직구조

제5장 학교 구성원의 동기

제6장 학교의 정치

제7장 학교의 문화

제**4**장
학교의 조직구조

학교는 교사와 학생이 교육과정을 중심으로 서로 결합된다. 학교는 교수조직, 학생조직, 사무관리 조직 등으로 이루어져 있지만, 교사와 학생 간의 교수-학습활동이 원활하게 이루어질 수 있도록 조직되는 것이 가장 중요하다. 학교 조직은 기업조직이나 일반 행정조직과는 뚜렷하게 구별되며, 이는 학교가 추구하는 목표, 구성원, 기술 등에 밀접하게 관련된다. 이 장에서는 조직설계의 기본요소, 학교의 조직이론, 학교의 조직특성, 학교의 조직구조와 구성원의 권한 및 직무, 교수학습 조직의 요소와 특성, 학교의 재구조화 등을 다룬다.

1. 조직설계의 기본 요소

조직설계에서 중요한 과제는 조직의 목표를 보다 효과적으로 달성하는 조직을 어떻게 설계하는가이다. 조직은 조직의 목표, 구성원, 환경 등의 특성에 따라 여러 가지 형태의 구조를 가지고 있다. 예컨대, 대학교 조직은 일반적으로 한 군데에 집중된 캠퍼스를 운영하지만, 대학교 조직의 중요한 교육 및 연구 활동은 각 학과 단위에서 자율적으로 이루어진다. 각 학과에서는 매 학기에 제공하는 교과목과 담당교수, 각 교수의 수업시수 등을 자율적으로 결정해 나간다. 즉, 대학교 조직은 구성원들이 지역적으로는 한 군데에 집중되어 있지만, 중요한 활동은 하부 단위에 위임되어 있는 분권적인 형태를 갖고 있다. 반면에, 기업체 조직 중에서 맥도날드와 같은 체인업종은 수많은 분점을 설치하고 있지만, 각 분점에서 제공되는 차림표, 음식의 맛, 질 등은 거의 동일하다. 즉, 장소는 여러 곳에 산재되어 있지만 그 안에서 일어나는 의사결정은 상층부에 집권화된 특성을 지니고 있다. 이같이 여러 조직이 서로 다른 구조를 가지는 이유, 조직의 구조에 영향을 미치는 변수 등은 구조적 관점의 주요 연구과제이다. 구조적 관점은 다음과 같은 기본 가정에 따라 조직을 이해한다(Bolman & Deal, 1991).

첫째, 조직은 목표를 달성하기 위해 존재한다.

둘째, 조직은 합리성에 의해 개인적인 선호나 외부 압력을 억제할 때 효과적으로 운영된다.

셋째, 구조는 조직의 상황(목표, 테크놀로지, 환경 등)에 적합하도록 설계되어야 한다.

넷째, 조직은 분업과 전문화를 통해서 성과를 향상한다.

다섯째, 조직의 목표달성을 위해 개인 및 부서 간 조정과 통제는 필수적이다.

여섯째, 조직의 문제는 구조상의 결함으로 발생하며, 이는 조직의 재구조화를 통해 해결될 수 있다.

1) 직무와 분업

조직을 설계할 때 일반적으로 가장 먼저 해야 할 일은 조직의 구성원들이 담당하게 될 직무를 규정하는 일이다. 개인이 직무를 수행하기 위해서 해야 할 일은 조직 내에서 공식적으로 규정된다. 이러한 규정은 업무규정집에 수록되어 절차 또는 규칙의 형태를 띠게 된다. 공식적으로 구성원들의 업무가 규정되어 있으면 조직구성원들이 역할을 수행할 때 예측성, 신뢰성과 획일성을 갖게 된다. 반면에 조직구성원들은 이에 대해 냉담하거나 저항할 수 있다.

조직의 구성원들이 담당해야 할 직무를 규정하기 위해서는 조직에서 수행되어야 할 일 중에서 한 사람이 다룰 수 있는 적정한 업무를 분배하게 된다. 이는 업무의 분업 또는 분화다. 이와 같은 업무의 분담은 개미와 같은 곤충에서도 발견된다. 개인들 간에 분담된 업무 또는 직무는 함께 연결된다. 구성원들 간에 분화된 업무를 묶는 방식은 기능, 시간, 상품, 고객, 지역 또는 위치 등에 따라 다양하다.

2) 조정

한 사람이 담당하는 직무를 규정하고 이 직무를 묶을 뿐 아니라 이러한 직무들이 묶여 있는 부서들의 일을 함께 연결시켜야 한다. 이처럼 부서 간의 일을 연결하는 것이 업무의 조정이다. 조정은 수직적인 조정과 수평적인 조정으로 구분된다. 수직적인 조정에는 지시, 감독, 정책, 규칙, 기획 또는 통제체제 등이 있다. 수직적인 조정은 기본적으로 상급자가 하급자의 일을 조정할 때 활용되며, 조직의 환경이 상대적으로 안정되고 업무를 예측할 수 있고 획일성이 중요할 때 많이 사용된다. 반면 수평적인 조정에는 회의, 작업팀, 위원회, 매트릭스 구조 등이 있다. 수평적인 조정방법은 비공식적으로 조직 내에서 동등한 수준에 있는 사람들끼리 서로 대면하여 일을 조정할 때 활용되며, 조직 환경이 상대적으로 불확실하고 변화가 빠르며 복잡한 업무를 수행하는 조직에서 많이 사용된다.

2. 학교의 조직이론

1) 유기적 조직과 기계적 조직

Hage(1980)는 조직의 설계에 관련되는 구조변수와 조직의 목표를 달성하는 데 관련되는 기능변수를 기초로 유기적 조직과 기계적 조직을 구분하였다. 조직의 구조변수로는 복잡성, 집권화, 공식화, 계층화를 제시하였다. 조직의 목표를 달성하는 기능변수로는 적응성, 생산성, 효율성, 직무만족을 지적하였다.

(1) 구조변수

　조직의 구조변수는 복잡성, 집권화, 공식화, 계층화이다. 첫째, 복잡성은 직무를 수행하는 데 요청되는 전문영역의 수와 훈련의 수준을 가리킨다. 전문영역의 수와 훈련의 수준이 높을수록 복잡성의 정도는 높아진다. 둘째, 집권화는 의사결정에 참여하는 사람들의 구성비율과 조직의 하위부서들이 참여하는 의사결정 영역의 수에 의해 측정된다. 조직 내 의사결정이 상층부에서 주로 이루어지는 조직은 집권화되어 있는 데 비해 조직의 하위부서들에서 이루어지는 결정이 많은 조직은 분권화되어 있다. 셋째, 공식화는 공식적인 직무기술서에 규정되어 있는 직무의 비율과 조직의 구성원들이 업무처리절차에서 지닐 수 있는 재량권의 정도를 가리킨다. 조직의 업무규정집에 따라 분명하게 규정된 직무가 많을수록, 조직의 구성원이 지니는 재량권이 적을수록 조직은 보다 공식화되어 있다. 넷째, 계층화는 조직 내 지위에 관련된 보상의 차이와 직무 간 이동의 정도를 가리킨다. 조직 내 상하위 직위 간에 보상의 차이가 클수록, 상하위 직위 간에 이동이 어려울수록 조직은 계층화 정도가 높다.

(2) 기능변수

　조직의 목표를 달성하는 기능변수는 적응성, 생산성, 효율성, 직무만족이다. 첫째, 적응성은 일 년 동안 조직에서 실시된 새로운 프로그램과 새로운 기술의 정도를 가리킨다. 조직이 일 년 동안 새로 도입한 프로그램과 기술이 많을수록 조직의 적응성은 높다. 둘째, 생산성은 조직에서 일 년 동안 산출한 생산량의 증가율에 따라 측정된다. 학교조직의 경우 일년에 배출한 졸업생 수, 졸업생의 진학률 또는 취업률 등으로 측정된다. 셋째, 효율성은 생산단위 하나를 산출하는 데 소요되는 비용의 정도로서, 학교조직의 경우 학생들의 학습성취도와 이에 소요된 경비의 관계를 통해서 측정된다. 넷째, 직무만족은 업무 내용과 환경에 대한 개인적인 만족감으로서 이는 조직구성원의 이직률에 의해 측정된다.

(3) 유기적 조직과 기계적 조직

Hage는 조직의 구조변수와 기능변수 간의 관계에 대한 여러 가지 명제를 제시하였다. 이러한 명제에 따르면 두 가지 상반되는 조직유형이 구분되는데, 이는 조직의 적응성을 강조하는 유기적 조직과 조직의 생산성을 강조하는 기계적 조직으로 나뉜다. 유기적 조직은 복잡성, 적응성, 직무만족도는 높고 집권화, 공식화, 계층화, 생산성, 효율성은 낮은 조직이다. 반면에 기계적 조직은 복잡성, 적응성, 직무만족도는 낮고 집권화, 공식화, 계층화, 생산성, 효율성은 높은 조직이다.

실제로 조직들은 이상의 두 가지 이념적인 순수한 형태의 연속선상에 있다. 왜냐하면 이상의 두 가지 형태의 유형 모두 다 어느 정도의 문제를 지니고 있기 때문이다. 적응성이 높은 유기적 조직은 생산성이 낮고 비용이 과도하게 지출되는 문제점을 갖게 된다. 반면에, 생산지향적인 기계적 조직에서는 조직의 환경에 적응하는 문제와 구성원들의 사기를 올려야 하는 문제에 직면한다. 조직의 목표달성과 관련되어 있는 네 가지 기능을 모두 향상해야 하지만 이러한 가치들 간에는 서로 합치되기 어려운 점이 있기 때문에 조직실제에서 이러한 가치들을 통합하기 위한 관리자의 경영능력이 필요하다.

2) 조직의 구조유형

Mintzberg는 조직을 이루는 기본적인 요소를 제시하고, 이러한 기본요소를 결합되는 방식에 따라 조직구조를 제시하였다. Mintzberg는 조직의 기본요소를 운영핵심, 중간관리층, 최고관리층, 기술구조층, 지원부서층으로 구분하였다. 운영핵심은 조직이 고객들에게 제공하는 서비스와 물품을 생산하는 직원, 전문집단들로 구성되는 조직의 핵심이다. 운영핵심의 예로서 학교조직의 교사, 병원의 의사와 간호사, 항공사의 승무원 등이다. 중간관리층은 운영핵심 바로 위에서 최고관리층과 연결되는 중간 위치에 있다. 중간관리층은 운영핵심층을 감독하고, 통제하고 자원을 제공하는 관리자들이다. 공립학교의 교장과 교감이 이에 속한다. 최고관리층은 조직의 상층부에 위치하며 조직의 목표를 설정하고 조직의 전략을 제시한다. 공립학교체제에서 시·도 교육감, 교육위원회위원 등이 해당된다. 기술구조층은 조직의 생산과정을 검사하는 분석가들로서 조직의 업무를 계획하고 분석하고 훈련하는 업무를 담당한다. 학교의 경우 교과과정 개발, 수업장학, 연수 및 연구업무를 담당하는 교사들이 해당된다. 지원부서층은 운영핵심의 업무를 간접적으로 지원하는 업무를 담당한다. 학교의 지원부서층은 보건실, 행정실, 경비실, 버스기사실 등이 해당된다. Mintzberg(1979)는 업무를 조정하고 통제하는 방법으로 상호조절, 직접적인 감독, 업무의 표준화, 산출품의 표준화, 직무기술의 표준화를 들고 있다.

Mintzberg는 조직의 기본요소와 조정방법이 함께 작용하여 조직의 구조유형이 달라진다고 보았다. 이러한 조직구조에는 단순구조, 기계적 관료제, 전문적 관료조직형, 계열사 조직, 임시조직 등으로 분류된다. 이러한 조직모형 중에서 학교조직에 적용할 수 있는 조직모형으로는 단순구조형, 기계적 관료제형, 전문적 관료조직형을 들 수 있다. 단순구조를 지니고 있는 학교는 학교운영이 집권화되어 학교장이 규칙이나 규정에 얽매이지 않고 강력한 지도성을 발휘할 수 있다. 기계적 관료제 구조를 갖고 있는 학교는 기술관료층에서 학교의 업무를 표준화하며, 그에 따라 교사들의 업무내용이 표준화된다. 전문적 관료조직 구조를 지닌 학교에서는 학교의 운영이 분권화되어 교사 간에 민주적인 관계를 갖게 된다(Mintzberg, 1979). 학교조직들은 일반적으로 순수한 형태의 구조가 아니라 여러 형태를 복합적으로 지닌 조직구조를 갖고 있다. 예컨대, 단순구조와 기계적 관료제의 형태를 함께 지니고 있거나, 또는 단순구조와 전문적 관료조직의 형태를 함께 지닌다.

3) 조직화된 무질서

전통적인 구조론자들은 조직 내 의사결정을 고도로 통합된 합리적인 과정으로 간주한다. 그러나 학교조직을 연구한 일단의 학자들은 교육조직은 이러한 합리적인 방식으로 운영되지 않고, 오히려 조직화된 무질서의 특성을 보인다고 주장하였다. Cohen과 March(1974)는 교육조직의 특성을 다음과 같이 보았다. 첫째, 교육기관의 목적이 구체적이거나 분명하게 설정되어 있지 않다. 학교의 구성원들이 각각 서로 다른 목적을 추구하기 때문에 학교의 목표를 구체적인 실행으로 옮기기가 어렵다. 둘째, 학교의 교수-학습활동에 참여하는 교사, 행정가, 장학담당자들이 활용하는 교수기술이 명확하지 않다. 셋째, 학교조직의 구성원들의 참여가 유동적이고 간헐적이다.

이러한 특성을 지닌 학교조직의 의사결정은 구조화되어 있지 않고, 문제와 해결책, 결정의 참여자들과 선택의 기회가 특정한 시점에 우연히 만나서 의사결정이 이루어진다고 보았다. 이는 의사결정에 필요한 요소들이 쓰레기통에 모이는 과정과 흡사하다고 해서 의사결정의 쓰레기통 모형이라고 부른다.

4) 느슨한 결합과 이중적 구조

(1) 느슨한 결합

과거에는 학교조직의 관료적인 특성을 강조하여 학교는 조직의 공식 목표를 달성하기 위해서 학교장을 중심으로 일관성 있게 피라미드식으로 짜여 있다고 보았다. 그러나 실제 학교조직은 하위체제 간에 구조적으로 느슨하게 결합되어 있다는 점이 지적되었다. 학교조직은 하위체제간의 활동이 서로 연관되어 있지만, 각 하위체제는 자체의 독립성을 보존하고 있다(Weick, 1976). 예컨대, 고등학교에서 조직도표상에는 진로상담실이 교장실에 보고하도록 나타나 있다. 그러나 교장실과 진로상담실은 상호 간의 접촉이 드물고 상호 간에 주는 영향도 많지 않기 때문에, 양자의 결합관계는 실제로는 느슨하다. 따라서 학교조직을 함께 묶는 결합기제가 느슨하다.

학교조직에서 교사들은 교수-학습에서 전문적인 자율성을 인정받고 있다. 연구수업과 같은 특별한 경우를 제외하고는 동료교사와 학교행정가로부터 독립되어 수업진행에 대하여 상당한 자유재량권을 행사한다. 이러한 학교구조의 느슨함은 교사의 수업 및 학생지도뿐 아니라 개별 단위학교와 교육청의 관계에서도 발견된다. 개별 단위학교들은 학교경영과 교육과정운영 등 상당한 영역에 걸쳐서 자율적인 학교운영을 할 수 있다.

(2) 이중적 구조

느슨한 결합체제의 개념이 이전에 간과되었던 학교조직의 특징을 설명해 주었지만, 이 개념들이 학교조직을 완전하게 설명하지는 못한다. 학교조직에는 느슨한 결합의 요소가 있을 뿐 아니라 관료적인 요소도 있다. Meyer와 Rowan(1978)은 미국의 교육청 단위에서 학교의 교육활동이 얼마나 통제되고 조정되는지, 그리고 학교 단위에서 학급의 교육활동이 얼마나 통제·조정되는지를 실제로 조사하였다. 이 조사 결과에 기초하여 이들은 학교조직이 고도로 조정되고 통제되는 측면과 느슨하고 약하게 결합된 측면을 동시에 갖고 있다고 결론 내렸다. 학교조직은 교사가 교실에서 진행하는 교수활동의 영역에서는 교장의 통제와 조정이 약하다. 반면에 교사의 자격과 임용, 학급 편성, 담임교사 배정, 수업시간표 작성과 같은 의식적 분류의 영역에서는 통제가 강하다.

교수활동의 영역에서 통제가 약하다는 구체적인 증거로서 다음 몇 가지를 제시하였다.

- 수업활동에 대한 공식적 감독과 평가의 취약
- 수업의 내용, 절차, 기술에 대한 구체적 기준의 결여
- 수업활동에 대한 교육행정가의 직접적 권위의 결여

학교에서의 통제는 직접적인 관찰을 통한 장학과 같은 수단보다는 다른 방법에 의존한다. 예컨대, 학생의 학습정도에 대한 평가, 교과과정의 상세화, 학생들이 다음 상급 단계에 진학하기 위해 받는 전 단계의 학습내용에 대한 평가 등의 방법을 통하여 학교는 교수활동에 대하여 강력한 통제력을 행사한다. 그러나 Meyer와 Rowan은 이런 방법들이 그렇게 의미 있게 활용되고 있지 않다는 증거들을 제시하였다.

학교에서의 중심 기능인 교수활동은 학교행정가들의 직접적인 통제하에 있지 않다는 점에서 느슨하게 결합되어 있다. 학교행정가들이 학교의 교수-학습프로그램에 대한 일반적인 책임을 지고 있지만 교사의 수업활동을 통제할 수 있는 권위는 제한되어 있다. 특히 미국의 경우에는 교원들의 단체 활동이 많아지면서 행정가의 수업활동에 대한 권위가 감소되었다.

그러나 학교행정가들은 교사의 수업활동에 간접적으로 영향을 미칠 수 있는 관료적인 수단을 갖고 있다. 수업시간에 대한 통제가 한 가지 수단이다. 시간표 작성, 수업시수 결정 및 수업시간의 수업 외 활용, 학급에 학생 배치, 학급편성, 담임배치, 학급에 필요한 자원의 통제, 수업 외 업무 부담 정도 등의 결정을 통해 행정가는 간접적으로 교사의 수업활동에 영향을 준다.

학교의 중요한 기술적인 활동에는 교사와 학교행정가의 결합이 느슨하지만, 수업 외의

학교 관리사항에 대해서는 학교행정가와 담당교직원들이 서로 엄밀하게 결합되어 있는 고전적인 관료조직의 특징을 보이고 있다. 학교의 시설관리, 재정관리, 통학 버스의 운영, 학생의 출결상황, 교사채용 등은 행정가가 엄밀하게 통제하며, 학교행정가를 정점으로 한 관료적인 구조를 띠고 있다.

후속 연구들에서는 학교조직에서 교사들의 수업활동을 상당히 통제하는 강력한 방법들이 소홀하였다는 점이 지적되었다. 이런 조직의 방법들은 고전적인 관료적 이론에서 처방되는 권위의 계서제와 크게 대조된다. 전통적으로는 권위의 상층에서 아래로 공식적인 방법을 통해서만 통제력을 행사하는 것으로 생각한 반면, 새로운 관점에서는 최소한 교육조직에서는 보다 미묘하고 간접적인 수단인 조직문화를 통하여 강력히 통제해 왔다. 한국의 학교조직에 대한 사례연구에서는 한국의 인문계 고교의 조직구조가 결코 느슨하게 결합되어 있는 것이 아니라고 결론내리고 있다. 인문계 고교의 조직은 대학입시 성적의 향상이라는 비공식적이지만 실질적인 목표를 중심으로 꽉 짜인 조직으로 운영되고 있다고 지적한다(이인효, 1990).

5) 공동체로서의 학교

학교를 공식조직으로 이해할 때 학교 구성원의 행동은 조직행동으로 간주되고, 학교행정가들은 조직을 관리하기 위해서 규칙과 규정, 통제와 감독의 방식을 활용하게 된다. 반면에 학교를 공동체로 이해할 때는 외부의 통제가 아니라 규범, 목적, 가치, 전문적인 사회화, 협동, 유대감에 의존한다. 공동체는 자유의지로 결합되고, 가치와 규범의 공유를 통해서 결속되는 개인들의 집합을 말한다. 공동체 내에서 구성원과 목적 간의 관계, 구성원 상호 간의 관계는 계약에 근거하지 않고 헌신에 기초하며, 공동체는 구성원들을 하나로 묶어 주고 또 이들을 공유된 가치, 신념, 감정으로 결속시킨다. 학교공동체가 만들어질 때 교사와 학생들은 독특하고 지속적인 정체감, 소속감, 연대감을 공유하게 된다.

학교의 공동체 규범은 전문직으로서 교직의 규범과 상당히 일치한다. 최선의 방법을 사용하여 수업실제에 헌신하는 것은 새로운 변화에 뒤떨어지지 않기 위해서 자신의 가르치는 방법을 연구해서 개선하며, 새로운 아이디어를 실험하는 것을 의미한다. 이러한 헌신은 학교를 배움공동체로 전환시킨다. 배움공동체에서는 교사, 학생, 학부모 등 모든 구성원들이 서로 배우면서 함께 성장한다.

배움공동체로서 학교는 구성원들이 높은 소속감과 강한 정체감을 가지고 학교목표 달성을 추구하며, 이를 달성하기 위해서 구성원들 간에 교수-학습활동의 협력과 산출 결과를 공유, 지속적인 성장과 능력 계발을 장려하는 신념체계를 지닌다. 이러한 배움공동체에서는 교사와 학생 모두가 학습할 수 있고 자기주도적인 학습과 협력 학습을 촉진하는 조건을 탐색하며 이를 제공하는 것을 강조한다(주철안 역, 2004; Sergiovanni, 1994).

3. 학교의 조직특성

학교와 다른 조직 간의 가장 중요한 차이점은 학교가 담당하는 업무는 인간적인 측면이 집약되어 있다는 점이다. 학교조직에서 길러 내는 산출물은 사람이고, 그 과정에서 대상인 사람을 다루어 나간다는 점에서 학교는 인간적인 조직이다. 더욱이 대부분의 조직들은 기계와 기술에 의존하지만 학교는 교사를 중심으로 하는 노동집약적인 특성을 보인다. 학교조직의 일반적인 특성은 다음과 같다.

1) 목표

조직은 산출하거나 도달하고자 하는 바람직한 상태를 목표로 제시하고, 이 목표를 성취하기 위해서 여러 가지 활동을 수행한다. 조직은 설정한 목표를 보다 효과적으로 달성하기 위해 조직의 활동을 조정하는 전략을 세운다. 특정한 조직을 지원하는 외부 집단들은 조직이 표방한 목표를 달성하지 못할 때 조직에 대하여 압력을 가한다. 학교조직이 설정한 목표들은 일반적으로 분명하게 제시된다. 학교에 들어온 학생들을 교육하는 목표들을 제시한다. 그러나 학생들을 교육하는 것이 무엇을 의미하는가를 질문할 때 쉽게 논쟁에 빠질 수 있다. 교육의 목표는 매우 다양하며, 복잡하고 미묘하다. 때때로 두 가지 목표들이 상치될 수도 있다. 예컨대, 학생들에게 보다 많은 지식과 정보를 가르치는 것이 중요한 것으로 간주되는 반면에, 학생들의 호기심을 자극하고 자발적으로 생각하고 탐구할 수 있는 능력을 키우는 것도 중요하다. 특정한 수업시간에 이와 같은 두 가지 목표가 갈등을 일으킬 수 있다. 학생을 교육하는 학교에서 일상적으로 다원적이고 실제적인 면에서 모순이 되는 목표들을 추구하고 있다.

더욱이 모든 조직은 설립 목적에 비추어 내세우는 공식 목표뿐만 아니라 그 이외의 목표들을 갖고 있다. 조직 내외의 위협에 대처할 수 있는 수단적인 목표도 공식적인 목표만큼이나 중요하다. 그러나 때로 이런 수단적인 목표가 조직이 추구해야 할 공식적인 목표를 대치하는 경우가 있다. 예컨대, 학교의 가장 중요한 수단적인 목표는 학생들의 질서를 유지하는 일이다. 학생들은 사회화되어 가는 과정에 있으며, 법적인 강제력에 따라 학교에 취학해야 하고, 교육적인 기대나 사회적인 기대가 매우 다른 학생들도 있다.

학교는 또한 주위의 지역사회에서 미치는 영향력과 압력에 맞서서 어느 정도 독자성을 유지해야 한다. 학교는 공식적인 목표, 학생들의 질서를 유지해야 하는 임무, 지역사회의 지원을 확보해야 하는 여러 요구를 잘 조화시켜야 한다. 학교가 효과적으로 운영되기 위해서는 학교의 목표가 분명하고 명료하게 제시되어야 하며, 구성원들에게 잘 전달되고 공유되어야 한다. 학생, 교사, 행정가, 학부모들이 학교가 성취하고자 하는 목표를 분명히 이해하고 이를 공유해야 한다.

Boyer 등(1983)은 미국의 고등학교가 지녀야 할 네 가지 교육 목표를 다음과 같이 제시하고 있다.

- 모든 학생이 비판적으로 생각하고 숙련된 언어를 통하여 자기 생각을 효과적으로 전달할 수 있는 능력을 개발해야 한다.
- 모든 학생이 모든 인류에게 공통적인 체험을 기초로 하는 중핵 교과과정을 통하여 자신, 인류의 유산, 자신이 살고 있는 세계에 관해서 배우도록 도와야 한다.
- 모든 학생이 개인적인 적성과 흥미를 개발하는 선택과목들을 통하여 직업과 상급단계의 교육에 대비해야 한다.
- 모든 학생이 학교와 지역사회 봉사를 통하여 사회인이자 시민으로서의 임무를 수행하도록 도와야 한다.

　우리나라의 「초·중등교육법」에는 각급 학교별로 교육의 목적이 규정되어 있다. 법규에서 규정한 교육목표, 개별학교에서 설정한 교육목표, 학교 구성원들이 인식하는 학교의 목적은 근본적으로 교육활동을 통한 학생의 바람직한 변화를 상정하고 있다. 학교는 이러한 교육목적을 달성하기 위해 다양한 활동과 업무를 수행하고 있다.

2) 기술

　조직은 기술을 사용하여 투입된 원자료를 산출품으로 변화시켜 조직 외부에 공급한다. 모든 조직에는 고유하게 사용하는 중요한 기술이 있다. 이 기술은 원자료를 바람직한 목표 또는 산출물로 변화시키는 활동이다. 조직이 사용하는 기술은 기술의 전문성과 복잡성의 정도가 서로 다르다. 식품업계에서 제품을 만드는 기술은 비교적 단순하다. 반면에 학교에서 사용하는 기술은 교과지도 및 생활지도와 같은 활동으로서 훨씬 복잡하고, 정형화되어 있지 않으며, 예측하기가 매우 어렵다. 학교조직에서 사용되는 핵심적인 기술은 교수활동이며, 교수활동이 원활하게 이루어지기 위해서는 여러 가지가 고려되어야 한다 (Bolman & Deal, 1984).

- 학습자에 대한 개념
- 구체적인 학습 목표
- 교수-학습 전략
- 학생이 필요로 하는 교수-학습 활동과 학습 결과에 대한 평가활동
- 구체적인 결과를 가져오는 상황에 대한 지식

　학교에서 교수활동의 대상이 되는 학생들은 매우 가변적이다. 학생들은 문화적인 배경, 가정의 사회·경제적 배경, 개인의 정서적·인지적인 특징 등의 면에서 다양한 차이가 나며, 이는 학생들의 교육 과정에 많은 영향을 미친다. 우리나라에서도 고교 평준화 실시 이후로 학습집단의 학력차와 학습준비 수준의 격차로 인해 고등학교 교육의 수월성이 저하되고 있다는 비판을 받고 있다. 교육자들이 알고 있는 학생의 학습과정도 그다지 충분하

지 못하다. 특정 집단에 대한 보다 우수한 교수방법이 개발되고 활용되고는 있으나, 일련의 공학기술을 활용하는 것과 같은 방법으로 특정한 기술을 모든 학생에게 신뢰성 있고 적합하게 적용할 수는 없다. 더욱이 학교의 기술이 성공적으로 활용될 때와 그렇지 않을 때를 판단하기도 대단히 어렵다. 학생들이 배운 것을 일 년 후에 기억하고 있는지를 검사하기도 어려울 뿐 아니라, 그들이 성인이 되어 이러한 지식을 필요로 할 때 기억하고 있는지를 교사들이 알아내는 것은 거의 불가능한 일이다. 많은 학습 내용들은 그 자체가 목적이 아니라 보다 고도의 지적 능력을 개발하기 위한 기초로서 추구되고 있다. 예컨대, 수학을 배움으로써 논리적인 능력이 개발되고 논술을 통해서 창의성이 길러진다고 기대된다. 그러나 이러한 능력을 어떻게 신뢰성 있게 평가할 것인가?

　기술은 학교에서 주요한 문제다. 학교는 보편적으로 효과적인 기술과 활용하는 방법을 통해 얼마나 성공했는지 또는 실패했는지를 측정할 수 있는 신뢰로운 평가방법이 없는 상태에서 다양한 학생들을 가르치는 임무를 담당하고 있다. 학교에서 활용하는 기술의 특성이 막연하고 때로는 갈등을 야기하는 교육의 목표들과 결합되어 논쟁을 가져오는 상황이 많다. 학교가 활용하는 기술의 특성으로 인해 다양한 교육목표들 간에 갈등이 조장된다. 따라서 일선 학교에서는 달성하기 어려운 수업목표를 희생하고, 대신 보다 분명한 질서 유지 목표에 자원을 집중하기 쉽다.

　조직으로서 학교의 기술을 개념화할 때 겪게 되는 한 가지 어려움은 학생의 지위에 대한 규정이다(성병창 역, 1995). 학교에서 학생은 작업의 대상으로 간주되거나 또는 권리와 의무를 지닌 조직구성원으로 간주될 수 있다. 학생을 학교에서 받아들이는 원료 또는 객체로 여길 때, 학교는 목표를 달성하기 위해 학생을 대상으로 하여 작업하는 조직이다. 이는 공예가가 생가죽을 가지고 유용한 물건을 만드는 것과 같다. 학생은 조작의 대상이며, 학교의 구성원은 성인인 교사와 직원으로 제한된다. 조직의 구성원들인 성인은 학생보다 많은 지식을 가져야 하며, 학생들은 성인들의 지도에 순응하고 따라야 한다. 반면에 학생을 주체로 여기는 경우, 학교는 결과를 얻기 위해 학생과 함께 활동하는 곳이다. 이는 정원사가 묘목이 자라는 데 최선의 환경을 제공하는 것과 같다. 학교에서 학생은 자신의 발달에 유용한 경험을 선택할 때 실질적인 역할을 한다. 학생은 자신들의 관심사를 요구할 수 있는 조직구성원으로 고려된다. 학교는 학생의 지적, 정서적, 행동적인 여러 측면에 영향을 미친다. 이런 점에서 학교는 인간지향적인 조직이다.

3) 구조

조직의 기술은 다원적인 목표뿐 아니라 사회구조의 영향을 받아 형성되기도 한다. 만일 조직의 주요 기술과정이 잘 이해되고 관례적이라면 이 기술과정은 여러 개의 작은 표준화된 운영과정으로 분리되며, 상층부에서 이루어진 의사결정을 기술 수준이 낮은 많은 종업원들이 수행하는 집권화된 계서제의 조직 구조 형태를 갖게 된다. 그러나 학교조직은 활용하는 기술이 이해되기 쉽지 않고 원재료인 학생들이 가변적이라는 특성 때문에 운영의 표준화가 이루어지기 어렵다. 따라서 학교조직의 구조는 분권화되며 납작한 형태를 갖게 된다. 조직의 실제 업무를 수행하는 교사들은 상대적으로 크고 다양한 임무를 수행하기 때문에, 개개의 특정한 사례 속에서 필요에 따라 대처하는 방법을 적절히 활용해야 하고, 독자적으로 중요한 사항을 결정할 수 있는 권리를 부여받는다.

학교에서는 한 교사가 일 년 동안 한 집단의 학생들을 가르친다. 담임교사는 다른 교사들과 조정의 필요성을 별로 느끼지 않고 독자적으로 학급을 운영해 나간다. 주어진 과목을 동일한 학생들을 대상으로 일 년 동안 자신의 개성과 판단력을 활용하면서 가르치는 상당히 포괄적인 임무를 담당한다. 교사들은 어느 정도 동료나 학교행정가의 감독이 없이 자신의 교수 내용이나 교수 방법을 펼칠 수 있는 자율성을 가진다. 이런 경우에는 학교의 다원적인 목표에서 발생할 수 있는 긴장을 완화시킬 수 있다. 서구와 다르게 우리나라의 일선 초 · 중등학교에서는 표준화된 교육과정지침서가 개발되어 각 수업의 내용뿐 아니라 수업방법까지도 처방해 주고 있기 때문에 교사의 자율성이 상당히 제한되어 있다.

4) 환경

조직은 조직이 처한 환경으로부터 끊임없이 영향을 받는다. 조직이 환경으로부터 받는 영향의 정도와 내용은 환경이 어떠한가에 따라 다르게 나타난다. 또한 조직은 환경으로부터 받는 영향에 대해 여러 가지 방식으로 대처한다. 환경은 조직에 원자료를 제공하며, 조직의 산출품을 수용한다. 학교는 지역사회에서 학생들을 받아들여 교육시키고, 교육을 끝낸 졸업생들을 지역사회에 내보낸다. 조직과 환경 사이에는 경계가 있지만 이 경계는 완전히 분리된 것이 아니라 유동적이다. 학교는 개방체제로서 외부환경으로부터 많은 영향을 받으며, 외부환경과의 상호작용 속에서 존재한다.

학교의 외부환경은 학교 경영이나 운영 전반에 영향을 미치기 때문에 학교조직이 외부환경에 어떻게 적응하느냐가 학교의 효과적인 운영과 유지 발전에 중요하다. 조직의 환경은 불확실성과 자원의 의존성의 정도에 따라 구분된다. Emery와 Trist(1965)는 환경을 복잡성과 변화율의 특성에 두고 평온적-무작위적 환경, 평온적-집약적 환경, 혼돈적-반응적 환경, 격동의 장으로 구분하였다. 우리나라의 경우는 일반적으로 평온적-집약적 환경에 가깝다고 볼 수 있으나 점차적으로 혼돈적-반응적 환경으로 바뀌어 가고 있다고 보인다. 특히 대도시의 신도시 개발지역 학교, 그리고 도서벽지의 소규모 학교의 경우에는 환경의 변화에 대한 압력을 강하게 받고 있다. 고등교육기관의 경우에도 교육시장의 개방에 따라 학교를 둘러싼 환경의 변화는 격심해지고 있다.

Hoy와 Miskel(1987)은 환경의 복잡성과 안정성에 따라 조직의 구조를 다르게 처방하고 있다. 첫째, 단순하고 안정된 환경에서 조직은 집권화된 행정구조를 갖게 되고 표준화된 작업과정을 추구한다. 둘째, 복잡하고 안정된 환경에서는 어느 정도 분권화된 관료적 구조가 적절하다. 셋째, 단순하고 불안정한 환경에서는 집권적이지만 다소 융통성 있는 구조가 적절하다. 넷째, 복잡하고 불안정한 환경에서는 분권화된 구조가 적절하다.

실제적으로 학교조직에 대한 영향은 조직 내외에서 다양하게 제기될 수 있다. 즉, 학부모의 요구와 지역사회, 혹은 상급교육행정기관에서 영향을 받을 수 있다. 조직이 집권화되어 있고 계서제의 형태를 갖추고 있으며, 기술적인 과정이 관례화되어 있고 모호하지 않다면 조직들은 환경에 쉽게 대처해 나갈 수 있다. 교사들에 대한 사항은 학교장이, 학교장에 대하여는 교육행정당국이 책임지는 관료체제가 구축되어 있다. 교육구에 따라 조직을 실제로 운영하는 다양한 패턴이 형성된다. 이러한 패턴들은 교육목표에 대한 인식, 주어진 학생들을 가르치는 기술의 필요성, 그리고 환경의 압력과 같은 다양한 요인에 의해 형성된다. 또한 특정한 학교에서 일어나는 사건들을 이해하기 위해서는 교육목표, 기술, 구조, 환경의 압력 등 요인 간의 상호작용을 고려해야 한다.

성공적인 교사가 되기 위해 학교의 교사들은 상상력이 풍부하고, 비전통적이고, 융통성 있는 방법을 자주 활용해야 한다. 이런 압력으로 인해 학교는 교사와 학생들이 여러 가지 방법으로 그들의 학습방법을 자유롭게 활용하도록 격려한다. 이 경우 융통성 있는 조직구조가 요청된다. 반면에 학교에서 질서 유지나 학부모 불만 문제가 발생할 때 교육행정당국에서는 학교에서 이런 문제를 신속하게 처리할 것을 요청한다.

5) 권위

공식조직에서 목표를 행동으로 옮기는 주된 수단이 권위이다. 교실 상황에서 권위관계를 엄밀히 연구하다 보면 학교의 긴장이 일상적인 활동으로 표출되는 것을 볼 수 있다. 교장과 교사들은 타인들이 조직의 목표를 달성하는 활동에 참여하도록 지시함으로써 목표를 성취한다. 교장과 교사들은 학교의 목표를 달성하는 공식적인 책임과 다른 사람들이 그들의 역할을 수행하고 있는가를 감독하는 권한을 갖고 있다는 점에서 권위를 갖는다. 상급자는 지시할 수 있는 권한을 갖고 있고 하급자는 복종할 의무를 지고 있다는 점에서, 권위는 다른 지시복종관계와 구별된다. 여기서의 권한과 의무는 상호작용하는 사람들이, 그들이 신봉하는 도덕적인 질서를 위해 봉사해야 하는 위치에 놓여 있다는 사실에서 발생한다.

학교는 젊은이들을 다루며, 젊은이들은 연령이 높은 사람들을 신뢰해야 한다는 가정을 강화하는 체험을 하게 된다. 학생들은 상하관계에서 하급자 집단에 속한다. 학교에서 학생들은 주로 교수활동의 객체로서의 위치에 있으며, 학생들이 교사의 지시에 순종함으로써 얻는 외부적인 보상은 그렇게 많지 않다. 학교에서의 좋은 성적이 특정한 일부의 학생에게는 보상이 되지만, 많은 다른 학생들은 낮은 점수를 받게 된다. 자신의 학업 성적에서 보상을 기대하지 않는 상당한 수의 학생들도 있기 마련이다. 특히 강제적인 의무감에서 학교에 다니는 학생이 학교에서 받는다고 느끼는 보상이 점점 작아지면, 이런 학생들은 학교의 도덕적인 질서에 대한 열정과 신념에서 벗어나 학교의 권위체제를 수용하지 않을 수도 있다.

4. 학교조직의 구조

우리나라 초·중등학교의 조직은 관료적인 특징과 전문적인 특징을 함께 갖고 있는 이원적인 특성을 보인다. 관료적인 특성은 교육활동을 지원하는 교무분장의 업무수행과 밀접하게 연관되어 있고, 전문적인 특성은 교사의 교수-학습활동과 밀접히 관련된다.

1) 관료적인 특성

우리나라 초·중등학교의 관료적인 특성은 다음과 같다. 학교는 교과의 전문화를 위하여 교사자격증제도를 도입하고 있으며, 사무관리를 위하여 교무, 연구, 학생업무 등과 같이 업무를 분화해서 처리하고 있다. 학교조직의 업무 분화에 따라 이를 조정하기 위하여 교장-교감-부장-교사로 구성원들의 업무를 수직적으로 분화시키고, 이러한 상하의 위계에 따라 권한과 직위를 배분하였다. 업무의 수행 및 운영절차에서 통일성을 확보하기 위해 복무지침, 내규, 업무편람 등을 규정하여 교직원들의 행동을 규제한다. 권한은 직위 및 직무에 따라 합법적으로 주어진다. 교사의 채용은 자격증을 취득한 자들 중에서 전문적인 능력을 기초로 하여 경쟁으로 선발한다. 승진은 경력과 같은 연공서열주의가 기본이 된다. 학교의 이와 같은 특징은 관료제 모형의 기본적인 요소인 권한과 계층, 분업화, 규칙 및 절차의 활용, 몰인정, 기술적인 능력 존중 등의 요소를 갖고 있다. 특히 학교조직에서도 사무분장을 관장하는 부서에서는 관료적인 특성이 보다 분명하게 드러난다. 학교조직을 연구한 학생들은 학교의 관료적인 특성을 다음과 같이 설명한다.

"흔히들 학교는 다른 조직에 비해 계서제가 덜하다고 말한다. 그 말은 어느 정도 타당성이 있는지 모른다. 그러나 자그마한 학교 안에도 다른 조직과 마찬가지로 엄격한 위계질서가 있고, 능률적인 일의 수행을 위해 조직 내의 분업화도 세세한 부분까지 이루어져 있다. P여중은 교장, 교감선생님을 포함해서 54명이고, 그 외 직원은 11명이다. 학생 수는 학년별로 10개 반에 1,500여 명이다. 이 학교의 운영은 교무부, 연구부, 학생부를 포함한 9개 부서로 이루어진다. 이 학교운영부서는 실제적인 업무를 처리할 때 하나의 진행

질서가 된다. 예를 들어, 과학부에 소속된 한 교사가 시청각 수업을 계획했다면, 먼저 과학부 부장교사의 허락을 받은 다음 학교 내 행사를 담당하는 교무부장의 동의를 받고, 이 계획안이 과학부장을 통해 교감, 교장선생님의 결재를 받은 후 서무부와 협의하여 필요한 재정을 얻게 된다. 이 경우는 구체적인 사업내용이 작성된 후 위로 결재를 받고, 다시 아래로 내려와 실행되는 예이다. 반면에, 교장선생님의 지시에 따라 이루어진 경우는 교장 → 교감 → 각부 부장 → 교사의 방향으로 의사가 전달되며, 이에 따라 관련된 부서에서 구체적인 사업내용과 시행시기를 연구한다. 예를 들면, 교장선생님이 학교에 컴퓨터교육을 강화할 계획을 세우고자 할 때 교감선생님에게 지시하고, 교감선생님은 교무부장 및 연구부장과 상의하여 컴퓨터 구입 및 자료 구입에 관련된 기기, 수량, 비용 등의 관련 자료를 행정실에 통보하고, 행정실에서는 이를 다시 교장선생님에게 보고, 결재를 받은 후 컴퓨터를 구입하고, 관련된 연구부서에서 담당교사들을 통하여 컴퓨터를 실제로 활용하게 된다."

2) 전문적인 특성

학교조직은 다른 조직과는 달리 교수활동에 대하여 통제하기가 어렵다. 교육 목표를 달성하는 데는 교사 개인의 전문성, 창의성, 자율성이 중요한 요소이기 때문에 이를 관료적인 방식으로 통제할 수 없다. 따라서 교사들의 교육활동에 대한 조정활동이 거의 없으며, 오히려 교사들의 자율적이고 전문적인 판단과 결정에 위임하고 있다. 학교행정가는 교사들의 수업활동에 대한 직접적인 권한을 갖지 못하고, 학습지도안이나 계획서 등 학습에 대한 감독체제는 있으나 학습 현장에 대한 지도감독은 거의 이루어지지 않기 때문에 구성원들의 전문성, 윤리성이 크게 요구된다. 중등학교의 경우 학교조직은 국어과, 영어과, 수학과 등과 같은 교과별 협의회 조직이 설치되어, 교과담당교사들 간에 교과내용, 학생평가, 교수방법 등에 대한 연구가 이루어진다. 교과담당교사는 전문가의 위치에서 교과내용을 중심으로 학생들을 가르치는데, 전문적인 지식과 기술을 바탕으로 한 전문성과 자율성, 윤리성이 강조된다.

학교의 기본적인 활동인 교수활동은 업무처리 과정에서 구성원들 간의 상호의존성, 직무의 복잡성, 직무수행과 관련한 불확실성이라는 세 가지 요소가 모두 높다는 특성을 지닌다(Mohrman, Lawler, & Mohrman, 1992).

첫째, 교수활동은 교사들 간의 상호의존성이 매우 높다. 상호의존성은 조직에서 산출품의 생산 또는 서비스 전달과정에서 개인이 다른 사람과 협력해야 하는 것을 가리킨다. 상호의존성이 높을 때 개인적인 방식보다는 팀제가 업무 설계에서 유리하다. 상호의존성이 낮을 때는 직무확장이나 개인이 담당하는 직무를 구조화시키는 방식이 유리하다. 중등학교에서는 교과별로 교수활동이 이루어지기 때문에 개인적인 특성도 있지만, 동일한 집단의 학생들을 여러 사람이 가르치기 때문에 상호의존성이 매우 높다.

둘째, 교수활동은 직무의 복잡성이 매우 높다. 직무의 복잡성이 높을 때 개인 또는 팀 수준에서 직무확장을 필요로 하며, 복잡성이 낮을 때 단순한 직무와 보상제도가 필요하다. 교수활동은 복잡한 지식과 기술을 필요로 한다. 교사는 가르치는 내용에 대해서 뿐만 아니라, 내용을 전달하는 교수방법, 학생들의 다양한 특성, 교수 과정, 교실에서의 집단활동 등에 대해서 전문성을 지녀야 한다. 직무활동의 복잡성이 높을 경우에 고참여관리방식이 필요하다.

셋째, 교수활동은 직무수행과 관련한 불확실성이 매우 높다. 직무수행의 불확실성은 직무를 최선의 방식으로 처리하는 데 필요한 정보의 정도이다. 직무의 불확실성이 높을 때 개인은 직무수행에 대한 상당한 재량권이 필요하다. 특히 불확실성을 줄이기 위해 여러 경로를 통한 정보를 필요로 한다면 집단적인 참여 전략이 필요하다. 교육활동은 높은 불확실성의 감소를 필요로 한다. 개별 학생들은 다양한 능력과 인지방식을 가지고 학습활동에 참여한다. 학생들의 정서적인 상태와 활동에너지는 매일 달라질 수 있다. 교수활동 기술도 완전하게 이해되지 않았고, 학생에 따라 효과적인 교수방법도 다르다. 학생에 대한 여러 가지 사항들을 파악하기 위해서는 여러 교사들이 함께 정보를 주고받는 협력이 필수적이다. 이와 같은 교수활동의 특성에 비추어 볼 때 학교조직의 운영을 위해서는 구성원들의 참여를 허용하는 분권적인 운영시스템이 보다 적합하다.

3) 다원적인 구조

우리나라 중등학교는 학교 전체의 업무를 책임지는 교장과 교감, 실제 학생의 지도업무를 담당하고 있는 교사, 이 양자를 연결하는 부서별 부장교사의 세 층으로 구성되어 있다. 이러한 학교조직의 구조를 보다 기능적으로 구분하면 교장-교감-학급담임으로 이어지는 구조, 교장-교감(수석교사)-교과담임으로 이어지는 구조, 교장-교감-부장교사-교사로 이어지는 구조, 그리고 각종 회의 및 위원회 구조로 나눌 수 있다(김성렬, 1993).

첫째, 교장-교감-학급담임으로 이어지는 구조는 학교조직의 주된 관리조직으로서 주로 학교의 경영 및 관리기능을 수행한다. 교장은 학교를 운영·관리하며, 교감은 교장을 보좌하고, 학급담임은 학급을 경영하고 관리하는 업무를 수행한다. 즉, 학급담임은 학급의 환경, 시설, 분단편성 및 학생의 좌석배치, 학생 관련 업무처리, 학생생활지도 등의 업무를 수행한다. 학급담임은 학급학생들의 학습활동이 원활하게 이루어질 수 있는 여건을 조성한다.

둘째, 교장-교감(수석교사)-교과담임으로 이어지는 구조는 교수-학습활동을 수행하는 교수-학습조직에 해당한다. 교과담임으로서의 교사는 학교조직의 핵심요원으로서 학교의 목적달성을 위한 직접적인 활동을 수행한다. 즉, 교과담임은 각 과목별 전문교사로서 학생들을 가르치는 역할을 담당한다. 교과담임교사는 전문가로서 전문적인 지식과 기술을 바탕으로 학생을 지도한다.

셋째, 교장-교감-부장교사-교사로 이어지는 계층적 구조는 학교의 행정기능을 수행하는 교무분장조직으로서, 학교를 관리·운영하는 데 필요한 교무, 연구, 학생 등 각종 업무를 담당하는 구조이다. 이 구조에서 교사는 학교의 사무분장조직의 특정부서에 소속되며, 소속된 부서에서 상급자인 부장교사의 지시를 따르게 된다. 이러한 사무분장부서에 소속된 교사는 전문가로서보다는 행정담당자로서 보다 관료적인 특성에 따르게 된다.

넷째, 교장의 자문기구 또는 실제적인 학교운영기구로서 교내외 인사들로 구성된 각종 위원회를 들 수 있다. 이러한 운영구조로는 최근에 학부모, 교장, 교사 등으로 구성된 학교운영위원회, 전체교직원회의, 기획위원회, 인사위원회 등을 예로 들 수 있다. 이러한 학

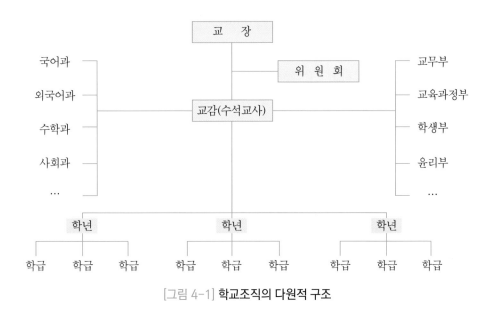

[그림 4-1] **학교조직의 다원적 구조**

교조직의 주요 구조 이외에 학교조직의 사무행정지원구조로서 행정실이 설치되어 있으며, 전문적인 지원기술구조로서 상담실, 보건실, 도서실이 있다. 학교조직의 다원적인 기능적 구조는 [그림 4-1]로 나타낼 수 있다.

4) 학교조직 구성원의 권한과 직무

　학교경영의 전문화는 학교의 교육활동이 충실하고 효과적으로 이루어지기 위해 수평적으로는 교육활동 및 사무분장에서 전문화를 기하고, 수직적으로는 교장, 교감, 부장교사, 교사, 일반직 간의 역할을 분화하여 전문성 있고 원활하게 조정되어야 한다. 이러한 학교조직 구성원들의 계층에 따라 학교경영의 전문성은 달라야 한다. 학교조직 구성원들의 일반적인 권한과 직무는 다음과 같다.

(1) 교장 및 교감
　학교장은 조직을 경영하고 관리하는 책임을 지고 있다. 학교장은 전체 조직을 파악할 수 있는 능력이 필요하며, 소속 교직원을 이끌 수 있는 지도력, 의사결정능력, 조직 및 인사관리 능력, 교내 장학능력과 대외관계 등 일반적인 관리능력이 필요하다. 법령에 나타난 학교장의 직위에 따른 직무와 권한은 「초·중등교육법」 제20조 1항에 "교장은 교무를 통할하고 소속 교직원을 지도·감독하며 학생을 교육한다."라고 규정되어 있다. 학교장의 직위에 따른 직무와 권한은 교무통할에 관한 사항, 소속 교직원 감독에 관한 사항, 학생교육에 관련된 사항이다.

학교장의 교무 통할권은 학교교육계획의 수립, 지도, 집행과 학교의 시설관리 및 활용, 학교의 재무 및 회계 등에 관한 사항이다. 학교장의 교직원 지도감독권은 교원 및 일반직원의 복무 감독, 법령에 따라 위임된 임용권(근무평정, 주임교사 임용, 담임 및 사무분장, 전보와 포상의 내신)의 행사, 근무 감독 및 학생교육에 관한 지도이다. 끝으로, 학생교육에 관한 사항은 학생의 입학 및 퇴학, 학교수업의 시작과 종료, 비상시 학교의 휴무, 졸업증 수여, 각종 표창 및 징벌, 학생훈화 및 생활지도, 교사지도, 학급편성 및 특별활동 운영 등이다.

학교장과 함께 단위학교의 상층부를 형성하는 교감에 대해서는 「초·중등교육법」 제20조 2항에 "교감은 교장을 보좌하여 교무를 관리하고 학생을 교육하며, 교장이 부득이한 사유로 직무를 수행할 수 없는 때에는 그 직무를 대행한다."라고 되어 있다. 이 규정에 따르면 교감은 직접 교장을 보좌하며, 교장으로부터 위임된 범위 내에서 제한된 권한을 행사할 수 있다.

(2) 수석교사 및 부장교사

수석교사는 「초·중등교육법」 제19조에 의거해 각 학교에 배치할 수 있도록 제도화되었다. 수석교사는 교사의 교수·연구활동을 지원하며, 학생을 교육하는 임무를 담당한다. 구체적으로 수석교사는 학생을 가르치는 주당 수업시수를 줄이고, 대신에 동료교사들의 교수활동에 대한 지도 조언의 기능과 교과과정 개발 등 동료교사의 연구활동에 대한 지원 업무를 담당한다. 수석교사는 학교별로 1명씩 두되 학생 수가 100명 이하인 학교 또는 학급 수가 5학급 이하인 학교에서는 수석교사를 두지 않을 수 있다. 또한, 수석교사는 학급을 담당하지 않지만 학교 규모 등 여건에 따라 학급을 담당할 수도 있다. 따라서, 수석교사는 담당하는 직무의 내용이 다양해지고 직무에 대한 권한과 자율성이 강화되고 보수도 향상됨으로써 교단교사로서의 만족감과 성취감이 높아지게 되었다.

부장교사는 학교조직에서 중간관리층을 형성하므로 업무관리능력, 업무조정능력, 인간관리능력 등을 필요로 한다. 학교조직에서 부장교사는 각 부문의 전문가 집단의 대표로서 부서의 기획, 입안, 연락, 지도 조언 등의 역할을 담당한다. 부장교사는 학교조직의 주된 구성원인 교사들의 전문성과 관련하여 이들을 지도 조정해야 하기 때문에, 이들에게는 상당한 정도의 전문성과 자율성이 요청된다.

현재 우리나라는 학급 수에 근거하여 부장을 두고 있다. 부장교사 임용규정에 따르면 중등학교의 경우 학급 수가 18학급 이상일 경우, 각 학교 종별에 공통적인 교무부장, 연구부장, 학생부장, 학년부장, 윤리부장, 환경부장, 과학부장, 체육부장, 진로상담부장, 교육정보부장 등을 둔다. 부장교사는 교장의 명을 받아 부서별로 담당한 업무를 책임진다.

부장교사들 중에서 교무부장이나 학생부장 등은 동 부서에 소속된 교사들에 대하여 계층상으로 상사의 위치에 있기 때문에 부장교사와 평교사는 직무상 상하관계에 놓인다. 그러나 교수기능에서의 교과부장교사와 학급관리기능에서의 학년부장교사는 일반교사들보다 위계상으로 높은 상사의 위치라기보다는 다른 교사들의 대표자로서의 성격을 지닌다. 예컨대, 국어과 부장교사는 다른 국어교사를 지휘·통제하는 위치에 있다기보다는 다른 교사들을 대표하여 이들의 의견을 수렴하여 교장, 교감에게 전달하고 교장, 교감의 지시를 교사들에게 전달하는 역할을 담당한다. 또한, 학년부장도 해당 학년의 학급담임들의 대표자로서의 위치를 갖고 있다. 학교조직 중 사무관리조직은 교장-교감-부장교사-교사로 관료적인 특성을 지닌 여러 계층이 있지만, 교수조직이나 학급관리조직은 교장-교감-교사로 전문적인 특성을 지닌 납작한 계층구조를 갖는다.

(3) 교사

교사는 학교에서 교과담임으로서의 교수기능과 학급담임으로서의 관리기능, 사무행정담당자로서 부서 구성원의 행정지원기능, 그리고 학교운영에 관련된 각종 위원회 조직의 구성원 등 여러 가지 기능을 수행한다. 이 중에서 대부분의 교사는 앞의 세 가지 기능을 동시에 수행한다. 중등학교에서는 학급담임을 맡지 않고 교과담임만 맡은 경우는 두 가지 기능만을 수행하는 경우가 많고, 그 외의 모든 교사와 초등학교 교사들은 최소한 세 가지 역할을 수행한다. 이는 대부분의 학교에서 모든 교사를 사무분장조직에 참여시키기 때문이다. 초등학교의 경우에는 학급담임이 주로 특정한 교과만을 담당하지 않고 일반적으로 전과목을 담당하고 있지만, 점차 예체능을 중심으로 교과전담교사가 배치되고 있다.

교과담임으로서 교수기능을 수행할 때에는 주로 전문적인 요소가 많이 작용하고, 학급담임으로서 관리기능을 수행할 때에는 전문적인 요소와 관료적인 요소가 모두 작용하고, 사무직으로서 행정기능을 수행할 때에는 주로 관료적인 요소가 많이 작용한다. 따라서 교과담임과 학급담임을 교사가 담당하는 것은 당연하다고 볼 수 있지만, 사무행정업무까지 교사가 담당하는 것은 교사의 전문성을 저하시키는 요인이 된다. 대학에서 학장, 학과장 등 소수의 보직교수 이외에 모든 교수들이 교수와 연구업무에 전념함으로써 교수의 전문성 향상에 기여하는 것처럼, 초ㆍ중등학교에서도 사무분장조직의 행정기능을 사무직원에게 맡기는 방안이 필요하다.

(4) 행정직원 및 지원인력

학교조직의 기본적인 교수-학습활동을 지원하기 위해 지원인사들이 있다. 이 들 중에서 주요 직원들은 행정실에 근무하는 행정직원들이며, 이외에 경비직원, 의료직원, 청소원, 식당직원 등이 있다. 서구에서는 학교재구조화 운동을 통해 학교의 교수활동 향상을 위해 수업활동과 관련한 장학담당자, 교육과정 및 평가담당자, 상담자 등의 역할이 중요하게 부각되고 있다.

(5) 학교운영위원회

현행 「초ㆍ중등교육법」(제31조)에서는 학교운영의 자율성을 높이고 지역의 실정과 특성에 맞는 다양한 교육을 창의적으로 실시할 수 있도록 하기 위해서, 국ㆍ공립 및 사립의 초등학교ㆍ중학교ㆍ고등학교 및 특수학교에 학교운영위원회를 구성ㆍ운영하도록 하였다.

학교운영위원회는 당해 학교의 교원대표, 학부모대표 및 지역사회 인사로 구성하며, 학교운영위원회의 구성ㆍ운영에 관하여 필요한 사항은 국립학교는 대통령령으로, 공립학교는 대통령령이 정하는 범위 안에서 시ㆍ도의 조례로, 그리고 사립학교는 대통령령이 정하는 범위 안에서 정관으로 정하도록 하였다. 학교운영위원회의 위원은 7~15인의 범위 안에서 학교의 규모 등을 고려하여, 당해 학교의 학교운영위원회 규정으로 정한다. 운영위원회 위원의 구성비율은 당해 학교의 학부모를 대표하는 자(학부모위원) 40~50%, 당해 학교의 교원을 대표하는 자(교원위원) 30~40%, 당해 학교가 소재하는 지역을 사업활동의 근거지로 하는 사업자, 당해 학교를 졸업한 자, 기타 학교운영에 이바지하고자 하는 자(지역위원) 10~30%의 범위 안에서 규정으로 정한다. 다만 실업계 고등학교 운영위원회의 경우에는 학부모위원을 30~40%, 교원위원을 20~30%, 지역위원을 30~50%의 범위 안에서 규정으로 정할 수 있다.

당해 학교의 장은 운영위원회의 당연직 교원위원이 되며, 당연직 교원위원을 제외한 교원위원은 교원 전체회의의 직접투표로 교사 중에서 선출한다. 학부모위원은 학부모가 민주적 대의절차에 따라 학부모 중에서 선출하며, 지역위원은 학부모위원 및 교원위원이 협의하여 선출한다. 운영위원회는 위원장과 부위원장 각 1인을 두되, 교원위원이 아닌 위원 중에서 선출한다.

학교운영위원회는 다음과 같은 사항을 심의하는 기능을 갖는다. 학교헌장 및 학칙의 제정 또는 개정, 학교의 예산안 및 결산, 학교교육과정의 운영방법에 관한 사항, 교과용도서 및 교육자료의 선정에 관한 사항, 정규학습시간 종료 후 또는 방학기간 중의 교육활동 및 수련활동에 관한 사항, 초빙교원의 추천에 관한 사항, 학교운영지원비와 학교발전기금의 조성 운용 및 사용에 관한 사항, 학교급식에 관한 사항, 기타 대통령령 및 시·도의 조례로 정하는 사항이다. 학교의 장은 운영위원회에서 심의한 결과를 최대한 존중하여야 하며, 심의결과와 다르게 시행하고자 하는 경우에는 이를 운영위원회에 서면으로 통지하여야 한다.

5. 교수-학습조직

학교는 교육을 수행하기 위하여 특별히 조직된 교육조직이다. 학교를 구성하는 여러 조직구조에서 교수-학습조직은 학교의 목적과 직결되는 교수와 학습활동을 수행하여 교육효과를 창출하는 학교의 가장 본질적이고 핵심적인 조직이며, 다른 조직들은 이 교수-학습조직을 지원한다.

1) 교수-학습조직의 구조 요소

학교의 교수-학습조직은 교육활동의 목적과 교육활동의 단계 구분에 따라 구조화되어 있다. 학교는 학습목적을 나타내는 영역에 따라 교육과정별, 과목별, 특수목적별 등과 같이 횡적인 단위의 교수-학습조직과, 학습단계의 수준에 따라 학년별, 과정별, 수준별 등의 종적인 교수-학습조직으로 구성된다. 학교의 전체 교수-학습구조는 교수-학습활동의 목적(영역)과 단계(수준)에 따라서 횡적 그리고 종적으로 구성된 단위조직과 이들의 상호결합을 나타낸다. 즉, 교수-학습의 기본 구성요소인 교육과정의 내용과 수준의 결정, 학생배치의 결정, 교사배치의 결정과 이들간의 결합관계에 따라 교수-학습조직의 형태가 결정된다.

교수-학습조직의 구조 설계는 교육이론을 바탕으로 하여 학생들이 학습을 성공적으로 수행하여 최대한으로 성장하고 발전할 수 있도록 하는 데 목적이 있다. 교수-학습조직의 기본요소는 교육과정, 교사, 학생이다. 교수-학습조직은 학교교육의 목적을 달성하기 위하여 교사와 학생이 교육과정을 바탕으로 교수와 학습활동을 수행한다. 교수-학습조직의 상황요소에는 규모, 시설과 설비, 교수-학습방법, 시간표 등이 포함된다. 이 요소들은 내부 상황조건으로서 구성원의 활동을 규제하여 과업수행상의 관계 형성에 영향을 미친다(박병량, 1997).

2) 교수-학습집단의 조직

(1) 수직적 조직

학생들이 배우는 학습내용은 순서있게 배열되어야 한다. 학습내용을 학습자의 연령이나 능력과 같은 특성에 따라 어떻게 배열할 것인지를 결정해야 한다. 이와 같은 학습자 특성을 기준으로 하여 교수-학습조직은 학년제, 복수학년제, 무학년제로 구분된다. 학년제는 학생의 연령을 기준으로 교육과정을 편성하는 방식이다. 학년제에서 학습단계는 1년을 단위로 하는 학년이 되며 이는 학습 수준을 나타낸다. 학생은 학년별로 작성된 교육과정을 학년기간 동안 학습하고 난 후, 평가를 받아 그 결과에 따라 유급되거나 다음 단계의 학년으로 이동한다. 학년제는 연령에 따라서 어느 정도의 동질성을 확보하며 교육과정이 용이하다는 이점이 있는 반면에, 학생의 능력과 학습진도에서 개인차를 고려하지 못하는 단점이 있다.

복수학년제는 두 개 또는 세 개의 연속되는 학년의 학생으로 학습집단을 편성·운영하는 제도로서 학년제를 유지하면서 개인차를 허용한다. 여기서 학생은 각 교과진도에 따라 수업집단 내 2, 3개 학년의 교과 이수가 허용되며, 학생의 학습활동을 학년 수준의 기준보다는 학습자의 능력과 필요에 초점을 둔다. 복수학년제는 학생의 개인차에 탄력적으로 대응하는 이점이 있는 반면에, 연령 차이가 나는 학생들 간의 인간관계에서 문제가 발생할 수 있다.

무학년제는 학년제의 학년 수준을 없애고 학생의 능력이나 학습속도에 맞추어 다양한 학습집단을 편성·운영하는 제도이다. 무학년제는 교수-학습을 개별화시키고 학습성취도를 향상할 수 있는 이점이 있는 반면에, 무학년제를 효율적으로 개발하고 운영하기 위해서는 많은 시간과 계획이 필요하다는 단점이 있다.

(2) 수평적 조직

교육과정은 한 교과 또는 학습단원에서 다른 교과 또는 다른 단원으로 관련되는 내용을 어느 정도까지 통합하여 학습내용으로 할 것인지를 결정해야 한다. 이와 같은 학습내용의 범위에 대한 결정은 교수-학습조직에서 수평적 조직의 형태를 결정한다. 수평적 조직의 유형으로 다음을 들 수 있다. 교과반은 과목별로 조직한 교수-학습조직이다. 계열반은 동일 계열 과목반을 묶어 편성한 교수-학습조직이다. 교과통합반은 관련되는 복수의 교과내용을 통합한 학습내용을 중심으로 편성한 교수-학습조직(예, 한국문화사반)이다. 경험통합반은 개인의 관심이나 사회문제를 중심으로 한 교수-학습조직(예, 특별활동반)이다. 일반학급은 동일 교과 또는 학습내용을 바탕으로 하되 학생 수에 따라 나눈 교수-학습조직이다.

3) 학생집단

학생은 교수-학습조직의 핵심 구성요소이며, 학습집단 편성은 교수-학습조직의 형태를 결정하는 중요한 요소이다. 학생집단 편성은 교육과정과 연계되어 교육과정 분화에 따른 학습집단 편성 형태로 나타나게 된다. 학생집단 편성은 학생배치의 기준과 방법에 따라 여러 가지로 나뉜다. 학생배치의 기준으로는 연령, 거주지, 성, 능력 또는 학업성적, 적성, 진로 등이 사용된다.

한편, 학생집단의 편성방법은 동질집단편성, 이질집단편성, 혼합집단편성이 있다. 동질집단편성은 특성이 유사한 학생끼리 학급을 편성하는 방식이며, 이질집단편성은 특성이 다른 학생들이 고루 섞이도록 편성하는 방식이다. 혼합집단편성은 동질집단편성과 이질집단편성을 혼합하여 편성하는 방법이다. 동질집단편성은 학년제에서 채택하는 학생집단편성방법으로서, 수업집단 내의 가변성을 어느 정도 줄일 수 있고 상대적으로 많은 학생을 수용하는 데 능률적인 방식이지만, 동일 연령의 집단 내에 존재하는 개인차를 고려하지 못한다는 단점이 있다. 복수(혼합)연령집단편성은 무학년제, 복수학년제, 팀티칭과 같은 무학년제적 성격을 지닌 교수-학습조직에서 채택하는 집단편성방법으로 학생의 개인차를 고려한 수업집단편성방법이다. 복수연령집단편성은 학업성취, 태도, 사회성 등 폭넓은 교육목적을 달성하는 데 효과적인 편성방법이다.

학습집단에서 가장 문제가 되는 것은 능력집단편성에서 동질집단편성과 이질집단편성의 장단점에 대한 논의이다. 기존의 연구결과를 종합해 보면, 능력집단편성은 능력이 높은 학생에게는 효과가 있지만 전체적인 교육적 효과측면에서는 부정적 효과가 높다고 할 수 있다(박병량, 1997).

4) 교수체제

교수-학습조직의 기본요소로서 교사는 기본적으로 교사가 수행하는 교육지도 기능을 바탕으로 조직된다. 교육지도기능은 교과지도기능, 생활지도기능, 관리기능의 세 가지로 구분된다. 역사적으로 교육지도기능이 분화되지 않았을 때에는 한 교사가 여러 가지 지도

기능을 함께 수행했으나, 지도기능이 분화됨에 따라 교사조직은 기능별 전문성에 따라 조직되었다. 따라서 교사조직 설계의 초점을 교사가 학생집단에서 어떤 역할을 수행하는가에 따라 학급담임제, 교과담임제, 협동교수제로 구분할 수 있다.

학급담임제는 한 교사가 한 학급의 전 교과 또는 대부분의 교과를 담당하여 가르치고 학생을 지도하고 보살피는 조직으로 주로 초등학교에서 채택하고 있다. 즉, 학급담임제는 한 교사가 한 학급의 학습지도와 생활지도를 거의 전담하는 교수조직이다. 교과전담제는 한 교사가 일정 교과를 담당하여 여러 학급의 학생을 지도하는 제도이다. 교과전담제는 교사의 교과에 대한 전문적 지식을 바탕으로 조직된다. 초등학교에서는 학급담임제를 실시하고 있으나 일부 교과영역에서는 교과전담제를 활용하고 있다. 중학교와 고등학교에서는 학급담임을 두고 교과전담제로 운영되고 있다. 협동교수제는 2명 이상의 교사가 한 팀이 되어 한 학급의 학생을 공동책임으로 지도하는 교수체제이다.

5) 교수-학습조직 형태에 영향을 주는 상황 요인

교수-학습조직의 구조에는 교육과정, 교사, 학생의 기본 요소뿐만 아니라 규모, 공간, 교수매체, 시간표, 평가 등의 상황 요인이 영향을 미친다.

- 규모: 교수-학습조직의 규모는 학습목표의 설정, 학생의 학습과 행동, 수업과정, 시설과 설비, 교사 수, 예산 등 교수-학습조직의 구조와 운영에 중요한 영향을 미친다. 일반적으로 학급당 학생 수를 줄일 때 개별화 학습기회의 증대, 교수 질의 향상, 교육과정의 다양화 등의 효과를 얻는 것으로 지적된다. 그러나 학급당 학생 수를 줄여 교육효과를 높이기 위해서는 수업의 질적 향상이 수반되어야 한다는 점이 강조된다.
- 공간: 공간은 구성원들의 과업수행과 사회적 관계에 영향을 미친다. 즉, 학생들이 생활하는 교실환경을 어떻게 구성하고 배열하는가에 따라 학생의 교육적 경험, 학습의 역동성과 분위기, 학습효과가 달라지기 때문에 학습공간의 교육적 의미는 매우 크다.
- 교수매체: 오늘날 컴퓨터와 멀티미디어는 교육의 강력한 교수매체로 등장하였다. 일

반적으로 멀티미디어의 활용은 학생의 흥미를 자극하여 학습동기를 유발시키고, 학생들에게 보다 구체적인 경험을 제공하는 이점이 있는 반면에, 경비와 시간 소요의 단점이 지적된다.

- 시간표: 학교의 교육과정은 연간 수업일 수, 학기당 및 주당 수업일 수, 교과별 시간 등 시간계획에 따라 운영된다. 더욱이 수업시간표를 어떻게 작성하고 운영하느냐에 따라 교육의 효과가 달라질 수 있다. 수업시간표의 작성에서 중요한 것은 교사와 학생이 효율적으로 수업을 전개하는 데 적합하게 작성된 시간표가 교육의 효과를 높인다는 전제이다.

- 평가: 평가는 교수-학습활동에 영향을 미치고, 평가방법에 따라서 교수-학습형태가 달라진다. 평가는 전통적 방식과 대안적 방식의 평가로 구분될 수 있으며, 전통적 방식의 한계를 극복하기 위해서 대안적 방식이 부각되었다. 수행평가와 같은 대안적 평가의 활성화는 평가방법의 다양성을 촉진하여 교수-학습조직의 유연성을 증대시키는 효과가 있다.

6. 학교의 재구조화

학교의 재구조화에 대한 논의는 미국을 비롯한 서구에서 활발하게 이루어지고 있다. 미국의 경우 학교의 재구조화는 여러 방향에서 논의되고 있다. 재구조화에 대한 논의가 매우 다양하기 때문에 재구조화에 대한 개념 정의도 쉽지 않다. Elmore(1991)는 이러한 학교조직의 재구조화를 학교에서의 교수활동, 학교에서의 교사의 업무 조건, 학교가 운영되는 구조 및 유인체제로 구분하고 있다. 이 외에 논의되는 학교조직 재구조화의 주요 내용들로 체계적 교육개혁, 교수활동과 학교운영 방식, 교사의 전문성 확보 방식, 학교와 교육수요자의 관계, 교육공학에 따른 학교운영 방식의 변화, 학교운영의 분권화 등을 들 수 있다.

(1) 체계적 교육개혁

1980년대 중반 이후 미국에서 교육개혁을 추진하는 주요 접근방법 중 하나는 학습기준에 기초를 두고 있는 체계적 개혁이다. 이 접근방법은 실제로 여러 주에서 추진되며 여러 가지 다양한 방식으로 이루어지고 있지만, 주요 특성은 다음 세 가지로 요약된다(Massell, Kirst, & Hoppe, 1997).

첫째, 학생의 학업성취 표준의 제정이다. 이는 주에서 모든 공교육기관의 학생들이 알고 성취할 수 있는 교육과정의 성취수준을 구체적으로 제시한다.

둘째, 연계된 정책의 실시이다. 학생의 학업성취 표준을 달성할 수 있도록 이에 관련된 주요 정책들인 학생평가, 학교의 책무성, 교사자격증 부여와 전문성 개발 정책을 실시한다.

셋째, 학교경영의 재구조화이다. 주에서 제시한 학생들의 성취 표준을 보다 효과적으로 달성할 수 있도록, 교육구 중심의 학교경영에서 단위학교 중심으로 경영을 재구조화하여, 단위학교 중심으로 교수활동 프로그램을 운영해 나갈 수 있는 권한을 부여한다.

미국의 교육개혁은 교육의 질 향상을 목표로 학습내용에 초점을 두어 학생과 교사에게 보다 높은 수준의 학업성취와 과업수행을 요구하였다. 이 같은 개혁노선에 따라 주 정부는 표준교육과정을 제정하고, 기초과목(과학, 수학)을 필수화하고, 수업일수와 학습시간을 연장하고, 학력검사 실시를 의무화하고, 교사의 자격 기준과 연수를 강화하고, 학교성과에 따른 예산을 배정하는 등의 시책을 실시하였다.

이러한 교육개혁을 추진하게 된 배경에는 학교교육의 질 저하에 대한 우려가 반영되었다. 미국은 학생의 낮은 학력 점수, 주요과목(과학, 수학)의 학력 저하, 성인들의 높은 문맹률, 국제비교에서 나타난 낮은 학력 수준 등 교육의 질 저하를 국가의 위기로 인식하였다. 학교교육의 질 저하를 초래한 주요 요인으로 국가적인 교육목표 부재, 교육체제의 지나친 분권화에 따른 교육과정의 통합성 및 교육정책의 체계성 결여, 교사의 전문성 부족, 단위학교의 책무성 결여 등이 지적되었다. 이에 따라 1990년대의 미국 교육개혁은 국가 교육목표의 설정, 주의 표준교육과정 제정, 학생의 학력평가, 교사자격증 부여 및 연수, 학교경영의 재구조화 등을 시행하여 체계적으로 접근하는 방식으로 이루어지고 있다(Fuhrman, 1993; Odden & Odden, 1995).

(2) 지역사회의 참여

중앙집권적 관료적 개혁에 대비되는 교육개혁 입장 중 하나는 학교교육에 지역사회의 참여가 강화되어야 한다는 주장이다. 이 주장은 학교가 학부모의 통제를 벗어날 정도로 지나치게 관료화·전문화되어 있으므로, 학교교육이 지역사회와 학부모의 의견이 반영되는 체제로 바뀌어야 한다는 것이다. 이 입장에서는 학교운영의 지역사회 참여와 학부모·학생의 학교선택권을 요구한다. 예컨대, 지역사회 인사와 학부모가 참여하는 학교운영기구의 설치, 학교선택의 허용, 학군제의 폐지, 정원 개방 등의 제도적 장치를 요구한다. 이러한 정책들은 분권화, 주민자치 및 민주주의 이념을 반영하는 한편, 학교선택은 시장원리의 교육적 적용을 지지한다.

학교교육에의 지역사회 참여 주장은 학교와 지역사회의 관계에서 출발하는 바, 학교는 지역사회에 봉사하는 조직이며 공공조직으로서, 학교는 주민의 통치하에 있어야 한다는 생각이 배경을 이루고 있다. 제도적으로는 '학교운영위원회'의 설치·운영이 전형적인 예이다. 그러나 학교운영위원회의 실제적 성격은 그 구성과 구성원의 의사결정 참여방식에 따라 달라진다. 학교운영위원회를 구성하는 참여대상과 구성비율에 따라, 그리고 심의, 의결, 자문과 같은 참여방식 및 다루는 결정사항에 따라, 학교운영위원회는 여러 가지 형태로 운영될 수 있고 그 성격 또한 달라진다. 교육에 대한 지역사회의 결정권 행사에서 야기될 수 있는 문제는 학교교육에 대한 정당한 결정권한이 누구에게 있어야 하는가에 대한 문제이다. 이 문제와 관련하여 학교운영위원회와 관련된 지역사회, 학부모, 학교, 교사 간에 갈등이 생길 수도 있다.

학부모와 학생의 선호에 따라 학교를 선택할 수 있어야 한다는 학교선택이 주장하는 바는 다양한 교육인구와 다원화된 사회의 다양한 교육적 욕구와 관심을 충족해 주기 위해 학교는 더욱 분화될 필요가 있으며, 학교의 다양화를 위해서 학교는 교육방침, 교육과정, 수업방식, 학교풍토 등 특정 측면에서 다른 학교와 구별되는 그 학년 자체의 독특한 프로그램을 개발하고, 학부모로 하여금 그들 자녀의 필요, 적성, 능력, 선호에 따라 학교를 선택하게 하여야 한다는 것이다. 이러한 주장은 다분히 학교경영에 시장원리(다양성, 경쟁, 선택)를 적용시킨 정책주장이다.

학교선택은 학교의 다양성을 전제하는데 이러한 전제조건이 갖추어지지 않은 상태에서의 학교선택은 의미가 없고, 오히려 학생과 학부모를 오도할 수 있다는 점이 문제로 제기될 수 있다. 또 다른 문제는 학교선택 허용으로 학교 간의 격차가 심화되고, 이로 인해 지역주민이 학교에 대하여 불만을 가질 수 있다는 점이다. 또한 교육에 시장경쟁원리를 적용할 때 교육이 경쟁상품인가 공공서비스인가 하는 교육에 대한 근본적 문제가 제기될 수도 있다.

(3) 학교단위경영제

학교단위경영제는 학교에 대한 지나친 집권화와 관료적 통제가 학교의 효율성을 저하시킨다고 믿고, 분권화를 통해서 단위학교의 자율적 경영체제를 구축함으로써 학교의 효율성을 높이고자 하는 방안이다. 따라서 이 제도에서는 학교에 보다 많은 권한과 책임을 이양하고, 지역사회의 필요에 따라 학교설립을 자유롭게 하며, 교사, 학생, 학부모가 참여하는 학교운영위원회를 구성하여 단위학교가 자율적으로 자신의 학교를 운영하도록 한다.

학교단위경영제에서 학교에 위임되는 권한은 교육과정, 인사, 재정에 관한 권한이다. 그러나 이 모든 권한이 전적으로 단위학교로 넘겨지기는 어렵고, 지역의 형편과 특성에 따라 적정한 수준에서 위임된다. 재정의 경우, 교육청은 예산을 일괄적으로 단위학교에 넘겨 주고, 학교는 예산을 자율적으로 운영하고, 예산운영의 결과에 대해 교육청은 일선 학교에 책임을 물을 수 있을 것이다. 교육과정의 경우, 학교는 표준 교육과정을 지키면서 여타의 교육과정 운영에 재량권을 발휘할 수 있을 것이다. 인사에 있어서도 학교는 보다 많은 재량권을 행사할 수 있을 것이다. 학교단위경영제에서는 교사, 학생, 학부모, 지역사회가 참여하는 학교운영위원회가 구성되어, 여기에서 학교운영의 중요 사항을 결정하게 된다. 학교단위경영제는 학교가 중앙집권적 관료적 통제에 벗어나 지역사회의 통제와 영향을 원칙으로 단위학교의 책임하에 자율적으로 학교를 운영하는 제도다.

미국에서는 학교단위경영을 성공적으로 실시한 학교의 특성을 찾기 위해서 여러 연구가 수행되었다. 학교단위경영을 성공적으로 수행하는 학교는 학생의 높은 사고능력 계발을 초점으로 교수-학습활동이 이루어지고, 교수-학습활동에서 테크놀로지를 강조하고, 개별화학습 등을 통한 모든 학생에 대한 교육과 교사들 간의 협력학습 및 지역사회와의 협력이 잘 이루어지고 있다는 특성을 보였다. 성공적인 학교단위경영의 주요 요인으로 학교경영의 자원인 의사결정 권한, 효과적인 교육활동을 수행하는 데 필요한 지식과 기술, 의사결정에 필요한 정보, 성과에 대한 보상이 학교단위에서 잘 활용되어야 한다고 지적되었다. 이 외에 추가적인 요인으로 학교의 교수활동에 기초가 되는 비전, 변화를 이끄는 지도성, 자원이 필요하다(Wohlstetter et al., 1997).

첫째, 학교단위경영을 성공적으로 실시하는 학교들은 학교의 공식적인 권한을 학교조직 전체에 분산시키고, 의사결정과정에 참여하는 여러 집단들의 노력을 조정하기 위해 여러 위원회를 활용한다. 학교단위경영을 통해서 확보한 의사결정권한을 교수-학습활동의 개선을 위해 사용하고, 이에 대응하여 교육청은 서비스를 더 지원하고 규제를 완화한다. 반면에 실패한 학교들은 학교운영위원회에 권한을 집중하기 때문에, 공식적인 권한이 광범하게 분산되지 않고 의사결정과정은 일반적으로 권력관계에 치중한다.

둘째, 학교단위경영을 성공적으로 실시하는 학교들은 교직원들의 능력과 전문성 계발이 지속적으로 이루어진다. 이러한 노력을 통해서 학교의 개선을 위해 학교의 총체적인 역량을 키우고, 전문적인 학습공동체를 만들며, 서로 공유하는 지적인 토대를 개발한다. 반면에 실패한 학교들은 일반적으로 교직원의 전문성 계발을 소수의 교사를 대상으로 하는 일회적인 연수활동으로 제한한다.

셋째, 학교단위경영을 성공적으로 실시하는 학교들은 교수-학습활동을 개선하기 위해 정보를 수집하여 학교의 우선순위를 충족시키는 데 활용한다. 또한 수집한 정보를 여러 경로를 통하여 학교의 관련 집단들에게 전달한다. 정보를 신속하게 전달하는 것을 중시하기 때문에 정보를 공유하고 이를 통해 구성원들 간에 신뢰를 형성한다. 반면에 실패한 학교들은 분명한 우선순위가 결여되어 있고 필요한 정보를 체계적으로 수집하지 않는다. 학교의 주요 관련 집단들에게 의사를 효율적으로 전달하는 체계가 구성되어 있지 않기 때문에, 학교운영위원회의 결정에 대해 전달받지 못한 학교공동체 구성원들의 저항에 부딪히게 된다.

넷째, 학교단위경영을 성공적으로 실시하는 학교들은 개인이나 집단이 학교목표 달성에 기여할 때 이를 인정하고 격려하기 위해 경제적인 보상과 비경제적인 보상을 활용한다.

다섯째, 학교단위경영을 성공적으로 실시하는 학교들은 분명하고 실제적인 비전을 갖고 있는 반면에, 실패한 학교들은 교수-학습활동을 위한 공동의 방향을 설정하지 못한다.

여섯째, 학교단위경영을 성공적으로 실시하는 학교들은 학교장이 변화를 관리하고 촉진하는 역할을 담당하고 학교를 학습공동체로 만들기 위해 노력한다. 또한 지도적인 위치에 있는 교사들이 학교경영에 적극적으로 참여하는 공유된 지도성을 발휘한다. 반면에 실패한 학교들은 공동체를 형성하는 것보다 자신의 의제를 중심으로 학교를 운영한다.

일곱째, 학교단위경영을 성공적으로 실시하는 학교들은 전문적인 기관들과의 적극적인 네트워킹을 통해서, 그리고 지역사회기업과 협력활동을 함으로써 학교 외부 기관들로부터 얻을 수 있는 자원을 활용한다.

성공적인 학교단위경영은 학교운영에 참여하는 모든 사람들에게 많은 것을 요구하는 매우 종합적인 과제이다. 이는 학교의 모든 측면에서 변화를 수반한다. 학교의 구조, 구성원의 역할, 체제, 교수활동의 방식, 인간자원의 운영, 구성원들의 기술과 전문성 등이 관련된다. 더욱이 구성원들이 학교의 운영방식과 각자의 역할에 대한 이해를 하는 데서 근본적인 변화를 필요로 한다. 교수활동에 새로운 방식을 도입했던 학교들은 효과적인 학습공동체로서 교사들이 새로운 방식의 교수활동을 배우고, 자신의 교실에 제한되지 않고 학교 차원에서 자신의 역할을 이해하였다.

(4) 교사 권한 부여

교육개혁을 위한 또 다른 주장은 교사에게 보다 많은 권한을 부여하여야 한다는 것이다. 교사 권한 증대를 주장하는 사람들은 학교의 지나친 관료화와 강제적 규정들은 교사의 권위를 훼손시키고, 학생과 학부모에 대한 교사의 책임을 불분명하게 하며, 교사들로 하여금 학교의 중핵적 활동인 교수-학습활동으로부터 벗어나게 한다고 생각한다. 교사들에게 보다 많은 권한을 부여하여 학교운영에서 보다 영향력 있는 역할을 수행할 수 있도록 학교를 재구조화하여야 한다고 주장한다. 이 주장에 따른 정책에서는 학교운영에 있어 교사의 참여와 권한 증대, 교사의 전문성과 자율성 존중, 교사의 근무조건 개선 등이 강조된다.

교사 권한 부여와 관계되어 논의되는 것이 교사 책무성이다. 교사 권한 부여라는 말은 교사 권한의 증대와 교사 전문성에 의거한 학교운영에 대한 결정 권한의 부여라는 의미뿐만 아니라, 교사능력의 신장과 책무성이라는 의미도 함께 포함시켜 이해해야 한다는 것이다. 교사 권한 부여의 정당성은 교사가 과업수행을 효율적으로 수행하는 데 요구되는 자율성과 학생이 보다 효과적으로 학습활동을 하는 데 요구되는 자유를 확보하는 데 있다. 따라서 교사 과업수행과 학생 학습활동에 대한 책무성이 포함되지 않는 교사 권한 부여는 공허한 개념일 수밖에 없다는 것이다. 이런 관점에서 교사 권한 부여는 교사의 자질 향상, 교사교육의 강화, 교사평가 등을 강조한다. 교사의 책무성을 따질 때 학교관료제의 재창출 없이 교사의 책임소재가 가려질 수 있겠느냐 하는 것도 교사 권한 부여에서 제기될 수 있는 문제점이다.

(5) 교수-학습 중심 재구조화

학교가 교수-학습활동을 중심으로 재구조화되어야 한다는 주장은 교육개혁의 중요한 주제가 되고 있다. 학교의 본질적 활동은 교수와 학습활동이며, 학교의 궁극적 책무는 교수-학습활동을 통한 학생의 교육적 성취에 있으므로, 학교조직은 효과적인 교수-학습이 이루어질 수 있도록 구조화되어야 한다는 것이다. 또한 이 입장에서는 학교의 교수-학습의 변화 없이는 진정한 의미에서 교육개혁을 기대할 수 없으며, 교육의 외적·환경적 조건의 개혁만으로 교수-학습활동의 변화가 보장되는 것이 아니라고 주장한다. 교수-학습활동 중심의 학교재구조화는 교수-학습활동의 분석과 교수-학습이론을 토대로 하여 학교를 조직하고자 한다. 이 입장에서는 다양한 교수-학습조직의 개발, 교사-학생 상호작용을 중시하는 교실개혁, 교수-학습방법의 개선, 교사자질 향상에 개혁의 초점이 모아진다. 구체적으로는 교수-학습이론과 활동분석을 토대로 한 학습집단의 편성, 교수-학습방법, 수업시간표 작성, 교사-학생 상호작용, 교과내용, 교육과정 계열 등의 개선에 관심을 갖는다(Elmore, 1995; Rowan, 1995).

교수-학습 중심의 재구조화도 조직화 기준에 따라 조직형태가 달라진다. 효과적인 교수-학습방법의 관점에 따라 학교재구조화의 형태는 약간씩 달라진다. 그러나 교수-학습을 바탕으로 하는 학교재구조화의 공통된 특징은 교수와 학습에 관한 가장 적합한 이론이나 지식을 도입하여 이에 맞도록 학교를 재구조화하고 운영한다는 점이다.

　서구사회에서는 학교조직 재구조화에 대한 논의와 추진이 오래전부터 활발하게 이루어져 왔지만, 우리나라는 비교적 최근에 학자들을 중심으로 논의되고 있다. 실제적인 조직개혁은 이와는 다른 움직임으로서, 일반 기업조직에서 기업의 경쟁력을 강화하기 위해 업무처리방식을 바꾸고 조직을 재편하는 리엔지니어링에서 영향을 받고 있다. 이러한 기업의 조직재편 노력에 자극받아 국내의 대학들도 대학업무를 전산화함과 동시에 대학업무처리 방식을 개편하는 리엔지니어링의 개념을 도입하고 있다.

　이와 같이 우리나라의 학교조직을 개혁하고자 하는 움직임이 여러 갈래로 논의·추진되고 있다. 학교조직을 재구조화하는 방향에는 학교의 특성, 학교의 교수학습상에 관련된 측면, 학교조직 운영에 관련되는 교육정책적인 측면들, 학교조직과 관련을 맺고 있는 집단들과의 관계, 그리고 학교조직의 교수-학습을 지원하는 사무 및 업무분장조직의 운영 등이 함께 고려되어야 할 것이다. 이런 점에서 우리나라 초·중등학교의 재구조화 노력은 수요자 중심의 교육, 자율적인 학교단위경영, 민주적인 학교경영, 전문적인 학교경영, 교수-학습중심 조직, 정보화사회에 적합한 조직 등의 방향으로 나아가야 할 것이다(박병량, 주철안, 성병창, 1995). 학교재구조화의 측면에서 단위학교 경영의 개혁에 대해서는 제16장에서 상론한다.

제5장
학교 구성원의 동기

조직은 사람들로 구성된 사회체제이다. 조직의 성과는 구성원들의 행동에 의존하고, 구성원들의 행동은 개인의 욕구, 신념, 기대, 목적 등 동기적 요인에 기초한다. 따라서 효과적인 학교경영을 위해서는 동기이론을 이해하고 이를 기초로 하여 학교 구성원의 동기를 유발할 수 있는 방법을 효과적으로 활용할 수 있어야 한다. 이 장에서는 동기의 개념, 동기이론, 동기유발의 원리와 방법들을 살펴본다.

1. 동기의 개념

동기는 행동의 원인을 이해하는 데 사용되는 개념이다. 일반적으로 동기는 개인으로 하여금 어떤 행동을 하도록 자극하는 내적 상태를 의미한다. 동기는 직접적으로 관찰할 수는 없지만 개인의 행동, 예컨대 행동의 선택, 노력, 지속성 등으로부터 추정할 수 있다.

동기는 행동을 선택하고 행동을 시동(始動)하여 일정한 방향으로 나아가려는 내적 상태이다. 이러한 동기는 여러 가지로 정의되고 있다. 동기는 일정한 목표의 성취를 위하여 특정한 계열의 행동을 시동하여 지속시켜 나가는 내적 상태이며, 이러한 내적 상태는 욕구, 원망, 목적 및 의도 등을 근거로 한다(이용걸, 1971, p. 123). 동기는 행동을 활성화하고 목표로 행동을 유도하는 힘(force)이다(Eggen & Kauchak, 1994, p. 427). 동기는 목표지향 활동이 유발되고 지속되는 과정이다(Pintrich & Schnuk, 2002, p. 5).

동기의 정의들을 살펴보면 동기 개념에는 세 가지 요소, 즉 행동의 방향, 행동의 강도, 행동의 지속성이 포함된다. 행동의 방향은 추구하는 목표와 연관되며, 행동의 강도는 행동에 투입하는 노력 및 집중력의 양을 말하며, 행동의 지속성은 목표에 도달할 때까지 목표를 지속적으로 추구하는 정도를 말한다. 동기는 활동 자체를 선택하고, 선택한 활동을 추구하는 강도와 지속성으로 파악된다.

2. 동기이론

1) 욕구에 근거한 동기이론

역사적으로 욕구(need)는 동기이론에서 가장 핵심적인 위치를 차지하였다. 욕구를 내용으로 하는 동기이론은 인간의 욕구가 개인의 행동을 결정하는 핵심적 요소라고 생각한다. 욕구는 사람이 필요로 하는, 또는 바라는 어떤 것의 결핍 상태를 말한다. 사람들은 공기, 음식, 수면을 필요로 하는 생리적 욕구, 우정, 소속감, 인정 등을 바라는 심리적 욕구를 가지고 있고 이러한 욕구를 충족시키기 위해서 행동한다. 욕구는 인간이 행동하는 이유를 가장 기본적인 수준에서 설명해 준다. 이런 인간 욕구의 내용과 발전과정에 대하여 여러 학자들이 이론을 제시하고 있다. 여기에서는 Maslow의 욕구위계이론을 비롯하여 대표적인 욕구관련 동기이론을 살펴본다.

(1) Maslow의 욕구위계이론

Maslow는 인간의 욕구와 관련하여 몇 가지 가정을 전제로 인간에게 동기를 부여하는 욕구의 종류와 내용을 밝히고 있다. Maslow가 제시한 욕구위계이론(hierarchy of needs theory)의 기본 가정은 다음과 같다(Maslow, 1970).

첫째, 인간의 욕구는 보편적이며 위계적인 순서로 배열된다.

둘째, 충족되지 않은 욕구는 개인으로 하여금 이들 욕구에 초점을 맞추게 한다.

셋째, 하위단계의 욕구가 먼저 충족된 후에 상위단계의 욕구가 나타나고, 이를 충족하기 위해 행동이 유발된다.

이와 같은 인간 욕구에 관한 가정을 바탕으로 Maslow는 사람의 욕구를 하위수준에서 상위수준까지 다섯 단계로 구분하였다. 낮은 수준에서 높은 수준으로의 욕구 단계는 다음과 같다([그림 5-1 참조)(Maslow, 1970, pp. 35-51).

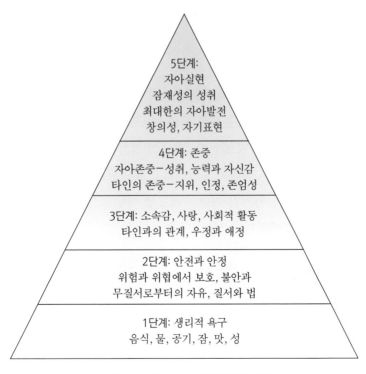

[그림 5-1] Maslow의 욕구위계 단계

- 생리적 욕구: 생리적 욕구는 욕구 단계의 출발점이며 인간이 생존하는 데 필요한 가장 기본적인 욕구이다. 생리적 욕구의 대상은 인간이 의식적 또는 무의식적으로 필요로 하는 신체적·물질적 욕구와 관련되어 있다. 예를 들면, 공기, 음식, 갈증과 같은 것이다.

- 안전의 욕구: 안전의 욕구는 생리적 욕구가 충족된 후에 추구하게 된다. 위험으로부터의 보호, 경제적 안정, 질서, 예측 가능한 환경의 선호 등으로 표현되는 욕구이다. 이 욕구는 특히, 인간이 조직 생활과 관련하여 직장과 작업환경의 안정을 추구하는 것과 밀접히 관련되어 있다.

- 사회적 욕구: 생리적 욕구와 안전의 욕구가 어느 정도 충족되면 사회적 욕구가 인간 행동의 중요한 동기유발 요인이 된다. 인간은 누구나 동료집단에 소속되기를 원하고 그 가운데서 인간관계를 형성하여 상호작용할 수 있기를 희망한다. 실제로 조직구성원들은 공식 또는 비공식 집단에 소속되어 동료들과 우정을 나눈다.

- 존경 욕구: 이는 타인으로부터 인정받고자 하는 욕구이다. 성취, 능력, 지위, 인정이 존경 욕구를 충족시킬 수 있다.

- 자아실현 욕구: 자아실현 욕구는 욕구단계의 최상위에 위치한다. 이는 자신의 잠재적인 능력을 실현하며 일생의 목표를 성취하고자 하는 욕구이다. 개인은 자아의 성취를 충족하지 않는 한 만족하지 않는다. 자아의 성취는 지속적인 과정이기 때문에 개인은 자기가 이룰 수 있는 상태에 도달하려고 끊임없이 노력한다. 자아실현 욕구가 강한 사람은 실현이 가능하지만 어려운 목표를 세우고 달성하기 위해 도전적이면서도 진취적인 활동을 수행한다.

교육조직에 Maslow 이론을 적용할 때 다음과 같은 사항들이 발견된다. 교사들에게 생리적 욕구는 어느 정도 잘 충족되지만, 학생들 중에는 가장 기본적인 욕구를 박탈당하는 경우가 있다. 더욱이 안전에 대한 욕구는 교직원과 학생들에게 모두 동기 저하의 요인이 된다. 학교 내외에서 폭력의 문제는 점점 많은 학생들에게 위협적인 요소가 되고 있다. 학생들이 폭력에 노출되는 것은 학습에 커다란 장애요인이 된다. 교직원들은 경제적인 위험으로부터의 안전이 중요한 관심사이다. 학교에서 높은 안전 욕구를 지닌 교직원들은 변화에 저항하고, 직업의 안정성을 추구하며, 상해보상보험이나 연금제도 등에 많은 관심을 나타내게 된다.

소속감에 대한 욕구는 동료, 친구, 상사, 부하 등과 관계를 맺게 한다. 교사들은 동료교 사와의 관계, 비공식 집단, 교직단체에의 가입, 학교의 구성원 등을 통해서 소속감을 느 낀다. 존경에 대한 욕구는 교사들이 타인들로부터 자율성을 부여받고 존중받는 것을 추 구하게 한다. 마지막으로 자아실현에 대한 욕구는 교사들이 잠재성을 최대로 발휘할 수 있도록 동기를 부여한다. 자아실현의 욕구는 다른 욕구들보다 비교적 드물게 나타나는 데, 이는 많은 사람들의 관심이 여전히 낮은 수준의 욕구에 머무르기 때문이다. 그렇지만 Maslow는 자아를 실현하는 학생, 교사, 행정가들이 최고의 성과를 나타내기 때문에 학교 조직은 가능한 가장 높은 수준의 욕구를 충족시킬 수 있게 해야 한다고 보았다.

Maslow의 욕구위계이론은 많은 사람들에게 잘 알려져 있지만 이론의 타당성은 확실하 게 입증되지 않고 있다. 인간의 욕구가 다섯 가지로 분명하게 구분되며 또한 낮은 단계에 서 높은 단계로 배열되어 있다는 것을 보여 주는 명백한 증거는 없다. 학교조직에 대한 초 기 연구에서는, 교사들이 느끼는 가장 큰 결핍은 존경과 자아실현 욕구의 충족에 있다고 하였다(Trusty & Sergiovanni, 1966). 그러나 보다 최근의 연구에서는 교사들의 안전의 욕구 에 대한 결핍이 비교적 크게 증가되었다. 교사와 비교할 때 행정가는 자아실현의 욕구에 대한 결핍이 보다 높고, 반면에 존경에 대한 욕구의 결핍은 더 적은 것으로 나타났다. 행 정가와 교사들에게 공통적으로 결핍된 가장 큰 영역은 자율성의 욕구에 대한 충족이다.

욕구위계이론은 조직의 구성원들이 다양한 욕구를 가지고 있기 때문에 학교행정가는 교사들의 특성과 필요로 하는 욕구를 잘 이해하여 이를 적절하게 충족시켜야 교사들의 사 기를 향상시킬 수 있다고 하였다. 교사들은 개인에 따라 인생의 목표, 교직에 대한 설계, 가정적인 환경, 경제적인 상황, 연령 등에서 차이가 있으며, 교사들이 근무하는 학교환경 에 따라 필요로 하는 요구가 다르기 때문에 이런 특성과 상황적인 요인들이 함께 고려되 어야 한다는 것이다.

(2) Herzberg의 동기위생이론

Herzberg(1966)는 동기와 직무분석 연구를 통하여 동기위생이론(motivation-hygiene

theory)을 발전시켰다. Herzberg와 그의 동료들은 기술자와 회계사들을 대상으로, 일을 하면서 즐거웠거나 불쾌했던 시간이나 사건들을 회상하게 한 다음, 면접을 통해 왜 그러한 감정을 느끼게 되었는가, 그리고 그것이 작업성과에 어떠한 영향을 주었는가를 조사하였다. 이러한 연구를 통해서 종업원에게 만족을 주는 직무요인과 불만족을 주는 직무요인이 서로 다르다는 사실을 발견하였다. Herzberg는 직무만족을 가져다 주는 요인들을 동기요인(motivators) 또는 만족요인이라고 명명하고, 직무불만족을 가져다 주는 요인들을 위생요인(hygiene factors) 또는 불만족요인이라고 명명하였다. 그래서 Herzberg 이론을 두 요인이론(two factor theory), 이중요인이론(dual factor theory)이라고 지칭하기도 한다. Herzberg 이론의 기본 가정은 다음과 같다(Hoy & Miskel, 2001, p. 131).

첫째, 작업 만족과 불만족을 설명하는 두 가지로 구분되는 별개의 요인군(sets)이 있다.
둘째, 동기요인들은 만족을 낳는 경향이 있고, 위생요인들은 불만족을 낳는 경향이 있다.
셋째, 작업 만족과 불만족은 정반대가 아니라 별개의 구분되는 차원이다.

동기요인은 개인으로 하여금 직무에 만족하고 긍정적 직무태도를 갖게 하는 요인이다. Herzberg와 그의 동료들의 연구에 따르면, 동기요인은 성취, 성취에 대한 인정, 일 자체, 책임, 승진 등과 같은 직무 및 직무내용과 관련된 긍정적 사건들이다. 이러한 동기요인들은 개인의 자아실현 욕구와 심리적 성장 욕구를 자극하여 긍정적 직무태도를 갖게 한다. 위생요인은 직무불만족을 초래하고 부정적 직무태도를 갖게 하는 요인이다. 위생요인은 상급자나 동료와의 인간관계, 기술적인 감독, 회사의 정책과 경영, 작업조건, 급여, 개인적 생활 등과 같은 직무환경 및 인간관계에 관련된 부정적 사건들이다. 이러한 위생요인들은 개인의 생리적 욕구, 안전 및 사회적 욕구와 연관되어 불만족의 원인을 제공한다.

만족요인(동기요인)과 불만족요인(위생요인)은 각기 다른 차원의 욕구에 기인하고 있다. 만족을 주는 요인과 불만족을 야기하는 요인은 서로 구별될 뿐만 아니라 양자가 별개의 차원에 있기 때문에 만족과 불만족은 반대되는 것이 아니다. 오히려 직무에 대한 사람의 태도에 관하여 상호 독립적이다. 동기요인의 충족은 직무만족을 가져오는 반면, 충족되지 않을 때 단지 최소한의 불만족이 발생된다. 동기요인은 개인의 직무만족을 증가시켜 주지만, 이 요인이 없다고 해서 반드시 직무불만족을 가져오는 것은 아니라는 것이다. 위생요인은 충족되지 않을 때 직무에 대한 불만족이 발생한다. 위생요인은 그것의 충족이 단지 직무에 대한 불만족을 감소시킬 뿐이지 적극적으로 직무만족을 가져오는 것은 아니라는 것이다(이형행, 1989, p. 119).

Herzberg의 동기위생이론은 논쟁점도 있으나 일반적으로 그 타당성과 실제적 효용성이 폭넓게 인정받고 있다. 논쟁점으로는 첫째, 직무만족을 가져오는 요인과 직무불만족을 가져오는 요인의 구분이 명확하지 않으며, 일치된 연구결과를 보여 주지 못하고 있다. 둘째, Herzberg 이론의 초점은 만족 자체이지 개인의 실제 동기는 아니다. 셋째, 이 이론은 개인차를 무시하고 있다.

그러나 Herzberg의 동기위생이론이 동기연구에 새로운 장을 열게 해 준 것은 틀림없는 사실이다. 그 이전까지 대부분의 교육행정가들은 일반적으로 위생요인에만 관심을 집중하는 경향이 있었다. 결근율이나 이직률이 늘어난다든가 사기문제 등에 직면했을 때, 전형적인 해결방법은 기껏해야 봉급을 올려 주거나, 부가급부를 더 마련해 주거나 아니면 근무조건을 개선해 주는 정도였다. 그러나 이러한 단순한 해결방안으로는 문제의 핵심에 대한 처방을 할 수 없었다. 이때 Herzberg의 이론이 이러한 문제를 해결하는 데 하나의 지침을 제시해 준 것이다. 위생요인만으로는 교직상의 불만은 줄일 수 있을지 모르나 교원들에게 적극적인 동기를 부여하기는 어려울 것이다(이형행, 1989, p. 120). 특히 동기위생이론은 새로운 구성원의 동기유발 방안 개발에 공헌한 바가 크다.

(3) Alderfer의 생존-관계-성장이론(ERG)

Alderfer의 생존-관계-성장이론(existence-relatedness-growth theory: ERG)은 Herzberg와 Maslow의 내용이론을 확장한 것이다. Alderfer에 따르면, 생존-관계-성장이론은 Maslow의 욕구위계이론의 설명력과 경험적 타당성을 개선하기 위하여 제안된 것이다. Alderfer는 인간은 욕구를 가지고 있으며, 이 욕구는 체계적으로 배열될 수 있고, 낮은 수준의 욕구와 높은 수준의 욕구 간에는 근본적인 차이가 있으며, 욕구가 조직에서 피고용자의 동기를 결정하는 중요한 요인이라고 보았다. 그는 욕구를 생존욕구, 관계욕구, 성장욕구의 세 가지 영역으로 구분하였다.

- 생존욕구(existence needs): 이는 인간이 생존을 위하여 필요로 하는 욕구이다. 여기에는 모든 형태의 생리적인 욕구와 음식, 의복, 은신처와 같은 물질적 욕망이 포함된다. 조직의 장면에서 보면 보수, 부가급부, 직업안정, 근무조건 등이 여기에 포함된다. 이 욕구는 대체로 Maslow의 생리적 욕구와 안전의 욕구에 해당한다.

- 관계욕구(relatedness needs): 이는 인간이 사회적 존재로서 타인과 인간관계를 맺으려고 하는 욕구이다. 여기에는 감독자, 동료, 부하, 가족, 친구 등과의 대인관계가 모두 포함된다. 관계욕구는 분노와 혐오를 표현하고, 타인과 친근하고 따뜻한 개인적 관계를 발전시킴으로써 충족될 수 있다. 이 욕구는 대체로 Maslow의 사회적 욕구와 다른 사람으로부터 존경받고 싶어하는 존경 욕구에 상응한다.

- 성장욕구(growth needs): 이는 인간이 성장하고 발전하며 자신의 잠재력을 최대한으로 발휘하고자 하는 내적 욕구이다. 직장에서 개인이 자신의 기술과 능력을 최대한 활용할 수 있는 과업에 종사함은 물론 새로운 기술과 능력을 창조적으로 개발할 것을 요구하는 과업에 종사할 때 성장욕구가 충족된다. 이 욕구는 Maslow의 자아실현 욕구와 자기존경 욕구에 해당한다.

다음 [그림 5-2]는 Alderfer의 이론과 Maslow와 Herzberg의 이론을 대비한 것이다 (Lunenburger & Ornstein, 1991).

[그림 5-2] 내용 동기이론 간의 관계

　　Alderfer의 생존-관계-성장이론은 욕구단계를 세 단계로 나누었다는 것 외에도 다음과 같은 두 가지 점에서 Maslow의 욕구위계이론과 다르다(윤정일, 2000, p. 81).

　　첫째, Maslow의 이론은 하위계층의 욕구가 만족되어야 다음 단계의 욕구가 발생한다고 한 데 반하여, ERG 이론은 여러 가지 욕구를 동시에 경험할 수 있다고 하였다. 예를 들면, 사람들이 관계욕구나 성장욕구 충족에 관심을 갖기 이전에 생존욕구가 충족되어야 할 필요가 없다는 것이다.

　　둘째, Maslow의 이론은 충족된 욕구는 더 이상 동기요인이 될 수 없다고 하였다. 그러나 Alderfer는 상위욕구의 계속적인 좌절은 낮은 수준의 욕구로 귀환토록 한다고 주장하였다. 즉, 상위욕구를 충족시킬 수 없는 대신 하위욕구를 집중적으로 충족시키게 된다는 것이다.

2) 목적에 근거한 동기이론

　　목적(goal)은 개인이 도달하고자 추구하는 미래의 상태이다. 개인은 목표를 가질 때 행동의 방향을 정하고 그 방향으로 행동한다. 목적은 비록 상황적인 요소를 고려하여 구성되는 것이지만 항상 개인의 내부에 존재하면서 행동을 일으키는 동기적 힘이 된다. 목적에는 내용과 강도라는 두 가지 차원이 있다(Locke & Latham, 1990). 목적의 내용은 추구되는 대상 또는 결과이며, 구체적인 것부터 추상적인 것에 이르기까지 다양하다. 목적은 기간(장기, 단기), 난이도(쉬운 목적, 어려운 목적), 목적의 수(단수 목적, 복수 목적), 구체성의 정도(구체적 목적, 추상적 목적) 등에 따라 개인에게 미치는 영향이 다르다. 목적의 강도는 목적을 달성하기 위해 요구되는 노력, 개인이 목적에 부여하는 중요성, 그리고 목적에 대한 헌신의 정도다. 목적에 대한 헌신 또는 위임이 있을 때 개인은 중요한 목적을 보다 잘 수용하고 참여하며 지속적인 행동을 하게 된다. 목적에 대한 헌신이 없다면 목적설정은 효과가 없다.

(1) 목표설정이론

목표설정이론(goal setting theory)은 목표를 성취하고자 하는 의도가 직무 활동의 주요한 동기요인을 구성한다고 가정한다. 목표는 개인의 정신과 신체적인 활동에 모두 영향을 미친다. Locke와 Latham(1990)은 목표설정이론의 모형을 [그림 5-3]과 같이 제시하였다.

Locke와 Latham(1990)은 동기적 힘을 발휘하는 데 효과적인 목적은 다음 네 가지 조건을 충족해야 한다고 제안하였다.

첫째, 목적은 구체적이어야 한다.
둘째, 목적은 도전적인 것이어야 한다.
셋째, 목적은 달성 가능한 것이어야 한다.
넷째, 개인들은 목적에 전념해야 한다.

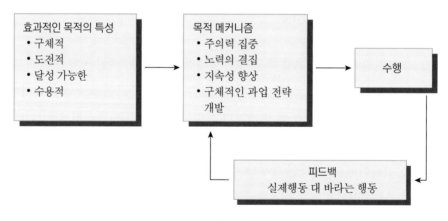

[그림 5-3] **목표설정이론**

여러 연구결과들은 이러한 네 가지 조건들이 충족될 때 목적설정은 개인들의 동기와 과업수행을 향상시키는 효과적인 방법이 된다는 것을 보여 주고 있다.

Locke와 Latham은 네 가지의 목표기제를 제시했다. 목표기제에는 행동에 대한 목표의 효과를 설명하기 위해 직접적인 세 가지 기제(노력, 지속성, 방향)와 간접적인 한 가지 기제(직무전략)가 있다. 세 가지 직접적인 목표기제는 동기가 유발된 행동의 세 가지 특성—자극(개시), 선택(지휘), 지속(보존)—과 관련된다. 개인이 일단 목표를 세우고 이를 달성하기 위해 활동하기로 결정할 때 세 가지 직접적인 목표기제가 작용한다. 한편, 목표를 달성하는 데 직접적인 목표기제가 불충분할 경우에 보다 적합한 직무의 전략을 개발하게 된다. 직무전략은 기존의 도식을 활용하거나 또는 새로운 도식을 만들게 된다.

목표설정 활동의 두 가지 기본적인 결과는 성과와 만족이다. 성과의 수준은 목표성취의 정도이다. 성과가 목표에 미치지 못할 때 불만족스럽지만, 성과가 목표를 달성하거나 초과할 때 긍정적이다. 직무만족은 개인적으로 관련된 중요한 직무 또는 목표를 효과적으로 완성할 때 갖게 되는 정서적인 결과이다. 만약 목표성취와 관련하여 제공되는 보상이 개인이 원하는 가치일 때 개인은 직무에 대하여 만족하게 된다. 따라서 성과와 만족은 개인에게 있어서 목표와 목표설정과정에 대한 피드백의 기초가 된다.

피드백은 개인들에게 직무수행과 만족 수준에 관한 지식을 제공한다. 결과에 대한 지식을 통해서 개인은 두 가지 방식으로 평가할 수 있다. 개인은 결과에 대한 지식을 통해서 특정한 성취 수준을 가져오게 된 것과 성취 수준의 향상을 어떻게 가져올 것인지에 대해 이해하게 된다. 결과에 대한 정서적 반응으로서 결과는 개인의 가치 기준에 따라 평가된다. 이러한 인지적인 평가와 가치평가는 개인의 과거의 수행과 만족에 대해서뿐만 아니라 미래에 대해서도 이루어진다.

목표설정이론은 대부분의 인간 행동이 목표 지향적이라고 본다. 즉, 개인의 행동은 목표와 의도에 따라 규제되고 유지된다고 본다. 정신적이고 신체적인 행동에 대한 목표의 가장 기본적인 효과는 특정 목표를 향해 개인의 사고와 행동을 이끄는 것이다. 특정한 목표의 추구는 보다 높은 정신적인 집중과 신체적인 노력을 요구하기 때문에 많은 에너지가 소모된다. 예를 들어, 만약 교사가 기존의 교재를 사용하는 대신에 새로운 수업교재를 개발하고자 하는 경우에 보다 많은 노력과 에너지를 소모하게 된다. 목표이론에서 제시하는 세 가지 결론은 다음과 같다(Locke & Latham, 1990).

첫째, 어려운 목표는 쉬운 목표보다 높은 수준의 성과를 가져온다.

둘째, 구체적이고 어려운 목표는 막연하고 비양적인 목표보다 높은 수준의 성과를 가져온다.

셋째, 목표는 개인이 스스로 선택하든지, 공동으로 선택하든지, 또는 다른 사람이 부여하든지 관계없이 강한 동기유발 요인이다.

3) 신념에 근거한 동기이론

신념(belief)은 사람들이 행동하는 중요한 이유가 된다. 신념은 세계에 대한 일반적인 이해 또는 일반화를 말하며, 개인들이 진실이라고 믿고 있는 것이다. 신념은 개인을 행동화하도록 동기화하는 데 중추적 역할을 한다. 인과관계, 공정성, 지능, 행위의 결과, 그리고 자신의 운명을 통제할 수 있는 능력 등에 대한 신념은 행동에 영향을 미치는 몇 가지 중추적 신념들이다. 신념에 근거한 동기이론들을 다음에서 살펴본다.

(1) 원인귀속이론

개인들은 자신과 주위 사람들에게 특정한 일이 발생할 때, 왜 이런 일이 발생하는가라고 질문한다. 그리고 이러한 질문에 대해서 원인을 추정한다. 학생들은, 왜 내가 기말시험에서 좋은 성적을 못받았는가? 노력이 부족한 탓인가, 아니면 문제를 잘 풀 수 있을 정도로 총명하지 못한 것인가? 라고 질문한다. 이상과 같은 현상에 대한 관찰 분석을 통해서 원인귀속이론(attribution theory)이 제시되었다(Weiner, 1986).

원인귀속이론의 주요 내용은 다음과 같다(Weiner, 1986).

첫째, 원인귀속이론은 개인이 성취 노력과 관련하여 과거의 행동에 대해서 원인을 설명하고 이러한 원인에 대한 분석이 어떻게 개인의 기대와 행동에 영향을 미치는지에 초점을 둔다. 개인들은 원인에 대해 분석할 때 지식을 생성한다. 이러한 지식이 생성될 때 사람들은 자신과 환경에 대해 보다 잘 대처할 수 있다.

원인에 대한 분석은 성취결과의 원인에 대한 인식이다. 학교에서 성취와 관련하여 가장 흔하게 설명되는 원인은 개인의 능력과 노력이다. 다른 설명은 과제가 어렵다거나 요행히 답을 맞혔다거나 하는 것이다. 이러한 구체적인 원인에 대한 설명(능력, 노력, 과업의 난이도 혹은 행운)이 아래에서 설명되는 다른 세 가지 구조적인 측면과 관련하여 고려될 때 개인의 성취행동에 대한 중요한 결정요인이 된다.

둘째, 성공과 실패에 대한 원인 설명은 세 가지 구조적 차원을 통해서 평가된다. 세 가지 구조적 차원은 성과의 원인이 발생되는 소재, 안정성, 통제력이다.

- 소재(locus)는 원인이 개인의 내부에 있는가 아니면 외부에 있는가를 말한다. 개인의 능력과 노력은 성과의 소재 차원에서 가장 흔하게 나타나는 내부 요인이다. 직무의 난이도와 행운은 결과에 대한 외부적인 결정요인이다.
- 안정성(stability) 차원은 성과의 원인이 시간이 지남에 따라 변하지 않거나 또는 변하는 것을 나타낸다. 개인의 능력은 일반적으로 고정된 것으로 안정적인 반면에, 개인의 노력은 상황에 따라 달라질 수 있기 때문에 불안정적이다.
- 통제력(controllability)은 성과의 원인이 자신의 선택에 달려있는지의 여부를 말하기 때문에 개인의 책임을 묻는다. 예컨대, 개인은 노력을 얼마나 할 것인지 결정할 수 있기 때문에 통제가 가능하다. 반면에 개인의 능력과 행운은 일반적으로 개인의 통제력을 넘어서는 것으로 간주된다.

셋째, 원인귀속이론은 또한 개인들이 성공이나 실패에 대해 가지고 있는 감정적 반응에 대하여 설명한다. 감정은 원인적 차원과 관련되어 있다고 가정한다. 소재 차원은 주로 자존심과 존경과 같은 감정과 관련되어 있다. 능력과 노력으로 성공할 때 자존심을 가질 수 있다. 반면에 내부적 원인으로 실패할 때 자존심을 잃을 수 있다. 안정성 차원은 장래에 대한 기대를 함축하고 있는 감정과 관련되어 있다. 실패가 안정적인 원인으로 발생될 때 무력감이나 무관심을 낳게 한다. 통제능력 차원은 죄의식, 수치심, 동정심, 노여움과 같은 사회적 감정과 관련되어 있다. 개인적인 실패의 원인이 통제할 수 있는 범위 내에 있을 때 개인은 죄의식을 느낀다. 이는 노력의 부족과 행동에 대한 책임을 지려는 결정을 포함한다. 수치심은 개인의 실패가 능력과 같은 통제할 수 없는 원인에 기인할 때 느끼게 된다.

원인귀속이론의 중요한 요소들은 다음과 같은 일련의 질문들로 요약될 수 있다.

- 원인에 대한 질문: 결과의 원인은 무엇인가

- 위치에 대한 질문: 원인이 내부적인가(능력, 노력) 또는 외부적인가(어려움, 행운)
- 안정성에 대한 질문: 원인이 고정적인가 또는 가변적인가
- 통제에 대한 질문: 내가 원인을 통제할 수 있는가

기대이론과 원인귀속이론은 개인의 선택이론으로, 개인이 학교에서 직무에 관련된 동기를 유발할 때 인지적인 과정이 어떻게 이루어지는지를 잘 설명해 주고 있다.

(2) 공평성이론

사람들이 불공평한 대우를 받는다고 생각하면 불만을 갖게 되고 일할 의욕이 저하된다. 이러한 사실을 이론가들(Adams, 1965; Greenberg, 1993)은 동기에 관한 공평성이론(equity theory)으로 발전시켰다. 공평성이론은 조직 내 개인들이 공평하게 취급받고 있는지에 대한 신념이 동기를 결정하는 주요 요인이라고 본다. 그리고 공평성이론은 사람들이 공평하게 또는 불공평하게 취급받고 있는지의 판단은 사회적 비교(social comparison), 즉 자신과 타인과의 비교를 통해서 이루어진다고 본다.

좀 더 기술적으로 표현하면, 사람들은 자신의 투입(조직에 기여하는 모든 것)에 대한 산출(조직으로부터 받는 모든 것)의 비율을 타인의 투입/산출 비율과 비교한다.

여기서 타인은 자신과 비슷한 처지에 있는 사람 또는 집단이다. 산출은 보수, 승진, 부가적 혜택, 근무조건, 인정 등 조직의 과업 수행 결과로 얻게 되는 모든 것을 말한다. 투입은 조직의 과업 수행을 위하여 투자되는 모든 것으로 교육, 경험, 능력, 훈련, 개인적 특성, 노력, 태도 등이 포함된다. 만약 투입/산출 비율이 자신이 비교하는 사람과 대략 동일하다면 사람들은 자신에 대한 처우가 공평하다고 본다. 그러나 그 비율이 같지 않다면, 자신이 공정하게 대우받지 못하고 있다고 믿기 때문에 불공평 의식이 생긴다. 불공평 의식이 생기면 사람들은 불만을 갖게 되고 불공평성을 제거하려고 노력한다. 불공평성이 초래하는 결과 중의 하나는 동기를 감소시키는 것이다. Baron(1998)은 불공평하다는 느낌은 작업동기를 방해하며, 개인들은 다음 세 가지 방법으로 그 불평등성을 줄이려 한다고 설명하고 있다.

- 그들은 성과를 증가시키려 한다: 그들은 승급이나 혹은 다른 보상과 같은 이득의 증대를 추구한다.
- 그들은 직장을 떠나려 한다: 그들은 직장을 그만두고 다른 직업을 찾는다.
- 그들은 투입을 줄인다: 그들은 직무에 노력을 쏟지 않는다.

불평등을 느끼는 개인들은 위의 세 가지 방법 중 마지막 방법을 선택하는 경향이 있다. 더 나아가 이득을 얻기 위해서 부정한 방법을 사용할 수도 있다.

공평성이론에 대한 세 가지 쟁점에 대해서 추가로 지적해 두고자 한다. 첫째, 공정성에 대한 개인의 판단은 주관적이라는 점이다. 둘째, 개인들은 자신들이 마땅히 받아야 할 것에 비해 더 많이 받는 것보다는 더 적게 받는 것에 훨씬 더 민감하다는 것이다(Greenberg, 1993). 개인은 자신이 받을 수 있는 것에 비해 더 받은 것에 대해서는 쉽게 합리화를 한다. 셋째, 공평성과 정의는 많은 개인에게 있어서 중요한 동기적 힘이다.

(3) 기대이론

개인의 동기유발을 가장 신뢰롭고 타당하게 설명해 주는 이론 중의 하나가 기대이론(expectancy theory)이다. 기대모형이 심리학에서 오랜 역사를 지니고 있지만, 이 접근은 Vroom 등에 의해 1960년대에 널리 알려졌고, 작업상황을 위해 특별히 수정되었다(Vroom, 1964). Vroom의 기대이론 모형을 시발로 연구가 활발히 수행되었다. 기대이론 모형은 가장 높은 수준의 이익을 산출하는 직무, 업무, 그리고 노력 간에 이루어지는 선택을 예측하기 위해 개발되었다. 1960년대 후반에서 1980년대 초의 문헌에서 기대이론이 많이 나타났다.

기대이론은 다음과 같은 두 가지 기본적 전제에 의존한다.

첫째, 개인들은 미래의 사건에 대해 생각하고, 분석하고, 예상하는 능력을 사용하여 조직 내에서 의사결정을 내린다. 사람들은 자신의 행위로부터 나타난 결과에 대한 기대 가치를 주관적으로 평가하여 자신의 행동을 결정한다.

둘째, 개인적인 요소뿐만 아니라 환경적인 요인도 사람이 자신의 행동을 결정할 때 영향을 미친다. 예를 들어, 개인의 가치와 태도는 역할 기대나 학교 문화와 같은 환경적인 요인과 상호작용하여 개인의 행동에 영향을 미친다.

기대이론은 세 가지 기본적 개념이 있다. 그것은 성과에 대한 기대, 보상에 대한 기대, 유인가이다. 이 세 가지 개념을 토대로 한 기대이론의 모형은 [그림 5-4]와 같다.

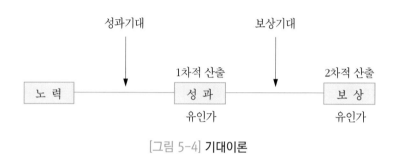

[그림 5-4] **기대이론**

- 성과기대: 성과기대는 노력을 통해서 구체적인 성취수준을 얻을 것으로 판단되는 주관적인 확률이다. 이는 개인이 특정 수준의 활동을 수행할 때 어느 정도의 목표를 성취할 것이라고 믿는 정도이다. 여기서의 질문은 "만일 내가 열심히 일하면 성공할 수 있을 것인가?"이다. 예를 들어, 교사가 자신의 노력을 통해서 학생의 학업성취도가 향상될 수 있는 높은 확률이 있다고 생각한다면, 이때 이 교사는 높은 기대 수준을 가지고 있는 것이다.
- 보상기대: 이는 과업을 성취한 후에 보상을 얻게 될 가능성에 대한 주관적인 확률이다. 이 기대치는 개인들이 성과와 보상이 서로 강하게 연관되어 있다고 인식할 때 높아진다. 여기서의 질문은 "만약 내가 성공한다면 얻게 되는 보상은 무엇인가?"이다. 예를 들어, 만약 교사가 자신이 가르치고 있는 학생들이 높은 학업성취를 보이고 이를 학부모들이나 지역사회에서 공개적으로 인정해 줄 때 보상에 대한 기대치는 높다.
- 유인가: 이는 과업 수행에 대한 목표, 결과, 보상 등에 대해서 개인이 부여하는 주관적인 가치이다. 여기서의 질문은 "내가 노력의 결과로서 얻는 것에 대해 어떻게 느끼

는가?"이다. 이러한 감정들에는 자신감, 자율성, 인정, 성취, 창의성 등이 있다. 교사들은 이러한 감정들을 가질 때 높은 만족감을 갖게 된다.

일반적으로 사람들은 다음과 같은 상황을 전제할 때 높은 동기를 갖게 된다.

첫째, 자신이 바람직한 수준으로 성취할 수 있는 능력을 가지고 있다(성과에 대한 높은 기대).

둘째, 자신의 행동이 예상되는 결과를 이끌 것이다(높은 보상에 대한 기대).

셋째, 나타난 결과에 대해 개인적으로 긍정적인 가치를 부여한다(높은 유인가).

사람들은 자신의 행동을 선택해야 될 때 성과에 대한 기대 질문, 보상에 대한 기대 질문, 유인가에 대한 질문을 제기하게 된다. 이러한 질문을 고려한 후에 개인은 바라는 결과를 가장 잘 가져올 수 있는 방식으로 행동하게 된다.

기대이론에서 동기를 유발하는 힘은 여러 가지 상황에서 직무 만족, 노력, 성과와 긍정적인 상관이 있는 것으로 알려지고 있다. 교육조직에서 연구한 결과들에서도 유사한 결론을 내리고 있다(Hoy & Miskel, 1996). 높은 기대동기를 가지고 있는 교장들이 낮은 기대동기를 가진 교장들보다 지역의 의사결정에 영향력을 행사하기 위해 더 적극적인 노력을 한다는 사실을 발견했다. 학교구조와 교사 동기 부여 사이의 상관관계를 실험하는 연구에서는 중앙집권화되고 계층적으로 운영되는 학교에서 근무하는 교사들은 동기유발의 힘이 약한 것을 발견하였다. 중등학교 교사의 연구는 동기부여의 힘이 직무만족과 직무성과에 유의미한 관련을 갖고 있다고 보고하였다. 이와 유사하게 교사의 기대동기는 교사의 직무만족, 학교에 대한 학생의 태도, 그리고 학교의 효과성과 지속적으로 관련되어 있음이 발견되었다.

(4) 자기효능감이론

자기효능감(self-efficacy)이란 어떤 수준의 성과에 도달하는 데 요구되는 일련의 행동을 조직하고 실행할 수 있는 자신의 능력에 관한 개인의 판단이다. 바꾸어 말하면, 자기효능감은 직무 수행과 관련하여 자신의 능력에 대한 개인의 판단이다. 예를 들어, 수학교사가 담당하고 있는 학생들에게 수학을 성공적으로 가르칠 수 있다는 신념은 효능감이 높은 판단이다. 자기효능감에 대한 인식은 어떤 수준의 성과에 도달할 수 있다는 미래의 기대를 나타낸다.

자기효능감은 개인들이 자기 스스로 목표를 설정하고, 어느 정도 노력을 할 것인지, 어려움에 맞서서 얼마나 오래 인내할 것인지, 실패에 대한 극복 의지 등을 설정함으로써 동기를 유발한다. 사람들은 자신의 능력을 넘어서는 직무나 상황을 회피하는 경향이 있다. 그리고 자기가 다룰 수 있다고 판단하는 행동을 추구한다. 따라서 높은 효능감은 성취 수준에도 영향을 미친다. 똑같은 능력을 지니고 있지만 효능감의 수준이 다른 경우, 이들이 자신의 능력을 활용하는 방식이 다르기 때문에 성과 수준이 달라진다.

■ 자기효능감의 발전

자기효능감의 기대는 성과에 대한 피드백, 과거의 역사, 그리고 사회적인 영향을 포함하는 다양한 원천에서 형성된다. 그러나 자기효능감은 네 가지 종류의 개인적 경험에서 형성된다고 가정된다. 이러한 원천은 숙달된 경험, 모델링, 언어적 설득, 정서적 자극이다.

가장 중요한 원천은 숙달된 경험이다. 직무 완성에 대한 성공과 실패는 자기효능감에 중요한 영향을 미친다. 반복되는 성공은 효능감을 향상시킨다. 반면에 실패가 반복될 때 자기효능감이 감소된다. 점진적인 성취를 통해 직무수행에 필요한 기술이나 대처 능력을 키워 나갈 때 효능감이 향상된다.

모형이 되는 직무수행을 관찰하는 것도 효능감에 영향을 미친다. 첫째, 모델링은 지식을 제공한다. 전문가가 직무를 완성하는 것을 관찰하면서 다른 상황에서 유사한 직무를 수행하는 경우에 필요한 효과적인 전략을 습득할 수 있다. 둘째, 사람들은 사회적인 비교를 통해서 자신의 능력을 판단한다. 사람들은 다른 사람들이 직무를 수행할 수 있다면 자신도 직무 수행에서 어느 정도 성취할 수 있다는 신념을 가지게 된다. 모델링의 경험은 직무와 관련하여 개인적 경험이 제한되어 있는 사람들에게 큰 영향을 미친다.

언어적 설득은 사람들에게 자신들이 성취하고 싶은 것들을 성취할 수 있는 능력을 가지고 있다고 스스로 믿도록 하는 데에 광범위하게 사용된다. 사회적인 설득만으로는 자기효능감을 증가시키는 효과가 제한적이지만, 적절한 범위 내에서 평가가 이루어질 때는 성과에 기여한다. 언어적 설득은 개인의 능력 개발과 자기효능감을 어느 정도 향상시킨다.

사람들은 또한 자신의 능력을 판단하기 위해 생리적으로 얻은 정보에 부분적으로 의존한다. 개인들은 흥분이나 열정과 같은 긍정적인 자극, 그리고 두려움이나 스트레스와 같은 부정적인 자극에 기초하여 예상되는 성과에 대하여 판단한다. 따라서 효능감을 증진시키는 또 하나의 방법은 개인의 신체적인 건강을 향상시키고 스트레스를 감소시키는 것이다.

일반적인 조직과 관리 문헌에서 자기효능감의 경험적 연구는 일관된 결과를 산출했다. 자기효능감은 생산성, 어려운 업무에 대한 대처, 경력 선택, 학습과 성취, 새로운 기술에 대한 적응과 같이 성과와 관련된 업무에 적용된다. 교육조직에서도 이와 유사한 결과가 나타났다. 학교에서 자기효능감 연구는 다음과 같은 두 가지 방식으로 이루어지고 있다.

첫 번째 연구방식은 다양한 동기와 성취지표에 대한 학생과 교사의 자기효능감의 효과를 검토하는 것이다. 이 연구에서 일반적으로 발견되는 것은 자기효능감은 학생의 성취도, 학년 성적, 학생의 동기, 교사의 교수방법의 혁신, 교사의 학급운영 전략 등과 긍정적으로 관련된다는 점이다. 이 외에도 자기효능감의 변화는 수학, 읽기, 쓰기와 같은 교과목의 성취도를 향상시키는 데 기여할 수 있다는 사실이 지속적으로 발견되었다.

두 번째 접근방식은 학생과 교사들의 자기효능감에 영향을 미치는 학교에서의 개인적인 요인과 상황적인 요인들을 찾는 것이다. 개인적 효능감은 학교장의 영향력과 학교에서의 학업성취도의 강조와 같은 조직건강 변수들과 긍정적으로 관련되어 있다.

자기효능감은 여러 행동과 성과에 영향을 미치는 중요한 동기 요인이다. 자기효능감은 다양한 경험을 통해 학습되며, 새로운 정보와 경험을 획득함으로써 변화될 수 있다. 자기효능감에 대하여 다음과 같은 네 가지 결론을 내릴 수 있다(Hoy & Miskel, 1996).

● 자신의 능력에 대한 신념을 가진 사람은 보다 성공하며 보다 지속적으로 노력한다.

- 사람들은 자신의 능력을 뛰어넘는 상황과 업무를 회피하는 경향이 있다.
- 사람들은 자신의 능력으로 다룰 수 있다고 판단하는 활동을 추구한다.
- 자기효능감은 경험의 숙달, 모델링, 설득, 정서적 자극 등을 통해서 개발된다.

이상의 결론들은 다음과 같은 네 가지 주요한 질문으로 제기된다.

- 자기효능감 질문: 내가 업무성취를 위해 나 자신을 믿는가?
- 직무의 난이도 질문: 담당해야 할 직무는 얼마나 어려운가?
- 능력 질문: 나는 직무 성취에 필요한 능력을 가지고 있는가?
- 근원 질문: 나는 긍정적인 자기효능감을 어떻게 개발할 것인가?

마지막으로, 지금까지 논의해 온 모든 동기이론들의 주요한 동기적 특징들을 Hoy와 Miskel(2001, 김형관 외 공역, 2003)은 〈표 5-1〉과 같이 요약·제시하였다.

〈표 5-1〉 욕구, 목적, 신념이 동기화시키는 방법에 대한 요약

욕구 이론
다음과 같을 때 사람들은 열심히 일한다.
- 생리적 욕구, 안정, 및 소속욕구와 같은 하급 차원의 욕구가 충족된다.
- 존경과 자아실현의 욕구와 같은 상급 차원의 욕구는 도전감을 준다.

동기-위생 이론
다음과 같이 주장한다.
- 충족되지 않은 하급 수준의 욕구는 직무에 불만족을 갖게 한다.
- 충족된 상급 수준의 욕구는 직무만족을 준다.

목표 설정 이론
다음과 같을 때 사람들은 열심히 일한다.
- 사람들은 현실적이고, 구체적이며, 도전적인 목적을 가지고 있다.
- 사람들은 목적에 전념하고 있다.
- 사람들은 목적을 향해 진전해 가는 과정에 대해 피드백을 받고 있다.

원인귀속 이론

사람들은 성공의 원인이 다음과 같은 것에 있다고 믿을 때 열심히 일한다.

- 내적-능력과 노력에 기인한다.
- 고정되어 있지 않음-예컨대, 노력은 상황에 따라 바뀔 수 있다.
- 통제 가능함-원인은 적절한 전략을 사용하여 열심히 일함으로써 통제될 수 있다.

공평성 이론

사람들은 공정하게 대우받고 있을 때 열심히 일한다.

- 받을 만하다고 여겨지는 보상을 받고 있다.
- 보상이 공정하게 배분되어 있다.
- 존경과 예의로 대우받아 왔다.

기대 이론

사람들은 다음과 같을 때 열심히 일한다.

- 가외의 노력으로 수행을 개선할 수 있다고 믿는다.
- 훌륭한 수행은 주목을 받고, 보상을 받는다.
- 보상은 가치가 있다.

자기효능감 이론

사람들은 다음과 같을 때 열심히 일한다.

- 성공할 수 있는 능력을 가지고 있다고 믿는다.
- 과업이 아주 어렵지 않다고 믿는다.
- 유사한 과업을 달성하는 데 성공해 왔다.
- 훌륭한 성공 모형을 가지고 있다.

3. 동기유발의 방안

동기는 일반적으로 행동을 자극하고 지속시키는 힘이다. 학교 경영자는 학교조직의 활성화를 위하여 구성원의 직무 수행 동기를 유발하고 지속시키는 전략 개발에 관심을 가져야 한다. 앞 장에서 소개한 동기이론들은 학교의 구성원들에게 동기를 부여할 수 있는 여러 가지 시사점과 방안을 제시해 준다. 여기서는 동기유발의 원리를 살펴본 후 동기를 내재적 동기와 외재적 동기로 구분하고, 외재적 동기유발 방안과 내재적 동기유발 방안, 그리고 외재적 동기와 내재적 동기를 결합한 동기유발 방안을 살펴본다.

1) 동기유발의 원리

개인의 동기유발은 복잡하고 독특한 과정이다. 모든 사람이 스스로 학습하고 열심히 일하며 책임을 질 수 있게 하는 특별한 방법은 없다. 동기유발 프로그램을 설계하고 실행할 때는 촉진이나 조장과 같은 개념이 기초가 되어야 한다. 조직 내에서 사람들 간의 협력이 강조되고 개인들의 목표와 정서, 그리고 개인의 가치와 기대 등이 존중될 때 조직구성원들의 동기유발 프로그램은 성공할 수 있다. 반면에 사람들 간에 협력하고 존중하는 분위기가 조성되지 않는 곳에서는, 동기유발 프로그램은 단기적인 효과만을 가져오게 되며 장기적으로는 실패한다. 사람들은 강압적으로 다루어지거나 조종받고 있다고 생각할 때 자신의 활동에 흥미를 잃게 된다. 학교현장에서도 교사들의 협력을 얻지 않고 새로운 프로그램을 도입하면, 교사들은 이에 대해 저항하고 거부하게 된다. 개인들의 동기유발 프로그램 개발에 적용할 수 있는 일반원칙은 다음과 같다(Ford, 1992; Bolman & Deal, 1997).

- 개인의 동기를 유발하려는 노력은 항상 사람을 전인격체로서 다루어야 한다.
- 강한 동기는 여러 목표에 기초를 두기 때문에 사람들이 가능한 여러 목표를 성취하게 해야 한다.
- 목표성취에 대한 분명하고 유용한 피드백이 제공되어야 한다.
- 높지만 성취할 수 있는 최적의 목표를 제시할 때 동기가 극대화된다.
- 동기유발을 위해 다양한 접근방법을 지속적으로 활용한다.
- 사람들은 존중되어야 한다.

이상의 여섯 가지 일반원칙들은 조직 내 구성원들의 동기를 향상시킬 수 있는 여러 프로그램들의 기초가 될 수 있다. 구성원들의 동기를 유발하는 프로그램은 무엇보다도 인간에 대한 존중을 바탕으로 한다.

2) 내재적 동기와 외재적 동기

동기는 내재적 동기와 외재적 동기로 구분된다. 내재적 동기(intrinsic motivation)는 활동 그 자체를 위하여 행동하는 동기이다. 내재적으로 동기화된 사람은 일이 즐거워서 과업을 수행한다. 과업수행은 그 자체로서 보상이 되고, 다른 외적 보상이나 제약에 의존하지 않는다. 외재적 동기(extrinsic motivation)는 목적을 위한 수단으로 행동하는 것이다. 외재적으로 동기화된 사람은 일을 하면 그 결과로 보상, 칭찬 혹은 벌의 회피와 같은 바람직한 결과를 얻게 된다고 믿기 때문에 과업을 수행한다(Pintrich & Schunk, 2002, p. 245).

내재적 동기와 외재적 동기는 동기의 소재, 말하자면 동기가 내부에 있는가 또는 외부에 있는가에 따라 구분되는 동기 개념이라고 말할 수 있다. 그러나 내재적 동기와 외재적 동기를 이분법적으로 구분하기보다는 내재적 동기와 외재적 동기를 연속선상의 정도의 차이로 인식하여야 할 것이다.

학교에 사용되는 외재적 동기유발 방안과 내재적 동기유발 방안의 사례와 내재적 동기와 외재적 동기를 결합한 응용 사례를 다음에서 살펴본다(Hoy & Miskel, 2001, pp. 158-169).

3) 외재적 동기유발 방안: 성과급 및 목표관리(MBO)

■ 성과급

학교에서 사용하고 있는 외재적 보상 가운데 가장 큰 논쟁이 되고 있는 것이 성과급이다. 학교조직에서 보수를 통해서 동기를 부여하는 방법 중의 하나는 성과급이다. 성과급은 보수가 지급될 때 최소한 전체 보수 중 일부가 개인의 성취 정도에 기초해서 책정되는 방식이다. 성취 정도가 높은 사람은 보수수준이 높아지고 성취 정도가 낮은 사람은 보수수준이 낮아진다. 기본적으로 성과급은 성과가 우수한 교사와 추가적이거나 어려운 업무를 담당한 교사에게 보수를 올려 줌으로써 이를 보상하는 업적주의 보수제도이다. 그러나 학교에서 성과급제도는 경력과 학력에 따라 결정되는 기본보수표에 따른 지급액에 추가된 수당과 같은 형태로 활용된다.

성과급 제도는 미국을 비롯한 서구에서 끊임없이 실험되고 있다. 우리나라에서는 기업체에서 업적급 또는 성과급으로 일반화되고 있다. 교직에서의 성과급 제도는 다음과 같은 몇 가지 이유로 논쟁을 불러일으키고 있다.

첫째, 우수한 교사를 공정하게 선발하기가 쉽지 않다.

둘째, 성과급을 지급받기 위해 교사들 간에 경쟁이 조장됨으로써 교사의 사기를 저하시키고, 교사의 협동을 저해할 수 있다(Firestone, 1991).

셋째, 성과급을 지급하기 위한 비용에 비해 이를 통해 얻을 수 있는 교육적인 효과가 크지 않다.

넷째, 성과급보다 더 시급한 것은 교사보수의 기본급을 인상하여 교사의 처우를 개선하는 것이다.

이러한 이유 등으로 인해서 학교조직에서 성과급 제도가 아직 성공적으로 활용되지 못하고 있다.

■ 목표관리(MBO)

목표관리(management by objectives: MBO)는 외재적 동기에 근거하고 있는 관리의 또 다른 사례다. 목표관리는 조직구성원들이 참여하여 공동으로 목표를 세우고, 설정된 목표에 따라 직무를 수행하고, 목표달성의 성과가 평가되어 보상을 받는 관리기법이다. 목표관리는 공동의 목표를 향해 조직구성원들의 노력을 동기화하고 통합하려는 하나의 체제이다(목표관리 기법에 대해서는 제11장에서 자세히 설명함). 목표관리에 구성원 참여의 요소가 있다 하더라도, 학교조직의 최상층에서 결정한 공동의 목적을 달성하기 위하여 학교 구성원들의 노력을 동기화시키고 통합하려 한다는 점에서, 목표관리는 기본적으로 상명 하달식 행정적 접근방법이다. 따라서 목적은 처음에는 외부에서 부과된 것이지만, 목표관리 기법은 하급자들로 하여금 그 목적을 내면화하도록 시도한다. 그러나 보상은 외부에서 주어진 목적의 성취와 연계된다.

목표관리 유형의 도입은 오늘날 특히 민간부문에서 강력한 이론적 지지를 받고 있으며 몇몇 실증적 연구들도 이를 지지하고 있다. 일반적으로 목표관리의 핵심적 내용이 되는 목표선정과 목표달성에 따른 보상은 동기유발과 성과에 긍정적 효과를 미친다고 본다. 교육조직에서 장기적인 목표관리 프로그램을 시행하고 유지하기 위해서는 많은 투자가 필요할 것이고 그 성공여부는 불확실한 것으로 보인다(Hoy & Miskel, 2001, p. 162).

4) 내재적 동기유발 방안: 직무-특성 모형

■ 직무-특성 모형

직무-특성 모형(Hackman & Oldham, 1980)은 내재적 동기를 사용한 좋은 예이다. 이 모형은 직무를 보다 의미있고 흥미있게 설계함으로써 직무수행자의 내재적 동기를 유발하는 직무설계의 한 방법이다.

직무-특성 모형은 [그림 5-5]에 제시되어 있다. 직무-특성 모형에 따르면, 직무의 동기

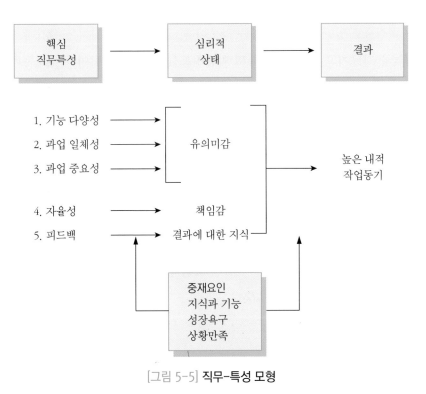

[그림 5-5] 직무-특성 모형

적 잠재력은 작업의 유의미성, 자율성, 피드백의 결과이다. 직무-특성 이론은 직무가 이들 세 가지 중요한 심리적 상태를 가져오게 할 때 구성원들은 내적 혹은 내재적 동기를 경험하게 될 것이라고 설명하고 있다.

- 작업의 유의미감(feeling of meaningfulness)이란 개인이 직무를 가치 있고 보람 있는 것으로 경험하는 정도를 말한다. 작업이 의미있게 되려면, 기능 다양성(개인이 다양한 기술과 능력을 발휘할 수 있게 하는 활동), 과업 일체성(개인이 수행하는 직무가 일의 전체 공정을 완성하는 정도), 과업 중요성(타인의 일에 미치는 영향의 정도)의 세 가지 필요한 특성이 있어야 된다고 가정한다.
- 작업 결과에 대한 책임감(feeling of responsibility)은 개인이 자신이 수행하는 작업결과에 대해 개인적 책임감을 느끼는 정도를 말한다. 자율성은 조직구성원이 작업의 일정과 방법을 채택하는 데 부여된 재량권이다.
- 결과에 대한 지식(knowledge of result)은 자신이 얼마나 효과적으로 일하는지에 대해서 지속적으로 알고 또한 이해하는 정도이다. 결과에 대한 지식은 예컨대, 한 교사가 학생들을 가르치고 난 후 학생들의 학습정도를 아는 것과 같이 직무로부터 오는 직접적인 피드백이다.

직무-특성 모형은 기본적으로 직무의 특성들(기능 다양성, 과업 일체성, 과업 중요성, 자율성, 피드백)이 개인의 긍정적인 심리상태 혹은 내재적 동기를 위한 단계를 설정한다. 따라서 구성원들의 동기가 높을수록 결과(내재적 작업동기, 성장만족, 직무만족, 작업효과성 등) 또한 증가된다. 전반적으로 직무 재설계로서 직무-특성 모형은 직무를 내재적 보상체계로 만듦으로써 교육조직에서 긍정적인 결과를 산출하는 높은 잠재력을 가지고 있다. 그러나 변화를 시행하는 어려움이 있다는 것을 생각한다면, 이 모형의 성공은 그리 쉽지 않을 것이다(Hoy & Miskel, 2001, pp. 165-166).

5) 통합적 방안: 경력단계

■ 교사들의 경력단계

경력단계(career ladder)는 내재적 전략과 외재적 전략을 결합하여 동기를 유발하려는 실제적 응용의 한 좋은 사례이다. 경력단계 프로그램은 직무를 확장시켜서 교사들에게 승진할 수 있는 기회를 제공하고, 지위상의 서열을 공식화하며, 교사의 능력과 업무를 일치시키고, 학교와 교사의 개선을 위한 책임을 교직원들에게 배분하기 위해 직무를 재설계한다. 경력단계 프로그램은 상위단계로 승진할 때 상위단계에서의 임무가 추가된다. 이러한 임무에는 신임교사에 대한 조언과 지도, 교과과정의 개발, 프로그램의 평가 등이 있다. 경력단계 프로그램은 교사들간의 책임을 차등화시킨다.

경력단계 프로그램은 교사의 전문성을 계발시킬 수 있는 기회와 보상을 제공하고, 새로운 기술을 발전시키고, 직무의 다양성과 책임을 증가시키며, 새로운 도전을 받아들이고, 동료 간의 협력을 중진시키기 위한 것이다. 경력단계 프로그램은 교직의 유인가를 높이기 위해서 교원의 선발, 유치, 성과 보상에 초점을 둔다. 이를 통해 우수한 교사들이 교직에 유치될 수 있고, 교원인사의 책임 차등화와 보상의 제공을 통한 경력단계에 따라 교원의 전체적인 질은 향상될 수 있다고 본다.

직무확장에 기초를 둔 경력단계 프로그램의 일반적인 특징은 교사의 직무를 3~4단계로 계서적으로 구분하고 각 단계별로 다른 역할을 설정한다. 경력단계 프로그램의 네 단계의 내용은 다음과 같다(Hoy & Miskel, 2001, p. 167).

지위 I: 수습교사. 수습교사는 일차적으로 학생을 가르치면서 수석교사로부터 교과지도 및 학생지도에 대한 지도와 조언을 받고 정규교사가 되기 위한 수습기간을 마친다.

지위 II: 정규교사. 정규교사는 교과지도와 학생지도에 대한 독자적인 책임을 지고 자율성을 갖는다.

지위 III: 정규교사 직무확대. 특수한 과제에 대한 책임이 확대된다. 이러한 책임에는 교사연수, 수업연구, 교재개발이 있다.

지위 IV: 수석교사. 수석교사는 교단교사로서는 가장 높은 경력단계이다. 이들은 교실수
업은 덜 하고 동료교사들을 지원해 주는 역할을 담당한다. 이러한 지원역할에
는 교과과정의 개발 및 평가, 수습교사에 대한 지도 및 조언, 교과연구, 교사연
수 등이 포함된다.

직무 재설계로서 경력단계 프로그램을 도입할 때 재설계된 직무, 책임, 감독, 동료 관
계, 보수 등에 관한 명확한 결정이 요구된다. 학교에 새로운 직위와 서열이 만들어짐으로
써 새로운 직위의 실제 업무내용과 과정, 기간, 보상 정도가 규정되어야 한다. 교사, 교장,
교감, 장학사 등의 기존 역할도 새롭게 조정되어야 한다. 경력단계 프로그램을 실시하면
학교체제에 갈등과 혼란이 수반되고 교직원들에게 추가적인 일이 부과될 수 있다. 이러한
문제점이 발생될 수 있지만 교사들을 동기화시키고 전문성을 신장시킬 수 있다는 점에서
긍정적인 측면이 많다.

요약컨대, 학교의 직무 재설계로서 경력단계 프로그램이 적절하게 설계되어 실행되면
학교의 프로그램, 교육과정, 교수활동에서 긍정적인 효과를 얻을 수 있다. 더욱이 교사들
의 직무 자체를 보다 흥미있게 만들고, 자율성과 책임을 증가시키며, 심리적 성숙에 대한
기대를 증대시킴으로써 경력단계 프로그램은 성과급, 상부하달식 관리 등의 관료적인 방
식보다 효과적으로 교사들의 동기를 유발할 수 있다(Firestone, 1991).

제6장
학교의 정치

학교를 이해하는 전통적인 방식은 구조적 관점이나 인간자원 관점이다. 전통적인 관점은 비교적 체계적이고 안정적인 환경을 지닌 조직에 적합하다. 오늘날 학교를 둘러싸고 있는 환경은 과거와는 달리 인구, 기술, 경제 등 사회 각 영역에서 매우 빠르게 변화가 이루어지고 있다. 더욱이 학교 내외에서 개인, 집단, 조직 간에 발생되는 갈등도 보다 많으며 이를 다루는 방법도 다양해지고 정교하게 발전되었다.

학교는 학교행정가를 중심으로 교직원들 간에 협동하여 학생을 가르치고 지도하는 조화로운 모습과 아울러 학교 구성원들 간에 개인 간, 집단 간 갈등이 상존하고 있다. 이러한 갈등은 학교 내 자원의 희소성, 개인들 간의 차이점 등으로 인하여 불가피하다. 우리나라에서, 조직사회에서 발생되는 갈등은 계서적인 권위와 비공식적인 인간관계에 의해 관리되어 왔다. 조화와 질서를 강조하는 유교적인 사상의 영향으로 학교에 대한 정치적인 관점은 생소하다.

우리나라의 교직사회에서도 1980년대 중반 이후 민주화 운동이 일어나면서 교육당사자들 간에 관점의 대립, 갈등, 타협 등 정치적인 현상이 빈번하게 발생되었다. 단위학교에서도 학교경영에 대한 재단과 교사, 학생들 간에 갈등이 발생하고, 학생지도에 대해서도 교사와 학부모들 간에 이견과 갈등이 빚어지고 있다. 이러한 갈등을 다루는 과정에서 개인이나 집단들은 다른 개인이나 집단에 대해 영향력을 행사한다.

학교는 교육목표를 달성하기 위해 모든 구성원이 헌신하는 이상적인 조직이 아니다. 구조적 관점과 인간자원 관점은 학교를 구성하고 있는 개인, 집단들 간의 역동적인 조직현상을 설명하기에 부적합하다. 학교 및 학급을 경영하기 위해서는 학교 내외에서 중요한 문제로 대두되는 정치적 현상을 설명해 주는 관점에 대한 이해와 이를 활용할 수 있는 능력이 필수적이다. 이 장에서는 학교에서의 권한, 권력, 갈등, 갈등관리, 조직 내 정치적 활동 등의 주제를 다룬다.

1. 정치적 관점

조직을 이해하는 관점은 여러 가지가 있다. 구조적 관점은 질서정연하고 합리적인 이미지로, 이에 따르면 조직은 상층부에서 설정된 목표와 방침에 따라 운영된다. 또한 조직목표를 실행하는 수단으로 권위를 강조한다. 경영자는 합리적 결정을 내리고, 전달된 결정이 실행되었는지 확인하기 위해 행위를 감독하며, 구성원들이 얼마나 지시를 잘 수행했는지 평가한다. 인간자원 관점은 인간적이고 협동적인 이미지로서 조직의 필요와 개인의 욕구 사이의 불일치에 주목하고 이를 통합시킬 수 있는 조직의 전략개발을 강조한다. 이러한 관점들에 비해서 정치적 관점은 개인과 집단 간의 갈등 문제를 보다 직접적으로 다룬다. 즉, 조직은 서로 다른 이해관계를 지닌 개인과 집단으로 구성된 연합체로 간주된다. 정치적 관점은 다음과 같은 주요 가정에 따라 조직을 이해한다(Bolman & Deal, 1991).

첫째, 조직은 다양한 개인이나 하위집단으로 구성된 연합체이다. 이러한 연합체는 성별, 연령별, 부서별, 세대별, 지역별, 출신학교별 등 다양한 방식으로 이루어진다.

둘째, 조직 내의 개인들이나 하위집단들은 이해관계, 가치관, 선호 등이 서로 다르며, 이러한 차이는 비교적 오래 지속된다. 예컨대, 동일한 학교에 근무하는 교사들 간에도 세대에 따라 교육에 대한 관점이나 교직관, 학생에 대한 지도방식 등이 서로 다르다.

셋째, 조직 내에는 구성원들이 가치롭게 여기며 필요로 하는 자원이 희소하다. 이러한 희소자원의 예로는 권력, 명예, 지위, 돈 등을 들 수 있다.

넷째, 조직 내 구성원들 간의 차이점과 희소자원으로 인해서 조직 내 개인 간, 집단 간의 갈등은 자연스럽게 발생한다. 이러한 갈등현상에서 권력은 핵심적인 자원이다.

다섯째, 조직 내의 목표설정이나 중요한 의사결정은 객관적이고 합리적인 근거를 바탕으로 이루어지지 않는다. 여러 집단들 간의 상호작용과 같은 동태적인 역학관계 속에서 이루어진다. 예컨대, 학교에서의 공식적인 목표는 전인교육이 될 수 있지만, 실제적인 운영목표는 학교 교장, 학부모, 교사, 학생 등과의 역학관계 속에서 정립될 수 있다.

정치적 관점은 조직 내 갈등과 같은 정치적 현상은 개인의 이기심, 근시안이나 무능력 때문이라기보다는, 조직 내의 구성원과 집단의 상호의존성, 지속적인 차이, 자원의 희소성, 권력관계 등으로 인해 발생된다고 본다. 이러한 정치적인 현상은 조직 내에서 구성원들 간의 이질성이 크고 조직구성원들이 필요로 하는 자원이 적을수록 두드러진다. 조직 내에서 공식적이고 제도적인 권한을 지닌 집단의 통제력이 약화될수록 정치적 현상이 보다 많이 발생한다. 즉, 조직 내 통제력이 강할 때는 조직 내의 갈등이 잠재되어 있지만, 통제가 느슨해지면 잠재된 갈등이 드러난다. 이 외에도 조직 내 집단 간에 상호의존성이 증가될 때 조직 내 정치적인 현상도 증대된다(Alderfer, 1979).

2. 권력과 권위

권력에 대한 분석에서 구조적 관점은 조직 내의 공식적인 권한에 초점을 둔다. 공식적인 권한은 다른 사람의 행동을 구속할 수 있는 합법적인 권력이다. 학교에서 학교장은 교사에게, 교사는 학생에게 그들이 수용해야 하는 결정을 내린다. 구조적 관점은 조직목표를 실행하는 수단으로서 권위가 우선됨을 강조한다. 조직의 경영자는 조직의 목표에 일치하는 최적의 결정을 합리적으로 내리고, 이러한 결정이 실행되었는지를 확인하기 위해 조직구성원들의 행동을 감독하며, 이들이 얼마나 지시를 잘 수행했는지를 평가한다.

인간자원 관점을 따르는 학자들은 최근에 학교경영에서 교사에 대한 권한부여라는 개념을 사용하지만 일반적으로는 권력의 문제에 관심을 두지 않는다. 이들은 권한의 행사에 내재하는 한계점과 어려움을 강조한다. 권한은 기본적으로 영향력이 일방적으로 행사되는 기제이기 때문에 종종 조직목표와 개인 욕구의 통합을 저해한다. 따라서 인간자원 관점에서는 조직구성원들 간에 상호 협력을 증진시킬 수 있는 형태의 영향력에 관심을 둔다.

1) 권위의 개념

권위는 조직에서 의사결정, 지도성, 계층제 등과 함께 중요하게 다루어진다. 권위와 권력을 엄격히 구별하기는 어렵다. Max Weber(1947)는 권위를 지도자가 그의 부하들에게 자기의 의지를 행사함이 정당하다고 믿는 신념에 대한 사람들의 자발적인 순응이라고 했으며, 권력을 지도자가 저항을 물리치고 그 자신의 의지를 관철할 수 있는 영향력이라고 정의하고 있다. Barnard(1938)는 지도자의 명령이 부하에 의하여 수용될 때 권위가 인정된다고 했다. 그는 모든 명령을 그 수용성 순서에 따라 수용 불가능한 것, 중립적인 것, 수용 가능한 것으로 분류하고, 이 중에 수용 가능한 것을 무차별권에 들어가는 것이라 하였다.

2) 권위의 유형

Max Weber(1947)는 권위의 유형을 전통적 권위, 카리스마적 권위, 합법적 권위로 분류하였다.

(1) 전통적 권위

전통적 권위는 신분이나 전통 등에 근거한 권위이다. 전통적 왕권은 전통적 권위의 고전적인 예이지만, 현대에는 가부장제적인 친족단위로 구성된 기업체나 학교사회에 존재하는 권위가 전통적 권위이다.

(2) 카리스마적 권위

카리스마적 권위는 특정 인물이 지니는 비범한 능력에 부여하는 권위이다. 현대조직에서는 새로운 정치운동, 사회운동, 교육운동의 창시자가 이러한 권위를 지니게 되나, 최종적으로는 전통적이거나 관료적인 권위체제로 바뀐다.

(3) 합법적 권위

합법적 권위는 규범과 법칙의 우월성에 기초를 둔 공식적인 신념에 근거한 권위이다. 이 권위는 몰인정적이고 보편적인 원리나 규칙에 따라 복종이 이루어진다.

Weber는 이 세 가지 권위 유형 가운데 합법적 권위가 이상적인 관료제를 이루는 데 필요하다고 지적하였다. 그리고 합법적 권위가 필요한 이유로 다음 사항을 지적하였다.

- 합법적 권위는 행정의 계속성의 근거를 제공한다.
- 합법적 권위는 직무를 수행하는 능력본위로 직원을 선발하기 때문에 합리적이다.
- 지도자는 권위를 행사하기 위한 합법적인 수단을 갖추고 있다.
- 모든 권위는 조직의 과업을 달성하는 데 필요한 기능에서 분명하게 규정되고 면밀하게 한계가 설정된다.

3) 권력의 원천

조직 권력에서 구조적 관점은 권위에 초점을 둔다. 권위는 타인의 행위를 구속할 수 있는 합법적이고 공식적인 권력이다. 이런 권한을 행사하는 사람은 권위자이다. 권위자는 부하직원이 수용해야 하는 결정을 내린다. 학교현장에서 교장은 교사에게, 다시 교사는 학생에게 결정을 내린다. 그러나 정치적 관점에서 볼 때 공식적인 권한은 권력의 다양한 원천 가운데 한 가지이다. 조직의 구성원들은 비록 공식적인 권한은 지니고 있지 않지만 다른 잠재적인 권력을 지닌다. 권력의 원천은 다음과 같은 다양한 형태가 있다(진미석, 1995; French & Raven, 1959; Baldridge, 1971; Kanter, 1977).

(1) 공식적인 직위

조직 내의 직위에는 일정한 공식적인 권력이 부여된다. 법이나 제도에 따라 공식적으로 규정된 권한이다. 「초·중등교육법」 제20조 1항의 "교장은 교무를 통할하고 소속 교직원을 지도·감독하며 학생을 교육한다."라는 규정에 따라 교장의 공식적인 권한이 법으로 보장되어 있다. 이는 법이나 제도에 따라 공식적으로 규정된 권한으로 행사할 수 있는 권력의 전형적인 실례이다.

(2) 전통

오랜 세월을 통해서 사회와 조직은 특정 직위에 대해 권력을 부여하는 전통을 확립한다. 이런 전통과 관습은 제도적인 권한과 중첩되거나 때로는 별도로 권력을 부여한다. 동양문화권에서 '군사부 일체' 또는 '스승의 그림자는 밟지 않는다'는 사상은 교사를 존경하는 전통을 보여 준다. 이와 같이 교사를 존경하는 전통과 문화가 있는 사회에서는 그렇지 않는 사회에 비해 학생에 대한 교사의 영향력이 보다 크다.

(3) 정보와 전문성

조직이 직면하거나 다루어야 할 어려운 과제를 해결할 수 있는 방법을 갖고 있거나 이에 필요한 정보를 가진 사람은 권력을 갖게 된다. 교장은 제도적인 권한에 따를 때 교사에게 일방적인 영향력을 가질 수 있으나, 컴퓨터를 잘 모르는 교장은 컴퓨터실의 운영에 관해서는 컴퓨터를 잘 조작하는 평교사에게 의존하게 된다. 이때 컴퓨터실을 운영하는 교사는 전문성에 따른 영향력을 행사할 수 있다.

(4) 보상의 통제

일자리, 돈, 학점, 서비스 등과 같은 가치 있는 보상을 제공할 수 있는 사람은 권력을 지닌다. 학교에서 교사는 학생의 성적을 통제한다는 면에서 권력을 갖고 있다. 이 영향력의 강도는 보상이 어느 정도로 매력적인가와 보상을 하는 사람이 어느 정도로 보상을 확실히 통제하는가에 달려 있다. 보상을 받는 사람이 그 보상에 대해 애착을 느낄수록, 보상을 하는 사람이 보상을 확실히 통제할수록, 보상하는 사람의 영향력은 강해진다.

(5) 강제력

처벌이나 봉쇄, 물리적인 힘 등을 사용할 수 있는 능력이다. 강제력의 예로 노조의 파업, 학생들의 시위, 군대의 진압능력 등을 들 수 있다.

(6) 인맥과 제휴

조직 내의 일은 개인과 집단 사이의 복잡한 인간관계와 연계체계로 이루어지기 때문에 인간관계가 폭넓은 사람들이 일을 보다 쉽게 처리할 수 있다. 더욱이 우리나라와 같이 학연이나 지연, 혈연에 따른 인간관계가 강할수록 이러한 인맥은 중요한 힘이 될 수 있다.

(7) 의제의 접근과 통제

조직 내의 의사결정과정에 접근할 수 있는 능력과 의사결정과정에서 다루는 의제에 영향을 미칠 수 있는 능력을 가리킨다. 의제 선정에 접근할 수 있고 이를 통제할 수 있을 때 자신들의 이해가 반영된 의제를 선정하게 하는 반면에, 다른 집단의 이해가 반영되는 의제는 배제하도록 영향을 미칠 수 있다.

(8) 의미와 상징의 통제

집단이나 조직의 정체성을 확립하거나 가치관을 확립하는 데 필요한 의미를 규정하고 이에 필요한 상징체계를 다룰 수 있는 능력을 가리킨다. 이러한 능력은 교묘하면서도 효과적이어서, 지배계층에 의해 형성된 신화를 피지배계층이 받아들일 경우, 갈등이나 저항은 사라지고 자발적인 복종이 이루어질 수 있다(Gaventa, 1980).

(9) 개인적인 특성

개인이 지니고 있는 매력, 언어구사 능력, 친화력 등을 가리킨다. 개인적인 특성의 대표적인 예로 카리스마적 영향력을 들 수 있다.

권력의 다양한 형태는 결정을 내릴 수 있는 경영자의 공식적 권한을 제한한다. 조직의 경영자들이 자신의 공식적인 권한에만 의존할 때 행사할 수 있는 권력은 감소된다. 이들은 권력을 사용하는 데 능숙한 다른 사람이나 집단들에게 저항받거나 무력해질 수 있다. 조직의 경영자는 일반적으로 '권력의 괴리' 문제에 직면한다. 조직의 공식적인 직위로 부여되는 권력에만 의존해서는 직무수행에 충분하지 않다. 이러한 권력의 괴리를 메우기 위해서는 전문성, 보상, 강제력, 제휴, 개인적인 매력 등이 필요하다(Kotter, 1985).

사회체제에서 주요 행위자인 권위자와 구성원과의 관계에서도 다양한 권력이 행사된다(Gamson, 1968). 일반적으로 권위자는 구속력 있는 결정을 통해서 사회적인 통제를 행사하면서 동시에 구성원들로부터 영향을 받는 대상이 된다. 반면에 잠재적인 구성원은 권위자와 상반되는 역할로 영향력을 행사하면서 사회적 통제를 받는 대상이 된다. 가정에서는 부모가 권위자의 역할을 수행하고 아이들은 잠재적인 구성원으로서의 역할을 수행한다. 부모는 TV의 채널 선택, 아이들의 취침 시간, 장난감 사용 등에 대해 구속력 있는 결정을 내린다. 부모는 사회적 통제를 가하며 아이들은 부모의 결정을 수용하는 대상이 된다. 아이들은 부모의 결정이 자신들에게 영향을 주기 때문에 부모들의 결정에 반응하고자 한다. 아이들은 부모의 결정이 공정한지 의문을 제기하고 부모 중에서 한 쪽이 거절한 것을 다른 쪽에서 허락받으려고 노력하는 등 여러 가지 시도를 한다. 이와 같이 조직의 구성원들은 비록 합법적 형태의 권한을 갖고 있지는 않지만 여러 가지 다양한 잠재적인 권력의 원천을 가지고 있다. 조직의 경영자는 구성원들이 행사할 수 있는 권력을 이해하고 효과적인 조직 경영을 위해서 다양한 권력의 원천에 접근할 수 있어야 한다.

4) 학교에서의 권력과 권위

(1) 학교장과 교사 간의 관계

학교행정가와 교사들은 권위를 통해 학생들을 합법적으로 통제한다. 권위는 학교생활의 기본적 특징이다. 교사들이 학생을 통제하는 주요한 원천은 직위나 지위에 수반되는 공식적인 권위이다. 그러나 공식적 권위는 훈육과 지시가 가지는 최소한의 복종은 촉진하지만, 구성원들이 솔선수범하고 책임감을 느끼거나 헌신하도록 만들지는 못한다. 따라서 학교의 행정가 및 교사들은 공식적 직위나 지위에 부여되는 권위 이상을 지닐 필요가 있다.

일반적으로 많은 학교행정가들이 직위에 따른 권력이나 권위만을 소유한다. 이때 학교행정가들은 관료적인 상관은 될 수 있지만 지도자로서의 기능은 발휘하지 못한다. 직위의 권위는 지도성의 권위와 결합될 때 보다 효과적이다. 학교행정가들이 권위의 기반을 확대하고 지도성을 발휘할 수 있는 방법은 다음과 같다(Hoy & Miskel, 1996).

첫째, 비공식적 권위이다. 공식적 권위는 법령이나 규정으로 정당화되지만 비공식적 권위는 집단 내에서 발생되는 공통의 가치와 정서에 따라 정당화된다. 특히 비공식적인 권위는 상관이 집단 구성원들로부터 얻는 충성심으로부터 발생한다. 구성원들이 지지하는 행정가는 권위의 기반을 확대할 수 있다.

둘째, 공식적인 지배이다. 권위주의적인 행정가들은 공식적인 제재를 사용하거나 또는 공식적인 제재를 사용할 것이라고 위협함으로써 통제력을 강화시킨다. 그러나 이 방법을 오래 사용하면 권위가 손상된다.

셋째, 교직과 같은 전문직에서 조직구성원들은 상관에게 의존하기를 싫어한다. 이 현상은 평등주의 문화에서 더 심하다. 학교행정가들은 권위주의적인 방식으로는 교사들로부터 지지를 못 받는다. 이를 관료적 권위의 딜레마라고 한다(Blau, 1955). 즉, 공식적 제재의 권력에 의존하지만 공식적 제재를 자주 사용할 때 권력은 약해진다.

넷째, 지원적인 관리자는 조직구성원들에게 서비스를 제공해 주고 지원하는 지도성을 발휘한다. 특별한 호의, 서비스, 그리고 지원하기 위해 공식적 권위를 사용할 때 조직구성원들은 상관을 따르게 된다. 학교에서의 장학은 교사들의 교수활동을 지시하는 것이 아니라 지원하는 것에 초점을 두어야 한다. 교사들은 독립된 교실에서 가르치기 때문에 쉽게 관찰할 수 없다. 교사들은 전문직으로서 자율성을 보장받고자 하기 때문에 엄격한 감독은 교사들의 자율성을 침해할 수 있다. 교사들은 전문직으로서 능력에 기초한 권위를 중요시한다. 이러한 이유로 학교에서 지원적인 교장들은 교사들의 신뢰와 충성심을 얻을 수 있는 데 비해, 권위적인 교장들은 그렇지 못하다. 교사들을 지원하고 도와주는 장학은 교사들에 대한 비공식적인 권위를 창출하는 데 비해서, 엄격하고 권위적으로 통제할 때는 비공식적인 권위를 갖지 못한다.

다섯째, 어려운 상황에 대한 대처 능력과 상위 행정기관으로부터 독립성을 확보한다.

어려운 상황에서 침착성을 유지하는 학교행정가의 능력과 상위행정기관으로부터의 독립성 확보는 교사들의 지원을 얻는 데 매우 중요하다. 학교장의 상위 행정기관으로부터의 독립성은 행정가들이 교사들과 상호작용할 때 상사로부터 그들의 자율성을 획득하는 정도를 나타낸다. 교장은 중간관리자로서 교육감과 같은 상급자와 교사들의 중간에 위치한다. 교장의 효과성은 이들 양자로부터 얻는 지원에 달려 있지만, 교장들은 이 양자로부터 상충되는 압력의 대상이 되기 쉽다.

여섯째, 교사들과의 관계에서 교장의 신뢰가 중요하다. 신뢰할 수 있는 교장은 자신의 행위에 대해 책임을 지고 교사들을 뒤에서 조종하지 않는다. 신뢰할 수 있는 학교장은 교사들의 신뢰감을 얻고, 충성심을 불러일으킨다.

(2) 교사와 학생의 관계

학생들이 생활의 대부분을 보내는 교실에서 교사와 학생들은 상호작용을 하게 된다. 이 중 한 가지는 권력 또는 권위이다. 교사와 학생 간에는 권위에서 차이가 있다. 교사들은 끊임없이 학생들을 평가하게 된다. 이러한 평가에는 칭찬, 상, 벌이 포함된다. 교실에서 교사의 권위는 다음과 같은 여러 가지로 나타난다(차경수 역, 1978).

아이들이 태어나 자라면서 배우는 것 중의 하나는 다른 사람의 뜻에 따르는 것이다. 어린이는 세상에 대해 배우면서 성인들의 권위를 의식한다. 어린이가 생활하는 장소가 가정에서 학교로 확장되면서 부모의 권위와 아울러 그들의 일생에서 두 번째로 중요한 교사들의 권위에 직면하게 된다. 교사의 권위는 교실이라는 환경 속에서 나타나기 때문에 부모의 권위와는 다음과 같이 다르게 발휘된다.

첫째, 학교의 주된 분위기는 가정보다 냉정하다. 가정의 구성원들은 육체적으로나 심리적으로 서로 친밀하다. 반면에 학교에서 학생들은 비교적 낯선 사람으로부터 명령과 지시를 받게 된다.

둘째, 부모의 권위와 교사의 권위의 중요한 차이는 권력을 사용하는 목적과 연관된다. 부모의 권위는 주로 '하지 마라.' '해서는 안 된다.'라는 금지적인 특징을 지닌다. 반면에 교사의 권위는 '숙제를 해 와라.'와 '떠들지 마라.'와 같이 지시적이면서 금지적인 두 가지 특징을 지닌다.

셋째, 교사의 권위 중에서 중요한 것은 학생들이 주의를 집중하도록 명령하는 것이다. 교실에 있는 동안 학생들은 주의 집중을 해야 하며 교사들은 학생들의 주의를 집중하기 위해 많은 시간을 보낸다. 학생들은 쳐다보고 귀를 기울여 듣는 것을 배우게 된다.

넷째, 교사의 권위는 학생들의 희망을 교사가 원하는 방향으로 바꿀 수도 있다. 학생들이 교사로부터 어떤 일을 하도록 지시받을 때 학생들은 자신들의 계획을 포기하고 교사의 계획을 받아들이게 된다.

다섯째, 교사와 학생 사이의 권력의 차이는 학교의 정책과 교사의 개인적인 성격에 따라 다르다. 전통적인 학교와 진보적인 학교의 차이는 교사의 권위를 어떻게 취급하느냐에 달려있다. 즉, 전통적인 학교는 교사가 수업을 시작하기 전에 학생들이 교사에게 경례하거나 학교에서 학생들을 교육과정의 계획에 참여시키지 않는 데 비해, 진보적인 학교에서는 학생들이 교사 이름을 자유롭게 부르거나 교육과정의 계획에 참여한다.

여섯째, 학생들은 교사의 권위에 적응하기 위하여 모범적인 학생이 되어야 한다고 생각한다. 즉, 교실에서 학생들은 교사가 쳐다보라면 쳐다보고, 들으라면 듣는다. 이런 과정에서 학생들은 졸업한 후 직장에서 권위에 적응하는 기술을 배우게 된다.

일곱째, 교실에서 교사와 학생 사이에는 불평등한 권력이 존재하는데, 이에 대한 두 가지 대인관계 전략이 있다. 권위를 지닌 사람에게 환심을 사는 것과 권위를 지닌 사람이 불쾌하게 생각하는 언어와 행동을 숨기는 것이다.

여덟째, 교실에서는 교사의 권력에 대해 학생들이 복종하게 된다. 교사의 지시에 복종하는 학생은 칭찬을 받고, 불복종하는 학생은 벌을 받게 된다. 이때 벌을 받지 않기 위해서 학생들은 자신의 욕망을 억누르고 교사의 권위를 받아들임으로써 교실생활에 적응한다.

학교는 모든 사람이 통과하는 최초의 공식적인 기관이다. 학생들은 유치원에서부터 사회생활을 배운다. 학생들은 교사의 권위를 이해하고 받아들이면서 사회생활에 적응해 나가는 방법을 터득한다.

(3) 학교의 권력과 통제

학교에서 학교장과 교사들은 학생에 대한 권력을 여러 가지 방식으로 사용할 수 있다. 학교에서 사용하는 권력의 종류와 구성원들의 참여방식을 통해서 살펴볼 때, 학교는 다음과 같은 특성을 지니고 있다. 강제적 권력은 물리적 제재를 할 것이라고 위협하거나 이를 실제로 사용할 때 행사된다. 학교에서 교사들이 사용해 왔던 전통적인 강제적 권력으로 정학, 제명, 체벌을 들 수 있다. 조직 내 하위 구성원들의 활동을 통제하기 위한 주요한 수단으로써 물리적 힘이나 위협이 사용되며, 이러한 강제적 권력에 대해서 구성원들은 소외감을 느끼게 된다.

보상적 권력은 조직구성원들을 통제하기 위해서 주로 물질적인 보상에 의존한다. 봉급, 보상, 보너스, 그리고 부가급부는 보상적 권력의 실례들이다. 학교에서는 모범적인 학생들에게 장학금을 수여하는 방법이 자주 활용된다. 보상적 방법을 주로 사용하는 조직은 공리적 조직이라 부르며, 이때 조직구성원들의 반응은 타산적인 참여다.

규범적 권력은 상징적인 보상과 제재방법을 사용할 때 행사된다. 표창, 성적, 추천과 같은 긍정적인 상징이 명성, 지위, 존경에 영향을 미친다. 일반적으로 조직에 대해 높은 사명감을 가지고 있는 참여자들을 통제하기 위해 규범적 권력을 사용한다. 규범적 권력을 유도하기 위한 일차적 수단이 여전히 규범적인 방법인 경우에도 이차적 수단의 역할이 중시된다.

학교는 학생을 통제하기 위해 규범적 권력을 많이 사용한다. 학생들을 통제하기 위해 대표적으로 사용되는 규범적인 방법들은 성적 평가, 표창, 징계, 친구들의 압력 등이다. 강제적인 방법은 학교에서 학생들을 통제하는 이차적인 방법이다. 대부분의 학교에서 체벌은 없어지고 있지만 정학, 제명은 최종적인 방법으로 계속 사용되고 있다. 더욱이 초·중등교육은 의무교육의 성격을 띠고 있기 때문에 학교는 학교를 싫어하며 공부에 흥미를 잃은 학생들까지도 수용한다. 학교에 내재되어 있는 강제성으로 인해 학교는 공부에서 소외된 학생들을 수용하게 되고, 어느 정도 강제적인 방법을 사용한다. 강제적인 권력이 중요한 역할을 수행할 때 학생들은 소외감을 많이 느끼게 된다. 따라서 학교에서 사용하는 권력은 강제적인 권력보다는 규범적 권력이 바람직하다.

3. 조직과 갈등

1) 갈등의 기능

전통적인 구조적 관점에서는 사회적 통제와 합리성의 규범이 중시된다. 갈등은 조직의 목표 달성에서 저해요소로 간주되어 이를 해소할 수 있는 처방에 관심이 주어진다. 구조적인 관점에서는 공식적인 계서제를 강조하며, 권위를 지닌 사람들의 역할은 갈등을 해결하는 것이다. 개인이나 부서에서 갈등을 해결하지 못할 때 이를 해결하기 위해 상위 직위에 있는 사람이 개입한다. 인간자원 관점에서는 갈등이 조직구성원의 사기와 효율성을 저해하는 요소로 간주되어 조직 내 구성원들의 필요와 조직의 필요 간의 조화와 협력을 가져오는 방안을 개발하는 데 중점을 둔다.

반면에 정치적인 관점에서는 갈등이란 대부분의 조직에서 불가피하다. 조직에 필요한 자원은 부족하다. 조직의 직위도 하위직은 많은 반면에 상위직은 적다. 개인들은 직위, 위신, 보상을 얻기 위해 서로 경쟁하며 부서 간에도 자원과 권한을 얻기 위해 서로 경쟁한다. 이런 상황에서 조직의 갈등은 자연적이고 필연적이다. 정치적인 관점에서는 갈등을 해결하는 것이 아니라 갈등을 관리하는 방법에 초점을 둔다. 조직 내에서 갈등은 불가피한 것이기 때문에, 갈등이 조직에 미치는 순기능과 역기능을 파악하여 조직발전에 기여할 수 있도록 관리하는 것이 중요하다.

Thomas(1976)는 갈등의 순기능을 다음과 같이 지적하였다.

- 다양한 견해가 부딪힘으로써 월등히 높은 질의 아이디어들이 나오게 된다.
- 다양한 견해는 상이한 증거, 상이한 고려, 상이한 통찰, 상이한 준거 틀에 기초하는 경향이 있다.
- 불합치는 각 개인으로 하여금 자신이 간과한 측면을 보게 하여, 자신이 원래 지닌 견해와 다른 사람의 견해의 요소를 통합하는, 보다 종합적인 관점에 도달하게 한다.

정치적 관점에서는 조직 내에 갈등이 적정한 정도로 유지될 때에는 조직의 혁신과 변화를 이끌어 낼 수 있지만, 갈등이 심할 경우에 조직은 해체될 수 있다고 본다. 갈등의 순기능과 역기능의 구체적 내용은 다음과 같다.

(1) 갈등의 순기능

첫째, 갈등은 조직의 어느 곳에 문제가 있는가에 대한 정보를 제공한다.

둘째, 갈등은 새로운 화합의 계기가 된다.

셋째, 갈등은 조직의 혁신과 변화를 유도한다.

넷째, 갈등은 조직으로 하여금 갈등을 관리하고 방지할 수 있는 방법을 배우게 한다.

(2) 갈등의 역기능

첫째, 갈등은 개인의 이익을 위해 전체 조직을 희생할 수 있다.

둘째, 개인 간의 오랜 갈등은 정서적으로나 신체적으로 해롭다.

셋째, 갈등은 목표 달성에 필요한 시간과 자원을 낭비한다.

넷째, 갈등은 재정적인 비용이 소요되고 당사자들 간에 감정적인 고통을 겪게 한다.

(3) 갈등과 효과성

조직의 갈등은 조직의 효과성에 영향을 미친다. 갈등의 수준이 너무 높거나 낮을 때 조직의 효과성에 부정적으로 영향을 미친다. 반면에 갈등이 적정한 정도일 때 조직구성원들은 자극을 받고 활력을 갖게 되어 침체에서 벗어난다. 갈등의 수준과 조직의 효과성과의 관계는 〈표 6-1〉과 같다.

〈표 6-1〉 갈등과 효과성

상황	갈등 수준	갈등의 유형	조직의 내부적 특성	조직의 효과성
가.	낮거나 전혀 없음	역기능	냉담, 침체, 무변화, 새로운 아이디어의 결여	낮음
나.	적정	순기능	생동적, 혁신적	높음
다.	높음	역기능	파괴적, 혼돈, 비협조	낮음

2) 갈등과 조직 풍토

조직에서 갈등의 영향은 여러 가지로 나타난다. 갈등의 부정적인 영향은 조직구성원들이 조직에 대하여 무관심이나 소외감, 적대감 등을 나타내는 경우이다. 이러한 영향은 조직의 기능 수행을 저해한다. 이러한 적대감이 심할 경우에 조직구성원은 결근이나 근무태만, 전직, 또는 사직과 같은 행동을 나타낸다. 조직에서 발생되는 갈등을 잘 관리하는 것이 개인이나 조직에게 바람직하고 효과적이다.

Owens(1987)는 교육조직에서 갈등의 기능적 또는 역기능적 결과는 조직의 건강성, 적응성 및 안정성의 기준에 비추어 이해되어야 한다고 보고, 조직의 갈등에 대한 반응을 나타내는 풍토를 연구하였다. 갈등에 대한 효과적인 반응 풍토를 지닌 조직은 갈등이 발생했을 때 협동적이고 지원적인 분위기를 형성하고, 갈등에 대한 생산적 접근으로 조직 건강을 증진시킨다. 반면에 갈등에 대한 비효과적인 반응 풍토를 지닌 조직은 경쟁적이고 반항적인 분위기를 형성하고, 갈등관리에 성공치 못하여 파괴적 갈등으로 남아 조직 건강을 쇠퇴시킨다.

3) 갈등의 유형

갈등의 유형은 개인 내부 갈등, 개인 간 갈등, 개인과 집단의 갈등, 집단과 집단의 갈등으로 나눌 수 있다.

(1) 개인 내부 갈등

개인 내부 갈등은 개인이 혼자서 심리적으로 겪는 갈등으로, 목표 갈등과 역할 갈등을 들 수 있다. 목표 갈등은 개인이 하나의 목표나 두 개 이상의 목표를 달성하고자 할 때 발생된다. 역할 갈등은 한 사람의 역할 수행에서 발생되는 개인 내부 갈등이다. 한 역할에서 상반되는 요구가 있는 경우, 개인의 가치관이나 성격이 역할과 맞지 않는 경우, 개인이 동시에 수행해야 하는 여러 역할 사이에서 우선순위를 결정하기가 어려운 경우에 발생한다.

(2) 개인 간 갈등

개인 간 갈등은 적어도 두 사람 이상이 상호작용할 때 발생한다. 개인 간 갈등의 원인으로 가치관의 차이, 정보의 부족, 역할의 불일치, 환경적인 압력 등이 있다.

(3) 조직 내 갈등

조직 내 갈등으로는 수직적 갈등, 수평적 갈등, 공식조직과 비공식조직 간의 갈등 등이 있다. 수직적 갈등은 조직 내 계층 간에 발생하는 경우로, 학교에서 교장과 교사 간의 갈등을 예로 들 수 있다. 수평적 갈등은 조직 내 여러 부서 간의 갈등으로, 학교에서 사무담당 부서 간의 갈등을 예로 들 수 있다. Luthans(1981)는 조직 내 갈등의 유형을 다음과 같이 제시하였다.

- 계층갈등: 조직의 계층 간에 일어날 수 있는 갈등이다. 학교의 경우에 학교장은 교육청과, 그리고 교사들과 갈등을 겪을 수 있다.
- 기능갈등: 조직의 여러 부서 간의 갈등으로 교무부와 서무부 간의 갈등을 들 수 있다.
- 계선-참모 갈등: 계선과 참모 간의 갈등이다.
- 공식조직 대 비공식조직 간의 갈등: 과업 수행에 대한 비공식조직의 규범과 공식조직의 규범이 양립되지 않을 때 발생한다.

4) 갈등관리

조직에서 발생되는 갈등을 다루는 방법에는 여러 가지가 있다. 이러한 갈등관리 방법에는 상황적응 갈등관리 모형, 협상 원리에 기초한 갈등관리 모형 등이 있다.

(1) 상황적응 갈등관리

학교행정가는 조직의 목표 달성과 조직구성원의 필요를 충족시키는 것 사이에서 갈등을 느낀다. 학교행정가는 이러한 갈등을 다루는 데 많은 시간을 소모할 수 있다. Thomas(1976)는 이와 같은 갈등을 다루는 갈등관리 방식을 다섯 가지로 분류하였다. 그

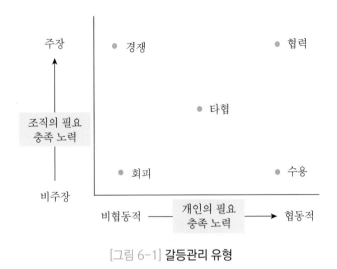

[그림 6-1] 갈등관리 유형

는 갈등이 발생할 수 있는 두 가지 기본적인 차원을 구분하였다. 행정가들이 조직의 필요를 충족시키려는 노력과, 조직구성원이 개인적 관심사를 충족시키려는 노력이다. 조직의 필요를 충족시키려는 시도는 주장-비주장의 연속선으로 나타나고, 개인의 필요를 채우려는 시도는 협동-비협동으로 나타난다.

■ 경쟁

행정가는 조직의 목표 달성을 강조하며 조직구성원들의 개인적인 필요에 대해서는 협력하지 않는다. 이는 승패의 접근방법이다. 필요하다면 다른 사람을 희생시켜서 자신의 관심을 충족하고자 한다.

■ 회피

조직의 목표를 강조하지도 않고 구성원들의 관심사항에 대해 협력하지도 않는다. 행정가는 갈등을 무시함으로써 저절로 해결되기를 바란다. 갈등이 있는 것을 알고 있지만 갈등이 표면화되는 것을 억제하는 행동이다. 조직에 발생한 갈등이 실제로 해결되기 어렵거나 해결하기 위해 소요되는 자원이 과다하여 비경제적인 경우에 활용될 수 있다. 그러나 갈등을 발생시킨 문제가 그대로 남아 있어 더욱 심각한 갈등으로 발전할 수 있다.

■ 수용

주장하지 않은 대신에 협력하는 방법이다. 행정가는 조직구성원의 필요에 양보한다. 쌍방 간에 관계가 계속 유지되도록 하기 위해 한쪽 당사자가 기꺼이 자기를 희생하는 행동이다.

■ 협력

주장하면서 협력하는 문제해결 접근방식이다. 갈등 당사자들 각자가 모두 목적을 달성할 수 있도록 하는 행동이다. 승-승(win-win)접근의 사고를 가진 갈등관리 방법이다. 서로의 차이점을 확인하고 정보를 서로 공유한다. 양쪽의 필요를 동시에 만족시키는 통합적인 해결책을 찾으려고 노력한다.

■ 타협

조직의 목표와 개인의 필요 간에 균형을 찾는 방법이다. 양쪽이 어느 정도 수용할 수 있는 해결책을 찾는다. 조금씩 양보함으로써 절충안을 얻으려는 방법이다. 이 경우에는 승자와 패자가 명백하지 않다. 노사 간의 협상 등에서 현실적으로 많이 활용하는 갈등관리 방법이다.

Thomas(1977)는 다섯 가지 갈등관리 방식이 상황에 따라 효과적이라고 보았다. 그는 다섯 가지 갈등관리 전략이 유용한 상황을 다음과 같이 구분하였다.

■ 경쟁에 적절한 상황
- 신속한 결정이 요구되는 긴급 상황
- 중요한 사항이지만 인기 없는 조치가 요구되는 경우
- 조직의 성장에 매우 중요한 문제일 때
- 타인을 부당하게 이용하는 사람에게 대항할 때

■ **회피에 적절한 상황**

• 쟁점이 사소한 것일 때

• 해결책의 비용이 효과보다 훨씬 클 때

• 사태를 진정시키고자 할 때

• 더 많은 정보를 얻는 것이 꼭 필요할 때

• 다른 사람들이 문제를 더 효과적으로 해결할 수 있을 때

• 해당 문제가 다른 문제가 해결됨으로써 자연스럽게 해결될 수 있는 하위 갈등일 때

■ **수용에 적절한 상황**

• 자기가 잘못한 것을 알았을 때

• 다른 사람에게 더 중요한 사항일 때

• 보다 중요한 문제를 위해 좋은 관계를 유지해야 할 때

• 패배가 불가피할 때 손실을 극소화하기 위해

• 조화와 안정이 특히 중요할 때

■ **협력에 적절한 상황**

• 양자의 관심사가 매우 중요하여 통합적인 해결책만이 수용될 때

• 목표가 학습하는 것일 때

• 다른 관점을 지닌 사람들로부터 통찰력을 통합하기 위해서

• 합의와 헌신이 중요할 때

• 관계 증진에 장애가 되는 감정을 다루기 위해서

■ **타협에 적절한 상황**

• 목표가 중요하지만 잠재적인 문제가 클 때

• 당사자들의 주장이 서로 대치되어 있을 때

• 복잡한 문제에 대한 일시적인 해결책을 얻기 위해

• 시간 부족으로 신속한 행동이 요구될 때

- 협력이나 경쟁의 방법이 실패할 때

여러 가지 상황에서 발생되는 모든 갈등을 관리할 수 있는 최선의 방법을 찾기는 어렵다. 다양한 갈등 상황에 따라 그 해결책이 달라질 수 있다. 그러므로 갈등관리를 잘하기 위해서는 상황에 적합한 갈등관리 방법을 활용해야 한다.

(2) 협상 원리에 기초한 갈등관리

하버드대학에서 협상연구프로젝트를 수행했던 Fisher와 Ury(1981)는 개인 간 및 집단 간 갈등상황에서 일반적으로 활용되는 협상방법을 자신의 입장을 옹호하는 협상방법으로 명명하고, 이에 대해서 갈등 당사자들의 공동이익을 추구할 수 있는 방법으로서 협상 원리에 바탕을 둔 협상방법을 제안하였다.

자신의 입장을 옹호하는 협상방법은 먼저 자신의 입장 또는 최소한의 양보선을 결정하고, 이를 기준으로 하여 상대방의 양보를 받아 가면서 합의에 이르는 협상방법이다. 이와 같은 전통적인 협상방법은 당사자들이 결정한 입장이 불확실한 상황에서 닻과 같은 안전장치의 기능을 하기 때문에 계약체결에 다소 도움이 되지만, 전체적으로 보아 다음과 같이 비효율적인 협상결과를 가져온다.

첫째, 입장을 옹호하는 접근방법은 협상과정에서 자신들의 입장을 명백하게 제시하고 이를 옹호할수록 제시한 입장에 고착되어 현명하지 못한 결과를 낳게 된다.

둘째, 입장을 옹호하는 접근방법에서는 협상이 지지부진하게 오래 끌게 되어 합의에 도달하는 데 드는 시간과 비용이 많이 소요되며, 협상이 결렬될 위험이 높아진다.

셋째, 입장을 옹호하는 접근방법은 당사자들 간의 지속적인 관계를 위태롭게 한다.

넷째, 입장을 옹호하는 접근방법은 협상 당사자가 많을수록 더욱 어려워진다.

Fisher와 Ury(1981)는 이상과 같은 문제점이 발생하게 되는 전통적인 협상방법에서 협상에서 준수해야 할 네 가지 원리를 제시하고 이 원리에 따르는 협상방법을 다음과 같이 제안하였다.

첫째, 문제를 사람과 분리한다. 협상 당사자들의 감정, 가치, 관점이 서로 다르기 때문에 서로 예측하기 어렵다. 상대방이 감정을 표출할 수 있도록 허용하며, 표출된 감정에 대응하지 않는다. 그리고 의사전달을 명확히 한다. 이를 위해 상대방이 하는 말을 주의하여 듣고 이해하여 서로 간에 감정을 해치지 않기 위해서 협상 대표자들의 체면과 사안을 분리한다.

둘째, 자신들의 입장이 아니라 협상 당사자들의 이해관계에 초점을 둔다. 이를 위해 협상 당사자들의 이해관계와 관심사를 파악하는 것이 중요하다. 당사자들이 왜 특정한 입장을 주장하고, 특정한 입장을 수용하지 않고자 하는지를 파악한다. 다음으로, 당사자들이 다양한 이해관계를 갖고 있음을 인식한다. 당사자들의 관심 사항 항목을 만들고, 당사자들의 이해관계에 대해 얘기한다. 또한 자신의 관심 사항을 분명하게 전달한다. 그리고 상대방의 이해관계를 풀어야 할 문제의 일부로 인정한다.

셋째, 협상 당사자들에게 모두 이득이 되는 방안을 찾아낸다. 이를 위해 협상과정에서 당사자들에게 혜택이 될 수 있는 새로운 대안을 끊임없이 모색해야 한다. 새로운 대안을 개발하기 위한 아이디어를 얻기 위해 동료들과 브레인스토밍하는 시간을 가진다.

넷째, 객관적인 준거에 따라 주장한다. 갈등에 대한 관점은 양측이 이득을 볼 수 있는 승-승 접근방법과 쌍방 중 일방이 손해를 보게 되는 승-패 접근방법으로 구분된다. 전자는 협상을 통해서 전체 가치를 증진할 수 있는 측면을 강조하고, 후자는 창출된 또는 주어진 가치를 당사자들이 배분하는 측면을 강조한다. 실제로 협상과정에서 협상 대표자들은 창출된 가치를 서로 더 많이 확보하려고 노력한다. 이때 협상 대표자들은 윤리적인 측면을 고려해야 한다. 이와 마찬가지로 학교행정가들은 교육조직 내에서 발생하는 갈등 문제에 임할 때 협상에 관련된 여러 가지 측면들을 이해하고 이를 적절히 다루어야 한다.

(3) 새로운 대안의 개발

협상 당사자들 간의 공동의 이익을 추구할 수 있는 승-승 접근방법을 가져오기 위해서는 새로운 대안의 개발이 필수적이다. 이러한 대안을 개발할 때 사용할 수 있는 방법으로 브레인스토밍, 서클차트 기법 등이 있다.

■ 브레인스토밍

가. 브레인스토밍의 준비

① 목적을 명확히 말한다.

② 몇 사람의 참여자를 선정한다. 참여자의 규모는 아이디어를 교환할 수 있도록 커야 하겠지만, 개인의 참여와 자유로운 아이디어의 창출을 위해 작아야 한다. 참여자 수는 5~8명 규모가 적당하다.

③ 환경을 평상시와 달리한다. 가능한 일상적인 논의에서 구분하도록 시간과 장소를 달리한다.

④ 비공식적인 분위기를 만든다. 논의를 활발히 전개하기 위해 사회자를 둔다.

나. 브레인스토밍 실시

① 참여자가 문제를 보면서 나란히 앉는다.

② 비판하지 않는다 등의 진행규칙을 명확히 한다.

③ 참석자들이 아이디어를 자유롭게 제시한다.

④ 아이디어들을 참석자들이 볼 수 있도록 칠판이나 차트에 기록한다.

다. 브레인스토밍 실시 후

① 가장 전망 있는 아이디어를 구분한다.

② 전망 있는 아이디어를 좀 더 보완한다.

③ 아이디어를 평가하고 결정할 시간을 정한다.

협상 당사자에 속한 사람들과의 브레인스토밍을 가질 때 서로 간의 비밀이 다소 노출될 수 있는 위험이 있지만, 관련 당사자들의 이해를 고려한 아이디어를 개발할 수 있고 공동으로 문제를 해결하고자 하는 분위기를 조성하며 서로의 관심사항에 대하여 상대방을 교육시키는 등의 이점이 있다.

라. 제시할 대안의 폭을 넓힌다.

■ 서클차트 기법

　대안을 개발하기 위해 특정한 사항과 일반적인 사항을 순환하는 서클차트 기법을 이용한다. 서클차트 기법은 먼저, 발생한 문제가 어떤 것인지 파악한다. 이어 발생한 문제가 왜 일어나게 되었는지, 진단을 통한 원인 규명을 이론적으로 시도한다. 서클차트 기법은 일반적인 사람들이 문제에서 바로 해결책을 강구하는 단순대응적 사고에서 벗어나 체계적 대안을 개발하도록 한다. 즉, 구체적인 행동조치를 갖기 전에 일반적인 접근방법으로 돌아가고 일반적인 원리에서 다시 구체적인 방법을 개발하는 순차적인 과정을 되풀이하여 문제해결 대안을 만든다(Fisher & Ury, 1981).

　대안개발을 위한 분석에서 다음과 같은 방법을 활용할 수 있다.

● 다른 전문가들에게 조언을 얻는다.
● 여러 다른 정도의 강도를 지닌 대안을 개발한다.
● 상호이득이 되는 가능성을 탐색한다.
● 당사자 간에 이해관계가 다를 때 이를 보완하는 방법을 찾는다.
● 결정을 쉽게 내리는 방법을 찾는다.

무엇이 잘못되었는가?　　　　　　　　　　무슨 방법을 사용할 수 있는가?

2 단계: 분석　　　　　　　　　　　　　　3 단계: 접근방법
　　　• 문제의 진단　　　　　　　　　　　• 가능한 전략 또는 처방
이론　• 징후의 범주화　　　• 이론적인 처방
　　　• 원인의 규정　　　　　　　　　　　• 일반적인 방안 논의
　　　• 문제해결의 장애파악

1 단계: 문제　　　　　　　　　　　　　　4 단계: 행동방안
　　　• 무엇이 잘못되었는가?　　　　　　　• 무슨 조치를 사용할 것인가?
　　　• 현재의 징후는 무엇인가?　　　　　　• 문제해결을 위해 사용할
실세계　• 바람직한 상황과 대조되는　　　　　　　구체적인 방법 탐색
　　　　사실은 무엇인가?

[그림 6-2] 서클차트 기법

4. 조직과 정치

1) 조직의 연합

조직은 일반적으로 분명한 목표를 지니며, 조직의 목표는 공식적 권한을 가진 사람이 설정한다. 기업의 경우에는 일반적으로 최고경영자가 이윤극대화의 목표를 설정하며, 공공기관은 법규에 의해, 그리고 행정책임자에 의해 목표가 수립된다. 조직의 목표설정에 대한 이상과 같은 이해방식은 구조적인 관점에서 잘 나타난다. 이와 유사한 관점은 인간자원 관점에서도 찾아볼 수 있다.

정치적 관점은 조직 목표가 연합체 구성원들 간의 협상을 통해 수립된다고 본다. 서로 다른 목표와 자원을 지닌 개인과 집단은 조직의 목표와 의사결정 과정에 영향력을 행사하기 위하여 다른 구성원들이나 집단들과 협상한다. 조직의 각 관리층은 연합체로서 조직의 중요한 구성원이다. 모든 구성원들은 조직에 대해 요구를 하며, 이러한 요구를 충족시키기 위해서 협상한다. 최고 관리자는 다른 구성집단에 비해 보다 강력한 위치에 있지만 단독으로 조직 목표를 결정할 수는 없다. 최고 관리자의 영향력은 연합체 내의 다른 구성원들에 비해 얼마만큼 권력을 동원하는가에 달려 있다. 만약 하위 관리자가 동료들과 결속한다면, 이들이 조직 목표에 자신들의 요구를 반영시킨다.

조직 목표에 가해지는 정치적 압력은 민간조직뿐만 아니라 공공부문에서도 두드러진다. 공공기관은 전형적으로 복잡한 구성집단 속에서 움직이며 각 집단은 자신의 정책적 요구를 충족시키기 위해 가능한 한 많은 자원을 동원한다. 그 결과 조직의 목표는 혼란스러울 정도로 중첩되며, 이들 중 많은 목표가 서로 상충된다. 예컨대, 대학은 학생에 대한 교육을 일차적 목표로 삼는다. 그러나 실제로 대학은 학생에 대한 교육 이외에도 교수들의 연구와 사회봉사 등의 여러 목표가 존재하며 이 목표들 간에 때로 상충되는 결과를 낳는다.

정치적 관점에서 볼 때 조직은 다양한 이해 집단으로 이루어져 있으며, 각 집단은 조직의 여러 사안에 대해 자신의 요구를 최대한 관철시키고자 한다. 이런 과정에서 조직 내

각 집단은 자신들의 요구 관철에 필요한 다른 구성원이나 집단, 또는 조직 간의 연합을 만든다. 조직의 연합은 크게 외부 연합과 내부 연합으로 나뉜다.

(1) 외부 연합

학교 외부에서 영향을 미치는 주요 기관들에는 교원연합회, 학부모 단체, 각급학교 행정가 연합회(초등학교장 연합회, 중·고등학교장 연합회, 대학총장 연합회 등), 매스미디어 등이 있다. 이러한 집단이나 기구들은 자신들의 입장과 견해를 학교운영에 반영시키고자 노력한다. 조직에 대한 외부 연합의 영향력 정도에 따라 지배적, 분할적, 수동적 연합으로 구분된다(Mintzberg, 1983).

지배적 외부 연합은 강력하게 영향을 미치는 유일한 집단으로 구성되거나 영향력을 행사하는 일련의 집단들이 협력할 때 나타난다. 외부적 연합이 매우 강력한 경우에 내부 연합뿐 아니라 교육위원회나 교육감에게도 큰 영향을 미칠 수 있다. 예컨대, '기초학력 중시'라는 목표가 지역사회에서 확산될 때, 조직화된 외부 연합집단들이 연대하여 압력을 행사함으로써 단위학교의 교육목표설정과 교육과정 운영을 바꿀 수 있다.

분할적 외부 연합은 영향력을 행사하는 집단이 소수인 경우에 나타나며, 이들 간의 영향력 행사도 어느 정도 균형을 이룬다. 예를 들어, 지역사회에서 학교에 영향을 미치는 집단이 보수적인 진영과 진보적인 진영으로 나뉘어 서로 균형을 이루고 있는 경우이다. 이 경우에 양 집단은 학교의 교육과정 프로그램의 편성에 경쟁적으로 영향을 미친다. 이들 간의 권력 투쟁이 교육위원회 또는 단위학교의 내부 연합에 영향을 미친다.

수동적 외부 연합은 영향력을 미치는 외부 집단들이 다수로서 이들 간의 권력이 분산되어 있고 제한된다. 외부 연합은 소극적이며, 권력은 조직 내에 집중된다. 학교에 영향을 미치는 집단들이 분산되어 있고 수동적이기 때문에 외부적 환경은 비교적 안정되고 조용하다.

(2) 내부 연합

조직은 내부 집단으로부터도 영향을 받는다. 외부 연합은 내부 연합의 성격에 영향을 미친다. 즉, 지배적 외부 연합은 내부 연합을 약화시키며, 분열적 외부 연합은 내부 연합을 촉진한다. 수동적 외부 연합은 내부 연합을 강화하기도 한다. 그러나 외부 연합의 성격에 관계없이 내부 연합체들의 노력을 통해서 조직이 기능을 수행하는 경우도 있다. 내부 연합은 개인적, 관료적, 이념적, 전문적, 정치적 연합으로 구분된다(Mintzberg, 1983).

개인적 내부 연합은 조직의 최고 책임자에게 권위가 집중된다. 예를 들어, 교육감이 학교의 중요한 의사결정과 기능을 통제하는 경우이다. 이때는 조직 내부에서 정치적 게임이 발생하지 않는다.

관료적 내부 연합에서는 권력이 공식적인 권위체제에 집중되어 있으나 규칙, 규정, 절차와 같은 관료적 통제에 초점이 있다. 관료적 통제는 조직 내의 정치를 제한할지라도 정치적인 활동이 발생한다. 예를 들어, 계선과 참모 간에, 그리고 교육구 내에서 교장들 간에 다른 학교보다 많은 예산을 확보하려 할 때 발생된다.

이념적 내부연합은 이념적으로 결합되어 있을 때 발생된다. 예를 들어, 학교의 문화가 매우 강력하고 통합되어 있을 때 교사들은 학교의 목표나 목적을 받아들인다. 행정가와 구성원들은 학교의 문화를 공유하고 있기 때문에 모든 사람이 권력을 공유하게 된다.

전문적 내부 연합에서는 조직의 전문성이 강조된다. 전문가들은 자신이 훈련받은 조직이나 기관에 의존한다. 여기서는 권위체제와 전문성 간에 발생하는 갈등 때문에 정치적인 활동이 나타난다. 전문적 내부 연합은 정치적인 활동이 발생하는 장이지만, 정치는 전문성에 의해 견제된다.

최종적으로, 특정한 조직은 정치적인 활동이 매우 활발하다. 이러한 조직에서는 정치활동이 조직을 지배하고 합법적인 권력을 대치하거나 혹은 이를 배척한다.

(3) 연합, 정치 및 구조

조직의 외부 연합은 내부 연합에 영향을 미친다. 외부 연합이 지배적일 때 강력한 관료적 내부 연합이 발생될 수 있다. 예컨대, 지역사회에서 특정 외부 집단이 학교에 영향을 미치는 유일한 기관인 경우를 생각할 수 있다. 이 경우에는 조직 내의 정치가 발생하지 않는다. 학교의 구조는 단순하고 권위적인 성격을 띠게 된다.

외부 환경이 분할되어 있을 때 외부 집단들 간의 정치적 활동이 많이 발생한다. 학교 외부에서 생긴 집단들 간의 갈등과 불협화음이 학교 안에 영향을 미칠 수 있다. 지역사회 시민들의 여론을 갈리게 하는 쟁점들이 학교 내의 행정가, 교사들을 분열시킬 수 있다. 이것의 전형적인 실례는 학교교육에 대한 보수적인 접근과 진보적인 접근의 갈등이다. 보수주의자들은 기초교육, 전통, 안정을 중시한다. 반면에 자유주의적인 진보주의자들은 사고능력, 다문화, 개혁을 중시한다. 이러한 상반되는 가치관으로 인해 지역사회 내에서뿐만 아니라 학교에서도 분열과 정치적인 현상이 발생한다. 분열된 외부 연합의 정치적인 활동이 학교운영을 지배하여 학교의 공식적인 내부 통제를 역행할 수 있다.

외부 환경이 수동적일 때 내부 연합은 개인적, 관료적, 이념적 또는 전문적 연합을 가질 수 있다. 조직 내 지도자가 지배적인 내부 연합을 통제할 수 있다. 이 경우에 학교행정가, 관료제(공식적인 절차), 문화, 전문가들 자신에 의해 통제된다. 내부적인 정치활동이 존재할 수 있지만, 이들이 조직의 정당한 내부 통제를 대치하지는 않는다. 학교의 구조는 지배적인 외부 연합체의 성격에 따라 단순하고, 관료적이며, 평등하고, 또는 전문적이 될 수 있다.

2) 조직과 권력

조직의 구성원들은 조직에 대해 영향을 미칠 수 있다. 조직 내 구성원들이 조직에 대해 취할 수 있는 세 가지 선택으로는 떠남, 발언, 충성이 있다(Hirschman, 1970). 떠남은 다른 곳을 향해 조직을 떠나는 것이며, 발언은 조직에 남아서 체제를 변화시키기 위해 노력하는 것이고, 충성은 조직에 머물러 조직의 기대에 따라 노력하는 것이다. 조직을 떠나는 사람들은 영향력이 중지되고, 조직에 충성하는 사람은 조직에 적극적으로 영향력을 행사하지 않는다. 조직에 머물러서 발언하는 사람은 권력 게임의 당사자가 된다. 권력 게임에 참여하는 사람은 권력 게임에 대한 의지를 갖고, 필요한 경우 전략과 전술을 구사할 수 있는 능력을 발휘할 뿐만 아니라 성공하기 위해 기꺼이 에너지를 소비한다.

조직 내부에서 정치적인 활동은 은밀하고 비합법적으로 이루어진다. 내부의 정치는 일반적으로 조직을 희생시키면서 개인과 집단의 이익을 도모한다. 정치는 구성원들 간의 분열과 갈등을 낳게 한다. 정치가 지니고 있는 정당성의 부족에도 불구하고 정치는 조직에서 발생되는 다음과 같은 중요한 문제들을 해결하는 데 기여한다(Mintzberg, 1983).

첫째, 정치는 조직의 가장 강력한 구성원을 지도자의 지위로 이끌게 한다.

둘째, 정치는 쟁점의 모든 측면을 논의할 수 있게 한다. 권위체제, 이념, 그리고 전문성은 단지 쟁점의 한 가지만을 부각시키는 경향이 있다.

셋째, 정치는 자주 공식조직에 의해 저지되는 변화를 촉진하기 위해 필요하다.

넷째, 정치는 결정된 사항을 실행하기 쉽게 한다. 행정가들은 그들의 결정을 실행하기 위해서 정치적 활동에 참여한다.

권력을 가지고 있는 사람들이 합리적이거나 정당하게 권력을 사용할 것이라는 보장은 없다. 그러나 권력과 정치가 언제나 비열하고 나쁘지만은 않다. 정치는 조직의 목적을 성취할 수 있는 수단이 된다. 권력에는 착취와 지배라는 부정적인 측면이 있을 뿐 아니라, 집단의 비전과 목표 제시라는 긍정적인 측면도 있다(McClelland, 1975). 정치인과 정치도 일반인들에게 대개 부정적으로 비쳐지고 있지만, 긍정적이고 건설적인 측면이 있다. 건설적인 정치인은 자신이 도움을 받을 수 있는 사람들과의 관계를 잘 수립함으로써 조직의 경영을 성공적으로 이끌 수 있다(Bolman & Deal, 1991).

많은 경영자들은 조직을 소박하게 보거나 또는 냉소적으로 이해한다. 조직을 소박하게 이해하는 경영자들은 세상을 장밋빛 유리를 통해서 보며, 사람들이 이기적이고 정직하지 않다는 사실을 믿지 않는다. 반면에 냉소적인 생각을 가진 사람들은 모두가 이기적이고 모든 것이 정치적이기 때문에 다른 사람에게 당하기 전에 먼저 행동해야 한다고 생각한다. 이러한 견해들은 조직의 발전을 위해 바람직하지 않다. "조직의 성공을 위해서는 정교한 사회적인 기술인 지도성이 요청된다. 이러한 지도성은 많은 장애에도 불구하고 사람들을 동원하여 중요한 목표를 성취할 수 있다. 지도성은 사람들을 분열시키는 많은 힘에도 불구하고 의미 있는 목표를 위해 사람들을 모을 수 있다."(Kotter, 1985, p. 11).

경영자들은 정치적인 역량을 발휘하여 개인과 조직 모두에게 최선의 이익을 가져올 수 있도록 해야 한다. 이를 위해 경영자는 소박하고 낭만적인 생각이나 극단적인 냉소주의에 빠지지 않고 이를 균형 있게 헤쳐 나가야 한다. "소박한 길과 냉소주의의 땅을 넘어서 좁은 길이 있다. 이 길은 빛이 희미하여 찾기 힘들고, 길을 발견한 경우에도 계속 걸어가기는 더 어렵다. 이러한 좁은 길을 선택하는 기술과 인내를 지니고 있는 사람들은 많은 사람

을 위해 봉사한다. 우리에게는 이러한 사람들이 많이 필요하다."(Kotter, 1985, p. 6)

공식적 체제는 언제나 고도로 조직된 구조에서, 정치체제는 경쟁하는 권력 집단들로 구성된다. 이들 각 권력집단은 자신의 이익을 위해 조직의 정책에 영향력을 행사한다. 성공적인 정치는 조직의 구성원들이 교섭하고, 협상하며, 정치활동에 참여하고, 조직의 목표와 결정에 영향을 미치기 위하여 여러 가지 방법을 사용할 것을 요청한다. 정치는 권력의 다른 합법적인 형태와 공존하거나, 또는 합법적 권력에 저항하여 나타날 수 있다. 때로는 약화된 합법적인 통제체제를 대체하기도 한다.

(1) 정치적 활동

정치적 관점에서 볼 때 조직에는 갈등을 발생시키는 요인이 많이 있다. 조직은 정치적 활동을 통해서 갈등 요인들을 줄인다. 이러한 방법으로는 호의, 제휴, 정보 관리, 이미지 관리가 있다.

■ 호의

호의를 베풀거나 정중하게 행동함으로써 다른 사람의 호감을 사는 방법이다. 교사들은 업무차원 이상으로 동료교사나 교장을 도움으로써 이들의 호감을 얻을 수 있다.

■ 제휴

영향력 있는 인사와 관계를 형성하는 방법이다. 제휴하는 대상은 중요한 직책을 보유하거나 또는 그렇지는 않더라도 유용한 정보에 접근할 수 있는 사람들이다. 교장이나 교원단체 대표자와 우호적인 관계를 맺는 사람들은 중요한 정보를 획득할 수 있다.

■ 정보 관리

다른 사람을 통제하기를 원하거나 자신의 지위를 공고히 하고자 하는 사람이 사용한다. 비록 중요한 정보를 가지는 것 자체로서도 유용하지만, 이 정보를 확산하기 위해 사용되는 기술은 공식 및 비공식조직에서 자신의 지위를 상승시킬 수 있다. 정보 관리의 첫째 목표는 핵심적인 정보를 얻는 것이고, 그 후에는 이를 능숙하게 활용함으로써 타인들의 의존성을 증대시키고 자신의 위치를 강화하는 것이다.

■ 이미지 관리

대부분의 사람이 선호하는 이미지를 만들기 위해 이용하는 방법이다. 여기에는 적절한 복장과 품행, 자신의 성취 강조, 기회가 있을 때마다 신용을 획득하는 것, 중요시되는 인상의 창출 등이 있다. 타인들이 자신을 지식이 풍부하고, 분명하고, 사려 분별이 있고, 감수성이 있고, 사교적이라고 인식하게 하는 이미지를 만드는 것이다.

이상과 같은 방법들 중에는 자연스럽고 정당한 방법들이 있는 반면에 정도를 벗어난 정당치 못한 것들이 있다. 정보를 정직하지 못하게 속이고 악용하는 것은 도덕적인 면에서 정당화될 수 없다. 정치적인 방법들이 조직생활에 실재하는 사실이라 할지라도 이 모두가 도덕적으로 정당화될 수는 없다. 더욱이 특정한 방법은 정치적으로 실패할 수 있으며, 공식적인 조직체계를 무너뜨리고, 조직의 신념을 손상시킬 수 있다.

(2) 정치적 활동의 유형

다양한 구성원들이 희소가치를 두고 경쟁하게 되는 조직 상황에서, 각 구성원들과 집단들은 다양한 영향력을 가지고 자신들의 이해와 관심사를 관철하기 위해 노력한다. Mintzberg는 조직구성원들이 행하는 정치활동을 다섯 가지 유형으로 구분하였다. 학교조직에서도 정치적인 활동이 발생한다. 그러나 조직에서 발생하는 정치적인 활동은 조직의 공식적인 권위체제와 함께 존재하며, 일반적으로 정당한 권위체제에 비해 이차적인 활동을 수행한다. 정치 게임의 유형은 다음과 같이 구분된다(Mintzberg, 1983).

■ 구성원들의 반발

제도적 권한을 가지지 못한 구성원들이 공식적인 권한을 거부하는 활동이다. 이러한 정치활동은 단순한 거부부터 태업, 조직적 저항까지 있다. 상관의 지시를 수행할 때 구성원들은 어느 정도 재량권을 발휘한다. 예컨대, 명령을 받는 대로 수행할 수도 있고 또는 명령을 왜곡시킬 수도 있다. 하위 구성원은 공식적 권위나 의사결정 권한이 없으므로 기존의 의사결정 구조를 우회하거나 무시함으로써 조직을 통제하려 한다.

■ 권한 집단의 대응

권한 집단은 하위 구성원들의 반발을 억제하려는 활동을 벌인다. 이러한 활동의 양상은 다양하다. 일반적으로 하위 구성원들이 반발할 때 권한 집단은 더욱 강력한 규제와 명령을 사용하지만 자칫 실패할 수 있다. 이는 하위 구성원들이 반발하게 된 문제의 원인은 다루지 않고 문제의 증상만 다루기 때문이다. 이같이 직접적이고 공식적인 방법으로는 한계가 있으므로, 권한 집단은 반발을 무마하고 자신들이 원하는 것을 얻기 위해 권위를 내세워 관련자들을 설득하거나 속이기도 하고, 또는 타협을 하는 정치적 활동을 벌인다.

■ 권력의 기반 형성

조직의 구성원들이 권력의 기반을 확장하려는 활동이다. 영향력을 확보하기 위해 주로 동원되는 방법은 다음 다섯 가지가 있다.

가. 후원자 확보

가장 단순한 방법으로, 하부 구성원이 자신의 상사에게 의지하는 방법이다. 상사에게 충성하는 대신에 상사의 지지를 얻게 된다. 상사는 후원자로서 그 하부 구성원을 옹호하거나 중요 정보를 제공해 준다. 이 활동의 약점은 후원자인 상사가 어려움에 처할 때 자신도 같은 처지가 된다는 것이다.

나. 연합체 결성

수평적 동료들을 연합함으로써 영향력을 확보하는 방법이다. 연합체 형성은 보통 한 개인이나 몇몇 사람이 어떤 문제에 관심을 갖는 지지자를 찾거나, 자신들의 관심을 잘 대변할 수 있는 비공식 지도자를 찾게 되어 일단의 이해집단의 핵심적인 성원이 이루어진다. 소수집단은 자신의 이해를 관철하기 위해 다른 이해집단이나 소수집단과 연합한다. 이런 연합체는 더 이상 동조할 집단이나 개인이 없어질 때까지, 혹은 상대방 연합체와 충돌할 때까지 성장한다.

다. 부서의 확장

보통 중간 관리자들이 하부 구성원과 집단들을 모아서 자신들의 영향력을 증대하는 방법이다. 예컨대, 대부분의 조직에서 예산을 둘러싸고 이와 같은 활동이 일어난다. 부서의 책임자들은 자신들의 부서에 더 많은 예산을 확보하기 위해 노력한다. 이들은 예산이 삭감될 것을 감안하여 필요한 금액 이상을 청구하거나, 예산의 증가가 불필요하다는 근거를 감추거나, 배정받은 예산을 전부 지출하는 등의 행위를 한다.

라. 전문가

조직에서 필요한 지식과 기술을 실제로 가지고 있는 전문가들이 영향력을 확대하기 위해 주로 활용한다. 전문가들은 자신의 지식을 활용하여 영향력을 확대하고, 자신들의 유용성과 독자성 등을 주장한다.

마. 군림

이것은 합법적인 권한을 가지고 있는 사람들이 자신의 하부 구성원 위에 군림하여 자신들의 영향력을 발휘하는 활동이다. 제한적인 권한을 가진 사람들이나 조직에서 자신들의 권한이 좌절된 사람들이 의존하는 방법이다.

■ 경쟁

이는 경쟁자를 물리치는 정치적 활동이다. 여기에는 계선-참모 간의 갈등과 경쟁 진영 간의 갈등으로 인한 활동이 있다.

가. 계선-참모 간의 갈등

계선-참모 간의 갈등은 공식적 권한과 전문화된 전문성을 지닌 계선-참모 간에 발생하는 갈등이다. 학교운영에서 학교장과 교육구 전체를 관할하는 교육과정 전문가 사이에서 갈등이 발생한다. 이 경우 교장은 계선 조직이 되며 교육과정 전문가는 참모조직이다. 일반적으로 교육과정 전문가는 교육과정의 변화를 추구하는 반면에, 학교장은 조직에 혼란을 가져올 수 있는 변화를 싫어한다. 교장이나 교육과정 전문가는 교육장에게 직접 의사를 전달할 수 있으나, 교장은 공식적 권한이며 교육과정 전문가는 비공식적이지만 전문적인 권위를 가지고 있다. 계선과 참모 간의 갈등에서 상위행정가가 관여하기 쉬우나, 계선의 권한자와 참모는 각각 자신들의 관점을 가지고 정치적 활동을 벌이기 때문에 갈등이 발생한다.

나. 경쟁 진영 게임

두 사람, 두 부서, 혹은 개혁파와 보수파 등 보통 두 개의 연합체가 대립하는 양상이다. 이런 게임은 일반적으로 다른 조정 방법이 기능을 발휘하지 못하고 승자와 패자가 형성되어 바람직하지 못한 결과를 낳는다. 그리고 한 진영이 이김에 따라 조직은 이긴 진영의 의도에 따라 움직이게 된다.

■ 조직 전체를 변화시키려는 게임

가. 중점 활동 지원

조직의 어떤 성원이라도 활용할 수 있다. 조직에서 전략적인 변화를 꾀하고자 하는 집단이나 개인이, 계획서나 새로운 사업을 권장하는 합법적인 권위체제를 사용하여, 자신들의 변화 전략이 담긴 계획서나 사업이 선정되도록 함으로써 힘을 얻는 방법이다. 중요한 변화를 선도하는 데 성공한 사람들은 조직에서 상당한 힘을 얻는다.

나. 내부 고발

조직 내부의 성원이 조직의 잘못된 행동에 대해 외부의 권위자에게 알리는 방법이다. 사립학교 교사들이 학교의 비리를 언론기관이나 상위 감독관청에게 제보나 투서의 형식으로 알리는 경우이다. 정보를 바깥에 알리는 내부자는 조직의 공식적인 권한체계를 무시했고, 또 비난의 대상이 되므로 대체로 정보를 알리는 것을 비밀로 한다. 내부 고발 방법은 대단히 극적인 결과를 낳을 수 있지만 대단히 위험한 게임이 되며, 일반적으로 내부 고발자는 존경을 받지 못한다.

다. 조직 전체의 변화

가장 강렬하며 위험수위가 높은 방법이다. 이는 조직을 단순히 변화시키거나 권한체계를 어느 정도 변화시키는 것이 아니라 조직의 합법적인 권한체계 자체를 근본적으로 변화시킨다. 변화 추진자들은 조직의 사명, 조직의 중요 기술, 기본적 이념, 지도성까지 변화시킴으로써 조직의 기본적인 목표에 도전하게 된다. 만약 변화 추진자들이 승리하게 되면 조직의 기존체제는 근본적으로 변화하게 되고, 기존의 권한 집단들은 힘을 쓰지 못하게 된다. 반대로 변화 추진자들이 패배하면 이들은 힘을 잃고 조직에서 밀려난다.

제**7**장
학교의 문화

학교는 설립된 후 시간이 경과하면서 구성원들 간에 특유한 행동양식을 발전시켜 나간다. 이러한 행동양식을 문화라고 하며 이는 구성원들 간에 공유하는 규범, 가치, 가정에 담긴다. 조직의 가치체계는 대부분 무의식적인 것이며 구성원들에게 당연하게 수용된다. 조직구성원들은 그들이 인식하든 그렇지 않든 조직 문화의 영향을 받는다. 문화는 구성원들의 생각, 감정, 인식에 영향을 미친다. 조직은 입문식과 같은 의식을 통해서 새로운 구성원에게 문화를 전달하고, 여러 가지 상징을 통하여 가치와 규범을 전달하고 강화시킨다. 학교는 특히 문화적인 요소가 풍부하며, 이러한 문화적인 요소들은 여러 가지 상징체계에 의해 구성원들에게 전달된다. 학교문화는 구성원들이 느낄 수 있는 불확실성과 모호성을 감소시키고 구성원들 간에 동질감을 형성함으로써 학교의 기능수행에 기여한다.

학교의 주요 구성원인 교사들은 학교의 업무 환경에 대해 공통적인 인식을 갖는다. 학교 환경에 대한 구성원들의 이러한 인식을 학교풍토라고 부른다. 학교의 풍토를 측정하기 위해 조직풍토기술질문지가 활용된다. 학교풍토는 교사집단과 학교장의 행동특성을 기준으로 하여 개방적 풍토, 참여적 풍토, 비참여적 풍토, 폐쇄적 풍토로 구분된다. 조직구성원들이 맡은 역할을 자율적으로 수행하게 함으로써 조직이 성장할 수 있는가를 측정하는 조직건강의 개념이 활용된다. 조직건강목록은 조직의 건강성을 측정하는 도구로서 학교의 건강성 정도를 진단할 수 있다.

학교문화가 학교 교육목표 달성에 역기능적일 때 학교의 문화를 변화시켜야 한다. 학교문화의 변화는 일시적인 방식이 아니라 장기적인 방식으로 접근되어야 한다. 현대사회에서 학교 경영자는 학교 구성원들의 역할을 규정하는 공식적인 연대뿐만 아니라, 학교의 전통이나 가치 등을 통해서 구성원들을 결속시키는 문화적인 연대를 이해하고 이를 능숙하게 활용할 수 있어야 한다. 학급담임의 경우에도 학급문화에 대한 올바른 이해에 기초하여 학생들의 학습을 촉진하는 바람직한 학급문화를 조성해야 한다. 이 장에서는 문화상징적 관점, 문화의 수준과 내용, 학교의 하위문화, 학교풍토와 건강, 학교문화의 형성과 변화 등을 살펴본다.

1. 문화상징적 관점

문화상징적 관점에서는 조직 내 구성원들이 공유하고 있는 문화적인 요소에 대한 이해를 강조한다. 조직을 이해하기 위해서는 조직 내 구성원들이 갖고 있는 행동양식과, 이의 근거가 되는 구성원들의 규범, 가치, 가정과 같은 문화적인 요소들, 또 이를 전달해 주는 상징체계에 대한 이해가 필수적이다.

1) 문화의 개념

문화라는 개념은 본래 인류학에서 기원된 것으로 여러 집단 구성원들 간의 전통적 신념 · 기대 · 가치 · 생각 · 의미 등에서의 차이를 묘사하기 위하여 사용되었다. 문화의 개념은 다양하고 합의하기가 쉽지 않다. 예컨대, 웹스터 사전에서는 문화란 '인간 행동의 통합된 패턴으로서 사상, 이야기, 행동, 인공물이 포함되며 지식을 학습하고 후대에 전승할 수 있는 인간의 역량에 달려 있다.'라고 정의를 내리고 있다. 문화는 '일을 해 나가는 방식'이라고 간결하게 정의될 수도 있다. 문화는 집단 구성원들에게 가르쳐지고 학습된다.

Schein(1985)은 문화란 "한 집단이 대외적인 적응과 대내적인 통합의 문제를 대처해 나갈 때 개발한 규범 · 가치 · 기본적 가정으로서 집단의 새로운 구성원들에게 집단의 문제를 대처할 때 지각하고, 사고하는 올바른 방법으로 가르쳐진다."라고 정의하였다.

조직문화는 조직의 대내외적인 문제를 해결하기 위해 고안된 것으로, 문화는 각 조직에서 오랜 시간에 걸쳐 형성된 독특한 사고와 행동유형과 신념체계로 구성되며, 유형적인 요소부터 무형적인 가치나 신념까지를 포함한다. 이러한 문화는 구성원들에게 안정감을 제공하고, 확실성을 부여해 주며, 질서와 예측성을 견고히 하고, 의미를 창출해 나가고, 구성원들 간에 공유할 수 있는 철학 · 이데올로기 · 가치 · 가정 · 신념 · 기대 · 태도 · 규범들로 조직을 함께 묶어 주는 가장 강력한 접착제라고 할 수 있다. 그러므로 각 사회마다 다양한 조직이 존재하듯이 각 조직마다 다양한 문화가 존재한다. 문화는 조직 내에서 공유되고 있는 의미체계와 신념체계의 집약체제이므로 추상적인 개념이며, 조직에서는 이 추상적인 문화를 구체적인 형태로 만들어 새로운 구성원들에게 전달하고 기존의 구성원들을 강화시키는 상징 체계가 있다. 대표적인 것은 신화, 이야기, 의례 및 의식, 비유나 유머이다.

2) 문화상징적 관점의 주요 가정

문화상징적 관점은 조직생활을 포함하여 인간의 모든 삶에 강한 영향을 미치는 상징의 기저에 있는 의미나 신념 등의 개념에 초점을 두고 조직을 분석한다. 조직에는 결코 해결될 수 없는 질문, 결코 해석될 수 없는 문제, 결코 이해되거나 경영될 수 없는 사건들이 발생한다. 사람들은 혼돈으로부터 벗어나 의미를 되찾고, 불확실성에서 예측 가능성을 찾기 위해 상징을 만들어 내고 활용한다. 문화상징적 관점이 갖고 있는 조직에 대한 기본적인 가정은 다음과 같다(Bolman & Deal, 1991).

첫째, 사건에서 가장 중요한 것은 사건의 의미이다.
둘째, 사건과 의미는 항상 일치하는 것은 아니다. 즉, 사람들이 경험을 해석할 때 사용하는 도식의 차이로 인하여 동일한 사건들이 서로 다른 의미를 가질 수 있다.

셋째, 조직에서 발생하는 수많은 중요한 사건들과 과정들은 모호하고 불확실하다. 무엇이 일어났는지, 왜 일어났는지, 또는 다음에 무슨 일이 일어날지 알기가 어렵거나 알 수 없는 경우가 자주 있다.

넷째, 모호성과 불확실성이 클수록 합리적인 방법으로 문제를 분석하고 해결하며 의사결정을 하기가 더 어려워진다.

다섯째, 불확실성과 모호성에 직면할 때 사람들은 혼란을 해소하고 예측 가능성을 높이며 행동 방향을 제시해 주기 위해서 상징을 창조한다.

여섯째, 조직의 많은 사건과 과정들은 무엇을 산출하는가보다는 무엇을 나타내는가라는 점 때문에 중요하다.

예컨대, 학교조직에서 발생되는 여러 활동이나 사건들은 이를 바라보는 사람들에 따라 여러 가지로 해석된다. P 대학에서는 대학 캠퍼스 내에 설치된 조형물 때문에 학교당국, 학생회, 학생들 사이에 갈등이 벌어졌다. P 대학에 재정적인 지원을 해 주었던 L 회사는 대학 캠퍼스에 조형물로 시계탑을 설치하면서 동 회사의 상징물을 부착시켜 두었다. 여기에 대해 학교당국, 학생회, 학생들 간에 이견이 발생하였다. 학교당국에서는 산학협동 차원과 졸업생의 취업 등 때문에 시계탑 설치를 허용했고, 학생회에서는 학교환경에 적합하게 조형물을 설치하는 조건으로 설치를 동의하였다. 그런데 설치 이후, 학생들은 특정기업체의 상징이 부착되었다는 비판과 조형물의 설치장소 및 디자인이 학교환경에 맞지 않는다는 등의 이유로 시계탑을 반대하여 학교에서 논란이 발생하였다. 결국 논란이 되었던 시계탑은 얼마 후에 대학 캠퍼스에서 철거되었다.

이상의 P 대학 시계탑에 대해서 학교당국, 학생회, 학생, 기업체, 교직원 등이 부여하는 의미는 여러 가지임을 알 수 있다.

이같이 문화상징적 관점은 조직에서 발생하는 사건의 객관적인 현상보다는 발생한 사건에 대해 구성원들이 부여하는 의미를 해석하고 설명하는 데 초점을 둔다.

2. 문화의 수준과 내용

1) 문화의 수준

조직의 문화적인 요소에는 인공물과 조형물, 규범, 가치, 가정 등 여러 가지가 있다. 이러한 다양한 문화적인 요소들은 구체적인 것부터 추상적인 것으로, 그리고 피상적인 것부터 심층적인 것으로 구분할 수 있다. 문화는 구체적인 수준에서 보다 추상적인 수준으로 구분된다(Schein, 1985).

(1) 인공물

조직 문화에서 가장 가시적인 수준은 인공물과 조형물로서 이는 조직의 물리 사회적인 환경을 포함한다. 이 수준에서 사람들은 물리적인 공간, 집단의 기술공학적인 산출물, 문서 또는 구어상의 언어, 예술품, 구성원들의 외면적인 행동 등을 관찰할 수 있다. 조직에 소속되지 않은 사람들은 조직의 인공물들을 때로는 세부적인 사항까지도 관찰할 수 있지만, 그러한 인공물들이 의미하는 것은 무엇인지, 이들이 서로 어떻게 관련되어 있는지, 이들이 반영하는 보다 깊은 유형은 어떤 것인지 등을 파악하기는 매우 어렵다. 학교에서 표면적이고 가시적인 문화수준의 구체적인 실례로는 학교 캠퍼스, 학교 운동장, 정문, 동상, 학생들의 언어, 교기, 교가, 교화 등이 있다. 조직은 이러한 여러 가지 인공물 또는 조형물들을 통하여 조직 문화를 구성원들에게 전달하고 축적해 나간다.

(2) 가치

문화적인 학습에서 궁극적인 목적은 사람들이 다른 사람들의 가치를 배우게 되는 것으로, 가치는 무엇이 어떠해야만 한다는 당위성을 띠고 있다. 조직의 가치는 집단 구성원들이 특정한 상황들을 다루어 나가는 데 있어서 규범적이거나 도덕적인 기능을 수행하기 위해서 의식할 수 있도록 분명하게 제시된다. 이데올로기나 조직의 철학으로 구현된 일련의 가치는 불확실하거나 어려운 과제를 다룰 때 안내자의 역할을 담당할 수 있다. 이러한 가치는 인공적인 수준에서 관찰할 수 있는 많은 행동들을 예측할 수 있게 한다.

조직의 가치 중에서 보다 구체적인 수준으로 규범을 들 수 있다. 규범은 조직구성원들로 하여금 조직의 목적이나 이상을 실현하기 위하여 마땅히 따라야 하는 원리나 법칙을 말한다. 규범은 조직구성원의 행동을 규제하지만 성문화되지 않은 조직의 비공식적 기대이다. 규범은 조직구성원의 행동에 직접적 영향을 주며, 조직의 문화적 측면을 이해하는데 훨씬 더 구체적인 수단이 된다. 규범은 조직 문화의 기초가 되기 때문에 만약 구성원이 조직에 변화를 꾀하고자 한다면 조직의 규범을 이해하는 것은 매우 중요하다. 규범 역시 조직이 상징하는 바를 명시적 또는 묵시적으로 나타내는 이야기나 의식으로 가공되어 조직구성원들을 지배하며, 때로는 조직의 기본 규범을 강화하기 위해 사람들에 관한 이야기가 인위적으로 만들어지기도 한다. 일반적으로 성공적인 학교에서 나타나는 규범에는 협력, 성과, 개선에 대한 지향이 있다. 성공적이지 않은 학교에는 이와 대조적으로 개인주의, 적당주의, 타성주의와 같은 규범이 있다.

규범은 조직구성원들이 승인하면 할수록 더욱 강화된다. 구성원들이 조직의 규범에 따랐을 때 보상이나 격려를 받게 되고, 반대로 조직의 규범을 어겼을 때 처벌을 받게 됨으로써 조직의 규범은 더욱 강화된다. 규범은 조직의 전통을 세우며 조직의 의미를 전달하여 개개인들로부터 확신과 지지를 얻는다.

가치란 바람직한 것에 대하여 공통적으로 갖는 신념으로서, 조직에서 무엇이 좋고 중요하며 가치 있는 것인가를 정의한다. 조직구성원들 간에 공유된 가치는 구성원의 행동을 규정할 뿐만 아니라 조직의 기본적 특성과 독자성을 반영해 준다. 공유된 가치는 조직의 기본특성을 나타내며 조직에 정체감을 부여한다.

일본회사의 성공에 관한 Ouchi(1981)의 연구에서는 효과적인 회사의 성공은 특정한 회사문화의 기능에 기인한 것이라고 보았다. Z 이론에 따르면, 조직은 구성원들 간의 친밀성, 신뢰, 협동, 인류평등주의 등의 가치를 증진시키는 문화를 조장하며 이러한 가치들이 조직의 모든 생활 측면에 영향을 미친다고 보았다.

조직구성원들이 갖고 있는 가치와 신념체계는 조직구성원의 행동에 많은 영향을 끼친다. 학교의 교사들이 갖고 있는 신념이나 가치 중에는 다음과 같은 것이 있다. "학생의 능력은 타고난 것이기 때문에 변하지 않는다. 학습은 학생에게 달려 있다. 교수활동은 개인

조직 특성	핵심 가치
1. 장기고용 ──────────▶	조직 관심
2. 느린 승진율 ──────────▶	경력지향적
3. 참여적 의사결정 ──────────▶	협동과 팀워크
4. 집단적 의사결정에 대한 개인적인 책임 ──────────▶	신뢰와 집단 충성
5. 전체 지향성 ──────────▶	평등주의

[그림 7-1] Z 이론의 조직과 문화

적이며 예술과 같은 것"이라는 신념이 있을 수 있다. 반면에 "학생의 능력은 변화될 수 있다. 학습은 교사에 의해서 형성될 수 있다. 교수활동은 재능이며 배울 수 있는 능력"이라는 신념이 있을 수 있다. 후자의 신념을 지닌 교직원들이 많은 학교의 경우에 학생의 성취가 보다 높을 수 있다.

(3) 기본적인 가정

문화의 수준 중 가장 심층적이고 추상적인 것은 조직구성원들의 내면에 숨어 있는 기본적인 가정들이다. 조직의 규범과 가치는 구성원들 간에 공유하는 기본적인 가정으로부터 나온다. 가정은 조직에서 사람들이 무엇을 참으로, 또는 무엇을 거짓으로 받아들이는가와 무엇이 불가능한가 등을 다룬다. 기본적인 가정은 묵시적이며 무의식적으로 수용되고, 자주 숙고하거나 이야기되지도 않고, 토론 없이 사실로 받아들여진다. 이러한 기본적인 가정들은 동일 문화권 내에서는 차이가 크지 않다. 기본적인 가정에는 인간관계의 본질, 인간의 활동의 본질, 인간의 본성, 실재와 시공간의 본질, 환경과의 관계 등이 포함된다. 학교의 구성원들이 지니고 있는 기본적인 가정의 예로는 변화(잊어버리라 vs. 시도해 보라), 협력(혼자서 하는 것이 낫다 vs. 함께 일하라), 개선(결코 가능하지 않다 vs. 가능하다) 등을 들 수 있다.

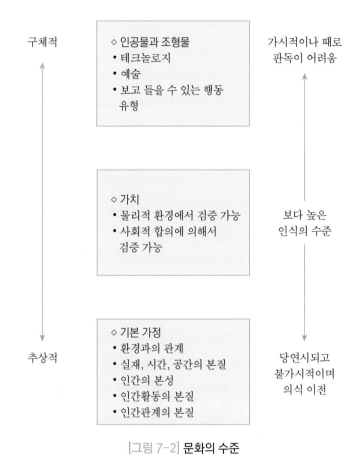

[그림 7-2] **문화의 수준**

2) 학교의 문화 상징물

학교의 문화를 새로운 구성원들에게 전달하고 기존의 구성원들을 보다 결속시켜 주는 상징으로 신화, 이야기, 의례 및 의식, 비유나 유머 등이 있다.

(1) 신화

신화라는 용어는 "그것은 단지 신화일 뿐이다." "그것은 신화이지 사실이 아니다." 등으로 종종 비하되곤 한다. 그러나 신화는 매우 중요한 메시지를 전달한다. 신화와 이론은 구분된다. 이론의 타당성은 검증될 수 있다. 그러나 신화는 반드시 검증되어야 하는 것이 아나라 사람들로 하여금 불확실성으로부터 무엇인가를 느끼게 하는 메시지를 전달한다.

신화란 한 조직이나 사회의 이상을 둘러싸고 생성된 핵심적인 신념이라고 규정될 수 있다. 조직에서 신화는 여러 가지 기능을 수행한다. 신화는 여러 현상, 흔히 갈등되기도 하는 현상들을 설명하여 주기도 하고, 또 구성원들의 감정이나 무의식적인 소망이나 갈등을 드러나게 한다. 무엇보다도 신화는 공통기반을 제공함으로써 구성원들 간의 유대감과 결속을 유지시킨다. 그리고 대외적으로 신화는 그 조직의 존재를 정당화시켜 주고 조직의 전통을 이어 준다. 그러나 또 한편으로는 급격한 변화에 완강하게 저항하여 상황에 적절히 적응하지 못하게 하는 역기능을 가질 수 있다.

(2) 이야기, 동화

이야기와 동화는 조직의 중심신화를 다른 사람들에게 전달하는 방법이다. 이야기와 동화는 조직의 전통을 세우며, 조직의 의미를 전달하여 개개인들로부터 확신과 지지를 이끌어 낸다. 이야기는 조직이 신봉하고 있는 신화나 가치관을 효율적으로 전달한다. 또한 조직 내의 이야기들은 공식회의나 비공식적인 모임에서 전파되고 기억됨으로써, 조직의 핵심적인 신화를 조직 내부와 외부에 효과적으로 전파하여 조직의 전통을 확립하고 지속시킨다. 그리고 구체적인 이야기들은 회의적인 현실 또는 조직이나 프로그램에 비판적인 사람들에 대항할 수 있는 중요한 도구가 되는 동시에, 조직의 실패를 효과적으로 감출 수도 있다.

동화는 일반적으로 아동들에게 오락이나 도덕적 교훈을 주는 것으로, 조직에서의 동화는 미래에 대한 재확신과 희망을 제공하며, 또한 내적 갈등과 긴장을 표면화시킨다. 예컨대, 아이들에게 들려주는 '예쁜 새'라는 동화는 아이들에게 착한 마음씨를 가질 때만 예뻐질 수 있다는 교훈을 전달해 준다. 이야기는 종종 실제적으로는 아무것도 제공해 줄 수 없을 때 사용할 수 있다.

이야기는 종종 진리나 지혜의 원천이라기보다 오히려 오락의 원천으로 간주되지만, 때로는 정보, 도덕, 가치, 생생하고 설득력 있는 신화를 제공하기도 한다. 일반적으로 조직 내의 이야기는 영웅에 초점을 둔다. 이야기는 쉽게 기억할 수 있는 방식으로 사건을 기술한다. 이것은 명료하고 간단하게 메시지를 전달한다. 이야기들은 조직의 동화로서 소망하는 꿈을 실현시키고, 즐겁게 하고, 안정감을 부여하며, 지식을 전달하고, 선전하는 기능을 수행한다(Bolman & Deal, 1991).

(3) 의례와 의식

의례와 의식은 사실상 명확하게 구분하기 어렵다. 다만 의식은 의례보다 빈번하지 않고 규모가 거대하며 보다 세련된 것이다. 역사적으로 사람들은, 특히 복잡하고 통제가 어려우며 어려운 문제들을 해결할 때 질서와 명료성, 예언성을 얻기 위해 의식을 사용하였다. 청교도의 추수감사절 의식은 앞으로의 수확에 대해 예측 불가능한 과정에서 초자연적인 도움을 기원하는 노력을 나타낸다.

의식은 개인뿐만 아니라 조직과 사회에도 중요한 것으로, 구성원을 사회화시키고 안정감을 부여하며 불안을 감소시키고, 지지자들에게 메시지를 전달한다. 의식은 조직의 과업들이 원래 생각했던 대로 이루어지지 않을 때 필요하다. 만약 의식이 적절히 수행되어 사람들이 지지하는 신화와 연결되면, 의식은 구성원들을 밀접하게 결합시키는 역할을 하게 된다.

일차적으로 의례와 의식은 사람들의 불확실성과 불안감을 감소시키고, 나아가 조직 내에서 다른 성원들과 같은 행위를 공유함으로써 그 조직의 기본적인 문화와 가치관을 자연스럽게 드러내고 내면화시킨다. 의례와 의식은 대내적인 기능뿐 아니라 대외적인 기능도 가지는데, 의식을 수행함으로써 조직이 지향하는 가치와 조직구성원의 결속 및 유대 등에 대한 중요한 메시지를 외부에 전달한다. 그러나 구성원들의 상황이나 정서에 적합하지 않은 의례는 사람들이 외면하는 공허한 형식에 불과해서 오히려 조직에 바람직하지 못한 결과를 낳게 한다.

(4) 은유, 유머, 놀이

은유, 놀이는 조직의 복잡한 것을 단순화하고, 미지의 것을 익숙하게 하고, 직접 다루기에 위협적인 것을 부드럽게 한다. 조직의 지도자가 은유, 놀이와 같은 상징을 기술적으로 사용할 때 조직 활동을 보다 훌륭하게 수행할 수 있다. 은유는 친숙한 것을 낯설게 만들거나 낯선 것을 친숙하게 만드는 데 사용하며, 사회적 연속선상에서 자신과 다른 사람들을 식별하는 데 사용된다. 은유는 복잡한 문제를 이해 가능한 의미로 압축하며, 이는 사람들의 이해, 평가, 행동에 영향을 준다. 즉, 학교를 공장으로 바라볼 때와 학교를 쇼핑몰로 바라볼 때는 학교에 대한 이해방식이 매우 다르다.

유머는 조직에서 많은 중요한 기능을 수행한다. 유머는 조직에서 통합의 기능을 하며, 회의하는 심정을 표현하게 하며, 유연성과 적응성에 기여한다. 유머는 거리를 두는 방법이지만 역시 조직의 일원으로 사회화하거나 조직문화를 전달하는 데 사용한다. 즉, 유머는 결속을 만들거나 체면을 세우는 데 사용할 수 있다.

놀이 또한 유머와 연결되고 조직에서 유머와 비슷한 기능을 수행한다. 대부분의 작업장에서 놀이와 작업은 엄격하게 구별되어 있다. 놀이는 사람들이 작업하지 않을 때 하는 것으로 인식된다. 조직에서 일반적으로 사용되는 놀이의 이미지는 기분전환이지만, 장난보다는 공격적이고 경쟁적이며 전투적인 것과 연관되어 있다. 그러나 놀이는 대안을 탐색하기 위해 규율로부터 이완작용을 해 주고 실험작업, 유연성 그리고 적응성을 북돋아 주는 기능을 수행한다.

(5) 학교의 문화 상징물

일반적으로 조직 내의 문화 상징적인 요소는 조직의 목표가 다소 불명료하고 활용하는 기술이 보다 엄밀하지 않은 조직에서 두드러진다. 일반 기업체보다는 공공 기관, 국회, 학교, 종교 기관 등에서 문화 상징을 많이 활용한다. 1980년대 이후에는 일반 기업조직에서도 기업문화의 중요성에 대해 인식하고 기업의 성공에 기여할 수 있는 조직 문화를 형성하기 위해 노력하고 있다.

우리나라에서도 기업문화를 '제5의 경영자원'이라고 부르면서 중시하고 있다. 이렇게 기업문화를 중시하게 된 것은 국내외 기업 경영 환경과 기업 내부의 상황변화에서 기인하였다. 우리나라 기업들은 전세계의 다양한 기업들과 모든 업종에서 경쟁해야 할 뿐 아니라, 내적으로는 생산요소인 노동력, 토지, 자금의 고가시대를 맞아 이를 극복해 나갈 수 있는 경영이 필요하게 되었다. 또한 기업의 규모가 커지고 복잡해짐에 따라 조직 구성원 개개인의 자발적인 참여와 자율적인 판단과 행동이 중요해졌다. 최근의 조직은 구성원들 중에 20~30대가 60~70%를 점유하고 있으며, 이들은 자율과 개성, 다양성, 자기중심성을 보이기 때문에, 이들의 특성을 수용하여 기업의 힘을 결집해 나가기 위해서 기업문화의 역할이 중요하게 된 것이다.

우리나라의 초·중등학교에도 학교행정가, 교사, 학생, 직원들 간에 공유하는 문화적인 요소가 많으며, 이러한 문화적인 요소들은 여러 가지 상징체계로 구성원들에게 전달된다. 특히, 공립학교보다는 교사들의 이동이 거의 없는 사립학교의 경우에 학교의 문화적인 특성이 더욱 뚜렷하게 나타난다. 학교의 문화상징적 요소들은 학교의 교육목표, 교육방침, 교직원의 교육신조 및 교훈 등에 제시되어 있다. 예컨대, 부산에 소재한 P 여고는 설립된 지 백여 년 된 오랜 역사와 전통을 가지고 있는 학교이다. 동 학교에서는 '겨레의 밭'이라는 교훈을 설정하여 이를 교문 입구에 있는 대리석에 새겨 놓고 아침 조회 때마다 학생들이 암송하게 함으로써 학생들이 학교에 대한 자부심을 갖게 하고 학생들 간에 일체감을 갖게 하는 전통을 갖고 있다.

"억세고 슬기로운 겨레는 오직 어엿한 모성에서 가꾸어지나니 이 커다란 자각과 자랑에서 우리는 스스로를 닦는다."

이 외에도 동 학교에서는 교목으로 '태산목', 교화로는 '하얀색의 매화'를 활용하고 있다. 그리고 학교의 역사를 담고 있으며 학생들에게 예절교육을 시키는 '수정의 집', 여성의 고귀함을 나타내는 '성모상'과 '사임당상', 학생들과 교사의 쉼터가 되고 있는 '등나무 쉼터' 등이 있으며, 특히 아름다운 교정을 통해서 학생들의 정서와 문화를 함양하고 있다.

학교에서 실시하는 연간 학사일정을 살펴봐도 학교에서 활용하는 의식과 의례가 대단히 많은 것을 알 수 있다. 예컨대, 일반계 고등학교의 1학기 주요 학사일정은 다음과 같다. 이 학교는 대부분의 고등학교처럼 매년 3월 초에 개학식, 입학식을 가지며 학력평가를 통해 학급회를 조직하고 특활반을 편성하는 등의 활동을 한다. 이어 학부모간담회, 진학설명회가 개최된다. 4월의 주요행사로는 진로심리검사, 학력평가(3학년), 학년별 영어듣기 등이 있다. 5월에는 중간고사, 체험학습, 진로검사 해석, 학교축제, 학부모수업공개 등이 있다. 6월에는 학력평가(1,2학년), 모의수능, 재량휴업 등이 실시된다. 7월에는 학기말고사, 음악회, 하계방학으로 이어진다. 동 학교의 연간 학사일정은 매월 1회씩 실시되는 학력평가를 중심으로 매월의 고사 중간에 학부모간담회, 진로심리검사, 체험학습 및 학교축제, 음악회 등의 행사를 실시하는 양상을 보여 준다. 이와 같은 학사일정에 대한 분석을 통해서 이 학교가 학생들의 학력향상을 실제적인 목표로 삼고 있는 것을 알 수 있다 (이인효, 1990).

3) 문화의 이해

교육조직 연구에서 양적-합리주의적 연구방법이 일반적으로 활용되어 왔으나, 최근에 와서 질적-자연주의적 연구방법이라는 대안적인 연구 모형이 주목받고 있다. 특히 조직의 문화를 이해하는 방법으로 질적-자연주의적 연구방법이 많이 활용된다. 질적-자연주의적 연구는 오랜 시간에 걸친 참여관찰, 민속지적 방법이 사용된다. 질적-자연주의적 연구는 연구대상자들의 사고, 감정, 가치, 지각, 행위 등을 이해하는 데 초점을 둔다.

학교의 문화는 문화를 전달하는 여러 가지 상징물, 의사소통 방식 등을 연구함으로써 이해할 수 있다. 학교의 문화를 전달하는 상징체계에는 이야기, 일화, 의식 등이 있다. 학교문화를 형성하는 이야기는 대개 설립자나 영웅적 인물에 대한 것이 많은데, 그들의 사상이나 활동 등이 가치로 정착되어 있는 경우가 빈번하다. 일화는 문화를 전달하기 위해 사용된다. 의식은 조직에서 무엇이 중요한가를 표현하는 일상적인 예식이다. 학교의 문화는 조회, 교직원회의, 운동회, 봉사활동, 구내매점, 성적표, 상과 상품, 각종 행사 등에 잘 나타난다. 학교문화를 이해하기 위해 구체적으로 다음과 같은 것들을 살펴볼 수 있다.

첫째, 학교의 핵심적인 규범, 가치, 신념, 가정이 무엇인가를 알아본다. 이러한 각 항목이 학생의 학업성취에 얼마나 중요한지 순서를 매긴다. 특히, 긍정적으로 미치는 영향력과 부정적으로 미치는 영향력을 생각한다.

둘째, 학교에서 활용하는 의식의 종류를 알아본다. 새로운 교직원을 학교문화에 소개하는 입문식, 변화를 실제에 연결하는 전이 의식, 공동체를 형성하는 대면식, 실제 업무를 준비하는 의식, 일을 마치고 떠나보내는 송별식 등을 살펴본다.

셋째, 학교에 내려오는 전통을 알아본다. 졸업생의 학교 방문의 날, 특별한 시상식, 행사, 전통의식 등을 살펴본다.

넷째, 학교행사를 알아본다. 학교에서 일어나는 각종 행사와 의미를 살펴본다. 학교 내의 구조, 과정, 관례, 모임 중 어떤 것이 학교의 문화를 형성해 가는 데 있어서 가장 중요한 항목인지를 살펴본다.

3. 학교의 하위문화

학교 특유의 행동양식, 즉 학교 구성원들이 공유하고 있는 가치 유형과 집단 규범을 학교문화라고 한다. 학교문화는 학교의 여러 가지 상징물을 통해서 전달되고 형성된다. 예를 들면 교기나 교장은 공식적인 학교문화를 상징한다. 반면에 학생들 간에 전달되는 소문, 특정 교사의 이야기, 영웅적인 학생에 대한 신화 등은 학생들에게 비공식적이지만 강력한 방법으로 동기를 부여한다.

학교문화는 구성원을 기준으로 교사문화, 학생문화, 학부모문화 등의 하위문화로 구분할 수 있다. 교사들은 교무실을 중심으로 동료교사들과 긴밀하게 상호작용하면서 서로 간에 공통된 일련의 행동양식을 형성한다. 학생들도 학급 내에서 하루의 대부분 시간을 함께 보내면서 학생들만의 일정한 행동양식을 형성한다. 학부모들도 간헐적으로 학교를 방문하면서 학교의 다른 구성원들과는 다른 특유한 행동양식을 형성한다.

1) 교사문화

교사문화는 교사 집단의 특유한 가치 유형과 규범이며 학생문화는 학생 집단의 특유한 가치유형과 규범이다. 교사문화는 학교의 지배적인 가치 유형과 규범을 만들어내는데, 제도화된 교육의 전반적 규범, 학교가 가져오는 제도적·조직적 구속으로 인한 가치 유형과 규범, 교사들의 집단적·개인적 이데올로기 등으로 구성된다. 교사문화는 분열과 갈등을 내포하고 있지만, 일단 통합되고 조정된 교사문화는 학생들이 생활하는 학교의 기본적인 가치체계와 규범을 형성한다.

(1) 교사문화의 특징

일반적으로 교사문화는 인간관계 지향적, 개인주의적, 보수주의적인 특징을 지니고 있다(이혜영 외, 2001; 류방란 외 2002; Lortie, 1975).

첫째, 교사문화는 인간관계 지향적이다. 교사들은 교육활동에서 학생들과 적절한 관계를 유지하는 일과 교과수업을 효과적으로 수행하는 역할을 병행한다. 교사들은 이 두 가지 역할 중에서 학생들과 좋은 관계를 유지하는 일에 더 큰 비중을 두고 있다. 교사들은 또한 학생들과의 관계뿐만 아니라 동료교사들과의 관계에서도 인간관계 지향성을 나타낸다. 교사들과의 관계에서는 학생교육이나 공식적인 업무를 위한 협력은 상당히 제한되어 있는 반면에 사회적 친교나 친목 활동은 중시된다.

둘째, 교사문화는 개인주의적인 성향을 띠고 있다. 교사들은 자신의 교육활동에 간섭받기를 싫어하고 다른 교사의 교육활동에 관여하지 않는 특성을 갖고 있다. 즉, 교사들은 자신의 교육활동에 대한 경계를 비교적 분명하게 유지하려고 한다. 예컨대, 중등학교에서 동교과협의회 활동이 진도나 출제와 같은 논의에 제한되고, 동 학년 교사협의회에서도 행사를 위한 협의에 그치는 경우가 많다. 교사들은 전문성을 유지하기 위해서 스스로의 힘으로 노력하게 된다. 교사들은 교수활동을 학습하는 가장 중요한 수단으로 자신의 경험을 강조한다. 교사들은 또한 시간 부족과 수업 외의 잡무로 인하여 동료들과의 광범위한 상호작용이 원활하지 않으며 제한된 관계만을 갖게 된다. 교사들의 개인주의적 성향은 경력이 많을수록 강해지며 교사들은 공개수업과 같은 제도적 협의보다는 비공식적인 조언을 선호한다.

교사들의 교수활동은 주로 교실에서 개별적으로 이루어지며, 교사는 학생들이 이룬 성취에 따라 심리적인 보상을 얻게 되는데, 불명확한 성취 기준에 근거한 심리적인 보상에 가치를 둔다. 또한 학교의 단기적 과업과 장기적 과업을 동시에 수행해야 하며 학교조직의 관료적인 운영에 의해 자율성을 제한받는다. 이상과 같은 요인들로 인하여 교사들은 동료교사들과 협동적인 관계를 유지하기가 어렵다.

셋째, 교사문화는 보수주의적인 성향을 띠고 있다. 가르치는 일의 효과를 측정하기 어렵고, 학생들과의 관계 확립 및 유지의 어려움으로 인하여 교사들은 전통적인 방법에 의존한다. 가르치는 일의 복잡성, 불안감 등 때문에 보다 나은 해결 방안의 탐색을 포기하고 전통적인 내용에 집착하며, 교육목표가 교사 개인의 신념에 의존한 가치로 대치됨으로써 과거의 경험에 따른 영향을 강하게 받는다. 교직은 오랜 교직경험을 가지고도 완전하게 숙달되었다는 느낌을 갖기가 어렵다. 교직 보상구조의 유인성 부족과 교수활동의 불확실성으로 인해 전문적인 기술문화를 형성하기 힘들다. 또한 교육성과에 대한 산출이 장기적이고 불확실하기 때문에 단기적인 결과를 선호하게 되고, 이는 교직의 보수주의적 특성을 강화시킨다.

(2) 교사문화의 개선

학생들의 교수-학습활동이 높은 수준으로 이루어지기 위해서는 교사들 간의 협동이 필수적이다. 교사들은 학교의 교육목표 달성을 위하여 상호의존적 노력을 하는 공동작업자이므로 협동적인 동료문화를 형성할 수 있도록 변화되어야 한다. 교사들의 협동적 관계는 교사들이 긴밀하고 조화로운 관계를 유지할 때 형성된다. 교사들은 동료교사로부터 사회적 상호작용, 자신감, 심리적인 지원 등을 얻고자 하는 개인적 요구, 교육적인 조언과 가르치는 과목에 대한 전문적인 지식을 얻고자 하는 교수-학습적 요구, 학생들의 학습과정의 조정과 변화를 착수하고 유지시키는 기준 마련 등에 대한 조직 차원의 요구 등을 필요로 한다.

대부분 독립적으로 활동하는 교사는 개인적인 요구와 교수-학습적 요구로 인하여 동료관계를 갖게 되고, 상호의존적으로 활동하는 교사는 조직 차원의 요구로 인하여 밀접한 동료관계를 추구하게 된다. 교사들 간에 협동적인 상호작용과 상호의존 관계를 증진시키는 요인은 학습을 중시하고 변화에 개방적이며 포용력 있는 훌륭한 교사와, 교사들에게 안정감을 부여하는 조직규범, 학생들의 학습을 도와주고 교사들 간의 협동을 증진시킬 수 있는 시간적 여유, 다양한 협의집단, 학교행정가의 유연한 행정 등이다. 교사들에게 동료교사는 인간적 지지, 새로운 아이디어, 그리고 담당과목에 대한 전문적인 지식의 원천이 된다.

2) 학생문화

학생들은 교육활동의 대상이면서도 교육활동의 주된 참여자이기 때문에 학생들이 형성하고 있는 문화는 학교의 핵심적인 하위문화이다. 학생들이 학교 내에서 또는 학급 내에서 형성하는 문화는 학교급별, 계열별, 그리고 개별 학교에 따라 다양하게 나타난다. 학생들은 학교에서 교사들로부터 조직화된 영향을 받게 되며, 학생들은 이러한 교사의 영향에 나름대로 대처하게 된다. 학생들은 청소년기의 특유한 심리적 경향과 결합되어 여러 가지 학생문화를 형성한다(조용환, 황순희 공역, 1992).

(1) 학생문화

■ 미국의 학생문화

미국에서의 학생문화 연구의 효시는 Coleman의 연구이다. Coleman(1961)은 청소년 세계의 존재, 즉 교사나 부모의 기대와는 다른 청소년집단 특유의 가치유형을 확인하였다. 그는 놀이를 지향하는 학생문화가 학생들의 학업성적을 저하시키는 주요 요인이라고 지적하면서, 지적 능력이 높은 학생들은 동년배 집단에 속하기 위해서 능력보다 낮은 학업성적을 나타내게 된다고 하였다. 놀이지향의 학생문화가 성적 수준을 저하시킨다는 Coleman의 지적은 당시 큰 사회적 관심을 불러일으켰으며, 그 후 학생문화에 대한 실증적인 연구를 촉진하는 계기가 되었다. 그 후속 연구들은 학생문화의 형태에 관해 대체로 다음 사항을 밝혀냈다.

- 동년배 사회의 학생문화는 놀이중심의 하위문화뿐만 아니라 면학적인 하위문화와 비행적인 하위문화로 분화되어 있다.
- 동년배 집단은 몇 개의 하위집단으로 분열되어 있으며 각 하위집단은 서로 다른 가치유형과 집단규범을 갖고 있다.

■ 영국의 학생문화

영국 학생문화는 대체로 다음 몇 가지 특징을 지니고 있다.

첫째, 미국에서 볼 수 있는 정도로 놀이지향 하위문화가 광범위하게 확산되어 있지 않다. 그 까닭은 영국의 경우 청소년들의 동년배 사회가 명확하게 성립되어 있지 않기 때문이다.

둘째, 사회계층과 학교계열에 따라 학생들을 차별적으로 대우하는 조직형태, 특히 분류(능력별 학급편성)가 학생문화 분화의 강력한 요인이 되어 왔다.

셋째, 학교의 우열에 대응하는 형태로 학생문화가 분화되어 있다. 영국의 중등학교에는 매우 큰 학교격차가 존재하는데, 이 학교격차는 사회계층에 따른 격차와 더불어 학생문화를 분화시키는 중요한 요인이 되고 있다.

Sugarman(1967)은 영국 중등학교에 두 가지 서로 다른 유형의 학생문화가 있음을 지적하였다. 한 가지 학생문화는 중산층 성인들의 문화에 뿌리를 둔 것으로서 교사에 의해 전달된다. 이 문화의 중요한 가치유형은 장래를 위해 현재의 욕구충족을 연기하고, 성인을 권위자로 인정하며 그의 지배에 복종하는 것 등이다. 다른 학생문화는 욕구의 즉각적인 충족과 쾌락주의를 강조하며, 성인에게 복종하기를 거부하는 것이다. Sugarman은 전자를 '학생역할', 후자를 '틴에이저 역할'이라고 불렀다. 틴에이저 역할은 노동자 계층의 문화가 그 원천을 이루는 것으로서 가정의 지적 분위기가 결핍된 학생층에 널리 유포되어 있다고 본다. Murdock과 Phelps(1972)는 Sugarman과 다른 학생문화의 형태로서 중산층 출신 학생이 다수인 전통적인 문법학교와 노동자 계층 출신학생이 다수인 현대학교의 학생문화를 비교하였다. 현대학교에서 발견되는 반학교적인 학생문화는 또래집단에 대한 충성, 용맹성, 자립성 등을 중시하였다. 반면, 문법학교에는 매스미디어가 청소년들에게 제공하는 가치와 상징에 대한 관심으로 인하여 욕구를 연기하기보다는 즉각적으로 충족하고자 하는, 대중매체문화라고 불릴 법한 학생문화가 존재하고 있다고 하였다. 또한 학교의 가치유형과 규범에 동조적인 친학교적 학생문화와 이에 대항하는 반학교적 학생문화가 존재한다고 보았다.

■ 일본의 학생문화

1967년 노무라(野村, 1967)는 Coleman이 말한 놀이문화와 유사한 가치풍토가 일본 도시의 고등학생들 사이에 존재한다는 사실을 확인하였으며, 그 후 놀이문화는 더욱 확대되고 있다고 보았고, 학생문화의 유형을 대체로 다음 세 가지 유형으로 요약하였다.

첫째, 학업성취와 진학을 지향하는 면학지향형에 속하는 학생은 교칙을 잘 준수하지만 학교에서 이루어지는 집단활동에 참여하는 일은 거의 없으며, 다른 유형에 비하여 욕구의 즉각적 충족에 대해 부정적이며, 장래의 직업생활에서 전망을 찾는다.

둘째, 반학교지향형은 비교적 소수의 학생으로 구성되며, 학업성적이 낮고, 교칙에 따른 행동규제에 강하게 반발하며, 사회규범 전반에 대해서도 반항적이다.

셋째, 놀이와 교우관계에 치중하는 '놀이-교우지향형'은 양적으로 가장 많은 학생이 속해 있는 유형이다. 이 유형에는 사회생활에 필요한 규칙의 습득과 공식적인 집단활동에 참여하려는 의욕이 높은 사회성 지향형이나 반학교지향형과 마찬가지로 교칙에 따른 구속에 반발하나, 그 반발은 자기들의 즐거움을 규제하는 교사의 지도방식에 대한 것으로 상업적인 청소년 문화에 관심을 갖는 유형이 있다.

■ 우리나라의 학생문화

학생들의 삶과 문화를 보다 알차고 풍요롭게 하는 것은 우리 교육의 실질적인 목표이다. 학생들의 의식 변화에 대해 학부모와 교사들은 학생들이 이기적이고 자기중심적이라고 본다. 학생들도 자신들이 개인주의적이라는 점을 수긍하면서도 교사나 기성세대를 곱지 않게 본다. 학교를 중심으로 한 세대 간의 갈등은 교사, 학생, 학부모 간의 불신을 증폭시키는 요인이 되고 있다. 우리나라의 학생문화는 여러 가지 특징을 나타내고 있지만, 학생들의 활동과 관련하여 공부와 입시문화, 대중매체문화, 여가와 놀이문화, 비행과 일탈문화로 구분할 수 있다.

첫째, 학생들은 대학입시의 영향을 많이 받는다. 특히 일반계 고등학교의 경우 대학진학을 위하여 일상적인 삶이 이루어진다. 학교생활도 입시를 대비한 공부를 중심으로 이루어질 뿐만 아니라, 방과 후에는 학원과 같은 입시기관에서 생활한다. 학생들의 놀이문화도 입시를 대비한 공부에 영향을 많이 받는다. 이로 인하여 우리나라 중등학생들의 주류문화는 입시문화라고 부른다. 입시문화는 대학입학 전까지 모든 것을 유보시켜야 하는 상황에서 학생들이 이에 적응할 수 있도록 만들어진 다양한 가치유형과 규범이다. 입시문화는 학생들로 하여금 공부에 매달리게 해 주며, 부분적으로 학생들의 자기 통제력을 함양시킨다. 입시문화는 또한 학생들의 자기중심성과 즉흥성을 강화하고, 깊은 사색이나 성찰을 불가능하게 하는 부정적인 영향을 미친다. 교사나 학생에 의한 학급 학생들의 분류는 성적이 중심이 되며, 공부와 놀이가 엄격히 구분되어 공부의 범주에 들어가는 것은 항상 놀이보다 우선시된다. 중·고등학교의 친구관계도 입시문화의 영향으로 왜곡되어 계약관계로서의 친구관계가 형성되며, 상당히 불안정한 관계가 이루어진다. 입시문화 속의 학생들이 여가를 즐기는 방식은 즉흥적이고 일회적이다. 입시문화 속의 학생들은 불안을 떨쳐 버리는 방안으로 여러 가지 주술적 믿음을 사용하기도 한다. 이러한 입시문화는 교육을 통한 계층 상승욕구를 가진 중산층이나 하류층의 부모들이 더욱 강렬하게 몰입한다. 또한, 입시교육의 목표는 성적향상에 초점을 두기 때문에 학생들의 성취에 대한 판단이 어렵고 학생들의 전인적인 발달에 부정적으로 작용한다(정재걸, 1992).

둘째, 학생들은 대중문화의 주된 소비자로서 대중문화의 영향을 많이 받는다. 놀이문화나 취미문화로서 대중매체문화는 학생문화의 중심으로 자리잡고 있다. 대중음악, 잡지, 스포츠, 연예인에 대한 관심, 춤, 컴퓨터 게임과 관련된 문화를 수용하고 이를 즐기는 것이 생활화되어 있다. 학생들은 대중문화의 영향으로 감각적 문화를 갖고 있다.

셋째, 학생들의 여가 및 놀이문화는 어른들의 상업문화에 영향을 받는다. 성인들을 대상으로 하는 향락 및 퇴폐업소는 학생들의 감각을 자극하여 이들을 유혹하고, 학생들은 상업문화의 주요한 소비자가 되고 있다. 특히 학교 앞 PC방, 노래방, 비디오방, 당구장들은 눈앞의 이익에 급급하여 학생들의 비행과 일탈을 조장하고 있다.

넷째, 날라리, 범생이, 왕따 등이 한 학급 내에 공존한다. 날라리는 공부에는 관심이 없고 노는 데 관심이 많은 학생이다. 범생이는 모범적인 학생이고, 왕따는 학생들에게서 따돌림을 받는 학생이다. 과거에는 학생들의 비행과 일탈은 하위권 학생들 중 '노는 애들'에게서 주로 발생되었다. 그런데 이제는 날라리 학생뿐만 아니라 범생이들 중에서도 비행과 일탈행동이 나타나고 있다.

학교 및 학급운영자로서 학교행정가와 학급담임교사는 학생문화의 특성을 이해하고 이를 바람직한 문화로 변화시키려는 노력을 해야 한다. 특히 학생들의 주체할 수 없는 열정과 에너지를 교육적으로 활용함으로써 학습성취에 기여할 수 있는 방법을 찾아야 한다. 이를 위해서 교육자들은 평소에 학생들과 빈번히 접촉하면서 이들과 공감대를 구축하는 작업을 할 필요가 있다. 뿐만 아니라 학생문화의 개선을 위해서는 과대규모 학교의 경우 학급 수 축소를 통한 익명성의 제거, 공동체 의식을 함양할 수 있는 다양한 프로그램의 실시, 자기희생과 헌신성을 기르는 데 도움을 주는 각종 동아리의 활성화 등이 뒤따라야 할 것이다.

(2) 학생문화의 기능

학생문화는 하위유형에 따라 수행하는 기능이 다르다.

■ 면학지향형 학생문화의 기능

면학지향형 학생문화는 대체로 학교에서의 적응을 촉진한다. 그러나 Coleman이 지적한 바와 같이 강력한 동년배 집단이 존재하는 경우, 면학지향은 동년배집단에 대한 부적응을 야기할 위험성이 있다. 이러한 난점을 해소하는 방법으로 미국의 동년배 사회에서는 성취수준을 낮게 조정하는 현상이 나타난다. 반면 영국의 사립학교에서는 성취수준의 저하 현상은 나타나지 않고, 교사에 대한 동조가 비난의 대상이 된다. 이는 영국 사립학교의 학생들이 지적 능력이 높으며, 대부분의 학생이 좋은 학업성적을 얻는 것을 당연시했기 때문이다. 따라서 그들에게는 학업성취의 수준과 성적을 둘러싼 경쟁은 문제시되지 않으며, 오히려 무비판적이고 줏대 없는 동조적 행동이 비난거리가 된다. 이러한 의미에서 동조자에 대한 그들의 비난은 비판정신을 고무하는 사립학교의 공식적이고도 전통적인 가치와 일치하고 있다.

학생들이 학교의 가치에 맞서는 가치를 갖는 경우 갈등은 보다 심각해진다. 그러한 갈등은 노동자 계층 출신이면서 학업성취를 지향하는 학생들에게서 흔히 나타난다. 그들은 노동자 계층 출신의 친구들로부터 오는 기대와 교사로부터 받는 기대 사이에서 상반되는 압력을 받게 된다. 이 문제를 해소하기 위해서 이들은 또래 친구들로부터의 수용을 단념하고 자신의 진로를 선택하는 행동을 한다. 또 다른 반응으로는 학교에 동조하는 영역을 학업성취에만 제한시키는 경우가 있다. 대부분의 영국의 현대학교에서는 성취지향형 학생들 중 다수가 후자의 적응행동을 선택하고 있다.

■ 반학교형 학생문화의 기능

반학교형 학생문화는 학교가 규정하는 학생의 공식적인 역할로부터 학생들을 이탈시킨다. 영국에서는 지역사회의 노동자 계층 문화가 대안적인 가치를 제공하며, 이 문화에 참여하는 학생들을 사회화하여 학교가 지지하는 문화를 거부하게 한다. 따라서 반학교적 학생문화는 사회생활 그 자체로부터 일탈되지는 않는다. 그러나 일본의 경우에는 대안적 문화가 없기 때문에 반학교적인 학생들이 비타협적인 반항으로 나가게 되는 수가 많다.

반학교적인 학생들의 행동은 학교로 하여금 더욱 관료주의적인 규칙으로 그들을 통제하게끔 한다. 즉, 대부분의 경우 교사집단은 반학교적인 행동에 대해 학교의 규칙에 따라 대처하려고 한다. 이는 규칙에 따른 통제와 교사의 인격에 따른 통제라는 이중통제에서 오는 문제이다. 이 두 가지를 분리해서 사용하는 것은 쉽지 않지만, 교사들 중에는 규칙을 강조하는 경우와 학생과의 인간적 접촉을 중시하는 경우가 있다. 학생을 통제하는 방식이 분리될 때 때로는 학생들에게 불신감을 갖게 해서 학생 지도가 어렵게 될 수 있다.

■ 놀이지향형 학생문화의 기능

놀이지향형 학생문화는 크게 나누어 다음 두 가지 기능을 가진다. 첫째, 사회성이나 인간관계 능력 등 사회적 성취를 강화한다. 둘째, 학생들에게 학교생활에 잘 적응할 수 있는 기회를 제공한다. 미국의 경우 동년배 사회를 매개로 하여 그 두 기능이 함께 수행되지만, 동년배 사회가 없는 영국과 일본에서는 첫째 기능은 비교적 약한 반면, 둘째 기능이 강화되는 경향이 있다. 일본 고교생들을 대상으로 한 조사에서는 고교진학률의 상승에 따라 이 유형의 학생이 증가된 사실이 밝혀지고 있다. 학생문화에 대한 연구는 학교에서 학생들의 행동과 사회화의 관계를 해명하는 데 중요한 접근방법이다. 학생문화의 연구를 발전시키기 위해 학교의 조직 및 교사의 교육적 행동과 관련하여 학생들의 가치와 행동양식을 분석해 볼 수 있다.

3) 학부모문화

과거에는 학교교육은 교육전문가들인 교사들에게 위임하고 학부모들은 학교시설 개선과 재정적인 필요를 채워 주는 소극적인 역할만 하면 되는 것으로 여겨졌다. 그러나 학교교육의 질에 대한 학부모들의 관심이 고조되면서 학교교육의 질적 수준에 대한 불만이 증가됨에 따라, 학교교육 활동에 대해 학부모가 능동적으로 참여하려는 욕구가 높아졌다. 이와 함께 단위학교에서도 학부모들의 학교운영에 대한 참여를 제도적으로 보장하면서 학부모들이 제 목소리를 내고 있다. 예컨대, 단위학교의 운영에 중요한 기능을 수행하는 학교운영위원회가 구성되고, 학교운영위원회의 주요한 구성원으로 학부모 대표가 다수 참여하면서 단위학교의 운영에 대한 학부모들의 능동적인 역할이 제도화되고 있다.

학부모들은 교직원이나 학생들과는 달리 학교에 간헐적으로 방문하며, 교사문화 또는 학생문화와는 다른 독자적인 문화를 형성하고 있다. 우리나라 초·중등학교의 학부모문화는 다음과 같은 특징을 지니고 있는 것으로 지적되고 있다(김희복, 1992).

첫째, 자녀교육을 위한 학부모들의 지원활동은 자녀의 대학입시를 중심으로 전개된다. 즉, 학교 단계에 따라 초등학교까지의 입시예비기, 중학교 이후 단계의 입시교육기로 구분되어 자녀 지원을 위한 부모의 역할에서 차이를 보인다.

둘째, 자녀교육을 위한 학부모의 역할은 주로 '엄마'들이 주도한다. 특히 적극적인 엄마들은 학교운영위원회, 학부모회 등의 임원으로 참여하며, 이들의 교육지원활동은 다른 학부모들의 자녀 교육지원활동의 중요한 준거로 작용한다. 즉, 이들의 활동은 일반 학부모들의 부러움과 질시 또는 비판의 대상이 되기도 하지만, 이들이 수행하는 행동들이 전체적인 자녀교육의 현실적 풍토를 만든다.

셋째, 학부모들은 학생들의 단계에 따라서 자신들의 역할을 다르게 규정한다. 입시예비기의 학부모들은 자녀들의 교육적 성공을 모든 면에서 남보다 앞서는 상태로 규정하는 반면에, 입시교육기의 학부모들은 대학입시에서 중요한 특정 교과목을 중심으로 우수한 성적을 올려 일류대학에 진학하는 데 초점을 둔다.

넷째, 학부모들의 교육지원활동은 다양하게 나타난다. 즉, 자녀의 학업성적을 올리기 위한 활동, 학교의 공식적 활동에 대한 참여 활동, 좋은 학교를 선택하기 위한 활동, 자녀 및 타인과의 교류활동 등으로 이루어진다.

다섯째, 학부모들이 교육현실을 이해하는 방식은 수월지향, 타자준거, 엄마주도, 가족 이기주의, 투자지향, 권위 포기 등의 용어로 표현된다. 즉, 수월지향은 '입시경쟁에서 이겨야 한다.', 타자준거는 '남 하는 만큼은 해야 한다.', 엄마주도는 '엄마가 챙겨 주어야 한다.' 가족 이기주의는 '우리 애가 잘해야 한다.' 투자지향은 '자녀교육을 위해서는 돈을 들여야 한다.' 권위 포기는 '자녀가 상전'이라는 표현들에서 나타나듯이, 자녀의 교육적 성공을 위해서는 전통적인 부모의 권위를 포기하는 등의 양상을 나타낸다.

이상과 같은 학부모들의 문화적 특성은 우리나라의 정치경제적, 사회문화적, 교육제도적 상황에서 형성되고 있다. 학교 및 학급운영을 담당하고 있는 학교행정가, 학급담임교사들은 교육적 이상을 실현하고자 하는 노력과 학부모들의 현실적인 요구를 충족시켜야 하는 상황 속에서 심각한 갈등을 겪을 수 있다. 이러한 현실적인 어려움에도 불구하고 교육자들은 학부모들의 교육적 열정을 학교교육의 동반자로서 건설적으로 참여할 수 있도록 유도해야 할 것이다. 이런 점에서 학교행정가 및 학급담임교사들은 학부모문화를 이해하고 이를 변화시키는 문화관리자로서의 역할을 적극적으로 수행할 필요가 있다.

4. 학교풍토와 건강

1) 학교의 조직풍토

(1) 조직풍토의 개념

최근에 학교의 효과성과 조직의 문화가 새로운 관심을 끌면서 학교의 조직풍토에 대한 이해가 강조되고 있다. 어느 조직이나 전체적 분위기에서 독특한 특성을 지닌다. 일반적으로 조직의 전체적 분위기는 조직구성원의 행동에 영향을 준다. 건강한 조직풍토는 조직구성원들의 효과적인 업무 수행을 촉진한다. 조직풍토는 조직의 구성원들이 그 조직의 업무와 관련된 환경에 대하여 공통적으로 갖고 있는 인식이다. 넓은 의미에서 조직풍토는 공식적인 조직, 비공식적인 조직, 구성원들의 개성, 조직의 지도성에 영향을 받는 것으로서, 조직을 구별짓는 내적인 특성과 조직구성원의 행동에 미치는 영향을 의미한다. 학교의 풍토는 학교 내의 행동에 대한 학교 구성원들의 전체적인 지각에 기초하며, 학교 구성원들의 행동에 중요한 영향을 미침으로써 학교환경의 질을 규정한다(Hoy & Miskel, 1996).

(2) 학교의 조직풍토 척도

Halpin과 Croft(1963)는 학교의 조직풍토를 설명하고 기술할 수 있는 조직풍토기술척도(OCDQ)를 개발하였다. 조직풍토척도는 교사집단의 특성과 교장의 행동에 대하여 교사들이 어떻게 지각하는가를 조사하여 학교풍토를 기술한다. 조직풍토척도는 교사집단의 행동특성과 관련된 네 개의 하위변인(장애, 친밀, 방임, 사기)과 교장의 행동특성과 관련된 네 개의 하위변인(과업, 냉담, 인화, 추진)으로 구성된다. 각 하위변인은 8개의 문항으로 구성된다. 조직풍토척도로 측정된 학교의 풍토는 개방적 풍토, 자율적 풍토, 통제적 풍토, 친교적 풍토, 간섭적 풍토, 폐쇄적 풍토의 여섯 가지 풍토 유형으로 분류된다.

- 개방적 풍토: 교사들은 사기가 매우 높고 협조적이며 우호적이다. 높은 직무 만족과 어려움을 극복할 수 있는 동기를 가진다. 교장은 솔선수범하고 교사들의 업무처리를 촉진한다.
- 자율적 풍토: 교사들은 조직 내의 사회적 활동에서 충분한 자극을 받으며 높은 사기를 갖는다. 교장은 절차와 규칙을 정하며, 물품의 공급은 적절한 통제와 절차에 의거한다. 감독과 생산을 지나치게 강조하지 않고 교사들이 소신대로 일하게 한다.
- 통제적 풍토: 교사들의 사회적 욕구는 무시되고 과업성취만을 강조한다. 교장은 지시적이며 융통성이 없다. 교사들에 대한 권한의 위임이 없고 교장 개인이 리더십을 발휘한다.

- 친교적 풍토: 교사들의 사회적 욕구 만족도가 대단히 높으며, 구성원 상호 간에 가족적 분위기를 형성한다. 조직의 목적달성을 위한 집단 활동이 부족하다.
- 간섭적 풍토: 교장의 행동은 교사들의 통제와 사회적 욕구만족에 비효과적이며, 통제 능력의 부족으로 집단의 유지와 교사들 간의 상호 협력이 잘 안 된다.
- 폐쇄적 풍토: 교사들의 사회적 욕구만족은 아주 낮고 최저의 사기를 가지며, 교장의 행동이 교사들의 통제에 비효과적이고 과업성취에 도움을 주지 못한다.

Halpin과 Croft의 학교풍토조사척도는 광범하게 사용되어 왔다. 반면에 조사도구의 한계에 대한 비판이 많이 제기되었다. 이에 따라 원래의 조직풍토척도를 수정한 조사도구가 다양하게 개발되어 초등학교, 중학교, 중등학교 등 유형별로 다른 척도를 사용할 수 있게 되었다. 수정된 조직풍토기술척도(OCDQ-RE)는 교장의 행동을 측정하는 세 가지 하위변인(지원적 행동, 지시적 행동, 억제적 행동)과 교사의 행동을 측정하는 세 가지 하위변인(동료적 행동, 친밀한 행동, 분리된 행동)으로 구성하였다. 이러한 여섯 가지 하위변인을 통하여 분석된 학교풍토는 개방적 풍토, 참여적 풍토, 비참여적 풍토, 폐쇄적 풍토의 네 가지 유형으로 분류된다.

- 개방적 풍토: 교사들 내부에서뿐 아니라 교사와 교장 간에도 서로 협동하고 존중한다. 이 풍토에서는 교장의 높은 지원, 낮은 지시, 낮은 제한적 행동의 특징을 보이며, 교사들은 높은 동료관계, 높은 친밀도, 낮은 비참여의 특징을 보인다.
- 참여적 풍토: 교장의 비효과적인 통제방식이 있지만 교사들이 높은 전문적인 성과를 보인다. 이 풍토에서는 교장의 높은 지시, 낮은 지원, 높은 제한적 행동의 특징을 보인다. 반면에 교사들은 교장의 지시에 따르기보다는 전문가로서의 능력을 발휘한다. 교사들은 높은 동료적 행동, 높은 친밀도, 높은 참여를 보인다.
- 비참여적 풍토: 교장의 행동은 개방적이고 지원적이지만 교사들은 교장을 기껍게 받아들이지 않고 동료교사들 간에도 동료로서 존중하지 않는다. 교장은 높은 지원, 낮은 지시, 낮은 제한적 행동을 보인다. 반면에 교사들은 낮은 동료관계, 낮은 친밀도, 높은 비참여의 행동을 보인다.

● 폐쇄적 풍토: 개방적 풍토의 정반대이다. 교장은 높은 제한, 낮은 지원, 높은 지시적
　행동을 보이는 반면에, 교사들은 낮은 친밀도, 낮은 동료관계, 높은 비참여의 특성을
　보인다.

　초기에 사용된 조직풍토척도에 따라 측정된 개방성 지표는 새로 개발된 수정된 척도로
측정된 개방성과 높은 상관관계를 보인다. 개방적 풍토는 또한 개방적인 교사와 교장의
행동과 긍정적으로 관련되어 있다. 따라서 초기의 연구 결과들이 새로운 측정방법으로 대
부분 다시 반복하여 연구될 수 있다. 학교의 개방성은 효과적인 조직의 변화를 위해서도
중요한 조건이다. 학교의 효과적인 교수활동을 성취하고자 하는 학교장은 개방적이고 신
뢰감이 있는 학교풍토를 조성할 때 성공할 가능성이 높다(Hoy & Miskel, 1996).

2) 학교의 조직건강

(1) 조직건강의 개념

　학교의 조직건강은 학교의 일반적인 분위기를 개념화하는 방식이다. 조직건강에 대한
개념은 새로운 것이 아니며, 건강한 조직에 장애를 가져오는 조건뿐만 아니라 조직의 성
장과 발전을 조장하는 조건에도 주의를 기울여야 한다. 조직건강은 구성원이 역할을 수
행하는 과정에서 환경의 변화에 계속 적절히 대처해 나가며 자율성의 유지와 원활한 의사
소통을 통하여 모든 구성원들의 사기를 진작시킴으로써 조직효과의 극대화를 가할 수 있
도록 성장과 발달을 지속하는 조직의 능력으로 정의된다(Miles, 1969). 건강한 조직은 높은
생산성을 유지하고 새로운 환경에 적절히 적응하면서 발전해 나간다. 반면에 건강하지 못
한 조직은 생산성이 떨어지고 새로운 환경에 적절하게 대처하지 못함으로써 결국 소멸된
다. 조직건강의 중요한 관심사는 조직이 환경의 변화에 대처하고, 조직의 목표를 달성하
며, 조직 내부의 결속을 다지고, 조직의 독특한 가치를 창조하고 이를 보존시켜 나가는 점
이다.

　건강한 조직은 기술적, 관리적, 제도적인 수준에서 책임과 통제를 적절히 갖춘다(Hoy &
Miskel, 1996). 기술적인 수준에서는 생산품을 산출한다. 학교의 기술적인 수준은 교수-학

습과정이다. 교사들이 교수-학습과정에 대한 일차적인 책임을 진다. 관리적인 수준은 조직 내부의 여러 활동을 조정하고 통제한다. 행정과정은 교수과정과는 질적으로 다른 관리기능이다. 학교장이 학교 관리의 일차적인 책임을 진다. 학교행정가는 교사들이 높은 사기를 가지고 교수활동에 임하도록 동기를 유발하고 업무를 조정한다. 제도적인 수준에서는 학교를 환경에 연결한다. 학교의 원활한 기능 수행을 위해서 지역사회의 지원과 협력이 필수적이다. 학교행정가와 교사들은 지역사회로부터 지엽적인 압력이나 간섭이 없이 각자의 역할을 수행할 수 있도록 자율성이 보장되어야 한다. 건강한 학교는 학교의 기술적, 관리적, 제도적인 수준에서 조화롭게 기능을 수행한다.

(2) 조직건강척도

학교의 조직건강척도는 일곱 가지 하위요인으로 구성된다. 제도적인 수준은 학교 통합의 관점에서 검토된다. 제도적 통합성은 환경에 적응하고 좋은 교육프로그램을 유지하는 학교의 능력이다. 제도적인 통합성을 지닌 학교들은 지역사회와 학부모의 비합리적인 압력으로부터 보호된다. 관리수준에서는 교장의 영향력, 배려, 구조화, 자원의 지원사항이 고려된다. 교장의 영향력은 상급자의 결정에 영향을 미치는 교장의 능력이다. 교장의 배려는 개방적이며 우호적이고 지원적인 교장의 행동이다. 조직의 구조화는 교장이 작업 기대, 성과의 기준, 절차를 분명하게 정하는 행동이다. 자원의 지원은 학교장이 필요한 자료와 물품을 교사들에게 제공하는 정도이다. 기술적인 수준에서는 사기와 학업에 대한 강조의 정도이다. 사기는 교사들이 지니고 있는 신뢰, 열정, 자신감, 성취감이다. 학업에 대한 강조는 학생의 학업성취에 대한 학교의 관심 정도이다. 조직건강의 일곱 가지 차원은 〈표 7-1〉과 같다. 조직건강척도는 조직건강의 기본적인 차원을 측정하는 일곱 가지 하위요인들에 따라 분류된 44개 항목으로 이루어져 있다(Hoy & Miskel, 1996).

(3) 건강한 학교

건강한 학교는 지역사회와 학부모의 비합리적인 압력으로부터 보호된다. 학교운영위원회는 학교의 정책에 영향을 미치려는 이해관계 집단들의 모든 지엽적인 노력들에 성공적으로 대처한다. 건강한 학교의 교장은 과업중심과 관계중심을 병행하는 역동적인 지도

〈표 7-1〉 조직건강척도의 내용

하위요인	설명	표본항목
1. 제도적 통합성	제도적 수준 교육프로그램에서 통합성을 지닌 학교를 기술한다. 학교는 지역사회나 학부모의 편협한 이해로 인한 압력에 취약하지 않다.	교사들은 비합리적인 지역사회나 학부모의 압력에서 보호된다. 학교는 외부 압력에 취약하다.
2. 교장의 영향력	관리적 수준 상급자의 행동에 영향을 줄 수 있는 교장의 능력에 대해 언급한다. 영향력 있는 교장은 설득력 있고 교육감과 효과적으로 일한다.	교장은 상급자에게서 필요한 것을 얻는다. 교장은 교육감과 효과적으로 일할 수 있다.
3. 배려	친절하고, 지원적이며, 개방적이고, 협의적인 교장의 행동.	교장은 친절하고 대하기 쉽다. 교장은 교사들의 제안을 실행한다. 교장은 교사들의 개인적인 복지에 관심을 둔다.
4. 구조화	과업과 성취지향적인 교장의 행동. 교장은 교사들에게 분명한 성취기준을 제시하고 이를 유지한다.	교장은 교사들에게 기대하는 것을 알린다. 교장은 분명한 성취기준을 유지한다.
5. 자원의 지원	적절한 학급의 물품과 교수자료의 제공을 언급한다. 추가적인 자원도 쉽게 제공된다.	추가적인 자원을 요청하면 확보된다. 교사들은 학급운영에 필요한 물품을 공급받는다.
6. 사기	기술적 수준 교사들 간에 형성된 신뢰, 열정, 동료애를 가리킨다. 교사들은 서로를 좋아하고 일에 대한 성취감을 느낀다.	교사들은 서로를 좋아한다. 교사들은 열정적으로 일을 성취한다. 교사들의 사기는 매우 높다.
7. 학업의 성취	학업성취에 대한 강조를 가리킨다. 학생들에게 높지만 성취 가능한 목표를 설정하고, 학습환경은 질서 있고 진지하다. 교사들은 학생들의 성취능력을 믿고, 학생들은 열심히 공부하고, 학업우수자를 존중한다.	학생들의 학업성취 기준을 높게 정한다. 학생들은 좋은 점수를 받은 학생을 존중한다. 학생들은 학업성적이 향상되도록 노력한다.

성을 발휘한다. 학교장은 교사들에게 지원적이지만 지시하기도 하고 높은 성취수준을 유지한다. 학교장은 독자적인 사고능력과 행동을 취할 수 있을 뿐만 아니라 상급자들에게도 영향력을 행사할 수 있다. 건강한 학교의 교사들은 교수-학습에 헌신적이다. 교사들은 학생들에 대해 높으면서도 성취 가능한 목표를 정하고, 높은 성취수준을 유지하며, 학습환경은 질서가 있고 진지하다. 또한 학생들은 열심히 공부하며 동기가 높고, 학업성취가 높은 학생들을 존중한다. 학급에 필요한 물품과 자료도 쉽게 이용할 수 있다. 건강한 학교의 교사들은 서로 좋아하고 상호 신뢰하며, 일에 대하여 열정을 갖고 있고, 자신들이 근무하는 학교에 대하여 자부심을 지닌다.

반면에 건강하지 못한 학교는 외부의 압력에 취약하다. 교사와 행정가들은 학부모들과 지역사회의 비합리적인 요구로 지치게 된다. 학교는 지역사회의 단편적인 여론에 의해 좌우된다. 학교장은 지도성을 발휘하지 못하고 교사들에 대한 방향제시, 배려, 지원을 거의 하지 못하며, 상급기관에 대한 영향력도 거의 행사하지 못한다. 교사들은 사기가 매우 낮아지고 자신의 일에 대해 긍정적인 감정을 못 느낀다. 뿐만 아니라 교사들은 서로 거리를 두고 신뢰하지 못하며 방어적이다. 결국 학생들의 학업성취 수준은 떨어진다.

5. 학교문화의 형성과 변화

1) 문화상징적 지도자

조직문화의 관점은 조직이 본질적인 변화에 직면하거나 특히 정체성의 위기에 직면해 있을 때 조직을 설명하고 예측하는 유용한 수단이다. 조직이 지니고 있는 문화와 상징의 힘을 이해하는 관리자는 조직에 영향을 미칠 수 있는 가능성이 높아진다. 조직이 환경의 도전에 직면해 있을 때 상징적인 힘과 역할을 이해하는 관리자는 효과적인 조직을 창조할 수 있다.

모든 조직에 보편적인 최선의 조직문화는 생각하기 어렵다. 일반적으로 강한 조직문화는 응집력, 충성심, 헌신을 이끌어내기 때문에 구성원들이 조직에서 이탈하는 것을 감소시킨다. 그러나 조직문화가 강력할 때 이는 조직의 목표 달성에 순기능뿐 아니라 역기능도 가져온다. Dennison(1990)은 효과적인 조직은 전략, 환경, 조직문화 간에 적합성이 합치되는 조직이라는 점을 지적하였다. 그는 조직의 전략과 환경의 관계에 따라 네 가지 범주로 문화를 구분하였다. 전략의 강조가 내부적이냐 외부적이냐, 그리고 환경의 요구가 변화냐 안정이냐에 따라 적응성 문화, 임무문화, 참여문화, 일관성 문화로 구분하였다.

적응성 문화는 외부환경에 대한 전략을 강조하고 변화와 신축성에 초점을 둔다. 이 문화에서는 조직이 환경을 다루는 능력을 지원하고 고객의 필요에 빠르게 대응하는 가치, 규범, 신념을 조장한다. 외부환경이 신축성을 요구할 때 효과적인 조직은 적응성 문화를 조장해야 한다.

임무문화는 외부환경에 관심을 두지만 안정과 방향감이 보다 중요하다. 공유된 비전이 임무문화에서 핵심적이다. 비전은 구성원들의 업무에 대해 단순한 성취 이상의 의미를 부여해 준다. 조직구성원들은 업무에 명료성과 목적을 부여해 주는 비전을 공유한다. 지도자는 조직의 임무와 이상을 강조함으로써 구성원들의 행동을 형성한다. 외부환경이 안정과 방향감을 필요로 한다면 조직의 임무와 비전을 제공해 주는 문화가 보다 효과적이다.

참여문화는 조직이 급격히 변화하는 환경을 다룰 때 구성원들이 참여하는 것을 주된 목적으로 삼는다. 참여문화의 핵심은 조직에 대한 책임감과 헌신을 창출해 내는 것이다. 외부환경이 급격히 변화하는 상황에서 조직 내부를 강조할 때 구성원의 참여는 매우 중요하다.

일관성 문화는 내부에 초점을 두고 안정적인 외부환경을 가진다. 일관성 문화는 업무를 처리하는 논리적인 방식을 중시한다. 일 처리에서의 신뢰성이 일관성 문화의 특징이다. 상징, 행사, 그리고 지도자들은 목표를 성취하기 위한 협동, 전통, 표준운영절차와 정책을 지지한다. 안정적인 환경에서는 통합되고 신뢰할 수 있고 효율적인 조직이 매우 효과적이다.

조직의 문화와 상징을 다룰 수 있는 지도자는 효과적인 지도자이며, 문화상징적 지도자들은 조직에 대한 비전을 제시한다(Burns, 1978). 문화상징적 지도자들은 다음과 같은 일련의 행동을 보여 준다.

● 문화상징적 지도자는 관심을 끌기 위해 상징을 이용한다.

- 문화상징적 지도자는 경험을 해석한다.
- 문화상징적 지도자는 비전을 찾아내어 알린다.
- 문화적 지도자는 일화를 들려 준다.

최근에 문화상징적 지도성이 주목을 받고 있으며, 문화상징적 지도자는 조직구성원과 이해 관계자들 사이에 신뢰와 협력을 형성해 주는 비전을 제시하기 위해 상징과 일화를 이용한다는 점에서 예술가이자 시인이며 예언자이다. 문화상징적 지도자들은 조직의 구성원들에게 신뢰할 수 있는 것을 제시해 줌으로써 자신이 하는 일에 헌신할 수 있게 이끈다. 사람들은 정체성을 갖고 있는 조직, 자신이 정말 중요한 일을 한다는 생각을 갖게 하는 조직에 충성한다. 유능한 문화상징적 지도자들은 조직에 헌신하는 열정을 갖고 있고 이런 열정을 타인에게 확산시킨다. 이들은 사람들이 조직에 대한 사명감을 가질 수 있도록 극적인 상징을 이용한다. 이들은 활동적이고 적극적으로 구호를 만들고, 이야기를 전하고, 사람들을 모아놓고 표창한다. 문화상징적 지도자들은 조직의 역사와 문화에도 예민한 관심을 갖는다. 또한 응집성과 의미를 불어넣어 줄 수 있는 문화를 구축하기 위해 조직의 전통과 가치를 최대한 활용한다. 이들은 조직의 독특한 역량과 사명을 함축하는 비전을 제시한다.

2) 문화상징적 지도성

학교의 문화적 연대를 형성하는 데 학교장의 지도성이 중요한 역할을 한다. 이에 따라 학교장은 권한의 행사보다도 목적의식의 공유와 공동체 정신을 함양하는 학교의 문화에 더 많은 관심을 가져야 한다. 학교장은 학교의 이상을 가져야 하며 이를 공정함과 균형감각을 통해 표현하여야 한다. 학교장은 권력을 행사하기보다는 안내자가 되어야 한다. 그러므로 문화적인 연대감을 조성하는 학교행정가들은 공식적인 정책이나 절차보다 교사의 헌신을 통해 업무를 수행한다.

학교에서 문화적인 연대를 촉진하는 지도성의 조건은 다음과 같다(Johnson, 1990).

첫째, 교직원들이 서로를, 또 학생들을 잘 알 수 있도록 학교의 규모를 작게 한다.

둘째, 학교는 최소한의 공식적인 구조를 유지하면서 가능한 한 많은 자율성을 확보한다. 분권화된 의사결정과 학교단위경영은 학교 구성원들이 학교경영에 보다 많이 참여할 수 있게 도와줄 뿐만 아니라 독특한 학교문화를 형성하고 유지하는 데도 도움이 된다.

셋째, 학교행정가들은 학교의 안정성과 지속성을 위해 학교별로 요구되는 사안에 대하여 수용적이고 개방적인 자세를 취한다.

넷째, 학교는 목표를 분명하게 세우고 이 목표와 관련된 가치들을 명확하게 설정함으로써 학교의 정체성을 확보한다.

(1) 학교의 문화 이해

학교장이 새로운 학교에 부임해서 그 학교의 문화를 이해하고자 할 때 검토해야 할 사항으로 다음 세 가지를 들 수 있다(Deal & Peterson, 1990).

첫째, 이 학교는 어떤 문화를 가지고 있는가? 학교의 역사, 가치, 전통, 가정, 신념, 방식을 검토한다.

둘째, 내가 생각하는 '좋은' 학교에 대한 이상과 어떤 점에서 일치하는가? 현재 이 학교의 문화에서 어떤 점을 강화시켜 나갈 것인가?

셋째, 현재의 문화를 변화시키거나 다시 형성시키려면 어떤 일을 해야 할 것인가? 새로운 방향의 필요를 어디서 찾을 것인가?

학교의 기존 문화를 이해하기 위해서는 비공식적인 네트워크를 이용할 수 있다. 학교의 중요한 문화적인 활동에서 역할을 담당하고 있는 사람들의 목소리를 청취한다. 이뿐 아니라 학교장은 구성원들의 보다 깊은 꿈을 이해하고 이를 미래로 연결시켜야 한다. 기존의 문화를 이해하기 위해서는 학교의 설립과 전통, 건물, 현재, 미래에 대한 다음과 같은 사항들을 검토한다. 즉, 학교의 설립 역사, 학교의 설립 과정과 설립 당시의 주요 구성원, 학교 설립의 공로자, 학교의 역사에서 가장 중요한 사건, 학교의 업적, 과거의 학교장과 교사 및 학생, 학교 건물과 공간의 배열, 학교의 하위문화, 학교에서 인식되고 있는 영웅, 학교의 상징, 학교에서 중요하게 인식되는 사건, 학교에서 발생되는 갈등의 정의와 관리 방식, 학교의 주요한 행사와 이야기, 구성원들의 희망과 꿈 등이다.

(2) 학교의 문화 형성

학교장은 기존의 학교문화를 평가하여 기존의 문화를 강화시키거나 또는 변화시킨다. 학교 목표 달성에 긍정적인 문화는 강화시킨다. 반면에 부정적인 문화는 새로 형성한다. 문화를 형성하는 작업은 간접적이고 직관적이며 무의식적인 과정이다. 문화를 형성하는 임무를 지닌 학교장은 상징적인 인물, 도예공, 시인, 배우, 의사로서 다양한 역할을 수행한다(Deal & Peterson, 1990).

첫째, 학교장은 상징적인 인물이다. 학교의 모든 구성원이 새로운 학교장을 주시한다. 학교장이 선택하는 일은 상징적인 사건으로서 학교 구성원들에게 학교의 문화가 어디에 있으며 어디로 향하고 있는지를 가리킨다. 학교장의 연령, 성별, 철학, 평판, 집무실, 언어와 행동, 시간 배분, 구성원에 대한 인정 등은 구성원들에게 중요한 메시지를 전달한다. 학교장이 기존의 학교문화를 이해하는 방식은 기존의 전통에 대한 이해, 관심, 무시 등의 메시지를 전달한다. 학교장이 처리하는 관리적인 업무도 학교의 기본적인 가치와 목표를 강화시키는 상징적인 사건이 된다. 일상적인 교실 방문, 건물 순시, 교직원 회의 등에서도 학교장의 핵심적인 가치와 목표에 대한 관심이 표현된다. 학교장의 일상적인 활동은 구성원들에게 중요한 상징적인 메시지를 전달한다.

둘째, 학교장은 도예공이다. 도예공이 진흙을 가지고 끈기 있고 능숙하게 도자기를 만드는 것처럼, 학교장은 학교의 문화 요소를 빚어낸다. 학교장은 학교의 영웅을 기리며 의식과 행사를 주관하고 학교의 중요한 상징을 형성한다. 학교장은 학교의 구성원들이 공유하는 가치를 분명하게 표현한다. 공식적이거나 비공식적인 상황에서 학교가 가지고 있는 철학을 분명하게 제시한다. 학교가 지향하는 가치를 쉽게 이해하고 기억할 수 있도록 간결하게 제시한다. 학교의 가치를 드높여 준 역사적 인물들은 학교의 모범이 되므로, 이들의 훌륭한 활동이나 업적을 이야기, 사진, 행사 등을 통해서 기념한다.

학교장은 중요한 학교의 정신을 나타내는 의식을 통해서 문화를 형성한다. 학교 구성원들 간의 모임, 파티, 비공식적인 식사, 개학식, 방학식 등을 통해서 의식을 거행한다. 학교의 행사도 문화적인 가치를 전달할 수 있는 기회이다. 이러한 여러 행사를 통해서 학교의 과거, 현재, 미래를 연결한다. 행사를 통해서 구성원들의 학교에 대한 연대감을 공고히 하고, 학교가 직면한 임무에 대해 도전의식을 갖게 한다.

셋째, 학교장은 시인이다. 학교장은 직접적이거나 간접적으로 학교 구성원들에게 메시지를 전달한다. 학교장이 학교 구성원들에게 사용하는 말이나 이미지 등은 생각뿐만 아니라 감정까지도 전달한다. 학교장의 말 중에서도 이야기는 의미를 잘 전달한다. 잘 선택된 이야기는 복합적인 사상을 구체적인 말로써 표현하며 가치를 전달하고 추상적인 생각을 감정과 정서와 사건에 연결시킨다. 지도자가 전달하는 이야기는 구성원들이 해야 할 일을 분명하게 제시해 준다. 이야기는 오래된 사람이나 새로운 사람들에게 무엇이 가치 있고 보상을 얻을 수 있는 일인지를 알려 준다.

넷째, 학교장은 배우다. 문화는 자주 중요한 사건이 연출되는 연극 무대의 특징을 지닌다. 학교의 일상적인 활동에서 극적인 내용이 자주 표현된다. 학교에서 개최되는 정기적인 행사는 잘 준비되고 연출된 연극과 같다. 연극의 결과는 일반적으로 예측 가능하지만, 배우와 관객은 진지하게 참여한다. 이러한 연극을 통해서 구성원들은 학교의 중요한 변화에 참여하는 기회를 얻고 문화적인 연대감을 느낀다. 학교에서 일어나는 이러한 연극적인 요소를 억제하는 것보다는 이를 통해 구성원들 간의 이질감을 줄이고 학교의 방향을 재설정할 수 있다.

다섯째, 학교장은 의사다. 학교문화는 대부분 안정되어 있지만 부분적으로 변화가 발생한다. 학교장은 변화 때문에 발생하는 구성원들의 긴장과 스트레스를 치유한다. 학교의 전통과 문화가 변화에 잘 적응할 수 있도록 관리한다.

학교는 일 년을 단위로 하여 활동이 이루어진다. 매 학년도는 새로운 시작이면서 또한 마무리이다. 학교의 시작은 입학식과 함께 새로운 학생들을 받아들이고 미래에 대한 희망과 비전을 제시한다. 학교의 마무리는 일반적으로 졸업식과 함께 경축하는 다양한 활동을 통해서 구성원들을 함께 결속시킨다. 학교의 중요한 행사가 개최되는 날에는 학교가 지역사회의 중요한 센터로서 역할을 수행하며, 이때 학교는 지역사회의 문화와 연결된다.

학교 교직원들의 부임과 퇴임 등은 학교의 문화와 가치를 재확인하는 중요한 기회이다. 신임 교직원은 학교의 중요한 문화에 대해 새로 배우게 된다. 퇴임식은 개인의 경력을 마무리하는 기회이나 학교사회에서는 손실일 수 있다. 즉, 퇴임식은 개인이 기여한 것들을 기념하고 학교의 지속적인 전통을 확인하는 기회가 되는 것이다. 교직원들의 전출, 전입 등도 중요한 문화적 행사를 수반한다. 학교에서 예측하지 못한 재난이나 사건이 발생하였을 때, 또는 학교의 문을 닫고 폐교해야 할 때 학교 공동체의 구성원들은 상처와 고통을 겪는다. 이러한 전환의 시기에는 치유, 정서적인 안정, 희망이 필요하다. 중요한 전환의 시점에 학교 공동체의 구성원들이 문화적인 행사와 활동을 통해 결속되지 않는다면, 이들이 겪는 슬픔과 손실은 마음에 상흔을 남기게 된다.

3) 학교문화의 변화

학교경영자는 필요한 경우에 학교의 풍토나 문화를 변화시켜야 한다. 그러나 학교의 환경을 변화시키는 빠르고 단순한 방법은 없으며, 일시적인 계획보다 장기적인 계획이 보다 효과적이다. 학교의 문화와 풍토를 변화시키는 전략에는 임상 전략, 성장중심 전략, 규범변화 전략 등을 생각할 수 있으며, 이 전략들은 상호 배치되는 것이 아니라 동시에 사용될 수 있다. 임상 전략은 학교 하위집단 간의 관계에 초점을 맞추고 있고, 성장중심 전략은 학교 내 구성원들의 발달에 관심을 기울이며, 규범변화 전략은 조직 규범을 변화시키는 데 사용된다. 학교행정가들이 이들 변화전략을 실행하기 위한 구체적인 방법은 다음과 같다(Hoy & Miskel, 1996).

- 임상 전략: 임상 전략은 집단 간 및 개인 간 상호작용을 바꿈으로써 변화를 촉진할 수 있다고 본다. 그리고 변화를 위한 전략으로서 조직에 대한 지식의 획득, 진단, 상황의 예측, 규정, 평가 등을 활용한다.
- 성장중심 전략: 성장중심 전략은 학교 구성원들의 발달에 관한 가정을 받아들이고, 그 가정을 의사결정을 위한 기초로 삼는다. 이러한 가정들에는 "변화는 건강한 학교조직의 속성이다. 변화는 방향성을 가진다. 변화는 진보를 가져온다. 교사들은 변화를

가져올 수 있는 높은 잠재성을 갖고 있다." 등이 있다. 이러한 가정이 실행되면 구성원들은 성장을 받아들이게 되고 전문적인 발전을 위한 기회도 더 많이 얻을 수 있다. 이런 관점에서 행정가들은 구성원들의 전문적인 성장을 저해하는 장애물을 제거한다. 성장중심 접근은 교사와 학교행정가들 간의 상호 신뢰와 존경 풍토를 조성한다.

- 규범변화 전략: 규범변화 전략은 조직구성원들이 집단 내에서 작용하는 기준들을 열거하고 생산성 향상이나 사기 진작을 위하여 보다 효과적인 새로운 규범을 제시하는 방법이다. 조직의 중요한 규범들은 통제, 지원, 혁신, 사회적 관계, 보상, 갈등, 우수성의 기준 등과 같은 중요한 영역들과 관련된다. 규범변화 전략은 새로운 규범의 표출, 새로운 변화 방향의 설정, 새로운 규범의 확립, 문화적 격차의 파악, 문화격차의 해소 단계를 거친다.

오늘날 학교 사회는 학교문화를 정확하게 이해하고 바람직한 학교문화를 형성하는 학교행정가의 지도력이 필수적이다. 현존하는 학교문화 중에서 학교 목표 달성에 기여하는 요소는 강화시키고, 학교 목표 달성에 유해한 요소는 변화시킴으로써 바람직한 학교문화를 형성한다.

4) 유해 문화의 개선

(1) 유해 문화의 특징

학교문화는 조직의 목표 달성에 순기능을 수행하기도 하지만 때로는 역기능을 나타낼 수 있다. 학교의 목표 달성에 부정적인 영향을 미치는 문화를 유해 문화(toxic culture) 또는 부정적 문화라고 한다. 유해 문화는 학교의 문화 상징이 부정적인 방향으로 기능을 수행하는 경우이다. 유해 문화는 학교 구성원들 간에 분열과 단절을 가져오고 사기를 저하시킴으로써 조직의 목표 달성에 역기능적으로 작용한다.

유해 문화는 일반적으로 다음과 같은 특성을 지닌다(Deal & Peterson, 1998).

첫째, 부정적인 가치에 초점을 둔다. 학생들의 편의보다는 교직원들의 이익을 중시한다. 소수 엘리트 학생들에 초점을 맞추고 다수 학생들의 학습을 무시한다.

둘째, 유해 문화는 하위문화, 노조 활동, 학교 업무 외의 생활 등에서 파생된 의미로 인해 구성원들을 단절시킨다. 구성원들을 결속시키는 긍정적인 상징체계가 존재하지 않는다. 구성원들은 부서별, 학년별, 지역별, 동문별 등으로 서로 분열되고 대립한다. 구성원들의 반목으로 학교의 임무와 목표는 상실되고 구성원들 간의 협동은 기대할 수 없게 된다.

셋째, 유해 문화는 학교문화를 거의 전적으로 파괴시킨다. 유해한 문화를 주도하는 인물들은, 조직을 개선하고 새로운 교수기법을 도입하고 전문성을 발휘하려는 구성원들을 공격하거나 괴롭힌다. 학교 교직원들은 자신들이 봉사해야 할 학생들에 대해 부정적인 관점을 지닌다. 교직원들은 자신들을 보호하고, 뒤에 숨고, 참여를 거부한다.

넷째, 유해 문화는 구성원들 간의 긍정적인 가치를 결여시킨다. 대부분의 구성원들은 소외, 자기 연민, 무기력 등과 같은 부정적인 가치를 표출한다.

유해 문화를 지닌 학교에서는 교직원들 간의 긍정적인 관계가 드물고, 교사가 학생들과 긍정적인 관계를 맺기도 어렵다. 교직원들은 비관적인 관점을 갖고 있고, 집단의 효능감이 저하되어 업무 추진이 잘 안되며, 부정적인 태도를 지닌다. 유해 문화를 지닌 학교에서는 가치와 신념이 부정적이다. 문화적인 유대는 긍정적인 것과 반대로 작용하고 의식과 전통은 비생산적이다. 유해 문화의 요소들은 다음과 같다(Deal & Peterson, 1998).

첫째, 부정적인 가치와 신념이 만연하다. 구성원들은 개인주의, 평범주의, 타성주의를 신봉한다. 학생보다는 교직원들에게 이득이 되는 것을 추구한다. 자신들이 가르치는 학생들은 배울 수 없다고 생각한다. 학생들의 성적이 향상되지 않는 것은 학생 자신과 부모들의 책임이라고 생각한다.

둘째, 문화적인 인간관계 속에서 가장 강력한 인물들은 부정과 비판을 주도하는 사람들이다. 이들은 비관적인 관점을 지니고 자신의 사익을 추구하면서 부정적인 태도와 무력감을 확산시킨다. 이들은 새로운 교사 또는 학교행정가들의 노력을 방해한다. 이들은 과거를 회상하며 새로운 노력은 통하지 않는다고 생각한다.

셋째, 학교의 유일한 영웅들은 반학교적인 인물들이다. 유해한 문화를 지닌 학교에서 교사들 사이에서 유일한 영웅은 지난 수십 년 동안 자신의 교수방법을 변화시키지 않은 교사이다. 이 교사는 학교행정가 또는 동료교사들로부터 받아 왔던, 교육적으로 보다 적합하고 창의적인 방법을 사용하라는 압력에 끈질기게 저항해 왔다. 변화에 저항한 자신의 완고한 행동을 미덕으로 자랑하면서 동료들에게도 이와 유사한 부정적인 자세를 갖도록 영향을 미친다.

넷째, 조직의 공동체 의식과 희망을 개발할 수 있는 긍정적인 의식, 전통, 행사가 존재하지 않는다. 많은 학교에서 일 년 내내 일상적인 어려운 업무만을 수행한다. 구성원들이 흥미를 느끼고 참여하면서 시간의 흐름을 인지하고 성취를 인정할 수 있게 하는 전통이나 행사가 존재하지 않는다. 교사, 학생, 학부모, 지역사회 주민들은 공동체로서의 결속감을 갖지 못하고 서로 단절되며 메마른 관계를 갖게 된다. 심지어 과거의 전통과 가끔 개최되는 학교의 행사는 부정적인 가치를 조장할 수 있다. 학교의 구성원들은 학교의 과거 역사를 회고하면서, 지난날을 그리워하고 현실을 비판하며 미래를 비관적으로 생각한다.

(2) 유해 문화의 개선

유해한 학교문화를 극복하는 것은 어려운 과제이다. 학교문화 속에서 긍정적인 요소를 강화하고 새로운 가능성을 탐색하는 작업은, 부정적이고 비관적인 측면에 안주하는 것보다 훨씬 어렵다. 부정적인 문화를 변화시키기 위해서 학교 지도자들은 때때로 극단적인 조치를 취해야 한다. 학교 지도자들은 다음과 같은 조치를 취할 수 있다(Deal & Peterson, 1998).

첫째, 부정적인 문화를 주도하는 인물과 정면으로 부딪힌다. 이를 위해 공적인 토론장에서 조직구성원들이 자신들의 견해를 제시할 수 있도록 기회를 제공한다. 보다 많은 긍정적인 감정들이 나타날 수 있도록, 경청하고 도전하고 인내하면서 기다린다.

둘째, 긍정적인 문화 요소를 지닌 구성원들을 보호하고 지원한다. 학생들에 대한 신념을 갖고 적대감 속에서도 협력하며 변화를 추구하는 구성원들에게 지원과 격려를 보낸다.

셋째, 긍정적인 가치를 지닌 교직원들을 선발하고 채용하며 유임시키는 데 집중한다.

긍정적인 방향으로 바뀌지 않는 고질적인 비판주의자들을 대치하는 것은 오랜 시간이 걸린다. 조직구성원들의 교체를 통해서 긍정적인 가치관을 지닌 사람과 부정적인 가치관을 지닌 사람들이 균형을 이루게 되고, 조직은 새로운 가능성을 얻게 된다.

넷째, 긍정적인 결과와 가능성을 신속하게 경축한다. 조직을 규칙적이고 공적으로 인정받는 새로운 가치와 신념을 중심으로 재건한다.

다섯째, 부정적인 가치를 제거하고 긍정적인 가치와 신념을 재건하는 활동에 초점을 둔다. 사장시켜야 할 부정적인 가치를 조직구성원들과 함께 토론한다. 구성원들 간의 공식 또는 비공식적인 모임에서 긍정적인 가능성에 초점을 둔다.

여섯째, 조직 내 구성원들에게서 나타나는 새로운 성공, 개선, 성취에 대한 이야기를 개발한다.

일곱째, 다른 학교나 다른 교육구에서 성공할 수 있는 사람들은 다른 곳으로 옮길 수 있도록 돕는다. 다른 학교에서 보다 잘 적응할 수 있는 사람들은 자신들에게 더 적합한 곳을 찾을 수 있도록 지원한다. 학교의 구성원들이 다른 환경 속에서도 잘 적응할 수 있는 사람들의 부정적인 비판을 오랫동안 인내할 필요는 없다. 학교 지도자들은 이와 같은 사람들이 일할 수 있는 다른 장소를 찾도록 도와야 한다.

학교의 유해 문화를 개선하는 일은 위험하고 어려운 과제이다. 유해 문화의 변화는 단기적으로 이루어지지 않는다. 유해 문화의 개선은 획기적인 전환과 같다. 애벌레가 나비로 바뀌는 모습에서 볼 수 있는 것처럼 극적으로 다른 형태로 변화하는 것이다. 유해한 학교문화의 전환은 새로운 시작에 대해 강력한 관심을 지니고 있는 구성원들에 의해 성공적으로 추진될 수 있다. 유해 문화를 변화시켜서 바람직한 학교문화를 형성하는 작업은 오랜 시일이 걸리고 학교 구성원들 모두에게 관련되기 때문에 학교행정가뿐만 아니라 교직원, 학생, 학부모, 지역사회가 함께 공동체적으로 노력하는 것이 필요하다.

PART ⋯ **03**

학교경영의 과정

제8장 의사결정

제9장 의사소통

제10장 지도성

제**8**장
의사결정

　의사결정은 조직의 중요한 활동으로서, 조직의 목표달성을 위해 여러 대안들 중에서 최선으로 생각되는 대안을 선택하고 실행하는 과정이다. 학교에서도 기능을 수행하는 데 의사결정활동이 끊임없이 이루어진다. 의사결정은 모든 행정가들이 담당해야 하는 중요한 책임 중 한 가지이다. 학교의 구성원들 중에서 교장, 교감, 부장교사는 학교운영을 위한 의사결정에 빈번하게 참여한다. 학급담임도 학급경영과정에서 의사결정을 내려야 하는 경우가 자주 발생한다. 조직의 의사결정과정을 분석하는 모형은 최적화 모형, 만족화 모형, 점증적 모형, 혼합 모형 등이 있다. 조직의 비합리적인 의사결정 모형으로는 쓰레기통 모형이 있다. 의사결정에는 합리적인 요인뿐만 아니라 심리적인 스트레스와 같은 다양한 요인이 영향을 미친다. 의사결정에 대한 구성원들의 참여는 효과적인 경우도 있지만 비효과적인 경우도 있다. 이 장에서는 의사결정의 개념과 과정, 의사결정의 모형, 의사결정과 비합리성, 의사결정과 참여 등을 다룬다.

1. 의사결정의 개념과 과정

1) 의사결정의 개념과 종류

개인의 일상생활뿐 아니라 조직에서도 의사결정은 일상적으로 이루어진다. 예컨대, 조직의 목표를 설정하는 일, 목표를 달성하기 위한 방안을 선택하는 일, 조직구성원들의 업무를 분담하는 일, 조직의 자원을 부서에 배분하는 일에 대하여 의사결정이 이루어진다. 이와 같이 조직의 기능 수행에서 의사결정 활동은 필수적이고 핵심적인 활동이다. Simon(1976)은 행정조직을 의사결정구조로 보았으며 행정과정을 일련의 의사결정과정으로 파악하였다. Griffiths(1959)는 의사결정을 '심사숙고한 끝에 도달된 결론으로서 조직의 핵심적인 행정과정'으로, Etzioni(1967)는 '둘 또는 그 이상의 대안 중에서 의식적인 선택'으로, Campbell(1983)은 '본질적으로 조직구성원이 인식한 목표를 달성하기 위해서 특정한 방법으로 선택하는 행위'라고 정의했다.

이와 같은 학자들의 정의에 기초해 볼 때 의사결정은 '조직의 목표달성을 위한 여러 가지 대안 중에서 한 가지 대안을 판단하여 선택·실행하는 행위'라고 규정할 수 있다. 의사결정과 유사한 개념으로 정책결정이 있다. 정책결정은 일반적으로 공적인 기관인 정부가 주도하나, 의사결정은 정부뿐만 아니라 민간이 주도하는 결정도 다 포함한다. 따라서 의사결정이 정책결정보다 포괄적인 개념이다. 의사결정은 행정의 핵심적인 과정이기 때문에 학교 및 학급운영을 담당하는 교육행정가 및 교사들이 중시해야 할 사항이다. 의사결정의 방법은 개인적인 의사결정과 조직의 의사결정이 있다.

(1) 개인적인 의사결정

개인적인 의사결정은 다음 몇 가지로 구분된다. 첫째, 습관에 따른 결정이다. 이는 개인에게 반복적으로 발생하는 문제에 대해 습관적으로 결정하는 것이다. 둘째, 직관에 따른 결정이다. 결정이 이루어질 때 이에 수반되는 모든 과정을 순간적으로 거치게 된다. 셋째, 분석에 따른 결정이다.

(2) 조직의 의사결정

일반적으로 조직의 의사결정은 다음의 몇 가지 가정에 기초하여 이루어진다.

첫째, 의사결정과정은 문제의 확인과 진단, 이를 해결하기 위한 계획의 신중한 개발, 계획의 집행, 계획의 성공에 대한 평가를 포함하는 일련의 순환이다.

둘째, 행정은 조직에서 개인 또는 집단에 의한 의사결정과정의 수행이다.

셋째, 의사결정에서 완전한 합리성은 사실상 불가능하다. 따라서 행정가는 의사결정의 효율성 극대화를 위한 능력과 지적인 역량을 가지고 있지 않기 때문에 만족을 추구한다.

넷째, 행정의 기본적인 기능은 구성원의 행동이 개인과 조직의 관점에서 모두에게 합리적이 되기 위해서 각 구성원에게 의사결정에 대한 내부적 환경을 제공해 주는 것이다.

다섯째, 의사결정은 모든 중요한 기능과 과업영역에 대한 합리적인 행정에서 발견할 수 있는 일반적인 활동이다.

여섯째, 의사결정과정은 대부분의 조직에서 실제적으로 동일한 방식으로 이루어진다.

2) 의사결정과정

조직에서 이루어지는 의사결정은 일반적으로 문제의 인식과 정의, 자료수집 및 분석, 문제해결을 위한 기준 설정, 실행계획의 작성, 계획의 실행과 평가의 과정을 순환한다.

(1) 문제의 인식과 정의

의사결정의 첫 번째 단계는 문제의 인식과 정의이다. 효과적인 행정가는 기준에 따르지 못하는 조직 활동에 주의를 기울인다. 조직의 문제를 정확하게 인식하지 못할 때 조직은 단기간에는 어려움이 없을지라도 장기적으로는 큰 영향을 받는다. 문제의 인식과 정의는 의사결정과정에서 매우 중요하다. 문제를 인식하고 정의하는 방식은 대안을 개발하는 데 영향을 미친다. 행정가는 문제를 정확하게 심층적으로 이해할 수 있어야 한다. 문제를 단기적이고 협소하게 인식할 경우, 문제의 핵심보다는 증상만 처리하게 된다.

다루어야 할 문제가 복잡한 경우에 문제에 대한 인식과 해결방안은 여러 가지 차원으로 이루어진다. 복잡한 문제는 여러 하위 문제로 나누어서 다룰 수 있다. 해결책도 여러 가지가 나올 수 있다. 예를 들어, 많은 학부모가 특정 학교에 자녀를 보내고자 할 때 교육청에서는 근거리원칙에 따른 배정으로 단기적으로는 문제를 해결할 수 있지만, 장기적으로는 학교 간 교육 여건과 질 격차를 해소하는 근본적인 해결책이 필요하다. 행정가는 기본 문제는 물론 문제가 야기될 수 있는 쟁점에 대해서도 관심을 갖고 예방함으로써 조직의 건강과 성장을 증진시킬 수 있다.

(2) 자료수집 및 분석

이 단계는 첫 번째 단계인 문제의 정의와 직접적으로 관계된다. 다루어야 할 문제를 내용에 따라서 분류하고 필요한 자료, 정보를 수집하고 분석하는 활동이다. 문제는 일반적인 문제인지 새로운 문제인지로 분류된다. 의사결정은 일반적인 의사결정과 특수한 의사결정으로 구분될 수 있다. 일반적인 의사결정은 기존에 확립된 규정과 절차에 따라서 이루어진다. 자주 발생되는 문제는 일상적으로 공식화된 규정에 따라 해결된다. 학교행정가들이 내리는 많은 결정들은 주로 일반적인 것이다. 학교장은 교육청에서 지시한 정책을 실천하고 교사들을 지도·감독하며 학생들을 교육할 때, 규정에 따라 구체적인 사례에 대해 의사결정을 내린다.

특수한 의사결정은 문제해결을 위해 제도화된 절차를 사용하는 것 이상을 요구하는 예외적인 의사결정이다. 이 경우 의사결정자는 기존에 확립된 규정에 따라 문제를 다룰 수 없다. 특수한 의사결정인 경우에 의사결정자는 문제에 적합한 정보를 탐색하고 때로는 조직의 기본적인 방향을 변경할 수도 있다.

일단 문제가 일반적인 것인지 특수한 것인지가 분류되면, 문제를 해결하기 위해서 필요한 자료와 정보를 수집하게 된다. 정보수집의 정도는 문제의 중요성, 시간의 제약, 자료수집 절차나 구조, 필요한 정보의 내용과 수준 등에 따라 다르다. 문제가 중요할수록 정보수집 노력이 강화되는 반면 시간이 제약되면, 정보수집 노력이 감소된다.

(3) 문제해결을 위한 기준 설정

문제를 분석하고 구체화한 후에 의사결정자는 문제해결을 위한 기준을 설정한다. 의사결정자는 해결책에 대한 기대수준을 결정한다. 의사결정자가 바른 결정을 내리기 위해서는 해결책에 대한 적절성 기준이 조기에 구체화되어야 한다. 일반적으로 의사결정을 판단하는 데 사용되는 준거는 조직의 목표를 기초로 하여 설정된다.

(4) 실행계획의 작성

실행계획의 작성은 의사결정과정의 중심적인 단계이다. 문제를 파악하고, 자료를 수집하고, 문제를 구체화하며 문제해결 기준을 설정한 후에, 의사결정자는 실행을 위한 계획을 작성한다. 실행계획의 작성은 대안 개발, 결과 예측, 평가 및 최적안 선택으로 이루어진다.

■ 대안 개발

문제해결을 위한 대안은 여러 가지가 있을 수 있다. 실제로 구체적인 대안의 검토는 정보처리의 제한 때문에 몇 가지 대안을 중심으로 이루어진다. 대안을 효과적으로 개발하기 위해서 참여자들은 다양하고 창조적으로 사고해야 하며 대안을 개발할 수 있는 시간적인 여유를 가져야 한다.

■ 결과 예측

작성된 각 대안의 예측되는 결과를 제시한다. 결과의 예측을 위해서 전문성과 경험을 활용할 수 있다. 이를 위해 해당 분야에 대한 전문성과 경험을 지닌 인사들의 도움을 받을 수 있다. 결과 예측을 정확하게 하기 위해서 정보를 수집, 저장하고 활용할 수 있는 정보관리체제를 활용할 수 있다. 일반적으로 특정 대안의 실행에 요구되는 재정적인 비용의 추정은 비교적 쉽지만, 대안에 대한 개인이나 집단의 반응과 같은 사회적인 영향은 예측하기가 쉽지 않다.

■ 평가 및 최적안 선택

실행계획의 최종 단계는 대안의 결과에 대한 평가이다. 각 대안별로 발생될 결과의 수, 결과에 따라 발생될 확률을 분석할 수 있다. 최종적으로 대안을 선택하기 위해서 의사결정자는 판단의 기준에 비추어서 각 대안의 가능한 결과를 신중하게 평가한다. 이와 같은 평가를 통해서 의사결정자는 최선의 대안을 선택한다. 수용할 만한 대안을 찾지 못하는 경우에 의사결정자는 기대의 수준을 낮출 수 있다. 최적의 대안을 발견하지 못한 경우에는 만족할 만한 수준에서 해결책을 찾을 수 있다.

(5) 계획의 실행과 평가

일단 의사결정을 내리고 실행계획이 수립되면 마지막 단계인 계획의 실행이 필요하다. 실행계획의 실시는 프로그램 작성, 의사소통, 감독, 평가 등의 활동이 요구된다.

■ 프로그램 작성

의사결정은 구체적인 프로그램으로 작성된다. 구체적인 프로그램은 계획을 실행하기 위한 구체적인 내용이다. 프로그램의 작성은 여러 가지 기법을 통해서 이루어진다. 구체적인 프로그램 기법은 작성자의 전문성에 따라 결정된다. 프로그램 작성은 목표 설정, 예산 편성, 인적 자원 배분 등을 포함한다.

■ 의사소통

프로그램이 작성되면 의사소통을 통해서 실행에 관련된 교직원들의 역할과 책임이 전달되어야 한다. 프로그램을 성공적으로 수행하기 위해 각 구성원들은 자신의 역할을 명확하게 알아야 할 뿐만 아니라 계획과 관련된 다른 사람의 역할도 알아야 한다. 그렇지 않으면 상호 간의 노력이 중복되어 비생산적이 될 수 있다.

■ 감독

조직의 활동이 계획한 대로 추진되고 있는지를 점검하는 과정이다. 감독을 통해서 추진 결과를 계속적으로 점검한다. 조직의 활동에 대한 성과 기준을 설정한 경우에 이를 달성할 수 있도록 유도한다. 성과 기준을 달성할 수 있도록 유도하는 방법으로 통제, 보상, 유인, 설득, 목표의 내면화 등이 있다.

■ 평가

조직 의사결정의 성공 여부를 판단하기 위해 결과를 평가한다. 결과에 대한 평가를 통해서 기존에 이루어진 의사결정은 정당화되거나 또는 변경될 수 있다. 평가는 의사결정 순환과정의 최종단계이면서 새로운 시작이 될 수 있다.

2. 의사결정 모형

조직 내 의사결정을 설명하는 일반적인 의사결정 모형에는 최적화 모형, 만족화 모형, 점증적 모형, 혼합 모형이 있다.

1) 최적화 모형

최적화 모형은 의사결정이 완전하게 합리적이어야 한다고 가정하는 고전적인 의사결정 모형이다. 이 모형은 목표와 목적의 달성을 극대화하기 위하여 최선의 대안을 찾는다. 고전적 모형에 따를 때 의사결정과정은 다음과 같은 일련의 연속적인 단계로 이루어진다.

- 문제를 확인한다.
- 목적과 세부목표를 설정한다.
- 모든 가능한 대안을 작성한다.
- 각 대안에 대한 결과를 검토한다.
- 모든 대안들을 목표와 목적에 따라서 평가한다.
- 최선의 대안을 선택한다.
- 결정된 사항을 시행하고 평가한다.

최적화 모형은 의사결정자가 어떻게 결정을 내리는가에 대해 기술하는 모형이라기보다는 하나의 규범적인 모형이다. 실제로 대부분의 학자들은 최적화 모형을 비현실적인 이상이라고 생각한다. 의사결정자는 사실상 관련된 모든 정보를 가까이 할 수가 없다. 더욱이 가능한 모든 대안들을 작성하고 그 결과를 모두 검토하는 것은 불가능하다. 이 모형은 의사결정자가 가지고 있지 않은 정보처리 능력, 합리성, 지식을 가정하고 있기 때문에 행정가들의 의사결정 실제에 크게 도움이 되지 않는다.

2) 만족화 모형

고전적 의사결정 모형인 최적화 모형이 심각한 제한점을 가지고 있기 때문에, 조직의 의사결정에 대한 보다 현실적인 접근방법이 발전되었다. 대부분 조직의 문제는 복잡하고 인간의 지적인 능력은 한정되어 있어서 극히 단순한 문제를 제외한 모든 문제에 최적화 전략을 사용한다는 것은 사실상 불가능하다. Simon(1947)은 행정가들이 조직의 의사결정에 대하여 보다 정확하게 기술하기 위한 행정적 모형으로서, 만족화 모형을 소개하였다. 이 모형은 의사결정을 통해서 문제에 대한 최선의 해결보다는 만족스러운 해결책을 찾는다.

사람들은 일반적으로 합리적인 의사결정을 내리려고 노력한다. 그러나 조직의 의사결정은 여러 가지 이유로 합리성이 제한된다. 즉, 조직의 문제는 복잡하여 생각할 수 있는 대안이 너무 많고, 미래의 모든 사건을 정확하게 예측하기는 쉽지 않다. 의사결정자들이 지니고 있는 습관, 가치 등에 따라서도 제한을 받는다. 이러한 이유로 의사결정자들은 최적의 대안 대신 만족할 만한 대안을 선택한다. 일반적으로 의사결정자들은 실제 세계를 구성하는 복잡한 상호작용들을 단순화시켜서, 가장 중요하다고 생각하는 몇 가지 요인들을 통해서 설명하는 모형을 사용한다.

3) 점증적 모형

학교행정에서 많은 문제를 다루는 데 있어 만족화 전략을 사용해도 별 무리는 없지만, 때때로 어떤 상황에서는 점증적 전략이 요구된다. 즉, 만약 일련의 적합한 대안들을 정의할 수 없고 특정 대안의 결과를 예측할 수 없다면 만족화 전략을 활용하기가 어렵게 된다.

이 경우에는 기존의 상황과 다소 다른 대안을 검토할 수 있다. 점증적인 모형에서는, 점증적인 작은 변화는 조직에 예상치 않은 부정적 결과를 가져오지는 않을 것이라는 점을 가정한다.

점증적 모형은 일반적으로 문제가 복잡하고 불확실하며 갈등이 높을 때 활용할 수 있는 접근방법이다. 점증적 모형에 따른 의사결정은 대안의 결과에 대한 철저한 분석을 필요로 하지 않는다. 그 대신에 의사결정자들은 기존 상황과 유사한 소수의 대안을 각각의 결과와 계속해서 비교함으로써 행동방안을 결정한다. 구체적으로 점증적인 모형은 다음과 같은 몇 가지 중요한 특징이 있다(Lindblom, 1959).

- 목적 설정과 대안 개발은 분리되지 않는다. 목표와 목적은 분석을 하기 전에 사전에 설정되지 않으며, 보다 분명한 대안의 개발도 대안과 대안의 결과를 조사하는 과정에서 이루어진다. 목적 설정과 대안의 개발은 동시에 일어나기 때문에 목적-수단 분석은 적절하지 않은 것으로 간주된다.
- 소수의 대안만을 고려한다. 대안의 탐색은 현존 상황과 유사한 대안에 제한된다.
- 대안의 결과에 대한 분석은 현재 상태와 대안의 결과의 차이에만 초점을 둔다. 소수의 대안에 제한하여 현재 상태와 다른 결과에 초점을 둘 때 의사결정의 복잡성은 크게 감소되어 관리하기 쉽다. 기존의 대안과 다소 차이가 있는 대안을 분석하는 단순화를 통해서 분석에 소요되는 시간과 에너지를 절약하고, 결과에 대한 예측력이 높아진다.
- 대안들 간의 연속적인 비교방법은 복잡한 문제를 다룰 때 실제적으로 유용하다. 일반적으로 문제가 복잡해질 때 의사결정이론들의 적합성은 떨어진다. 제한된 소수의 대안을 연속적으로 비교하는 방법은 구체적이고 실제적인 도움이 된다.

4) 혼합 모형

점증적 모형은 광범하게 사용되고 있지만 보수적인 특성을 지니고 목표가 불분명하다는 제약점이 있다. 행정가들은 일반적으로 제한된 시간 안에 부분적인 정보를 가지고 의사결정을 내린다. 복잡하고 불확실한 상황에 실용적으로 접근해 가는 의사결정 방식은 혼합 모형이다. 혼합 모형은 모든 정보를 조사함으로써 어려움에 직면하거나 또는 정보가 거의 없이 맹목적으로 결정하는 문제를 피하고, 만족할 만한 결정을 내리기 위해 부분적인 정보를 사용한다. 혼합 모형은 광범한 영역의 사실들을 일반적으로 검토하여 선택한 후에 초점을 맞추어 부분적인 사실들을 세밀하게 분석하여 선택한다. 고위수준의 기본적인 결정과 하위단계의 실제적으로 처리하는 결정이 결합된다. 혼합 모형은 행정가 모형의 합리성과 점증적 모형의 실용성을 결합하였다(Etzioni, 1967, 1986, 1989).

대안을 구분하기가 어렵고 결과 예측이 어려운 경우 행정가들은 대개 점증주의적으로 처리해 나간다. 점증적 의사결정은 한시적이거나 치료적이며, 현 상황으로부터 멀리 벗어나지 않는다. 그러나 이런 의사결정은 종종 보수적이며 방향감이 없다. 의사결정자가 기본적인 정책에 따라 이와 같은 점증적 결정을 평가하지 않는다면 조직은 표류할 수 있다. 혼합 모형은 효과적인 의사의 진료방식과 유사하다. 점증주의자들과는 달리 의사들은 관심의 초점을 두어야 할 부분과 그들이 해야 할 임무를 인식한다. 또한 최적화를 추구하는 의사결정자와는 달리 의사들은 초기 증상에 대한 모든 자료를 요구하지도 않는다. 의사들은 환자의 증상을 조사하고, 문제를 분석하여 대중적 치료를 시작한다.

혼합 모형은 다음과 같은 일곱 가지 특징을 지닌다(Etzioni, 1989).

- 초점을 맞추어 시행착오과정을 거친다. 부분적인 정보에 기초하여 결정을 내리고 추후에 새로운 자료로 수정한다.
- 가설적이며 신중하게 추진한다. 필요에 따라 방안을 수정한다.
- 불확실할 때 더 많은 정보를 수집하고 분석하기 위해 연기한다.
- 의사결정의 각 단계에서 결과에 대해 평가한다.
- 불확실할 때 결정들을 분산시킨다. 결과가 만족스러울 때까지 자원을 부분적으로 활용한다.
- 여러 경우의 수를 고려한다. 각 대안이 만족할 만한 결과를 가지고 있을 때 여러 대안을 실행한다.
- 특정한 대안을 지나치게 따르는 것을 피한다.

네 가지 의사결정 모형의 주요 특성은 〈표 8-1〉과 같다.

〈표 8-1〉 주요 의사결정 모형 비교(Hoy & Miskel, 1996)

최적화 모형	만족화 모형	점증적 모형	혼합 모형
대안개발 이전에 목표 설정	대안개발 이전에 목표 설정	목표설정과 대안개발이 섞임	대안개발 이전에 정책 지침 설정
의사결정은 목표수단 분석 목표결정 후 수단 탐색	의사결정은 목표수단 분석 때로는 분석에 따라 목표를 변화	수단과 목표가 분리 안됨 목표수단분석은 부적합	의사결정은 넓은 목표와 가설적 수단에 초점을 둠
목표를 달성하는 최선의 대안 선정	목표를 달성하는 만족스러운 대안 선정	기존의 대안이 잘못된 경우 옳은 대안 선정	조직의 정책과 일관된 만족스러운 대안 선정
종합적 분석: 모든 대안과 결과 검토	일련의 대안이 탐색될 때까지 문제 탐색	기존 대안에 유사한 것에 초점을 둠	문제에 관련된 탐색과 분석 정책에 따라 가설적 대안 평가
이론에 의존	이론과 경험에 의존	연속적 비교, 이론에 덜 의존	이론, 경험, 연속적 비교방법

5) 의사결정과 조직상황

조직의 의사결정에 대한 네 가지 주요 모형이 있지만 언제나 효과적인 최선의 방법은 없다. 조직의 주어진 상황에 가장 적합한 방법을 선택해야 한다. 의사결정은 조직이 처한 복잡성의 정도와 불확실성과 갈등을 다룰 수 있는 능력에 따라 달라진다. 문제가 단순하고 정보가 확실할 때, 조직구성원들의 선호가 분명할 때 최적화 전략이 가장 적합하다. 조직이 처한 문제가 불확실성이 높고 구성원들 간에 갈등이 많을 때는 일반적으로 만족화 전략이 적절하다. 만족화 모형은 의사결정 과정에서 신축성이 있다. 의사결정은 대안들 간에 예상되는 결과와 의사결정자의 기대 수준에 따라 이루어진다. 만족할 만한 대안을 발견할 때까지 대안에 대한 부분적인 탐색이 이루어진다. 만족할 만한 대안의 모색이 실패할 경우 기대 수준은 낮아진다. 대안의 개발이 어렵고 결과가 복잡해서 예측하기 어려운 경우에는 점증적 모형이 채택될 수 있다. 불확실성과 갈등 수준이 높을 때 조직은 일반적으로 큰 변화를 추구하지 않는다. 조직이 방향을 잃고 혼란에 처해 있을 때 단기적으로 점증적 모형을 채택할 수 있다. 반면에 점증적인 결정은 방향이 없이 표류할 수 있기 때문에 혼합 모형이 활용될 수 있다.

상황에 대한 정보의 양과 복잡성의 정도에 따라 적합한 의사결정 모형은 〈표 8-2〉와 같다.

〈표 8-2〉 의사결정방식과 상황

의사결정방식	적합한 상황
최적화 모형	완전한 정보와 확실한 결과를 지닌 단순한 문제
만족화 모형	부분적인 정보와 불확실한 결과를 지닌 복잡한 문제, 만족할 만한 결과와 검토할 적절한 시간이 있을 때
점증적 모형	불완전한 정보, 복잡한 문제, 불확실한 결과, 정책지침이 없을 때
혼합 모형	불완전한 정보, 복잡한 문제, 불확실한 결과, 지침이 되는 정책이 있을 때

3. 의사결정과 비합리성

1) 비합리적인 의사결정: 쓰레기통 모형

개인이든 조직이든 어떤 경우에서 어떤 일을 적절한 이유가 없이 실행하는 때가 있다. 사람들은 때로 생각하기 전에 행동으로 옮기는 경우가 있다. 의사결정에 대한 쓰레기통 모형은 불확실성이 매우 높은 조직에서 발생되는 이런 경향을 묘사한다. 쓰레기통 모형은 조직화된 무질서 상태를 나타낸다. 조직화된 무질서 상태를 나타내는 조직은 선호의 불명확, 불확실한 기술, 유동적 참여 등을 특징으로 한다. 의사결정의 각 단계마다 모호성이 개입되며, 조직 내 원인과 결과 관계가 불분명하고, 참여자들이 빈번하게 바뀌며, 특정 문제의 결정에 대한 시간이 제한된다.

조직 내 의사결정의 쓰레기통 모형은 다음과 같은 조직 내 여러 가지 흐름들이 독립적으로 나타난 결과로서 발생된다(Cohen, March, & Olsen, 1972; Cohen & March, 1974).

- 문제는 조직구성원들의 관심과 주의를 필요로 하고, 해결되어야 할 불만족한 상태에 있는 모든 사건들이다. 그러나 문제는 해결책이나 선택기회와는 구별된다. 문제는 해결책과 연결될 수도 있고 또는 그렇지 않을 수도 있다.
- 해결책은 문제를 해결하기 위해서 제공되는 아이디어이다. 그러나 해결책은 문제와 독립되어 존재한다.
- 의사결정의 참여자는 조직에 참여하고 떠나기도 하는 구성원이다. 조직구성원은 유동적이기 때문에 문제와 해결책은 빠르게 변화될 수 있다.
- 선택의 기회는 조직이 의사결정을 내리도록 기대되는 경우이다. 의사결정이 이루어지기 위해서는 의사결정 구성요소들이 우연히 특정 시간에 같은 상황에서 만나야 한다.

이상 네 가지 사건의 흐름들 안에서 조직의 결정은 우연히 이루어진다. 문제와 해결책이 우연히 결합될 때 의사결정이 이루어진다. 쓰레기통 모형은 문제와 해결책이 서로 독립적으로 나타나는지, 문제의 해결 없이 특정한 대안이 결정되는지, 의사결정 후에도 문제가 해결되지 않는지 등을 설명한다. 쓰레기통 모형은 교육기관이나 공공기관 등 일부 조직에서 이루어지는 비합리적이고 비체계적인 의사결정과정에 대하여 어느 정도 설명해 준다.

2) 스트레스와 의사결정

어느 의사결정과정을 채택하든지 간에 상황과 의사결정과정 자체가 파생시키는 스트레스가 존재한다. 사람들은 중요한 결정을 내릴 때 여러 가지 다른 방식으로 심리적인 스트레스를 다룬다. 스트레스의 주요 원천은 다른 대안을 선택하는 데서 발생할지도 모르는 손실에 대한 두려움이며, 중요한 결정을 내려야 할 때 생기는 미지의 결과에 대한 걱정 등이다. 중요한 결정은 종종 가치 갈등의 문제이며, 의사결정자는 이상이나 가치를 희생하게 되는 어려움에 직면한다. 이로 인해 의사결정자의 불안이 커지고 스트레스가 증가된다.

의사결정과정에서 오류는 많은 요인들에 의해 발생된다. 이러한 요인들에는 분석의 빈약, 무지, 편견, 시간의 제약 등이 있다. 의사결정 상황에서 발생되는 스트레스를 대처하기 위해 다양한 방법이 활용될 수 있다. 심리적인 스트레스를 대처하는 방법에는 다음과 같은 유형이 있다(Janis, 1985).

- 갈등 없는 상황의 고수: 의사결정자는 위험에 대한 정보를 무시하고 시작된 것을 지속한다.
- 갈등 없는 변화: 의사결정자가 비용이나 위험을 고려하지 않고 가장 일반적인 행동방안을 무비판적으로 수용한다.
- 방어적 회피: 의사결정자가 갈등 상황을 피하기 위해 책임을 미루거나 결정 자체를 지연하거나 다른 방식으로 합리화한다.
- 지나친 주의: 흥분된 상태에서 해결책을 찾으며 대안들 중에서 일시적인 안도감을 주는 해결책을 급하게 선택한다. 정서적 흥분 상태로 말미암아 대안의 결과를 전체적으로 검토하지 못한다.
- 주의: 의사결정자가 신중하게 적절한 정보를 탐색하고 편견 없이 정보를 소화하고 결정을 내리기 전에 신중하게 대안을 평가한다.

앞의 네 경우들은 대개 전형적으로 역기능적이기 때문에 의사결정에 결함이 발생될 수 있다. 마지막 방법은 조직에 효과적 의사결정을 가져올 수 있다. 의사결정자들이 신중할 때에도 인지적인 오류로 인하여 잘못된 결정을 내릴 수 있다. 이런 경우는 종종 심리적 스트레스를 많이 받는 상황에서 발생된다. 갈등 없는 상황에 대한 집착이라든가 갈등 없는 변화와 같은 대처전략은 결정에 대한 분석 동기의 결여로 무비판적인 사고를 조장한다. 방어적 회피는 신중한 의사결정이 요구되는 일을 피할 때 사용된다. 신중한 의사결정자들은 일반적으로 앞에서 지적한 문제들을 피할 수 있기 때문에 효과적인 결정을 내릴 수 있다. 신중한 의사결정은 다음과 같은 사항들을 필요로 한다(Janis & Mann, 1977).

- 광범한 영역의 대안들에 대해 신중히 검토한다.
- 성취해야 할 목표와 선택에 따른 가치에 대해 분석한다.
- 선택의 위험과 결함에 대해 분석한다.
- 대안의 추가적인 평가에 필요한 새로운 정보를 탐색한다.
- 새로운 정보가 비록 최초의 선호를 지지하지 않을지라도 새로운 정보나 전문가의 판단에 대해 성실히 평가한다.
- 수용할 수 없다고 여겨지는 대안들을 포함하여 각 대안의 긍정적 결과와 부정적 결과들을 재검토한다.
- 선택된 방안을 실천하기 위한 세부계획을 마련한다. 특히 여러 가지 예상되는 위험에 대처하는 상황적 계획에 주의한다.

4. 의사결정과 참여

일반적으로 조직의 의사결정에 구성원이 참여할 때 조직구성원들의 사기는 향상된다. 학교에서도 조직구성원들의 의사결정에 대한 참여는 바람직하다. 학교의 의사결정에 대한 교사들의 참여에 관한 연구결과는 다음과 같다(Hoy & Miskel, 1996).

- 의사결정에 대한 참여 기회는 교사들의 사기와 학교조직에 대한 열의를 위해 중요하다.
- 의사결정에의 참여는 교직에 대한 교사들의 만족도를 향상시킨다.
- 교사들은 자신들을 의사결정에 참여시키는 학교장을 선호한다.
- 의사결정은 질적인 수준이 낮을 때 또는 교사들이 수용하지 않을 때 실패한다.
- 교사들은 모든 의사결정에 참여하기를 기대하지 않고 원하지도 않는다. 실제로 지나친 참여는 오히려 부정적인 결과를 가져올 수도 있다.
- 의사결정에 있어 교사와 행정가의 역할과 기능은 문제의 특성에 따라 달라진다.

학교의 의사결정과정에 교사들의 참여는 긍정적인 결과를 가져오나 때로는 부정적 결과를 가져올 수 있다. 교사들이 학교 의사결정에 효과적으로 참여하는 방법을 찾아야 한다. 학교 구성원들의 참여 범위, 참여 방식에서 다음과 같은 사항들이 고려되어야 한다.

1) 구성원의 참여 방식

학교행정가들은 학교의 의사결정에 교사들을 참여시킬 때 보다 신중하게 검토해야 한다. 이들이 언제 의사결정에 참여해야 하고, 어떻게 참여해야 하는가? 여기서 중요한 개념은 수용권이다. 조직의 구성원들은 조직에서 내리는 결정들 중에서 특정한 결정들은 자신과는 관계가 없기 때문에 아무런 문제를 제기하지 않고 받아들인다. 이러한 영역에 속하는 결정사항은 조직구성원들의 무관심 영역 또는 수용권에 속한다. 조직의 구성원들이 단순하게 수용하는 결정사항에 대해서는 구성원들을 의사결정에 참여시킬 필요가 없다. 조직의 구성원이 의사결정사항을 수용할 것인지를 파악하기 위해 학교행정가는 적절성 검증과 전문성 검증을 제기해야 한다. 적절성 검증은 구성원들이 결과에 대해 개인적 이해관계를 가지는가를 검토한다. 전문성 검증은 구성원들이 문제해결에 기여할 수 있는 전문성을 지니고 있는가를 검토한다. 조직구성원들이 의사결정 결과에 대해 개인적으로 이해관계를 지니고, 의사결정에 기여할 수 있는 전문성을 갖고 있을 때 이들은 의사결정에 참여하게 된다. 반면에 조직구성원들이 의사결정에 대해 개인적으로 이해관계를 지니지도 않고, 의사결정에 기여할 수 있는 전문성을 갖고 있지 못할 때 이들은 의사결정에 참여하지 않는 것이 바람직하다.

조직구성원들이 의사결정에 대한 이해관계뿐만 아니라 전문성을 갖추고 있는 경우, 이들의 조직목표에 대한 성실성의 정도 또는 의사결정의 신뢰성을 평가해야 한다. 즉, 구성원들의 개인적 목표가 조직의 목표와 갈등을 일으킬 때 이들을 의사결정에 참여시키는 것은 바람직하지 않다. 따라서 구성원들의 헌신은 중요하며, 성실성의 정도를 측정하기 위해서 세 번째 검증이 필요하다. 성실성의 검증은 구성원들이 조직의 임무를 위해 헌신하고 있는가, 또는 조직에 대한 최선의 관심에서 의사결정을 할 것인지를 신뢰할 수 있는가를 점검한다.

이상과 같은 검증을 통해서 조직구성원들의 의사결정에 대한 참여 방식은 다음 몇 가지로 분류된다(Hoy & Miskel, 1996).

첫째, 의사결정이 구성원들이 단순하게 받아들이는 수용권에서 벗어나 있고, 구성원들이 조직에 대한 최선의 관심에서 의사결정을 할 것이라고 신뢰할 수 있다면, 구성원들의 참여는 확대되어야 한다. 이는 민주적인 의사결정방식을 택하는 상황이다.

둘째, 의사결정이 구성원들이 단순하게 받아들이는 수용권에서 벗어나 있지만 의사결정에 대한 구성원들의 신뢰성이 문제될 때 구성원들의 참여는 제한된다. 그렇지 않으면 의사결정은 조직 전체의 목적과 다른 방향으로 흘러가기 쉽다. 이는 갈등적인 의사결정 상황이다.

셋째, 구성원들이 의사결정사항에 대해 개인적인 이해관계를 가지고 있지만 전문성이 거의 없는 경우가 있는데, 이는 이해관계를 가진 의사결정 상황이다. 이때 구성원은 단지 때때로 참여해야 하며 참여 정도도 제한되어야 한다. 참여자들이 실제로 기여할 수 없을 때 조직의 의사결정은 전문성을 지닌 사람들이 내리게 된다. 이때 참여자들은 좌절감을 느낀다. 이 경우 조직구성원의 참여는 구성원들에 대한 개방적인 의사소통을 의미하며, 이들을 교육하고, 결정에 대한 지지를 획득하는 목적에서 실시된다.

넷째, 구성원들이 결과에 대한 개인적인 이해관계는 가지지 않았으나 의사결정에 유용한 기여를 할 수 있는 전문성을 가지고 있는 경우가 있는데, 이는 전문가 의사결정 상황이다. 이때 구성원들은 단지 때때로 참여하고 참여 정도도 제한된다. 전문가 의사결정 상황에서 구성원들이 너무 빈번하게 참여할 때 이들은 불평하게 된다.

다섯째, 조직구성원들이 의사결정사항에 관심을 갖지 않고 전문성도 가지고 있지 않는 경우에는, 의사결정은 구성원들이 단순하게 수용하는 영역 내에 속하게 되므로 구성원들의 참여가 불필요하다. 이는 비협조적인 의사결정 상황이다. 이 경우에 구성원들을 참여시킬 경우 구성원들의 불만을 초래할 수 있다.

2) 의사결정기구의 운영

일단 조직구성원들의 의사결정 참여 방식이 결정되면 의사결정기구의 운영방식을 정하게 된다. 의사결정기구의 운영방식은 집단 합의, 집단 다수결에 의한 결정, 집단 자문, 개인적 자문, 일방적 결정이 있다(Hoy & Tarter, 1995).

- 집단 합의: 행정가는 의사결정에서 구성원들을 참여시키고 집단이 결정한다. 모든 집단 구성원들은 결정에 대해 평등하게 참여하여 전체 합의에 의해 결정한다.
- 집단 다수결에 의한 결정: 행정가는 의사결정에서 구성원들을 참여시키며 다수결원칙에 의해서 의사결정을 내린다.
- 집단 자문: 행정가는 전체 집단의 의견을 청취하며 제안을 토의하지만, 결정을 내릴 때 구성원들의 요구를 반영할 수도 있고 반영하지 않을 수도 있다.
- 개인적 자문: 행정가는 결정에 도움이 되는 전문성을 가진 구성원들의 개별적인 자문을 받지만, 의사결정에서 이들의 의견을 반영할 수도 있고 반영하지 않을 수도 있다.
- 일방적 결정: 행정가는 구성원들과의 협의나 참여 없이 의사결정을 내린다.

의사결정에서 의사결정 집단을 이끄는 행정가의 리더로서의 역할이 매우 중요하다. 행정가의 역할은 통합자, 촉진자, 교육자, 청취자, 지시자로 구분된다. 행정가는 통합자로서 의사결정과정에서 표출되는 다양한 의견과 입장을 조정하여 구성원들의 합의를 도출한다. 촉진자로서 소수의 의견을 보호함으로써 개방적 의사소통을 촉진하며 민주적 과정을 통해 참여자들을 집단 결정으로 이끈다. 교육자로서 의사결정상의 쟁점이 갖는 기회와 제한을 집단 구성원들과 함께 설명하고 토의함으로써 변화에 대한 저항을 줄인다. 청취자로서 전문성을 지닌 구성원의 조언을 청취한다. 의사결정의 질은 행정가가 적합한 정보를 산출할 때 향상된다. 지시자로서 구성원들이 어떠한 전문성이나 개인적 이해관계를 가지고 있지 않을 때 일방적인 결정을 내린다. 행정가의 각 역할의 기능과 목적은 〈표 8-3〉과 같다.

〈표 8-3〉 의사결정에서 행정가의 역할

역할	기능	목적
통합자	다양한 입장의 통합	합의 도출
촉진자	개방적인 토론 촉진	신중한 검토 지원
교육자	설명과 쟁점 토론	결정 사항의 수용
청취자	의견 청취	결정의 질 향상
지시자	일방적 결정	효율성

　조직구성원들의 의사결정기구에 대한 참여 방식은 구성원들의 참여유형에 따라 다음과 같이 달라진다.

　첫째, 조직구성원들이 조직 목적에 성실하고 의사결정을 신뢰받을 수 있는 경우이다. 의사결정 집단이 최상의 결정을 내리고자 노력하게 된다. 이때 조직구성원의 참여는 확대되며 의사결정기구의 운영은 민주적으로 이루어진다. 행정가는 구성원들의 합의가 필수적인 경우에는 통합자로서 역할을 수행하게 되고, 집단 다수결로 결정할 경우에는 촉진자로서 역할을 수행한다.

　둘째, 구성원들이 조직 목적에 성실하지 않은 갈등적인 의사결정 상황인 경우이다. 이때 구성원들의 참여는 제한된다. 갈등적인 의사결정 상황에서 행정가는 교육자로서 역할을 수행한다. 행동하며, 그리고 의사결정 집단은 반대하는 사람들에게 충고한다.

　셋째, 구성원들이 결정에 대해 개인적 이해관계는 가지지만 어떤 전문성도 없는 이해관계 상황인 경우이다. 이때 구성원들의 참여는 제한된다. 구성원들은 결과에 관심을 가지지만 결정을 내리는 데 필요한 지식은 거의 가지고 있지 않다. 이 상황에서 구성원들을 때때로 참여시키는 것은 이들의 저항을 줄이고 교육하기 위해서이다. 만약 이들이 자주 참여하면서 자신들의 희망사항이 충족되지 않는 경우에는 불만이 커지게 된다. 행정가는 이 집단이 조직의 책임자에 대한 자문의 역할을 수행한다는 점을 인식시켜야 한다. 행정가의 역할은 결정하고 교육하는 것이다.

　넷째, 구성원들이 전문성은 가지지만 어떠한 개인적 이해관계도 없는 전문가 상황이다. 행정가들은 의사결정에 이들의 전문성을 활용하기 위해서 때때로 그리고 제한적으로 참여시킨다. 전문가가 모든 의사결정에서 협의되어야 한다는 생각을 할 수 있다. 그러나 전문가들이 의사결정 결과에 대해 개인적 이해관계를 가지고 있지 않을 때, 그들의 열정은 빠르게 약화되고 그 대신 불평할 수 있다.

다섯째, 비협동적인 상황에서, 교사들은 결정에 대한 이해관계나 전문성을 가지고 있지 않다. 이 경우에는 행정가들이 주도적으로 의사결정을 내리는 것이 효과적이다.

참여적 의사결정 모형은 [그림 8-1]과 같다.

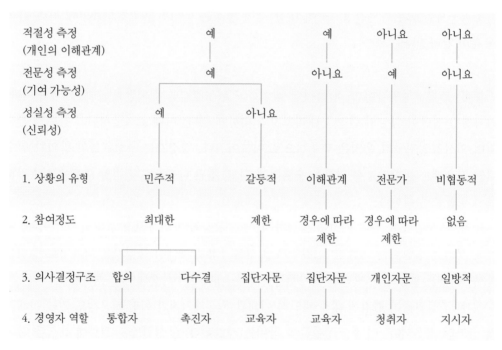

적절성 측정 (개인의 이해관계)	예		예	아니요	아니요
전문성 측정 (기여 가능성)	예		아니요	예	아니요
성실성 측정 (신뢰성)	예	아니요			
1. 상황의 유형	민주적	갈등적	이해관계	전문가	비협동적
2. 참여정도	최대한	제한	경우에 따라 제한	경우에 따라 제한	없음
3. 의사결정구조	합의 　 다수결	집단자문	집단자문	개인자문	일방적
4. 경영자 역할	통합자 　 촉진자	교육자	교육자	청취자	지시자

[그림 8-1] **참여적 의사결정 모형**(Hoy & Miskel, 1996)

3) 집단 의사결정의 장점과 단점

집단적 합의에 의한 의사결정은 민주성, 전문성, 안정성, 신중성, 일관성 등을 확보할 수 있는 방법으로 많이 활용된다. 참여적 의사결정을 활용함으로써 얻는 이점은 의사결정의 질을 향상시킬 수 있고, 조직구성원들의 성장과 발달을 촉진시켜 준다는 점이다.

한편 교육조직에서 참여적 의사결정을 할 때 유의해야 할 요인은 다음과 같다(남정걸 외, 1995; Owens, 1991).

첫째, 분명한 의사결정과정이 필요하다.

둘째, 해결되어야 할 문제의 성격이 규명되어야 한다.

셋째, 의사결정과정에 참여할 구성원의 자격기준이 마련되어야 한다.

참여적 의사결정은 효과적인 경우도 있지만 반면에 문제점이 발생될 수 있다. 다음과 같은 문제점이 지적된다.

첫째, 개인적 결정에 비하여 토론과 논쟁으로 시간이 많이 소요된다.

둘째, 결정 결과에 대한 책임감도 희박하고 책임전가 현상이 일어날 수 있다.

셋째, 타협적 결정이 이루어져 조직목표에 위배될 수 있다.

넷째, 전문적인 문제는 집단적 결정이 바람직하지 않은 경우가 있다.

그러므로 문제의 성격과 상황에 따라서 집단적 결정을 하든가 또는 개인적 결정을 해야 한다. Owens는 ① 문제의 구성요소들이 모호하지 않고 명확하며 계량화할 수 있을 때, ② 문제의 구성요소들이 쉽게 분리될 수 있을 때, ③ 문제를 해결하는 데 논리적 계열성이 있는 행위가 요구되며, 이러한 행위를 한 사람이 쉽게 수행할 수 있을 때, ④ 전체 문제의 영역이 상대적으로 쉽게 식별될 때는 전문가인 개인이 문제를 해결하는 것이 더 바람직하다고 하였다.

반면에, ① 문제의 구성요소들이 모호하고 불확실하며 쉽게 계량화할 수 없을 때, ② 문제의 구성요소들이 너무 역동적으로 서로 얽혀 있어 객관적인 기준으로 서로 분리하기가 어려울 때, ③ 문제를 해결하는 데 많은 사람들의 계속적인 조정과 상호작용이 필요할 때, ④ 문제의 성질과 차원을 의사결정시에는 충분히 알 수 없었으나, 문제를 반복해서 다루는 과정에서 더 잘 이해할 수 있게 되었을 때는, 문제해결에 필요한 지식을 지니고 의사결정이 이루어진 후 집행하는 위치에 있는 집단이 의사결정을 하는 것이 유리하다고 하였다.

개인적 의사결정은 신속하므로 시간과 자원이 절약되고, 책임소재가 명백하며, 결정된 사항을 강력하게 시행할 수 있는 장점이 있으나 민주성과 전문성, 안정성, 일관성 등을 확보하기 어렵다는 단점이 있다. 따라서 문제의 성격과 상황 등을 고려해서 의사결정이 이루어질 필요가 있다.

4) 단위학교 의사결정체제의 운영

우리나라의 초·중등학교에 설치된 학교운영위원회의 운영과 관련해서 단위학교의 의사결정 방식에 대한 논의가 활발해지고 있다. 학교운영위원회는 학교행정가, 학부모, 교사, 지역사회인사들이 참여하는 단위학교 의사결정기구이다. 단위학교에는 학교운영위원회를 비롯하여 교무회의, 학부모회 등 여러 가지 학교운영기구들이 존재한다. 이와 같은 단위학교의 의사결정기구에 대한 구성원들의 참여 범위와 참여 방식을 규정하는 것은 중요한 과제이다. 단위학교의 의사결정은 학교운영 주체들 간에 의사결정의 분업화, 의사결정의 고유영역, 분권적 책임을 인정함으로써 효과적으로 운영될 수 있다(김성열, 1995).

첫째, 단위학교 의사결정체제는 의사결정의 분업화에 따라 이루어질 수 있다. 의사결정은 민주적 의사결정과 전문적 의사결정으로 구분된다. 민주적 의사결정은 구성원들이 집단적으로 원하는 집합적 선호에 관한 결정을 내려야 하는 경우에 사용될 수 있다. 전문적 의사결정은 결정해야 할 내용이 전문적 지식을 필요로 하는 사실적 문제일 경우에 채택되는 방식이다. 학교운영위원회에서는 학교운영 주체들 모두의 집합적인 선호에 관련된 사항을 결정할 수 있다. 예컨대, 학생들이 착용하는 교복의 색상과 디자인에 대한 결정은 학교 구성원들의 집합적인 선호를 고려해야 하는 것이기 때문에 학교운영위원회에서 다수결로 결정할 수 있다. 반면에 학교에서 가르치는 교육내용 및 교수방법과 같은 전문적인 사항은 교사들의 전문적인 지식에 근거하여 결정될 수 있어야 한다.

둘째, 단위학교 의사결정체제는 학교의 각 구성원들의 고유한 의사결정 영역을 인정한다. 이것은 학교행정가, 교사, 학부모, 학생들과 같은 학교운영 주체들이 주로 다룰 수 있는 고유한 의사결정 영역을 인정하는 것을 의미한다. 예컨대, 학교운영위원회는 학교 구성원 모두가 관련되는 공통의 사항을 주로 다루고, 교무회의는 교육내용이나 교수방법과 같은 학생 교육에 관련된 사항을 주로 다루며, 학부모회는 학부모들이 관심을 갖고 기여할 수 있는 사항을 주로 다룬다.

셋째, 단위학교 의사결정체제는 학교운영 주체들의 분권적 책임의식을 토대로 운영한다. 학교의 다양한 구성원들은 학교운영에 대하여 상호의존적이면서 또한 대립적이다. 학교구성 주체들이 집단의 이익을 무한정 주장할 때 학교는 분열된다. 이를 방지하기 위해 학교구성 주체들이 각자 책임의식을 가져야 한다. 학교 구성원들 중 누구도 학교운영에 무한정 책임을 질 수는 없다. 따라서 학교구성 주체들은 각자의 지위와 역할에 따른 분권적 책임의식을 가지고 학교운영과정에 참여해야 한다.

제9장

의사소통

학교의 교육활동과 경영활동은 의사소통을 통해 이루어지므로 의사소통은 학교조직 활동을 가능케 하는 기본적 요소이다. 따라서 학교조직이 성공적으로 그 기능을 발휘하려면 의사소통이 효과적으로 이루어지는 것이 중요하다. 이 장에서는 의사소통의 개념, 과정, 형태, 장애요인 및 그 극복방안과 효과적 의사소통의 방법에 대해서 살펴본다.

1. 의사소통의 개념

1) 의사소통의 정의

의사소통의 개념은 광의로는 사람과 사람, 사람과 기계, 기계와 기계 사이에 이루어지는 정보의 이전과정을 말하나, 협의로는 사람과 사람 사이의 정보, 의사 또는 감정이 교환되는 것을 의미한다(Simon, 1947). 협의의 의사소통은 일상생활에서의 의사소통을 말하며, 그것은 사람들이 의미 있는 메시지를 교환하고 그들의 생각과 감정에 관한 의미를 공유하는 데 사용하는 과정이다(Manning, 1992). 말하자면, 의사소통은 둘 또는 그 이상의 사람들 간의 이해에 도달하는 방식으로 메시지, 생각 또는 태도를 공유하는 것이다(Lewis, 1975). 개인들은 의사소통을 통해 상호작용하며 상호 간에 영향을 준다.

이러한 의사소통의 일반적 정의는 의사소통을 파악하는 이론적 관점에 따라 보다 정밀하게 정의된다. 의사소통에 대한 이론적 관점은 크게 구조적 관점, 기능적 관점, 의도적 관점으로 분류된다(차배근, 1991, pp. 21-24).

구조적 관점은 의사소통을 정보 또는 메시지의 단순한 송수신 과정으로 보고 그 구조 자체(송신자-메시지-수신자)에 중점을 두는 견해이다. 이 관점은 주로 Shannon, Weaver, Wiener와 같은 정보이론가들의 견해로, 의사소통을 '메시지를 보내고 받는 과정'으로 정의한다. 이 관점에서는 정보의 흐름(연결, 유통)에 비중을 두어 신속·정확한 정보 흐름을 위한 경로와 기술적 문제에 관심을 갖는다.

기능적 관점은 의사소통을 인간들의 기호(記號, signs) 사용 행동 그 자체로 보고, 그 기호화 및 해독과정(encoding-decoding)에 중점을 두는 견해이다. 이 관점은 어떻게 인간들이 기호를 사용해서 서로의 의미를 창조하고 공동의 의미를 수립하느냐에 관심을 갖고, 의미의 창조 및 공동의미의 수립과정을 인간의 기호 사용 행동과 그 기호화와 해독과정을 통해 이해하려 한다. Stevens(1950)의 '의사소통은 자극에 대한 생물체의 분별적 반응'이라는 정의는 이 관점을 대표하는 견해이다.

의도적 관점은 의사소통을 인간이 다른 사람에게 영향을 미치기 위하여 의도적으로 계획된 행동이라고 본다. Hovland와 그 동료들(1953)은 '의사소통이란 한 개인(커뮤니케이터)이 다른 사람들(수용자)의 행동을 변형시키기 위하여 자극(대체로 언어적 자극)을 전달하는 과정'(p. 12)이라 정의한다. 의사소통을 송신자가 수신자의 행동에 영향을 미치려는 의도를 가지고 수신자에게 메시지를 보내는 행위로 정의하는 의도적 관점은 주로 사회심리학자들이 취하는 입장으로서 의사소통의 효과에 중점을 두는 견해라고 할 수 있다.

이상의 세 가지 관점에 따른 의사소통의 의미 요소는 '메시지의 전달과 수신' '공통의미의 수립' '행동변화의 유발'이다. 차배근(1991)은 이를 종합하여 '의사소통이란 생물체(사람, 동물 등)들이 기호를 통하여 서로 정보나 메시지를 전달하고 수신해서 공통된 의미를 수립하고, 나아가서는 서로의 행동에 영향을 미치는 과정 및 행동'(p. 25)이라고 정의한다.

인간의 의사소통은 기호의 전달과 수신과정을 통해서 송신자와 수신자 간에 의미가 전달·공유되는 사회적 과정으로 이해한다.

2) 의사소통의 기능

인간은 의사소통을 통하여 서로 공통된 의미를 형성하고 또한 서로의 행동에 영향을 미침으로써 서로 협동하면서 사회생활을 영위해 나가고 있다. 따라서 인간사회에서 의사소통의 가장 중요한 기능은 무엇보다도 사회구성원들 사이의 협동을 통한 사회유지기능이라고 하겠다(차배근, 1991, p. 50). 사회유지라는 기본적인 기능 안에서 의사소통은 여러 가지 기능을 구체적으로 수행한다. Schram(1971)은 사람과 기계를 포함한 광의의 의사소통의 기능으로 ① 정보제공과 이해, ② 교육과 학습, ③ 오락제공과 행락, ④ 제안 및 설득과 수락 또는 결정 등을 들고 있다. Dance와 Larson(1976)은 인간 의사소통의 중요 기능으로 ① 인간들을 환경이나 다른 인간과 관련짓는 연결 기능, ② 인간들의 정신을 개발시켜 주는 정신개발 기능, ③ 인간들의 행동을 규제해 주는 규제기능을 들고 있다. 조직 내에서 의사소통이 수행하는 중요한 기능으로 Scott 등(1976)은 ① 통제, ② 동기유발, ③ 감정표현, ④ 정보전달을 들고 있다.

학교와 같은 조직에서의 의사소통의 핵심기능으로 Myers와 Myers(1982)는 ① 생산과 규제, ② 혁신, ③ 사회화와 유지를 들고 있다. 생산과 규제기능은 학교에서 교수하고 학습하는 것과 같이 조직의 일차적 목적을 수행하는 활동이 포함된다. 이런 활동에는 목표와 기준을 세우고, 사실과 정보를 전달하고, 의사를 결정하고, 지도하고, 다른 사람에 영향을 미치고, 산출을 평가하는 활동 등이 포함된다. 혁신기능은 학교에서 새로운 아이디어를 창출하고 프로그램, 구조, 절차를 변화시키는 메시지가 포함된다. 의사소통의 사회화와 유지기능은 개인의 목적과 학교의 목적을 통합하기 위해서 구성원의 인격, 대인관계, 동기에 영향을 주는 것이다. 이러한 복합적이고 상호의존적인 다양한 학교활동을 수행할 수 있는 학교의 능력은 학교조직 내의 의사소통이 얼마나 효과적으로 이루어지느냐에 따라서 결정되는 바가 크다.

2. 의사소통의 과정

의사소통의 실체는 의사소통과정에서 보다 구체적으로 이해된다. 일찍이 Lasswell (1948)은 "의사소통이란 '누가(who says)' '무엇(what)'을 '누구(to whom)'에게 '어떤 매체(in which channel)'를 통하여 '어떤 효과(with what effect)'를 얻는가라는 과정"이라고 의사소통을 정의한 바 있다. 이후 많은 학자가 의사소통의 과정에 대한 여러 가지 모형을 제시하였다. 일반적으로 의사소통의 과정은 송신자, 수신자, 메시지, 경로, 효과, 피드백, 장애, 상황의 요소들로 구성된 일련의 관계로 이루어진다([그림 9-1] 참조). 각 요소를 간략히 설명하면 다음과 같다.

- 송신자(sender): 송신자는 메시지를 보내는 사람 또는 집단이다. 그는 메시지를 기호화(encoding)하여 수신자에게 전달한다. 이 기호화 과정에서 송신자의 의도와 속성, 예컨대 지식, 태도, 가치관 등이 영향을 미치게 된다. 송신자는 정보원(情報源)으로서 그 신뢰성이 의사소통과정에 중요하게 영향을 준다.
- 수신자(receiver): 수신자는 메시지를 받는 사람 또는 집단이다. 수신자는 메시지를 접수하는 과정(decoding)에서 그것을 해독, 해석, 이해한다. 이 과정에서 수신자의 속성, 예컨대, 지식수준, 인식 등이 영향을 미치게 된다. 송신자의 입장에서 보면 수신자는 영향을 미치고 효과를 기대하는 대상이다.

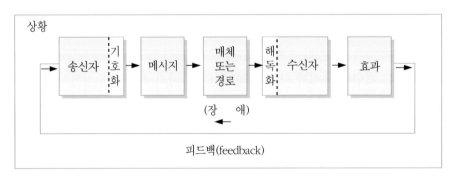

[그림 9-1] 의사소통과정

- 메시지(message): 메시지는 송신자가 보내는 의미를 지니고 있는 기호이다. 기호는 송신자의 마음속의 그 무엇(예를 들면, 생각, 감정, 정보, 사건 등)을 대리 표시하는 것이다. 즉, 메시지는 송신자의 생각, 감정, 정보 등을 나타내는 기호이며, 이 기호는 언어적 기호와 비언어적 기호로 구분된다. 메시지는 송신자가 보내는 의미를 수신자가 알아내는 데 중요한 역할을 하므로 송신자와 수신자 모두가 이해할 수 있어야 한다.
- 매체 또는 경로(medium 또는 channel): 매체 또는 경로는 메시지를 전달하는 수단이다. 전달 수단에는 메시지를 담는 용기(매체)와 그것의 운반체(경로)가 포함된다. 용기는 책, 전화, TV 등을 지칭하며 운반체는 음파, 광파, 전파 등을 지칭한다. 전달 수단을 통해 송신자와 수신자는 연결된다.
- 효과(effect): 효과는 의사소통의 목적달성 또는 의도하는 결과로서 의사소통자에게 일어나는 변화를 의미한다.
- 피드백(feedback): 피드백은 송신자에게 되돌아오는 수신자의 평가적 반응이다. 피드백은 송신자의 의사소통 행위를 수정하는 정보를 제공한다. 피드백은 또한 의사소통을 연속적이고 순환적인 과정이 되도록 한다.
- 장애(barrier 또는 noise): 장애는 송신자가 전하는 메시지를 간섭, 훼방, 왜곡, 변화시키는 모든 것을 말한다. 의사소통의 장애에는 개인요인에 의한 장애, 조직요인에 의한 장애 등 여러 가지 종류가 있다. 장애에 대해서는 보다 자세히 후술한다.
- 상황(context 또는 setting): 상황은 의사소통이 일어나는 환경을 말한다. 환경에는 물리적, 시간적, 공간적, 조직적 환경뿐만 아니라 정치, 경제, 사회 및 문화환경이 포함된다.

결국 의사소통은 송신자가 메시지를 기호화하여 수신자에게 전달하면 수신자는 이를 해독하여 메시지의 의미를 이해하고 그 반응을 송신자에게 되돌려 보내는 과정이다. 이 과정은 의사소통이 이루어지는 상황과 과정요소들에 의해서 영향을 받는다.

3. 의사소통의 형태

의사소통은 의사소통과정 요소의 변화에 따라 여러 가지 형태로 나타난다. 의사소통의 형태를 의사소통의 경로, 메시지 유형, 의사소통의 형식, 의사소통망 등 의사소통 형태의 결정요소에 따라 분류하여 살펴본다.

1) 언어적 의사소통과 비언어적 의사소통

의사소통에 사용하는 메시지 기호의 종류에 따라 언어적 의사소통(verbal communication)과 비언어적 의사소통(non-verbal communication)으로 분류된다.

언어적 의사소통은 문자(written language)와 말(spoken language)을 기호로 사용하는 의사소통이다. 의사소통에서는 메시지(기호)를 단순히 전달하는 것보다는 메시지 안에 담겨져 있는 생각, 감정, 정보의 전달을 더욱 중요시한다. 언어적 의사소통에서 중요한 법칙 중의 하나는 매체가 의사소통의 풍요성을 결정한다는 가설이다(Daft & Lengel, 1984, 1986). 이때 풍요성(richness)이란 정보를 운반하고 모호성을 해결할 수 있는 잠재력을 의미한다. 매체의 풍요성을 결정하는 네 가지 준거는 피드백의 속도와 적시성, 의사소통 채널의 다양성, 출처의 개인성, 그리고 언어의 풍요성이다. 대면적 매체나 전화는 의사소통의 풍요성이 높고, 전자우편은 보통인 편이고, 서면 매체나 성적표와 같은 숫자 문서는 풍요성이 낮다. 일반적으로 매체의 풍요성이 높을수록 모호성은 줄어든다.

비언어적 의사소통은 신체접촉, 몸짓, 손짓, 얼굴표정, 복장 등과 같은 비언어적 기호를 사용하는 의사소통이다. 비언어적 의사소통은 일반적으로 언어적 의사소통을 지원하지만, 그 자체로 독립적으로 의미를 전달하며 어느 경우에는 언어적 의사소통보다 더 강력한 의미를 전달하므로 중요시되는 의사소통이다.

2) 일방적 의사소통과 쌍방적 의사소통

의사소통은 송신자와 수신자 사이에 메시지의 흐름이 일방적이냐 쌍방적이냐에 따라 일방적 의사소통(one-way communication)과 쌍방적 의사소통(two-way communication)으로 구분된다.

일방적 의사소통은 의사전달이 한 방향으로만 이루어지는 형태이다. 이때 송신자는 의사소통을 주도하고 수신자는 듣는 입장에 있다. 연설, 강연, 설교, 강의 발표, 공식적인 인사와 같은 것은 일방적 의사소통의 형태들이다. 일방적 의사소통에서는 송신자가 자신의 생각, 감정, 의도, 정보 등을 정확히 전달하기 위해서 많은 준비가 필요하고, 그것들을 많은 사람들에게 신속하게 전달할 수 있다는 장점이 있다. 반면에 일방적 의사소통은 피드백이 이루어지지 않으며 수신자를 수동적 위치에 놓이게 한다는 단점이 있다.

쌍방적 의사소통은 최소한 두 사람이 서로 메시지를 주고받는 상호작용적 의사소통의 형태이다. 인사, 대화, 상담, 요담, 면담, 토론수업 등과 같은 것은 쌍방적 의사소통의 형태들이다. 쌍방적 의사소통은 말하기와 듣기를 통해 상호 간의 이해와 의미 공유, 그리고 학습과 변화를 촉진하는 장점이 있는 반면에, 시간이 많이 걸린다는 단점이 있다.

3) 수직적 의사소통과 수평적 의사소통

집단이나 조직 내에서 의사소통의 방향이 수직적이냐 수평적이냐에 따라 수직적 의사소통(vertical communication)과 수평적 혹은 횡적 의사소통(horizontal communication)으로 분류된다. 수직적 의사소통은 다시 하향적 의사소통(downward communication)과 상향적 의사소통(upward communication)으로 분류된다(김윤태, 1994, pp. 400-403).

하향적 의사소통(상의하달)은 조직의 계층 또는 명령계통에 따라 상관(상급자)이 부하(하급자)에게 그의 의사와 정보를 전달하는 것으로, 구두 또는 문서에 의한 명령과 일반적 정보가 있다. 하향적 의사소통은 의사소통이 쉽게 이루어질 수 있는 반면에, 상급자에 대한 하급자의 인식에 따른 선택적 정보취득, 정보과다 또는 하의(下意)과다에 따른 보고량의 과다, 하급자에 필요한 정보차단 등이 문제점으로 지적된다. 따라서 하향적 의사소통에서는 정보원의 신뢰확보, 적정수준의 정보량, 하급자에 필요한 정보제공이 고려되어야 한다.

상향적 의사소통(하의상달)은 하향적 의사소통과는 반대로, 계층의 하부에서 상부로 정보와 의사가 전달되는 것으로, 보고, 제안제도, 의견조사, 면접 등의 방법이 있다. 상향적 의사소통은 그 과정에서 반드시 중간계층을 경유하여 최고계층에 도달하기 때문에 이 과정에서 의사소통이 차단, 생략, 왜곡되거나 압력 등을 받을 수도 있다. 따라서 하층부의 정보가 상층부에 정확하게 전달될 수 있는 의사소통 체제를 갖추어야 한다. 상향적 의사소통이 원활하게 발생하도록 하기 위하여 불만처리제도, 문호개방정책, 전자우편의 활성화, 상담·설문지·인터뷰 실시, 참여 확대, 구성원 권한 강화, 민원조사 방안 등이 있다 (박수연, 박정애, 2000, pp. 431-432).

수평적(횡적) 의사소통은 동일 계층상의 부문 간에 또는 상하관계가 아닌 사람들 사이에 이루어지는 것으로, 사전심사제도, 회의 및 위원회, 회람 및 통보 등의 방법이 있다. 조직의 규모가 크고 분업이 심해질수록, 그리고 조직이 고도로 전문화될수록 이러한 횡적 의사소통이 더욱 필요하게 된다. 횡적 의사소통은 조직의 통합과 조정 및 구성원의 사회화를 촉진하는 반면에, 비공식적 경로를 통한 루머 확산의 수단이 되기도 한다. 계층제에서 자유스러운 의사소통의 흐름이 제약받을 때 횡적 의사소통이 증가된다는 점도 유의할 필요가 있다.

대각적 의사소통은 상향적, 하향적, 수평적 의사소통의 경로가 비효과적일 때 발생되며, 조직 내의 여러 기능과 기준들을 가로질러 이루어지는 의사소통이다. 조직의 구조가 복잡하고 다원적인 경우에는 의사소통의 경로가 다양해진다.

4) 공식적 의사소통과 비공식적 의사소통

의사소통이 이루어지는 형식에 따라 공식적 의사소통(formal communication)과 비공식적 의사소통(informal communication)으로 구분된다(김윤태, 1994, pp. 399-400).

공식적 의사소통은 공식적 조직 내에서 공식적인 의사소통의 경로와 수단을 통해서 정보가 유통되는 것으로, 보통 계서제의 명령계통을 따라 공문서 또는 서면이나 구두의 명령 보고 등의 방법으로 이루어진다. 공식적 의사소통의 목적은 조직구성원에게 조직의 목표 방침 및 지시사항 등을 알리고, 직원들의 의견과 보고내용을 관리자와 모든 직원에게 알리는 데 있다. 의사소통이 공식화되면 권한관계가 명확해지고, 의사소통이 확실하고 편리해지며, 송신자와 수신자가 명확하여 책임소재가 분명해지는 장점이 있다. 그러나 공식적 의사소통은 융통성이 없고 소통이 느리고 또한 그것만으로 조직 내의 합리적 의사소통을 이룩하기는 어렵다.

비공식적 의사소통은 비공식적 조직, 즉 자생적 집단 내에서 비공식적인 방법으로 이루어지는 의사소통으로, 풍문, 유언, 전화, 접촉 등의 형태로 나타나므로 통제하기도 어려우며 추궁하기도 어렵다. 이것은 공식적 직책을 떠나 친분, 상호신뢰 등 인간관계를 기초로 하여 의사소통을 하는 것으로, 극히 제약된 조직이나 사회에서는 많은 의사소통이 발생한다. 이러한 비공식적 의사소통은 구성원들의 여론과 감정 등을 그대로 나타내므로 유익한 정보를 전달하는 수단이 된다. 뿐만 아니라 공식적 의사소통으로 전달될 수 없는 표현을 가능하게 함으로서 직원의 만족감을 높여 주기도 한다.

5) 의사소통망의 유형

의사소통망(communication network)은 정보의 흐름을 연결하는 개인들로 구성된 의사소통의 상호연결 구조이다. 즉, 의사소통의 라인이다. 의사소통망은 그 형태에 따라 [그림 9-2]와 같이 연쇄형, 바퀴형, 원형, 별형 또는 개방형, Y형 등이 있다(Lunenburger & Ornstein, 1991, pp. 194-195).

- 바퀴형(wheel)은 구성원 각자가 한 사람과 의사소통하는 구조이다.
- 연쇄형(chain)은 두 사람만 접촉하면서 다른 한 사람과 연결되는 구조이다.
- Y형은 연쇄형에서 외부의 두 사람과 접촉이 이루어지는 구조이다. 이것은 대다수 구성원의 대표적인 지도자가 존재할 경우에 나타나는 유형이다.
- 원형(circle)은 좌, 우 옆 사람과 접촉이 이루어지는 구조이다. 이 유형은 신분관계가 불확실하고 집단 구성원 간에 사회적 서열이 분명하지 않을 경우에 형성된다.

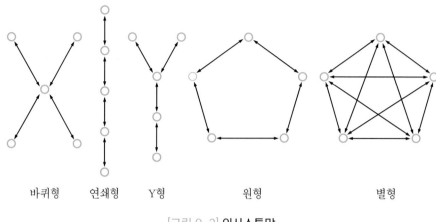

바퀴형   연쇄형   Y형   원형   별형

[그림 9-2] **의사소통망**

- 별형 또는 개방형(star 또는 all channel)은 구성원 전체가 상호 간에 의사소통이 이루어지는 구조로서, 각 구성원들이 모든 다른 사람들과 함께 자유로운 의사소통을 한다.

각 유형의 주된 차이점은 의사소통의 집중화 또는 분산화 정도이다. 의사소통이 가장 집중화되어 있는 구조는 바퀴형이며, 다음으로 연쇄형, Y형이다. 의사소통이 가장 분산화되어 있는 구조는 별형(개방형)이며, 다음으로 원형이다.

각 유형의 효과성은 상황요인에 따라 달라지게 된다(Bittner, 1988). 집중형이 단순과업수행에 효과적인 반면에, 분산형은 복잡한 과업수행에 효과적이다. 구성원의 전반적 사기는 집중형보다는 분산형에서 높아진다. 이 점은 구성원이 의사결정에 참여할 때 작업만족도가 높아진다는 사실에 비추어 시사하는 바가 크다. 일반적으로 계층제에서는 집중형으로 의사소통이 이루어지고, 비형식적 조직에서는 분산형으로 이루어진다. 그러나 개방적의사소통이 효과적이라는 관점에서, 공식적인 조직에서 분산형 의사소통구조의 활용이요청된다.

4. 의사소통의 장애와 장애극복

의사소통의 장애는 의사소통 과정을 간섭, 훼방, 왜곡, 변화시키는 모든 것을 말한다. 장애는 근본적으로 의사소통 효과를 감소시키는 요인이다. 따라서 의사소통의 효과를 높이기 위해서는 장애의 종류와 그 발생 원인을 파악하여 장애를 최소화하여야 한다.

1) 의사소통의 장애

의사소통의 장애는 의사소통 과정을 간섭, 훼방, 왜곡, 변화시키는 모든 것을 말한다. 이러한 장애의 해석은 장애요인의 소재지나 의사소통을 파악하는 관점에 따라 달라진다 (Fisher, 1979). 의사소통을 기계론적 관점에서 파악하려는 입장에서 장애는 전달과정을 방해하는 전달체제의 물리적 또는 기술적 문제, 곧 잡음으로 간주된다. 심리학적 관점에서 장애는 전달의 장애물이라고 보기보다는, 정보를 선택적으로 지각하고 해석하고 기억하는 것과 같은 개념적 여과과정(conceptual filtering)에서 발생하는 선택적 노출형태로 보고, 노출형태에 영향을 주는 심리적 요인과 관련된다. 상징-해석적 관점에서 장애는 의미 해석의 불일치와 관계되는 것으로서 의사소통자의 역할 담당과 문화적 요소와 관련된다. 체제-상호작용 관점에서 장애는 의사소통 행동 형성과 관련된 사회적 관계에서 파악된다. 여하튼 장애는 근본적으로 의사소통의 비효율성과 관계되는 것으로 보고, 장애요인을 수신자 중심으로 파악하는 특징을 지니고 있다(박병량, 1993).

2) 의사소통의 장애요인

의사소통의 장애요인은 크게 개인 내 요인, 개인 간 요인, 조직요인, 기술적 요인으로 분류할 수 있다(Bedeian, 1980).

■ **개인 내 요인**

개인 내 요인(intraperson factors)은 개인의 선택적 지각—여과(filtering)—과 관련되는 개인의 속성이다. 여기에는 연령, 성, 신념, 가치관, 사고방식, 문화적 배경, 언어사용 습관, 지식, 태도, 심리적 불안 등이 포함된다. 자신의 신념에 부합되는 말은 수용하고 그렇지 않은 말은 거부하는 의사소통 행동은 선택적 지각이 의사소통에 영향을 주는 예이다. 개인 내 요인에는 의사소통 기술이 포함된다. 송신자의 언어구사력, 표현력, 지식 등은 의사소통에 영향을 주는 개인 내 요인이다. 정확한 용어 사용은 의사소통의 효과를 높인다.

■ **개인 간 요인**

개인 간 요인(interperson factors)은 대인관계와 관련된 것으로 친밀감, 신뢰감, 신빙성, 편견, 분위기 등이 포함된다. 긍정적 분위기와 신뢰감은 의사소통의 효과를 높이고, 부정적 분위기와 불신과 의심은 의사소통의 효과를 낮출 것이다. 편견은 의사소통의 의미를 왜곡시키고, 정보원에 대한 신빙성은 정보의 가치를 결정한다.

■ **조직요인**

조직요인(organizational factors)은 조직 내에서 지위와 관련된 것으로 지위, 전달체제, 공간적, 시간적 요인 등이 포함된다. 일반적으로 사람들은 높은 지위의 사람들과 의사소통하려는 경향이 있으며, 높은 지위의 사람이 낮은 지위의 사람과의 대화를 주도한다. 계층구조가 분화되면 될수록 의사소통 전달 단계도 길어지고 전달 과정에서 생략, 왜곡, 종결 등이 일어난다. 집단의 크기가 커질수록 구성원 간의 의사소통이 어려워지며, 공간적 제약은 구성원 간의 의사소통에서 양과 질에 제약을 가할 수가 있다.

■ **기술적 요인**

기술적 요인(technical factors)에는 언어와 채널상의 장애가 있다. 부정확한 언어, 의미가 모호한 언어, 여러 가지로 해석될 수 있는 언어는 의사소통의 정확성을 떨어뜨린다. 채널상의 물리적 장애 역시 의사소통을 방해한다.

장애는 그 종류가 다양할 뿐만 아니라 의사소통 전 과정에서 광범위하게 관련되어 있기 때문에 구체적인 장애요인을 밝혀서 이를 제거하여 의사소통을 원활히 하는 방안을 강구하여야 한다.

3) 의사소통 장애의 극복

효과적인 의사소통을 위해서는 의사소통 장애가 극복되어야 한다. 장애극복을 위해서는 먼저 의사소통의 장애를 의식하고 이를 제거하려는 의식적 노력이 필요하다. 효과적인 의사소통을 위한 장애요인의 극복 방안을 개인수준과 조직수준으로 나누어 살펴본다.

(1) 개인수준에서의 장애극복

개인적 수준에서 장애를 극복하는 기술로 반복, 감정이입, 이해, 피드백, 경청이 강조된다(Lunenburg & Ornstein, 1991 pp. 206-209).

- 반복(repetition): 같은 내용의 메시지를 여러 경로(예, 전화, 면담, 메모 또는 편지)를 통해서 반복하여 전달함으로써 의사소통의 반복을 피할 수 있다. 같은 내용을 다양한 채널을 이용하여 전달하는 반복방법은 가장 흔히 사용되는 효과적인 의사소통 방법이다.

- 감정이입(empathy): 효과적인 의사소통은 수신자가 메시지를 받고 어떻게 반응할지를 송신자가 예견하는 것을 의미한다. 이를 위해서는 수신자가 메시지를 받고 그것을 해석하는 심리적 기제를 이해하여야 한다. 달리 말하면, 상대방의 입장에서 그가 메시지를 기호화하고 해석하는 것을 알아야 한다는 것이다. 타인의 의사소통의 심리적 기제를 이해하는 것을 감정이입이라 하며, 그것은 의사소통의 장애를 극복하는 효과적인 방법이다.

- 이해(understanding): 효과적인 의사소통은 전달내용의 상호이해라는 점은 앞에서도 지적한 바 있다. 효과적인 의사소통은 언어의 전달에 그치지 않고 이해에 도달하는 것이다. 따라서 메시지를 상대방이 이해할 수 있는 언어(문장과 말)로 전달하는 것이 중요하다.

- 피드백(feedback): 수신자의 메시지 수신과 이해의 정도를 확인하는 피드백은 상호이 해를 증진시키는 의사소통을 촉진한다. 쌍방적 의사소통은 일방적 의사소통보다 피드백이 활발히 이루어진다. 일방적 의사소통에서도 상호이해 증진을 위해서 피드백의 기회가 주어져야 한다. 예컨대, 하향적 의사소통에서 메시지의 전달을 확인하고 수신자로부터 피드백을 받는 노력이나, 상향적 의사소통에서 하부 구성원의 참여를 확대시키는 것은 피드백을 촉진하는 방법이다. 문자에 의한 의사소통보다는 면 대면 의사소통에서 피드백이 활발히 이루어지므로 두 가지 의사소통 방법을 함께 사용하는 것이 효과적인 의사소통 방법이 된다.
- 경청(listening): 상대방의 말을 잘 듣는 것은 성공적 의사소통의 핵심이다. 효과적 의사소통은 이해시키는 것과 마찬가지로 이해하는 것이다. 이해는 경청을 통해서만 가능하다. 듣기를 통해서 수신자는 송신자의 메시지를 이해할 수 있고, 송신자는 수신자의 피드백을 이해할 수 있는 것이다. 학교 관리자는 다른 사람의 말을 경청함으로써 경영을 하는 데 필요한 정보를 얻을 수 있고, 다른 사람으로부터 존경과 신뢰감을 획득할 수 있게 되고, 보다 현명한 의사결정을 하는 데 필요한 정보를 얻고, 정확한 정보를 공유하며 직무수행을 향상시킬 수 있게 된다. 요약하면, 경청은 대인관계를 향상시키고, 지원적 분위기를 조성하고, 다른 사람의 자아존중을 고양시키고, 생산적인 환경을 조성하며, 유능한 행정가가 되는 것을 돕는다.

경청의 기술에 대해서는 후술한다.

(2) 조직수준에서의 장애극복

학교행정가는 학교 구성원 개인 간의 의사소통의 개선뿐만 아니라, 조직수준에서 학교의 의사소통 체제를 조직하고 조정하며 평가하는 노력을 기울여야 한다. 조직수준에서는 의사소통에 영향을 주는 조직구조, 지위 차이, 통신체계 및 정보의 양의 측면에서 개선책이 마련되어야 한다.

■ 조직구조의 측면

조직구조는 그 속에 이루어지는 의사소통의 질에 영향을 미친다. 계층단계가 많은 조직에서는 일반적으로 정보의 흐름이 비효율적이고 정보가 왜곡되어 전달될 개연성이 높다. 이러한 조직에서는 횡적 의사소통이 보다 유리하다. 즉, 계층단계가 많은 조직에서는 동료 간의 횡적 의사소통이 좋고, 상향적 또는 하향적 의사소통은 약하고 왜곡된다. 반면에 계층단계가 적은 조직에서는 상하 의사소통이 쉽고, 직접적 대화가 쉽게 이루어지며, 의사소통을 굴절시키는 단계가 거의 없어 효과적인 의사소통이 이루어질 수 있는 장점이 있다.

■ 지위 차이의 측면

지위 차이는 의사소통에 영향을 준다. 예컨대, 상하관계는 자유스러운 수직적 의사소통을 제어한다. 상위직은 의사소통의 요구를 많이 받지만, 자신의 주변사람과 정보를 교환하고 하위직과는 의사소통을 제한한다. 또한 하위직은 상위직과 의사소통을 꺼리는 측면도 있다. 그래서 직위의 차이가 커지면 의사소통은 줄어들고 상위직은 하위직과 대화할 기회가 적어진다. 따라서 상위직에 있는 사람은 하위직의 사람들과 대화할 기회를 의식적으로 확대하는 노력을 해야 한다.

■ 통신망의 측면

의사소통을 촉진하기 위한 개인과 개인, 그리고 개인과 집단을 연결하는 다양한 의사소통망의 발달과 점증하는 미래의 불확실성 등은 정보의 요구와 양을 증대시키고 있다. 정보량의 증대는 정보의 처리와 선택에 부담을 주어 여러 가지 문제, 예컨대 생략, 처리 실수, 지연, 여과, 대충 훑어보기 등의 정보처리 문제를 발생시키고 있다. 따라서 효율적인 정보처리와 선택체제를 수립하는 것이 정보화 시대에서 중요한 조직의 과제가 된다.

Barnard(1938)는 의사소통을 조직경영의 핵심적인 과정으로 보고 조직의 효율적인 의사소통 체제가 갖추어야 할 요건을 다음과 같이 제시하였다(pp. 175-181).

- 의사소통의 통로는 명확하게 알려져야 한다.
- 명백한 공식적인 의사소통의 통로를 통하여 조직의 모든 구성원들이 의사소통을 할 수 있어야 한다.

- 의사소통의 라인은 가능한 한 직접적이고 짧아야 한다.
- 의사소통은 의사소통 라인에서 생략되는 단계가 없이 완전한 의사소통 라인을 통해서 이루어져야 한다.
- 의사소통의 중심이 되는 사람은 유능하여야 한다.
- 의사소통의 통로는 조직이 기능하는 동안에 방해를 받지 않아야 한다.
- 모든 의사소통은 메시지가 권위 있는 직위에서 나올 때 신뢰할 수 있다.

5. 효과적인 의사소통

1) 효과적인 의사소통의 일반적 지침

효과적인 의사소통은 의사소통이 목적으로 하는 의도한 결과를 효율적으로 달성하는 것이다. 이는 곧 의사소통의 본질적 기능을 잘 수행하는 것을 의미한다. 따라서 효과적인 의사소통은 의사소통의 본질적 기능이라고 할 수 있는 전달의 정확성, 전달 내용의 상호이해와 공감, 의사결정에의 영향력 행사, 의사소통자 간의 사회적 관계발전을 촉진하는 의사소통이라 할 수 있다(박병량, 1993). 이러한 기능을 수행하는 의사소통은 학교의 조직활동을 더욱 촉진한다.

Redfield(1958)는 의사소통을 원활히 하고 그 효과를 높이는 지침으로 다음과 같은 원칙을 제시하였다.

- 명료성의 원칙: 의사소통에서 전달하는 내용이 보다 분명하고 정확하게 이해될 수 있도록 표시되어야 한다.
- 일관성의 원칙: 의사소통에서 전달 내용은 전후가 일치되어야 한다.
- 적시성의 원칙: 의사소통은 적시에 이루어져야 한다는 것이다. 즉, 필요한 정보는 필요한 시기에 적절히 입수되어야 한다.
- 적정성의 원칙: 전달하고자 하는 정보의 양과 규모가 적당해야 한다는 것이다. 즉, 정

보의 양이 너무 많거나 빈약해서도 안 된다.

- 배포성의 원칙: 의사전달의 내용은 비밀을 요하는 특별한 경우를 제외하고는 모든 사람들이 알 수 있도록 공개해야 한다는 것이다. 특히 공식적인 의사소통에서는 배포성의 원칙이 중요시된다.
- 적응성의 원칙: 의사소통의 내용이 환경에 적절히 적응해야 한다.
- 수용성의 원칙: 의사소통은 피전달자가 수용할 수 있어야 한다. 그러므로 적극적인 반응을 보일 수 있도록 수용성이 있어야 한다.

Sayles와 Strauss(1966)는 의사결정 과정에 초점을 두어 개인이나 조직에서 적용할 수 있는 효과적인 의사소통의 지침을 다음과 같이 간명하게 제시하였다.

- 의도한 의사소통의 목적을 결정한다.
- 수신자를 확인하고, 공통 이해를 촉진하거나 혹은 어렵게 할 수 있는 수신자의 특성을 파악한다.
- 송신자와 수신자의 관계에 적합하도록 메시지를 기호화한다.
- 수신자와의 상호이해를 수립하는 방안과 메시지를 보내는 매체를 고안하는 방법을 결정한다.
- 피드백으로 결과를 평가한다.

의사소통의 개선을 위해서는 의사소통에 대한 계속적인 평가가 이루어져야 한다. 다음은 의사소통 과정의 핵심적 요소에 따라 학교 의사소통체제의 효과성을 평가하는 사항들로서, 학교 의사소통체제를 개선하는 지침이 된다(St. John, 1989).

- 의사소통 분위기를 향상한다: 구성원 사이 그리고 관리층과 구성원 사이에 상호 신뢰감이 있어야 한다.
- 의사소통 경로를 개방한다: 상향, 하향, 횡적, 및 비형식적 의사소통은 효과적인 결과를 가져온다.

- 광범위하고 다양한 의사소통 방식을 사용한다: 다양한 의사소통 방법들은 상황에 적합한 정보를 전달할 수 있게 한다.
- 의사소통의 적기(timing)를 계획한다: 신중하게 계획되고 조정된 중요한 메시지의 타이밍은 의사소통의 효과를 증진한다.
- 메시지 내용을 적합하도록 한다: 특정한 수신자와 상황은 상이한 표현(wording)을 필요로 한다.
- 의사소통에 피드백을 권장한다: 메시지의 발신자는 피드백을 확실히 하는 것을 필수적이라고 인식하고, 이를 권장한다.
- 정보원(source of information)을 안다: 중요한 정보 출처에 대한 지식이 있어야 하며(정통하여야 하며), 정보원은 신뢰할 수 있는(믿을 수 있는) 것이어야 된다.
- 상급자-하급자의 의사소통을 활성화하여야 한다: 상급자와 하급자는 다 함께 목표, 기준 및 우선순위를 이해하여야 한다.

한편 행정적인 측면에서 직원의 위치, 건축상의 배치, 개인과 개인 또는 집단을 연결하는 통신장비, 인사이동을 통해서 학교조직 내에서 의사소통체제를 개선한다.

2) 효과적인 의사소통의 기술

많은 학자들이 효과적인 의사소통에는 듣기와 말하기 및 피드백이 중요하다는 점을 지적한다. 말하기, 듣기, 피드백에는 무엇보다도 정확한 언어사용과 언어이해가 중요하지만, 그런 의사소통이 되기 위해서는 먼저 의사소통자 간에 긍정적 의사소통 관계가 형성되어야 한다. Schein(1981)이 제시한 다음과 같은 지침은 의사소통의 관계를 개선하는 기반이다. ① 자신을 정확히 보고 공평히 평가하는 능력인 자기 통찰력을 개발한다. ② 타인의 가치관을 인정하고 인지함으로써 범문화적 감수성을 개발한다. ③ 문화적, 도덕적 겸손을 증진한다. ④ 융통성을 증진시킨다. ⑤ 현상의 기법을 개발한다. ⑥ 대인관계를 개선하는 전략과 기능을 발전시킨다. ⑦ 대인관계의 솜씨를 개발한다. ⑧ 관계개선을 위해 인내심을 갖는다. ⑨ 능동적인 문제해결 지향성을 지닌다.

■ 말하기 기술

말하기 기술은 자신을 타인에게 이해시키는 능력이다. 앞에서 논의한 효과적인 의사소통의 지침을 포함하여 다음의 다섯 가지 지침은 말하기 기술을 향상시키는 데 핵심이 되는 사항들이다(Hoy & Miskel, 1996).

- 적절하고 직접적인 언어를 사용한다. 한편, 말하는 사람의 신뢰성을 높인다.
- 분명하고 완전한 정보를 수신자에게 제공한다.
- 물리적, 심리적 잡음을 최소화한다.
- 다양하고 적절한 매체와 경로를 사용한다.
- 복잡하고 미묘한 사안에 대해서는 면 대 면 의사소통을 사용한다.

■ 듣기 기술

듣기 기술은 타인을 이해하는 능력이다. 듣기를 소홀히 하는 경향이 있으나 듣기는 효과적인 의사소통에서 대단히 중요한 역할을 한다. 주목하기, 질문하기, 격려하기, 부연하기, 화자 감정 반사하기, 요약하기 등은 효과적인 듣기 기술들이다(Ivey & Ivey, 1999). 다음은 능동적인 듣기 기술들이다(Geddes, 1995).

- 하던 일을 멈추고 화자에게 주의를 집중시킨다.
- 신체적 언어를 통해서 당신이 듣고 있다는 것을 화자가 알도록 한다. 눈 맞춤, 화자 바로보기, 몸을 앞으로 구부리기, 적극적인 자세 등이 있다.
- 고개를 끄덕이거나 관심 있는 표정과 같은 비언어적 메시지를 사용하여 화자의 말을 북돋운다.
- 화제에 벗어나지 않도록 하며 말을 가로막지 않는다.
- 자세히 알고자 하는 질문을 한다. 질문은 심문조로 해서는 안 되며 상대방을 이해하려는 태도로 한다. 듣는 동안 불찬성을 나타내지 않는다.
- 산만한 주의를 피한다. 주의가 산만한 장소나 시간을 피한다.
- 화자의 말을 부연(paraphrase)한다. 부연할 때는 화자가 한 말을 그대로 반복하지 말

고 상대방의 말을 이해하여 자신의 말로 부연한다. 부연은 화자가 당신이 듣고 있다는 것을 알게 하고 대화를 분명하게 이해하는 데 도움을 준다.

● 화자의 비언어적 의사소통을 의식한다. 이것은 언간(言間)의 의미를 이해하고 적절하게 반응하는 데 도움을 준다.

● 상대방의 마음을 열어 놓도록 한다. 비(非)평가적 듣기는 상대방으로 하여금 마음을 열어 말하도록 한다. 상대방의 말에 동의하지 않더라도 상대방이 자신의 말을 다하도록 한다.

● 감정, 태도 인식이 듣기를 어떻게 방해하는지를 의식하여야 한다. 자신의 감정, 인식이 듣기에 영향을 준다는 점을 의식하고, 감정이 격해졌을 때는 가라앉기를 기다려 대화를 한다. 듣기에서는 앞에서 언급한 감정이입, 즉 상대방의 입장에 선다는 태도가 매우 필요하다.

■ 피드백 기술

피드백은 수신자가 송신자의 의사소통 행위에 대해 어떻게 인식하고 평가하느냐에 관한 정보를 제공해 준다. 의사소통의 개선을 위해서 피드백은 필수적이라는 점은 앞에서 여러 번 지적한 바 있다. 피드백의 기술을 향상시키는 몇 가지 지침을 제시하면 다음과 같다(Anderson, 1976; Harris, 1993).

● 피드백은 받는 사람에게 도움을 주어야 한다.
● 피드백은 일반적이기보다는 구체적이어야 한다.
● 피드백은 변화시키고자 하는 행동에 주어져야 한다.
● 피드백은 적시에 그리고 즉각적으로 주어질 때 효과적이다.

의사소통은 학교의 교육 및 경영 기능을 수행하는 데 핵심적인 역할을 한다. 따라서 교육행정가는 학교 구성원 간의 의사소통이 효과적으로 이루어질 수 있도록 학교의 의사소통 체제를 발전시키는 데 관심을 가져야 한다.

제**10**장
지도성

　지난 수십 년 동안 지도성에 대하여 수많은 연구들이 수행되고 저서들이 출간되었다. 지도성은 일반적으로 낭만적이며 영웅적인 이미지를 갖는다. 사람들은 지도자를 얘기할 때 국가적인 영웅을 생각한다. 지도자는 군대를 지휘하여 승리로 이끌거나 위기에 처한 나라를 구한 강력한 인물로 이해된다. 이러한 맥락에서 학자들은 지도자들이 조직을 어떻게 효과적으로 이끄는지에 대해 연구한다. 반면 1970년대에 학자들은 지도성 개념에 문제를 제기했다. 이들은 급진적인 휴머니스트의 입장에서 영웅적인 지도성 개념이 사람들을 소외시키는 사회적 신화라고 비판하였다. 이들은 사회의 문화적인 가정 때문에 지도자가 조직에서 필수적이라고 생각하게 되었다고 이해한다. 그러나 지도성은 학교조직을 이해하고 개선하기 위한 핵심적인 요소이다. 실제로 지도성은 자주 조직을 성공으로 이끌거나 실패를 가져오는 가장 중요한 요소로 간주된다. 효과적인 학교를 만드는 중요한 요인 중의 하나로서도 학교의 지도성이 빈번하게 지적된다. 이 장에서는 지도성의 본질, 지도성과 특성, 상황 및 행동, 지도성의 상황적응이론, 변혁적 지도성, 분산적 지도성, 지도성 유형의 통합, 지도성과 학교경영, 지도성과 학교개혁을 다룬다.

1. 지도성의 본질

1) 지도성의 정의

지도성은 정확하게 정의되지 않고 사람들이 일상적으로 사용한다. 따라서 지도성의 정의는 지도성에 관해 연구하는 연구자들 수만큼이나 다양하다. 지도성에 대한 정의 중에서 대표적인 것으로 다음을 들 수 있다.

- 지도자는 과업에 관련된 집단행동을 조정하고 지시하는 일을 맡는 집단 내의 한 사람이다(Fiedler, 1967).
- 지도성의 본질은 조직의 일상적인 지시에 대한 기계적인 복종 이상으로 영향력을 증가하는 것이다(Katz & Kahn, 1978).
- 지도성은 두 사람 이상으로 이루어진 집단 내에서 발생되며 집단 목표 달성과 관련하여 집단구성원의 행동에 영향을 미친다(House & Baetz, 1979).
- 지도성은 지도자와 구성원들이 공유하는 목표를 추구하도록 집단을 이끄는 개인이 보여 주는 설득의 과정이나 모범이다(Gardner, 1990).

이와 같은 정의가 공유하고 있는 가정은 지도성이 사회적 영향력 과정을 포함하고 있다는 점이다. 집단과 조직에서 활동과 관계를 구조화시키기 위해 한 개인이 다른 사람에게 영향력을 행사한다. 지도성의 정의와 관련해서 다음과 같은 몇 가지 논쟁이 있다.

첫째, 지도성이 특별한 개인의 특성인가 또는 사회적 체제의 특성인가에 관한 것이다. 전통적인 관점은 모든 집단마다 책임과 기능을 수행하는 특별한 지도성 역할이 있으며, 이러한 역할은 집단의 효과성을 저하시키지 않고서는 공유될 수 없다고 이해한다. 지도자는 가장 큰 영향력을 가지고 있으며 지도성 역할을 수행하도록 기대된다. 다른 구성원들은 추종자들이다. 반면에 지도성은 사회체제 내부에서 자연스럽게 일어나는 사회적 과정으로서 구성원들 사이에서 공유되는 것으로 이해하는 관점이 있다. 대안적인 관점에서 지도성은 개인의 특성보다는 오히려 조직의 과정으로서, 사회체제의 어느 구성원들도 어느 때든 지도성을 발휘할 수 있으며, 지도자와 추종자 사이에 명확한 구별이 없다. 지도성은 다음과 같은 세 가지 주요 구성 요소들이 있다(Katz & Kahn, 1978). ① 직책 또는 직위의 속성, ② 개인의 특성, ③ 실제 행동이다. 따라서 두 가지 견해는 부분적으로 옳다. 즉, 지도성은 개인의 특성으로 분석될 수 있으며 또한 사회적 체제의 과정으로 분석될 수 있다.

둘째, 행사되는 영향력의 종류, 목적과 기초에 대한 것이다(Hoy & Miskel, 2001; Yukl, 2002). 지도자가 행사하는 영향력의 종류와 결과에 대해서 일부 학자들은 추종자들이 자발적인 헌신을 가져오는 경우에 국한한다. 반면에 다른 학자들은 동일한 영향력일지라도 상황에 따라 다른 결과를 가져올 수 있다는 점을 지적하고 지도성을 협의로 정의하는 것을 반대한다. 또한, 일부 학자들은 지도자의 영향력 행사를 조직의 목표와 집단의 유지와 같이 조직과 구성원들에게 도움이 되는 윤리적인 활동에 제한한다. 반면에 다른 학자들은 지도성에 대해서 특별한 제한을 두지 않고, 조직의 목적이나 구성원들에 대한 도움 여부에 상관없이 추종자들에게 영향을 미치는 모든 시도를 포함한다. 지도성에 대한 전통적인 정의는 지도자들이 추종자들에게 조직의 목표를 달성하는 것이 자신들의 이익이 된다는 것을 수용하도록 영향력을 행사하는 합리적인 과정임을 강조했다. 최근에 정립된 카리스마적 지도성과 변혁적 지도성에서는 지도자가 영향력을 행사하는 기초로서 감성(emotions)의 중요성을 인정한다. 즉, 지도자는 추종자들로 하여금 대의를 위해서 자신의 이익을 희생하도록 영감을 제공한다.

셋째, 지도자와 관리자의 구분이다. 개인은 관리자가 되지 않고도 지도자가 될 수 있다. 반대로 개인은 지도자가 되지 않고도 관리자가 될 수 있다. 어떤 사람들은 지도성과 관리는 근본적으로 다른 개념이라고 주장한다. 관리자들이 안정성과 효율성을 강조하는 반면에 지도자들은 변화에 대한 적응과 성취할 목표에 대한 합의를 강조한다. 예를 들어, 관리자들은 계획하고, 예산을 집행하고, 조직하고, 직원을 교육시키고, 문제를 해결한다. 지도자는 방향을 제시하고, 사람을 규합하며, 동기를 부여하고, 격려한다. 지도성과 관리를 동일한 것으로 볼 수는 없지만 두 가지 용어의 공통된 특성에 대해서는 의견이 엇갈린다. 지도자가 아니면서 뛰어난 관리자가 되는 것은 상상하기 힘들다. 그러나 높은 직위를 소유한 사람들만이 지도성을 발휘한다고 생각하는 것은 잘못된 엘리트적 사고이다. 이런 사고는 소수의 사람들에게 너무 많은 것을 기대하게 한다. 사회는 보다 나은 지도성뿐만 아니라 보다 많은 지도자들을 필요로 한다.

요약하면, 지도성은 넓은 의미에서 집단이나 조직의 구성원이 설정한 목표를 달성하기 위해서 상호 영향을 미치는 사회적 활동으로 정의될 수 있다. 또한 지도성은 특정 개인의 역할일 뿐만 아니라 사회적 과정이며, 영향력을 행사하는 목적과 결과에 대해서 제한하지 않고, 합리적이고 감성적인 측면을 포함하는 활동으로 이해될 수 있다. 이와 같이 지도성의 개념을 광의로 이해할 때 지도성 이론과 실제에 대한 보다 풍부한 논의가 가능하다는 장점이 있다.

2) 지도성의 직무

지도성을 이해하기 위해서 지도자가 수행하는 직무를 분석할 수 있다. 실제로 지도자들이 조직을 관리하고 이끄는 하루의 일과를 관찰하고 분석하는 연구들이 수행되었다. 이러한 연구들은 회사경영자나 학교경영자들이 무슨 일을 처리하고, 누구와 만나고, 각 업무를 처리하는 시간을 어느 정도 사용하는지 등에 대하여 구체적으로 관찰하고 분석한다.

학교에서 지도자로서의 역할을 담당하는 학교장의 업무에 대해서도 일반적인 통념이 있다. 학교장의 업무는 합리적인 사고를 통해서 체계적으로 처리되는 비교적 쉬운 것으로 생각된다. 학교에 대해서도 사람들은 다음과 같은 신화를 가지고 있다. 학교는 동질적인 학생들이 입학하고 학생들은 학습에 대한 의욕과 동기를 갖고 있다. 학부모들은 교사를 지원하고 학교에서 내주는 숙제를 아이들이 해 갈 수 있도록 돕는다. 교사들은 학교 일에 매우 헌신적이다. 학교는 지역사회의 중심에 위치하며 지역을 상징한다. 학교장은 지역사회의 유지로서 존경받는다. 그러나 학교와 학교장의 업무에 대한 신화와 통념에 비추어 보면 실제 학교장의 일상적인 업무는 이러한 일반적인 생각과는 매우 다르다. 실제로 학교장을 비롯한 여러 조직 지도자들의 업무를 분석한 연구들에 따르면, 지도자들의 업무는 다음과 같은 특성을 지닌다(Mintzberg, 1973; Chung & Miskel, 1989; Peterson, 1982).

첫째, 조직의 지도자들은 장시간 쉬지 않고 일한다.

둘째, 주로 구두 의사소통을 활용하여 개인이나 집단들과 대화하는 데 시간을 많이 들인다.

셋째, 업무 내용이 매우 다양하고 광범하다. 업무 처리 방식이 끊임없이 바뀐다.

넷째, 업무는 단편적인 속성을 띠고 있으며, 업무 처리 속도가 빠르고, 지속되는 시간이 짧다.

2. 지도성과 특성, 상황 및 행동

1) 지도성과 특성

지도성의 특성이론은 지도성을 결정하는 주요 요인이 상속된다는 생각에 기초한다. 부의 상속과 사회적 환경으로 인해 지도자들은 보통 사람들과 구별되는 자질과 능력을 소유한 사람들로 간주되었다. 1950년대까지 지도자의 특성을 찾으려는 연구가 많이 이루어졌다. 연구자들은 추종자들과 구별되는 지도자의 독특한 특성이나 성격을 파악하고자 했다. 이러한 특성으로는 신체적 특성, 성격, 욕구, 가치, 정력과 활동 수준, 직무와 대인관계 능력, 지능 등이 포함된다. 시간이 지나면서 개인적 특성은 일반적으로 유전, 학습, 환경적 요소에 영향을 받는다는 인식이 증가하였다.

(1) 초기의 특성 연구

지도자가 가지고 있는 특성이 지도자의 능력을 결정한다는 특성이론은 1940년대와 1950년대에 많이 연구되었다. Stogdill(1948)은 1904년에서 1947년 사이에 완성된 124편의 지도성의 특성 연구를 고찰했다. 그는 지도성과 관련한 개인적 요인을 다음과 같은 다섯 가지로 분류했다.

- 능력: 지능, 민첩성, 표현 능력, 독창성, 판단력
- 성취: 학식, 지식, 운동 성취
- 책임: 신뢰성, 주도성, 지구력, 진취성, 자신감, 탁월성
- 참여: 활동성, 사교성, 협조성, 적응성, 유머
- 지위: 사회 · 경제적 지위, 인기

Stogdill은 특성의 영향이 상황에 따라 달라지기 때문에, 한 개인이 몇 가지 특성을 소유함으로써 지도자가 되는 것은 아니라고 주장했다. Stogdill은 지도성과 관련하여 여섯 번째 요인으로서 상황요인을 추가하고, 상황요인으로서 추종자의 특성과 성취 목표를 지적하였다.

(2) 효과적인 지도자의 특성

초기와는 달리 지도성 특성에 대한 연구는 지도자와 비지도자의 비교보다는 지도자의 특성과 지도자의 효과성과의 관계에 대한 연구로 전환되었다. 누가 지도자가 될 것인지에 대한 예측에서 누가 더 효과적인 지도자가 될 것인가를 예측하는 과제로 초점이 옮겨졌다. 새로운 특성 연구에서 나온 결론으로서 효과적인 지도성과 관련한 특성 요인들은 개성, 동기, 능력에서 다음과 같다(Stogdill, 1981).

■ 개성

개성(personality traits)은 개인을 특정한 방식으로 행동하게 하는 상대적으로 안정된 성향이다. 효과적인 지도자는 개성에 관련된 특성으로 자신감, 스트레스에 대한 인내심, 정서적인 성숙, 진정성을 보인다.

- 자신감을 갖고 있는 지도자들은 자신이나 구성원들에 대해 높은 목표를 세우고 어려운 과업을 시도하며 문제와 실패에 직면해서 끈기를 보인다.
- 스트레스를 이겨내는 지도자들은 어려운 상황에서도 집단 구성원들에게 결정적인 방향을 제시한다.

● 정서적으로 성숙한 지도자는 자신의 강점과 약점을 정확히 인식하고 자기 개선을 도모한다. 이들은 자신의 약점을 부정하지 않거나 성공에 대해서 환상을 품지 않는다. 결과적으로 이들은 집단 구성원, 동료, 상관들과 협력적인 관계를 유지한다.

● 진정성(integrity)은 지도자의 행동이 진술된 가치와 일관될 때 나타나며, 정직하고 도덕적이며 책임감이 있고 신뢰성을 지닌 지도자로 만든다. 지도자의 진정성은 구성원들의 충성심, 협력, 지원을 얻는 데 필수적이다.

■ 동기

동기는 개인의 내부에서 발생하는 일련의 에너지로서 업무와 관련된 행동을 유발시키고 그 방향과 강도와 지속성을 결정한다. 일반적으로 동기가 높은 지도자는 낮은 기대를 지니고, 보통의 목표와 제한된 자기효능감을 지닌 사람들보다 더 효과적이다. 지도자는 직무와 대인관계, 권력과 성취, 성공 등에 대해 높은 동기를 지닌다.

● 지도자는 직무에 대한 추진력을 지니고 사람에 대한 관심을 갖는다.

● 지도자는 권력과 성취에 대한 높은 가치를 지닌다.

● 지도자는 성공에 대한 높은 기대를 지닌다. 이는 직무수행에 대한 신념과 노력을 통해서 가치 있는 결과를 얻을 수 있다는 신념을 포함한다.

■ 능력

지도자는 직무수행과 관련된 전문적 지식과 능력을 갖추어야 한다. 조직을 경영하는 데 필요한 능력으로 전문적인 능력, 대인관계 능력, 통합적 능력, 행정적 능력이 있다.

● 전문적인 능력은 직무 성취를 위한 전문화된 지식, 절차, 기술을 다룰 수 있는 능력이다.

● 대인관계 능력은 다른 사람을 이해할 수 있는 능력 또는 다른 사람의 협력을 얻을 수 있는 능력이다.

● 통합적 능력은 복잡한 문제해결을 위해 새로운 생각이나 개념을 활용하는 능력이다.

● 행정적 능력은 조직을 관리하는 데 필요한 기술적, 대인관계, 통합적 능력을 결합시킨다.

지도자의 능력은 실제 조직에서 개발되어야 한다. 지도자는 경험을 통해서 직무를 배우거나 자신의 능력을 적용할 수 있는 기회를 갖게 된다.

〈표 10-1〉 효과적인 지도자에 관련된 특성

개성	동기	능력
자신감	직무 및 대인관계	전문적 능력
스트레스의 인내	성취동기	대인관계 능력
정서적 성숙	권력	통합적 능력
진정성	기대	행정적 능력

2) 지도성과 상황

1940년대와 1950년대에 지도성에 대한 상황론적 연구자들은 지도자의 성공에 기여하는 상황적 특성이 무엇인지를 확인하려고 노력했다. 〈표 10-2〉에 제시된 많은 변수는 학교에서 지도성 행동에 영향을 미치는 상황요인이다(Hoy & Miskel, 1996).

〈표 10-2〉 학교 지도성의 상황요인

구성원	조직	지도자 역할	내부 환경	외부 환경
개성	규모	직위 권력	풍토, 문화	사회적 환경
동기	계층	직무 상황		경제적 환경
능력	공식성	절차 규칙		

● 구성원의 특성에는 개성, 동기, 능력, 교육수준 등이 있다.
● 조직의 특성에는 규모, 계층, 공식성 등이 있다.
● 지도자의 역할 특성에는 직위 권력, 직무의 유형과 곤란도, 절차에 대한 규칙이 있다.
● 내부 환경에는 풍토, 문화 등이 있으며 구체적인 예로서 개방성, 참여, 가치, 규범을

들 수 있다.

- 외부 환경에는 사회적 환경, 경제적 환경 등이 있으며 이러한 환경의 복잡성, 안정성, 불확실성, 자원 의존 등이 지도성 행동에 영향을 미친다.

　전통적인 영웅적 지도성 개념은 지도자의 행동에 치중한 반면 이들이 활동하는 상황을 간과했다. 지도자는 상황에 영향을 미치지만 상황도 지도자에게 영향을 미친다. 상황적 요소는 지도자가 수행해야 하는 것과 수행할 수 있는 일에 모두 영향을 미친다. 지도성에 대한 영웅적 이미지는 지도자는 이끌고 구성원들은 추종한다는 일방적인 과정의 개념을 전달한다. 이 관점은 지도자와 구성원들의 관계를 잘못 이해하게 만든다. 지도자는 독립적으로 행동하지 않는다. 지도자들은 구성원들에게 영향을 미치면서 동시에 구성원들에게서 영향을 받는다(Gardner, 1990). 지도자의 행동은 다른 구성원들의 반응을 불러일으키고, 이는 다시 지도자가 다음 행동을 취할 수 있는 역량에 영향을 미친다. 지도성은 목적과 가치를 달성하는 데 필요한 지도자와 구성원들의 협동적인 노력을 가져오기 위해 상호 간에 영향을 미치는 과정이다(Bolman & Deal, 1997).

3) 지도자 행동

(1) 지도자 행동기술 조사 연구

　교육행정에서 널리 알려진 지도자 연구방법으로 1940년대 초반에 오하이오 주립대학교에서 시작된 지도자행동기술조사표(LBDQ: Leader Behavior Description Questionnaire)가 있다. 이 조사표는 지도자 행동을 두 가지 차원으로 구분하여 측정하였다. 지도자 행동은 구조 주도와 배려이다. 구조 주도는 조직형태, 의사소통방식, 절차 등을 규정한다. 배려는 지도자와 집단 구성원 간의 관계에서 우정, 신뢰, 온정, 관심, 존중을 나타내는 지도자 행동을 포함한다. 지도자행동기술조사표를 사용한 초기 연구들은 배려와 구조 주도 요인들이 동일 연속선의 정반대의 위치가 아니고 서로 분리된 것으로 보았다.

　지도성 유형은 각 하위 척도를 높은 집단과 낮은 집단으로 구분하고 두 차원을 서로 결합하여 네 개의 집단으로 나눈다. 지도자 지위를 가지고 있는 사람들의 구조 주도와 배려

[그림 10-1] **지도성 유형**

에 관한 지도자행동기술조사표 두 차원 모두에서 점수가 높은 사람들은 역동적인 지도자로 분류된다. 두 차원 모두 낮은 사람들은 수동적인 지도자라 한다. 배려 차원에서는 낮은 점수를 얻었지만 구조 주도에서는 높은 점수인 경우에는 구조적인 지도자라고 한다. 반면에 배려 차원에서는 높은 점수인데 구조 주도에서는 낮은 경우는 배려적 지도자라고 한다. 결과적으로 이 두 차원을 사용하여 네 가지 지도성 유형이 도출된다([그림 10-1] 참조).

학교경영자들은 일반적으로 지도자 행동의 양 차원에서 모두 높은 점수를 받았을 때 가장 효과적인 것으로 나타났다. 학교경영자들이 양 차원 모두 높은 것이 가장 바람직하지만, 효과적으로 학교를 운영하는 경영자들은 한 차원에서 부족한 것을 다른 차원에서 뛰어남으로써 보충할 수 있다. 양 차원에서 모두 낮은 지도자는 학교경영에서 매우 비효과적인 것으로 나타났다. 미국의 공립학교에 대한 연구에서는 구조 주도 차원이 강조되지 않는 반면에 배려 차원이 강조되었다. 이는 학교경영에서 인간관계의 중요성이 보다 강조되고 있는 것으로 설명된다(Halpin, 1966). 또한 학교에서 구조 주도를 소홀히 하면 학교의 효과성에 부정적으로 영향을 미칠 수 있다. 반면에 구성원들에 대한 배려를 무시하면 학교에 대한 구성원들의 만족도가 감소된다. 따라서 지도자 행동의 양 차원을 일관성 있게 보여 주는 지도성 유형이 바람직하다.

(2) 최근의 관점

지도자가 보여 주는 직무에 대한 관심과 관계에 대한 관심은 지도성 행동에서 중요한 측면이다. 그러나 이상의 두 가지 차원만으로는 효과적인 지도성을 발휘하기에 충분하지 않다. Yukl(2002)은 지도자 행동에 대한 세 가지 범주를 제시하였다.

- 과업지향적 행동은 역할의 명료화, 기획과 조직화, 조직기능의 모니터링을 포함한다. 이러한 활동은 인적, 물적 자원을 효율적으로 활용하고, 안정적이고 신뢰할 수 있는 과정을 유지하며, 점증적인 개선을 도모하면서 과업의 성취를 강조한다.
- 관계지향적 행동은 지원, 개발, 인정, 컨설팅, 갈등관리를 포함한다. 이러한 활동은 협력과 팀워크를 향상하고, 조직에 대한 헌신을 유도함으로써 대인관계를 개선하고 사람들을 지원한다.
- 변화지향적 행동은 외부적인 사건을 검토하고 해석하며, 조직의 비전을 파악하고, 혁신적인 프로그램을 제안하고, 변화를 주도하기 위해 연합체를 형성한다. 이러한 활동은 환경변화에 대한 적응에 집중하고, 조직의 목표와 정책 및 절차와 프로그램을 변화시키고, 변화에 대한 헌신을 획득한다.

세 가지 지도성 행동 유형은 상호작용하여 집단의 수행을 공동으로 결정한다. 어느 유형이 상대적으로 더 중요한가는 과업의 성격과 집단의 환경에 좌우된다. 효과적인 지도자는 주어진 상황에서 어떤 유형의 행동이 적합하여 서로 양립하는지를 결정한다. 지도자는 과업에 대한 관심, 관계에 대한 관심, 변화지향에 대한 관심 사이에 균형을 유지하고 이를 종합할 수 있는 행동 패턴을 발견하는 것이 필요하다. 예컨대, 안정적인 환경에서는 과업지향적 행동이 변화지향적 행동보다 더 자주 활용되어야 하는 반면에, 복잡하고 불안정한 환경에서는 변화지향적 행동이 보다 효과적이다.

4) 지도성의 효과성

지도성의 효과성은 지도성의 상황적응 접근방법의 최종적인 개념이다. 지도성의 효과성은 지도자에 대한 평가, 구성원의 만족도, 조직의 목표 달성 수준에 따라 평가된다. 첫째, 지도자의 성과에 대한 주관적인 평가는 중요하다. 이는 지도자 자신, 집단 구성원, 동료, 상급자 등의 판단과 학교를 둘러싼 여러 집단과 기관들의 판단이다. 학생, 교사, 행정가, 학부모들의 여론 또한 중요하다. 둘째, 조직구성원들의 만족 정도이다. 셋째, 학교 목표의 달성 수준이다. 학교 목표 달성에 대한 평가는 보다 객관적인 방식으로 수행된다.

3. 지도성의 상황적응이론

1970년대 이후 수행된 지도성 연구 중 가장 영향력 있는 모형은 상황적응 접근방법이다. 상황적응 접근방법은 지도자의 특성, 상황, 지도자의 행동, 지도자의 효과성으로 구성된다. 지도자의 특성은 개성, 직무 동기, 능력을 가리킨다. 상황 요인에는 구성원, 조직, 역할, 환경이 있다. 지도자 행동은 개인적인 관계 형성, 동기유발, 의사결정, 의사소통이 있다. 효과성의 지표에는 개인, 조직, 집단구성원이 있다. 상황적응 접근방법에서 지도성의 효과성은 지도자의 특성 및 행동과 상황 변수 간의 적합성에 달려 있다고 본다.

지도성의 상황적응 접근방법은 [그림 10-2]와 같으며, 두 가지 가설을 보여 준다.

[그림 10-2] **지도성의 상황적응 접근방법**

첫째, 지도자 특성과 상황 특성은 결합되어 지도자의 행동과 효과성을 산출한다.

둘째, 상황요인들은 효과성에 직접적인 영향을 미친다. 예컨대, 교사와 학생의 동기와 능력 수준이 학교의 목표 성취도에 관련된다. 더욱이 학교에 재학하는 학생들의 사회·경제적인 지위는 학생의 성취도와 강한 상관관계를 갖는다.

　　상황적응이론은 지도자 특성, 행동과 성취기준 간의 관계를 조절해 주는 상황 변수 또는 조건을 구체적으로 규명하고자 한다(Hoy & Miskel, 2001).

　　상황적응 접근방법은 지도자 특성, 지도자 행동, 성과 간의 관계에 영향을 미치는 상황 변수를 구체화한다. 일반적으로 특정 상황에 따라 효과적인 지도성 유형이 달라진다. 지도성은 단순히 지도자의 개인적인 특성으로부터 생기는 것이 아니다. 지도성은 지도자와 구성원 간에 상호작용이 결부된다. 지도성은 일종의 사회적 상호작용이다.

　　Fiedler(1967)는 지도성에 대한 구체적인 상황적응이론을 정립하였다. Fiedler가 제시한 상황적응이론의 기본적 내용은 다음과 같다. 첫째, 지도성 유형은 지도자의 동기에 의해 결정된다. 둘째, 상황에 대한 통제는 집단의 분위기, 과업구조, 직위 권력 등에 의해 결정된다. 셋째, 지도자 효과성은 지도성의 유형과 상황에 대한 통제에 의해 영향을 받는다.

1) 지도성 유형

　　Fiedler는 지도성 행동과 지도성 유형을 구별하였다. 지도성 행동은 집단 구성원들의 작업을 지시하고 조정하는 지도자의 구체적인 행동을 말한다. 예를 들면, 지도자는 지시하고 명령하며, 도움이 되는 제안을 할 수 있고, 집단 구성원들의 복지를 위해 배려할 수 있다. 이와 대조적으로 지도성 유형은 다양한 대인관계 상황에서 행동을 유발하는 지도자의 내재적인 욕구를 가리킨다. 본질적으로 지도성 유형은 개성과 관련된다. Fiedler는 동일한 사람의 지도성 행동은 상황에 따라 달라지지만, 이러한 행동을 동기유발시키는 욕구는 일정하다는 것을 관찰하고 지도성 행동과 지도성 유형의 구별을 강조하였다.

　　Fiedler는 지도성 유형을 설명하기 위해 최소선호동료척도라는 도구를 개발하였다. 최소선호동료척도는 양 극단의 항목으로 구성되어 있다. 응답자는 최소선호동료를 선택하고 이 사람을 측정도구로서 평가한다. 최소선호동료는 개인적으로 싫어하는 사람이 아니라 함께 일하기가 어려운 사람이다. 최소선호동료점수가 높은 사람은 최소선호동료를 즐겁고, 성실하며, 친절하며, 능률적인 사람으로 나타낸다. 따라서 같이 일하기 곤란한 사람일지라도 어느 정도 수용할 수 있는 특성을 가지고 있는 사람으로 생각될 수 있다. 이와 대조적으로 최소선호동료점수가 낮은 사람은 최소선호동료를 불쾌하고, 냉정하고, 불친절하며, 비능률적인 사람으로 나타낸다. 최소선호동료점수에서 부정적으로 기술한 최소선호동료를 같이 일할 수 없는 사람으로 여기며 강한 거부감을 나타낸다.

최소선호동료점수는 지도성 유형, 동기유발과도 관련된다. 최소선호동료점수는 개인이 인간관계의 유지 또는 과업 달성에 우선순위를 두는 정도를 나타낸다. 과업지향적 지도자는 최소선호동료점수가 낮고, 과업의 성공적인 달성에 의해 동기가 유발된다. 반대로 관계지향적인 지도자는 최소선호동료점수가 높고, 성공적인 인간관계에서 만족을 얻게 된다.

2) 상황의 통제

상황적응이론의 두 번째 주요 요소는 상황이다. 상황요인에는 지도자의 직위 권력, 과업구조, 지도자-구성원 관계가 있다.

첫째, 직위권력은 과업을 수행할 목적으로 조직이 지도자에게 부여하는 권한이다. 예를 들면, 직위권력은 지도자가 구성원들에게 보상과 벌을 가할 수 있는 정도, 그리고 집단이 지도자를 면직할 수 있는지의 여부를 포함한다.

둘째, 과업구조는 과업이 명료하게 구체화된 목표, 방법, 성과 기준을 가지고 있는 정도를 가리킨다. 고도로 구조화된 과업은 명확하게 제시된 임무, 수행 방법, 수용할 수 있는 해결책, 의사결정에 대한 정기적인 점검이 있다. 이는 지도자와 집단이 업무 수행을 정확하게 수행할 수 있게 한다. 반면에 비구조화된 과업은 애매한 목표, 다양한 접근방법, 불명확한 해결책, 성과에 대한 피드백 결여 등의 특성을 지닌다. 이는 지도자와 집단으로 하여금 업무 수행을 어렵게 만든다. 따라서 과업이 구조화될수록 지도자가 집단을 이끌어 나갈 때 보다 많은 통제를 할 수 있다.

셋째, 지도자-구성원 관계는 지도자가 구성원들로부터 수용되고 존경받는 정도를 의미한다. 지도자-구성원 관계에서는 지도자와 구성원들 간의 인간관계의 질과 지도자에게 부여된 비공식적인 권위 수준이라는 두 가지 요인이 중요하다. 조직에 의해서 대부분 결정되는 직위권력과 과업구조와는 대조적으로 지도자-구성원 관계의 질은 주로 지도자의 개성과 행동에 따라서 결정된다.

〈표 10-3〉 Fielder의 상황적응이론에서 상황의 분류

상황	통제수준	지도자-구성원 관계	직무구조	직위권력
1	매우 높음	좋음	구조화	높음
2	높음	좋음	구조화	낮음
3	높음	좋음	비구조화	높음
4	중간	좋음	비구조화	낮음
5	중간	안 좋음	구조화	높음
6	중간	안 좋음	구조화	낮음
7	낮음	안 좋음	비구조화	높음
8	낮음	안 좋음	비구조화	낮음

지도자-구성원 관계의 질은 집단 구성원들에 대한 지도자의 영향력을 결정하는 가장 중요한 요인이며, 그 다음이 과업구조, 마지막이 직위권력이다. 그러므로 지도자는 구성원들이 지지할 때, 지도자가 무엇을 어떻게 해야 된다는 것을 정확하게 알고 있을 때, 조직이 지도자에게 집단 구성원들을 보상하고 벌을 줄 수 있는 수단을 부여할 때 보다 많은 통제력과 영향력을 가진다. Fiedler는 세 가지 요인을 활용하여 지도자의 통제 순위에 따라 여덟 개의 상황을 구분하였다(〈표 10-3〉 참조). 이 세 요인은 각각 지도자-구성원 관계가 좋다 또는 나쁘다, 구조화 또는 비구조화된 과업구조, 직위권력이 높다 또는 낮다로 나누었다. 여덟 가지의 상황은 매우 높은 통제부터 아주 낮은 통제까지를 나타낸다. 상황 1은 좋은 관계, 구조화된 과업, 높은 직위권력을 가진 가장 높은 통제 상황이고, 상황 2와 상황 3은 지도자의 높은 통제, 상황 4~6은 중간 정도의 통제 상황이다. 상황 7과 상황 8은 세 가지 요인 모두 부정적으로 나타나거나 가장 중요한 요인 두 가지가 낮은 통제 상황이다.

3) 지도자 효과성

Fiedler는 지도자 효과성을 평가하는 기준으로 집단이 주된 과업을 얼마나 달성하였는가를 보았다. 집단의 산출이 전적으로 지도자의 능력에 달려 있는 것은 아니지만, 지도자의 효과성은 집단이 과업을 얼마나 성취했느냐에 따라 판단된다. Fiedler(1967)에 따르면

이직률, 직무만족, 사기와 개인적응은 집단의 성과에 기여할 수 있지만 그것들 자체가 성과의 기준은 아니다. Fiedler는 많은 연구에서 지도자 효과성에 대한 객관적인 측정방법을 사용하였는데, 이것은 순이익, 단위 비용, 성공의 비율, 해결된 문제의 수 등이다.

4) 효과적인 지도성: 지도성 유형과 상황

Fiedler는 10년 이상 다양한 집단상황으로부터 수집한 자료를 분석하여 상황유형을 여덟 개의 범주로 분류하고 지도자의 유형을 결정하였으며, 어느 집단들이 그들의 과업을 성공적으로 또는 비성공적으로 수행했는가를 결정하였다. 이 자료에서 Fielder는 상황적응이론의 세 가지 주요한 명제를 개발하였다.

- 높은 통제 상황에서는 과업지향적인 지도자들이 관계지향적인 지도자들보다 더 효과적이다.
- 중간 정도의 통제 상황에서는 관계지향적인 지도자들이 과업지향적인 지도자들보다 더 효과적이다.
- 낮은 통제 상황에서는 과업지향적인 지도자들이 관계지향적인 지도자들보다 더 효과적이다.

Fiedler는 상황에 대한 통제의 정도가 지도자의 행동을 유도하며 지도자의 행동은 자신의 동기체제와 일치한다고 본다. 지도자들의 일차적인 동기는 개인이 위협을 받는 상황에서 나타나는 반면에, 지도자들은 일차적인 목표가 충족되었거나 안전하다고 느끼는 상황에서는 이차적인 목표를 추구한다. 따라서 최소선호동료점수가 높은 지도자들은 낮은 통제 상황에서는 인간관계에 관심을 가지게 되지만 높은 통제 상황에서는 과업에 관심을 가지게 될 것이다. 이와 반대로 최소선호동료점수가 낮은 지도자들은 낮은 통제 상황에서는 과업에 관심을 가지게 되지만 높은 통제 상황에서는 인간관계에 관심을 둘 것이다.

낮은 통제 상황에서는 과업 성취에 집중하는 최소선호동료점수가 낮은 지도자가 더 효과적이다. 왜냐하면 상황이 직무를 완수하기 위해서 지시적이고 통제적 행동을 일으키기 때문이다. 이와는 대조적으로 최소선호동료점수가 높은 지도자에 의한 인간관계에 대한 고려는 낮은 통제 상황에서는 효과적이지 못하다.

중간 정도의 통제 상황에서는 관계지향적인 지도자(최소선호동료점수가 높음)들이 더 효과적이다. 한 가지 설명은 이러한 지도자들이 같은 수준(낮은 통제)의 상황에 대처하는 데 있어서 과업지향적인 지도자(최소선호동료점수가 낮음)보다 덜 긴장하여 상황의 요구에 따라 융통성을 더 많이 발휘할 수 있다. 중간 정도의 통제 상황에서는 지도자 행동의 융통성이 요구되는데, 만약 최소선호동료점수가 낮은 지도자가 이러한 상황에서 스트레스를 경험한다면, 그들은 집단효과성에 필요한 융통성을 발휘하기가 어렵다. 이와는 대조적으로 스트레스를 덜 경험하는 최소선호동료점수가 높은 지도자는, 스트레스에 대한 지각과 대처는 중간 정도인 높은 통제 상황에서 보다 효과적이다.

높은 통제 상황에서 지도자는 일차적인 목표는 이미 달성했기 때문에 이차적인 목표에 초점을 둔다. 결국 관계지향적인 지도자는 과업에 적합한 행동을 나타내는 반면에 과업지향적인 지도자는 관계지향적인 행동을 나타낸다. 과업에 적합한 행동은 높은 통제 상황에서(구조화된 과업, 높은 직위권력, 좋은 지도자-구성원 관계) 중복되기 때문에, 최소선호동료점수가 낮은 지도자가 보다 효과적이다(House & Baetz, 1979).

상황적응이론은 1962년 이전에 수집한 자료에 근거하여 귀납적으로 개발되었다. 그 후 이 모형은 다양한 사회적 상황에서 집단성과를 예측하기 위하여 사용되어 왔다. 이 모형에 대해 여러 학자들이 수행한 연구 결과는 일반적으로 Fielder의 이론을 지지한다. Fielder의 모형은 학교 상황에서 교장들의 지도성 효과를 예측하는 데도 사용되었다. 학교에서 교사들의 높은 지지를 받는(높은 통제 상황) 교장들은 과업지향 지도성이 집단의 효과성과 뚜렷하게 관계가 있다. 교사들에게 지지를 덜 받는(중간 정도 통제 상황) 교장들은 학교의 효과성과 관계가 있는 관계지향성 유형의 지도성을 나타내는 경향이 있다.

4. 변혁적 지도성

최근 20년 동안 지도자 행동의 비합리적인 측면, 영감적이고 비전적이고 상징적인 측면을 주장하는 새로운 접근이 등장하였다(House, Spangler, & Woycke, 1991). 변혁적, 카리스마적, 영감적 지도성 등의 유사한 개념을 근거로 하면서 여러 가지 명칭으로 불리는 새로운 유형의 지도성 이론은 여러 학자들과 지도자들 사이에 높은 관심을 불러일으켰다. 변혁적 지도성 이론은 거래적 지도자와 변혁적 지도자의 개념을 근거로 하고 있다(Bass, 1985; Burns, 1978). 거래적 지도자들은 그들에게 제공된 서비스에 대한 보상을 교환함으로써 구성원들에게 동기를 부여한다고 보았다. 학교와 같은 조직에서 거래적 지도자들은 만약 과업의 달성이 보장된다면 구성원들이 직무로부터 원하는 것이 무엇인지 파악하고 그들이 원하는 것을 제공하기 위해 노력한다. 즉, 구성원들의 노력에 대하여 보상해 줄 것을 약속하고 보상과 교환한다. 거래적 지도자들은 자신들이 원하는 것을 얻는 대가로 구성원들이 원하는 것을 제공한다(Kuhnert & Lewis, 1987). 반면에 변혁적 지도성은 원하는 성과를 얻기 위해서 보상을 교환하는 차원을 넘어선다. 변혁적 지도자의 주요 임무는 다음과 같다(Bennis & Nanus, 1985).

- 변화의 필요성을 정의한다.
- 새로운 비전을 창출하고 헌신하게 한다.
- 장기적인 목표에 집중한다.
- 구성원들이 높은 수준의 목표를 위해 자신의 관심사를 넘어설 수 있도록 고취한다.
- 현재의 조직 내에서 직무보다는 그들의 비전을 수용하기 위하여 조직을 변화시킨다.
- 경험이 있는 구성원들로 하여금 그들 자신과 동료의 발전을 위해 보다 많은 책임을 지게 하고, 나아가 구성원들도 지도자가 되게 하여 궁극적으로 조직을 변형시킨다.

변혁적 지도성은 지도자에 대한 구성원 개인의 가치와 신념을 기초로 한다. 더 큰 성과를 올리기 위하여, 지도자들이 개인적인 기준을 드러냄으로써 구성원들의 목표와 신념을 변화시키고 구성원들을 결속시킬 수 있다. 지도자 개인의 능력에 따라 구성원들에게 많은 영향을 줄 수 있다는 점에서 카리스마적 지도성과 변혁적 지도성의 개념은 거의 유사하다.

카리스마적인 지도자와 비카리스마적 지도자는 다음과 같은 점에서 차이를 보인다(House & Howell, 1992).

- 성취지향성
- 창의적이고 혁신적이며 영감적인 경향
- 정열적인 에너지와 적극적인 참여
- 자신감
- 권력의 도덕적인 사용에 대한 관심과 결부된 사회적 영향력에 대한 높은 필요

변혁적 지도성은 지도자들이 그들의 직무를 새로운 관점으로 생각하도록 다른 사람들을 자극시키고, 조직의 비전 또는 임무를 인식시키며, 구성원들의 능력과 잠재력을 증진시키고, 조직의 이익을 가져올 수 있도록 구성원들의 관심을 높이기 위해 동기를 유발한다. 변혁적 지도자들은 거래적 지도자들보다 더욱 진취적인 목표를 세우고 전형적으로 더욱 높은 성과를 성취한다. 변혁적 지도성은 단순한 교환 이상으로서 이념화된 영향력, 영감적 동기화, 지적인 자극, 개별화된 배려의 요인을 지닌다(Bass, 1985).

이념화된 영향력은 구성원들의 신뢰와 존경을 얻고, 조직과 개인이 그들의 직무를 수행하는 방법에서 급격하고 근본적인 변화를 수용할 수 있는 근거를 제공한다. 조직의 임무를 재설정하고 변화를 시도하려 할 때, 이런 신뢰와 수용이 없이는 극심한 저항에 부딪치게 된다(Avolio, 1994). 이념화된 영향력은 구성원들에 대한 역할 모델로서 변혁적 지도자가 행동함으로써 나타나는 결과이다. 변혁적 지도자들이 이념화된 영향력을 발휘할 때 보이는 행동은 다음과 같다(Bass & Avolio, 1994).

- 윤리적이고 도덕적인 행동의 높은 기준을 보여 준다.
- 목적을 설정하고 달성하는 데 따르는 위험을 구성원들과 함께 공유한다.
- 그들 자신의 요구뿐만 아니라 다른 사람들의 요구를 고려한다.
- 개인적 이익을 위해서가 아니라 반드시 필요한 경우에만 권력을 사용한다.

영감적인 동기유발은 조직의 문제를 해결할 수 있다는 신념을 갖도록 집단 구성원들의 기대를 변화시킨다(Atwater & Bass, 1994). 이것은 조직의 목표를 제시하는 비전을 개발하고 적용시키는 데 핵심이 된다(Avolio, 1994). 영감적 동기화는 구성원들에게 직무에 도전

하게 하고 의미를 제공하는 지도자의 행동으로부터 비롯된다. 변혁적 지도자는 구성원들을 매력적인 조직의 미래와 비전을 창출하는 과정에 참여시키고, 구성원들이 원하는 것을 충족시켜 주기 위해서 적극적으로 의사소통한다. 그리하여 조직이나 집단의 직무에서 팀 정신과 충성심, 열정, 목표 위임과 공유된 비전이 높아지고 서로 협동하게 된다.

지적인 자극은 창의성의 문제를 말하는 것으로서, 변혁적 지도자들은 새로운 방법으로 상황에 접근하고 문제를 재조직하며 가정을 의심해 봄으로써 구성원들을 창의적이고 혁신적이 되도록 자극한다. 변혁적 지도자들은 새로운 절차와 프로그램으로 문제해결에서 창의성을 조성한다. 어떤 일을 하는 데 있어서 고정된 낡은 방법을 제거하며 구성원들의 실수에 대해서 공개적으로 비난하지 않는다(Avolio, 1994).

개별화된 배려는 변혁적 지도자가 구성원 개인의 요구에 대한 성취와 개인적인 성장에 대하여 특별한 관심을 보이는 것을 가리킨다. 변혁적 지도자는 구성원들의 필요와 강점을 이해한다. 이러한 지식을 바탕으로 구성원들에 대해 조언자로 활동함으로써 구성원들이 잠재력을 개발하고 책임감을 발전시키도록 도와줄 수 있다. 이는 지원적인 풍토에서 새로운 학습기회를 창조하고, 양쪽의 의사소통으로 개인적인 요구와 가치관의 차이를 수용하며, 개별화된 방식으로 다른 사람들과 서로 관계를 맺음으로써 성취될 수 있다. 개별적으로 배려하는 지도자는 적극적이고 효과적으로 경청한다.

5. 분산적 지도성

특성이론, 행동과학적 접근, 상황이론, 변혁적 지도성으로 대표되는 전통적 지도성 이론은 일반적으로 영웅적 지도성의 관점을 갖고 있다. 즉, 공식적 권위와 영웅적이고 카리스마적인 지도자의 행동이나 특성에 초점을 두기 때문에, 조직의 다른 구성원이나 요소들은 주변적인 것으로 소홀히 취급된다. 반면에, 분산적 지도성은 조직의 상황에서 조직 내 공식적, 비공식적 지도자들이 조직이 직면한 문제에 대한 의사결정의 공유를 통해 구성원의 전문성과 역량을 극대화하여 조직의 효과성을 향상시키는 방법으로 지도성의 분산과 지도성 실행에 초점을 둔다.

21세기에 들어서 학교의 자율성 확대에 따른 학교의 효과성 및 책무성에 부응하기 위해 분산적 지도성 관점이 대안으로서 등장하였다. 구체적으로 분산적 지도성은 전통적 지도성 이론에 비해서 규범적, 상징적, 경험적 차원 등에서 장점이 있는 것으로 지적되었다(Gronn, 2000, Harris, 2004, Spillane, 2006). 즉, 규범적 측면에서 한 사람 중심의 영웅적 지도성이 팀 중심의 지도성으로 대체되고, 지도자의 범위가 확대됨으로써 교사, 지원 스태프 등 구성원의 사기와 헌신에 공헌한다. 상징적 측면에서 학교에 대한 외부의 요구에 신축적으로 대응해서 학교를 재구조화하고, 구성원의 전문성과 지도성을 다양한 방식으로 공유하고 개발하기 때문에 대외적으로 더 유용하다. 경험적인 측면에서는 분산적 지도성이 조직의 성과, 학생 학습, 학교 개선 및 변화 등과 관련하여 보다 강력한 경험적인 증거를 제공할 수 있다(김규태, 주영효, 2009).

분산적 지도성(distributed leadership)의 핵심요소는 학자에 따라 다소 다르게 설명된다. Spillane은 분산적 지도성이란 지도자, 구성원, 도구 및 정례적인 업무 등 상황이 함께 상호작용한 결과로서 발생되는 지도성 실행(leaderhip practice)을 중시한다(라연재 외 공역, 2010).

첫째, 지도성의 분산적 관점에서는 지도자 범위확대로 조직내에 여러 지도자들이 지도성을 공유하는 점을 인정한다. 즉, 분산적 지도성은 학교조직에서 학교장뿐만 아니라 학교조직의 경영활동에 참여하는 교감, 부장교사, 부서 담당자 등 지도성 실행과정에 참여하는 구성원의 역할을 인정한다.

둘째, 지도성의 실행 측면이다. 분산적 지도성은 지도성의 구조와 계획만 살펴보는 것이 아니고, 지도성 활동(actions)에 초점을 둔다. 즉, 지도성의 실행은 다수의 지도자들에 의해 수행되고, 구성원들도 지도자들에게 영향을 줄 수 있으며, 지도자들은 상황적인 요인들과 상호작용한다.

셋째, 상황적인 측면이다. 지도성이 실행되는 상황 요소에는 정례업무, 도구 등을 포함한다. 정례업무는 두 사람 이상이 관여하는 상호의존적인 행동으로서, 반복적이며 타인으로부터 인식이 가능한 행동이다. 이러한 정례업무에는 학업성취평가도구의 구안, 학생들의 성취도 평가, 학생들의 교수전략 결정 등을 예시로 들 수 있다. 도구는 사람들이 실

[그림 10-3] **분산적 지도성 모형**

행에서 사용할 수 있는 기자재, 방안 등으로서 학생들의 시험 성적 데이터, 교사 평가를 위한 관찰 방법, 수업계획안, 학생들의 수행자료 등이다. 이러한 도구에 따라서 지도자와 구성원간의 상호작용이 달라질 수 있다. 이러한 분산적 관점에서 본 지도성 실행은 [그림 10-3]과 같다.

6. 지도성 유형의 통합

지도성을 접근하는 데도 한 가지 관점에 따라서는 충분하지 않을 수 있다. 지도성의 여러 측면을 이해하기 위해 조직에 대한 여러 관점에 따라 접근할 수 있다. 이와 같은 지도성 모형에는 구조적 지도성, 인간자원 지도성, 정치적 지도성, 문화상징적 지도성이 있다. 각 관점은 지도성 과정의 다른 측면들을 부각시킨다. 지도자와 상황에 따라서 각 관점은 특성 있는 지도성을 제시한다. 각 관점별로 효과적인 지도성에 필요한 기술과 과정은 〈표 10-4〉와 같다(Bolman & Deal, 1991).

〈표 10-4〉 지도성 유형의 통합

관점	효과적인 지도자	지도성 과정	비효과적 지도자	지도성 과정
구조적 관점	분석가 건축가	분석 설계	독재자	엄격한 관리
인간자원 관점	촉진자 봉사자	지원 권한부여	우유부단자	포기
정치적 관점	주창자 협상자	주창 연합	사이비 예술가	조작 사기
문화상징적 관점	예언자 시인	영감 경험재해석	열광자	신기루 환각

1) 구조적 지도성

조직을 이해하는 구조적 관점에 대해 사람들은 일반적으로 법과 규율을 생각한다. 조직의 지도자는 먼저 조직의 구조를 효과적으로 다루는 사람이어야 한다. 조직구조를 효과적으로 다루는 사람은 다음과 같은 네 가지를 효과적으로 구사할 수 있어야 한다.

- 조직문제를 연구한다.
- 조직의 구조, 전략, 환경의 관계에 대한 모형을 개발한다.
- 개발한 모형을 실제로 활용한다.
- 끊임없이 실험하고, 평가하고, 적응해 나간다.

2) 인간자원 지도성

지도자가 조직구조를 잘 다루어야 한다고 지적하는 문헌은 별로 많지 않지만 인간자원 관리의 중요성을 지적한 문헌은 매우 많다. 인간자원을 잘 다루는 지도자는 다음 사항을 효과적으로 다루는 사람이다.

- 조직의 구성원들이 신념을 갖도록 한다.
- 조직의 구성원들이 쉽게 볼 수 있고, 가까이 할 수 있게 한다.
- 조직구성원들의 능력을 증대시킨다. 이를 위해 조직 운영에 대한 참여를 확대하고, 지원하고, 정보를 제공하고, 조직 내 의사결정을 하부로 위임한다.

3) 정치적 지도성

정치적인 지도자는 다음과 같은 사항을 효과적으로 다룬다.

- 희망하는 목표와 가능한 목표를 명확하게 구분한다.
- 권력과 이해관계의 분포를 점검한다.
- 관련 당사자들과 대인관계를 잘 맺는다.
- 먼저 설득하고, 두 번째로 협상하고, 필요할 때만 강제력을 사용한다.

4) 문화상징적 지도성

문화상징적 지도자는 다음과 같은 사항을 효과적으로 다룬다.

- 구성원들의 주의를 끌기 위해 상징을 사용한다.
- 구성원들이 지닌 체험을 재해석한다.
- 이상을 발견하여 전달한다.
- 이야기한다.

이상에서 제시한 각 관점은 지도성에 대한 중요한 가능성을 갖고 있지만 개별적 관점으로서는 충분하지 않다. 초기의 지도성 모형은 구조적 관점에 기초했고, 그 후 인간자원 지도성이 많이 활용되었다. 근래에 들어서는 문화상징적 지도성이 강조되고 있다. 지도자들은 자신들이 사용하는 분석의 관점에 기초한 지도성의 한계점을 이해하고 가능한 한 다원적이고 포괄적인 분석에 기초한 지도성을 사용해야 한다. 그러나 모든 지도자가 모든 능력을 갖춘다는 것은 비현실적이다. 지도자에게 중요한 것은 자신의 한계를 인정하고 조직 내에서 자신의 부족한 점을 보완해 줄 수 있는 사람들을 충원할 수 있는 능력이다. 현명한 지도자는 자신의 장단점을 이해하고 이를 보완하여 보다 종합적이고 통합적인 관점으로 조직을 이끌어 나가는 팀을 구성한다.

또한, 미래의 관리자와 지도자는 체험과 인간의 기본적 가치를 중시할 뿐 아니라 기술과 재능을 겸비한 시인과 철학자이어야 한다. 미래의 관리자는 복합적인 프리즘을 통해서 조직을 파악할 수 있는 이론가이면서, 인간조직이 어떻게 운영되는지에 대한 이해를 통해서 목적을 달성할 수 있는 탄력적인 전략을 세울 수 있는 협상가이다. 이들에게 꼭 필요한 기본적인 것은 가치를 위해 헌신할 것과, 동시에 미래의 복합조직에 대한 유연성 있는 접근방법을 활용하는 것이다.

7. 지도성과 학교경영

학교재구조화에 대한 다년간의 연구에서는 수준 높은 교수활동이 이루어지는 성공적인 학교는 학생의 학업성취와 지적인 수준에 대한 높은 관심과 교직원들의 전문적인 공동체의식을 지니고 있다고 보고한다(Newmann et al., 1996). 이는 교육목표와 전문성에 대한 교사들의 신념, 가치, 집단규범이 학생들의 교육에 큰 영향을 미친다는 것을 보여 준다. 학교의 구성원들 간에 공유하고 있는 문화적인 규범은 구성원들의 일하는 방식과 성공에 대한 기대를 규정한다. 이뿐 아니라 학교 구성원들의 업무 처리 방식, 권한과 자원의 배분 등은 공식적인 구조를 통해서 규정된다. 학교의 문화와 운영구조는 학교의 지적인 수준과 전문적인 공동체에 영향을 미치며, 결국 학교의 교수활동의 수준과 학생의 성취도를 결정하게 된다. 따라서 학교장은 학교 목표 달성에 적합한 운영구조를 개발하고 관리하는 지도성, 그리고 학교 목표에 적합한 교직원들의 문화를 형성하고 관리하는 지도성을 겸비하는 것이 필수적이다.

Deal과 Peterson(1994)은 학교조직의 지도자에게 요청되는 지도성으로, 논리와 예술의 균형이 잡혀야 된다고 보았다. 이들은 앞에서 설명된 네 가지 관점에 기초한 지도성 중에서 특히 학교조직의 효과성에 보다 직접적으로 영향을 미치는 것으로, 구조적 지도성과 문화적 지도성을 지적한다. 학교조직에서 지도자는 학교의 교육목표 설정과 교육과정 운영과 같은 기술적이고 행정적인 측면을 잘 관리해야 할 뿐 아니라, 학교의 문화를 잘 이해하고 이를 학교 목표에 적합하게 형성해야 한다고 보았다.

1) 기술적 · 행정적 지도성

학교조직에 대한 많은 문헌들은 학교의 기술적이며 목표지향적인 특성을 지적한다. 합리적인 관점에서 학교는 분명한 목표를 성취하기 위해서 존재한다. 학교는 사회로부터 학생을 받아서, 교수–학습방법을 사용하여 사회가 필요로 하는 사람으로 전환시킨다. 이러한 관점에서는 학교는 가능한 한 효과적으로 구체적인 기술적 목표를 달성하기 위하여 조직되어야 한다.

학교에서는 이와 같은 목적을 달성하기 위해서 목표를 설정하고, 전략적인 계획을 수립하고, 측정할 수 있는 계량적 목표를 세우고, 의사결정을 내린다. 학교장은 학교 운영에 대한 이와 같은 기술적이고 행정적인 측면들을 능숙하게 다루어야 한다. 구체적으로 학교장이 수행하는 역할은 계획자, 자원 배분자, 조정자, 감독자, 정보의 전파자, 심판관, 문지기, 분석가이다(Deal & Peterson, 1994).

- 계획자로서 학교장은 장단기 목표를 설정하고, 학교의 방향을 이끌고, 목표 달성을 위한 우선순위를 결정하고, 구성원들에게 역할을 부여하고, 목표 달성에 대한 평가 점검 등을 수행한다.
- 자원 배분자로서 학교장은 교수활동이 잘 이루어지도록 자원을 배분한다. 자원의 부서별, 학년별, 학급별 배분에서 끊임없는 정치적인 활동이 발생할 수 있다. 학교장은 부서의 지엽적인 관심보다 공유하고 있는 전체 목표가 잘 달성될 수 있도록 자원을 배분하는 데 중심적인 역할을 담당한다.
- 조정자로서 학교장은 학교 구성원들 각자가 담당하는 임무를 이해하고, 다른 사람과

어떻게 수평적 · 수직적으로 연관되는지, 결과에 대해 누가 책임을 지는지 등에 대해 분명하게 규정함으로써 학교의 업무가 전체적으로 잘 통합될 수 있게 한다.

- 감독자로서 학교장은 학교의 교수활동이 높은 수준을 유지할 수 있도록 점검하고 필요할 경우에 피드백을 제공한다. 이를 통해 구성원들의 활동을 개선하고 결과에 따라 보상을 제공하거나 제재한다.
- 정보의 전파자로서 학교장은 학교의 구성원들이 학교의 중요한 정책과 방침 등에 대해 숙지할 수 있도록 다양한 방법으로 정보를 전달한다.
- 심판자로서 학교장은 학교 내에서 발생하는 구성원들 간의 갈등을 관리할 수 있는 갈등관리체제와 절차를 규정하고 이를 효과적으로 다룬다.
- 문지기로서 학교장은 학교 활동에 적합한 교직원의 선발과 임용, 학교와 지역사회의 협력적인 유대관계, 교직원의 전문적인 교수활동에 대한 외부 간섭의 배제 등의 역할을 수행한다.
- 분석가로서 학교장은 학교 내외에서 발생되는 복잡한 문제들을 합리적이고 체계적인 분석을 통해서 해결해 나간다.

이상과 같은 학교장의 활동을 학교장 개인이 혼자서 다 담당할 수는 없다. 학교단위경영, 교사의 권한 확대 등 여러 가지 경영방식에 따라, 학교 내 의사결정, 역할의 조정, 자원의 배분, 교수활동에 대한 감독과 평가 등은 점차 여러 위원회, 교사, 학부모 등에게 위임하고 공유할 수 있다. 그러나 최종적으로는 학교장이 학교 운영의 효과성에 대해서 책임을 지게 된다.

기술적인 유형의 지도자는 학생의 기본적인 능력에서 우수한 결과를 가져오는 학교를 운영한다. 교직원들은 자신의 임무를 분명하게 인식하고 이를 수행한다. 지도자는 교직원들이 임무를 훌륭하게 수행할 때 긍정적인 피드백을 제공한다. 그러나 임무를 제대로 수행하지 못할 때는 이에 대해 지적한다. 이들이 운영하는 학교는 의사결정의 공유와 협력을 위한 구조를 개발하는 매우 구조화된 방식을 갖는다.

2) 문화상징적 지도성

이 관점에서는, 학교장을 비롯한 지도자들은 조직의 중요한 가치를 나타내는 행동을 한다. 조직구성원들의 신념과 신뢰를 획득하고 목적을 전달하고 학교와 동일시할 수 있도록 상징을 사용한다. 이들은 조직이 지닌 전통과 지속적인 혁신을 촉진하는 신념과 가치를 조화시키는 정신적인 지도자이다. 상징적인 관점을 활용하는 학교장은 구성원들이 공유할 의미를 만들어내고, 구성원들 간의 내면적인 결합과 헌신을 개발하는 것에 초점을 둔다. 조직의 핵심적인 상징에 지속적으로 주의하게 하고, 조직의 핵심적인 가치와 신념을 강화시키는 상징적 활동을 꾸준히 주목하게 함으로써 구성원들 간에 의미 있는 조직이 형성된다. 이러한 문화는 의식, 행사, 상징적인 역할, 은유, 이야기 등의 형태로 이루어진다. 학교장과 같은 지도자들은 지역사회 내의 모든 사람들이 무의식적으로 보다 깊은 목적을 경험하고 이를 전달하여 강력한 인간적 유대를 맺기를 원하기 때문에, 이러한 상징적 활동에 자주 참여한다.

학교는 문화에 의해 형성되고 조성되며, 이 문화는 더 잘 할 수 있도록 항상 노력하는 분위기를 지원하는 역사적으로 형성된 가치, 신념과 상징으로 구성된다. 학교장을 비롯한 학교의 지도자들의 주된 임무는 구성원들에게 의미와 행동을 제공하는 문화를 형성하고 강화시키는 것이다. 이러한 문화상징적 활동에는 학교의 뛰어난 인물이나 학생을 기리고 표창하는 것, 의식이나 행사의 개최, 이야기 등이 있다. 문화상징적인 지도자로서 학교장은 역사가, 인류학적 탐정, 비전 제시자, 상징, 도예공, 시인, 배우, 의사의 역할을 수행한다(Deal & Peterson, 1994, 1998).

- 역사가로서 학교장은 학교의 과거의 위기, 도전, 성공, 영웅과 지도자들에 대한 이야기를 재해석함으로써 현재의 상황을 이해한다. 학교장은 학교 내외에서 일어나는 사건의 기저에 있는 구성원들의 심층적인 문화를 이해한다. 이러한 이해를 바탕으로 학교장은 학교를 문화적인 유산과 연결함으로써 학교의 역사를 재창조해 나간다.
- 인류학적인 탐정으로서 학교장은 학교의 일상적인 활동과 의식에 관한 단서를 찾아내고 기존의 규범과 가치, 신념을 평가한다. 학교의 문화적인 활동에서 주요한 역할

을 담당하는 비공식적인 인사들을 찾아내고 이들의 역할에 주목한다.

● 비전 제시자로서 학교장은 학교의 미래에 대한 희망과 꿈을 발견하고 이를 전달한다. 학교의 목표와 임무를 끊임없이 학교의 비전에 초점을 맞추어 나간다.

● 학교의 상징으로서 학교장은 여러 가지 행동, 일상적인 언어, 관심, 주의, 활동을 통해서 구성원들에게 학교가 지향해야 할 가치를 확인시키고 전달한다.

● 도예공으로서 학교장은 학교의 영웅, 의식, 전통, 행사, 상징을 만들어 낸다. 또한 구성원들을 핵심적인 가치를 공유하도록 이끈다.

● 시인으로서 학교장은 학교의 가치를 강화하고, 교육적인 신념을 전달하며, 문화적인 규범을 지원하고, 구성원들의 동기를 유발시키고, 분명하고 일관된 메시지를 통해서 학교에서 중점을 두어야 할 것으로 이끈다.

● 배우로서 학교장은 학교에서 발생되는 여러 가지 극적인 사건들에서 주요한 역할을 담당한다. 학교에서 발생되는 극적인 활동은 사전에 철저하게 준비되는 정기적인 행사를 통해서 나타나기도 하고, 때로는 갑작스런 사건을 통해서 나타나기도 한다. 이러한 주요한 사건에서 학교장은 학교가 지향하는 가치를 재확인한다.

● 의사로서 학교장은 학교 내외에서 여러 가지 전환, 손실, 변화 등에서 발생되는 개인의 아픔들을 치유함으로써 학교의 연대감을 유지한다.

　　예술가 유형의 교장은 학교의 실제를 정의하고, 구성원들이 지닌 가치와 신념을 전달하는 상징을 파악하여 활용하며, 구성원들을 의식과 행사와 연극에 참여시킨다. 이들은 학교를 머리와 손뿐 아니라 마음에까지 영향을 미치는 장소로 만드는 깊은 의미를 제공한다. 이들은 이야기를 만들어 내고, 교사와 학생에 대해 말하며, 그들의 일상적인 행동에서 모범적인 가치를 찾아내어 제시하고, 뛰어난 사람들을 찾아내며, 공적인 지시와 모임을 부드럽게 이끈다. 이들은 구성원들이 자신들보다 더 높은 목표를 위해 열성적으로 헌신할 수 있도록 만드는 조직을 원한다.

3) 지도성의 딜레마

학교에서 지도자들에게 요청되는 역할은 많은 경우에 서로 갈등을 일으킨다. 이러한 갈등적인 상황은 학교지도자들에게 흔히 나타난다. 학교지도자는 이러한 갈등적인 상황에서 유능하게 대처해야 한다. 이러한 갈등적인 요청은 상호의존적인 자율성, 신축적인 통합, 자신감 있는 겸손, 신중과 모험, 양방적인 이상, 회의와 신념 등이다. 즉, 학교장들은 한 가지 행동을 하면서 동시에 양쪽 극단에 있는 두 가지 속성을 성취해야 한다. 이러한 구체적인 예들은 다음과 같다.

- 양방적 이상: 학교의 계획을 수립하면서 동시에 학교의 문화를 형성해야 한다.
- 역할 기대: 지시받은 사항을 수행하면서 동시에 지시받지 않은 사항을 수행해야 한다.
- 성과: 옳은 것을 달성하기 위해 실수하는 것은 괜찮다. 동시에 일을 올바르게 처리해야 한다.
- 문제 인식: 문제는 회피할 수 없다. 동시에 문제를 회피하라.
- 자부심: 최선을 다한 것에 자부심을 가진다. 동시에 우리는 최선이 될 수 없다.
- 통제: 지도자는 통제한다. 동시에 지도자는 통제하지 않는다.
- 관심: 지도자는 부드럽고 개인에 대해서 관심을 둔다. 동시에 지도자는 거칠고 조직에 대해서만 관심을 둔다.

학교장이 지도성 실제의 역설적인 측면을 이해할 때, 지도자로서 학교 구성원들에게 이상과 열정을 불러일으킬 뿐 아니라 지속성과 통제를 유지해 나갈 것이다. 학교를 관리하는 지도자는 학교조직관리 실제에서 직면하는 많은 어려움들에서 벗어날 수 없다. 학교장의 임무는 더 이상 과거의 단순한 역할에 머무르지 않는다. 기술적이고 상징적인 사고방식과 행동양식을 새롭게 조화시켜 나갈 때, 미래의 학교장은 지도자로서 훌륭하게 자신의 임무를 수행해 나갈 것이다.

8. 지도성과 학교개혁

현대 사회에서는 학교를 둘러싼 환경의 변화가 매우 심하다. 학교에 들어오는 새로운 구성원들의 가치관도 이전과 매우 다르다. 이에 따라 학교조직의 운영도 과거와는 달리 집권적인 운영방식이 잘 적용되지 않는다. 학교경영에도 학교행정가뿐 아니라 학부모, 교사, 지역사회 인사들의 참여가 증가하고 있다. 이러한 학교 내외의 변화에 따라 학교장의 지도성은 더욱 중요해졌으며, 이전과 다른 새로운 형태의 지도성이 정립될 필요성이 제기되었다. 그러나 아직 우리나라 학교 현실에 적합한 지도성 모형이 개발되지 않고 있으며, 학교행정가 개별적으로 적합한 지도성 모형을 탐색하기 위해 시행착오 과정을 거치고 있다. 적합한 학교지도자 모형의 부재로 학교는 효과성을 높이는 데 큰 제약을 받는다.

1) 학교장의 새로운 지도성

학교의 본질적인 기능인 교수학습활동이 효과적으로 이루어지기 위해서는 종래의 교육구 중심의 경영에서 단위학교 중심의 경영으로 전환되어야 한다. 단위학교 중심으로 경영이 전환되는 경우에 학교장의 역할은 전통적인 방식에서 급격히 바뀐다. Murphy(1994)는 학교장 역할의 주된 변화를 네 가지로 지적하였다.

첫째, 학교장은 과거에는 조직의 상위 계층에서 지도성을 발휘했지만, 이제는 조직 내 구성원들 간 인간관계의 중심에서 지도성을 발휘하는 촉진자 위치로 전환된다. 이는 학교조직이 과거의 위계적인 조직구조에서 보다 분권화된 조직구조로 변화되기 때문이다. 이에 따라 학교장은 조직의 핵심적인 의사결정자의 위치에서 벗어나 다양한 형태로 의사결정에 참여하는 여러 하위집단들의 행동을 조정하는 역할을 수행하게 된다. 이를 위해 학교장은 학교를 운영하는 여러 협력적인 의사결정과정과 기구를 설치한다. 학교장은 학교를 운영하는 여러 위원회 또는 의사결정기구에 권한을 위임하고 이들이 효과적으로 기능을 수행할 수 있도록 조정한다.

둘째, 학교장은 새로운 학교조직의 운영에서 교사들이 적극적으로 참여하여 능력을 발휘할 수 있도록 지원한다. 학교장은 교사들과 공동으로 학교의 비전을 개발하고, 협력적인 의사결정과정을 만드는 네트워크를 구성하고, 학교 이념과 비전에 따라 자원을 분배하고, 교직원들이 효과적인 의사결정을 내릴 수 있도록 정보를 제공하고, 실질적인 교직원의 개발과 연수활동을 조장한다.

셋째, 학교장은 학교 관리자 역할을 보다 강화해 나가야 한다. 학교는 과거에는 교육구에서 다루던 예산관리, 지역사회 관리, 학부모 참여, 학교개선 계획 등을 직접 다루어야 하기 때문에 학교장의 관리 업무가 대폭 증가한다. 이에 따라 학교장의 장학업무는 수석교사와 같은 수업지도자에게 맡기게 된다. 예컨대, 교사들에 대한 장학과 조언자 역할은 교과별로 선임교사 또는 수석교사들을 통하여 보다 전문적인 평가와 피드백을 제공하게 된다. 교사들도 개인적인 교과운영에서 벗어나 동료교사들과의 협동을 통해서 교과를 운영하고, 학교경영과정에 보다 적극적으로 참여할 것이 요청된다. 학교장은 기술적인 능력과 인간관계 능력이 많이 요구된다.

넷째, 학교장은 지역사회와 긴밀한 유대관계를 맺는 역할을 강화한다. 학교장은 학부모와의 관계, 학교 운영에 참여하는 학교운영위원회와의 관계, 지역사회 기업과의 관계, 지역사회의 사회 서비스조직 등과의 관계 유지에 보다 많은 시간과 에너지를 투자하게 된다.

2) 지도성과 자원 관리

조직구성원들의 조직 운영에 대한 참여가 높아질 때, 조직의 성과를 향상시키기 위해 조직의 지도자는 조직의 네 가지 주요한 자원인 정보, 지식, 권한과 보상을 관리하는 데 지도성을 발휘하여야 한다(Lawler, 1992; Odden & Odden, 1995).

첫째, 조직의 정보는 위에서 아래로, 아래에서 위로, 옆으로 등 여러 가지 방향으로 전달한다. 학교의 경우에 위에서 아래로 전달되는 정보는 학생의 성과에 대한 자료, 중앙정부, 시·도, 그리고 지역교육청의 교육목표, 교육과정 기준, 수입과 지출, 정부정책과 규제, 학교에 대한 지역사회의 여론 등이다. 정보는 학교 내의 각종 교직원 모임이나 교육청과 학교와의 모임 등에서 전달된다. 수평적인 정보의 흐름은 학교 내의 교과 영역 간, 학년 간, 그리고 교육구 내의 학교들 간의 기능 영역 간 의사전달이다. 학교장은 학교 수준 (초 · 중 · 고) 간 정보의 흐름에도 관심을 두어야 한다. 또한 지역사회 구성원과의 정보의 흐름도 중요하다. 학부모와 상하위단계의 학교, 그리고 기업 등과의 정보 흐름이 원활하게 이루어지도록 해야 한다. 이를 통해 교직원들이 학교 외 교육수요자들의 필요에 능동적으로 대처하게 함으로써, 공급자와 수요자 간의 직접적인 의사전달을 통하여 교육의 질을 지속적으로 향상시켜 나간다. 학교장은 또한 아래로부터의 정보의 흐름을 개발한다. 학교의 교과과정, 교수방법, 학생의 필요, 학부모의 요구 등에 대한 자료를 수집하여 교육구로 전달한다.

둘째, 학교장은 교직원들의 지속적인 전문성 개발과 연수활동을 위한 예산을 확보해야 한다. 학교장은 교사들이 학교의 교과과정과 교수프로그램을 운영하는 데 필요한 전문적, 기술적 지식을 습득할 수 있도록 돕는다. 이뿐 아니라 학교장은 학교, 교육구, 시 · 도 및 국가 교육체제가 어떻게 운영되고 있는지에 대해서 교사들이 이해할 수 있도록 도와야 한다.

셋째, 학교장은 인사와 재정을 관리하는 권한을 결정할 때 교사들과 긴밀하게 협조한다. 교사들이 교육과정, 교수활동, 예산에 대해 결정을 내리는 것을 도울 뿐만 아니라 학교 내 교사의 인사에 관한 결정에도 교사들을 참여시킨다. 학교장은 교사들의 참여를 통해서 학교의 교육목표를 설정한다. 단위학교에서는 국가, 시 · 도, 지역교육청의 교육목표와 연계하여 구체적인 학생의 성취목표를 설정한다. 행정가와 교사들이 공동으로 학교 목표를 설정함으로써 목표 달성에 대한 동기를 유발한다.

넷째, 학교장은 학교에서의 보상을 새로 만들고 이를 분배하는 데 교사들을 참여시킨다. 보상 구조는 공정하고, 구체적인 보상은 구성원들에게 가치 있는 것으로 인식되어야 한다. 구체적인 보상의 계획부터 실시까지 교사들을 참여시킨다. 예컨대, 구체적인 성과의 측정치 작성부터 동료교사들의 성과를 평가하는 단계 등에까지 교사들을 참여시킨다.

새로이 요청되는 학교장의 역할은 학교의 재구조화 노력에서부터 분권적인 고참여 조직을 실시하는 것까지 여러 가지를 포함한다. 이러한 과정을 통해서 전통적인 단위학교 의사결정자로서의 학교장의 역할은 감소되지만, 동시에 지도자로서 학교장의 새로운 역할을 수행하도록 기대된다.

PART ··· **04**

학교 · 학급경영
실제와 개혁

제11장 학교경영계획과 관리기법

제12장 학교인사

제13장 장학

제14장 학교재정

제15장 학급경영

제16장 학교효과성과 학교개선

제**11**장
학교경영계획과 관리기법

학교경영계획은 계획-실천-평가로 이어지는 학교경영과정의 첫 번째 단계이다. 따라서 여러 가지 계획·관리기법을 활용하여 학교경영계획을 세우고, 이의 실천을 관리하는 일은 학교를 합리적이고 효율적으로 운영하는 일차적 과업이다. 이 장에서는 학교경영계획의 성격과 그 작성과정을 알아보고, 계획을 세우고 관리하는 여러 가지 계획·관리기법을 소개한다.

1. 학교경영계획의 성격

1) 학교경영계획의 의미

학교경영계획의 의미는 계획(또는 기획)의 일반적 정의와 특성을 바탕으로 하여 이해한다. 먼저 계획과 기획의 용어 사용에 대해서 살펴보면, 계획(plan)과 기획(planning)은 흔히 혼용된다. 그러나 이 두 가지 용어를 구분 사용할 때는, 계획을 수립하는 과정을 기획이라 하고, 기획의 과정을 거쳐서 얻은 결과를 계획이라고 하는 것이 통례이다. 또 계획이라는 용어는 이 두 가지 경우에 통용되는 반면에, 기획이라는 용어는 과정 또는 절차에 국한하여 사용되는 것이 보통이다(김신복, 1980). 여기에서는 기획과 계획을 혼용하며, 그 의미를 엄밀히 구별하지 않은 경우에는 계획으로 통칭한다.

계획은 일반적으로 미래의 행동노선을 준비하는 과정을 말한다. Simon 등(1950)은 기획이란 장래를 위한 제안, 제안된 대안의 평가, 이러한 제안을 달성하는 모든 방법과 관련된 행동이라고 정의하였다. Koontz와 O'Donnel(1972)은 계획은 무엇을 할 것인가, 그것을 어떻게 할 것인가, 그리고 누가 그것을 할 것인가를 미리 결정하는 일이라 하였다. Fayol(1949)은 기획이란 미래를 예측하고 그것에 대비하는 활동이라 정의하였고, 행동계획이란 기대하는 결과, 따라야 할 행동노선, 거쳐야 할 단계, 그리고 사용하는 방법이라고 하였다. 이러한 정의들에 따르면, 계획은 목적달성을 위한 미래의 행동노선을 결정하는 활동이며, 행동노선에는 목적달성을 위한 구체적 수단과 방법이 포함된다. 결국 계획은 목적을 효율적으로 달성하기 위한 구체적인 미래의 행동순서 또는 절차이며, 목적과 수단 그리고 방법을 합리적으로 연결시키는 지적 준비과정이라고 할 수 있다(김종철, 1974). 이런 맥락에서 학교경영계획은 학교의 목표를 설정하고 이 목표달성에 요구되는 구체적인 방침·활동들을 미리 결정하고 준비하는 과정이라고 할 수 있다(김윤태, 1994, p. 536).

이상의 정의를 토대로 계획 또는 기획의 특성을 살펴보면 다음과 같다(권영찬, 1967).

■ 기획은 목표지향적인 활동이다

기획은 조직의 행동을 목표달성을 위해 집중시킨다. 기획기능을 통하여 어떤 행동이 조직의 궁극적 목표를 지향하는 것이고, 어느 것이 상쇄될 가능성이 있는 것인가를 예측하게 한다. 기획이 없는 조직의 행동은 방향 없는 혼돈 속에 빠질 것이다. 그러므로 효과적인 기획은 조직의 목표를 달성하는 데 필요한 전략적인 요소가 된다.

■ 기획은 미래지향적인 활동이다

기획이 목표를 지향한다는 말은 곧 미래를 지향함을 뜻한다. 미래예측은 불확실하여 인간이 통제할 수 없는 요인의 개입과 작용이 불가피한 것이지만, 기획 없이는 미래를 우연적인 질서에 맡길 수밖에 없다. 기획활동을 통하여 미래에 일어날 일들을 미리 예측하고 그 대책을 강구함으로써, 장래사태의 진전방향을 사전에 탐색할 수 있다.

■ 기획은 합리성과 능률성을 추구하는 과정이다

기획이 장래를 합리적으로 형성하는 과정이기 때문에 기획과정의 방향은 조직의 목표 달성을 위해 과학적인 접근방법을 적용하여 최적의 수단을 제시하는 데 있다. 다시 말하면 정보의 수집, 지식의 활용, 통합적인 자료 정리, 효율적 자원활용 등 합리적인 과정을 통하여 목표달성의 최적의 전략을 선정하는 데 있다.

■ 기획은 일련의 의사결정과정이다

기획이 대안의 선택과 관련되는 한, 의사결정과 본질적인 차이가 없다. 그러나 기획이 단순한 의사결정과 구별되는 특성은, 상호의존적이고 시간적 순서가 정연하며 체계적 연관성을 지니는 일련의 의사결정과정이라는 점이다.

■ 기획은 능동적이요, 계속적인 과정이다

기획은 일반적으로 정태적인 과정이 아니다. 기획은 기획작성 과정에서 대안의 실현 가능성과 제약조건에 비추어 관리자나 의사결정자가 목표를 수정하는 절차가 반복될 수 있고, 계획의 집행결과에 대한 평가가 피드백 작용을 통하여 다음 목표설정에 영향을 주는 동태적이고 계속적인 과정이다.

따라서 학교경영계획은 미래지향적이고 발전적인 학교경영을 가능하게 할 뿐만 아니라 학교목표 달성을 위해 합리적이고 효율적인 학교경영을 가능하게 한다. 그러므로 계획이 없는 학교경영은 지향할 방향을 분명히 인식하지 못하고, 자원이 낭비되며, 변화하는 상황에 효율적으로 대처하지 못하게 된다.

2) 학교경영계획의 특성

학교경영계획 수립의 궁극적인 목적은 학교교육목표를 효율적으로 달성하는 데 있다.

이러한 목적을 달성하기 위해서 학교경영계획은 몇 가지 특성을 갖추어야 한다. 김명한 등(1988)은 학교경영계획의 원리로 연계성, 합리성, 종합성, 참여성, 현실성(실현성)의 특성을 제시하였다. 여기에 적합성, 구체성, 형식성을 더하여 학교경영계획이 지녀야 할 특성을 원리로 제시하면 다음과 같다.

- 연계성의 원리: 학교경영계획은 국가교육계획이나 지역교육계획과 종적인 연계성을 유지하면서 수립되어야 한다. 따라서 계획의 기본방향과 목표를 설정하는 데 있어 상위 계획의 테두리를 벗어나거나 서로 상충되어서는 안 된다.
- 적합성의 원리: 학교경영계획은 학교조직의 목적에 적합한 경영목적을 가져야 한다. 학교조직 목적과의 적합성이 높은 계획은 학교경영에 의미 있는 방향을 제시한다.
- 합리성의 원리: 학교경영계획 수립은 합리적인 의사결정을 요구한다. 문제를 파악하고 대안을 선정·결정하며, 해결방안을 추출·선정하고, 효과를 비교분석하는 과정을 겪는 합리적인 절차가 요구되는 것이다.
- 종합성의 원리: 학교경영계획의 내용은 학교교육목표의 달성을 위한 관련된 모든 요소들이 다 포함되어야 한다. 만일 필요한 제 요소들이 통합적으로 모두 포함되지 않을 경우, 목표달성의 제약 요소로 작용하여 역기능을 발휘할 수 있기 때문이다.
- 구체성의 원리: 학교경영계획은 무엇을, 언제, 어디에서, 어떻게 할 것인가를 분명하고 정확하게 기술해야 한다. 학교경영계획에 따라서 학교교육과 경영행위를 충분히 평가할 수 있을 정도로 계획은 구체적이어야 한다.
- 참여성의 원리: 학교경영계획은 학교의 관리층만이 참여하여 수립하는 것이 아니라 모든 교직원들이 참여하여 의견을 제시하고 조정하며, 학부모·동창들까지도 참여할 기회를 주는 것이 바람직하다.
- 실현성의 원리: 학교경영은 인적·물적·재정적·교육적 자원의 제약 속에서 목표를 달성하여야 한다. 따라서 수립된 계획안은 이러한 제약 조건들을 감안하여 실현 가능한 내용들로 구성되어야 한다.
- 형식성의 원리: 학교경영계획은 관련되는 모든 사람이 이해하고, 실행할 수 있도록 공식적인 문서로 작성되어야 한다.

2. 학교경영계획의 과정

학교경영계획의 수립은 계획 기간 동안에 학교를 어떻게 운영할 것인가에 대해 구상하고, 이를 구체화하는 작업이다. 학교경영계획 수립 과정에는 요구 및 실태 파악, 목표 및 방침의 설정, 조직계획, 활동계획, 평가계획, 최종계획안 작성의 단계가 포함된다(정태범, 1990). 앞에서 언급한 학교경영계획의 원리를 지침 삼아 계획의 단계를 밟아 나간다. 각 단계별 활동을 살펴보면 다음과 같다.

1) 요구 및 실태 파악

학교경영계획을 작성하는 기저로서 먼저 학교교육의 요구가 무엇이며, 현재 학교의 여건에서 교육의 문제는 무엇인가를 학교교육의 상위목표, 지역사회의 실태와 교육적 요청, 학교의 여건을 중심으로 분석·파악한다. 국가가 요구하는 교육이념, 교육목표, 교육시책과 시·군·구 교육청의 교육시책, 장학방침 등 학교교육의 상위목표를 분석하고, 지역사회의 실태와 요구를 분석하며, 학생의 실태, 교사의 실태, 학교의 자원과 물리적 조건, 전년도의 경영실적, 그리고 학교의 경영철학 및 중요 문제 등을 분석한다. 이러한 분석 자료를 바탕으로 학교교육목표를 설정하고 학교경영계획의 전 과정에 중요 자료로 활용한다.

2) 목표 및 방침의 설정

요구 및 실태 분석을 토대로 학교교육목표, 학교경영목표, 학교경영방침을 설정한다.

■ 학교교육목표의 설정

학교교육목표는 장기적인 안목에서 학생들이 궁극적으로 도달해야 할 인간상을 제시한 것이거나 그 행동특성을 종합적으로 명시한 것이다. 학교교육목표를 설정하는 데는 상위목표 등의 자료가 기초가 된다. 교육목표의 추출원이 동일하더라도 학교별로 강조하는 교육목표가 다르기 때문에 진술상의 차이가 있을 수 있다. 이때 중요한 것은 학교의 특색을 살리는 교육목표를 설정하는 것이다.

교육목표는 ① 각 학교의 실정에 맞게 주체적으로 설정되어야 한다. ② 국가적 당면과제나 사회적인 요청에 부응하고, ③ 지역적인 특수성과 요청을 고려하여 설정되어야 하고, ④ 구체적이면서도 포괄성 있게 행동적 용어로 진술되어 교육내용에 대한 예측이 가능하도록 명료화되어야 한다. 또한 ⑤ 모든 학습활동에 반영되고 동시에 평가의 기준을 제공하는 것이어야 하고, ⑥ 연차목표, 학년목표, 학급목표 등으로 계열화되어야 한다.

■ 학교경영목표의 설정

학교경영목표는 교육목표의 달성을 위해 수행하여야 할 경영상의 목표이다. 경영목표는 교육목적의 달성을 위해 마련되어야 할 조직 조건 및 수행하여야 할 활동과 관련된 것이다. 교육목표 달성을 위한 수단적, 실천적 활동으로서 학교경영목표는 어떤 학교조건에서 어떤 수단과 방법으로 교육목표를 어느 정도 달성할 것인가에 대한 진술로 설정된다.

학교경영목표는 경영활동 전 영역에 걸쳐 설정된다. 대체로 학교경영 활동은 교과지도 · 생활지도 · 특별활동 등을 포함한 교육과정운영 영역과 인사 · 조직 · 연수 · 사무 · 시설 · 환경 · 재정 등을 포함한 지원 · 관리 영역으로 나누어지므로, 각 부문 영역별로 경영목표를 설정한다. 실제로 하나의 교육목표는 여러 가지 경영활동을 통해서 달성되므로, 교육목표는 그 달성과 관련된 경영영역의 목표로 전환 설정되어야 한다. 예컨대, '공동체질서 교육'이라는 교육목표는 교과활동뿐만 아니라 특별활동, 생활지도활동, 학교환경조성활동과 연계시키고, 또한 지원체제와 관련시켜 해당되는 경영영역의 목표로 설정된다. 학교경영목표를 각 영역별로 보다 구체적으로 진술하되, 성과기준을 제시하여 평가의 지표로 삼도록 한다.

■ 학교경영방침의 설정

경영방침은 경영목표를 달성하기 위한 행동전략이다. 행동전략은 경영목표를 달성하기 위한 수단적 활동으로서 구체적 경영활동 또는 행동노선으로 진술한다. 즉, 그것은 경영목표 달성을 위한 구체적인 활동지침을 말한다. 예컨대, '정보화 교육'이라는 목표가 설정되었다고 하면 '위성교육방송 활용'은 경영방침의 하나가 된다. 경영방침을 선정할 때는 목표에의 기여도, 비용, 실현가능성, 파급효과 등을 고려하여야 한다(김윤태, 1986).

3) 조직계획

조직계획은 학교경영과업을 수행하기 위한 인적·물적 자원을 조직하는 계획이다. 학교에서 계획을 세워야 할 조직에는 교육지도조직, 교무분장조직, 운영조직 및 지역사회인사조직 등이 있다. 교육과정 운영을 직접 담당하는 교육지도조직 계획에서는 교수조직, 학습조직, 생활지도조직의 계획이 세워진다. 학교업무를 교사가 분담하는 교무분장조직 계획에서는 교무부, 학생부, 연구부, 행정실 등의 조직계획이 세워진다. 학교운영의 중요 결정 사항을 심의·결정하는 운영조직 계획에서는 교직원회, 각종 위원회, 학교운영위원회에 대한 계획이 세워진다. 지역사회인사조직 계획에서는 학부모조직, 지역인사로 이루어진 조직, 관련단체, 동창회 등에 대한 계획이 세워진다. 학교의 모든 조직계획은 학교교육이 가장 효과적으로 수행하고 지원할 수 있도록 계획한다.

4) 활동계획

활동계획은 교육목표-경영목표-경영방침의 순으로, 구체화된 목표를 실현하기 위한 세부 실천계획이다. 세부 실천계획은 누가, 무엇을, 어디에서, 언제, 어떻게 수행할 것인가를 정확하게 그리고 상세하게 작성한다. 세부 실천계획은 학교경영 전반에 걸쳐 영역별, 사업별, 부서별로 작성한다. 활동 실천계획 작성에는 대상, 필요한 인적·물적 자원, 시간계획, 담당자 또는 부서와 그들의 권한, 운영조직 등을 상세화하여 포함시킨다.

5) 평가계획

학교경영계획에는 학교경영을 평가할 평가계획을 포함시킨다. 경영평가계획에서는 학교경영 전반에 걸쳐 경영성과를 파악하고 문제점을 진단할 수 있는 평가기준과 방법을 정해 둔다. 평가기준은 체제모형에 의거하여 투입평가, 과정평가, 산출평가로 나누어 설정하는 것이 일반적인 방법이다. 평가결과는 학교경영의 진전 상황을 점검하는 데 활용한다.

6) 최종계획안 작성

학교경영계획의 마지막 단계는 앞의 경영계획 단계별로 구상되고 구체화된 학교경영계획을 기록·작성하는 일이다. 계획작성 관련자가 모여 계획안을 검토·조정하여 필요에 따라 수정·보완한 후 최종계획안을 작성한다. 이러한 학교경영계획은 일선학교에서 학교교육계획서라는 이름으로 작성된다. 엄격한 의미에서 학교교육계획은 학교경영계획보다 더 포괄적인 성격을 띠고 있으나, 대체로 학교경영계획을 학교교육계획으로 확대하여 작성하고 있는 것이 현실이다. 학교교육계획서의 형식과 내용은 학교에 따라 약간씩 차이가 있으나 일반적으로 포함되는 내용은 〈표 11-1〉과 같다.

〈표 11-1〉 학교교육계획서의 내용

- 학교현황 및 실태: 학교연혁, 학교편제, 학생현황, 교직원 현황, 교육시설, 각 위원회 조직, 예산
- 목표 및 방향 설정: 학교교육목표, 학교경영목표, 학교경영방침
- 조직계획: 교수-학습조직, 교무분장조직, 운영조직 등
- 활동계획: 활동영역별, 사업별, 또는 부서별 활동내용-대상(수업 대상, 프로그램 대상 등), 자원(인적, 물적, 금전적 자원 등), 시간(실시시기, 실시기간, 시간표 등), 운영조직(담당부서, 권한, 협조사항 등), 활동평가(실적, 반성 등), 기타 사항
- 학교경영평가 계획

3. 계획관리기법

학교경영계획을 포함하여 계획을 수립하고 관리하는 데는 여러 가지 수단과 방법이 동원된다. 과학적이고 합리적인 수단과 방법에 따른 계획 작성과 운영은 계획의 질과 효율

성을 증대시킨다. 계획을 수립하고 그것을 실천 관리하는 방법에는 정보를 제공ㆍ관리하는 방법, 목표를 설정하고 관리하는 방법, 계획 추진 과정을 설계하는 방법, 계획 시 대안을 평가하는 방법 등이 있고, 각 방법에는 여러 가지 현대적 기법들이 활용된다. 계획 및 계획관리에 활용되는 관련 기법들을 다음에서 살펴보고자 한다.

1) 정보관리체제

경영활동에는 각종 정보가 필요하다. 문제를 분석하고 대안을 검토하고 결정을 내리고, 결정된 사항을 실천ㆍ관리하는 경영활동이 합리적이고 효율적으로 되기 위해서는, 각종 정보가 그 기반이 된다. 따라서 계획의 수립과 실천에는 필요한 자료를 신속히 제공해 주는 정보관리체제(management information system: MIS)가 필요하다.

정보관리체제가 수행하는 정보관리란 경영관리를 위한 각종 정보의 수집ㆍ분류ㆍ정리ㆍ분석ㆍ평가ㆍ축적ㆍ이용 등에 관한 관리를 뜻하며, 넓은 의미에서는 여러 가지 정보처리 전체 과정의 효율화를 달성하는 방법이 주가 된다(한의영, 1987). 따라서 정보관리체제는 합리적이고 효율적인 경영관리를 위해서 정보를 수집, 처리, 보관하였다가 필요한 정보를 적시에 제공하는 체제이다. 정보관리체제의 핵심적인 과제는 자료를 정보화하는 일이다.

정보는 특정한 목적에 대해서 의미 있는 사실 또는 지식을 뜻하며, 자료(data)는 특정한 현상이나 사실에서 직접 끄집어낸 현상이나 그 자체를 말한다(한의영, 1987). 원 자료는 처리과정을 거쳐서 사용자에게 의미를 갖게 되는 정보가 된다. 즉, 정보란 사용자에게 의미 있고 또한 의사결정에 도움을 주는, 가치 있게 처리(가공)된 자료를 말한다(Davis, 1974). 정보관리체제가 제공하는 정보는 필요한 시간에 맞추는 적시성이 있어야 하고, 착오가 없어서 정확성이 높고 신뢰성이 있어야 하며, 아울러 얻으려는 정보가 문제해결에 바로 관련성을 갖고 있어야 한다.

정보관리체제를 설계하는 구체적 과정은 다음과 같다(Cleland & King, 1972, pp. 425-426; 윤정일 외, 1998, p. 359 재인용).

① 목적과 목표의 분석: 정보관리체제의 목적과 목표가 무엇인지를 분석한다.

② 의사결정목록의 개발: 조직 내에서 이루어져야 할 의사결정들이 어떤 것인가를 밝혀 내고 이를 체계적으로 목록화한다.

③ 필요한 정보의 분석: 의사결정을 위해 필요한 특정한 정보들에는 어떤 것들이 있는지 를 분석하여 진술한다.

④ 자료수집체제의 구안: 필요한 정보를 충족시킬 수 있는 자료들을 수집하기 위한 체제 를 구안한다.

⑤ 소프트웨어의 개발: 정보관리체제 구축을 위한 프로그램을 개발한다.

⑥ 하드웨어의 요구조건 설계: 개발된 프로그램을 실행시키는 데 필요한 하드웨어와 환경 조건에 대해 기술한다.

일반적으로 정보관리체제는 다루는 정보의 성질에 따라 다음과 같은 하위정보관리체 제로 구성된다(Lawrence, 1972: 김명한·박종렬, 2001, p. 427 재인용).

- 정보요소의 분류사전: 학생, 교사 및 사무직원, 프로그램, 재정, 시설에 관련된 각종 정 보 산출에 필요한 자료의 요소를 분류, 규정하기 위한 포괄적이고 체제적인 분류표 이다.
- 자원소요추정체제: 주어진 목표를 달성하기 위하여 필요한 각 활동별로 소요자원, 즉 교사, 시설, 경비 등을 추정, 산출한다.
- 시설활용도 분석체제: 각 시설별로 활용의 정도를 분석한다.
- 교사활동분석체제: 교사 활동, 예컨대 교수, 연구 및 봉사활동으로 그 직무부담을 분석 하고 각 교육프로그램에 요구되는 인적자원의 배분을 위한 정보를 산출한다.
- 비용-효과분석체제: 교육프로그램별로 투입비용과 산출효과 간의 관계를 분석하여 프로그램의 효율성에 대한 분석정보를 산출한다.

정보관리체제 구성의 예를 들면, 캐나다 서부지역 대학 연구팀이 제시한 정보관리체제 에서는 정보체제를 3단계 정보계층으로 나누었는데, 제일 하부체제를 정보체제, 중간체제를 정보관리체제, 그리고 상부체제를 기획관리체제로 분류하였다. 정보체제에서는 운영보고를 위한 예산과 경비, 학생등록, 과목일람, 급여, 학생의 성적, 시설설비목록 등 학교관련 각종 정보자료를 취급하며, 정보관리체제에서는 분석적 보고를 위하여 경비분석, 교사활동 및 부담분석, 졸업생 수요분석, 교육산출분석 등의 정보분석을 취급하며, 기획관리체제에서는 예측보고를 하기 위하여 목표와 우선순위, 프로그램별 등록학생 수 예측, 프로그램 및 조직단위별 재정소요판단 및 인적 요원 소요판단 등의 정보를 다룬다(Sheehan, 1972).

이상과 같은 정보관리체제를 위한 하부체제들은 학교의 실정에 따라 다양하게 설계·운영될 수 있을 것이다. 전산화 작업은 정보처리·관리를 위한 필수적 요건이다.

2) 미래예측기법

미래의 행동노선을 설정하는 계획이며, 미래 상황에 대한 예측은 필수적 전제가 된다. 여기에서 예측(forecasting)이란 어떤 지속적인 법칙성이나 재현성에 기초를 두고 설명할 수 있는 근거에 입각해서 미래를 내다보는 것을 뜻한다(Bell, 1976). 미래를 예측하는 방법은 크게 질적 방법과 통계적(정량적) 방법으로 구분된다. 정량적 방법은 다시 시계열분석과 인과분석기법으로 나뉜다(김신복 외, 1996).

(1) 질적 예측방법

질적 예측방법은 인간의 판단과 질적 정보에 따라서 장래의 상황을 예측하려는 것이다. 질적인 예측방법은 추정하려는 문제와 관련된 모든 정보와 판단을 종합적으로 고려할 수 있으며, 이해가 용이하고 사용이 간편하다는 등의 장점이 있다. 그러나 주관이나 편견이 개입될 가능성이 많으며, 어떤 규칙성에 입각한 객관적인 설명근거를 제시하기 어렵다는 약점이 있다. 질적인 예측방법에는 역사적 유추법, 위원회 토의법, 델파이 기법 등이 있다.

● 역사적 유추법(historical analogy): 과거에 있었던 비슷한 사례를 참고하여 미래를 예측

하려는 것이다. 즉, 예측하려는 문제와 유사한 지난날의 사례를 비교·검토하여 앞으로도 같은 결과가 나타날 것으로 전망하는 방법이다.

- 위원회 토의법(panel consensus): 예측하려는 문제와 관련된 전문가들의 상호토의를 통해서 중지를 모아 장래를 전망하는 방법이다. 한 사람의 지혜보다는 여러 사람의 지혜가 더 정확하고 합리적인 것이라는 원칙에 입각하여 면 대 면(face-to-face) 토의를 통해 짧은 시간 안에 신속히 의견을 종합하려는 것이다.

- 델파이 기법(Delphi technique): 특정한 주제에 대하여 숙지된 판단(informed judgement)을 체계적으로 유도하고 대조(systematic solicitation and collation)하는 방법이라고 정의할 수 있다. 즉, 델파이 기법은 어떤 문제를 예측·진단·결정함에 있어서 의견의 일치를 볼 때까지 전문가 집단의 반응을 체계적으로 도출하여 분석·종합하는 하나의 조사방법이다. 이 방법은 배심토의(panel)나 위원회와 같은 집단회의 형태의 직접적인 토론을 체계적으로 구성된 일련의 설문으로 내치하여 정보와 의견을 교환할 수 있도록 고안된 것이다.

(2) 통계적(정량적) 방법

통계적(정량적) 방법은 미래를 통계적 또는 수량적 모형분석을 통해서 예측하는 방법이다. 이 기법은 주로 추세분석과 인과분석에 많이 사용된다. 통계적 방법에는 시계열분석, 인과분석기법 등이 있다.

- 시계열분석(time series analysis): 시계열분석은 시간의 경과에 따른 어떤 변수의 변화경향(trend)을 분석하여 그것을 토대로 미래의 상태를 예측하려는 방법이다. 즉, 시간을 독립변수로 하여 과거부터 현재에 이르는 변화를 분석함으로써 미래를 예측하려는 분석방식이다. 따라서, 시계열분석에서는 변동경향을 잘 나타내는 경향선(trend line)을 파악하는 것이 중요하다. 경향선을 산출하는 방법에는 목측법, 이동평균법, 지수평활법(exponential smoothing method), 최소자승법 등이 있다.

- 인과분석기법: 인과분석기법은 여러 변인들 간의 관계, 특히 독립변수(들)와 종속변인 사이의 인과관계를 분석하여 그 함수관계 또는 모형을 기초로 미래를 예측하는 방

법이다. 전술한 시계열분석도 넓은 의미에서는 시간을 독립변수로 하는 인과분석방법이라고 할 수 있다. 인과분석에서는 시간 외에 다양한 연관 변인(들)을 포함시키게 되며, 그만큼 고려되는 변화요인이나 정보가 많다. 이는 예측의 타당성을 높여 주므로 장점이기는 하지만, 실제 함수관계의 설정이나 자료수집이 어렵다는 점에서 단점이기도 하다. 인과분석에는 회귀분석, 요인분석 등이 포함되는데, 가장 널리 쓰이는 방법이 회귀분석이다.

3) 목표관리기법(MBO)

오늘날 많은 조직들이 경영목표, 나아가서 경영계획의 효율적인 달성을 위한 관리방법으로, 조직의 목표에 의한 관리와 통제를 특징으로 하는 목표에 의한 관리 또는 목표관리기법(management by objectives: MBO)을 사용한다. 이 목표관리기법은 일찍이 Drucker(1954)가 처음으로 제창하였으며, 그 후 Ordiorne(1965)이 널리 보급하였다.

목표관리는 구성원이 참여하여 조직목표를 설정하고 각자의 목표달성활동 결과에 따라 보상을 받는 경영방법이다. Ordiorne(1965)은 목표관리란 상하 관리자들이 협조하여 그들의 공통 목표를 설정하고, 각자의 책임의 한계를 그들에게 기대되는 결과의 측면에서 규정하며, 이것을 조직의 운영지침으로서 활용하고, 또한 그에 따라 조직구성원의 업적을 평가하는 과정이라고 정의하였다(p. 55). 목표관리체계에서는 구성원들이 공동으로 그들의 수행목표를 설정하고, 설정된 목표에 의거하여 과업을 수행하고 결과를 검토하며, 수행 결과에 근거하여 보상을 받는다. 따라서 목표관리는 조직구성원 각자가 경영 전체의 목표와 자기가 소속하는 부문의 목표를 충분히 이해해서, 거기에 자기의 노력목표를 맞춤으로써 모든 조직구성원으로 하여금 경영의 전체 목표의 달성에 이바지하게 함과 동시에, 구성원 각자에게 자기가 경영에서 주체적인 역할을 담당하고 있다는 의식을 높이게 하는 동기유발적인 관리제도라 할 수 있다(한의영, 1987).

목표관리의 일반적 과정은 목표관리의 특징이 되는 목표의 구체화와 목표설정에의 구성원 참여, 목표에 의한 구성원의 책임 영역 규정과 목표 성취를 위한 조건 정비, 목표 달성도의 평가와 피드백으로 구성된다. 물론, 목표관리체제의 구체적 절차는 학자의 관점과 적용하는 조직의 특성에 따라 달라질 수 있다. 서정화 등(2002, p. 430)은 여러 학자들이 제시한 목표관리의 과정을 종합하여 목표관리기법의 구체적 과정을 다음과 같은 단계로 정리하였다.

① 조직의 목적과 공동목표를 설정하는 단계이다. 이 단계에서는 조직의 경영목표 및 경영방침을 설정한다. 이때 상급자와 하급자가 함께 합의하고 또 그 내용을 이해하게 된다.

② 영역별(또는 부서별)·개인별로 세부목표를 설정한다. 여기서는 목표의 달성 정도와 세부기준 내지 성취의 표준을 설정하고, 부문별·개인별로 책임과 과업을 결정하는 일이 포함된다.

③ 조직을 정비한다. 책임영역을 명료화하여 이를 실천하기 위해서는 조직을 정비하고 권한을 이양하며, 종적·횡적 관련을 확인하는 등 지원체제를 갖춘다. 이때 필요한 경우 구성원들에 대한 교육·훈련도 실시한다.

④ 과업수행 및 자기통제를 실시한다. 각 부문별·개인별로 주어진 과업을 수행하고 그 성과를 점검하며, 목표에 도달하도록 자기통제를 해 나가게 된다. 이때 통제내용은 사업에 따라 다르겠지만 시간, 비용, 양, 질, 봉사가치 등이 포함된다.

⑤ 성과를 측정한다. 주어진 과업을 수행하고 일정 기간이 지난 뒤에 목표에 비추어 성과를 평가한다.

⑥ 자기반성 및 보고를 한다. 하급자는 추진한 일의 결점과 장점, 기여도 등을 점검하고, 이를 반성의 자료로 삼을 뿐만 아니라 상급자에게 보고한다.

⑦ 전체적인 성과를 판단한다. 하급자와 상급자가 여러 측면에 걸쳐 종합적으로 평가하여 그 결과를 피드백할 수 있는 자료를 정리한다.

⑧ 보상을 한다. 일의 추진 결과를 놓고 시상하고 격려한다.

이상과 같이 목표관리의 절차는 상위목표부터 하위목표까지 일관성 있는 체계를 형성하여 목표달성을 위해 업무를 추진하고, 성과에 대한 평가를 하며, 그 자료를 환류시키는 순환구조를 형성하고 있다.

　　교육경영에 적용하는 목표관리의 절차를 Hoy와 Miskel(1982)은 다음과 같이 4단계로 구분하였다.

- ● 단계 1: 교육목적의 개발
- ● 단계 2: 각 지위에 따른 목표수립
- ● 단계 3: 목적에 따른 목표의 통합
- ● 단계 4: 측정 및 통제절차 결정

　　각 단계를 학교경영에 적용하여 보면 다음과 같다.

　　제1단계는 전반적인 교육목적을 개발하는 것이다. 전통적으로 교육목적은 일반적이고 추상적으로 진술되어 왔다. 그러나 목표관리에서는 교육목적이 구체적이고 명확히 진술되어야 한다. 즉, 학교목적은 교사들이 학교목적과 그들의 학교업무와의 관계를 이해하고 업무수행의 지침으로 활용할 수 있도록 조작적으로 진술되어야 한다. 제2단계는 각 지위에 대한 목표를 수립하는 단계로 교장, 교감, 부장교사, 학급교사, 실무직원들의 지위에 따라 각자가 성취해야 할 목표를 설정하는 것이다. 제3단계는 목적에 따른 통합의 단계로, 모든 부서가 동일한 전체적인 목표를 성취하기 위하여 여러 가지 다른 직위의 목표를 조정·통합하는 것이다. 예컨대, 학교의 목표를 수학성적을 높이는 것으로 정하였다면 수학담당 교사들의 목표도 이에 부응하여야 하며, 수업계획이나 새로운 교수-학습자료 개발이 이 목적달성을 위하여 뒤따라야 한다. 제4단계는 결과를 측정할 수 있는 수량적 방법을 개발하는 것이다. 계량적 성취와 평가를 강조하지만 그렇다고 해서 수량화할 수 없는 중요한 산출에 대한 질적 평가를 무시해서는 안 된다. 평가 결과는 교사업무 개선에 활용한다.

　　목표관리를 학교경영의 기법으로 적용하는 데 있어 문제로 지적되는 점은 단기적이고 구체적인 목표에 대한 강조, 측정 가능하고 계량적인 교육목표의 평가와 이에 따른 교사업무평가 등은, 과정을 중시하고 장기적이며 전인적인 목표를 내세우는 학교교육 활동에는 부적합한 측면이 있다는 것이다. 그러나 목표관리를 학교경영 기법으로 활용하는 경우, 모든 학교활동을 학교교육목표에 집중시킴으로써 교육의 효율성을 제고시킬 수 있고, 교직원의 참여의식을 높이고, 교직원의 역할과 책무성을 명료히 하는 이점이 있다(윤정일 외, 1998).

4) 선망관리기법

경영자는 조직의 과업을 효율적으로 수행하기 위하여 과업들의 우선순위를 정하고 그들의 진행 상황을 점검하여 관리할 필요성이 있다. 이때 사용되는 관리기법이 선망관리기법(network based management procedures)이다. 선망(네트워크)관리기법은 수행 과업의 상호관련성과 진행과정을 시간관계에 따라 선망(線網, network)으로 구성하여 나타내는 방법이다. 과업의 진행과 관리절차를 나타내는 이 방법은 계획된 변화를 위한 여러 가지 중요한 과업을 계획하고 관리하는 데 사용하는 관리도구이다.

과업의 선망을 작성하는 과정은 다음과 같이 크게 두 단계로 나뉜다(Buckner, 1970).

첫 번째 단계는 분석단계로서 여기에는 임무분석, 기능분석, 과업분석, 그리고 방법-수단분석이 포함된다. 임무분석은 달성하고자 하는 목적이나 목표를 분석하여 우선순위에 따라 작성하는 것이며, 기능분석은 임무분석을 통해서 설정된 목표들과 관련된 조직활동을 구성하는 것이다. 과업분석은 분석된 조직의 목적과 기능에 따라 개별적 또는 집단적으로 수행할 활동을 정의하는 일이며, 방법-수단분석은 앞의 제 분석을 바탕으로 하여 관련되는 수단과 방법을 정하는 일이다.

두 번째 단계는 첫 번째 단계의 분석결과를 바탕으로 최종목표에 이르기까지 과업들의 선후관계, 연계성, 상호작용, 상호의존관계 등을 드러낼 수 있도록, 시간단계나 경비단계에 따라 종합적이고 체계화된 과업관계 네트워크, 즉 선망을 작성하는 단계이다. 이때 선망은 부서별, 관리단계별, 운영별로 나누어 작성할 수 있다.

이와 같이 작성된 과업선망조직은 계획관리의 시각적 의사소통의 매체가 되어 여러 가지 복잡한 작업활동을 일목요연하게 파악할 수 있게 하고, 관리자에게 복잡한 과업수행과정을 효과적이고 효율적으로 관리할 수 있는 지침을 제공해 준다. 또한 선망조직은 개인과 집단의 책임을 과업과 관련시켜서 명확히 해 주며, 조직의 목적, 우선순위, 정책과 관련된 사업에 대한 결정을 내리는 데 도움을 준다.

과업선망 관리절차를 사용한 계획관리기법에는 계획평가검토기법(PERT), 갠드도표, 이정도표, 진행도표 등이 있다. 선망관리기법의 논리적 순서에 따라 각 기법을 소개한다.

(1) 갠드도표

갠드도표(Gantt chart)는 시간단계에 따라 과업활동을 계획하고 관리하기 위해 과정중심으로 작성한 일정표이다. 즉, 갠드도표는 실행을 통제하고 평가할 수 있도록 과업을 시간단계에 따라 배열하여 작성한 일정차트이다. 갠드도표는 산업엔지니어인 Henry Gantt가 창안하였다. 갠드도표의 작성은 기본적으로 횡축으로 시간을 나타내고 종축으로 과업을 나타내는 도면에, 계획된 그리고 실제 수행된 활동 결과를 막대그래프로 나타낸다([그림 11-1] 참조). 막대그래프는 시간의 경과에 따라, 계획된 그리고 실제 수행된 결과를 함께 보여 준다.

갠드도표는 과업들이 언제 끝날 것인지, 그리고 각 과업들의 실제 진행상황이 어떠한지를 시각적으로 비교하여 보여 준다. 즉, 갠드도표는 과업의 시간계획과 진행상황을 나타

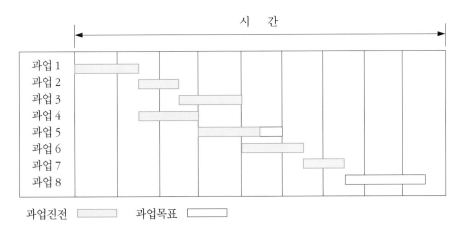

[그림 11-1] **갠드도표**

내며, 일차적으로 계획된 과업진도를 측정하기 위해서 사용된다. 갠드도표의 아이디어는 단순하지만, 계획자가 일을 완수하기 위해서 해야 할 활동이 무엇인지를 파악하고 일의 진행상황을 평가하는 데 유용한 계획관리 도구이다.

(2) 이정도표

이정도표(milestone chart)는 시간단계에 따라 일어나는 사건(event)—단계—을 계획하고 관리하기 위해서 결과중심으로 작성된 선망조직이다([그림 11-2] 참조). 사건이란 어떤 특정 시간에 일어나는 과업의 시작이나 끝을 나타낸다. 따라서 과업의 시작과 끝이 시간관계에 따라 표시된다. 사건 또는 단계는 자원이 투입되는 활동이 아니며, 활동의 선후관계만을 나타내는 지시물이다. 이와 같은 이정도표는 과업의 개략적인 상태를 보고하는 수단으로 이용한다. 이정도표는 갠드도표와 마찬가지로 과업의 상호관련성과 계열성을 드러내지 못하는 제한점이 있다.

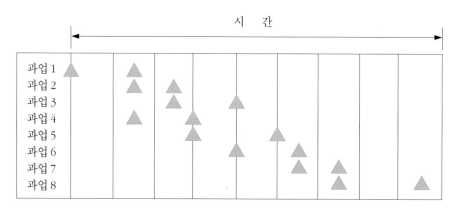

[그림 11-2] 이정도표

(3) 진행도표

진행도표(flow chart)는 [그림 11-3]과 같이 시간단계에 따른 논리적 순서를 계획하고 시각적으로 나타내는 기법이다. 활동 간의 상호관계를 규정하고 진행도표에 시각적으로 표시한다. 갠드도표와 이정도표의 특성을 살리면서 그 제한점을 보충한 중요한 기법이다.

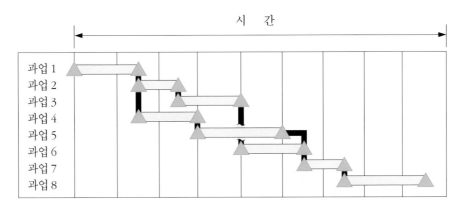

[그림 11-3] **진행도표**

진행도표는 과업이 수행되는 동안에 통제와 평가를 위한 조회체제가 된다. 진행도표는 다음에 설명할 PERT의 바로 전 단계 기법으로서, 활동의 상호의존성과 상호관계를 나타내고 있다.

(4) 계획평가검토기법(PERT)

계획평가검토기법(planning, evaluation and review technique: PERT)은 앞에서 설명한 세 가지 기법에서 더욱 발전된 비교적 새로운 형태의 계획관리기법이다. 진행도표가 반복적 사업에 사용하는 방법이라면, PERT는 사건, 비용, 사업규모, 중요성 및 복잡성에 따라 변용되는 비반복적 프로그램 개발에 적용될 수 있는, 과업선망조직절차에 의한 계획관리기법이다. 이 방법은 관리과정에서 계획과 평가와 검토의 각 단계에 사용되는 관리도구이다.

PERT를 보다 구체적으로 정의하면, 달성하여야 할 목표와 이 목표를 달성하기 위한 활동과 과업 및 이들에 선행해서 이루어져야 할 여러 사항들을 논리적 순서와 관계로 배열하여, 진행과정을 시간단계나 비용 측면에서 직선적 혹은 병렬적 선망 조직으로 작성하는 사업계획도라 말할 수 있다(Buckner, 1970). 시간단계에 따른 PERT, 즉 PERT/시간은 설정된 목표를 달성하는 데 필요한 시간을 결정하고, 계획하고, 관리하는 기법이다. 비용 단계에 따른 PERT, 즉 PERT/비용은 계획된 사업활동과 사업결과, 계획된 자원활동과 사용된 자원과를 비교하여 일치시키려고 하는 관리기법이다.

■ PERT 작성과정

PERT의 작성과정에서 염두해 두어야 할 것은 선망계획관리기법에서는 과업의 내용보다는 과업 및 활동의 논리적 관계가 더 중요하다는 점이다. 여기서 논리란 활동을 구분하고 구분하는 이유이다.

PERT 작성에 포함되는 단계를 살펴보면 다음과 같다(Buckner, 1970).

- 1단계: 과업분류표 작성-목표의 세분화에서 출발하여 임무, 기능, 과업, 방법-수단 등을 분석하여 과업세분화구조표(work breakdown structure)를 작성한다.
- 2단계: 활동진행구간도표 작성-과업분석이 끝나면 과업수행 활동의 논리적 순서와 관계를 밝혀 주는 활동진행구간도표(function flow block diagrams)를 작성한다. 그 도표는 과업을 원으로, 단계는 번호로, 활동을 화살표로 표시하여 작성한다. 과업진행구간도표를 작성한 후 단계진행구간도표를 작성한다. 단계진행구간도표를 예시하면 [그림 11-4]와 같다.

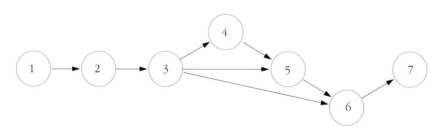

[그림 11-4] **단계진행구간도표**

- 3단계: 선망일정표 작성-1단계와 2단계의 과업 및 활동 분석표를 토대로 활동과 단계에 소요되는 시간을 결정한다.

    PERT를 작성하기 위해서 다음의 시간을 계산하여야 한다.

    • 활동에 걸리는 기대소요시간(expected elapsed time: te)
    • 단계에 걸리는 최단기대시간(earliest expected time: ET)

- 단계에 걸리는 최장허용시간(latest allowable time: LT)
- 단계에 허용되는 여유시간(slack)

여유시간이 전혀 없는 경로는 최중요노선(critical path: CP)이라고 한다. CP는 최종목표에 이르는 시간이 가장 오래 걸리는 과업 순서이다.

(각 활동 및 단계에 소요되는 이상의 시간들은 각각의 공식에 따라 정확하게 계산되어야 하므로 관련 참고문헌을 참조하여 작성한다.)

- 4단계: 선망계획관리표(PERT) 작성–목표와 작업진행계획과 가용자원과 균형을 유지하도록 PERT를 작성한다.

이상과 같은 단계에 따라 작성된 PERT로 업무추진 과정과 여유시간을 분석하여 계획추진현황을 계속적으로 평가하고, 추진과정을 전망하여, 교정적 관리행동이 필요한 문제를 적기에 확인하면서 계획을 추진한다.

5) 의사결정 이론적 평가: 대안의 평가기법

계획에서 가장 핵심적인 단계는 대안(행동노선)을 평가하고 선택하는 과정이다. 이 단계의 과제는 평가를 통해서 의사결정자나 조직이 그들에게 가장 적합한 대안을 선택·결정하는 일이다. 이를 위해서는 평가가 의사결정 과정과 개념적으로, 그리고 방법론적으로 밀접히 연계되어야 한다. 말하자면 평가체제가 의사결정 상황의 속성을 개념적으로, 그리고 방법론적으로 다룰 수 있어야 한다는 것이다. 이러한 평가체제는 의사결정의 속성을 개념적으로 분명히 하고, 이를 처리하는 방법론적인 절차를 고안하여 평가체제 내에 장치시킴으로써 가능해진다. 이 같은 평가체제는 의사결정이론을 바탕으로 하여 개발되므로 의사결정 이론적 평가(decision-theoretic evaluation)라고 부른다.

이 의사결정 이론적 평가는 계획단계에서 대안을 평가하는 데 사용되며, 평가와 의사결정 상황과 밀접히 연계되어 있으므로 대안의 선택과 결정을 위해서 보다 유용한 평가 정보를 제공한다. 여기에서 소개하는 의사결정 이론적 평가 방법은 다음과 같은 네 가지 특성을 지니는 의사결정 상황, 즉 대안의 평가와 선택 상황의 속성을 다룬다(Park, 1979).

- 대안의 평가와 선택은 가치판단으로 이루어진다.
- 대안의 평가와 선택은 집단적으로 이루어진다.
- 대안의 평가와 선택은 불확실하에서 이루어진다.
- 대안의 평가와 선택은 다준거로 이루어진다.

의사결정 이론적 평가에서 가치(value)는 효용성(utility)으로 개념화되고 측정된다. 대안에 대한 불확실성(uncertainty)은 확률(probability)로 개념화되고 측정된다. 이 과정에서 Bayesian 접근(주관적 확률 또는 조건적 확률)을 적용한다. 대안선택의 규칙은 효용성을 극대화하는 것이다. 의사결정 이론적 평가모형을 그림으로 나타내면 [그림 11-5]와 같다(Park, 1979).

대안	발생확률	상대적 중요도 준거	W1 C1	W2 C2	W3 C3	⋯ ⋯	⋯ ⋯	Wj Cj
A1	P1		U11	U12	U13	⋯	⋯	U1j
A2	P2		U21	U22	U23	⋯	⋯	U2j
A3	P3		U31	U32	U33	⋯	⋯	U3j
⋮	⋮		⋮	⋮	⋮	⋮	⋮	⋮
Ai	Pi		Ui1	Ui2	Ui3	⋯	⋯	Uij

- 효용성 공식: U_{ij} = 준거(C_j)와 관련된 대안(A_i)의 효용성
- 대안 결정 공식: $PU_i = \Sigma W_j U_{ij}$ = A_i의 단순 효용성
  $EU_i = \Sigma PU_i P_i$ = A_i의 기대 효용성

[그림 11-5] **의사결정 이론적 평가모형**

의사결정 이론적 평가의 과정은 13단계로 구성된다(Park, 1979; Edwards, Guttentag, & Snapper, 1972). 각 단계는 의사결정 이론적 평가모형에 포함된 요소들을 독립적으로 기능

할 수 있는 단위들로 가능한 한 분리·독립시킨 것들이다.

- 1단계: 대안을 평가할 사람 또는 조직을 확인한다. 이는 의사결정을 할 사람 또는 기관을 확인하는 것을 의미한다.
- 2단계: 대안을 평가하는 목적을 확인한다. 이는 의사결정 사항을 확인하는 것을 의미한다.
- 3단계: 평가 대안을 확인한다. 즉, 평가 대상을 확인한다.

　제1단계는 평가자를, 제2단계는 평가의 목적을, 제3단계는 평가 대상을 확인하는 단계이다. 평가 결과는 이 세 단계 요소들의 함수관계로 결정되므로 이 세 요소를 분명히 확인하는 것이 중요하다.

- 4단계: 대안 평가의 준거를 확정한다. 대안을 평가하는 가치 측면들을 확인한다. 준거는 일반적으로 대안이 달성할 목표가 된다.
- 5단계: 준거의 중요도에 순위를 부여한다. 준거, 즉 대안의 가치 차원 또는 목표의 중요도에 따라 순위를 부여한다. 이 단계는 다음 6단계를 용이하게 하기 위한 과정이기도 하다.
- 6단계: 각 준거의 상대적 중요도에 비율적 가중치를 부여한다. 상대적으로 중요성이 가장 낮은 준거에 일정한 값어치(예, 10)를 부여하고, 이를 기준으로 하여 각 준거의 상대적 중요성에 비율적 가중치를 부여한다.

예:

준거	중요도 순위	상대적·비율적 중요도	중요도 가중치
A	1	4배	40
B	2	2.5배	25
C	3	2배	20
D	4	기준치	10

● 7단계: 각 준거의 중요도 가중치를 표준화 가중치로 계산한다. 이 단계는 순수한 계산 단계로서 각 준거의 표준화된 중요도 가중치를 다음 공식으로 산출한다.

$$\frac{각\ 준거의\ 중요도\ 가중치}{준거\ 중요도\ 가중치의\ 합} \times 100$$

● 8단계: 각 준거에 대한 대안의 기여도를 측정한다. 각 대안이 각각의 준거(가치, 목적)를 어느 정도 충족(만족, 실현, 달성)시키는가를 주관적 또는 객관적으로 추정하여 척도(예, 0~100척도)를 사용해서 측정치를 부여한다.

● 9단계: 각 대안의 실현 가능성을 확률로 추정한다. 각 대안이 선택되어 준거(가치, 목적)를 충족시킬 수 있는 개연성을 현실적 상황을 고려하여 주관적으로 추정해서 주관적 확률로 나타낸다.

● 10단계: 대안의 실현가능성을 표준화된 확률로 계산한다. 각 대안의 확률은 다음 공식에 따라서 표준화된다.

$$\frac{각\ 대안의\ 중요도\ 가중치}{대안의\ 주관적\ 확률의\ 합} \times 100$$

● 11단계: 대안들의 단순효용도를 계산한다. 공식은 $PUi = \Sigma WjUij$이다. PU는 대안의 단순효용도(plain utility)이다. W는 준거의 표준화된 중요도 가중치이다. W의 합은 100이다. U는 각 준거에 대한 대안의 기여도이다. 대안의 단순효용도는 각 준거의 중요도 가중치에 각 준거에 대한 대안의 기여도를 곱하여 합한 것이다. 준거의 중요도 가중치는 7단계의 산출이며, 준거에 대한 대안의 기여도는 8단계의 산출이다.

● 12단계: 대안들의 기대효용도를 계산한다. 공식은 $EUi = \Sigma PUiPi$이다. EU는 대안의 기대효용도(expected utility)이다. PUi는 대안의 단순효용도이며, Pi는 대안의 실현가능성의 표준화된 주관적 확률이다. 대안의 기대효용도는 대안의 단순효용도에 그 대안의 실현가능성에 대한 주관적 확률을 곱한 것이다. 대안의 기대효용도는 11단계의

산출이며, 대안의 실현가능성 확률은 10단계의 산출이다.

● 13단계: 대안을 선택한다(의사결정). 대안 선택의 규칙은 효용도를 극대화하는 것이다. 즉, 대안의 선택은 평가결과로 나타난 효용도의 값(단순효용도 또는 기대효용도)의 크기를 기준으로 선택한다.

제**12**장
학교인사

    학교는 핵심적인 기능을 수행하기 위해 교원의 활동에 크게 의존하는 인간자원 집약적인 조직이다. 학교교육의 성공은 교육활동에 참여하고 있는 교원들과 이들이 수행하는 교수학습의 질에 달려 있다. 학교인사는 학교의 교육활동에 필수적인 유능한 교원을 확보하고, 각자의 능력에 따라 적절한 직무에 배치하고, 이들의 능력을 지속적으로 계발시킬 수 있도록 현직교육 기회를 제공하며, 직무수행에 대한 평가를 통해 보상을 제공하고, 적절한 근무 여건과 복지제도를 구비함으로써 높은 사기를 유지할 수 있도록 지원하는 활동이다. 이 장에서는 학교인사의 성격, 교원의 임용과 배치, 교원의 능력개발(현직교육, 근무성적평정, 승진, 전보와 전직, 교사평가, 교원능력개발평가), 교원의 보수, 교원의 직무재설계, 교원의 단체활동에 대하여 살펴본다.

1. 학교인사의 성격

1) 학교인사의 정의

오늘날 조직에서 3대 관리요소는 재정, 물자, 인력이다. 학교에서 교육활동이 이루어지기 위해서는 교실, 운동장, 도서실과 같은 시설도 중요하다. 그러나 학교의 핵심적인 기능인 교수-학습활동은 교사와 학생 간의 상호작용 속에서 이루어지기 때문에, 교육목적을 달성하기 위해서 교원의 중요성은 아무리 강조하여도 지나치지 않는다.

Castetter(1986)는 교육인사행정기능은 교육체제의 목적을 달성하고, 구성원이 지위에 맞는 업무를 수행하도록 도와주며, 구성원의 능력개발을 극대화하고, 개인의 목적과 조직의 목적을 조화시키기 위해 인력을 유치 · 개발 · 유지 · 동기화시키는 것이 목적이라고 규정하였다. 서정화(1994)는 교원인사행정은 학교교육을 담당할 인적자원을 확보 · 교육 · 배치 · 관리하고 그들을 위한 근무조건을 확립하며 전문성 향상을 위한 일련의 행정 지원활동을 하는 것을 의미한다고 정의하였다. 이상의 정의들을 종합하면 교육인사행정은 유능한 인적자원을 확보하고, 이들의 능력을 개발하며, 이들로 하여금 최선을 다할 수 있도록 제반 여건을 조성하는 과정이라고 볼 수 있다.

이상의 논의에 기초할 때, 학교인사는 학교교육의 목적을 달성하기 위하여 필수적인 인간 자원을 확보 · 배치하고, 이들이 전문적인 능력을 지속적으로 계발하고 높은 사기를 지니고 직무에 최선을 다할 수 있도록, 적절한 보상체제와 근무 여건 등의 제반 여건을 조성하는 일련의 활동이라고 규정할 수 있다.

2) 학교인사의 주요 이념

학교인사는 민주적인 인사행정이념에 따라 이루어져야 효과를 거둘 수 있다. 이러한 민주적인 인사행정으로 다음을 들 수 있다(김명한 외, 1994).

첫째, 학교의 인사행정은 수단이 아니고 목적으로 다룬다. 인간 존중이라는 기본정신에 따라 인간의 존재가치를 인식함으로써, 각 개인은 저마다 목적으로 다루어져야 하며, 목적을 위한 수단으로 다루어져서는 안 된다.

둘째, 학교의 인사행정은 학교 구성원에 기반을 두고 운영한다. 학교 구성원들의 집단적인 의사결정을 존중한다.

셋째, 교장은 동료적인 입장에서 인사행정에 임한다.

넷째, 교장은 교직원을 능력에 따라 적소에 배치한다. 교직원의 선발과 임용 및 학교 내 인사배치에 있어 적재적소의 원리를 따른다.

다섯째, 교장은 학교인사관리를 객관적이고 공정하게 운영할 수 있도록 자문 받을 수 있는 제도를 둔다. 예컨대, 학교인사위원회를 두고 위원으로 부장교사, 평교사 등을 선임하여 운영한다.

3) 교직의 전문화

교직을 보는 관점은 일반적으로 성직관, 노동직관, 전문직관으로 구분된다. 성직관은 교직이란 특별한 소명을 갖는 사람들만이 담당할 수 있다는 종교적 관점이다. 노동직관은 교직도 본질적으로 노동을 위주로 하는 다른 직종과 차이가 없으며, 교원도 노동의 대가로 보수를 받고 처우개선을 위해 노동삼권을 행사할 필요가 있다고 본다. 전문직관은 교직을 지적, 정신적 활동을 위주로 하기 때문에 판단력이 요구되며 표준화될 수 없고 교육을 통한 오랜 준비기간이 요구되는 전문직으로 본다. 오늘날에는 교직을 전문직으로 보는 견해가 두드러진다. 이러한 전문직의 특성에는 전문적인 지식, 자율적인 규제, 윤리강령, 단체활동 등이 있다(Hoy & Miskel, 1996).

- 전문가들이 소유하는 전문적인 지식이다. 전문가들은 교육과 실습을 통하여 획득한 전문적인 지식을 바탕으로 의사결정을 내린다.
- 전문직은 구성원들을 규제하는 전문적인 규칙과 규정이 있다. 전문직은 관료적인 감독이나 외부의 규제 대신 직무수행상의 실천기준을 자율적으로 설정하고 이를 준수

한다.

- 전문직은 회원들의 행동을 규제하는 윤리강령을 갖고 있다. 이러한 윤리강령은 구성원들이 공유하는 핵심적인 가치들이다. 전문직은 자신의 이익보다 고객의 이익을 위해 최선을 다하는 서비스정신을 갖춰야 하며, 고객들에게 객관적이고 몰인정적이며 공정해야 한다.
- 전문직은 회원들을 대표할 수 있는 공식적인 단체가 있다. 전문직에서 구성원들에게 중요한 것 중의 하나는 동일 분야에서 능력이 있고 인정받는 동료들의 인식이다.

2. 교원의 임용과 배치

1) 교원의 임용 과정

자격을 갖춘 우수한 교원을 선발하여 적절한 직무에 배치하는 것은 학교인사에서 매우 핵심적인 업무이다. 교원선발에서 임명까지 거치는 단계는 다음과 같다(정태범 외, 1995; Castetter, 1986).

■ 평가할 행동 특성의 규정

평가할 후보자의 정신적, 육체적, 전문적, 개인적, 사회적 특성을 상세히 기술하며 평가에 따른 절차를 결정한다.

■ 해당 자료수집

지원서, 졸업 및 성적증명서, 자격증, 추천서, 필답고사, 면접, 수업관찰, 성격 평가에 관해 적절한 자료를 수집·기록한다.

■ 자료와 지원자 평가

적격자 심사를 위한 목적으로 평가보고서를 작성하여 후보자들의 자격을 해당직위 지침에 관련하여 검토하고 무자격자를 탈락시킨다.

■ 유자격자 명단 작성

자격을 구비한 후보자를 유자격자 명단에 올리고 우선순위 등급을 매긴다.

■ 지명 및 추천

교육장은 유자격자 명단에서 최적임자를 지명하여 추천한다.

■ 임명

교육위원회는 지명 추천된 자를 승인하거나 또는 승인하지 않는다. 교육위원회에서 승인하지 않는 경우 교육감은 다른 후보자를 선정하여 지명한다. 교육위원회에서 승인이 나는 경우 후보자에게 통보하여 임용계약을 체결한다.

이상에서 제시한 선발에서 임명까지의 단계는 오늘날 미국에서 교원선발과정의 지침으로 많이 활용되고 있다. 우리나라에서의 교원선발과 임용절차는 모집, 지원자의 접수 및 검토, 선발시험, 면접, 신체검사, 경력 및 신원조회, 채용의 결정, 배치 등의 과정을 거친다.

2) 교원의 신규 임용

(1) 국·공립학교

국·공립학교 교원의 신규 임용은 교사임용후보자 공개전형시험(교원임용고사)을 통해 이루어진다. 교원임용고사는 채용예정직의 해당과목 교원자격증을 취득한 사람을 대상으로 당해 교육공무원의 임용권자가 실시한다. 교원임용고사 시험의 단계, 시험방법 등은 교육공무원 임용후보자 선정경쟁시험규칙에 규정되어 있으며 구체적인 내용은 다음과 같다.

시험의 단계는 제1차시험 및 제2차시험으로 구분하여 실시하되, 제1차시험에 합격하지 않으면 제2차시험에 응시할 수 없다. 시험의 방법은 제1차시험은 기입형·서술형 및 논술형 필기시험으로, 제2차시험은 교직적성 심층면접과 수업능력(실기·실험을 포함한다) 평가로 구성된다. 필기시험은 교육학과 전공(교과내용학과 교과교육학)에 대한 종합적 이해와 교직수행 능력을 평가하되, 각각 채용예정직에 상응하는 학력과 능력을 평가한다. 실기·실험시험은 예·체능과목, 과학교과 등 실기·실험시험이 필요한 경우에 실시하며, 채용예정직에 상응하는 실기·실험 능력을 평가한다.

교직적성 심층면접 시험은 교사로서의 적성, 교직관(教職觀), 인격 및 소양을 평가한다. 수업능력 평가는 모의 수업 등을 통하여 교사로서의 의사소통 능력과 학습지도 능력을 중점적으로 평가한다. 시험의 과목과 배점비율은 시험실시기관이 정하여 시행한다. 다만, 제1차시험에는 한국사 과목을 포함하여야 한다.

이러한 규정에 따라 각 시·도 교육청에서는 교원임용고사를 통해 교원후보자를 선발하고 있다. 과거에 비해서 교직 적성과 인성을 보다 갖춘 교사를 신발하기 위해서 기존의 임용시험제도를 개선하였다. 예컨대, 교원양성을 위한 학생선발 및 양성단계에서 인성 및 적성 요소 강화, 대학의 교직과목 이수기준 강화 및 운영 정상화, 그리고 객관식 시험 폐지 및 시험단계를 2단계로 간소화, 한국사 능력검정시험(3급) 인증 부과 등이다.

(2) 사립학교

사립학교 교원의 신규 임용은 일반적으로 동료교사, 학교법인, 지역사회 유관 기관 등으로부터 추천을 통해서 이루어지고 있다. 점차적으로 사립학교에서도 국·공립학교 교원을 채용하는 임용고사와 유사하게 공개경쟁시험을 통해서 교원을 선발하고 있다. 공개경쟁시험을 통해서 추천된 임용후보자 중에서 면접시험을 통해 사립학교의 설립이념에 보다 적합한 후보자를 채용하는 방식이다. 이는 사립학교에서도 학교의 질 향상에 큰 영향을 미치는 우수 교사 선발의 중요성을 인식하고 있음을 보여 준다.

3) 교원의 배치

(1) 학급담임

초등학교의 경우에는 학급 수와 교사 수가 비슷하나 중등학교는 학급 수의 2배 이상의 교사가 근무하기 때문에 학급담임 배정이 중요한 인사업무 중 하나이다. 학급담임은 학급경영자로서의 역할을 수행하기 때문에 학급담임이 어떤 사람인가가 학급의 분위기와 학생들의 학업성취에 커다란 영향을 미친다.

학급담임교사의 배정에는 교육경력, 연령, 성별, 학교의 특성, 사무능력, 교사의 특기, 담임학년 경력, 연구교과, 전공, 교원의 건강, 본인의 희망 등을 고려하여 개인별 담임경력 카드를 작성하고 이를 참조한다. 최근에는 인사자문위원회에서 작성한 규칙 또는 자문을 받아서 학교장이 결정하는 곳도 있다. 우리나라에서는 초등학교의 경우 학년에 따라 담임교사의 업무 정도가 달라지기 때문에 학년을 번갈아 가면서 맡고 있다. 예컨대, 초등학교에서는 주당 수업시수가 적고 학생지도 및 교재준비가 쉬울 뿐 아니라 학부모들의 관심과 협조가 좋다는 점에서 2학년, 3학년을 선호하는 경향이 있다. 가능한 한 교사의 전문성을 살려서 3~5년 주기의 동일 학년 담임제를 채택함으로써 학급담임교사의 전문성을 신장시킬 수 있다. 또는 동일한 학생들을 대상으로 1년 이상 담임을 맡음으로써 학생들에 대한 깊은 이해를 바탕으로 지도를 할 수 있다.

중·고등학교에서는 지역에 따라 학급담임에 대한 교사들의 선호가 다르다. 학급담임을 희망하는 경우는 학급담임을 맡을 때 소속감을 갖게 되고, 학생지도가 수월하고, 학부모들의 협조가 많은 경우이다. 반면에 학급담임을 기피하는 경우는 업무량과 문제학생이 많아 학생지도의 어려움이 발생하는 경우이다. 예컨대, 인문계 학교에서는 일반적으로 학급담임을 희망하는 반면에 전문계 학교에서는 학급담임을 기피하는 경향을 보인다. 따라서 학급담임을 기피하는 풍토가 있는 경우, 학교경영자는 교사들이 학급담임을 맡을 때 발생하는 어려움을 해결해 주며, 이와 아울러 적극적으로 적절한 보상을 제공하여 사기를 올려야 할 것이다.

(2) 업무부서 및 보직 임면

「초・중등교육법 시행령」에 따르면 각급학교에는 보직교사를 둘 수 있도록 되어 있다. 보직교사의 명칭은 교육감이 정하되, 학교별 보직교사의 종류 및 업무분장은 학교장이 정하도록 규정하였다. 보직교사의 수는 고등학교 이하 각급학교의 규모에 따라 다르게 규정하였다. 예컨대, 초등학교의 경우 36학급 이상인 학교에는 12인, 중・고등학교의 경우 18학급 이상인 학교에는 11인으로 규정하고 있다.

일반적으로 학교에 두는 보직교사는 교무부장, 교육과정부장, 학생부장, 학년부장, 윤리부장, 환경부장, 과학부장, 체육부장, 진로상담부장, 교육정보부장 등이다. 보직교사의 자격요건은 1급정교사자격증을 받은 자로 규정되어 있다. 고등학교에 근무할 보직교사의 임면은 교육감이 실시하고, 중학교와 초등학교에 근무할 보직교사의 임면은 교육장이 실시하며, 직할학교에 근무할 보직교사의 임면은 직할 학교장이 실시한다. 보직교사의 담당보직은 보직교사 임용자격에 따라 학교장이 시행하고, 전보권은 보직교사 임명권자가 행한다. 교육감, 교육장은 보직교사 임용권의 전부 또는 일부를 학교장에게 위임할 수 있다.

부장교사 및 부서의 배정에는 학급담임의 배정 원칙과 비슷하게 교육경력, 연령, 성별, 학교의 특성, 사무능력, 교사의 특기, 업무 경력, 연구교과, 전공, 교원의 건강상태, 본인의 희망 등을 고려하여 개인별 업무경력 카드를 작성하고 이를 참조한다. 초등학교의 경우에는 학교장에 따라 부장배치 기준이 달라질 수 있지만 교사의 경력, 능력, 연수 실적 등을 고려한다. 지역에 따라서는 학교 내 인사자문위원회에서 작성한 부장보직내규에 따라 주임을 배치한다. 한편 성별에 따라서 부장에 대한 선호가 다른데, 여교사들은 행정부장보다 비교적 업무량이 적은 학년부장을 선호한다.

중・고등학교의 경우에도 부장을 배치할 때 인사자문위원회의 자문을 통해 교사들의 의견을 많이 반영한다. 배치 기준으로는 교직경력, 학생지도능력, 행정업무능력, 학교에의 헌신도 등을 활용한다. 실업계 학교의 경우 교과전공부장의 경우에는 전공별로 부장이 결정되며, 3년 정도씩 순환하여 부장을 담당하는 경우도 있다. 업무부서와 부장의 전문성 향상을 위해서 가능한 3~5년 주기의 동일 부서에 배치를 하며, 부서별 특성을 최대로 살릴 수 있는 인사를 하는 것이 바람직하다. 반면에, 연공서열에 따른 부서 배치는 학교경영의 효율적인 운영을 저해하기 때문에 지양하여야 한다.

3. 교원의 능력 계발

성공적인 학교를 경영하기 위해서는 우수한 교원의 충원이 일차적인 과제이다. 이와 아울러 임용된 교원들의 전문적인 성장과 발전을 위해 지속적으로 노력해야 한다. 교원의 능력 계발 방법으로는 교원의 현직교육, 근무성적평정, 승진, 전보 및 전직 등이 있다.

1) 교원의 현직교육

(1) 현직교육의 중요성

학교는 학생들의 학습과 성장을 위한 곳이지만 교사들의 발전과 성장을 위한 활동과 노력은 그다지 많지 않다. 그러나 교원들이 전문적인 자질과 능력을 구비하여 주어진 업무를 효율적으로 수행할 수 있기 위해서는 교원들에 대한 계속적인 능력 계발이 필수적이다. 교원의 능력 계발 방법으로 가장 중요한 것이 교원의 현직교육이다.

교원의 현직교육은 다음과 같은 점에서 매우 중요하다.

- 교원양성교육에서 미비점과 결함이 있기 때문에 이를 보완해야 한다.
- 사회의 발전에 따라 새롭게 산출되는 지식과 기능, 그리고 태도를 습득한다.
- 학생의 교수학습에 필요한 전문적인 내용과 교수방법을 계속적으로 발전시켜 나가야 한다.
- 학급담임으로서 학급 운영에 필요한 기술과 능력을 개발한다.

(2) 교원 현직교육의 종류

교원의 현직교육은 유치원 교원, 초·중등학교 교원, 특수학교 교원을 대상으로 하며, 그 유형은 연수의 성격에 따라 자격연수, 직무연수, 특별연수, 자기연수로 구분된다.

자격연수는 교원의 자격을 취득하기 위하여 실시된다. 초·중등학교의 1급 정교사, 2급 정교사, 교(원)감, 교(원)장 등 상위자격 취득을 위한 연수와, 전문상담교사·사서교사·1급 보건교사·특수교사와 같이 특수 자격을 취득하기 위한 연수가 있다. 자격연수는 다른 연수에 비해 시간과 경비가 많이 소요될 뿐 아니라 상위자격을 취득하기 위해 부여되기 때문에 교원 현직교육에서 중심적인 위치를 지닌다. 자격연수의 기간은 1급 정교사 및 교감(원감) 자격연수는 15일 이상 90시간 이상이며, 교장(원장) 자격연수는 25일 이상 180시간 이상이다.

직무연수는 교육의 이론·방법 및 직무수행에 필요한 능력배양을 위하여 실시된다. 교육과정의 개편 및 개정에 따른 연수, 교육정보화연수, 장기휴직 후 복직을 위한 연수 등이 있다. 직무연수의 연수과정과 내용 및 기간은 해당 연수원장(연수위탁기관의 장)이 정하여 실시한다.

특별연수는 전문지식의 습득을 위해서 이루어지는 국내외 특별연수프로그램에 따른 것이다. 국내외 교육기관 또는 연수기관에서 일정 기간 동안에 걸쳐서 이루어진다. 자기연수는 교원 스스로 전문적 지식을 습득하기 위해 하는 연수다. 대학이나 교육대학원에 입학하여 공부하는 것과 전공분야와 관련된 학술단체의 회의나 워크숍 등에 참가함으로써 이루어진다.

(3) 교원 현직교육의 대상자 선발

■ **직무연수**

교원이 소속되어 있는 교육감 및 소속기관의 장이 연수대상자를 지명한다. 교육감은 연수과정별로 필요하다고 인정하는 경우에는 교육장 또는 공립·사립학교의 장으로 하여금 연수대상자를 지명하게 할 수 있다. 교원 및 교육공무원에게 연수기회가 균등하게 부여되도록 학력·경력·연수과정의 내용 및 본인의 희망 등을 고려하여 지명한다.

■ **자격연수**

2급 정교사 과정은 2년 이상의 준교사 경력을 가진 교사 중에서 관할 교육장 또는 교육감이 지명한다. 일반적으로 2급 정교사과정의 연수를 받지 않고 준교사로 근무한 기간이 오래된 자의 순으로 지명된다.

　1급 정교사 과정은 3년 이상의 2급 정교사 경력을 가진 교사 중에서 관할 교육장 또는 교육감이 지명한다. 1급 정교사 과정의 연수를 받지 않고 2급 정교사로 근무한 기간이 오래된 자의 순으로 지명된다.

　교감 과정은 3년 이상의 1급 정교사 경력이나 6년 이상의 2급 정교사 경력을 가진 교사 중에서 관할 교육장 또는 교육감이 지명한다. 교감과정의 경우 해당 교직경력 소지자 중에서 1.5배수 추천자를 대상으로 필기시험을 통해서 선발했으나, 각종 평정점을 합산한 점수가 높은 순서대로 등재하는 승진후보자명부를 통해 선정한다.

　교장 과정은 교감 자격증을 가지고 3년 이상의 교육경력이 있는 자와, 5급 이상의 국가공무원이나 지방공무원, 장학관이나 교육연구관으로서 일정기간(초등은 3년, 중등은 5년) 이상의 교육 또는 교육행정경력이 있는 자로서 교육부장관의 자격인가를 받은 자 중에서 교육부장관이 지명한다.

(4) 교원 현직교육의 개선

　교원들이 자신의 전문성 향상의 필요성에 대하여 느끼고 있는 정도에 비하여 현행의 연수와 성장을 위한 기회는 이들의 기대에 미치지 못하고 있다. 현행 교원연수가 교사들의 전문성 발전에 실질적으로 유익한 활동이 되기 위해서는 다음과 같은 방향으로 개선되어야 한다.

　첫째, 현직연수의 내용과 방법을 개선함으로써 연수의 질을 향상한다. 현재 교원연수 교육과정은 전체적인 계열성이 부족하여 중복되고 있다. 교원 현직연수의 실시는 대부분 동계 또는 하계 방학기간에 이루어지고 있기 때문에 수강자들에게 상당한 부담을 주고, 장기간의 연수로 학생 수업결손을 가져온다. 교원 연수의 대상자에 대한 사전 지도 결여 등의 문제점도 나타나고 있다. 따라서 현직연수를 실시할 때 교원연수 교육과정의 체계를 정립하여 연수과정 간에 유기적인 관련성을 맺고, 실시기간의 조정, 사전지도, 평가 방법 등을 개선한다. 즉, 성인학습자로서의 교원의 특성을 파악하고 그들에게 필요한 내용과 효과적인 방법을 통하여 실시한다.

　둘째, 교사의 연수와 성장을 위한 유인체계를 강화한다. 교원 연수에 따른 보상을 조정하여 개인의 연수와 성장에 대한 의욕을 북돋고 만족감을 높인다. 교사가 자신의 연수와 성장을 위해 관련 학회, 세미나, 워크숍에 참가하고자 할 때 소요되는 비용을 학교에서 적극적으로 지원한다.

셋째, 개인연수, 교원이 주도하는 연수 등 비공식적인 교원연수가 활성화되도록 한다. 교원이 능동적으로 참여하여 자신의 필요에 따라 연수프로그램을 구성하고 동료교사들과 협의 및 시범 등 다양한 활동을 통하여 현장의 문제를 해결하고 이론과 실제를 통합할 수 있는 비공식적 연수를 강화한다.

넷째, 교사의 연수를 위해 장기적인 계획을 수립하여 추진한다. 예컨대, 특별연수, 대학원과정, 교내 연수 등 다양한 방법을 활용하여 교원의 연수를 추진한다.

다섯째, 장학과 평가방법을 개선한다. 장학활동이 실질적으로 이루어짐으로써 지속적인 수업관찰과 체계적인 기준, 동료교사와의 토론을 통하여 교수학습 개선에 도움이 되게 한다.

여섯째, 교사의 연수와 성장은 결국 교원 자신의 주도로 전개될 수 있도록 인지시키고 이를 위해 제도적, 재정적으로 뒷받침한다.

2) 근무성적평정

교원의 승진은 경력평정, 근무성적평정, 연수성적평정, 가산점평정으로 이루어진다. 이상의 기준에서 경력평정, 연수성적평정, 가산점평정은 평정기준에 따라 단순하게 산출되는 반면에, 근무성적평정은 학교장과 교감이 실시하기 때문에 교원들의 관심이 매우 높다.

(1) 경력평정

경력평정은 매년 12월 31일을 기준으로 정기적으로 실시한다. 경력은 기본경력과 초과경력으로 나누고, 기본경력은 평정시기부터 15년을 평정기준으로 하며, 초과경력은 기본경력 전 5년을 평정기간으로 한다. 평정대상 경력은 교육경력, 교육행정경력, 교육연구경력 및 기타 경력으로 한다.

(2) 근무성적평정

근무성적평정은 교원의 근무실적, 근무수행능력 및 근무수행태도를 객관적 기준에 따라 평가하여 승진, 전보, 포상 등에 반영한다. 근무성적평정도 경력평정과 마찬가지로 매년 12월 31일을 기준으로 정기적으로 실시한다. 근무성적의 평정자와 확인자는 승진후보자 명부 작성권자가 정하는데, 일선학교에서 교사에 대한 근무성적평정자는 당해 학교교감이며, 학교장이 확인한다.

근무성적평정자는 평정대상자로 하여금 평정대상기간 동안의 업무 수행실적에 대하여 매년 12월 31일을 기준으로 교육공무원 자기실적 평가서를 작성하여 제출하게 한다. 근무성적은 대상 교원의 자기실적 평가서를 고려하여 객관적으로 평가해야 한다. 자기실적 평가의 구체적인 내용으로는 학습지도, 생활지도, 전문성개발, 담당업무이다. 이와 아울러 자기평가 종합상황 항목으로 목표달성도, 창의성, 적시성, 노력도에 대해 평정하도록 하고 있다.

교사에 대한 근무성적평정사항은 교사에 대하여는 매 학년도 종료일을 기준으로 하여, 해당 교사의 근무실적·근무수행능력 및 근무수행태도에 관하여 근무성적평정과 다면평가를 정기적으로 실시하고, 각각의 결과를 합산한다. 교사의 근무수행태도의 평정요소는 교육공무원으로서의 태도(10점), 근무실적 및 근무수행능력 요소에는 학습지도(40점), 생활지도(30점), 전문성 개발(5점), 담당업무(15점)로 구성된다. 각 평정요소에 해당되는 평정내용은 〈표 12-1〉과 같다. 근무성적은 상대평가로 수 30%, 우 40%, 미 20%, 양 10%의 비율로 평정한다. 근무성적의 결과는 평정대상자의 요구가 있는 때에는 특별한 사정이 없는 한 본인의 최종 근무성적평정점을 알려주어야 하며, 근무성적평정의 결과는 전보, 포상 등의 인사관리에 반영한다.

(3) 연수성적평정

연수성적평정은 교육성적평정과 연구실적평정으로 구성된다. 교육성적평정은 직무연수 18점, 자격연수 9점으로 만점이 27점이다. 연구실적평정은 3점을 초과할 수 없다. 연수성적의 만점은 30점이다. 교육성적평정은 직무연수성적과 자격연수성적으로 나누어 평정한 후 이를 합산한 성적으로 한다. 직무연수성적의 평정은 교원연수에 관한 규정에

〈표 12-1〉교사 근무성적평정내용

구분	평정사항	평정요소	평정내용
교사	1. 근무수행 태도	교육공무원으로서의 태도 (10점)	1) 교육자로서 품성을 갖추고 직무에 충실한가?
			2) 공직자로서 사명감과 직무에 관한 책임감을 갖고 솔선수범 하는가?
	2. 근무실적 및 근무 수행능력	가. 학습지도 (40점)	1) 수업교재 연구를 충실히 하는가?
			2) 학생 수준에 적합한 수업계획을 수립하는가?
			3) 학생들이 수업에 적극적으로 참여할 수 있도록 분위기를 조성하는가?
			4) 학생들의 능력과 수준에 적합한 질문을 제시하는가?
			5) 학생들을 학습활동이나 과제 수행에 적절히 참여시키는가?
			6) 학생 특성과 요구에 적합한 수업자료 및 매체를 활용하는가?
			7) 학생의 이해도와 참여도를 수시로 점검하는가?
			8) 평가 결과를 수업개선을 위한 자료로 적극 활용하는가?
		나. 생활지도 (30점)	1) 학생 개개인의 특성을 파악하기 위하여 노력하는가?
			2) 상담을 통해 학생이 당면한 문제를 원만히 해결할 수 있도록 지원하는가?
			3) 학생의 적성과 특기를 고려하여 진로·진학 정보를 제공하는가?
			4) 학생들이 학급에서 친구들과 잘 어울려 생활하도록 지도하는가?
			5) 안전사고 및 학교폭력을 예방하기 위한 교육을 실시하는가?
			6) 학생들이 올바른 기본생활습관(언어, 행동, 예절, 질서 등)을 기르도록 지도하는가?
			7) 학생들이 건전한 가치관과 도덕성을 갖추도록 지도하는가?
		다. 전문성 개발(5점)	1) 전문성을 높이기 위한 연구활동에 적극적인가?
			2) 전문성을 높이기 위한 연수활동에 적극적인가?
		라. 담당업무 (15점)	1) 담당 업무를 정확하고 합리적으로 처리하는가?
			2) 담당 업무를 창의적으로 개선하고 조정하는가?

의한 교원연수기관 또는 교육부장관이 지정한 연수기관에서 10년 이내에 이수한 60시간 이상의 직무연수성적을 대상으로 한다. 자격연수성적이 중복되는 경우, 승진대상직위와 가장 관련이 깊은 자격연수성적 하나만을 평정대상으로 한다. 자격연수성적평정에는 당해 직위에서 방송통신대학 초등교육과를 졸업한 경우, 졸업성적 또는 교육대학원이나 교육부장관이 지정하는 대학원 교육과에서 석사학위를 취득한 경우의 성적이 포함된다.

연구실적평정은 연구대회 입상실적과 학위취득실적으로 나누어 평정한 후 이를 합산한 성적으로 한다. 연구대회 입상실적평정은 당해 직위에서 다음에 해당하는 실적을 대상으로 한다. 다만, 공무원이 전직된 경우에는 전직되기 직전 직위의 입상실적을 포함하여 평정한다. 국가 공공기관 또는 공공단체가 개최하는 교육에 관한 연구대회로서 교육부장관이 인정하는 전국 규모의 연구대회에서 입상한 연구실적, 그리고 특별시, 광역시 또는 교육청, 지방공공기관 및 공공단체 등이 개최하는 교육에 관한 연구대회로서 시 · 도 교육감이 인정하는 시 · 도 규모의 연구대회에서 입상한 연구 실적이다. 교육공무원이 당해 직위에서 석사 또는 박사학위를 취득하였을 경우 취득 학위 중 하나를 평정 대상으로 하고, 교육공무원이 전직된 경우에는 전직되기 직전 직위 중의 학위취득실적을 포함하여 평정한다. 연구대회 입상실적과 석사 및 박사학위 취득실적은 〈표 12-2〉에 따라 평정한다. 연구대회 입상실적은 1년에 1회 대회의 연구대회 입상실적에 한하여 평정한다.

〈표 12-2〉 연구대회 입상 실적과 석사 · 박사 학위취득 실적의 평점 점수

	입상등급	전국 규모 연구대회	시 · 도 규모 연구대회
연구대회 입상실적	1등급	1.5점	1.0점
	2등급	1.25점	0.75점
	3등급	1.0점	0.5점
석사 및 박사학위 취득 실적	박사	직무와 관련 있는 학위 3점, 기타 학위 1.5점	
	석사	직무와 관련 있는 학위 1.5점, 기타 학위 1.0점	

(4) 가산점평정

가산점은 공통가산점과 선택가산점으로 구분한다. 공통가산점은 교육부장관이 지정한 연구학교(시범·실험학교 포함)의 교원으로 근무한 경력, 재외국민교육기관에 파견근무한 경력, 학교폭력의 예방 및 대응 관련 실적이 있는 경우 등에 부여된다. 선택가산점은 도서벽지에 있는 교육기관 또는 교육행정기관에 근무한 경력, 읍·면·동지역의 농어촌교육의 진흥을 위하여 특별히 지정한 지역의 학교에 근무한 경력, 그 밖의 교육발전 또는 교육공무원의 전문성 신장 등을 위해 명부작성권자가 필요하다고 인정하는 경력이나 실적이 있는 경우 등에 부여된다. 가산점을 평정할 때 동일한 평정기간 중의 평정 대상 경력이 중복될 경우에는, 이 중에서 유리한 경력 하나만을 평정한다.

3) 승진

현행 교육공무원승진규정에 따르면 교원의 승진의 기준은 경력평정(70점 만점), 근무성적평정(100점 만점), 연수성적평정(30점 만점), 가산점 평정이다. 또한 교사의 근무성적평정은 3인 이상의 동료교사로 구성된 다면평가자가 부여하는 다면평가 점수를 반영한다. 따라서, 근무성적평정 점수는 다면평가 점수(30점)와 관리자가 부여하는 근무성적 70점(교장 40%, 교감30%)을 합산하여 총점이 100점이다. 이는 종전에 비해 경력보다는 능력의 비중이 강화된 것이다.

(1) 승진의 의의와 기준

승진은 동일 직렬 내에서의 수직적인 직위 상승을 의미한다. 승진에 따라 상위직위로 임용되면 권한과 책임이 확대되고, 임금과 근무 여건이 향상된다. 교원의 경우는 교사가 교감으로, 교감이 교장으로 승진되는 경우에서 나타난다.

승진의 기준은 일반적으로 연공서열주의와 능력주의로 구분된다. 연공서열주의는 승진대상자의 근무연수, 연령, 경력, 학력 등의 기준을 중시하는 방법이다. 연공서열주의의 장점으로는 객관성의 보장, 정실 및 불공평으로 인한 불평 감소, 행정의 안정성 유지를 들 수 있다. 반면에 단점으로는 유능한 인재 등용의 제약, 행정의 침체 가능, 부하직원의 통솔 곤란을 들 수 있다.

능력주의는 승진대상자의 직무수행능력과 업적을 중시하는 방법이다. 능력주의의 장점은 인사권자의 정실 개입여지 경감, 시험에 따른 타당성 향상, 개인의 발전 촉진을 들 수 있다. 반면에 능력주의의 단점으로는 근무보다 시험에 열중, 시험의 타당도가 낮을 경우의 곤란, 시험을 전후하여 직원의 사기에 부정적으로 미치는 영향을 들 수 있다.

(2) 교원 승진임용의 기준

「교육공무원법」제13조는 교육공무원의 승진임용은 동종의 직무에 종사하는 차하위직에 있는 자 중에서 경력평정, 재교육성적, 근무성적, 기타 능력의 실증에 의하여 행한다고 규정하고 있다. 교육공무원의 승진규정에서는 경력평정, 근무성적평정, 연수성적평정, 가산점 평정을 통해서 합산한 평정점수의 순위에 따라 자격별로 승진후보자 명부를 작성·비치하고, 이 명부에서 순위가 높은 교원의 순으로 결원된 직에 대하여 3배수 범위 안에서 승진임용하거나 임용을 제청한다.

4) 교원의 전보와 전직

(1) 전보와 전직의 개념

전보와 전직은 조직에서 직위의 위치를 변경하는 수평적인 인사이동을 통하여 조직구성원의 능력을 계발하고 조직목적을 효율적으로 달성하기 위한 것이다. 전보는 동일직렬 직위의 변화 없이 근무지 이동 내지 보직을 변경하는 것을 말한다. 예컨대, 교장, 교감, 교사가 근무학교를 이동하거나 장학사(관), 교육연구사(관)가 행정기관 간에 이동하는 경우를 가리킨다. 전보제도는 조직의 필요(부서의 개편, 인원의 증감 등) 또는 개인의 필요(주거지 변동, 생활의 변화 등)를 고려하여 이루어진다. 전직은 직급은 동일하나 직렬이 달라지는 횡적인 이동을 말한다. 예컨대, 교원이 장학사(관), 교육연구사(관)로 이동하거나, 장학사(관), 교육연구사(관)이 교원으로 이동하는 경우를 말한다.

(2) 교원의 전보와 전직

■ 교원의 전보

교육공무원 인사관리 규정 제15조에 따르면, 전보권자 또는 전보제청권자는 소속공무원의 동일직위에서의 장기근무로 인한 침체를 방지하고 능률적인 직무수행을 기할 수 있도록, 매년 전보계획을 수립 실시하여야 한다고 규정하였다. 교원의 인사권자인 교육감 및 교육장은 교원의 생활근거지나 근무 또는 희망근무지 배치를 최대한 보장하여, 사기진작 및 생활안정을 도모하기 위해 거리, 교통 등 지리적 요건과 문화시설의 보급 등을 감안하여 인사구역을 설정하고, 인사구역에 따른 근무기간을 정해 공개하고 전보인사를 실시할 수 있다.

전보에는 정기 전보와 비정기 전보가 있다. 정기 전보의 경우에 교육전문직과 교장의 전보 및 전직은 매년 9월 1일자로 하고, 교감과 교사의 전보는 매년 3월 1일자로 실시함을 원칙으로 한다. 이는 새로운 학기가 시작할 때 전보를 실시함으로써 학교교육의 연속성을 유지하기 위한 것이다.

■ 교원의 전직

초등학교 교원이 중등학교 교원자격증을 소지하거나 중등학교 교원이 초등학교 교원자격증을 소지하였을 때는, 시·도 교육감은 교원 수급상 필요한 경우 본인이 희망하는 바에 따라 자격증과 관련이 있는 학교급의 교원으로 전직 임용할 수 있다. 교원을 전문직(장학사·교육연구사)으로 전직 임용을 하고자 할 때는 교육기관, 교육행정기관 또는 교육연구기관의 추천을 받아 공개전형을 거쳐 임용한다. 전형기준과 방법, 절차 등은 임용권자가 정한다. 다만, 교육부와 그 소속기관에 근무하는 장학사·교육연구사는, 정규교원으로서 교육경력 5년 이상인 자를 대상으로 공개경쟁시험에 따라 임용함을 원칙으로 한다. 교사를 장학사·교육연구사로 전직 임용할 경우, 특별한 사유가 없는 한 전직 임용에 필요한 직무연수를 이수시켜야 한다.

5) 교사평가

교사를 선발할 때 일반적인 평가 방법은 기본적인 능력, 전공교과목에 대한 지식, 교육학적 지식을 측정하는 시험을 실시하는 것이다. 이러한 시험 위주의 전통적인 교사평가는 교수활동에 대한 예언 타당성이 낮다는 점에서 비판을 받고 있다. 미국의 경우에는 1990년대부터 보다 발전된 교사평가모형을 개발하여 일부 주를 중심으로 신임교사 선발 및 우수교사 선정에 활용하고 있다. 개발된 교사평가모형은 Praxis 모형, INTASC 모형, NBPTS 모형이다(Odden, Porter, & Youngs, 1998).

첫째, 프랙시스(Praxis) 모형이다. 이 모형은 미국의 교육평가국(ETS)에서 교수활동에 대한 개념을 바탕으로 개발한 일련의 도구로서 신임교사의 전문성을 주로 평가한다. 프랙시스I은 읽기, 쓰기, 수학에서의 기본적인 능력을 측정한다. 프랙시스II는 내용에 대한 핵심적 지식과 심층적인 지식, 교수활동에 대한 지식, 교육학적 내용에 대한 지식을 평가한다. 프랙시스III는 교사후보자의 첫 일년 동안의 교수기술을 평가한다. 이 평가는 초등과 중등학교의 교수활동에 적합한 19개의 기준에 따라 구성된다. 이 기준에는 학생의 학습을 위한 내용 지식의 구조화, 학생의 학습을 위한 환경 조성, 학생의 학습을 위한 교수활동, 교사의 전문성의 네 가지 영역으로 구분된다. 이 모형에서는 교사들은 학급의 프로파일과 교수활동의 프로파일을 작성하고, 훈련받은 평가자들이 평가받는 교사를 관찰하고 면접을 실시한다. 학급의 프로파일에는 관찰되는 학급의 교수내용, 학년, 학부모의 사회경제적 지위, 학생의 언어 숙달 정도 등을 기록한다. 교수활동의 프로파일에는 단원의 목표, 단원의 내용, 선수 학습 및 다음 단원에 대한 학습과의 관련성, 학생의 개인차를 다루는 방법, 교수방법 등을 기록한다.

둘째, 인태스크(INTASC) 모형이다. 이 모형은 미국의 여러 주들이 공동으로 새로운 교사평가 및 지원을 위한 컨소시엄을 형성해서 개발하였다. 인태스크 모형에서는 수학, 영어/어학, 과학 교과목에 대한 구체적인 기준을 개발하고 이어서 사회, 미술, 초등교육, 특수교육에 대한 기준을 개발한다. 인태스크 모형은 2~3년차 교사가 교직을 계속하기 위한 자격증 수여 여부를 결정하는 데 활용된다. 이 모형은 교사들이 여러 가지 포트폴리오를 수행할 것을 요구한다. 이 포트폴리오에는 교수활동의 상황적 요소로서 학교가 위치한 지역사회 및 학생들의 특성 소개, 수업 계획, 두 개의 수업활동을 촬영한 동영상과 설명, 학생의 학습 실례, 학생의 학습에 대한 평가, 자신의 교수활동에 대한 평가와 전문성 계발을 위한 활용 방법 등을 담아야 한다. 이 외에도 인태스크 모형에서는 여러 교과목영역에 대한 평가도구와 교사의 기초적 지식에 대한 평가도구를 개발하고 있다. 교사의 기초적 지식에 대한 평가도구에서는 아동의 발달과 학습이론, 그리고 교육적 기초에 대한 교사의 지식을 평가한다.

셋째, 전문교사의 기준을 위한 국가위원회(NBPTS)의 평가모형이다. 동 위원회는 교사의 전문성과 능력을 향상하기 위해 전문기구가 필요하다는 지적에 따라 1987년에 설치되었다. 동 위원회는 30개의 자격증 영역에 대한 높은 기준과 성과를 판단하는 평가도구를 개발하고 있다. 이 평가의 목적은 교사들 중에서 우수교사를 선발하고 교직을 전문성과 능력 등의 측면에서 다른 전문직에 비교될 수 있도록 만드는 데 있다. 동 위원회의 평가는 10회의 활동으로 구성된다. 각 활동은 6개의 포트폴리오 활동과 4개의 평가센터 활동으로 이루어진다. 포트폴리오 활동은 교실에서의 교수학습에 대한 교사의 서술, 교사와 학생의 상호작용에 대한 동영상과 설명, 학생의 작품 또는 학습 실례와 이에 대한 설명을 담아야 한다. 평가센터 활동을 위해서 교사들은 교수활동계획 작성, 학생의 작품 또는 학습 실례의 분석, 동영상의 시청과 논평, 모의실험에 대한 참여를 수행해야 한다. 각 위원회의 평가는 교과목과 학생의 수준에 따라 적합하게 이루어진다.

이와 같은 여러 기관에서 개발하는 교사평가모형들은 교수활동을 보다 잘 평가하고, 교사들의 반성적이고 학습자 중심적인 교수활동을 촉진하고, 평가의 타당성과 신뢰성, 공정성을 확보하기 위한 것이다. 미국의 교사평가모형들은 우리나라의 교사평가모형에 대한 개발과 논의를 위한 실제적인 참고자료이다. 우리나라의 교육상황에 보다 적합한 교사평가모형을 개발하기 위해서 교사평가방식에 대한 보다 활발한 연구와 논의가 필요하다. 교사평가모형의 개발과 도입은 교사의 보수제도, 교사의 경력단계 등 관련된 여러 가지 학교교육개혁방안들과 연계하여 종합적으로 접근하여야 할 것이다.

6) 교원능력개발평가

교원능력개발평가는 우리나라에서 교원의 전문성 신장과 학생·학부모의 공교육 만족도 향상을 목적으로 도입된 교원평가제도이다. 2000년대 중반 이후 교원평가체제 개선을 위하여 시범적으로 운영된 후에, 2011년에 법적인 근거가 마련되었다. 기존 교원근무성적평정제도는 교원에 대한 평가로서 그 결과를 인사행정을 위한 정보와 자료로 활용하는 데 주안점을 두고 있다. 반면에 '교원 등의 연수 등에 관한 규정'에서 교원능력개발평가는 유치원 및 각급학교에 근무하는 교원의 능력을 진단하기 위한 평가로서, 교원 상호 간의 평가 및 학생·학부모의 만족도 조사 등의 방법을 사용하도록 규정하고 있다.

교원능력개발평가는 평가대상에 따라서 평가 영역 및 요소를 다르게 적용하고 있다. 교장·교감의 경우 학교경영에 관한 능력으로서 학교교육계획, 교내장학, 교원인사, 시설관리 및 예산운용 등의 영역을 평가한다. 수석교사의 경우 학습지도 및 생활지도 등에 관한 능력과 교사의 교수·연구 활동 지원 능력을 평가한다. 일반 교사의 경우 학습지도 및 생활지도 등에 관한 능력을 평가한다. 구체적으로 학습지도의 평가 영역에서는 수업준비, 수업실행, 평가 및 활용의 요소를, 그리고 생활지도의 평가 영역에서는 상담 및 정보 제공, 문제행동 예방 및 지도, 생활습관 및 인성지도의 요소를 평가한다.

수업 및 생활지도 등에 대하여 동료 교원간 평가, 학생 만족도 조사, 학부모 만족도 조사가 이루진다. 평가 시기는 학생과 학부모 만족도 조사의 경우 매년 6~7월 중에(1학기말 실시 권장), 동료교원 평가는 매년 10월까지 실시하며, 구체적인 실시일은 학교에서 결정된다. 시·도교육감과 학교장은 평가 실시 후 평가결과를 평가대상 교원에게 제공하여야 하고, 결과를 통보받은 교원은 이를 바탕으로 전문성 개발을 위한 능력개발계획서를 작성하여 시·도교육감 또는 학교장에게 제출하여야 한다.

교원능력개발평가의 결과는 직무연수 대상자의 선정, 각종 연수프로그램의 개발 및 제공, 연수비의 지원 등에 활용된다. 구체적으로 시·도교육감과 학교장은 평가결과를 분석하여 활용계획을 수립하고, 평가대상 교원을 대상으로 맞춤형연수를 지원하며, 차기 학년도 교원연수계획 등에 반영하여야 한다.

4. 교원의 보수

교원의 근무의욕을 유발하고 직무수행의 동기를 활성화시키기 위해서 적절한 보상체계를 마련해야 한다. 조직의 구성원들은 여러 가지 보상에 따라 동기가 유발된다. 이러한 보상에는 금전, 칭찬, 사회관계, 성취감 등이 있다. 보상은 조직의 구성원들이 조직에 기여할 때 얻게 되는 유인이다. 조직은 구성원들에게 동기를 부여하고 유지하기 위해 보상체제를 사용한다. 보상체제를 사용하는 목적은 업무를 보다 매력 있고, 흥미 있고, 만족스러운 것으로 만들어서 구성원들의 성과를 향상하는 것이다.

1) 내재적 · 외재적 보상

보상체제는 일반적으로 외재적 보상과 내재적 보상으로 구분된다. 외재적 보상은 조직이나 또는 다른 사람들이 제공하는 유인을 의미한다. 내재적 보상은 개인이 스스로에게 부여하는 유인이다. 외재적 결과에는 인정, 돈, 승진 등이 포함된다. 내재적 결과에는 성취감, 효능감, 자아실현 등이 있다. 교사들의 경우에는 교직 업무 수행에서 두 가지 유형의 보상이 다 필요하지만 일반적으로 외재적인 보상보다는 내재적인 보상에 매력을 느끼고 보다 의미를 많이 부여한다(Cohn & Kottkamp, 1993).

내재적 보상은 개인이 직접적으로 통제하지만 외재적 보상은 그렇지 못하다. 교사들의 높은 동기를 유발하기 위해서는 일 자체로부터 발생되는 만족감이 중요하다. 교사들은 직장으로의 출근, 교직에의 입문, 이직률 등에서 내재적 보상이 외재적 보상보다 강한 영향을 받는다. 내재적 유인이 외재적 유인보다 교과과정 과업에 참여하는 교사의 동기유발에 보다 많은 효과를 나타낸다. 또한 교사들은 학생들에 대해서 느끼는 감정과 같은 내재적인 보상을 직무 만족에 대한 주요 원천으로 생각한다(Lortie, 1975).

반면에 교사들에 대한 내재적 동기와 보상을 강조하는 것은, 학교조직이 구성원들에게 제공할 수 있는 외재적 보상이 제한되어 있기 때문에 내재적 동기와 보상에 의존한다는 해석이 있다(Sherman & Smith, 1984). 교육계에서 이러한 상황이 오랫동안 지속되어 왔기 때문에 정책수립자들은 교사들에게 낮은 외재적 보상과 높은 내재적 보상을 충분한 것으로 받아들이도록 설득해 왔다. 이러한 경향은 교사권한부여와 직무확장과 같은 프로그램을 통해 내재적 보상체제를 강조하는 데서도 찾아볼 수 있다.

비록 외재적 보상이 오늘날 학교에서 사용하는 일차적인 방법은 아닐지라도 이를 소홀히 다룰 수 없다. 사람들은 외재적 보상과 내재적 보상 모두에 의해 동기가 유발된다. 학교의 외재적 보상방법은 교사와 학생 모두에게 여러 가지로 강구될 수 있다. 이러한 방법에는 칭찬, 작업의 배치, 소집단, 성과에 대한 피드백, 의사결정 참여 등이 있다.

외재적 보상 중에서도 가장 논의가 많이 되는 대상은 보수이다. 보수는 교육계에서 교사들의 동기를 유발시키기 위한 방안으로서 그 효과성에 대한 논란이 있다. 교사들에 대한 일부 연구에서는 교사들이 보수와 같은 외재적 보상보다 내재적 보상을 선호한다고 지적하였다. 이들은 교사들의 동기를 유발시키기 위해서 내재적 보상방법을 사용해야 한다고 주장한다.

다른 연구들에서는 보수의 중요성을 강조한다. 교사들에 대한 연구에서 교사들이 교직을 떠나는 주요한 이유가 보수수준이 낮기 때문이라고 보았다. 보수수준이 높은 교사들이 상대적으로 교직에 보다 오랫동안 남아 있었다. 교사들이 주로 내재적 보상으로 동기가 유발된다는 것은, 이들이 반드시 내재적 보상만으로 동기가 유발된다는 것을 말하는 것이 아니다(Johnson, 1986). 보수는 교사들에게 중요한 관심사이다. 특히 생활의 기본적인 필요를 충족하지 못하는 경우에는 보수가 특히 중요하다.

교사의 동기유발에서 보수의 역할은 재평가되어야 한다(Firestone, 1991). 교사들이 일반적으로 성과급제도를 반대하지만, 또한 교사들은 추가적인 수당이 지급되지 않는다면 과외의 직무를 수행하지 않을 것이다. 교사들에게 경제적인 보상이 주어질 때 특별활동, 보충수업 등과 같은 과외의 활동 수행이 촉진된다. 경제적인 보상은 교사들의 활동을 목표달성 정도를 측정할 수 있는 업무로 방향 설정을 하게 만든다. 예컨대, 교사들로 하여금 학생들의 학력고사 점수의 향상에 관심을 두게 만들 수 있다. 반면에 교사들의 업무활동에 대해 경제적인 보상을 사용할 때 발생되는 위험은, 교사들이 경제적인 보상을 받지 않는 업무는 처리하지 않게 된다는 점이다. 경제적인 보상은 사람들의 특정 행동을 발생시킬 수 있지만, 보상이 더 이상 주어지지 않을 때 이와 같은 활동을 지속할 수 있도록 만들지 못한다는 한계가 있다.

2) 교원 보수체계 실태와 문제

보수체계의 종류로는 일반적으로 연공급, 직무급, 절충급이 있다. 연공급은 학력, 자격, 연령을 기준으로 근속연수에 따라 보수수준을 결정한다. 연공급은 개인별 임금 결정이 근속연수에 크게 좌우되기 때문에 임금이 노동의 질과 양에 대응하지 않는다는 단점이 있다. 직무급은 직무의 양과 질에 따라 보수를 결정한다. 절충급은 연공급과 직무급을 절충하여 보수를 결정한다. 이 외에 보수는 고정급과 성과급이 있다. 고정급은 근무시간이나 단위로 보수를 지급한다. 성과급은 생산성과 같은 성과에 따라 보수가 달리 지급된다.

우리나라 교육공무원의 보수는 동등한 학력과 자격 및 경력을 가진 교원은 학교급별, 성별 등의 조건에 관계없이 동일한 보수를 지급하는 것을 원칙으로 하는 단일호봉제를 지향하고 있다. 다만, 초·중등학교와 전문대학, 대학교에서는 호봉제와 기산호봉, 봉급 및 수당 등을 다르게 정하고 있기 때문에 삼원체계로 유지하고 있다. 따라서 교원의 보수는 '공무원 보수 규정'과 '공무원 수당 규정'에 따라 매년 교원 호봉표로 정해진다.

구체적으로 교원의 보수는 교원의 봉급과 각종 수당을 합하여 이루어진다. 봉급은 직무의 곤란성 및 책임의 정도에 따라 직책별로 지급되는 기본 급여, 또는 직무의 곤란성 및 책임의 정도와 재직기간 등에 따라 직위별·호봉별로 지급된다. 수당은 직무여건 및 생활여건 등에 따라 지급되는 부가급여이다.

교원은 임용될 때 최초로 획정되는 호봉에 따른 초임금이 봉급액으로서 지급된다. 초·중등교원의 초임호봉은 공무원보수규정에 따라 경력, 학력 등을 감안하여 기산호봉을 정한다. 교원은 매년 1호봉씩 상위의 호봉으로 승급이 이루어진다.

교원은 공무원 수당규정에 따라 상여수당, 육아휴직수당, 특수지근무수당, 특수근무수당, 초과근무수당이 있다. 교육공무원의 상여수당에는 정근수당, 장기근속수당, 모범공무원수당이 있다. 가계보전수당에는 가족수당, 자녀학비수당이 있다. 특수지 근무수당에는 도서벽지수당이 있다. 특수근무수당에는 교원의 경우 연구업무수당, 보직교사수당, 실과교원수당 등이 있다.

우리나라에서도 교원 보수에 대한 개선방안으로서 성과급이 부분적으로 도입되고 있고, 수석교사제도가 도입됨으로써 교원경력의 이원적 단계화가 제도화되고 있다. 그동안 실시되어 온 교원 성과급은 교원 개인을 대상으로 이루어지고 있기 때문에 교원 개인 간의 경쟁을 유발하는 부정적인 영향이 큰 것으로 지적되었다. 이러한 개인 성과급제도의 문제점을 보완하고 교사 간 협력을 조장하기 위해서, 2011년부터 교원에 대한 성과급제도는 개인을 대상으로 지급하는 개인성과급과, 학교 전체의 교사를 대상으로 지급하는 학교성과급제도를 병행하고 있다. 학교성과급은 단위학교의 단순한 학업성취도 수준에 대한 평가뿐만 아니라 학교환경 등을 고려한 학업성취도 개선도를 평가 요인으로 포함하고 있다. 그러나 아직도 우리나라 교원들은 현행 교원성과급제도에 대해서 부정적인 인식이 강한 것으로 조사되고 있다. 현행 교원보수체계의 주요 문제로는 교원의 능력과 보수의 불일치, 교원의 능력 계발 및 유인가 부족 등이 있다.

3) 교원 보수의 개선

현행 교원 보수체계는 교원의 능력발달과 보수체계를 결합하기 위해 다음과 같은 방향으로 개선하는 것이 바람직하다. 새로운 보수체계는 교원의 경력이나 특정한 직무 수행에 따른 보수지급이 아니라 교원이 수행하는 직무에 필요한 지식, 기술과 능력에 기초한다. 이는 종래의 직무기준 보수, 경력위주 보수, 개인별 성과급 지급을 능력에 기준을 둔 보수, 상황적응 보수, 팀 전체에 주어지는 성과 보상으로 보완하거나 대치한다(Odden & Kelley, 1997).

(1) 능력기준 보수

능력기준 보수는 교사의 지식과 능력에 대한 직접적인 지표로서 종래의 간접적인 지표 방식을 대체한다. 단일호봉제도는 일반적으로 교원의 경력, 자격, 학위를 기준으로 이루어진다. 이에 비해서 능력기준 보수는 교사가 보여 주는 다음과 같은 세 가지 유형의 지식과 기술의 전문성 정도에 따라 지급한다.

- 교과에 관련된 지식과 기술로서 교육내용, 교수방법에서의 전문성
- 학생생활지도, 교육과정의 개발 및 교직원 연수, 학부모와의 관계 등에 필요한 전문성
- 새로운 학교경영방식(학교단위경영)에 요청되는 관리능력으로서 회의 진행, 부서 또는 팀 운영능력, 예산관리, 계획 수립과 평가 등에 관련된 전문성

능력기준 보수를 실제로 활용하는 방법은 점진적인 방식에서 보다 급진적인 방식으로 나누어진다(Odden & Kelley, 1997). 현재 단일호봉제의 급여수준을 기준으로 하고 그 위에 능력에 따른 급여를 추가하는 방안, 매년 호봉을 인상하기 위한 조건으로서 교사들이 일정 수준으로 지식과 기술을 향상하도록 요구하는 방법, 교원의 경력을 분화시키고 상위자격을 획득하는 조건으로 일정 수준으로 지식과 기술을 향상하도록 요구하는 방안, 그리고 기존의 방식을 전면적으로 대체하는 방식 등이 있다. 이러한 여러 방안은 시행 지역의 여건을 고려하여 결정되어야 한다. 우리나라의 경우 능력기준 보수방안의 도입은 그보다 선행되어야 할 교사들의 전문성 계발 및 평가체제의 정립과 함께 점진적으로 추진하는 것이 바람직하다.

(2) 상황적응 보수

상황적응 보수는 교사들이 학생들의 학업성취에 기여하는 활동을 수행하는 것과 같은 조건에 따라서 보수를 지급하는 방안이다. 상황적응 보수는 세 가지 방법으로 구분된다. 첫째, 교사들이 자신의 전문성 계발과 관련된 활동에 참가할 때 이를 인정하여 보수를 지급하는 방법이다. 학교 개혁 목표를 달성하기 위해서는 교사들의 지속적인 전문성 계발이 핵심적인 과제이다. 전문성 향상을 위한 활동에 대한 교사들의 참가를 장려하기 위해 교사 봉급의 일정 비율을 할당하는 방법이다. 둘째, 교수활동의 질 개선을 조건으로 보수를 지급하는 방법이다. 학교의 교사들이 참가하여 일정 수준의 교수활동 목표, 평가 방법 등을 설정하고 이를 평가하여 보수를 지급한다. 이상의 두 가지 방법은 집단을 기준으로 이루어지는 활동에 대한 보상 방법이다. 셋째, 개별 교사의 전문성 향상과 관련된 프로젝트에 대해서 보수를 지급하는 방법이다. 이는 개별 교사들이 자신의 교수활동의 개선을 위해 특별한 프로젝트를 계획하고 이를 수행해 나갈 때, 이를 인정하여 보상을 제공하는 방

법이다. 상황적응 보수의 방법 중에서는 집단을 기준으로 이루어지는 활동이 보다 바람직하며, 소수의 인원을 대상으로 개인적인 프로젝트를 인정할 수 있다.

(3) 학생의 성취도 향상에 대한 학교상여금

학생의 성취도 향상을 인정하여 보상을 제공할 때는 학교 전체 또는 팀 구성원 전체를 대상으로 제공한다. 이와 같이 집단을 기준으로 하는 보상은, 학생들의 성취가 학교에 근무하는 많은 사람들이 공동으로 노력하여 달성한 결과라는 인식에 바탕을 둔다. 학교 또는 학교 내 소집단이 함께 이룩한 성과에 대해 보상을 지급함으로써, 개인적인 유인체제의 분열적인 부작용을 감소시키는 반면에, 교직원들의 협력을 조장하고 학교의 성과를 향상시킬 수 있는 효과를 가져온다. 성과에 대한 보상은 본봉에 대한 추가가 아니라 상여금으로 지급한다. 사전에 설정된 성과목표를 매년 달성할 때 상여금 지급은 지속된다.

교사에 대한 보수가 교사들이 지니고 있고 활용하는 지식과 기술에 따라 결정될 때 교직원들은 자신들 능력의 성장과 계발에 관심을 두는 문화를 형성하게 된다. 학교는 교직원들이 학생들의 학업성취에 필요한 지식과 기술을 꾸준히 습득하도록 만들기 위해 노력하게 된다. 이는 결과적으로 학교를 고도의 능력과 전문성을 갖춘 조직으로 전환할 수 있게 한다.

5. 직무 재설계

조직구성원들의 동기를 유발하기 위해서는 외재적 보상만으로는 부족하다. 조직구성원들이 수행하는 일 자체에 대한 만족감, 직무 수행상의 자율성, 직무의 중요성 등이 추가되어야 한다. 조직구성원의 동기를 유발하는 내재적 보상 방안 중의 하나가 직무 재설계이다. 직무 재설계는 조직구성원들의 작업의 질과 그들의 성과를 높이기 위해 직무를 수정하는 것이다. 직무는 작업 설계의 중심으로서 한 직무로 묶어지는 일련의 업무이며, 한 사람이 수행하도록 설계된다. 변화를 위한 직무 재설계 프로그램은 사람들의 작업 동기를 유발시키기 위해 직무의 내용과 과정을 바꾼다. 동기유발관점에서 직무에 대한 외재적 보상이나 유인보다는 직무 자체의 내재적인 측면을 증가시킴으로써 개인의 동기를 유발하고자 한다. 조직구성원들의 동기를 유발하기 위해 작업재설계는 다음과 같은 네 가지 방법으로 이루어진다(Hackman & Suttle, 1977).

- 동기와 직무 내용 간의 적합성을 개선한다.
- 개인의 행동은 직접적으로 변화되고 이 변화는 지속된다.
- 필요한 다른 조직의 변화를 일으킬 기회가 발생한다.
- 장기적으로 조직구성원의 인간화를 지향하는 조직을 만든다.

직무 재설계를 실시하는 방법에는 다음과 같은 여러 가지가 있다. 직무 재설계는 직무확장이론, 직무특성이론 등에 근거하여 논의되고 있으며, 교직에서는 교사의 경력단계화 방안으로 제안되고 있다.

1) 교사의 직무 재설계

1980년대 초 미국에서 '위기에 처한 국가'라는 보고서가 발간된 이후에 여러 가지 교육개혁에 대한 처방이 제시되었다. '내일의 교사'(Holmes Group, 1986)와 '준비된 국가'(Carnegie Task Force on Teaching as a Profession, 1986)에서는 공교육의 질을 향상시키기 위해 교직을 전문직으로 전환해야 한다고 보았다. 특히 교직을 전문직화하기 위해서는 교사의 직무를 재설계해야 하며, 단계가 없는 경력 구조와 경력과 교육수준에 기초를 둔 보상체제를 변화시켜야 한다고 보았다. 이와 유사하게 교육행정가의 경력을 전문화시키자는 주장도 제기되었다(National Commission on Excellence in Educational Administration, 1987). 교직과 교육행정직을 전문화시킬 때 동기를 유발할 수 있는 장점으로 업무의 다양성, 직위, 자율성, 책임, 심리적 성숙의 기회, 보상 등에서의 증가를 가져올 수 있다.

미국의 경우에는 1980년대 중반부터 교직을 전문직화하고 재설계하려는 노력이 증가되었다. 교직의 전문화에 대한 필요성은 다음과 같이 주장된다(Labaree, 1992).

- 공교육의 목표가 형평성에서 우수성으로 전환되었다.
- 관료적인 교육개혁에서 행정통제를 분권화하고 개인적인 전문성을 향상하는 방향으로 바뀌었다.
- 가르치는 직무에 대한 여성화 경향이 높아졌으나 더욱 많은 전문분야가 여성들에게 개방되면서 여성들에게 교직의 매력이 감소되기 시작하였다.
- 교사들의 지위와 교직의 직무 여건이 다른 대학졸업자들과 비교될 수 있을 만큼 향상되어야 한다는 인식이 확산되었다.
- 교수활동에 관한 지식의 증가는 교수활동에 대한 전문적인 기초를 주장할 수 있게 되었다.

2) 교사의 경력단계

교직의 재설계로서 교사의 경력단계를 도입하는 개혁이 제시되어 왔다. 교사들의 경력단계화 필요성은 다음과 같은 세 가지로 요약된다(Hoy & Miskel, 1996).

첫째, 많은 우수한 교사들은 교직에 잠깐 머물고 교직을 떠난다. 동일연령집단의 교사들 중에서 교직에 들어온 이후 5~6년 동안에 교직을 떠난 교사들이 50%에 달했다. 교직을 떠난 교사들의 많은 비율이 가장 재능이 우수한 사람들이었다. 신임교사들은 전문직업 지향성이 부족하고, 학교는 교직을 유지하기 위해 새롭고 변하기 쉬운 대학 졸업자들에게 의존한다는 것을 알 수 있다.

둘째, 초·중등학교의 교직은 납작한 구조를 가지고 있기 때문에 교사들이 상위직으로 승진할 수 있는 경력기회가 별로 없다는 점이다. 신임교사나 경력교사는 동일한 역할기대를 갖고 있다. 따라서 승진에 대한 동기를 가진 교사들은 교단교사로 불만을 가지고 남아 있든가, 아니면 교단교사의 직무를 떠나든가 하는 것이다.

셋째, 교직은 창의성과 재능을 요구하는 힘든 일이지만 어느 정도 반복되는 업무의 특성을 지닌다. 교실 상황은 학생들의 다양한 역동성과 성취에 대한 도전이 있지만 일 자체는 매년 어느 정도 반복된다.

경력단계 프로그램은 직무를 확장시켜서 교사들에게 승진할 수 있는 기회를 제공하고, 지위상의 서열을 공식화하며, 교사의 능력과 업무를 일치시키고, 학교와 교사의 개선을 위한 책임을 교직원들에게 배분하기 위해 직무를 재설계한다. 경력단계 프로그램은 상위 단계로 승진할 때 상위단계에서의 임무가 추가된다. 이러한 임무에는 신임교사에 대한 조언과 지도, 교과과정의 개발, 프로그램의 평가 등이 있다. 경력단계 프로그램은 교사들 간의 책임을 차등화시킨다.

경력단계 프로그램은 교사의 전문성을 계발시킬 수 있는 기회와 보상을 제공하고, 새로운 기술을 발전시키고, 직무의 다양성과 책임을 증가시키며, 새로운 도전을 받아들이고, 동료 간의 협력을 증진시키기 위한 것이다. 경력단계 프로그램은 교직의 유인가를 높이기 위해서 교원의 선발, 유치, 성과 보상에 초점을 둔다. 이를 통해 우수한 교사들이 교직에 유치될 수 있고, 교원인사의 책임 차등화와 보상의 제공을 통한 경력 단계에 따라 교원의 전체적인 질은 향상될 수 있다고 본다.

직무확장에 기초를 둔 경력단계 프로그램의 일반적인 특징은 교사의 직무를 3~4단계로 계서적으로 구분하고 각 단계별로 다른 역할을 설정한다. 경력단계 프로그램의 네 단계 내용은 다음과 같다(Hoy & Miskel, 1996).

첫째 단계는 수습교사이다. 일차적으로 학생을 가르치면서 수석교사로부터 교과지도 및 학생지도에 대한 지도와 조언을 받고 정규교사가 되기 위한 수습기간을 마친다.

둘째 단계는 정규교사이다. 교과지도와 학생지도에 대한 독자적인 책임을 지고 자율성을 갖는다.

셋째 단계는 선임 정규교사이다. 특수한 과제에 대한 책임이 확대된다. 이러한 책임에는 교사연수, 수업연구, 교재개발이 있다.

넷째 단계는 수석교사이다. 교단교사로서는 가장 높은 경력단계이다. 이들은 교실 수업은 덜 하고 동료교사들을 지원해 주는 역할을 담당한다. 이러한 지원 역할에는 교과과정 개발 및 평가, 수습교사 지도 및 조언, 교과연구, 교사연수 등이 포함된다.

직무 재설계로서 경력단계 프로그램을 도입할 때 재설계된 직무, 책임, 감독, 동료 관계, 보수 등에 관한 명확한 결정이 요구된다. 학교에 새로운 직위와 서열이 만들어짐으로 써 새로운 직위의 실제 업무내용과 과정, 기간, 보상 정도가 규정되어야 한다. 교사, 교장, 교감, 장학사 등의 기존 역할도 새롭게 조정되어야 한다. 경력단계 프로그램을 실시하면 학교체제에 갈등과 혼란이 수반되고 교직원들에게 추가적인 일이 부과될 수 있다. 이러한 문제점이 발생할 수 있지만, 교사들을 동기화시키고 전문성을 신장시킬 수 있는 점에서 긍정적인 측면이 많다.

경력단계 프로그램하에서 직무 확장과 직무 재설계는 성공적으로 시행될 수 있으며, 경력단계 프로그램은 교사의 직무수행 능력을 향상하고 교사를 교직에 머물게 하는 데 효과적이다. 우수한 집단일수록 상대적으로 전문성과 권력, 지도성에 관심을 많이 가지고 있어 경력단계 프로그램을 선호한다. 또한 직무확장, 교사참여, 분권화 등과 같은 교사의 전문성 개발 프로그램이 성과급, 상부하달식 관리 등의 관료적인 방식보다 효과적이다 (Firestone, 1991).

요약컨대, 학교의 직무 재설계로서 경력단계 프로그램이 적절하게 설계되어 실행되면 학교의 프로그램, 교육과정, 교수활동에서 긍정적인 효과를 얻을 수 있다. 더욱이 교사들의 직무자체를 보다 흥미 있게 만들고, 자율성과 책임을 증가시키며, 심리적 성숙에 대한 기대를 증대시킴으로써 교사들의 동기를 유발할 수 있다.

3) 수석교사제도

학교 조직에서 교사들의 경력유형은 교사에서 부장교사, 교감, 교장의 수직적인 상위 직위로 이동하는 것이 유일한 형태이다. 이러한 관리직위로의 승진유형은 유능한 교사일수록 학생들을 가르치는 교단교사에서 관리직으로 일찍 이동한다는 단점이 발생하였다. 이 외에도 관리직인 교감, 교장의 직위로 승진되는 교사의 수는 매우 제한되어 있다. 학교 조직의 수평적인 구조는 전문성의 발휘에 기여하면서도 교직의 승진기회의 제약은 교직 사회의 침체를 가져오는 요인으로 작용한다.

교직에 장기간 근무한 교사들의 경우에는, 관리직으로의 승진기회를 놓치면 특정 교과를 중심으로 동일한 교과내용을 계속해서 반복적으로 가르쳐야 하기 때문에 교직사회의 침체를 가져오는 중요한 요인이 된다. 따라서 이 제도는 교직에 어느 정도 근무한 중견교사들에게 관리직 이외의 경력유형을 제공함으로써 교직사회에 활력을 가져오는 방안이다.

이러한 문제의식에서 우리나라는 2011년 7월에 「초·중등교육법」 개정을 통해 수석교사제도를 도입했다. 「초·중등교육법」 제19조에서는 초·중·고 및 특수학교 등에서는 수석교사를 둔다고 규정하였다. 제20조에서는 수석교사의 임무로서 교사의 교수·연구활동을 지원하며, 학생을 교육한다고 명시하였다. 수석교사의 자격조건으로서, 교사자격증을 소지한 자로서 15년 이상의 교육 및 교육전문직경력을 가지고 교수·연구에 우수한 자질과 능력을 가진 사람으로 규정하고 있다.

수석교사는 학생을 가르치는 주당 수업시수를 줄이고, 대신에 동료교사들의 교수활동에 대한 지도·조언의 기능과 교과과정 개발 등 동료교사의 연구활동에 대한 지원 업무를 담당함으로써, 직무의 내용이 다양해지고 직무에 대한 권한과 자율성이 강화된다. 이와 아울러 보수도 향상됨으로써 직무에 대한 만족감이 커지게 된다. 따라서 교직사회의 경력유형에 과거 유일했던 관리직으로의 이동 이외에, 교단교사로서 수석교사로의 경력유형이 추가됨으로써 교직사회에 활력을 가져올 수 있게 되었다.

이러한 수석교사제도를 성공적으로 실시하기 위해서는 제도 실시에 필요한 재원의 확보와 수석교사 선발에서의 공정성 확보 등의 과제가 해결되어야 한다. 이와 아울러 학교경영조직을 이원화하여, 수석교사들을 중심으로 하는 교육과정 운영체제와 교감을 중심으로 교육활동을 지원하는 체제로 분리·운영할 수 있다. 교육과정체제는 교육과정계획 운영 평가, 교육연구, 자율장학을 담당하고, 교육지원체제는 학교경영계획, 예산편성 및 운영, 학교 자율평가 등을 담당할 수 있다. 특히 현재 사무직원이 전담하는 재정관리업무도 교육지원체제에 포함하여 교육활동지원을 위한 체제로 운영할 수 있다. 학교장 중심의 실질적인 단위학교경영을 위해 단기적으로는 일반 직원에 대한 전보내신권과 경정계권, 임시직 공무원의 채용권을 단위학교에 부여하고, 중장기적으로는 교사채용에 대한 권한도 단위학교에 위임하는 방안을 추진하여야 할 것이다.

6. 교원의 단체활동

1) 우리나라 교원의 단체활동

우리나라 교원단체는 전문직단체인 한국교원단체총연합회(이하 '교총'이라 함)와 노동조합인 전국교직원노동조합(이하 '전교조'라 함) 등 3개 단체가 설립·운영되고 있다. 교총은 1947년 조선교육연합회의 설립으로 시작되었고, 1991년 「교원지위향상을 위한 특별법」 제정으로 교원의 사회·경제적 지위 향상과 전문성 신장에 관한 사항에 대하여 정부와 교섭·협의할 수 있는 교섭권을 인정받았다. 한편 전교조는 1989년에 조직되었고, 1999년 「교원의 노동조합 설립 및 운영 등에 관한 법률」이 제정됨으로써 합법화되었다. 그 후 한국교직원노동조합(한교조)이 1999년 7월에 설립되어 활동하고 있다.

교원단체에 관하여 교육기본법에서는, 교원은 상호협동하여 교육의 진흥과 문화의 창달에 노력하며, 교원의 경제적·사회적 지위를 향상하기 위해 각 지방자치단체 및 중앙에 교원단체를 조직할 수 있다고 규정하고 있다. 「교원지위향상을 위한 특별법」에서는 교원단체가 교원의 전문성 신장과 지위향상을 위하여 교섭·협의할 수 있음을 규정하고 있다. 동 법에서는 교육부와 교원단체 간에 교원의 복지 및 여건 개선에 관련된 사항을 교섭·협의하도록 하고 있지만, 교육내용 및 학교 운영에 관련된 사항은 제외하고 있다. 구체적으로 '교원 지위향상을 위한 교섭·협의에 관한 규정'에서는 교섭 협의의 범위를 봉급 및 수당체계의 개선, 근무시간·휴게·휴무 및 휴가 등, 여교원의 보호, 안전·보건, 교권 신장, 복지·후생, 연구활동 육성 및 지원, 전문성 신장과 연수, 기타 근무조건에 관한 사항으로 규정하고 있다.

「교원지위향상을 위한 특별법」은 2016년에 「교원의 지위 향상 및 교육활동 보호를 위한 특별법」으로 개정되었으며, 개정된 법에서는 교원의 교육활동 보호 조항으로서 교육활동 침해행위에 대한 조사, 관리 및 보호조치 등이 추가되었다. 「교원의 지위 향상 및 교육활동 보호를 위한 특별법」에 따라 교섭·협의는 매년 1월과 7월에 행하되, 특별한 사안이 있는 때에는 당사자가 협의하여 그때마다 행할 수 있다.

이러한 규정에 따라 교육부와 한국교육총연합회, 시·도 교육청과 시·도 교육연합회 간에 단체교섭을 통해 쟁점을 처리하고 있다. 양 기관은 교섭·협의를 통해서 합의된 내용은 합의서로 조인하고, 합의된 사항에 대해서 당사자는 성실하게 이행하여야 한다. 교섭 협의를 통해 합의된 사항에 대한 이행 여부에 관하여 다음 교섭·협의 시까지 각각 상대방에게 서면으로 통보해야 한다. 이와 같은 성실이행의 규정은 법적인 의무를 지지 않기 때문에, 합의된 내용의 실효성 확보는 아직 미흡한 수준이다.

「교원의 노동조합 설립 및 운영 등에 관한 법률」에서는 보편적 국제기준에 따라 교원의 노동기본권을 보장하되, 교원의 신분적 특수성을 고려하여 단결권, 단체교섭권은 인정하나 단체행동권은 부여되지 않고 있으며, 단체교섭의 결과로 단체협약체결권을 인정하되, 법령·조례·예산에 의해 규정되는 내용과 법령 또는 조례에 의한 위임을 받아 규정되는 내용은 단체협약의 효력을 부인하고 성실이행의무를 부여하고 있다. 또한 교원노조의 설립단위는 전국 단위 또는 특별시·광역시·도 단위에 한하여 제한됨으로써, 단위학교차원에서의 노조 설립을 허용하지 않고 있다. 교원노조의 교섭 및 단체협약 체결 권한은 임금·근무조건·후생복지 등 경제적·사회적 지위향상에 관한 사항으로 제한되고 있으며, 교원노조의 정치활동을 금지하고 있다.

교원단체의 설립목적은 교원의 사회·경제적 지위와 권익향상 및 교직의 전문성 신장과 교육발전을 도모하는 데 있다. 교원단체는 이러한 소기의 목적을 실현하기 위해서 교원단체의 운영과 활동에서 교직과 학교교육, 교원이 소속된 사회 및 국가의 실정에 적합하게 이루어져야 한다. 이런 측면에서 교원단체의 이념이 설정되어야 할 것이다. 특히, 학교교육의 질 향상에 교원이 핵심적인 역할을 수행한다는 사실에 비추어, 학교교육의 질 향상을 위한 교원단체의 적극적인 역할이 필요하다(Kerchner & Mitchell, 1988). 이와 동시에 교원지위의 향상과 단체교섭력 강화를 위해 관련 법률이 제·개정되어야 할 것이다. 즉, 현재 교원단체가 전문직 단체와 노동조합 형태로 분리된 것은 양 단체의 선의의 경쟁에 의한 교권 옹호라는 긍정적인 측면도 있지만, 교섭내용의 중복이나 양 단체 간 선명성 경쟁, 교육의 질 향상을 위한 노력 미흡 등의 문제점이 노출되고 있다(이종재 외, 2003). 따라서 양 교원단체는 발전적으로 통합됨과 동시에, 정부에서도 통합된 교원단체의 교섭권한의 확대와 합의 내용의 실행 의무화 등을 보장해야 할 것이다.

2) 서구의 교원단체활동

(1) 교원단체의 결성과 활동

미국의 경우에는 교원의 단체활동은 두 단체가 담당하고 있다. 가장 많은 회원을 보유하고 역사가 오래된 교원단체는 전국교원연합회(National Education Association)이다. 이 조직은 1857년에 설립되었으며, 교원전문직의 성격을 향상하고 이익을 대변하며 공교육을 향상하는 것을 설립 취지로 하였다. 1916년에 설립된 미국교원연맹(American Federation of Teachers)은 미국노동연맹의 소속단체로서 설립 취지는 교원의 상호 협조, 교원의 권리 대변, 교직의 여건 확보를 통한 교직의 기준 향상, 학교의 민주화, 아동의 교육기회 보장을 통한 복지 향상이다. 미국교원연맹은 단체교섭 활동을 통해서 조직의 목적을 달성하고자 한 반면에, 전국교원연합회는 정부에 대한 로비활동과 협력을 통해서 목적을 달성하고자 하였다. 두 단체가 설립된 이후에 서로 보다 많은 회원을 확보하려는 노력이 경주되었다(Guthrie & Reed, 1991).

1960년에 미국교원연맹이 뉴욕시에서 파업을 통하여 뉴욕시의 교원을 대표하는 단체로 인정된 이후에, 여러 대도시에서 교원들을 대표하는 단체로 인정받았다. 이는 전국교원연합회로 하여금 교사들의 고용계약에서 보다 좋은 조건을 얻기 위해 단체교섭을 보다 적극적으로 하게 만들었고, 심지어 교사 파업도 인정하게 되었다. 이러한 초기의 교원단체활동은 기업체의 노사관계의 영향을 받았고, 교원노조와 교육구 간의 단체교섭은 적대적인 관계를 보였다.

단체교섭이 관례적으로 운영되어 오면서 양 기관 간에 '성실 조항에 바탕을 둔 교섭'이 이루어졌다. 이 단계에서 교원단체의 주된 관심사항은 아직도 교원의 보수, 근무여건, 교원의 이익, 정치적인 영향력 등으로 제한되었다. 교원단체활동이 성숙되어 가면서 점차로 비경제적인 내용인 교사의 평가, 학교 근무시간, 학생 문제, 교실 규모 등도 교섭에서 다루게 되었다.

미국의 교원단체활동이 기업모형에 의존한 것에 대한 적절성 여부에 대해 의문이 제기되었고, 학생의 학업성취에 대한 영향에 대해서도 관심이 증가되었다. 특히 교원단체의 활동이 행정가와 교사 간의 협동과 의사소통에 부정적인 영향을 미치고, 교사의 파업으로 학생의 수업 결손이 발생하며, 교원단체활동으로 인한 교사의 부담이 가중되는 등, 학생의 학업성취에 부정적인 영향이 크다는 지적을 받았다.

(2) 교원단체의 활동 변화

1980년대 이후 미국의 교원단체는 교육의 질, 학생의 성취, 교과과정, 교수방법, 교원의 전문성, 교육체제의 효과성 등에 관심을 두기 시작했다. 이러한 교원노조의 성격 변화를 전문가 노조주의(professional unionism)라고 한다. 새로 출현되고 있는 전문가 노조는 다음과 같은 특성을 지닌다(Kerschner & Koppich, 1993; Odden & Odden, 1995).

첫째, 학교에서 협동적인 측면을 강조한다. 위원회제도를 통해서 학교관리자와 교사 간의 이견을 좁히고, 학교 프로그램을 운영할 때 팀제를 활용하고, 분권화와 학교단위경영제를 통한 수평적인 학교운영 등으로 학교의 협동을 강화한다.

둘째, 학교의 질 향상을 위한 행정가와 교사들의 상호 의존성을 강조한다. 전체적인 학교의 질 향상을 위해 행정가와 교사들의 기술과 능력 향상이 필수적이다.

셋째, 교사들의 질 관리와 지속적인 전문성 계발을 통해서 우수한 교수활동을 장려하고 계발하는 것을 강조한다.

교원단체의 새로운 방향은 과거 기업의 노동조합모형으로부터 영향을 받았던 종래의 방식을 크게 벗어난 것이다. 교원단체의 새로운 움직임은 미국교육체제를 개혁하려는 최근의 성격과 요구에 보다 직접적으로 연결되어 있어 주목되고 있다. 실제로 미국의 교원단체는 학교교육의 질 향상을 위한 교육개혁 방안 제시 등에서 매우 적극적인 역할을 보이고 있다.

제**13**장

장학

오늘날의 교육행정에서는 관리행정보다는 장학행정이 강조되고 있다. 이는 장학이 교육력의 중대와 직결되기 때문이다. 장학은 여러 교육행정 수준에서 이루어지고 있으나, 교사들의 전문성 개발을 통한 교수–학습의 질 향상에 초점을 둔 학교(교내) 장학이 중요시되고 있는 것이 오늘날 장학의 특징이다. 이 장에서는 장학의 개념과 발달, 장학의 과업 및 장학담당자의 자질, 교내장학의 성격과 방법들을 살펴보고자 한다.

1. 장학의 개념

이 절에서는 장학의 개념을 이해하기 위해서 장학의 발달, 정의, 그리고 과업을 차례로 살펴보고자 한다.

1) 장학의 발달

장학은 시대와 교육사조에 따라 변화 · 발전하여 왔다. 장학개념의 이해를 위해서 우리나라 장학발전에 큰 영향을 준 미국의 장학발전을 먼저 살펴볼 필요가 있다. Bellon과 Bellon(1982)은 미국 장학발달의 단계를 행정적 시학, 과학적 관리 장학, 인간관계 장학, 체계적 프로그램에 의한 장학의 시기로 구분하고 있는데, 그 구체적인 내용은 다음과 같다.

(1) 행정적 시학

1800년 전후의 초기 장학은 학교를 감시 · 감독하는 것이 주된 활동이었다. 학교 감독의 필요성을 느낀 교육구에서 학교 순시와 감독 책임을 맡은 시학관(inspestor)을 비전문가, 예컨대 지방관리, 종교인, 주민 등으로 임명하였다. 이들이 수시로 학교를 방문하여 교사의 수업 행동을 관찰하고 학생의 학습 정도를 평가하여 교육실태를 파악하였다. 이들 시학관들은 교사를 도와 수업을 향상하는 데는 별 관심이 없었으며, 감독을 위한 학교 검열에 주된 관심을 가졌다. 수업과 관련된 사항으로는 잘못 가르친다고 판단되는 교사를 바꾸는 정도였다.

1800년대에 들어 비로소 장학담당직이 생기고, 비전문가 대신 교육전문가와 교과담당 전문가들이 장학담당자로 임명되기 시작하였으며, 교사의 수업기술 개선을 장학의 기능으로 인식하기 시작하였다. 그러나 이 시기에도 학교 순시와 검열 및 행정적 지시가 장학의 주된 활동이었다. 이 시기의 장학을 행정적 시학(administrative inspection)의 시기라 부르며, 이런 장학활동은 1900년까지 주도적으로 진행되었다.

(2) 과학적 관리 장학

1900~1930년대의 장학은 과학적 관리 운동의 영향을 크게 받고 있었다. 과학적 관리론은 교육의 생산성과 효율성을 위한 교육원리와 수단의 개발을 강조하는 이론이다. 과학적 관리론에 영향을 받은 장학은 현장에 적용할 수 있는 교육원리의 발견, 그리고 교사자격 및 근무행동의 세부적인 규정과 효율적인 학교운영 방식 등에 주된 관심을 가졌다. 장학담당자들은 가장 좋은 방법을 찾아내려고 하였으며, 그것을 표준화하여 교사에게 '주고'

실천하도록 하였다. 장학담당자의 관심은 자신이 제공한 방법이 학생 교육에 미치는 효과에 있었으며, 교사는 주어진 방법을 실천하는 과정 또는 수단으로 간주되었다. 말하자면, 교사는 장학담당자가 학교방문을 통해서 실천과정을 점검하는 대상이었다.

이러한 장학은 새로운 형태의 시학을 강조하는 결과를 가져왔으며, 새로운 갈등이 생겨나게 하였다. 장학담당자들은 가장 좋은 수업방법을 쉽게 찾아낼 수도 없었으며, 교사들은 장학담당자가 제시한 방법에 이견을 나타내었고, 학교 측은 시학을 목적으로 찾아오는 장학담당자들을 싫어했다. 과학적 관리론에 의한 이 시기의 장학은 교사와 장학담당자 사이의 협동적 노력이나 좋은 인간관계로 이루어진 것이 아니었다.

(3) 인간관계 장학

1930~1950년대는 인간관계를 강조하는 장학개념이 발달하였다. 장학은 민주적이어야 하며, 교사와 장학담당자는 수업개선을 위해서 협동적으로 일을 해야 한다는 것이다. 인간관계과정으로서의 장학개념은 장학담당자에게 새로운 역할을 부여하였다. 장학담당자들은 교사들이 능력을 최대로 개발할 수 있도록 교사들과 협동적으로 일하는 방식을 배우지 않으면 안 되었고, 좋은 분위기를 조성하는 데 지도적 역할 수행이 강조되었다.

그러나 인간관계 장학에서도 문제는 있었다. 교사와 협동적으로 일하는 목적은 교사가 장학담당자의 도움을 받으면서 자신의 교실행동을 분석·평가하여 개선함으로써 유능한 교사가 되는 것이었다. 그러나 인간관계를 강조하는 장학의 특성상, 이러한 원칙을 교육현장에 엄격하게 적용·실천하는 데 어려움이 있었다. 따라서 자연히 장학담당자의 본래의 기능이 약화되어 갔으며 교실방문도 사라지기 시작하였고, 장학담당자의 칭호도 상담자, 조정자 등으로 대치되었다. 장학을 인간관계로 보는 장학관(獎學觀)은 장학이 교사를 위협하는 것이 아니라는 인식을 갖게는 하였으나, 장학 본래의 활동과 기능은 약화시키는 결과를 가져오게 되었다.

(4) 체계적 프로그램에 의한 장학

1950년 이후는 장학을 위한 체계적인 프로그램 개발이 활발한 시기였다. 제2차세계대전 후 조직의 목적과 개인의 목적과의 관계에 대한 연구에 관심이 높아졌고, 이를 반영하여 조직의 기대를 충족시키면서 개인이 그들 자신의 목표를 성취하도록 도와주는 장학 프로그램이 개발되었다. 이 접근 방법은 몇 가지 가정에 기초한다. 하나는 교육 프로그램이 성공하기 위해서는 장학담당자와 교사가 협동적으로 공동의 목표를 설정해야 한다는 것이고, 다른 하나는 장학의 목표는 수업개선에 초점을 두어야 한다는 것이며, 또 다른 하나는 장학과정의 협동성은 교사와 장학담당자의 장학활동 관계를 향상한다는 것이다. 이러한 인식하에서 장학의 초점은 교실상황에서의 교수와 학습 측면에 맞추어졌고, 많은 장학담당자들은 체계적인 교실관찰과 분석을 위한 체제를 연구·개발하여 이를 장학 프로그램에 사용하였다.

이 시기에 개발된 방법에는 교사와 학생의 상호작용을 관찰·분석하는 관찰분류법(category system), 교사의 수업분석을 위한 소단위 수업(micro-teaching), 교사의 수업행동평가(performance appraisal), 수업행동의 분석과 검토를 위한 임상장학(clinical supervison) 등이 있다. 이 시기 장학의 특징은 임상장학 방법과 같은 수업에 초점을 둔 장학 프로그램의 개발과 교사의 전문성 신장을 위한 장학의 역할을 강조한다는 것이다.

2) 장학의 정의

장학의 정의는 장학의 역할 범위를 규정한다. 장학의 역할이 시대와 환경에 따라 변화하였듯이 장학의 개념도 발달되어 왔다. 장학개념의 발달사를 통해서 Wiles와 Bondi(1980, 2000, pp. 7-10)는 여섯 가지 주된 장학개념을 확인하였다. 그것은 행정 행위로서의 장학, 교육과정활동으로서의 장학, 수업기능으로서의 장학, 인간관계 행위로서의 장학, 경영으로서의 장학, 일반적 지도성 역할로서의 장학이다. Beach와 Reinhartz(2000, p. 12)는 여러 학자들이 제시한 장학의 정의와 이론을 조직, 인간, 수업의 세 가지 관점으로 분류하였다. 조직관점의 장학은 학교조직의 구조와 행동에 초점을 둔다. 인간관점의 장학은 일차적으로 인간(교사)과 그들의 전문적 발달에 관심을 갖는다. 수업관점의 장학은 교수-학습 과정에 초점을 두는 관점이다. 본서에서는 Wiles와 Bondi의 여섯 가지 장학개념과 Beach와 Reinhartz의 세 가지 장학의 관점을 종합하여 장학의 정의를 세 가지 관점—행정관점의 장학, 수업관점의 장학, 인간개발관점의 장학—으로 분류하고자 한다.

■ **행정관점의 장학**

　행정관점의 장학은 조직의 목적을 효율적으로 달성하는 행정 행위에 초점을 둔다. 이 관점의 장학은 인적·물적 자원의 경영, 목표 성취 또는 과업 지향, 조직 효과성에 관심을 갖고 행정과정(계획, 조직, 조정, 평가 등)과 지도성을 중시한다. 이 관점의 장학을 전문화된 수업장학과 구별하여 일반장학이라고 지칭하기도 한다. 행정관점의 장학에서, 장학은 '학교 생산체제 내에서 경영기능'(Alfonso, Firth, & Neville, 1981, p. 3), '(학생들의 학습을 증진하기 위해 적용될) 수업방법의 개선에 직접 영향을 주는 인적·물적 자원을 조정하는 일'(Harris, 1975, p. 10), '행정, 교육과정, 교수를 연결하고 학습과 관련된 학교활동을 조정하는 지도성 기능'(Wiles & Bondi, 1980, p. 11, 2000) 등으로 정의된다.

■ **수업관점의 장학**

　수업관점의 장학은 교수-학습 과정에 초점을 두는, 보다 전문화된 관점이다. 이 관점의 장학은 학교교육과정과 교실에서의 교육과정 운영, 즉 수업에 관심을 두고, 주로 교육과정 개발, 교육과정 실행, 교실수업 개선 등을 장학의 과정으로 기술한다. 이 관점의 장학은 장학담당자에게 교실수업을 관찰하고 교사에게 피드백을 제공하기 위하여 진단과 처방적 접근방법을 사용하는 임상적 역할을 수행하도록 한다. 수업관점의 장학에서, 장학은 '수업개선을 위하여 전문적 도움을 제공하는 방식'(Oliva & Pawlas, 1997), '수업개선을 위한 지도성'(Glickman, Stephen, & Ross-Gordon, 2001, p. 10), '교수의 향상과 교육과정의 실행 또는 개발에 기여하는 것'(Association for Supervision & Curricilm Development, 1965, p. 3) 등으로 정의된다.

■ **인간개발관점의 장학**

　인간개발관점의 장학은 인간(교사)과, 그리고 그의 계속적인 전문적 성장과 발달에 초점을 둔다. 이 관점의 장학은 교사를 귀중한 자원으로 인식하고 그들의 욕구를 존중하며, 교원개발 활동을 통해 그들의 계속적인 전문적 성장과 발달을 도모하고자 한다. 따라서 전문적 발달과 교원 개발이 장학과정으로 강조되고, 장학과정의 향상을 위한 바람직한 인간관계(교사와 장학담당자 간의 관계)가 또한 중요시된다. 인간개발관점의 장학에서 장학은 '교사 행동을 수정하는 방식'(Wiles & Lovell, 1975), '교사의 학급상호작용에 관한 피드백을 제공함으로써 전문적 성장을 촉진하는 방법'(Glatthorn, 1990), '전문적 성장을 개선하고 자극하는 활동'(Goldhammer, Anderson, & Krajewski, 1993), '인간관계와 인간자원의 개발'(Sergiovanni & Starratt, 1998) 등으로 정의된다.

이상의 관점들을 종합하여 볼 때, 장학은 궁극적으로 학습자의 학습을 위하여 교수-학습 과정의 개선에 목적을 두고 교사의 계속적인 전문적 성장과 발달을 촉진하는 활동이라고 정의할 수 있다. 이러한 정의는 오늘날 장학의 이념적 또는 기능적 차원에서 강조되고 있으며 국내외 학자들에게 널리 수용되고 있다.

2. 장학의 과업

1) 장학의 과업

장학의 과업은 장학활동의 범위의 설정에 따라 다양한 영역으로 분류될 수 있다. 장학의 정의가 시사하듯이, 장학과업은 교수 개선, 교육과정 개발, 교사 개발, 행정활동 등 폭넓은 영역에 걸쳐서 수행된다.

Harris(1975)는 장학의 주요 과업을 다음과 같이 10개 영역으로 구분하였다.

- 교육과정개발: 누가, 언제, 어디서, 무엇을, 어떻게 가르칠 것인가를 설계하거나 설계를 변경하는 일—교육과정지침 개발, 기준 설정, 수업단원 계획, 새로운 과정 설계 등이 포함된다.
- 수업을 위한 조직: 학생, 교사, 교실, 학습 자료가 시간과 수업목표에 조화되고 유효하게 관련되도록 배합하는 일—학급편성, 수업시간계획, 교실배당, 수업시간배정, 시간표 작성, 행사계획, 교사배정 등이 포함된다.
- 교원 확보: 자격을 갖춘 교원을 적정한 수만큼 확보하는 일—교원의 모집, 심사, 선정, 보직 및 전보 등이 포함된다.

● 시설 구비: 수업을 위한 시설을 설계하거나 설계를 변경 또는 구비하는 일―학교부지
및 설비시방서의 개발 등이 포함된다.

● 학습자료 확보: 교육과정 운영을 위해 적절한 학습자료를 선정하고 구비하는 일―학
습자료의 선정과 구비, 학습 기자재와 자료의 사전점검 및 평가 등이 포함된다.

● 현직교육 준비: 교원의 수업능력 향상을 위해 현직교육을 계획하고 제공하는 일―여
기에는 공식적인 교육은 물론이고 연구협의회, 상담, 현장학습, 훈련과정 등도 포함
된다.

● 교원의 적응지도: 담당직무를 수행하는 데 필요한 기본정보를 교직원에게 제공하는
일―신임 직원들을 시설, 직원 및 지역사회에 적응하게 만드는 일과, 직원에게 학교
의 진전사항을 그때그때 알리는 일들이 이에 포함된다.

● 특수아 지원업무: 특수아 교육과정을 위한 최적조건을 지원하기 위하여 지원업무를
주의 깊게 조정하는 일―정책개발, 우선순위 배정, 지원업무와 학교의 수업목적 간
의 관계를 극대화하기 위해 지원인사 간의 관계정립 등이 포함된다.

● 지역사회관계 개선: 보다 나은 수업의 촉진을 위해 지역사회주민을 최적수준으로 참
여하게 하고, 수업문제에 관한 정보를 자유롭게 제공하거나 제공받는 일이다.

● 수업평가: 수업개선을 목적으로 자료수집과 분석, 해석을 하고, 의사결정을 위한 절
차를 계획, 구성, 조직, 이행하는 일이다.

이상 10개 과업은 다시 수업의 준비과업, 운영과업, 발전적 과업의 세 가지 범주로 구분
된다. 수업활동을 시작하기에 앞서 해야 할 준비과업으로 교육과정개발, 시설 확보, 교원
확보가 포함되고, 수업과정의 운영과업으로는 수업을 위한 조직, 교원의 적응지도, 학습
자료 확보, 특수아 지원업무, 지역사회관계 개선이 포함되며, 발전적 과업에는 현직교육
준비와 수업평가가 포함된다.

Wiles와 Bondi(2000, p. 13)는 장학의 과업을 행정적 과업, 교육과정 과업, 수업 과업으
로 나누고, 장학 지도성이 이 세 가지 과업을 계획하고 조직하고 평가하는 과업이라 하였
다. Alfonso, Firth 그리고 Neville(1981)은 장학담당자의 과업을 교사, 수업과정, 수업과정
이 운영되는 조직 영역으로 구분하여, 〈표 13-1〉과 같이 제시하였다.

〈표 13-1〉 장학행동의 과업영역

교사	수업	조직
1. 교사의 배치 2. 교사의 능력 개발 3. 교사성과의 평가	4. 수업목적의 해석 5. 수업체제의 개발 6. 수업전략의 개발 7. 수업자원의 준비 8. 수업지원봉사의 준비	9. 조직목적의 수행 10. 직원배치양식의 개발 11. 직무요구의 명세화 12. 조직효과성 분석 13. 목적달성의 평가

2) 교육조직 수준별 장학과업

장학의 개념과 과업에서 살펴본 바와 같이 장학활동은 그 범위가 넓고 다양하다. 이런 장학활동은 그것을 수행하는 조직 수준에 따라 장학의 과업 및 강조점이 달라진다. 우리나라 장학조직의 체계와 관련하여 장학수준은 중앙교육행정기관의 장학, 지방교육행정기관의 장학, 학교장학(교내장학)으로 구분될 수 있다(정태범, 1996, 제4장; 김정한, 2002, pp. 82-85).

■ 교육부 수준의 장학

교육부는 교육활동 전반에 걸쳐 기획, 조사, 연구, 관리, 지도, 감독한다. 법규면에서 보면 교육활동의 기획·연구면, 행정관리면, 학습지도면, 생활지도면을 포함하는 제반 영역에 걸쳐, 계선조직의 행정활동에 대한 전문적, 기술적 조언을 통한 참모활동을 한다.

중앙교육 행정부서의 주요 장학업무로는 장학정책 수립, 교육과정 운영지도, 교육과정 개선, 교과용 도서 및 교재 개발, 학습지도 및 교육평가 개선, 교육방송 기획·편성 등이 포함된다.

■ 교육청 수준의 장학

시·도 교육청은 참모적인 성격보다 계선적인 성격이 강하게 나타나며, 교육과정 운영지도, 학사지도, 인사관리, 교육기관 지도·감독, 교과목별 편수활동을 실시한다. 또한 전문교과의 장학, 직원개발 프로그램 운영, 시·군 교육청과 학교장의 자문에 응하는데, 이를 학무장학이라고 부른다. 시·군·구 교육청은 수업장학, 임상장학 등 구체적 장학활동에 초점을 둔다. 교사연수회, 강연회, 교사 카운슬링을 담당하며 학사지도, 시청각 교육, 환경정화, 보건, 체육, 학교급식, 성인교육, 학원·강습소 시설의 지도·감독 등을 실시한다. 지역장학협의회를 개최하고 교사연수를 주관하며 수업장학을 지도하는 직무도 수행한다.

교육청에서 주관하는 장학업무로는 교육과정 운영지도, 학습효과의 평가, 학습자료 선정·평가, 교육과정 개발, 교수방법과 평가전략개발, 교사연수 실시, 장학활동의 실시 등이 포함된다.

■ **학교 수준의 장학**

학교 수준에서의 장학은 교수-학습 과정을 효과적으로 성취할 수 있도록 지도하는 데 초점을 둔다. 장학의 목표를 설정하고, 동기를 유발시키고, 전문성을 개발시키고, 장학방법을 실제에 적용시키고, 장학상의 문제를 해결하고 평가하는 일련의 과업들은 학교 수준에서 이루어진다.

학교 수준에서의 주요 장학과업으로는 교직원의 교육, 수업연구, 장학활동 계획수립 및 평가, 학교효과성 평가, 수업장학, 임상장학, 동료장학, 자율장학의 실시, 교수-학습 향상을 위한 연수, 장학정책의 실현 등이 포함된다.

교내장학에 대해서는 다음 절에서 보다 자세히 살펴본다.

3. 교내장학

1) 교내장학의 정의

앞에서 언급한 바와 같이 교내장학은 교사의 행정장학과 대비하여 단위학교에서 이루어지는 장학이다. 주삼환(1997)은 교내장학을 '학교의 계획하에 교사의 교수기술 향상과 전문직적 성장을 위하여 학교 자체로 또는 교육청과의 협동적 노력으로 학교 수준에서 실시하는 장학'(p. 142)으로 보고 있다. 학교 수준에서의 장학이기 때문에 교장의 지도력이 중요함을 강조한다. 정태범(1996)은 교내장학을 '학교 내에서 학교장 중심으로 교사들이 협동하여 그들의 교육활동에 대한 전문적 자질과 능력을 신장시키기 위하여 이루어지는 장학'(p. 398)으로 보고 있다. 이윤식(1999)은 단위학교의 자율성을 강조하여 교내장학을 교내자율장학이라고 칭하고, '단위학교에서 교육활동의 개선을 위하여 자율적으로 교장·교감을 중심으로 하여 전체 교직원들이 상호 이해와 협력을 기초로 하여 서로 지도·조언하는 활동'(p. 255)이라 하였다.

교내장학은 교육지도활동의 개선을 목적으로 학교 내에서 교직원이 장학활동을 하는 것이다. 교내장학은 교사의 교육지도능력을 신장시키는 데 주안점을 두며, 이를 위하여 학교장을 비롯하여 전 교원이 장학담당자의 역할을 수행하는 데 참여한다. 따라서 교내장학은 감독적 의미의 장학보다는 교사의 능력개발이라는 차원에서 협동적 장학의 의미가 더 강하게 나타난다. 이러한 교내장학의 기본적 성격은 다음과 같이 정리할 수 있다.

- 교내장학은 교사의 전문적 성장과 발전을 도모하는 활동이다.
- 교내장학은 학생의 교육적 성취와 직결되는 교육활동, 예컨대 교수-학습지도, 교육과정 개발, 생활지도, 학급경영 등을 장학의 주된 영역으로 삼는다.
- 교내장학은 학교장을 비롯하여 교감, 주임교사, 동료교사 및 외부 장학담당자들의 협동을 기반으로 하여 이루어진다.

즉, 교내장학은 이념적인 면에서 수업장학을 지향하며, 운영면에서 단위학교의 자율성과 협동성을 강조하는 특징을 지닌다.

교내장학의 필요성은 학교 교육력의 신장과 단위학교의 자율성이 강조됨에 따라 더욱 높아지고 있다. 교육부 및 교육청의 행정장학과 대비하여 교내장학이 강화되어야 할 이유를 조병효(1991)는 다음과 같이 열거하였다. 첫째, 행정장학 또는 장학지도(일반장학)가 아무리 옳은 장학을 해도 교사들은 지시·명령·통제로 받아들이기 쉽고, 둘째, 교사의 피부에 직접 와닿기 어려우며 또한 중간에서 왜곡되거나 변질되기 쉬운 반면에, 셋째, 교내장학은 교사, 수업, 학생과 가까이 있어서 실질적인 장학을 할 수 있고, 넷째, 학교 현장의 여러 과제들은 직접 그 속에서 같이 고민하고 함께 해결을 모색하는 교직원이 아니고는 갑자기 외부에서 지도·조언하기란 매우 어렵기 때문이다. 학교장학은 현장 교육을 실천하는 데 직결되고 장학활동을 교직원 스스로가 자율적으로 수행한다는 면에서 효율성이 높은 장학이라고 할 수 있다.

2) 교내장학의 원리

교내장학이 성공적으로 운영되기 위하여 존중되어야 할 원리 또는 조건을 이윤식(1999)은 다음과 같이 제시하였다(pp. 259-261).

- 학교중심성: 교내(자율) 장학은 단위 학교가 주체가 되며 학교의 인적·물적 조건 및 조직적·사회심리적 특성을 기초로 하여 이루어진다.
- 자율성: 교내장학은 외부로부터 통제를 받음이 없이 학교의 구성원들이 스스로 학교의 교육활동 개선을 위하여 장학활동을 계획하고 실천해 나가며 평가·반성한다.
- 협력성: 교내장학은 단위학교 내에서 교장·교감을 중심으로 하여 부장교사, 교사 그리고 일반직원들이 협력적이고 참여적인 공동노력을 통하여 이루어지며, 경우에 따라서는 학교 외부로부터 필요한 협력을 얻을 수도 있다. 효과적인 교내장학의 실천을 위해서는 무엇보다도 교직원들이 교내장학에 적극적으로 참여할 수 있는 분위기와 여건이 조성되어야 한다.
- 다양성: 교내장학은 단위학교의 조건, 그리고 교직원의 필요와 요구에 기초하여 다양한 형태로 운영된다.
- 계속성: 교내장학은 일시적이고 단기적인 과정이 아니라 계속적이고 장기적인 과정이다.
- 자기발전성: 교내장학은 그 목적상 단위 학교의 기관으로서의 자기발전을 추구할 뿐만 아니라, 단위학교의 조직원으로서 교장, 교감, 부장교사, 교사 그리고 관계 직원 등 모두의 자기발전을 도모할 수 있는 과정이다.

3) 교내장학의 과업

이윤식(1999)은 교내장학의 과업을 크게 교사의 전문적 발달 영역, 교사의 개인적 발달 영역, 학교의 조직적 발달 영역의 세 가지 영역으로 분류하여 설명하고 있다(pp. 262-275). 교사의 전문적 발달 영역은 교육과정 운영에 초점을 두고 있으며, 교사의 개인적 발달 영역은 교사 개인에 초점을 두며, 학교의 조직적 발달 영역은 학교조직 및 경영에 초점을 두고 있다. 이 세 가지 영역 중에서도 학교 교육활동의 핵심인 교수–학습활동 개선을 포함하는 교사의 전문적 발달 영역을 가장 중요한 영역으로 보고 있다.

■ 교사의 전문적 발달 영역

교사의 전문적 발달 영역은 교육과정 운영에 초점을 두어서, 교사들이 교과지도, 특별활동지도, 생활지도를 포함하는 교육활동 전반에서 안정 · 숙달 · 성장을 도모하는 데 관련되는 내용을 의미한다. 대체적으로 교사의 전문적 발달과 관련하여 다루어질 수 있는 내용은 교육철학 및 교직관, 교육목표 및 교육계획, 교육과정 및 교과지도, 특별활동지도, 생활지도, 학급경영, 교육기자재 및 자료활용, 컴퓨터 활용, 교육연구, 학부모 · 지역사회 관계, 교육 정보 · 시사 등이라 하겠다.

■ 교사의 개인적 발달 영역

교사의 개인적 발달 영역은 교사 개인에 초점을 두어서, 교사들이 개인적, 심리적, 신체적, 가정적, 사회적 영역에서 안정 · 만족 · 성장을 도모하는 데 관련되는 내용을 의미한다. 대체적으로 교사의 개인적 발달에 관련하여 다루어질 수 있는 내용은 교사의 신체적 · 정서적 건강, 교사의 성격 및 취향, 교사의 가정생활, 교사의 사회생활, 교사의 취미활동, 교사의 종교활동 등이라 하겠다.

■ 학교의 조직적 발달 영역

학교의 조직적 발달은 그 초점이 학교 조직의 전체적인 개선에 있는 만큼, 대체로 학교의 조직환경 및 조직풍토를 긍정적으로 변화시켜 학교 내에서의 교사들의 삶의 질을 높이고, 학교 조직의 목표를 효과적으로 달성하는 데 관련되는 내용을 의미한다. 대체적으로 학교의 조직적 발달과 관련하여 다루어질 수 있는 내용은 학교 경영계획 및 경영평가, 학교경영 조직, 의사소통 및 의사결정, 교직원간 인간관계, 교직원 인사관리, 학교의 재정·사무·시설 관리, 학교의 제 규정, 학교의 대외적인 관계 등이라 하겠다.

앞의 교내장학의 영역별 내용을 표로 정의하면 〈표 13-2〉와 같다(이윤식, 1999, p. 272).

〈표 13-2〉 교내 자율장학의 3영역

영역	교사의 전문적 발달	교사의 개인적 발달	학교의 조직적 발달
초점	교육과정 운영	교사 개인	학교 조직
내용	교사들이 교과지도, 특별활동지도, 생활지도를 포함하는 교육활동 전반에서 안정·숙달·성장을 도모하는 데 관련되는 내용	교사들이 개인적·심리적·신체적·가정적·사회적 영역에서 안정·만족·성장을 도모하는 데 관련되는 내용	학교의 조직환경 및 조직 풍토를 긍정적으로 변화시켜 학교 내에서 교사들의 삶의 질을 높이고, 학교조직의 목표를 효과적으로 달성하는 데 관련되는 내용
내용	• 교육철학 및 교직관 • 교육목표 및 교육계획 • 교육과정 및 교과지도 • 특별활동지도 • 생활지도 • 학급경영 • 교육기자재 및 자료 활용 • 컴퓨터 활용 • 교육연구 • 학부모·지역사회 관계 • 교육 정보·시사 등	• 교사의 신체적·정서적 건강 • 교사의 성격 및 취향 • 교사의 가정생활 • 교사의 사회활동 • 교사의 취미활동 • 교사의 종교활동 등	• 학교 경영계획 및 경영 평가 • 학교경영 조직 • 의사소통 및 의사결정 • 교직원 간 인간관계 • 교직원 인사관리 • 학교의 재정·사무·시설 관리 • 학교의 제 규정 • 학교의 대외적인 관계 등
관련 이론	• 교육과정이론 • 아동발달이론 • 학습심리이론 • 교수-학습이론	• 성인발달이론 • 성인심리이론 • 정신의학이론 • 사회심리이론 등	• 학교조직이론 • 조직발달이론 • 인간관계이론 • 집단역학이론 등

4. 교내장학의 방법

학교장학에서는 다양한 장학의 방법들이 동원된다. 이 절에서는 학교장학의 방법으로 임상장학, 동료장학, 자기장학, 약식장학, 자체연수, 컨설팅 장학, 선택적 장학의 특징과 실행방법을 살펴본다.

1) 임상장학

임상장학은 1950년대에 하버드 대학에 있던 Morris Cogan과 그의 동료들에 의해 교사 지망생들의 수업방법 개선을 위한 하나의 방법으로 개발되었다가, 후에 교사의 직전교육 뿐만 아니라 현직교사의 수업기술 향상을 위한 장학방법으로 발전되었다. 임상장학의 창시자인 Cogan(1973)은 "임상장학은 교사의 학급에서의 행동을 개선하기 위해 계획된 실제를 의미한다."(pp. 10-12)라고 그 성격을 규정하고 있다. Goldhammer 등(1969)은 '임상장학이란 실제의 교수상황을 직접 관찰하여 자료를 얻는 수업장학의 한 양상이며, 수업의 질을 개선하기 위하여 교사와 장학담당자 간의 대면적인 상호작용을 통해 교수행동 및 활동을 분석하는 일'(pp. 19-20)이라 정의하였다. 조병효(1991)는 임상장학이란 장학담당자가 실제의 교수상황을 직접 관찰하고, 거기서 얻은 자료를 토대로 교사와의 대면적 상호작용을 통해 교사와 교수활동을 분석하여, 교사의 전문적 자질과 수업의 질을 향상하려는 수업장학의 한 양상인 교실장학이라고 하였다.

이상과 같은 여러 정의들을 종합해 볼 때 임상장학의 주요 특징은 다음과 같이 정리된다(한국교육행정학회, 1995).

- 교사의 수업기술 향상이 주된 목적이다.
- 교사와 장학담당자 간의 대면적 관계와 상호작용을 중요시한다.
- 교실 내에서의 교사의 수업행동에 초점을 둔다.
- 일련의 체계적이고 집중적인 지도 · 조언 과정이다.

임상장학은 교사의 수업기술 향상을 도모하는 체계적인 지도·조언 과정이라고 할 수 있다. 따라서 임상장학을 수업장학이라고 지칭하기도 한다.

(1) 임상장학의 단계

임상장학의 체계적인 지도·조언은 몇 단계의 과정으로 이루어진다. Cogan (1973)은 임상장학의 단계를 ① 교사와 장학담당자 간의 관계수립, ② 교사와 공동으로 수업계획, ③ 교사와 공동으로 수업관찰계획, ④ 교실수업 관찰, ⑤ 교수-학습과정 분석, ⑥ 협의전략계획, ⑦ 협의, ⑧ 후속계획의 8단계로 나누었다. Goldhammer(1969)는 임상장학의 단계를 ① 관찰 전 협의회, ② 수업관찰, ③ 분석과 전략, ④ 관찰 후 협의회, ⑤ 협의 후 분석의 5단계로, Acheson과 Gall(1980)은 이를 더욱 단순화하여 ① 계획협의, ② 수업관찰, ③ 환류(feedback)협의의 3단계로 분류하였다. 이들 임상장학의 과정을 비교하여 보면 〈표 13-3〉과 같다(정태범, 1996).

〈표 13-3〉 임상장학의 단계

Cogan	Goldhammer 등	Acheson과 Gall
제1단계: 교사-장학담당자 간의 관계수립	① 관찰 전 협의회	① 계획협의
제2단계: 교사와 공동으로 수업계획		
제3단계: 교사와 공동으로 수업관찰계획		
제4단계: 교실수업 관찰	② 수업관찰	② 수업관찰
제5단계: 교수-학습과정 분석	③ 분석과 전략	
제6단계: 협의전략계획	④ 관찰 후 협의회	
제7단계: 협의		③ 환류협의
제8단계: 후속계획	⑤ 협의 후 분석	

이상의 임상장학의 과정을 ① 관찰 전 협의회, ② 수업관찰·분석, ③ 관찰 후 협의회의 3단계로 나누어 각 단계의 주요활동을 살펴보면 다음과 같다(변영계, 1997).

■ 관찰 전 협의회

관찰 전 협의회는 장학담당자와 교사가 공동으로 수행할 임상(수업)장학에 대한 세부적인 활동을 계획하는 단계이다. 이 단계에서 이루어지는 주요활동으로는 교사와 장학담당자 간의 상호 신뢰로운 관계를 형성하는 일, 교사로 하여금 수업장학을 이해하고 긍정적으로 생각하게 하는 일, 수업장학의 과제(무엇을 변화 또는 개선시킬 것인가?)를 확정하는 일, 관찰할 수업에 대한 장학담당자의 이해를 높이는 일, 교사가 수업 예행 연습을 하고 최종적으로 수정하는 일, 수업관찰을 위하여 '언제', '어떠한 점'을 '어떠한 방법'으로 할 것인가에 대하여 협의하는 일 등이다. 이 단계에서 특히 중요한 것은 교사와 장학담당자 간에 상호 신뢰감을 갖는 일이다.

■ 수업관찰 · 분석

수업관찰 · 분석은 관찰전 협의를 마친 후 장학담당자가 수업을 관찰하여 필요한 정보와 자료를 수집하고, 이를 의미 있는 자료로 분석하는 단계이다. 이 단계의 활동은 다음 단계인 관찰 후 협의를 위한 준비단계의 역할을 담당한다.

관찰은 수업장면에서 일어나는 모든 것을 관찰할 수도 있고(무초점 관찰), 교사와 사전에 합의한 몇 가지 사항에 대해서만 관찰할 수도 있다(초점 관찰). 수업관찰의 내용은 교사와 학생의 언어행동(발문, 진술, 지시, 반응 등), 교사와 학생의 언어적 · 비언어적 상호작용, 학생이동 등이 된다. 장학담당자는 이러한 관찰내용을 기록, 일화기록, 체크리스트, 녹음 · 녹화 등 다양한 관찰방법을 사용하여 기록한다.

이 단계에서 중요한 것은 정확하고 객관적인 자료를 수집하는 일이다. 관찰행위가 교사와 학생의 수업활동을 방해하지 않도록 해야 한다.

분석은 관찰자료를 정리 · 해석하고 의미를 파악하는 일이다. 자료 분석은 수업형태분석, 수업내용분석, 수업활동(과정)분석, 질의 · 응답분석, 학생이동분석 등 여러 가지 측면에서 분석될 수 있다. 자료분석에서는 교사의 수업행동에서 어떠한 특징이나 패턴(pattern)이 있는지를 도출하는 데 주안점을 둔다. 이러한 분석자료는 다음 단계의 수업장학 협의회에 제시되어 검토된다.

■ 관찰 후 협의회

관찰 후 협의회는 수업장학을 위한 협의가 본격적으로 이루어지는 단계이다. 이 단계에서 교사와 장학담당자는 수업을 관찰 · 분석한 자료를 토대로 문제점을 찾아내고, 실제 개선시키고자 한 행동이 어떻게, 얼마나 나타나고 있는지를 확인하고, 개선을 위한 구체적인 방법을 찾고, 수업장학 자체를 평가하고, 차기 수업장학을 협의하는 활동이 이루어진다. 이 단계는 교사에게 수업에 대하여 새로운 통찰을 할 수 있는 기회를 마련하고, 수업방법의 개선을 위한 정보를 제공해 주는, 곧 피드백이 이루어지는 중요한 단계이다.

　이상과 같은 임상장학은 모든 교사를 대상으로 수업기술을 향상시킬 수 있는 장학방법이라 할 수 있다. 그러나 이를 실시하기 위해서는 많은 시간을 필요로 하기 때문에, 교사 자신이 임상장학을 요구하거나 교장이 특별히 문제가 있어 임상장학이 필요하다고 생각되는 교사에게 임상적 경험을 하게 함으로써 효과적인 장학활동이 되도록 할 수 있다. 또한 임상장학을 성공적으로 수행하기 위해서는 학교의 행 · 재정적인 지원과 동료교사들의 정신적 지원이 필수적 조건이 된다.

2) 동료장학

　동료장학은 동료교사들 간에 그들의 교육활동의 개선을 위하여 공동으로 노력하는 과정이라고 할 수 있다. Glatthorn(1984)은 동료장학이란 일반적으로 둘 이상의 교사가 서로 수업을 관찰하고, 관찰사항에 관하여 상호 조언하며, 서로의 전문적 관심사에 대하여 토의함으로써 자신들의 전문적 성장을 위해 함께 연구하는 비교적 공식화된 과정이라고 규정한다. 동학년 또는 동교과 단위로 수업연구나 수업방법 개선을 위해 공동으로 협의하는 것이 전형적인 동료장학의 형태이나, 동료 상호 간에 정보 · 아이디어 · 도움 또는 충고 · 조언 등을 주고받는 공식적 · 비공식적 행위도 모두 동료장학에 포함된다.

　동료장학의 주요 특징을 정리하면 다음과 같다(한국교육행정학회, 1995).

- 교사들의 자율성과 협동성을 기초로 한다.
- 교사들 간에 동료적인 관계 속에서 서로 가르치고 배우는 활동이다.
- 학교의 형편과 교사들의 필요와 요구에 기초하여 다양하고 융통성 있게 운영된다.
- 교사들의 전문적 발달뿐 아니라 개인적 발달, 그리고 학교의 조직적 발달까지 도모

할 수 있다.

동료장학의 동료관계는 교사들끼리 협동하여 장학하는 방법, 장학사와 교사가 협동하여 장학하는 방법, 장학사, 교사, 다른 전문가들이 하나의 팀을 이루고 장학하는 방법 등이 있다(주삼환, 1985). 그런데 학교현장에서는 주로 교사와 교사 간의 동료장학이 이루어지고 있다. 그러나 교사와 교사가 서로 협력하는 동료장학에 대하여 의문을 갖는 사람들은, 훈련받지 않은 교사들이 훈련받은 장학담당자들과 같은 수준의 장학을 할 수 없다는 점을 지적한다. 이러한 사람들은 장학은 훈련받지 않은 교사가 할 수 있는 것 이상으로 고도의 기술적 과정을 필요로 한다고 보고 있다. 이에 반하여 교사 간의 동료장학을 주장하는 사람들은, 교사들이 지도 · 조언을 받음에 있어 장학담당자보다는 동료교사를 선호하고 있고, 수업 중 일어난 일에 대하여 동료로부터 조언을 받기만 해도 자기의 교수방법에 대하여 많은 것을 배울 수 있다는 점을 지적한다. 그러면서 경험과 능력이 있고 관심을 갖는 동료와 함께 동료장학에 임하도록 권하고 있다(조병효, 1991). 장학과정에서 전문적인 훈련을 받은 장학담당자나 경험과 능력이 있는 동료교사의 도움을 받을 수 있다는 것이 동료장학의 장점이다.

(1) 동료장학의 형태

동료장학은 여러 가지 형태로 이루어진다. 조병효(1991)는 동료장학의 형태를 수업연구중심 동료장학, 협의중심 동료장학, 연수중심 동료장학의 세 가지 형태로 구분하여 설명하였다.

■ 수업연구중심 동료장학

경력교사와 초임교사가 짝을 이루어 상호 간에 수업을 공개 · 관찰하고 이에 대한 의견을 교환함으로써 수업연구과제의 해결 또는 수업방법의 개선을 도모하거나, 팀 티칭을 위해 서로 도와 협력하는 일들이 동료장학의 전형적인 형태이다. 수업연구중심 동료장학은 임상장학보다는 덜 집중적이고 덜 체계적인 형태로 운영할 수 있다. 임상장학 방법 또는 초점관찰 방법에 관해 훈련을 받았거나 경험 있고 능력 있는 교사들이 중심이 되어 동료장학을 운영하면 더욱 효과적일 것이다.

■ 협의중심 동료장학

협의중심 동료장학은 동료교사들 간에 공식적이거나 비공식적인 일련의 협의를 통하여 어떤 주제에 관해 서로 경험, 정보, 아이디어, 도움, 충고, 조언 등을 교환하거나, 서로 공동과제와 공동관심사를 협의하거나, 공동과업을 추진하는 활동을 의미한다. 학교현장에서 흔히 볼 수 있는 동학년협의회, 동교과협의회, 동부서협의회 등이 대표적인 형태이다. 수업연구중심의 동료장학이 교사의 전문적 발달영역 중 교과지도에 초점이 맞춰져 있다고 하면, 협의중심의 동료장학은 교과지도 이외에도 학교교육계획, 생활지도, 특별지도, 행사지도, 시청각기자재 활용, 학급경영, 학교평가, 학부모·동창회·지역사회와의 유대 등 그 협의주제가 매우 다양하다.

■ 연수중심 동료장학

연수중심 동료장학이란 교과별·학년별·교육영역별 소집단 연수나 연구·시범·실험영역 연수, 당면 연구자로서 서로 경험·정보·아이디어를 교환하며, 때로는 강사나 자원인사로서 공동으로 협력하는 동료장학을 말한다. 특히 교사들이 개별적으로 또는 협동적으로 수행한 임상장학, 동료장학, 그리고 자기장학의 결과로 얻어진 수업개선 및 수업과제 해결을 위한 좋은 정보나 아이디어를 다른 교사들에게 전파하거나 일반화하기 위한 연수는 훌륭한 연수중심 동료장학이라 할 수 있다. 자체연수 방법으로서는 강의식 연수, 토의식 연수, 전달식 연수, 실기·실험·실습중심 연수, 현지답사·현장방문·견학중심 연수 등이 있다.

김영식과 주삼환(1992)은 동료장학의 방법으로 비공식적 관찰·협의, 초점 관찰-자료 제공, 소규모 현직연수위원회, 팀 티칭, 임상장학에 의한 동료장학, 동료코치, 동료 연수회 등을 제시하였다.

동료장학은 교사들이 장학에 대한 전문적 지식이 없어도, 또한 복잡한 형식과 절차를 거치지 않고도 동료교사들끼리 서로 유용한 정보를 제공할 수 있다는 장점이 있다. 그리고 교사의 전문성을 향상하고, 동료교사 간에 개방과 협동을 조장하여 학교의 협동적 조직풍토를 형성하는 데 도움을 주는 유용한 교내장학 방법이다.

3) 자기장학

자기장학은 교사 개인이 자신의 전문적 발달을 위하여 스스로 체계적인 계획을 세우고 이를 실천하는 과정이다. 즉, 자기장학은 외부의 간섭이나 통제없이 교사 스스로 자기발전을 위한 계획을 세우고, 이를 실천에 옮기며, 그 결과에 대하여 자기반성과 수정을 해 나가는 과정이다. 자기장학의 영역은 담당교과의 수업지도뿐만 아니라 교육계획, 생활지도, 특활지도, 시청각기자재 활용, 학급경영, 각종 교육문제 등 제반영역이 포함된다. 교사는 전문직 종사자로서 자기성장과 자기발전을 위한 끊임없는 노력을 경주할 것이 요구된다는 당위성에서도 자기장학의 의의는 크다.

자기장학의 중요 특징은 다음과 같이 정리된다(한국교육행정학회, 1995).

- 교사 자신의 자율성과 자기발전 의지 및 능력을 기초로 한다.
- 제반 전문적 영역에서 교사 자신의 성장·발달을 도모한다.
- 원칙적으로 교사 자신이 스스로 계획을 세우고, 이를 실천하며, 그 결과에 대하여 자기반성을 하는 활동이다.

(1) 자기장학의 방법

자기장학은 교사 개인의 스스로 장학계획을 세우고 실천하는 것을 원칙으로 하나, 장학과정에서 장학사나 교장 또는 경험이 많고 능력 있는 동료교사로부터 도움을 받는 것도 유효한 방법이다. 자기장학을 돕게 되는 장학담당자는 자기장학을 계획하는 교사와 접촉하여 장학의 계획, 지원할 방법, 장학과정에서 협력사항에 대해서 협의한다.

자기장학은 교사의 필요와 요구에 따라 다양한 방법으로 실시된다. 학교현장에서 활용할 수 있는 자기장학의 주요 방법은 다음과 같다(이윤식 외, 1989).

- 자신의 수업을 녹음 또는 녹화하여 이를 스스로 분석·평가

- 자신의 수업이나 생활지도, 특활지도, 학급경영 등과 관련하여 학생들과 만나거나 학생들을 대상으로 의견 조사
- 교직·교양·전공과목과 관련된 서적 및 잡지, 연구논문 등의 문헌 연구와 다양한 정보자료 활용
- 야간대학, 방송통신대학 등의 과정 또는 대학원 과정의 수강을 통하여 전공교과 영역 또는 교육학 영역의 전문성 신장
- 교육연구기관, 교원연수기관, 교직전문단체, 학술단체 등 전문기관 또는 교육청 등을 방문하여 교육전문가나 교육행정가·장학담당자 등 당사자들과의 면담을 통한 지도·조언 및 정보 입수
- 각종 연수, 교과연구회, 학술발표회, 강연회, 연구·시범수업 공개회, 그리고 학교 상호방문 프로그램에 적극 참석 또는 참여
- 텔레비전, 라디오 등 방송매체가 제공하는 교원연수 관련 프로그램이나 동영상 등의 시청

교사가 자신의 전문적 발달을 원한다면 자기장학은 다른 어떤 장학방법에 못지 않게 효과가 있을 것이다. 교장을 비롯한 동료교사와 장학담당자는 자기장학을 선택한 교사를 위해서 행정·재정적 지원, 전문적 자문, 심리적 지원 등 여러 가지 도움을 제공해 주어야 한다.

4) 약식장학

약식장학은 단위학교의 교장이나 교감이 간헐적으로 짧은 시간 동안의 학급순시나 수업참관을 통하여 교사들의 수업 및 학급경영 활동을 관찰하고, 이에 대해 교사들에게 지도·조언을 제공하는 과정을 의미한다. 이러한 장학활동을 미국에서는 행정적 점검(administrative monitoring)이라고 부르고, 우리나라에서는 전통적 장학, 감독적 장학, 확인장학, 일상장학, 약식장학 등 여러 가지 용어를 사용하여 지칭하나, 그 활동내용은 비슷하다. 약식장학은 외부 장학담당자, 예컨대 교육청의 장학담당자를 포함하는 경우가 있으나

일반적으로 교장이나 교감의 계획과 주도로 이루어지며, 다른 장학에 대하여 보완적이고 대안적인 성격을 갖는다.

일반적인 약식장학의 중요 특징은 다음과 같이 정리된다(한국교육행정학회, 1995).

- 원칙적으로 학교행정가인 교장이나 교감의 계획과 주도하에 전개된다.
- 간헐적이고 짧은 시간 동안의 학급순시나 수업참관을 중심활동으로 한다.
- 다른 장학형태에 대하여 보완적이고 대안적인 성격을 갖는다.

교장과 교감이 수행하는 약식장학은 다음과 같은 의미를 갖는다(한국교육행정학회, 1995, pp. 167-168).

첫째, 약식장학은 교사들의 수업활동과 학급경영 활동을 포함한 학교교육 및 경영의 전반에 관련하여, 이의 개선을 위한 교장이나 교감의 적극적인 의지와 노력, 그리고 지도성의 좋은 표현방식이 된다.

둘째, 약식장학을 통하여 교장이나 교감은 교사들이 미리 준비한 수업활동이나 학급경영 활동이 아닌 평상시의 자연스러운 수업활동이나 학급경영 활동을 관찰할 수 있으며, 이에 대하여 의미 있는 지도·조언을 제공할 수 있다.

셋째, 약식장학을 통하여 교장이나 교감은 학교교육, 학교경영, 그리고 학교풍토 등 전반 영역에 걸쳐 학교를 전체적으로 파악하는 데 필요한 정보를 수집할 수 있다. 그러나 교사들은 일반적으로 약식장학에 대해서 거부반응을 보인다. 그들은 관찰당하고 평가받는 것을 싫어한다. 따라서 약식장학이 효과적으로 이루어지기 위해서는 약식장학에 대한 교사들의 긍정적 인식과 협조가 필수적이다.

(1) 약식장학의 방법

약식장학이 효과적으로 수행되기 위해서는 그 나름의 체계적인 계획에 따라 이루어져야 한다. 약식장학의 과정을 약식장학의 계획 수립, 약식장학의 실행, 약식장학의 결과 활용의 3단계로 나누어 각 단계의 활동을 살펴보면 다음과 같다(한국교육행정학회, 1995,

pp. 168-174).

■ 약식장학의 계획 수립

약식장학을 위해 교장이나 교감은 가능한 한 공동으로 학급순시나 수업참관을 하는 계획을 수립한다. 그리고 전체 교사들로 하여금 약식장학에 대한 이해를 높이며 수립된 학급순시 · 수업참관 계획을 전달 · 이해시키기 위하여 교사들과 대화를 갖는다.

가. 학급순시 · 수업참관 계획 수립

- 교장과 교감은 학급순시 · 수업참관을 위한 대상 교사 및 학급, 시간과 일정, 그리고 관찰 중점사항 등을 포함하는 개괄적인 계획을 가능한 한 공동으로 수립한다.
- 동일 교사에 대한 학급순시나 수업참관이 교장과 교감 간에 필요 이상으로 중복되지 않도록 하여야 한다.

나. 약식장학에 대한 이해 증진

- 전체 교사들을 대상으로 한 평상시 자체 연수를 통하여 교사들로 하여금 약식장학의 개념, 영역, 형태, 방법 등에 관하여 충분한 이해를 갖도록 한다. 특히 약식장학의 의미와 방법에 대하여 충분한 오리엔테이션을 실시하여 교사들로 하여금 약식장학에 대한 이해를 높이고 불필요한 부담감이나 오해가 없도록 한다.
- 학급순시 · 수업참관에 관한 개괄적인 계획을 해당 교사들에게 전달하고 교사들이 궁금해하는 사항에 관하여 대화를 가져 교사들의 사전 협조를 구한다.

■ 약식장학의 실행

약식장학의 실행에서 교장이나 교감은 수립된 계획에 따라 학급순시 · 수업참관을 실시하여 교사들의 수업활동과 학급경영활동의 현황 및 개선을 위한 정보, 그리고 학교 전반 영역의 운영 현황 및 개선을 위한 정보를 수집한다.

- 약식장학에 대한 교사들의 거부감을 고려하여 실시 초기에는 짧은 시간 동안 실시하

고 점차적으로 시간을 늘려가는 것이 좋으며, 대체적으로 3~4분 정도가 적절하다.

● 기본 교수법(교사의 태도, 교사의 지도력, 판서의 요령 등), 기본 학습법, 지도과정, 학습 형태 및 활동, 자료활용, 정리 · 발전, 학력정착 등 교과지도의 제 요소, 또는 학급경 영 관리 상태와 관련하여 좋은 점이나 개선이 요구되는 점에 관한 정보를 수집한다.

● 교장이나 교감이 교실을 출입할 때는 진행 중인 수업에 방해가 되지 않도록 각별히 주의한다.

● 관찰된 사항들을 그 자리에서 기록하기보다는 교실을 나온 후에 기록하도록 한다.

● 학급순시 · 수업참관을 끝내고 교실을 떠날 때는 교사에게 교실 방문의 기회를 준 것 과 수업활동을 하는 교사의 노고에 대하여 고마움을 표하는 간단한 비언어적 신호 (예, 손을 흔들어 주는 것)를 보낸다.

■ 약식장학의 결과 활용

학급에 대한 학급순시 · 수업참관의 결과를 분석 · 정리하고, 이를 토대로 하여 교사에 게 적절한 지도 · 조언을 제공한다. 또한 얻은 정보를 분석하여 학교교육 및 학교경영 개 선에 유익한 아이디어를 추출해 낸다.

가. 학급순시 · 수업참관 결과 정리

• 학급순시 · 수업참관을 끝낸 후, 가급적 참관한 수업에 대한 기억이 생생할 때 관찰 한 사항을 간단히 기록하여 놓도록 한다.

나. 교사에게 환류 제공

• 교사에게 학급순시 · 수업참관의 결과에 대하여 피드백과 필요시 적절한 지도 · 조언 을 제공한다.

• 교사의 수업 또는 학급경영 활동의 긍정적이고 좋은 점을 고무 · 격려하고, 교사 자 신의 계속적인 자기발전 · 자기장학의 의지와 능력을 유도 · 촉진하기 위한 노력을 하여야 할 것이다.

• 전체 교원들에게 약식장학 실시 결과 중에서 좋은 점을 소개하고 교사를 격려하며,

약식장학에 대해 긍정적인 인식을 갖도록 한다.

5) 자체연수

자체연수는 교육활동의 개선을 위하여 교직원들의 필요와 요구에 부응해 교내·교외의 인적·물적 자원을 활용하여 학교자체에서 실시하는 연수활동이다. 자체연수는 교육활동개선을 위한 지식, 기술, 정보, 아이디어, 경험들을 서로 나누어 갖는 방법이기 때문에 장학의 한 형태로 볼 수 있다(이윤식, 1999, p. 357).

자체연수에서는 교사의 전문성 발달, 개인적 발달, 학교의 조직발달을 포함하여 교직원의 필요와 요구에 따라 다양하고 폭넓은 주제를 다룰 수 있다. 연수 주제와 관련하여 교장, 교감, 부장교사, 교내 또는 교외의 교직원, 그리고 외부전문가나 장학요원들이 연수담당자가 되어 자체연수를 진행할 수 있다. 학부모를 강사로 초청할 수도 있다. 자체연수 방법으로는 강의식 연수, 토의식 연수, 전달식 연수, 실기·실험 중심 연수, 현지답사·현장방문·견학 중심 연수, 초청강연 연수, 그리고 제반 장학 실천 결과를 전파하거나 일반화하기 위한 연수는 그 가치가 높다(이윤식, 1999, p. 358).

자체연수의 주요 특징은 다음과 같이 정리된다(이윤식, 1999, p. 358).

- 교사들의 자율성과 협동성을 기초로 한다.
- 학교의 형편과 교사들의 필요와 요구에 기초하여 그 내용과 방법 면에서 다양하고 융통성 있게 운영된다.
- 교사들의 전문적 발달뿐 아니라 개인적 발달, 그리고 학교의 조직발달까지 도모할 수 있다.
- 학교의 전반적인 운영계획과 연계하여 원칙적으로 일정 계획에 의거하여 실시된다.

6) 컨설팅 장학

컨설팅 장학은 2000년대 초반, 학교개혁 및 학교교육의 질 향상을 위한 목적으로 학교컨설팅의 개념과 이론이 등장하면서, 기존의 장학에 학교컨설팅의 개념과 원리, 방법 등을 접목시켜서 체계화된 장학의 유형이다. 학교컨설팅은 학교교육을 개선하기 위한 목적으로, 컨설팅과 관련된 전문성을 갖춘 사람들이 학교와 학교구성원의 요청에 따라 제공하는 독립적인 자문활동으로서, 경영 및 교육적인 문제를 진단하고, 대안을 마련하며, 문제해결과정을 지원하고, 교육훈련을 실시하며, 문제 해결에 필요한 인적·물적 자원을 발굴하여 조직화하는 일련의 활동이다. 이러한 학교컨설팅 활동이 계획되고, 실시 및 평가될 때 준거가 되는 일반적인 원리로서는 전문성, 독립성, 자문성, 일시성, 교육성, 자발성 등이 제시된다. 또한, 학교컨설팅이 일반적으로 실시되는 절차는 준비단계, 진단단계, 해결방안 구안 및 선택단계, 해결방안 실행단계, 종료단계 등으로 구성된다(진동섭, 2003; 진동섭 외, 2008).

이상에서 약술한 학교컨설팅의 개념과 원리, 절차 등은 실제적으로 우리나라의 시·도교육청, 시·군·구 교육지원청의 장학활동에 접목되어 컨설팅 장학으로 운영되고 있다. 특히, 2010년에 시·도교육청별로 다양하게 이루어지고 있던 컨설팅 장학이 교육부의 지역교육청 기능 개편 정책이 시행됨으로써 전국의 모든 교육청에 도입되었다. 전국의 시·군·구 교육지원청에서는 학교 현장의 요구에 부응하는 맞춤형 장학지원을 위해 전문 영역별 컨설팅장학지원단을 구성하여 운영하였고, 컨설팅 장학실적을 각종 평가에 반영하였다. 이러한 결과로 컨설팅 장학은 각급 학교 현장에 빠르게 확산되었다(박상완, 나민주, 2014).

컨설팅 장학이 실시될 때 강조되는 운영상의 원리는 학자에 따라 다르게 제시될 수 있으나, 컨설턴트와 컨설팅요청자 간의 관계를 중심으로 컨설턴트의 전문성, 컨설팅요청자의 장학에 대한 주체성, 컨설턴트와 컨설팅요청자의 진정한 협력 등을 들 수 있다(박수정, 2015).

첫째, 컨설턴트는 컨설팅 장학에 대한 내용과 방법에 있어서 전문적인 지식과 기능을 구비하여야 한다.

둘째, 컨설팅요청자, 즉 컨설팅 장학을 요청한 교사 및 학교는 컨설팅 장학에 대하여 '주체성'을 발휘할 필요가 있다. 컨설팅 장학의 과정에서 컨설팅요청자가 적극적인 태도로 임할 때에 컨설팅 장학의 목표를 성취할 수 있다.

셋째, 컨설턴트와 컨설팅요청자는 컨설팅 장학을 수행하는 동안 '진정한 협력'을 형성해야 한다. 컨설팅 장학의 과정에서 컨설턴트와 컨설팅요청자가 진정한 협력적인 관계를 형성할 때에 컨설팅 장학은 성과를 도출할 수 있다. 이러한 협력 관계를 통해서 컨설팅요청자와 컨설턴트가 함께 전문성 향상을 가져올 수 있다. 즉, 컨설팅요청자의 전문성이 개발될 뿐만 아니라, 컨설턴트 역시 컨설턴트로서의 전문성을 향상할 수 있다.

요컨대, 컨설팅장학은 전통적으로 이루어지던 지시, 감독, 규제 및 교육청 중심의 장학에서, 학교컨설팅의 원리에 입각하여 교사와 학교의 자발적인 참여에 기초한 지원중심의 장학으로 장학의 관점과 방법의 전환을 추구한다. 그러나 자발성 또는 주체성에 기초한 컨설팅의 수평적 원리가 수직적인 감독의 성격을 지닌 장학에 접목되기 때문에 다소 상충적인 특성을 지닌 개념이 결합된다는 점, 컨설팅장학이 정부 주도적인 정책으로 학교 현장에 추진되는 데서 부작용이 발생할 수 있다는 점, 컨설팅 장학을 수행하는 데 필수적인 전문성을 갖춘 컨설턴트 및 컨설팅 장학을 위한 예산이 확보되어야 한다는 점 등 여러 과제가 해결될 필요가 있다.

컨설팅 장학뿐만 아니라 시·군·구 교육지원청, 각급 학교에서는 수업 컨설팅, 학습 컨설팅, 학교경영 컨설팅 등 다양한 영역으로 학교컨설팅이 전문화되어 적용되고 있음을 주목할 필요가 있다. 구체적으로 예시하면, 수업 컨설팅은 수업 내용 및 교수 학습방법, 수업 중 학생 통제 기법, 수업 기자재 활용방법, 교과별 수행평가 방법 등에 관하여 컨설팅이 제공된다. 학교경영 컨설팅은 학교발전계획 수립, 학교교육계획서 작성, 학교 특성화 프로그램 기획 등에 관해서 컨설팅 활동이 이루어진다(진동섭 외, 2008).

7) 장학방법의 선택: 선택적 장학

앞에서 학교에서 활용할 수 있는 여러 가지 장학방법을 살펴보았다. 그러나 이 중 하나의 방법을 모든 교사에게 적용하는 것은 효과적인 활용방법이라고 할 수 없다. 교사의 필요와 요구 등 개인차를 고려하여 교사 각자에게 적합한 장학지도를 하는 것이 장학의 효과를 높일 것이다. Glatthorn(1984)이 제시한 차등적 장학(differentiated supervision)은 이러한 생각을 나타내는 개념이다. 차등장학 또는 선택적 장학이란 교사의 경험이나 능력을 포함, 개인적 요인을 고려하여 교사들이 장학방법을 선택하여 사용할 때 장학의 효과가 높아진다는 개념이다.

Glatthorn에 따르면, 임상장학은 초임교사나 경험이 있는 교사 중 특별한 문제를 안고 있는 교사들에게 유익하며, 동료장학은 대체로 모든 교사들에게 활용될 수 있다. 자기장학은 경험 있고 능숙하고 자기분석 및 지도능력을 갖고 있으며 혼자 일하기를 좋아하는 사람에게 적합하며, 약식장학은 모든 교사들 또는 다른 장학방법을 원하지 않는 교사들에게 사용될 수 있다.

교사에 대한 장학지도 방법의 선택에서도 교사의 경력발달단계는 중요하게 고려되어야 할 요소이다. Burden(1983)은 교사의 경력발달단계를 생존단계(경력 1년), 조정단계(경력 2~4년), 성숙단계(경력 5년 이상)로 구분하고, 각 단계에 효과적인 장학지도의 형태를 제시하였다. 생존단계에 있는 교사들은 교수기능에 관해 구체적이고 기술적인 도움이 필요하므로 지시, 시범, 표준화와 같은 지시적 방법이 효과적이며, 조정단계에 있는 교사들은 장학지도자와 교사가 책임 공유, 문제해결, 상호협의를 중요시하는 협동특성을 보이므로 협동적 동료장학이 유익하며, 성숙단계에 있는 교사들은 교사 스스로가 주도적인 역할을 담당하므로 비지시적 방법이 효과적이라는 것이다.

효과적인 장학을 위해서는 교사의 요구와 필요, 그리고 경험이나 능력을 고려하여 장학의 형태 및 방법을 선택적으로 활용하는 것이 좋을 것이다(한국교육행정학회, 1995, p. 179).

임상장학은 초임교사, 그리고 경력이 있는 교사라 하더라도 수업기술 향상의 필요성을 느끼고 있는 교사를 대상으로 하여 실시하는 것이 좋을 것이다. 동료장학은 전체 교사를 대상으로 하되, 특히 다른 교사와 협동해서 일하기를 원하는 교사에게 효과적인 장학형태라 하겠다. 자기장학은 전체 교사를 대상으로 하되, 특히 자기분석 및 자기지도의 기술을 가지고 있는 교사, 또는 혼자 일하기를 원하는 교사에게 효과적일 것이다. 약식장학은 전체 교사를 대상으로 하되, 위의 여러 가지 형태의 장학에 대한 보완적인 방법으로 활용하면 될 것이다.

5. 장학담당자의 자질

1) 장학담당자의 자질

장학담당자란 장학행정이나 장학기능을 담당하는 사람으로서, 여기에는 장학행정조직에서 장학업무를 담당하는 장학사, 장학관뿐만 아니라 교육행정조직의 장인 교육감, 교육장, 교장, 교감을 포함하여 일선학교의 부장(주임)교사, 팀 리더, 동료교사들까지도 포함된다. 이들은 교육행정조직의 각 단계에 따라 그 역할수행기능에 다소 차이가 있지만, 교사의 전문성 향상을 위해 전문직 지도·조언의 기능을 수행하고 있다는 공통점을 가지고 있다(정태범, 1996). 장학담당자는 장학의 과업에 따른 장학 역할을 성공적으로 수행할 수 있는 능력과 자질을 구비하여야 한다.

Wiles와 Bondi(2000)는 장학담당자의 자질이 되는 8가지 분야를 다음과 같이 제시하고 있다(pp. 18-23).

- 인간개발자로서 장학담당자
- 교육과정개발자로서 장학담당자
- 수업전문가로서 장학담당자
- 인간관계전문가로서 장학담당자
- 교직원개발자로서 장학담당자
- 행정가로서 장학담당자
- 변화의 주도자로서 장학담당자
- 평가자로서 장학담당자

Pajak(1989)은 효과적인 장학을 하기 위한 장학담당자의 기술, 능력, 행동을 다음의 12가지 차원의 실무적 자질로 제시하였다.

- 의사소통: 조직 내에서 개인과 집단 간의 개방적이고 분명한 의사소통을 하는 능력
- 교직원 개발: 전문적 성장을 위한 의미 있는 가치를 발전시키고 촉진하는 능력
- 수업 프로그램: 수업 프로그램을 향상하기 위한 노력을 지원하고 조정하는 능력
- 기획과 변화: 계속적인 향상을 위하여 개발된 전략을 협력적으로 착수하고 실행하는 능력
- 동기화와 조직화: 사람들이 공유하는 비전을 개발하고 집단적 목적을 성취할 수 있도록 돕는 능력
- 관찰과 협의: 학습관찰에 기초하여 교사에게 피드백을 제공하는 능력
- 교육과정: 교육과정 개발과 실행 과정을 조정하고 통합하는 능력
- 문제해결과 의사결정: 문제를 명료화하고 분석하기 위하여, 그리고 의사결정을 하기 위하여 다양한 전략을 사용하는 능력
- 교사에게 봉사: 교수와 학습을 지원하기 위하여 자료, 자원, 조력을 제공하는 능력
- 개인적 발전: 개인의 개인적 그리고 전문적 신념, 능력, 행동을 인지하고 숙고(성찰, reflecting)하는 능력
- 지역사회 관계: 학교와 지역사회 간에 개방적이고 생산적인 관계를 수립하고 유지하는 능력
- 연구와 프로그램 평가: 실험을 장려(권장)하고 결과를 사정하는 능력

장학담당자에게 요구되는 자질을 인성적 자질과 전문적 자질로 나누어 각각의 특성을 살펴보면 다음과 같다(McKean & Mills, 1964; 한국교육행정학회, 1995, pp. 104-108 재인용 요약).

(1) 인성적 자질

다음과 같은 인성적 특성이 장학담당자에게 중요하다.

- 남으로부터 존경과 신뢰를 얻는 능력
- 타인의 감정과 행동을 이해하고 공감하는 감수성

- 과업에 대한 지속적 열정
- 합리적이고 유연한 문제대처력
- 창의성
- 유머감각
- 균형 있는 상대적 가치관
- 성실성
- 다양한 정보를 제공하는 정보제공력

(2) 전문적 자질

전문적 자질은 교육과 훈련을 통해서 습득된 기술과 능력으로서, 장학담당자는 다음과 같은 전문적 자질을 갖추어야 한다.

- 폭넓은 교양교육
- 전문성 교육
- 교수기술
- 교육과정 역할에 대한 명확한 인식
- 지도성 기술
- 학습자료와 교수방법에 관한 지식
- 효과적인 교수–학습 요소를 평가하고 해석할 수 있는 능력
- 과정과 결과의 중요성에 대한 인식
- 실험과 연구에 관한 숙달
- 인성 및 전문성 성장을 지속할 의욕과 능력

이상과 같은 인성적 자질과 전문적 자질은 장학담당자가 구비해야 할 중요하고 적절한 자질들이라고 할 수 있다. 따라서 장학담당자는 효과적인 장학활동을 수행하기 위해서 계속적인 자기연찬과 교육·훈련을 통해 장학담당자로서의 자질 향상에 노력해야 한다.

2) 교내장학에서 교원의 역할

교내장학이 성공적으로 이루어지기 위해서는 교장을 비롯하여 전 교직원의 적극적인 합의와 노력이 요구된다. 이윤식(1999)은 교내장학의 활성화를 위한 교원들의 역할을 다음과 같이 제시하였다.

■ 교장 · 교감

교장과 교감은 단위학교 현장에서 교내장학의 전 과정에 직접적인 지도성과 영향력을 발휘하는 중요한 위치에 있다. 따라서 이들이 교내장학에 대하여 어떠한 태도나 의지를 가지고 있느냐, 그리고 장학에 필요한 전문적 지식과 기술을 가지고 있느냐 하는 것은 교내장학의 성공과 실패를 결정하는 중요한 요인이다.

교내장학 과정에서 교장과 교감은 교직원들이 적극적으로 장학에 참여할 수 있는 분위기를 조성하고, 그들이 장학에 대해서 긍정적인 인식을 갖고 동기유발이 되도록 하며, 필요한 조건을 마련하는 데 민주적이고 합리적인 지도성을 발휘해야 한다.

■ 부장교사 · 교사

효과적인 교내장학을 위해서는 부장교사와 일반교사들이 교내장학에 자발적이고 적극적으로 참여하려는 의지와 노력이 있어야 한다. 부장교사 특히 교무부장, 연구부장, 학년부장, 교과부장들은 학교경영의 중간관리자로서 교내 장학활동을 계획 · 실천 · 연구해 가는 데 있어 사명감을 가지고 중추적인 역할을 수행하여야 하며, 또한 중견교사로서 그리고 선배교사로서 교육자적인 행동과 전문성 면에서 젊은 교사들에게 솔선수범하는 모습을 보여야 한다.

교사들도 장학이 교육발전과 자신들의 성장 · 발달을 위하여 본질적으로 필요한 것임을 인식하여 장학이 그들을 괴롭히고 부담스럽게 하는 것이라는 인식에서 탈피하고, 자기장학, 동료장학에 적극 참여하여야 한다.

제**14**장
학교재정

　교육재정은 국가나 지방공공단체 등이 설립한 각급 학교에 필요한 재정적 자원을 확보, 배분, 지출 및 평가하는 활동이다. 교육재정의 주된 과제는 학교에 필요한 재원을 충분히 확보하고, 확보한 재원을 평등하고 공평하게 배분하며, 배분된 자원을 효율적으로 지출·운영하고, 지출된 재원의 효과를 평가하는 것이다. 학교재정의 운영에서도 중요한 사항은 학교교육 활동에 필요한 재정을 충분히 확보하고, 확보된 재원을 부서별 또는 학년별로 필요에 따라 공평하게 배분하며, 배분된 재원을 효율적으로 운영하고, 지출된 재원이 효과적으로 활용되었는지를 평가하여 다음 연도의 학교재정에 반영하는 일련의 활동이다.

　이 장에서는 교육재정의 본질과 이념, 교육의 비용과 수익, 교육재원의 확보와 배분, 학교재정의 운영과 개혁에 관한 사항을 다룬다.

1. 교육재정의 본질과 이념

1) 교육재정의 개념

재정이란 일반적으로 국가나 공공단체가 공공욕구를 충족하기 위하여 필요한 수단을 조달하고 관리 · 사용하는 경제활동 또는 정부 부문의 경제라고 정의된다(차병권, 1987). 위의 정의를 원용한다면 교육재정은 국가 및 공공단체가 공공의 교육적 욕구를 충족하기 위하여 필요한 수단을 조달하고 관리 · 사용하는 경제활동으로 정의할 수 있다.

윤정일(2000)은 교육재정을 국가 · 사회의 공익사업인 교육활동을 지원하기 위하여 국가나 공공단체가 필요한 재원을 확보 · 배분 · 지출 · 평가하는 일련의 경제활동으로 정의하고 있다. Odden과 Picus(2000)는, 학교재정은 교육서비스를 제공하고 학생의 학업성취를 가져오기 위해서 재원을 배분하고 사용하는 것이라고 정의하고 있다. 이와 같은 정의에서 교육재정은 교육재정의 주체를 국가와 공공단체로 한정하고 있고, 교육재정의 목적은 교육서비스 제공을 통해서 학생의 교육적 성취를 가져오는 것이며, 교육재정의 성격은 교육활동 지원을 목적으로 하는 수단성과 공공성으로 규정되고, 교육재정의 영역은 재원의 확보 · 배분 · 지출 · 평가로 설정되어 있다.

이상의 논의를 바탕으로 하면, 교육재정이란 국가나 지방자치단체가 학생의 교육적 성취를 위한 교육활동을 지원하는 데 필요한 재정적 자원을 확보 · 배분 · 지출 · 평가하는 일련의 활동을 가리키는 것이라고 정의할 수 있다. 따라서 교육재정은 국 · 공립학교의 교육활동뿐만 아니라 사립학교의 교육활동을 지원하는 일도 포함한다.

2) 교육재정의 특성

교육재정의 특성은 개념 정의에서 볼 수 있듯이 다음과 같이 지적할 수 있다.

첫째, 공공성이다. 교육재정은 주체가 국가나 지방자치단체로서, 사회의 공적인 필요를 충족하기 위한 활동이다.

둘째, 교육적 성취이다. 교육재정은 학생들의 교육적 성취를 달성하기 위하여 필요한 교육적 활동을 지원하는 활동이다.

셋째, 강제성이다. 가계나 민간기업과는 달리 국가나 지방자치단체의 공권력을 통하여 국민의 소득을 조세를 통해 수입으로 이전시키는 강제적 성격을 띠고 있다.

넷째, 수단성이다. 교육재정은 그 자체로서가 목적이 아니고, 교육활동을 위해 지원되는 경비를 다루기 때문에 수단적이고 지원적인 성격을 띠고 있다.

다섯째, 재원의 확보·배분·지출·평가를 다룬다. 교육재정에서 다루는 주요 활동은 재원의 확보, 배분, 지출, 평가활동이다.

여섯째, 양출제입의 원칙이다. 교육재정은 일반 재정의 운영 원칙인 필요한 경비를 산출한 후 수입을 확보하는 양출제입의 원칙이 사용된다.

3) 교육재정의 이념

교육재정을 국가나 지방공공단체가 사회의 공공사업인 교육활동을 지원하는 데 필요한 재정적 자원의 확보, 배분, 지출 및 평가하는 활동이라고 정의할 때, 교육재정의 각 활동에서 고려되어야 할 중요한 이념과 가치가 있다. 일반적으로 교육재정에서 지향해야 할 가치로는 교육재정의 충분성, 평등성, 공정성, 효율성, 자율성 등이 지적되고 있다(Berne & Stiefel, 1984; Garms et al., 1988; Monk, 1991).

(1) 충분성

교육활동을 운영하는 데는 어느 정도 적정 수준의 재화와 용역이 확보되어야 한다. 아무리 합리적이며 공정한 배분 공식이 설정되었다 해도, 원래의 교육재정의 총량규모가 적정수준에 이르지 못하면 교육재정의 부족으로 소기의 교육 목적 달성을 위한 교육사업들을 추진해 나갈 수 없으므로, 충분성은 가장 먼저 달성되어야 할 원리다. 충분성의 지표로는 GNP 대비 공교육비의 비율, 학생 1인당 교육비 수준을 들 수 있다.

(2) 평등성

동일한 여건에 있는 사람을 동일하게 취급해야 한다는 원칙이다. 다른 조건이 동일한 경우 배분의 목적물이 지역별, 성별, 사회·경제적 계층별, 학교 설립별 등의 요인으로 인해 불평등하게 지출되어서는 안 된다. 이 원칙은 학생당 균등한 교육비 지출, 학생 대 교사 비율의 균등한 수준 등의 지표로 측정된다. 그러나 많은 경우 학생들이 실제적으로 동일하다는 가정이 성립되지 않기 때문에, 평등성의 기준은 학생들 간의 동등성이 성립되는 집단의 학생들에게만 제한적으로 적용될 수 있다.

(3) 공정성

학생 개인의 능력이나 다른 정당한 차이로 인정되는 특징들을 설정하고, 이에 따라 재정배분이나 지출에서 차등을 두어 지원하는 것이 보다 공정하다는 원칙이다. 이 원칙은 학생들 간의 정당한 차이로 인정되는 특징을 먼저 선정해야 한다. 이러한 특징에는 학생의 학습상의 장애, 신체적인 장애, 학교구의 교육환경에 따른 차이, 학교 단계, 교육프로그램, 정책 목표 등을 들 수 있다. 차별취급에 대한 특징을 설정한 다음에, 이런 특징을 갖고 있는 학생(학교구, 프로그램)에게 어느 정도로 차등 있게 지원해야 하는가는 프로그램별 1인당 경비의 차이 정도, 또는 정책결정자들의 가치 판단에 따라 크게 좌우될 수 있다. 공정성의 정도를 측정할 때는 평등성을 측정하는 방법에서 학생 수 대신에 가중 학생 수의 개념을 활용하여 계산한다.

(4) 효율성

효율성이란 최소의 비용으로 최대의 효과를 거두려는 가치이다. 효율성을 두 가지 측면에서 볼 수 있다. 교육의 효과는 동일하되 투입된 교육자원을 최소화하는 측면과, 동일한 교육자원을 투입해서 최대의 교육효과를 가져오도록 운영하는 측면이 있다. 교육의 투자에 대해서는 어느 정도 명확하게 측정할 수 있지만, 교육의 산출이 상당히 모호하기 때문에 교육투자의 효율성을 계량화하기가 쉽지 않다.

(5) 자율성

자율성은 재정운영에 있어서 단위학교 또는 교육구가 선택할 수 있는 정도를 말한다. 단위학교 또는 교육구에서 교육활동을 수행하는 데 필요한 재원의 확보, 예산편성 및 집행에서 얼마나 자율적으로 결정하고 선택할 수 있는가에 관련되어 있다. 우리나라도 지방교육자치제가 강화됨에 따라, 지역 주민 또는 학부형의 교육서비스에 대한 필요에 대응하기 위해서 학교의 교육재정 운영에 대한 자율성이 확대되어야 한다.

이상의 교육재정의 이념 또는 가치는 재정 실제에 적용될 때 상호 간에 갈등이 발생할 수 있다. 따라서 교육재정 운영에 대한 결정을 할 때 관련된 이념 또는 가치들을 조화시켜야 한다.

2. 교육의 비용과 수익

1) 교육의 비용

교육활동을 지원하는 데 필요한 교육비는 분류하는 방식에 따라 여러 가지로 구분된다. 교육비의 투입과정에 따라 직접교육비와 간접교육비로 구분되고, 교육비의 부담 주체에 따라 공교육비와 사교육비로 구분되며, 교육비의 사용 용도에 따라 인건비, 운영비, 시설비로 구분된다.

(1) 직접교육비, 간접교육비

교육비는 광의의 의미에서 학생, 가정, 학교가 부담하는 직접비용뿐만 아니라, 학생이 학교에 다님으로써 교육기간 동안에 직업을 가질 수 없는 데서 오는 포기된 소득(foregone earnings)과 같은 간접비용을 포함한다.

직접교육비는 교육목적을 달성하기 위하여 교육활동에 직접적으로 투입되는 경비를 가리키며, 교육비는 부담의 주체에 따라 학교 또는 정부가 부담하는 공교육비와 학생 또는 학부모가 부담하는 사교육비로 나누어진다. 이 경우에 공교육비는 공공회계절차를 거쳐서 교육활동에 투입되는 반면에, 사교육비는 이런 절차를 거치지 않는다. 공교육비에는 교육활동을 위해 국가, 지방자치단체, 각급학교에서 지출하는 모든 비용과 학생납입금이 포함된다. 사교육비에는 교재비, 부교재비, 학용품비, 교통비, 학원비, 과외비 등, 자녀를 교육시킴으로써 공교육비 이외에 학부모가 추가적으로 부담하는 모든 비용이 포함된다. 공교육비를 다시 부담의 주체에 따라 구분하면, 국가와 지방자치단체, 그리고 학교에서 부담하는 공부담교육비와 입학금, 수업료, 학교운영지원비 등 학부모가 부담하는 사부담교육비로 구분된다.

간접교육비는 교육을 받음으로써 잃게 되는 포기된 소득, 비영리기관에 부여하는 면세의 비용, 건물과 장비의 감가상각비와 이자 등을 포함한다. 교육경비 중 가장 큰 부분이 학생시간의 기회경비이다. 또한 학교는 비영리기관으로서 면세혜택을 부여받고 있기 때문에 이러한 면세의 비용도 기회비용으로 간주될 수 있다. 이 외에도 학교건물과 시설에 대한 감가상각비와 포기된 이자, 그리고 아동의 어머니가 일하는 대신 아동을 양육하기 위해 가정에 남아 있을 경우에 포기된 소득도 기회경비에 포함될 수 있다.

이상과 같은 교육비에 대한 분류를 도표로 제시하면 [그림 14-1]과 같다.

[그림 14-1] **교육비의 분류**

2) 교육의 수익

교육의 효과는 개인적 수익과 공적인 수익으로 구분하여 생각할 수 있다. 과거에는 교육의 소비적인 측면이 강조되었지만, 인간자본론이 발달하면서 교육의 투자적인 성격이 부각되었다. 인간자본론자 중의 유명한 학자인 Schultz (1961)는 「인간자본에 대한 투자」라는 논문에서 '교육에의 투자는 소비가 아니라 상품을 생산하는 데 필요한 노동력을 증대시키기 위한 투자'라고 역설하였다. 1960년대 이후에 교육을 통해서 개인의 금전적인 수익이 높아질 뿐 아니라 국가의 경제성장에 대한 교육의 기여도를 측정하려는 실증적인 연구가 활발하게 수행되었다.

(1) 개인적 수익(private benefit)

교육의 개인적 효과에는 소비적인 효과, 금전적인 수익, 비금전적인 수익이 있다.

첫째, 소비적인 효과는 교육을 통해 새로운 것을 배우고, 친구를 만나며, 스포츠를 즐기게 되며, 좋은 음식을 먹게 되는 등에서 보인다. 교육의 소비적인 측면은 개인이 학교에 다니는 기간이 길어질수록 증가되며, 대학에서 개설되는 성인과정프로그램에서 잘 나타난다.

둘째, 금전적인 수익은 교육의 개인적 수익에서 가장 강조되는 측면으로서, 교육투자가 장래에 가져오는 경제적인 효과이다. 예컨대, 고등교육이 전망이 있는 직장 취업에 필수적인 요소가 되고 있는 경향과, 고등교육 중에서도 특정분야(경영학, 컴퓨터, 법학, 전기공학, 의학 등)에 대한 전문교육을 받을 때 미래 생애소득이 평균 이상으로 상승 가능한 데서 볼 수 있다.

셋째, 비금전적인 수익으로는 교육받은 사람이 새로운 직장의 환경에 쉽게 적응할 수 있으며, 직장 선택의 폭이 보다 넓다. 따라서 교육받은 사람은 미래의 실업 가능성에 대해 방어할 수 있다. 교육받은 사람은 장래에 상급학교 또는 전문교육을 받을 수 있는 기회와 가능성이 높아지며, 소비 행태의 수준이 높아지고 개인의 재정적인 문제를 다룰 수 있는 능력이 향상된다. 교육받은 사람이 가사에 전념함으로써 경제적인 혜택은 받지 못할 수 있지만, 가족의 사회문화적인 기회수준이 향상되며 자녀들이 좋은 교육을 받을 수 있는 전망이 높아진다. 교육받은 부모는 자녀들이 교육을 받고 학교교육에서 뛰어난 성적을 받도록 동기를 부여한다. 한 세대가 받은 교육이 다음 세대로 전승되며, 상당한 영향을 미친다.

(2) 공적인 수익

교육받은 본인과 가족뿐 아니라 이웃(지역사회와 국가사회) 주민들도 영향을 받는다. 이를 외부효과(external benefit)라고 한다. 이러한 공적인 수익으로는 생산성 향상, 지역사회에 대한 기여, 경제성장에 대한 기여, 유출효과, 비금전적인 수익 등을 들 수 있다.

첫째, 생산성 향상이다. 한 사람이 교육을 받았다면 직장에서 함께 일하는 동료의 생산성 향상에 기여할 수 있다. 오늘날 많은 업무들은 직원들 간의 조정과 협동과 긴밀한 상호관계를 필요로 한다. 따라서 한 개인의 훈련을 통한 기술 향상은 직장동료들에게 파급효과를 미쳐 동료들의 생산성이 향상될 수 있도록 자극한다. 교육을 많이 받은 사람은 모범을 보일 수 있으며, 교육을 통해 배운 새로운 기술과 방법, 아이디어를 직장에 도입할 수 있다. 교육을 통해 직원들의 의사전달능력이 향상되고, 지적인 훈련을 쌓을 수 있다.

둘째, 지역사회에 대한 기여이다. 지역사회의 사회문화적인 환경 개선에 기여함으로써 보다 쾌적한 주거환경을 가져올 수 있다. 낮은 교육수준과 범죄율 사이에는 상당히 강한 관계가 있다. 교육은 실업의 가능성을 감소시켜 준다. 이는 사회복지비용을 경감시켜 주며, 세금으로 징수할 수 있는 전체 소득을 증가시켜 준다.

셋째, 경제성장에 대한 기여이다. 교육은 인간자본으로서 경제의 생산성을 높여 준다. 인력의 기술수준을 향상시킴으로써 생산성을 높인다. 이는 생산품의 질을 향상시키고, 서비스를 보다 숙련되게 제공하고, 특정기간에 보다 많은 양의 상품과 서비스를 산출할 수 있다.

넷째, 유출효과(spillover effects)이다. 개인이 받은 교육의 혜택이 교육을 받은 지역의 이외 지역으로 전달된다. 예컨대, 특정 지역에서 의학교육을 받은 의사가 타지에 가서 의료업을 할 때 유출효과가 발생한다.

다섯째, 비금전적인 수익이다. 민주정부에 필요한 공통의 가치를 함양하고, 민주주의의 가치(예, 정치참여)에 대한 이해 및 헌신을 교육하며, 사회 구성원들의 능력—언어능력, 체육능력, 대인관계 능력, 의사전달능력, 상호작용 능력—을 진작시키고, 사회 규범을 세대를 거쳐 전달하며, 사회의 불공정성을 경감시킴으로써 사회의 일관성 및 통합성을 유지하는 데 기여한다.

이상과 같은 교육의 수익에 대한 분류를 도표로 제시하면 [그림 14-2]와 같다.

[그림 14-2] **교육의 수익**

3. 교육재정의 확보와 배분

우리나라 교육재정 확보의 주요 재원은 크게 정부재원과 민간재원으로 구성된다. 여기에 사립학교의 경우는 법인 부담재원이 추가된다. 교육재정 확보에서 정부재원에는 중앙정부에서 부담하는 지방교육재정교부금과 국고보조금이 있다. 지방정부의 재원으로는 지방자치단체에서 부담하는 전입금 및 보조금이 있다.

1) 교육재정의 확보

(1) 지방교육재정교부금

지방교육재정교부금은 지방자치단체가 교육기관 및 교육행정기관을 설치·경영하는 데 필요한 재원의 전부 또는 일부를 국가가 교부하여 교육의 균형 있는 발전을 도모하기 위하여 운영되고 있다. 교부금의 종류에는 보통교부금, 특별교부금이 있다.

교부금의 재원은 ① 당해년도의 내국세 총액의 1만분의 2,027에 해당하는 금액과, ② 당해년도의 「교육세법」에 의한 교육세 세입액 전액에 해당하는 금액이다. 보통교부금의 재원은 「교육세법」에 의한 교육세 세입액 전액에 해당하는 금액에, 내국세 총액 중에서 교부금에 해당하는 금액의 100분의 96에 해당하는 금액을 합한 금액으로 한다. 특별교부금의

[그림 14-3] 지방교육재정교부금의 구조

재원은 내국세 총액 중에서 교부금에 해당하는 금액의 100분의 4에 해당하는 금액으로 한다. 이를 도표로 표시하면 [그림 14-3]과 같다.

(2) 교육세 및 지방교육세

교육세는 교육의 질적 향상을 도모하기 위하여 필요한 교육재정의 확충에 소요되는 재원을 확보하기 위해 도입되었다. 교육세는 1980년 7·30 교육개혁조치에서, 교육여건과 교원처우 개선을 위한 재원을 확보하기 위해 도입되었다. 교육세는 과세 주체가 중앙정부인 국세이고, 일반적 경비를 조달하기 위한 목적세이며, 과세대상은 국세에 부과되는 교육세와 지방세에 부과되는 지방교육세가 있다.

교육예산 중에서 교육세가 점유하는 비중은 대단히 크다. 특히 1990년 말 개정교육세법에서 교육세의 징수 시한을 폐지하여 영구세로 전환시킴과 동시에, 징수 시한이 만료된 방위세의 일부를 교육세로 흡수·통합함으로써, 교육세의 과세 대상이 대폭 확충되었다. 여기에 1995년 말 GNP 대비 5% 공교육비 확보 추진에 따라, 교육세의 과세 대상이 11가지로 확대되고 일부 과세 대상의 세율이 인상되었다. 현행 국세 교육세는 2000년 12월 29일에 개정된 이후, 현재 4종의 국세에 부과되고 있으며 그 주요 내용은 다음과 같다.

첫째, 금융·보험업자의 수익금액의 1천분의 5
둘째, 「개별소비세법」에 따라 납부하여야 할 개별소비세액의 100분의 30

셋째, 「교통 · 에너지 · 환경세법」에 따라 납부하여야 할 교통 · 에너지 · 환경세액의 100분의 15

넷째, 「주세법」에 따라 납부하여야 할 주세액의 100분의 10

현행 교육세의 과세대상과 세율은 〈표 14-1〉과 같다.

〈표 14-1〉 교육세 및 지방교육세의 과세표준 및 세율

과세표준	세율(%)	비고
교육세		
1. 금융 · 보험업자의 수익금액	0.5	
2. 개별소비세액	30	「개별소비세법」에 의한 물품(등유, 중유, 석유, 가스 중 부탄 등)의 경우 15
3. 교통 · 에너지 · 환경세액	15	
4. 주세액	10	주세율이 100분의 70을 초과하는 주류는 30
지방교육세		
1. 부동산 등 취득세액	20	
2. 등록면허세액	20	
3. 레저세액	40	
4. 담배소비세액	43.99	
5. 주민세균등분세액	10	인구 50만 이상은 25
6. 재산세액	20	
7. 자동차세액	30	

한편, 지방교육세는 현재 7종의 지방세에 부과되고 있으며 그 주요 내용은 다음과 같다.

첫째, 부동산, 기계장비, 항공기 및 선박의 취득에 대한 취득세의 납세의무자

둘째, 등록에 대한 등록면허세의 납세의무자

셋째, 레저세의 납세의무자

넷째, 담배소비세의 납세의무자

다섯째, 주민세 균등분의 납세의무자

여섯째, 재산세의 납세의무자

일곱째, 비영업용 승용자동차에 대한 자동차세의 납세의무자

현행 지방교육세의 과세대상과 세율은 〈표 14-1〉과 같다. 국세교육세를 통해 징수된 금액은 교부금의 재원에 합산하여 운영된다. 한편, 지방교육세를 통해서 징수된 금액은 시·도의 교육비특별회계로 전입된다.

(3) 지방자치단체 전입금 및 보조금

시·도의 교육·학예에 소요되는 경비는 당해 지방자치단체의 교육비특별회계에서 부담하되, 의무교육에 관련되는 경비는 교육비특별회계의 재원 중 교부금과 시·도의 일반회계로부터의 전입금으로 충당하고, 의무교육 외의 교육과 관련되는 경비는 교육비특별회계의 재원 중 교부금, 시·도일반회계로부터의 전입금, 수업료 및 입학금으로 충당한다.

지방자치단체는 공립학교의 설치·운영 및 교육환경 개선을 위하여 다음의 금액을 교육비특별회계로 전출한다. 첫째, 지방세법에 의한 지방교육세에 해당하는 금액, 둘째, 담배소비세의 100분의 45에 해당하는 금액(도를 제외한다), 셋째, 서울특별시에서는 특별시세 총액의 100분의 10, 광역시 및 경기도는 광역시세 또는 도세 총액의 100분의 5에 해당하는 금액, 그 밖의 도는 도세 총액의 1천분의 36에 해당하는 금액을 각각 매 회계 연도 예산으로서 교육비특별회계전출금으로 지원하도록 하고 있다.

이 외에도 지방자치단체(시·도 및 시·군·구)는 관할구역 안에 있는 고등학교 이하 각급 학교의 교육에 소요되는 경비의 일부를 보조할 수 있다. 구체적으로 지방자치단체에서 각급 학교에 보조금을 지원할 수 있는 사업은 학교의 급식시설·설비사업, 교육정보화사업, 학교의 교육시설개선사업 및 환경개선사업, 학교교육과정 운영의 지원에 관한 사업, 지역주민을 위한 교육과정 개발 및 운영에 관한 사업, 학교교육과 연계하여 학교에 설치되는 지역주민 및 청소년이 활용할 수 있는 체육·문화공간 설치사업, 기타 지방자치단체

의 장이 필요하다고 인정하는 학교교육여건 개선사업 등이다.

2) 교육재정의 배분

(1) 중앙정부의 배분

중앙교육행정기관에서 시·도의 교육행정기관에게 교부금을 배분할 때, 보통교부금의 경우 기준재정수입액이 기준재정수요액에 미달하는 경우 미달액을 기준으로 하여 총액으로 교부한다. 특별교부금의 경우는 전국에 걸쳐 시행하는 교육관련 국가시책사업으로, 따로 재정지원계획을 수립하여 지원할 특별한 재정수요가 있을 때(특별교부금 재원의 100분의 60에 해당하는 금액), 기준재정수요액의 산정방법으로 포착할 수 없는 특별한 지역 교육현안수요가 있을 때(특별교부금 재원의 100분의 30에 해당하는 금액), 보통교부금의 산정기일 후에 발생한 재해로 인한 특별한 재정수요가 있거나 재정수입의 감소가 있을 때(특별교부금 재원의 100분의 10에 해당하는 금액)에 교부된다.

기준재정수요액은 각 측정단위의 수치를 단위비용에 곱하여 얻은 금액을 합산한 금액으로 한다. 기준재정수입액은 교부금을 제외한 지방자치단체에서 부담하는 일반회계전입금 등, 교육·학예에 관한 지방자치단체교육비특별회계의 수입예상액이다. 지방세를 재원으로 하는 수입은 전전년도 지방세 세입결산액에 최근 3년간의 평균증감률을 적용하여 산출한다. 기준재정수요액은 각 측정항목별로 측정단위의 수치를 단위비용에 곱하여 얻은 금액을 합산한 금액으로 한다. 측정단위 및 단위비용은 교육부령으로 정한다.

기준재정수요액의 측정항목은 교원인건비, 학교·교육과정 운영비, 교육행정비, 교육복지 지원, 교육기관 등 시설비(학교 교육환경 개선비, 공립학교 신설·이전·증설비 등), 유아교육비, 방과후 학교 사업비, 재정결함 보전 등으로 하고, 측정단위는 교원 수, 학교 수, 학급 수, 학생 수,「국민기초생활 보장법」에 따른 교육급여의 수급자 수, 토지면적, 건축연면적, 유아 수 등이다.

(2) 시·도 교육청의 예산편성과 배분

각 시·도는 중앙정부로부터 지원기준에 따라 교부금, 보조금 등이 총액으로 배분되며,

보조금을 제외하고는 시·도 교육청에 의해서 교육행정비, 각급학교교육비, 시설비 등으로 어느 정도 신축성 있게 사용할 수 있다. 시·도 교육청은 중앙정부로부터 지원받은 교부금, 보조금과, 지방자치단체로부터 지원받은 전입금, 그리고 학생들로부터 징수한 입학금, 수업료 등을 세입으로 한 교육비특별회계를 운영한다. 이 교육비특별회계를 통해서 교육행정비, 각급 공립학교 교육비, 특수학교 교육비, 사립학교 지원비를 지출한다.

시·도 교육청에서는 교육비특별회계를 운영하기 위하여 예산과정을 거치게 된다. 먼저, 시·도 교육비예산의 편성은 시·도 교육청의 소관부서가 중심이 되어 이루어진다. 이를 위해 교육감은 교육부에서 시달된 예산편성기본지침에 의거하여 시·도의 예산편성지침을 작성하고, 이를 토대로 산하 교육기관 및 교육행정기관에서 예산요구서를 제출받는다. 교육청에서는 이러한 예산요구서를 기초로 예산안을 작성하여 회계 연도 개시 50일 전까지 시·도 의회에 제출되어, 소관 상임위원회와 예산결산특별위원회의 심의를 거쳐 예산안이 심의·의결되면 예산으로서 최종 확정된다.

시·도 교육청에서는 일반적으로 각급 학교에 대한 재정지원이 인건비, 운영비, 시설비

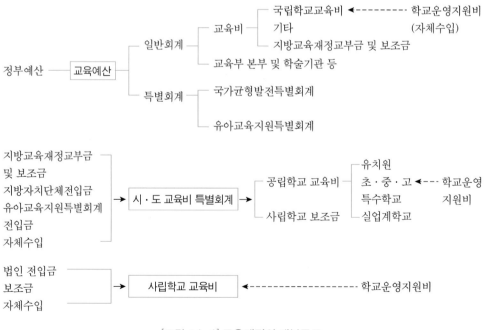

[그림 14-4] 교육재정의 배분구조

로 크게 구분되어 지출된다. 인건비는 각급 학교에 근무하는 교직원의 호봉에 따라 산정되며, 시설비는 각급 학교의 시설수요에 비추어 책정된다. 학교운영비의 경우는 학교당 및 학급당 일정금액을 정하여 이에 따라 지원금액을 결정하여 총액으로 지원함으로써 단위학교의 학교예산 운영의 자율성이 향상되었다.

이상과 같은 교육재정의 중앙정부, 지방정부, 그리고 단위학교에 대한 배분 경로를 정리하면 [그림 14-4]와 같다.

3) 학교재정의 확보

(1) 공립학교

세입에는 공립학교의 경우 국가의 일반회계나 지방자치단체의 교육비특별회계로부터 받은 전입금, 학교운영위원회 심의를 거쳐 학부모가 부담하는 경비, 학교발전기금으로부터 받은 전입금, 국가나 지방자치단체의 보조금 및 지원금, 사용료 및 수수료, 이월금 등이 있다. 특히 교육비특별회계전입금은 교육청에서 목적 지정 없이 총액 배분되는 전입금인 학교교육비와, 특정 사업을 위해서 단위학교에 지원되는 경비인 목적사업비로 구성된다.

세입·세출 예산 중 세입예산은 그 내용의 성질과 기능을 고려하여 장·관·항·목으로 구분한다. 세입예산은 이전수입(정부 이전수입, 학부모 재원, 학교법인 재원, 학교발전기금 재원, 기타 민간재원), 자체조달 수입, 기타 수입으로 구분한다. 반면에, 세출예산은 사업별 또는 성질별로 정책사업·단위사업·세부사업·목으로 구분한다. 즉, 세출예산은 인적자원운용(기타직원보수, 교직원복지및역량강화), 학생복지/교육격차해소(급식관리, 기숙사관리, 보건관리, 교육격차해소, 학생복지), 기본적 교육활동(교과활동, 창의적체험활동, 자유학기활동), 선택적 교육활동(방과후학교운영, 직업교육, 국제교육, 독서활동 등), 교육활동지원(교무업무운영, 생활지도운영, 연구학교 운영, 학습지원실운영, 교육여건개선), 학교일반운영, 학교시설확충, 학교재무활동으로 편성된다.

교육청은 회계 연도 개시 50일 전까지, 단위학교의 세입에서 가장 중요한 항목인 교육비특별회계전입금을 각 학교별로 산정한 연간 교부 총규모 및 분기별 자금교부계획을 확정·통보해야 한다. 학교교육비는 일반적으로 표준교육경비의 개념에 기초하여 교육청별로 공식을 작성하고, 이에 따라 각급 학교의 교육비를 산정·배분한다. 단위학교에 배분되는 학교교육비는 일반적으로 학교 및 학급당 기준, 학교별 보유 시설 등을 감안하여 지원 규모가 계산된다.

학교운영지원비는 학교운영을 위해 학부모가 부담하는 재원으로, 연간 학교예산 중에서 차지하는 비중이 적지 않다. 학교운영지원비의 결정은 일반적으로 학부모의 경제적 부담 능력, 물가에 미치는 영향, 지역실정, 수업료 변동률 및 학교의 재정 수요 등을 감안하여, 학교운영위원회의 심의를 거쳐 학부모회에서 자율적으로 결정한다. 수익자부담경비는 현장학습비, 급식비 등과 같이 교육과정운영을 위해 필요한 경우, 학교운영위원회의 심의를 거쳐 학부모가 부담하는 경비이다.

(2) 사립학교

사립학교의 세입은 재단의 전입금, 학생의 입학금 및 수업료, 교육비특별회계의 지원금 등으로 구성된다. 세출은 공립학교에서와 마찬가지로 인건비, 운영비, 시설비 등을 지출하게 된다. 세입의 측면에서 사립학교 재단에서 지원되는 전입금은 매우 빈약하며, 이는 사학재단법인이 보유하고 있는 수익용 기본재산의 대부분이 임야, 전답, 대지 등과 같은 비수익성 또는 저수익성 재산인 데서 기인한다. 사학재단의 전입금이 빈약하기 때문에 사학재정에서는 학생 및 학부모가 부담하는 비율이 상대적으로 높은 편이다.

이와 같은 사학재정의 어려움으로 인해 교육비특별회계에는 사립학교의 기준재정수입액이 공립학교 기준의 인건비, 운영비 등 기준재정수요를 충당하지 못할 때 그 차액을 지원하는 재정결함보조가 있으며, 교육환경개선을 위한 시설비 지원, 기타 국가 중점사업추진에 소요되는 국고보조금 지원이 있다. 사학의 경우에는 교육비 지출에 있어 공립에 비해 인건비 위주로 세출이 이루어짐으로써, 사립학교의 시설이 공립학교의 시설보다 낙후되는 결과가 발생될 수 있다.

4. 학교재정의 운영

1) 예산기법 및 제도

예산편성과 관련된 기법과 제도들은 여러 가지가 있는데, 품목별예산, 성과주의예산, 계획예산, 영기준예산 등이 있다.

(1) 품목별예산

품목별예산은 지출의 구체적 항목을 기준으로 예산이 편성되고 운영되는 제도를 말한다. 이 제도는 부정과 오류가 발생하지 않도록 확인하고 감독하는 전통적인 통제 지향적인 제도이다. 품목별예산은 조직이 달성하고자 하는 성과가 아닌 조직의 활동을 위한 투입요소를 기준으로 편성되는 제도로 아직도 광범위하게 사용되고 있다. 이 제도의 장점은 예산의 낭비와 부정을 방지하는 데 유용하고 다른 예산제도와 결합하여 편성하기가 쉬우며, 사람들이 이해하기 쉽다는 점이다. 반면에 사업의 효과와 효율보다 지출의 액수에 초점을 맞추기 때문에, 예산의 성과에 대한 분석은 소홀해진다는 단점을 지니고 있다.

(2) 성과주의예산

성과주의예산은 예산과목을 사업계획별, 활동별로 분류한 다음, 각 세부사업별로 단위 원가에 업무량을 곱하여 예산액을 표시하고, 그 집행의 성과를 측정·분석하여 재정통제를 하는 것이다. 성과주의예산은 사업과 기능을 중심으로 예산을 편성하며, 업무측정단위를 결정하여 단위 원가를 계산하고, 사업의 총예산은 사업을 구성하는 모든 활동들의 예산을 합산하여 산정한다. 이 제도의 장점은 달성하려는 목표와 사업이 무엇인지를 표시하고 이를 달성하는 데 필요한 소요비용을 명시해 준다는 것이다. 그러나 예산관리에 치중하기 때문에 계획을 소홀히 한다는 단점이 있다.

(3) 계획예산

계획예산제도는 합리적인 조직목표를 설정하고 이를 성취하기 위한 계획과 행동과정, 자원배분을 계획적으로 수립함으로써 조직의 목표를 효율적으로 달성하려는 제도이다. 계획예산제도는 계획, 프로그램의 체계화, 중장기계획의 수립, 예산편성, 평가의 단계를 거친다. 이 제도의 장점으로는 학교목표의 우선순위에 따라 자원을 합리적으로 사용할 수 있기 때문에 예산 지출의 효율화를 가져올 수 있으며, 학교의 목표와 교육프로그램, 그리고 예산을 체계적으로 연결시킬 수 있다. 반면에, 학교교육의 교수-학습체계를 지나치게 단순화시킬 수 있으며, 교육활동의 성과가 장기적이라는 점을 고려할 때 실적평가가 너무 성급하게 이루어질 수 있고, 예산운영의 집권화를 조장시킬 수 있다는 단점이 있다.

(4) 영기준예산

영기준예산은 전년도 사업을 그대로 인정하지 않고 학교목표에 따라 새롭게 재평가함으로써 우선순위를 정하고, 한정된 예산을 우선순위별 사업에 배분하여 결정하는 제도이다. 이 제도는 예산을 편성할 때 기본계획서를 작성하고, 사업 간의 우선순위를 결정한다. 이 과정에서 교직원들이 공동으로 참여하여 학교에서 수행하게 될 사업내용과 실행예산을 작성할 수 있다. 이를 통해 학교경영계획과 실행예산이 일치함으로써 학교경영이 보다 합리적이고 효율적으로 이루어질 수 있다는 장점이 있다. 반면에 교직원들이 새로운 제도에 숙달되기 위해서는 시행착오를 거치게 되고 교원들은 새로운 과업을 수행해야 하는 부담을 가지며, 사업이 기각되거나 평가 절하될 경우 비협조적인 풍토가 발생할 수 있고, 매년 모든 사업의 타당성과 우선순위를 평가해야 하는 업무부담이 발생한다는 등의 단점이 있다.

(5) 단위학교예산

일반적으로 교육구에서 관장하던 재정권을 단위학교에 이양함으로써 단위학교의 자율성과 책무성 및 효과성을 향상하고자 하는 제도이다. 이 제도는 미국과 영국을 비롯한 서구의 여러 나라에서 학교를 보다 효과적으로 경영하기 위한 학교단위경영제의 일환으로 도입하고 있다. 단위학교예산제도는 실제 여러 가지 형태를 띠고 있지만, 핵심적인 사항은 과거 교육청 수준에서 예산과정을 주도했던 것에서 단위학교가 예산과정의 중심적인 역할을 담당하는 것으로 분권화된 것이다. 특히 단위학교예산제도하에서는 학교예산의 편성과정에서 교육청에서 총액 배분된 예산을, 학교운영위원회와 같은 기구를 중심으로 학교경영계획과 이에 따른 실행예산으로 편성하게 된다. 또한 편성된 예산의 채택과정에서도 교육청의 역할은 전통적인 방식과는 달리, 단위학교에서 편성한 예산의 실질적인 내용에 대한 심사라기보다는 예산편성 및 운영규정이나 정책에 일치하는지의 여부와 같은 절차적인 사항에 치중한다. 단위학교예산제도하에서 교육청의 기능은 예산의 지출에 대한 통제기능에서 단위학교의 재정운영에 필요한 정보를 지원하는 기능으로 바뀌게 된다.

(6) 표준교육비

표준교육비는 일정 규모의 단위학교가 그에 상응하는 표준적인 교육여건(교직원 수, 교구, 시설, 설비 등)을 확보한 상태에서, 교육과정이 제시하는 정상적인 교육활동을 수행하는 데 필요한 인건비, 관리운영비 등의 최저소요경비를 가리킨다. 표준교육비에는 인건비와 운영비가 포함되며, 운영비에는 교수학습활동경비(교과활동경비, 특별활동경비, 재량활동경비)와 공통운영경비(여비, 전기수도사용료, 일반용품비, 연료비, 시설장비 유지비, 재료구입비 등)가 포함된다. 교과활동경비는 각 교과목 수업을 위해서 소요되는 교구 설비비 및 재료비이며, 특별활동경비는 교육과정에서 규정하고 있는 학급활동, 학교활동, 클럽활동 및 단체활동 등을 위해 소요되는 각종 교구·설비비 및 재료비이다. 재량활동경비는 학교장의 교육방침에 따라 활용되는 교육시간에 소요되는 경비이다.

2) 예산 과정

(1) 예산편성

학교예산의 편성과 심의는 다음 해(또는 학년도) 학교가 수행할 교육활동계획을 금액으로 표시한 계획을 작성하고 심의하는 과정이다. 학교예산의 편성과 심의는 법령, 조례, 규칙 등과 교육청의 예산편성지침 등에 의거하여 합법적이고 합리적으로 편성되어야 하고, 학교교육계획과 긴밀한 관계를 유지하고 교직원들의 합당한 의견이 반영될 수 있도록 하여야 한다.

 학교재정으로부터 확보된 재원을 교육활동에 투입하기 위해서는 일련의 예산과정을 거친다. 교육 예산은 정부, 지방교육자치단체(시·도 교육청), 지역교육청, 단위학교별로 편성된다. 먼저 중앙교육행정기관의 장이 관계 중앙행정기관의 장의 의견을 들어 예산기본지침을 작성하여 매년 8월 31일까지 각 시·도 교육청에 시달하면, 각 시·도 교육청에서는 실·국장 협의를 거쳐 중앙교육행정기관에서 시달된 예산편성기본지침에 의거, 교육감이 작성하여 각 지역 교육청에 시달한다. 각 시·도 교육청의 예산담당관이 예산을 조정하여 예산안을 작성하고 교육감의 결재를 받아 회계 연도 개시 50일 전까지 시의회에 제출하고, 시의회에서는 회계 연도 개시 15일 전까지 소관 상임위원회와 예·결산특별위원회 등의 심의·의결을 거친 후 예산을 확정한다.

 확정된 지방교육예산은 학교 단위로 배분·운용된다. 먼저 지역 교육청에서 각급 학교로 예산편성지침을 시달하며, 여기에는 공립학교운영비 지원 및 배부계획, 사립학교 학교비 예산편성지침, 각급 학교 학교운영지원비운영관리 지침 등이 포함된다. 학교장은 학교회계예산편성 기본지침이 시달되면 소속 교직원에 대하여 학교 교육시책 및 예산편성에 필요한 사전교육을 실시한다. 학교장은 교직원 등으로부터 학교운영 및 교육활동에 필요한 경비를 기재한 예산요구서를 개인별 또는 부별로 제출 받는 등, 소속 교직원의 의견을 최대한 반영하여 예산안을 편성한다.

 학교장은 교직원 예산 요구서가 제출되기 전에 학생회, 학부모회, 학교홈페이지 등을

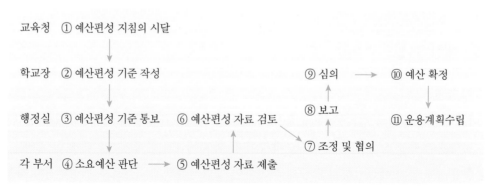

[그림 14-5] 학교 예산편성의 절차

통해서 학생·학부모의 예산 요구에 대한 의견을 연중 수렴하는 참여예산제를 시행한다. 단위학교에서는 각 부서 및 행정실의 조정 및 협의를 거쳐서 세입세출예산안이 편성된다. 학교장은 이상의 과정을 거쳐서 작성된 학교회계 세입세출예산안을 회계 연도 개시 30일 전까지 학교운영위원회에 제출하고, 학교운영위원회의 심의를 거쳐서 확정된다. 그리고 확정된 예산안의 효율적 운용을 위하여 행정실에서는 월별, 분기별 예산운용계획을 수립하여 각 부서에 통보한다. 이상의 절차를 정리하면 [그림 14-5]와 같다.

(2) 예산운영과 지출

학교예산의 집행은 학교가 수행하고 있는 모든 교육활동의 목적 달성을 위하여 마련된 학교예산안에 의거하여, 학교예산의 재원을 확보·조달하고 확보된 예산을 지출하는 모든 행위를 포함하는 과정이다. 시·도 교육청은 시·도 의회에서 확정된 예산을 소관부서와 각 기관별로 통보하고, 예산의 집행을 위해서 세출예산 배정요구서를 제출받아 배정계획서를 작성하고, 분기별로 소관예산을 배정한다.

학교교육비에 대한 집행의 경우, 초등학교와 중학교는 지역교육청을 통하여 세출예산 배정요구서를 제출하여 분기별(3개월)로 예산을 배정받으며, 고등학교는 본청에 세출예산 배정요구서를 제출하여 분기별로 배정받는다. 단위학교의 예산은 교육비 특별회계의 일상경비와 학교자치 예산인 학교운영지원비예산으로 구성되어 있기 때문에, 교육청을 통해서 배정되는 학교교육비가 중요한 재원이 된다.

학교의 예산은 크게 수입과 지출로 나뉜다. 수입은 국가 또는 지방자치단체, 그리고 사립학교가 모든 수요를 충족하기 위하여 지급의 재원이 될 현금을 수납하는 회계행위를 말한다. 수입은 회계 연도라는 기간적 개념에서 세입이라 불린다. 세입기관으로서 공립학교장은 분임징수관이라 하고, 사립학교장은 세입징수자이다. 중등학교의 경우 분임징수관인 교장은 분임징수 업무 중에서 수업료 규칙에 의한 사용료(수업료와 입학금)의 수입업무가 가장 중요한 임무로서 이를 회계절차상 징수와 수납으로 구분하여 시행한다. 지출은 세출예산을 결정하는 일부터 부담한 채무를 이행하기 위하여 지급을 명령하고 현금을 지급하는 일체의 행위이다. 회계규칙상 지출의 과정은 지출원인행위, 지출행위, 지급의 세 과정으로 구분되고 그 담당기관도 달리하고 있다.

(3) 예산결산과 평가

결산이란 회계 연도에서 정부의 재정적 활동의 결과를 확정적 계수로 표시하는 행위이다. 예산은 견적에 따라 편성된 것이기 때문에, 예산의 집행 후에 세입·세출의 실적을 예산과 대비해 보는 결산이 필요하다. 학교장은 회계 연도마다 결산서를 작성하여 회계 연도 종료 후 2월 이내에 학교운영위원회에 제출하여야 하고, 학교운영위원회는 결산심의 결과를 회계 연도 종료 후 4월 안에 학교장에게 통보하여야 한다.

결산과정의 분기 말, 회계 연도 말, 심사분석 결과와 과정평가에서의 평가결과는 즉시 예산집행과정에 환류되어야 한다. 목표설정과정에 환류하여 목표를 변경하고, 우선순위 과정에 환류하여 우선순위를 변경하기도 한다. 뿐만 아니라 산출과정에 환류하여 예산액을 조정하기도 하고, 집행과정에 환류하여 집행규모나 내용을 변경하기도 한다. 특히 회계 연도 말의 결산과 평가과정에서는 환류표를 작성하여 다음 학년도의 교육계획 수립과 예산운용의 전과정에 환류될 수 있도록 해야 한다. 교육활동비의 결산 및 평가는 교육계획의 평가와 병행하여 이루어지는 것이 효과적이다.

3) 학교재정의 문제

우리나라 학교재정은 다음과 같은 문제점을 갖고 있다(한상준, 1996; 공은배 외, 1997; 주철안, 1997).

(1) 학교교육계획에 따른 재정운영 미흡

단위학교 재정운영은 학교의 교육목표를 효율적으로 달성하기 위한 학교교육계획에 따라 이루어져야 한다. 많은 학교들이 학교교육계획을 작성할 때 교육계획의 시행에 필요한 재정 규모와 조달방법을 검토하지 않는다. 그 결과, 학교교육계획은 재정투자가 뒷받침이 안 되어 형식적인 계획이 되고 만다. 학교재정운영이 교육계획에 따라 이루어지지 않기 때문에, 학교재정이 교육사업별로 우선순위에 따라 합리적인 투자가 이루어지기 어렵다. 이와 아울러 학교재정의 단년도 편성으로 인해 중장기적인 교육사업이 추진되기 어렵고, 매년 소규모 분산 투자 등에 따른 재정의 비효율을 초래한다.

(2) 학교재정운영에서 교직원의 참여 부족

학교 교직원들은 재정투자가 포함된 학교교육계획 수립에 참여하여야 한다. 학교교육계획과 재정계획은 특정 부서의 일부 교직원들에 의해 전년도 사업을 중심으로 작성된다. 많은 학교에서 학교교육계획과 재정계획에 대한 교직원들의 이해가 부족하고 참여도 저조하다. 특히 학교교육을 실제로 담당하는 대부분의 교사들은 학교재정운영에 대한 이해도와 참여도가 매우 저조한 실정이다.

(3) 학교재정운영에 대한 평가 미비

단위학교 예산 운영에 대한 평가가 이루어지지 않고 있다. 이로 인해 재정투자의 성과 정도에 대한 판단이 이루어지지 않는다. 학교재정은 관행적으로 운영되고 예산절감 노력이 부족하기 때문에 학교경영활동에 대한 책무성 확보가 어렵다.

4) 학교재정운영의 개선

(1) 학교재정의 확보

단위학교의 재정을 확보하기 위해 학교자체재원을 개발하고, 학교운영지원비를 확충하고, 시·군 및 자치구의 교육경비보조를 활성화하고, 사학에 대한 세제 혜택을 확대한다.

첫째, 학교 자체재원을 개발한다. 단위학교의 자체재원을 확보하기 위해서 기부금품의 접수, 시설물을 이용한 세입증대, 수익사업의 운영 등을 적극적으로 활용한다.

둘째, 학교운영지원비를 확충한다. 학부모들이 학교운영지원비 규모 결정에 적극적으로 참여하게 함으로써 학교재원의 확충과 재원의 효율적인 운영에 기여할 수 있게 한다.

셋째, 시·군 및 자치구의 교육경비 보조를 활성화한다. 지역사회의 학교재원 확보에 대한 관심을 높이기 위해서 학교와 지역사회의 유대관계를 강화한다. 단위학교가 지역사회의 교육 및 문화활동에서 적극적으로 중심적인 역할을 수행함으로써 시·군 및 자치구의 교육경비지원을 활성화할 수 있는 기반을 구축한다.

넷째, 사학에 대한 세제 혜택을 확대한다. 사립학교를 세법상 비영리법인에서 별도로 분리하고 국·공립학교에 준하는 범주에 포함시켜 사립학교에 대한 세제 혜택을 확대함으로써 사립학교에 대한 차별을 시정한다.

(2) 학교재정관리의 개선

학교재정관리를 개선하기 위해 학교 예산편성의 개선, 학교예산집행에 대한 체계적인 평가 실시, 교직원들의 학교재정에 대한 이해와 전문성 확보 등이 필요하다.

첫째, 학교예산편성이 학교교육계획에 따라서 이루어지도록 한다. 학교 발전을 위한 중장기 교육사업계획을 수립하고 이에 따른 재정투자소요를 산출하여 계획적으로 사업을 추진함으로써 재정의 투자 효율성을 높인다.

둘째, 학교예산운영에 대한 평가를 실시한다. 단위학교의 예산집행의 효율성(자체재원의 확보, 예산절감 노력, 소모성 경비의 규모, 교수학습경비 투자액 등)을 평가하여 단위학교의 예산운영에 피드백하고 이를 예산지원과 연계함으로써 효율적인 예산집행 노력을 유도한다.

셋째, 교직원들의 학교재정에 대한 이해와 전문성을 확보한다. 새로이 요청되는 학교단위예산제도, 학교회계제도, 단위학교 예산평가 등이 정착되기 위해서는, 단위학교 교직원들의 학교재정에 대한 이해와 전문성 확보가 필수적이다. 이를 위해서 학교교직원뿐만 아니라 학교운영에 참가하는 학부모들을 대상으로 체계적인 학교재정운영 연수를 실시한다.

(3) 학교예산의 절감

학교예산을 절감하기 위해서 인건비 절감, 물품 구매와 관리 개선, 시설 공동관리 및 보수체제 등을 개선한다.

첫째, 학교의 일반직원 수를 줄이고 대신에 사무자동화 또는 외부기관에서 용역서비스(급식, 청소, 경비 업무 등)를 구입함으로써 예산을 절감한다.

둘째, 물품구매를 계획적으로 실시하기 위해 물품관리 위원회를 구성·운영하고, 고가 기자재의 경우에는 학교별로 공동 구매 및 공동 활용을 추진한다.

셋째, 효율적인 시설관리를 위해 학교 간 시설 공동사용을 활성화하고, 시설 관리자에 대한 전문교육을 강화하며, 지역교육청에 시설관리기동반을 편성하여 학교 시설의 점검 · 보수 · 개선에 대한 자문을 실시한다.

5. 학교재정의 개혁

현재 시행되고 있는 학교회계제도가 실질적으로 정착될 수 있도록 여러 가지 추가적인 조치들이 뒤따라야 한다. 즉, 학교의 주요 구성원들에게 연수 기회를 제공함으로써 예산과정에의 적극적인 참여를 유도해야 할 것이다. 이와 동시에 교육청에서 단위학교에 배분하는 예산의 비중을 점차 높여서 학교단위에서 예산편성과 집행기능이 강화되도록 해야 할 것이다. 이는 종래의 교육청 중심의 학교예산 편성 및 집행에서 학교단위의 예산편성 및 집행으로의 전환을 의미한다.

학교의 재정운영에 관한 권한이 확대됨으로써 학교교육계획의 수립이 실질적인 예산의 뒷받침 속에서 이루어질 수 있다. 단위학교에서 예산의 편성과 집행과정에 교직원과 학부모, 지역사회의 참여를 증대시킬 수 있다. 더욱이 학교재정의 신축적인 운영과 책무성 확보를 통해서 학교교육의 질 향상에 기여할 수 있게 된다(Odden, 1992).

학교단위예산제의 실시에는 다음과 같은 단계가 필요하다(Odden & Busch, 1998).

첫째, 분권화된 재정제도하에서 교육청의 역할과 책임을 새롭게 정립한다. 학교단위예산제를 실시하게 되면 시 · 도 교육청과 단위학교의 기능은 재조정된다. 교육청은 종래의 전통적인 교사 선발, 교과과정개발, 학생 배치 등의 역할을 단위학교에 이양한다. 대신에 교육청에서는 학교단위 정보체제의 구축, 교육청 전체 차원의 교직원 현직교육(특히 학교장과 수석교사), 학교 평가(책무성) 체제의 개발과 운영(보상과 제재) 등과 같은 새로운 역할을 수행한다. 이와 아울러 시 · 도 교육청에서 필수적으로 수행해야 할 기능과 선택적으로 수행할 수 있는 기능을 설정한다. 시 · 도 교육청에서 담당하는 필수적인 기능으로서 건물 신축 및 증축, 정보망 구축, 자금 투융자와 교육위원회, 교육감실, 정보서비스(재정, 회계, 학생성취도, 각종 교수학습 관련 수범 사례, 교직원 인사 등), 책무성 평가체제의 개발 및 운영,

중앙정부의 목적사업 등을 들 수 있다.

둘째, 교육청이 수행하는 핵심적인 기능과 필요한 재정 수준을 구체화함으로써 이를 제외한 나머지 재정액을 단위학교에 포괄적으로 배분한다. 시·도 교육청의 교육비특별회계예산 중에서 단위학교에 배분될 수 있는 예산은 '잠재적인 학교재정'으로 명명된다. 학교단위예산제가 성공적으로 이루어지기 위해서, 상급교육행정기관(교육부, 시·도 교육청)에서 실시하는 국가정책사업이나 지역정책사업에 필요한 목적사업비는 최소한으로 줄이고, 교육과정운영 및 학교경영에 필요한 학교교육비와 시설비 등을 단위학교에 포괄적으로 배분한다.

셋째, 단위학교에 포괄적으로 배분될 최소한의 잠재적인 학교재정의 비율을 결정하고, 연차적으로 상향 조정해 나가는 비율을 결정한다. 잠재적인 학교재정에서 단위학교에 배분하는 예산의 비율을 연차적으로 확대하여, 최종적으로는 시·도 교육청의 대부분의 예산이 단위학교에 배분되도록 한다. 예를 들어, 1차 연도에는 잠재적인 학교재정의 75%에서 시작하여 2차 연도부터 8차년도까지 매년 2%씩 상향조정할 때, 8차 연도에는 89%가 단위학교에 배분된다.

넷째, 교육청별로 단위학교에 배분할 '실제예산'을 산출하는 공식을 개발한다. 단위학교에서는 새로운 예산제도하에서 다양한 기능을 수행한다. 예컨대, 학교행정, 교수학습활동, 특수교육활동, 지역사회 서비스, 교과과정개발과 교수활동 장학, 시청각 기자재 및 실험실습기자재 확보, 테크놀로지(컴퓨터, 프로그램, 비디오 등) 활용, 상담활동, 행정실 운영, 학생통학, 학교개선계획 및 실시 등이 있다. 학교의 기능 수행을 위해서 배분되는 '실제학교재정'은 재정배분 공식에 따라서 산출된다. 재정배분 공식은 기본운영비, 학생당 기본경비, 교육경비 차이 정도에 따른 가중치(학교급별, 프로그램별, 지역별), 그 외 특별한 요인 등을 감안하여 작성된다.

다섯째, 각 단위학교에서 포괄 배분된 예산을 가지고서 지출하게 될 일반적인 사업 프로그램을 기술한다. 단위학교에서는 재정지출에 대한 결산보고에서 지출항목별로 자세한 정보를 제공하고, 교육청에서는 각 단위학교의 재정정보를 전산처리하여 관리하며 재정운용실적을 평가한다. 단위학교의 재정정보, 학생 성취도, 교직원의 인사 등에 대한 자료들은 관리정보체제로 통합됨으로써 단위학교의 책무성 평가에 반영할 수 있다.

제**15**장
학급경영

학교교육은 학급을 기본 단위로 하여 전개된다. 학생은 학급교실에서 배우고 경험하면서 성장·발달한다. 따라서 학급을 어떻게 운영할 것인가를 주 내용으로 하는 학급경영은 학교교육의 성과를 결정하는 중요한 경영활동이다. 이 장에서는 박병량(2003)의 『학급경영』을 토대로 하여 효율적 학급경영의 제 활동을 살펴보고자 한다.

1. 학급경영의 이해

1) 학급경영의 의의

학급경영의 의의는 학급의 이해에서 비롯된다. 학급은 학교의 교수–학습조직의 기본 단위 조직이다. 학급은 학교의 교육목적을 수행하기 위해 교육과정, 학생, 교사, 물적 조건으로 구성된 학교의 기본 교수–학습조직이다. 학교의 교육(교육과정)은 학급의 교수와 학습활동을 통해서 달성된다. 학급은 또한 학생에게 있어 생활의 장이다. 학생은 하루의 대부분을 그리고 인생의 많은 시간을 학급교실에서 보내면서, 학생과 교사 그리고 학급환경 속에서 배우고 경험하고 느끼고 생각하면서 성장·발달한다. 이러한 학급의 교육과 생활경험을 계획하고 조직하고 지도하는 학급경영은 학교교육의 성과는 물론 학생 개개인의 삶의 질을 결정하는 데 중요한 역할을 한다.

2) 학급경영의 정의

(1) 학급경영의 제 정의

학급경영(classroom management)은 다양하게 정의되고 있다. 학자들이 제시한 여러 가지 정의들에 포함되어 있는 학급경영의 의미를 분류해 보면, 크게 질서유지로서의 학급경영, 조건정비로서의 학급경영, 교육경영으로서의 학급경영으로 구분할 수 있다.

■ **질서유지로서의 학급경영**

학급경영을 학급활동의 질서를 유지하기 위해 교사가 학급에서 행하는 모든 활동을 학급경영으로 보는 관점이다. 학급이나 학교에서 발생하는 학생의 문제행동을 다루는 일을 학급경영으로 보는 훈육의 관점과, 학생의 문제행동을 예방하고 선도하는 일이라고 보는 생활지도의 관점, 그리고 학급 상황에 따라 요구되는 행동을 수행하도록 하는 일이라고 보는 학급행동지도의 관점 등이 여기에 속한다. '학급 내의 질서문제를 해결하기 위해 교사가 사용하는 행동과 전략'(Doyle, 1986, p. 397)이라고 정의한 Doyle이 이러한 관점을 대표한다.

■ **조건정비로서의 학급경영**

학급경영을 수업을 위한 학습환경을 조성하는 일로 보는 관점이다. 이 관점은 학급활동을 수업과 경영활동으로 분리하고 경영활동은 수업을 위한 조건정비와 유지활동으로 한정하는 입장이다. "학급경영은 교수와 학습이 일어날 수 있는 환경을 조성하고 유지하는 데 필요한 조건과 규정으로 구성된다."(Duke, 1979, p. 11)고 설명하는 Duke가 이 관점의 대표적인 학자이다.

■ **교육경영으로서의 학급경영**

학급경영을 경영학적 관점에서 교육조직을 경영한다는 차원으로 보는 입장이다. 이 관점은 학급조직도 다른 조직과 유사한 기능을 수행한다고 보고 다른 조직을 경영하는 방식을 학급경영에도 적용하려고 한다. 다만, 학급이 교육조직이므로 교육조직의 독특한 경영 특색이 반영되어야 한다고 보고 있다. 경영을 목표의 성취에 필요한 조정과 협동에 관심을 갖는 조직의 기능이라고 정의하고, 그러한 조직의 기능을 수행하는 교사의 활동을 학급경영으로 보는 Johnson과 Brooks(1979)가 이 관점의 대표자들이다.

(2) 학급경영의 정의

학급경영을 교육경영으로 보는 입장에서 학급경영을 정의하면, 학급경영은 학급의 목적을 수립하고, 이를 효율적으로 달성하기 위하여 인적 · 물적 자원을 확보하고 활용하여 학급활동을 계획, 조직, 지도, 조정, 통제하는 일련의 활동과정이다. 이 정의 속에 포함된 주요 요소는 조직의 목적, 자원의 사용, 경영과정이다. 이들 요소를 중심으로 학급경영의 정의를 부연 설명하면 다음과 같다.

첫째, 학급경영은 학급의 목적을 추구하는 활동이다. 학급의 목적 또는 목표는 학급이 본질적으로 추구하는 것으로 학급의 존재 이유가 되는 것이다. 학급의 목표를 크게 학교의 교육목적을 바탕으로 하여 세워진 학급의 교육목표와, 학급 구성원의 개인적 혹은 집단적 욕구와 필요를 바탕으로 한 학급 구성원의 개인적 또는 집단적 목표로 나눌 수 있다. 학급경영은 교육과정에 나타난 학교교육의 목적뿐만 아니라 학급 구성원 개개인의 독특한 필요와 욕구, 집단적 필요 및 사회적 기대까지 학급의 목표로 수용하여 추구하는 활동이다.

둘째, 학급경영은 교육자원을 획득하고 배분하고 활용하는 활동이다. 교육자원은 교육목적을 달성하기 위한 활동에 투입되어 공헌할 수 있는 힘을 지닌 모든 것을 말한다. 이런 교육자원에는 교직원 · 학생 및 학부모와 같은 인적 자원, 건물 · 시설 · 설비와 같은 물적 자원, 운영비와 같은 금전적 자원, 그리고 지식, 정보, 시간, 노력 등의 교육자원이 포함된다. 이러한 자원들을 어떻게 획득하고 효율적으로 사용하느냐 하는 것이 학급경영의 중요한 내용이 된다.

셋째, 학급경영은 계획, 조직, 지도, 조정, 통제 등 일련의 활동과정으로 이루어진다. 이러한 과정은 학급운영을 합리적이고 효율적으로 수행하는 데 필요한 과정이다. 학급경영의 요소 활동들은 서로 분리된 활동으로서가 아니라 서로 연계된 활동으로서 학급의 목표를 효율적으로 달성하는 데 필요한 순환적 과정활동이다.

마지막으로, 학급경영은 집단 협동체 활동이다. 학급경영은 학급이라는 집단 협동체를 형성하고, 구성원 개개인이 학급조직을 기반으로 하여 집단적 제 활동을 협동적으로 수행하도록 하는 활동이다. 학급경영은 개인적 수준의 개별행위보다는 집단적 수준의 조직행위에 관심을 갖는다.

3) 학급경영의 과업

학급경영의 과업과 관련하여 두 가지 다른 입장이 있다. 하나는 학급활동을 수업활동과 경영활동으로 구분하고 수업활동을 제외한 학급활동을 경영의 영역으로 삼으려는 입장이다. 이 입장은 학급활동에서 수업과 경영을 분리하고 경영활동을 수업을 위한 조건정비와 질서유지 기능으로 파악한다. 다른 하나는 수업활동과 경영활동을 구분하지 않고 학급활동 전체를 경영의 대상으로 삼는 입장이다. 이 입장은 학급경영을 수업을 포함한 학급활동 전체를 대상으로 하는 활동으로 본다. 그러나 수업과 경영을 분리하려는 입장에서도 수업활동과 경영활동은 서로 밀접히 연계되어 있다고 보는 것이 공통적인 견해이다.

Johnson과 Bany(1970, pp. 63-65)는 수업과 학급경영을 개념적으로는 분리하고 있지만, 경영활동을 수업활동에 통합된 중요한 활동 부분으로 간주한다. 그리고 교사가 수행하여야 할 경영과업을 조장활동과 유지활동으로 구분하였다.

조장활동(facilitation activities)은 학급을 협동적 사회체제로 발전시키는 활동으로서 학급의 내적 체제의 확립에 초점을 맞춘다. 여기에 포함되는 활동에는 학급집단의 통합적이고 협동적인 관계 수립, 학급에서의 행동기준이나 규칙 및 절차의 확립, 집단의 문제해결을 통한 학급체제의 조건 개선, 개인 또는 집단활동을 제약하는 학급체제 조건의 수정이나 변화 등이 있다.

유지활동(maintenance activities)은 학급의 집단과정—남들과 더불어 일하는 과정—에서 발생하는 문제를 해결하여 역동적이고 안정감 있는 학급분위기를 조성·유지하는 활동으로 학급집단과정의 효율성을 높이기 위한 것이다. 여기에 포함되는 활동에는 갈등해소, 사기진작, 환경변화에 대한 적응력 배양 등이 있다.

수업활동을 포함한 학급활동 전체를 학급경영활동으로 보는 Lemlech(1979)는 학급경영은 교육과정과 계획, 절차와 자원의 조직, 환경정비, 학생지도의 점검, 학급에서 발생가능한 문제의 예측 등을 통해 학급생활을 조화시키는 활동이라 하였다.

교육현장에서 학급경영 과업은 통상적으로는 학급활동의 영역별로 분류한다. 각 영역별 주요 활동은 다음과 같다.

- 학급경영계획의 수립: 목표설정, 학생·가정환경·지역사회조사 등
- 집단조직 및 지도 영역: 규칙 및 절차의 수립과 시행, 소집단 편성 및 지도, 학급분위기 조성 등
- 교과학습 영역: 학습지도안 작성, 가정학습 지도, 특수아 지도 등
- 특별활동 영역: 자치활동, 클럽활동, 학교행사 등
- 생활지도 영역: 인성지도, 학업문제 지도, 진학 진로지도, 건강지도, 여가지도 등
- 환경 시설관리 영역: 물리적 환경정비, 시설관리, 비품관리, 게시물관리, 청소관리 등
- 사무관리 영역: 학사물 관리, 학습지도에 관한 사무, 학생기록물 관리, 가정연락물 관리, 각종 잡무 관리 등
- 가정 및 지역사회와의 관계관리 영역: 가정과의 유대, 지역사회와의 유대, 교육유관기관과의 유대, 지역사회 자원활용, 봉사활동 등

4) 학급경영의 원리

학급경영을 구상하고 전개하는 데는 학급을 어떠한 원칙에 입각하여 어떠한 방향으로 운영하겠다고 하는 학급경영의 방침이나 원리가 필요하다. 다음에 제시하는 네 가지 학급경영의 일반적 원칙이나 방침은 학급경영활동 그 자체에 이미 내재되어 있거나, 또는

학급경영활동을 효율적으로 수행하기 위해서 필요한 요건들을 바탕으로 하여 도출한 것이다.

■ 교육적 학급경영

교육적 학급경영은 모든 학급경영활동이 교육의 본질과 목적에 부합하도록 운영하는 것이다. 이는 학급경영 그 자체가 교육활동이기 때문이다. 교육은 인간성향의 가변성을 믿고 개인이 지닌 잠재적 가능성을 최대로 발전시키고자 하는 노력이다. 따라서 학급경영은 인간은 교육을 통해서 성장·발전한다는 신념 아래 학생 개개인의 지적, 정의적, 신체적 능력을 최대로 개발하여 자아실현된 인간에 도달할 수 있도록 운영하여야 한다.

■ 학생 이해의 학급경영

학생 이해의 학급경영은 학급경영의 구상과 전개가 학생의 이해를 기반으로 하여 이루어져야 한다는 것이다. 효과적인 학급경영을 위해서는 학생의 발달단계에 따른 지적, 정서적, 신체적, 사회적 발달의 제 특징과 학습능력 및 준비도, 그리고 집단의 역학과 사회적 심리의 이해를 근거로 하여 학급의 제 활동이 구성되고 운영되어야 한다.

■ 민주적 학급경영

민주적 학급경영은 민주주의의 이념—인간존중, 자유, 평등, 참여, 합의 등—에 입각하여 학급을 경영하는 것을 말한다. 즉, 민주적 학급경영에서는 학급 구성원 개개인의 인격이 존중되고, 자유스러운 학급 분위기가 조성되며, 학생 스스로 결정할 수 있고 책임질 수 있는 자율적 행동이 조장된다. 이러한 민주적 학급경영은 학급이 민주주의의 학습장이라는 의미에서도 그 의의가 크다고 할 수 있다.

■ 효율적 학급경영

효율적 학급경영은 효과적이고 능률적으로 학급을 운영함을 말한다. 학급경영의 효과성은 학급의 목표가 성공적으로 달성되는 것을 의미하며, 능률성은 학급의 자원을 경제적으로 사용하여 최대의 성과를 얻는 것을 말한다. 효율성은 일반적으로 효과성과 능률성이 동시에 나타나는 상태를 지칭하는 것이다. 효율성은 또한 집단 구성원의 심리적 만족을 의미하는 뜻으로 사용되기도 한다. 따라서 학급의 자원을 경제적으로 사용하여 학급의 목표를 달성함과 아울러 학급 구성원의 심리적 만족을 충족하는 학급운영을 효율적인 학급경영이라고 할 수 있다.

　실천적 측면에서 교사가 지켜야 할 학급경영의 원리를 김봉수(1983)는 다음과 같이 제시하였다.

- 자유의 원리: 현대 민주교육의 기본적 특징의 하나로 학습자의 인격을 존중하고 그들의 개성을 발전시킬 수 있도록 생활조건을 확보해 주어야 한다.
- 협동의 원리: 민주생활 기본원리의 하나로서 학급집단의 안전과 이익을 위하여 협동생활을 할 수 있도록 생활환경적 조건을 마련해 주고 지도해야 한다.
- 창조의 원리: 학급 내외의 생활이 언제나 과학적인 마음, 즉 자료의 모집과 분석, 통합, 정리, 활용하는 방법을 지도하고 그러한 실제 생활의 기회를 만들어 주어야 한다.
- 노작의 원리: 노작활동은 자기활동인 동시에 자기표현이기도 하다. 정신적, 신체적 활동을 통해서 유형·무형의 창작물이 나올 수 있는 것이다. 따라서 학습활동이나 특별활동 등에서 스스로가 각자의 목표를 세우고 그것을 실현하도록 이끌어 주고 또 그러한 기회를 자주 만들어 주어야 한다.
- 흥미의 원리: 흥미는 학습활동의 동기를 주며 학습활동의 원동력이 된다. 따라서 평소 학급생활에서 학습자들이 흥미를 갖게 할 수 있는 생활환경을 조성해 주고 가능한 한 그들의 생활주변의 환경조건을 새롭게 해주어야 한다.
- 요구의 원리: 학교교육은 당면한 사회적 요구나 과제, 학습자의 요구, 가정의 요구 등을 발견하여 교육적 가치가 있다고 인정되는 내용은 가급적 충족해 주어야 한다.
- 접근의 원리: 참된 교육의 성과는 교사와 아동·학생이 거리감 없이 가장 친근할 때 더욱 효과를 올릴 수 있다. 이러한 점에서 교사와 학습자, 아동과 아동이 서로 존중하고 신뢰하고 인격적으로 대할 때, 학급은 부드러워지고 학급 구성원 전체의 발전·향상을 기할 수 있다.

● 발전의 원리: 학급교사는 꾸준한 자기반성·평가를 비롯하여 일상의 학습자의 생활 실태, 학급의 교육적 제 환경조건을 관찰, 평가, 반성하여 보다 나은 방향으로 변화할 수 있도록 해야 한다.

5) 학급담임의 임무

학급담임은 교실에서 직접 아동·학생을 매일 접하면서 교육활동을 전개하는 교사라는 점에서 그의 역할은 다른 어떠한 교무분장 직무에서는 볼 수 없는 중대한 의미를 지니고 있다. 그의 일차적 임무는 학급경영을 구상하고 전개하는 학급경영의 담당자로서 역할을 수행하는 데 있다. 학급경영 담당자로서의 역할은 학급목적을 달성하기 위하여 경영목표를 세우고 학급이 수행할 제반 과업을 계획하고 지도·전개하고 평가하면서 학급을 충실히 발전시키는 것이다. 그가 수행할 주된 과업은 이미 앞에서 설명한 바 있는 학급경영 과업들로서 학급의 질서를 유지하면서 학습을 촉진하는 활동들이다.

학급담임의 임무를 학급경영 실제와 관련하여 열거하면 다음과 같다.

● 학급경영의 목표수립
● 학급경영계획의 수립-학급경영안의 작성
● 학급 교육과정의 구성과 운영
● 학생 생활 지도
● 특수 학생 지도
● 학생 평가
● 과외활동과 여가 지도
● 교실의 환경 구성
● 학급 사무처리
● 학급경영 평가
● 학부모 상담 및 지역사회 관계

이러한 활동을 효율적으로 수행하기 위해서 학급담임은 다음과 같은 역할을 수행한다(新谷民夫, 1983, pp. 132-133).

① 학급담임으로서의 역할을 자각하고 그에 따른 책임을 수행하도록 노력해야 한다. 학급담임은 교육자로서, 그리고 학교라는 조직집단의 일원으로서의 자각과 더불어 다음과 같은 점들을 고려하여야 한다.

- 학급의 경영 관리 책임: 학급경영에 대해 구상한 내용을 책임 있게 전개하도록 요청된다. 인적으로는 아동·학생의 관리와 지도를, 물적으로는 교실환경에 관련된 조건정비를, 방법적으로는 이러한 인적·물적 요인의 전개와 교과, 특별활동, 도덕적 측면과의 관련을 충실히 하는 것이다.
- 아동·학생의 지도 책임: 아동·학생의 자주성, 주체성을 존중하면서 학급담임의 지도성을 충분히 발휘하도록 요청된다. 학급담임은 학급의 아동·학생에게 엄부(嚴父)이자 자모(慈母)가 되지 않으면 안 된다.
- 학년 간의 연계 책임: 본질적으로 독창적인 학급경영이 독선적이고 폐쇄적으로 이루어지는 것을 막고, 학교교육 목표의 구체화와 실천, 학년 전체의 노력과 목표달성 추진이라는 입장에서 그 연계와 조정이 이루어져야 한다.
- 부모와의 연계 책임: 이상의 학급의 경영·관리의 책임, 아동·학생의 지도 책임, 학년 간의 연계 책임의 성과를 보다 크게 하기 위해 가정에서의 책임, 학교-가정의 협력체제를 확립하여 그 연계협동을 밀접히 하도록 요청된다.

② 아동·학생을 깊이 이해하고 그들을 사랑해야 한다. 이해는 객관적·발달적으로 이루어져야 하며, 애정은 차별적 사랑과 평등적 사랑이 모두 필요하다.
③ 자기 자신의 인격과 식견을 높이고 항상 연수에 힘써야 한다. 학급담임은 다양한 특징을 가진 개성 있는 아동·학생을 지도하기 때문에 일방적인 주장에 치우치지 않고 넓은 교양과 인간성을 가지는 것이 필요하다.

2. 학급집단의 편성, 특성 및 활동

1) 학급집단의 편성

앞에서도 언급한 바와 같이, 학급은 학교의 교육목적을 수행하기 위해 교사와 학생이 교육과정을 바탕으로 교육활동을 전개하는 교수-학습조직의 기본 단위이다. 학급은 학교교육 목적과 직결되는 활동을 수행하는 학교의 핵심 교육작업 생산조직인 것이다. 따라서 학급은 학교의 교육 목적을 가장 효율적으로 달성할 수 있도록 편성·운영되어야 한다.

교수-학습조직을 구성하는 기본요소는 교육과정, 학생, 교사이다. 따라서 교수-학습조직으로서 학급은 교육과정과 연계하고 학생과 교사를 결합하여 편성된다. 교육과정의 내용과 수준결정, 학생배치의 결정, 교사배치의 결정 및 그들의 결합방식은 교수-학습조직의 형태를 결정하는 중요한 요소가 된다(본서 제4장 제5절 참조). 학급집단의 편성을 학급 편성, 학생집단 편성, 분단(모듬)조직으로 나누어 다음에서 살펴보고자 한다.

(1) 학급 편성

학급 편성의 유형에는 학년제 학급, 복수학년제 학급, 무학년제 학급 등이 있다. 학년제 학급은 학년제를 바탕으로 동일 학년의 학생을 적절한 수로 나누어 편성한 일반 학급을 말한다. 복수학년제 학급은 두 개 또는 세 개의 연속되는 학년의 학생으로 편성한 학급으로, 학년제를 유지하면서 학생의 개인차를 수용하려는 학급편성이다. 무학년제 학급은 학년제를 적용하지 않고 학생의 능력이나 적성에 맞는 수준의 학습단계를 밟을 수 있도록 편성한 학급이다. 그 외 복식학급은 시골이나 벽지학교에서 학생 수가 적어 학교경영상 학생을 통합하여 운영하는 학급이다.

학급교사의 배치는 학급담임제, 교과전담제, 협동교수제(team teaching)가 있다. 학급담임제는 한 교사가 한 학급을 담당하여 전 교과를 가르치면서 학급을 경영하는 제도이며, 교과전담제는 한 교사가 일정 교과를 담당하여 학생을 지도하는 제도다. 협동교수제는

2명 이상의 교사가 한 팀이 되어 한 학생집단을 공동 책임으로 지도하는 교수체제이다.

학급당 학생 수는 학급의 교육활동을 효율적으로 전개하는 데 적합한 수가 된다. 교육적인 측면에서 학급당 학생 수를 결정하는 데 고려되어야 할 사항은 다음과 같다(김영돈, 1979).

① 교사가 학생들의 개인차를 보살피는 데 적합한 인원 수
② 강의중심의 일제학습에서도 학생의 자발적 학습을 지도하고 개인별 질문이나 의문을 풀어줄 수 있는 인원 수
③ 학급사회에 안전감을 줄 수 있는 데 적합한 인원 수
④ 아동들이 공동생활을 하면서 긴밀한 인간관계를 맺음으로써 사회성을 기를 수 있는 데 적합한 인원 수
⑤ 학생들의 활발한 학습의욕을 야기할 수 있고 상호협력하여 공동학습을 할 수 있는 인원 수

(2) 학생집단편성

학생배치는 배치기준과 방법을 미리 정하고 이에 따라 학생을 각 학급에 배치한다. 일반적인 학생배치 기준에는 연령, 능력, 학업성적, 흥미, 진로, 성, 거주지 등이 있다. 각 배치기준에 따라 학생집단편성은 연령집단편성, 능력집단편성, 학업성적집단편성, 흥미집단편성, 진로집단편성, 성집단편성, 거주지집단편성 등으로 분류된다. 이와 같은 기준은 학급 및 학급 내 소집단 편성에도 그대로 사용된다.

학급집단편성 방법에는 동질집단편성, 이질집단편성, 혼합집단편성 방법 등이 있다. 동질집단편성(homogeneous grouping)은 집단편성기준에서 비슷한 성질의 학생으로 배치하는 방법이고, 이질집단편성(heterogeneous grouping)은 집단편성기준에서 성질이 다른 학생들이 고루 섞이도록 학생을 배치하는 방법이며, 혼합집단편성(mixed grouping)은 동질집단편성과 이질집단편성을 혼합하여 집단을 편성하는 방법이다. 예를 들면, 능력을 편성기준으로 할 때 능력이 비슷한 학생으로 집단을 편성하면 능력별 동질집단편성이 되고, 능력에 차이가 나는 학생들로 집단을 편성하면 능력별 이질집단편성이 된다. 남녀공학취

업반은 성별에서 이질집단편성을 하고 진로에서 동질집단편성을 한 예이다.

그러나 어떠한 편성방법을 사용하든, 학급집단은 전체로 보면 동질적이면서 이질적인 집단편성이 된다. 말하자면 동질반 편성이더라도 동질성을 확보하는 편성기준 이외의 요소들에서는 이질적 성격을 갖는 집단이 되며, 이질반 편성의 경우에도 통상적으로 학년별 학급편성을 하게 되므로 동일연령의 비슷한 발달수준의 학생으로 각 학급이 구성되어 동질적 성격을 띠게 된다. 그래서 학급 내 학생들의 개인차와 학급 간 집단의 유사성은 항상 존재하게 된다.

학급집단편성에서 교육적으로 문제가 되는 것은 능력집단편성(ability grouping)에서 동질집단과 이질집단의 장점과 단점에 대한 논의이다. 이에 대한 많은 연구결과에도 불구하고 어떤 편성방법이 교육적인 견지에서 효과적인가에 대해서는 확실한 결론을 내리기 어려운 상태에 있다. 학습집단 편성방법의 교육적 효과를 판단하는 준거로는 학업성적, 자아개념, 학교 또는 타인 및 사회에 대한 태도, 사회성 발달 등이 많이 사용된다. 그래서 어떤 평가준거를 사용하느냐에 따라 연구결과도 다르게 나타난다. 또한 연구의 결과해석에서도 연구자 자신의 혹은 그 시대의 교육관을 반영하여 해석하기 때문에 편성방법의 장점과 단점을 한마디로 결론 내리기는 어렵다. 이는 학급집단편성 방법에 대한 많은 연구가 필요함을 시사한다.

어느 경우에나 최선인 학급집단편성은 어렵지만 집단 편성에서 중요하게 고려해야 할 사항이 있다. 이를 소개하면 다음과 같다.

① 집단편성 계획은 아동이 그의 발달의 모든 측면에서 균형 있는 적응(발달)이 이루어질 수 있도록 세워져야 한다.
② 집단편성 계획은 집단의 다양성을 확보하는 데 충분할 정도의 개인차를 지닌 집단이 되도록 하여야 하며, 또한 비슷한 욕구를 가지고 함께 조화롭게 작업을 할 수 있는 충분한 동질성도 가져야 한다.
③ 집단편성 계획은 아동 자신이 작업을 가장 잘 할 수 있는 집단에 속해 있다는 생각, 아동에게 개인적인 도전감과 만족감을 주는 집단, 그리고 그가 가장 보람 있게 공헌할 수 있는 집단의 개념을 권장하여야 한다.

④ 집단편성 계획은 아동들이 다른 급우들과 함께 상호 만족감을 가지고 생활하는 것을 배울 수 있는 기회를 제공하여야 한다.

⑤ 집단편성 계획은 자신에 대해 행복감을 갖고 살아갈 수 있도록 아동의 전인적 발달이 이루어질 수 있도록 세운다.

⑥ 집단편성 계획은 모든 아동이 각자 보통 수준의 성취를 달성할 수 있도록 세운다. 계획은 각 아동이 다른 아동들과 비우호적인 비교를 하지 않고, 그 자신의 능력면에서 성공을 거둘 수 있는 기회를 제공하여야 한다.

⑦ 집단편성 계획은 비슷한 연령, 신체적 발달, 사회적 성숙수준의 아동과 함께 집단에 배치하도록 하되, 때로는 자신의 나이보다 많은 그리고 적은 아동들과 함께 작업할 수 있도록 해야 한다.

⑧ 집단편성 계획은 학업적 진보와 지적 통찰력의 최대 발전을 제공하여야 한다.

⑨ 집단편성 계획은 교사가 가르치는 모든 아동들을 상세히 파악하도록 세워져야 한다.

⑩ 집단편성 계획은 융통성 있고 적응적이어야 하며, 필요할 때 개인적 변화(이동)가 허용되어야 한다. 집단 간의 경계는 중복되어야 하고, 경직되게 고정되어서는 안 된다.

⑪ 아동은 남보다 앞서기도 하고, 뒤떨어지기도 하고, 지도자가 되기도 하고, 추종자가 되기도 하는 기회를 갖는 학급집단에 소속되어야 한다. 어느 한쪽 역할의 지나친 과다는 바람직한 성격, 인성 및 사회성 발달을 위한 건강한 환경이 되지 못하므로 균형된 역할을 제공하여야 한다.

⑫ 아동을 주어진 학년 학급에 배치하는 기본적 준거는 집단과의 관계에서 개인의 성취역할이다.

(3) 분단조직

분단은 학급에서 여러 가지 활동을 위하여 소집단으로 편성되어 운영되는 조직이다. 분단조직의 일반적인 목적은, 첫째로 일제 학습의 결함을 보완하면서 학습자들의 학습활동에의 참여의식을 강하게 하여 학습지도의 효과를 높이고, 둘째로 분단조직의 활동과정을 통하여 상호 협동과 연대의식을 길러 주어 학생의 자치적 생활훈련의 기회가 되도록 하며, 셋째로 각자의 학급활동에 관한 책임의식을 높이고 문제해결이나 과업활동에 능동적으로 참여하여 자율성을 신장시키는 데 있다(김봉수, 1983).

학급 내 분단조직의 유형은 학생 요인, 분단의 목적 및 활동내용에 따라 여러 가지로 분류된다. 학생 요인에 따른 분단유형에는 앞의 학생집단편성에서 설명한 바와 같이 성집단, 거주지집단, 능력집단, 흥미집단 등이 있다. 활동내용에 따른 분단유형에는 다음과 같은 것이 있다.

- 기본분단: 학급자치활동 조직에 많이 활용되는 분단형태로, '반' 또는 '계'로 조직하여 고정화시켜 운영하는 가장 일반적인 분단이다.
- 연구분단: 교과학습에서 과제별 연구, 현장학습, 조사학급, 보고학습 등을 위하여 편성한 분단이다.
- 즉석분단: 버즈 그룹(buzz group)이라고도 하며, 토의나 세미나를 위하여 일시적으로 편성하여 운영하는 분단이다.
- 연습분단: 기능의 학습이나 연습을 위하여 편성한 분단이다.
- 봉사분단: 봉사활동을 위해서 조직한 분단이다.
- 특별활동분단: 특별활동을 위해 조직한 분단이다. 각종 운동부, 미술부, 음악부 등이 있다.

오늘날 학급활동을 위하여 임시적으로 편성 운영하는 분단을 '모둠'이라고 부르기도 한다.

2) 학급집단의 특성과 활동

(1) 학급집단의 특성

인위적으로 편성된 학급조직은 시간이 경과함에 따라 집단사회의 특성을 갖게 되고, 학급집단으로서의 독특한 특징을 발전시킨다. 학급의 집단적 특성은 학급의 역동성과 학생지도에 영향을 미친다. 따라서 교사는 효과적인 학급지도를 위해서 집단활동에 영향을 미치는 여러 가지 학급집단의 특성을 고려하여야 한다.

집단(group)은 서로 영향을 주고받는 방식으로 상호작용하는 2인 이상의 사람들의 집합체를 의미하며 상호의존성, 목적성, 의사소통을 특징으로 한다. 즉, 집단은 공동의 목표를 가지며, 집단 구성원 간에 상호의존적 관계를 가지고, 같은 집단원 사이에는 다른 집단원 사이보다 더 긴밀한 의사소통을 갖는 특징이 있다. 학급은 이와 같은 집단의 특성을 바탕으로 학급집단으로서의 특징을 형성한다.

학급집단에서 중요시하는 특성 네 가지를 들면 다음과 같다(Schmuck & Schmuck, 1992).

① 학급집단은 상호작용과 구성원 간의 의존성을 중요 특징으로 한다. 학급에서 교사와 학생, 학생과 학생 간의 상호작용은 학생의 지적, 정의적 행동에 큰 영향을 미친다. 또한 학급은 개인 상호 간 그리고 학급 소집단 간 상호의존적 관계를 가지면서 학급 과업을 수행한다.

② 학급집단에서는 급우 간의 상호작용의 중요성이 이해되어야 한다. 좋은 급우간의 관계는 학생에게 긍정적 피드백을 주고 좋은 학급분위기를 형성한다. 따라서 교사는 급우 간의 관계의 중요성을 인식하고 좋은 급우 관계를 발전시킬 수 있는 기회를 주고 또 권장하여야 한다.

③ 학급집단은 공동목표를 수행하는 집단이다. 학급에서는 학급의 공동 학습목표가 추구되고 또한 소집단이나 학생 각자의 목표가 추구된다.

④ 학급집단은 사회적 구조를 통해 상호작용한다. 학급에서 반복되는 상호작용의 형태는 규범, 역할, 지위 등과 같은 사회적 구조를 형성한다.

이상과 같은 학급집단의 특성으로 학급은 그 나름대로의 인간관계, 분위기, 응집성, 문제해결 방식, 지도체제 등을 형성한다.

(2) 학급집단 활동

학급에서 행해지고 있는 제반 활동들을 이해하기 위해서는 학급 내 집단활동의 유형과 성격을 이해하여야 한다. 여기에서 학급은 하나의 사회적 단위로 파악되며, 다른 사회집단과 마찬가지로 심리적 집단활동, 사회적 집단활동, 과업활동의 세 가지 집단활동을 수행한다(Thelen, 1981).

■ 심리적 집단활동

심리적 집단활동(psycho-group activity)은 학급 구성원이 그들의 사회적, 심리적 욕구를 기반으로 하는 개인적인 필요에 의해 자발적으로 집단을 만들고 활동하는 것이다. 심리적 집단은 가치관, 취미, 흥미, 기호 또는 사고방식과 같은 학생들의 심리적 요인에 따라 인간관계를 맺어 형성된 집단으로, 비공식 혹은 비형식 집단(informal group)이라고 부른다. 친구, 또래집단은 이러한 집단의 예가 된다.

■ 사회적 집단활동

사회적 집단활동(socio-group activity)은 학급 구성원이 학급집단의 행동양식을 배우고 적응하는 활동으로, 학급사회의 규범과 가치 및 행동양식을 학습하는 사회화과정(socialization)이라고 할 수 있다. 사회적 집단활동에는 집단생활에 요구되는 행동양식으로 학생의 언어, 사고, 감정, 태도면에서 학습하는 활동이 포함된다.

■ 과업활동

교과활동으로 대표되는 과업활동(task activity)은 환경을 대상으로 행해지는 활동으로, 외부세계를 객관화하는 과정이라고 할 수 있다. 즉, 외부세계 및 지식-상징체계로 이루어진, 집단 구성원 밖에 존재하는 환경을 탐구하는 활동이다. 학생이 접촉하는 환경에는 두 가지 형태가 있다. 하나는 감각으로 경험할 수 있는 실제 환경이고, 다른 하나는 지식-상징으로 표현되는 환경이다. 학생은 환경의 실체를 직접적으로 경험하면서 과업활동을 하거나 혹은 교과서와 같은 언어적 기호화 체계를 대상으로 하여 과업활동을 한다. 따라서 학급경영자는 교과교육과 생활경험교육이 내용면에서 대응하거나 일치하도록 학생의 과업활동을 지도하여야 할 것이다.

학급집단의 구성원들이 행하는 이러한 집단활동들은 서로 갈등상태에 놓일 수도 있다. 그러므로 학급경영자는 이들 활동을 조정하여 교육적으로 효과를 거두도록 지도하여야 할 것이다.

(3) 학급집단의 행동적 특성

학급상황은 학습집단이 어떻게 조직되느냐 혹은 교사의 교육철학이 무엇이냐와 관계 없이 학급참여자에게 영향을 주는 뚜렷한 특성을 지니고 있다. 학급에서 전개되는 활동상 황은 다음과 같은 특징을 지니고 있고, 이러한 특징들은 학급 구성원에게 영향을 주므로 교사는 이를 고려하여 학급활동을 계획하고 지도하여야 한다(Doyle, 1986).

- 다원성: 다원성은 학급에서 일어나는 일과 과업이 매우 다양하다는 것을 말한다.
- 동시성: 동시성은 학급에서는 많은 일들이 동시에 일어난다는 사실을 말한다.
- 즉시성: 즉시성은 학급일의 빠른 정도를 말하는 것으로, 학급일이 빠른 속도로 진행 된다는 것을 말한다.
- 불예측성: 불예측성은 학급에서 일어나는 일들은 자주 예기치 못한 방향으로 진행된 다는 것을 말한다.
- 공개성: 공개성은 학급은 공개적인 장소이고, 학급일, 특히 교사가 포함되는 일은 대 부분의 학생이 목격하게 된다는 것을 말한다.
- 역사성: 역사성은 학급은 일주일에 5일씩 수개월 동안 열리고, 그래서 학급활동을 수 행하는 데 기초를 제공하는 경험의 공동체제, 관례, 규범 등이 축적됨을 말한다.

(4) 학급집단지도의 일반적 지침

학급집단의 기본적 특성을 바탕으로 학급집단을 구성하고 운영하는 데 고려되어야 할 사항을 일반적 지침으로 정리하면 다음과 같다.

① 모든 집단은 공동목표를 달성할 수 있는 협동체로 조직한다. 집단 구성원에게는 집 단의 목표를 확인시키고, 역할과 책임을 분담시키며, 의사소통 내지 지휘체계를 수 립한다.

② 모든 집단에는 규칙과 규범이 있어야 하며, 집단활동의 절차, 규칙 및 행동 규범을 세워서 학생들에게 주지시키고, 행동의 준거로 삼도록 함으로써 집단활동을 효율적 으로 수행한다.

③ 모든 집단에서는 의사소통이 원활하게 이루어질 수 있도록 구조화한다. 학생과 교사, 학생과 학생 간에 의견, 생각, 감정 또는 정보를 자유롭게 교환할 수 있도록 조직되어야 한다.

④ 모든 집단은 구성원 모두가 참여할 수 있는 민주적이고 자율적인 형태로 조직되고 운영되어야 한다. 소집단지도에서도 집단별 자율성이 신장될 수 있도록 조직·운영한다.

3. 학급의 인간관계

1) 교사와 학생 관계

많은 연구들은 교사와 학생과의 관계의 질에 의해 학생의 학업성취와 학생행동이 영향을 받는다는 사실을 지적하고 있다. 또한 교사-학생 관계의 질은 학급에서의 문제 발생 및 학급분위기 형성과도 밀접히 관련되어 있다. 따라서 교사는 바람직한 교사-학생 관계의 정립을 학급집단지도의 일차적 과제로 삼아야 한다.

교사가 학생에 미치는 영향력은 학생을 직접 지도하는 입장에 있다는 것과 학생의 모방대상이 된다는 것의 두 가지 측면에서 이해된다. 즉, 교사는 학생을 직접 지도하는 사람으로서 그리고 학생의 모방대상자로서 학생에게 영향을 미친다. 교사는 이와 같은 영향력을 이해하고 이를 긍정적으로 사용하여 교육적 효과를 얻도록 해야 한다.

(1) 효과적인 교사-학생 관계 형성

학생들은 일반적으로 온정적이고 우호적인 교사를 좋아하지만 중요한 것은 온정의 정도가 아니라, 교사와 학생이 상호존중하면서 각자의 책임과 역할을 우호적인 관계에서 잘 수행하는 것이다. 온정, 관심, 단호함은 나란히 존재하는 것이며, 이들 요소들을 잘 조화시킬 때 효과적인 교육이 가능해질 수 있다(Jones & Jones, 1990).

Thomas Gordon(1974)은 교사와 학생 간의 좋은 관계의 요건으로 다음의 다섯 가지를 들고 있다(p. 24).

① 상호 간에 솔직하고 정직할 수 있는 개방성(openness) 혹은 투명성(transparency)

② 상호 간에 서로 존중되고 있다고 인식할 때 느끼는 보살핌(caring)

③ (의존성과는 반대되는) 상호의존성(interdependence)

④ 각자의 성장과 특성, 창의성, 개성을 발전시키는 것이 허용되는 분리성(seperateness)

⑤ 상대방의 욕구를 희생시킨 대가로 자신의 욕구를 충족하지 않는 상호욕구충족성
(mutual needs meeting)

Jones와 Jones(1990)는 Gordon의 다섯 가지 요건을 전제로 하여, 긍정적이고 효과적인 교사-학생 관계를 형성하고 유지하기 위해서는 교사와 학생 간의 적정 수준의 개방적 관계의 수립, 긍정적 대화를 통해 긍정적인 교사-학생 관계 형성, 교사의 학생에 대한 높은 기대의 전달, 학생활동에 대한 교사의 관심이 요구된다고 하였다(pp. 67-78).

■ 개방적 관계 수립

교사는 학생에게 개방적이어야 한다. 그러나 어느 정도로 개방적이어야 하는지에 대해서는 신중하게 생각하여야 한다. 학생에 대한 개방의 정도에 따라, 교사가 학생과 개인적 관심사와 흥미, 취미, 가치관 등의 넓은 범위를 함께 공유하는 완전개방형과, 학교 안에서는 개방적이나 학교 밖의 생활에 대해서는 제한적으로 개방하는 제한적 개방형, 그리고 교사의 의무로서 가르치는 역할만을 수행하고 학생과 개인적 감정을 나누지 않는 배타적 개방형의 세 가지로 분류할 수 있다. 바람직한 교사-학생 관계에 가장 적합한 유형은 제한적 개방형이라고 할 수 있으며, 교사는 자신에게 적합한 개방의 정도를 정하여 학생을 대하여야 한다.

■ 긍정적 반응

학생들은 교사의 칭찬과 비난에 민감하므로 교사는 학생에게 부정적 반응보다는 긍정적 반응을 더 많이 하는 것이 바람직하다.

■ 높은 기대의 전달

학생에 대한 교사의 기대수준은 교사-학생 관계의 중요한 요인 중 하나다. 교사는 어떠한 방식으로든 학생에 대한 자신의 기대를 전달하게 되는데, 학생에 대한 교사의 긍정적 기대는 학생의 자아개념, 학습동기 및 교사-학생 관계를 증진시키지만, 부정적 기대는 그렇지 못하다는 것이다.

■ 대화기회의 마련

교사와 학생의 상호이해를 증진시키고 좋은 관계를 형성하기 위해서는 학생과 대화할 수 있는 기회를 여러 가지 형태로 마련하여야 한다.

2) 학생 간의 관계

학생과 학생 간의 인간관계는 학급집단의 중요한 자원이다. 학생 상호 간의 좋은 인간관계는 학급활동과 학급분위기에 긍정적 영향을 미치고, 나쁜 인간관계는 부정적 영향을 미친다.

(1) 학생 간의 인간관계에 영향을 주는 요인

학생 상호 간의 바람직한 인간관계의 발전을 위해서는 그들의 인간관계에 영향을 미치는 요소에 대한 이해가 필요하다. 학생들은 학급 구성원이 되는 순간부터 다른 학생들과 형식적 그리고 비형식적 인간관계를 맺는다. 형식적 인간관계는 과업, 역할, 지위와 같은 학급의 구조적 요인으로 이루어지는 인간관계로서 주로 학급의 목적과 관련되는 과업활동을 통해서 이루어지며, 비형식적 인간관계는 친애, 소속감과 같은 사회심리적 욕구로 형성되는 인간관계로서 개인적 만남, 사적 모임, 클럽활동과 같은 교우관계를 통해서 이루어진다. 이 두 가지 형태의 학생 간의 인간관계는 때로는 서로 갈등상태에 놓이기도 하고, 상보적 관계를 유지하기도 하면서 학교생활의 전 과정을 통해서 발전된다.

학생 상호 간의 인간관계에 영향을 주는 주요 요인들로는 친애, 학생의 지위와 권위, 수행하는 과업, 물리적 환경, 학습집단편성방법, 교사의 태도, 풍토 등이 포함된다. 학급의 물리적 조건(건축과 교실구성), 수업 조건(집단편성 방법), 과업조건(특별활동, 분단활동), 심리적 조건(학생과 교사의 격려, 타인 수용) 등은 교우관계에 직접적으로 영향을 미친다. 말하자면, 교사가 학급환경을 정비하고 학급집단을 편성·운영하고 과업지도를 하는 모든 조건이 학급의 교우관계에 직접적으로 영향을 미친다는 것이다.

특히 학생들 간의 친애는 학급의 사회구조를 결정하는 중요한 요인이다. 친애는 학생들의 인간관계를 결정하는 중요한 요인이다. 친애를 바탕으로 교우 또는 급우관계(peer relations)와 친구관계(friendship)가 형성된다. 친애는 상대방을 좋아하는 것(선호; liking)이다. 상대방에 대한 선호는 상대방을 수용하거나 배척하는 요인으로서 친구를 선택하는 요인으로 그리고 학급사회구조를 결정하는 요인으로 작용한다.

개인 간 호감이나 매력을 결정하는 데 영향을 주는 요인으로는 근접성, 개인적 특성, 친숙성, 보상성, 유사성 등이 있다(Freedman et al., 1981; 홍대식 역, 1982, pp. 176-207).

- 근접성: 근접성은 두 사람 사이의 물리적 거리를 말한다.
- 개인적 특성: 개인적 요인에는 신체적 특성, 사회적 행동, 지적 능력, 정신적 건강상태, 성 등이 포함된다.
- 친숙성: 친숙성은 주로 사귐의 시간이나 접촉의 횟수를 의미한다.
- 보상성: 사람은 자기에게 보상을 주거나 유쾌한 경험과 연관되어 있는 사람을 더 좋아한다.
- 인지적 균형: 사람들은 자기와 의견이 맞는 사람을 좋아한다는 것이다.
- 유사성: 사람들은 자신과 유사한 사람들에게 동질감과 동시에 호감을 갖는다.
- 상보성: 자신의 성격에 보충되는(반대되는) 성격을 지닌 사람을 좋아한다.

■ 사회성 측정법과 학급사회구조

학급사회구조는 학급집단의 사회성 측정법에 의한 사회성측정구조(sociometric structure)로 기술된다. 사회성 측정법(sociometric tests)은 원래 Jacob Moreno가 창안한 것으로, 특정 사회집단의 구성원으로부터 각각 서로에 대한 선호, 중립, 무관, 배척 등의 반응을 확인하여 그 결과를 사회관계도(sociogram)로 나타내는 방법이다. 이 방법은 집단 구성원 간의 관계에서 개인의 사회적 지위를 평가하는 집단의 사회적 구조를 파악하는 방법으로 널리 활용되어 왔다.

Schmuck(1963, 1966)는 사회성 측정법으로 학급집단에서 집중적 구조(centralized structure)와 확산적 구조(diffuse structure)라는 두 가지 형태의 사회구조를 확인하였다. 집중적 구조집단은 대인 간의 수용(acceptance)과 배척(rejection)의 폭이 좁은 것을 특징으로 하지만, 확산적 구조집단은 대인 간의 수용과 배척에서 거의 집중되지 않고 지원적 및 비지원적 선택의 폭이 넓은 것을 특징으로 한다. 집중적 구조집단에서는 많은 학생들이 좋아하는 또는 우호적으로 느끼는 학생이 소수 학생군에 집중되어 있는 반면에, 확산적 구조집단에서는 두드러지게 인기 있는 하위집단이 없으며, 선호선택이 보다 균등하게 분배되어 있고, 전적으로 무시당하는 학생이 거의 없거나 있다고 하더라도 극히 소수이다.

두 구조집단에 관한 연구들은 확산적 구조집단에서 보다 지원적이고 정서적인 분위기가 나타나고, 외톨이나 스타가 보다 적었으며, 친구선택의 분포가 덜 계층화되어 있음을 보여 주고 있다.

(2) 효과적인 학생-학생 관계 형성

교사는 학생과 학생 간의 인간관계에 영향을 주는 여러 가지 요인들을 고려하여 학생 상호 간에 바람직한 인간관계가 발전될 수 있도록 학급여건을 조성한다. 다음은 이를 위한 몇 가지 제안들이다.

① 학생 상호 간에 서로 알 수 있는 기회를 제공한다.

② 대화의 기회를 마련한다. 학급활동에서 자유스러운 대화의 기회를 많이 갖는다.

③ 집단활동을 촉진한다.

④ 개방적, 물리적 환경을 조성한다. 학생 간의 물리적 거리를 좁히고, 의사소통이 용이하도록 좌석배치를 한다.

⑤ 교사는 개방적, 수용적, 공정한 태도를 갖는다. 교사의 학생에 대한 개방적, 수용적, 공정한 태도를 학생들은 그들의 인간관계에 모방한다.

⑥ 규칙과 절차를 마련한다. 학급의 일을 규칙과 절차에 따라 처리함으로써 일을 순조

롭게 진행시키고 학생들에게 발생할 수 있는 문제들을 최소화한다.

4. 학급환경 정비

학급환경은 학급에서 개인 밖에 있는 모든 것을 지칭한다. 환경은 의식할 수도 있고 의식하지 못할 수도 있으나, 그것이 학생에게 자극을 주고 영향을 미치게 되므로 중요하다. 교사는 학생을 직접 지도하는 일뿐만 아니라, 학생에게 긍정적 영향을 미칠 수 있는 학급환경을 정비하고 조성하는 일에 특별한 관심을 가져야 한다. 여기에서는 학급의 물리적 환경의 정비와 학급풍토의 조성을 중심으로 살펴본다.

1) 물리적 환경의 정비

(1) 물리적 환경요소

학급의 물리적 환경정비는 물적 요소인 학급시설, 설비 및 자료를 구비하여 구성·배치하는 활동이다. 학급의 물적 요소를 어떻게 구성·배치하고 활용하느냐에 따라 학생의 교육적 경험, 학습의 역동성 및 학급 분위기가 달라질 수 있으므로 물리적 환경정비의 교육적 의의는 크다.

학급의 물리적 환경구성 요소에는 건축환경, 구성환경, 제공환경의 세 가지가 있다 (Charbonneau & Reider, 1996, p. 60).

- 건축환경(architectural enviornment)은 건축물과 건축물의 구조를 말한다. 교실 건축환경에는 교실의 형태, 크기, 창문의 위치와 수, 전기시설, 냉·난방시설, 부속실 등이 포함된다. 학교가 일단 건축되면 건축환경은 변경하기 어렵게 된다.
- 구성환경(arranged enviornment)은 각종 설비물과 그것들의 기능적 배치를 말한다. 설비에는 책상과 걸상을 포함하여 크기·형태·높이 등이 다른 여러 종류의 테이블과 의자, 이동용 선반, 보관함 등이 있다.

- 제공환경(provisional enviornment)은 학급활동에 제공되는 각종 자료와 재료이다. 여기에는 각종 교수자료, 교재, 학용품, 실험 및 공작 원료 등이 포함된다.

통상적으로 학급의 물리적 요소를 다음과 같이 용도별로 분류한다.

- 일반 교육용 시설물: 교실, 책상과 걸상, 교단과 교탁, 칠판 등
- 교실 부대시설: 부속실(예, 휴게실, 공동작업실 등), 냉·난방시설, 방음시설, 방송시설 등
- 일반 교수-학습용 교구: 도서, 컴퓨터, 지도, 지구의, 지시봉 등
- 시청각 교구: 환등기, TV, 비디오, 레코드, 실물표본 등
- 실험·실습용 교구: 과학기재, 약품 등
- 공작용 교구: 공작도구, 공작원료, 벽돌 등
- 보관물 상자나 함: 사물함 등
- 음료용구: 음료통, 주전자, 컵 등
- 위생용구: 빗자루, 걸레, 먼지털이 등
- 관찰용 용기: 곤충상자, 화분 등
- 장식용구: 거울, 꽃병, 그림 등
- 전시와 게시물

(2) 물리적 환경정비의 일반적 원칙

물리적 환경정비는 단순히 교실의 물적 환경의 정비에 국한된 것이 아니라, 수업방법, 내용, 학습형태 등을 비롯해서 학습자의 의욕 등 심리적 측면까지 걸쳐 있는 것으로 파악하고 계획을 세울 필요가 있다.

학급의 물리적 환경정비의 원칙이나 방침은 다음과 같이 진술할 수 있다.

첫째, 학급의 물리적 환경은 교육활동에 필요한 시설, 설비, 자료가 충분히 갖추어져야 한다.

둘째, 학급환경은 교수-학습활동이 촉진될 수 있도록 정비되어야 한다. 교실의 채광, 조명, 온도 및 소음은 학습환경을 저해하지 않도록 조절되어야 하고, 책상과 걸상 그리고 교탁은 교사의 시선이 모든 학생에게 미칠 수 있고 학생들이 교사의 수업전개를 충분히 바라볼 수 있는 곳에 위치하여야 하며, 또한 교사와 학생, 학생과 학생 사이에 상호접촉이 용이하도록 배치되어야 한다. 교수-학습을 위한 시설물이나 자료는 학생들이 자유스럽게 접근할 수 있고 사용이 편리하도록 설치되어야 한다. 예를 들면, 실험이 필요할 때 시간을 지체하지 않고 곧 실험이 실시될 수 있도록 실험설비가 갖추어져 있어야 한다.

셋째, 학급환경은 아름답고 명랑한 생활공간이 되도록 정비되어야 한다.

넷째, 학급환경은 학생의 보건과 위생 및 안전에 적합하여야 한다.

Lemlech(1979)는 교실구성은 ① 학생의 흥미를 자극할 수 있도록, ② 학습욕구를 북돋울 수 있도록, ③ 비형식적 환경을 형성할 수 있도록, ④ 학생의 욕구변화에 따라 변화되도록, ⑤ 교구 자료를 보관할 수 있는 공간을 확보할 수 있도록 계획하여야 한다고 제안하였다.

(3) 좌석배치

좌석배치는 그 자체로는 물리적 환경에 불과하지만, 그것이 물리적 환경으로 그치지 않고 학생의 사회성 발달, 지적인 성숙, 정서적인 안정, 인간관계(학생 간, 또는 학생과 교사 간)에 영향을 미치기 때문에 매우 중요하다. 교실 내 학생들의 좌석배치는 그 형태에 따라 학생들의 시력, 주의집중, 심리적 안정감에 크게 영향을 미친다. 또한, 이와 함께 학생의 좌석배치에 따라 학습참여도와 학업성취도가 달라질 수 있다. 그러므로 교사는 학생들의 신체적 조건, 연령, 학습내용과 학습형태에 따라 학생의 좌석배치에 세심한 주의를 기울여야 한다.

좌석배치에서 교사가 주의해야 할 사항은 다음과 같다(정원식, 1974, pp. 236-238).

- 좌석배치는 학생 개개인의 신체적 성장 정도를 고려해서 우선 편안해야 하고, 또 건강 위주로 해야 한다.

- 좌석배치는 학생들 상호 간의 인간관계를 원만하게 하고, 정서적인 안정을 이룩할 수 있도록 해야 한다.
- 좌석배치는 학생들 상호 간의 지적 자극을 줄 수 있는 것이어야 한다.
- 좌석배치는 학생들의 사회성을 넓히는 것이어야 한다.

(4) 전시와 게시

전시와 게시는 교육활동의 수단인 동시에 학급환경조성의 수단이기도 하여 교실환경 정비에 중요한 역할을 한다. 전시 또는 게시의 목적은 어떤 내용을 명확하고 간결하게 시각화하여 게시함으로써, 학생들로 하여금 관심을 갖게 하여 전달 내용에 대한 지식을 부여하고, 적극적인 흥미와 아울러 태도의 변화를 가져오게 하는 데 있다.

전시나 게시에서 유의해야 할 사항들은 다음과 같다.

- 필요에 따른 최소한의 전시가 되게끔 알찬 내용을 간추려서 구성, 게시한다.
- 학급에 알맞게 짜여지고 입체적이며 잘 보이는 곳에 게시한다.
- 고정된 내용보다 자주 바꾸어 주는 내용의 게시가 되게 한다.
- 학생들이 자발적으로 구성하는 게시가 되도록 한다.
- 계절과 행사에 관련하여 게시, 전시한다.
- 미적 감각을 고려한 조화로운 전시를 한다.
- 교실의 정면은 안정과 정돈감을, 후면은 활동적인 게시와 전시 내용으로 한다.
- 성적물을 게시 또는 전시할 때는 학습자에게 불필요한 우월감이나 열등의식을 갖지 않도록 유의한다.
- 게시 또는 전시 작품에 대한 교사의 의견은 교육적 효과를 거둔다.
- 게시 또는 전시 후에 평가하는 것이 바람직하다.

(5) 다양한 학습공간

근년 학교의 신축·개축과 아울러 다목적 공간이나 열린 공간을 도입한 학교가 급증하고 있다. 여유 공간이나 열린 공간을 학습의 장으로 유효하게 이용함으로써 학습활동의 폭을 넓힐 수 있다. 열린 공간의 이용에는 다양한 형태가 있다. 교실의 빈 공간을 열린 공간으로 이용하는 형태, 복도의 폭을 넓혀서 이용하는 형태, 넓은 공간을 분할하여 사용하는 형태, 그리고 학습센터를 설치하는 형태 등이 있다.

특히 학습센터(learning center)의 설계와 운영에는 학습의 형태와 관련하여 치밀한 교육계획이 필요하다. 학습센터는 학생들이 수업시간 외 자율학습을 하도록 마련된 학습장소이다. 그것은 학생들이 개인차에 따라 교과관련학습을 개별적 자율적으로 수행할 수 있도록 모든 학습자료를 갖추어 놓은 특별히 고안된 학습장소이다(Lemlech, 1988).

학습센터에서는 학생들이 그들의 능력수준에 맞는 교과관련학습—과목학습, 과제학습—을 선택하여 학생 스스로 학습계획을 세우고, 개별적 또는 소집단으로 학습하며, 학습진도를 스스로 점검할 수 있도록 필요한 모든 학습기자재와 자료 및 학습방법이 제공된다. 학습센터는 여러 학습공간(센터)으로 구성되며, 각 센터는 특정한 학습이 이루어질 수 있는 환경으로 꾸며진다. 개별 또는 소집단 학습을 위해서 설계되는 학습센터는 개별 학생의 능력수준, 욕구, 흥미 및 학습특성에 맞는 개별학습이론에 근거한다.

2) 학급풍토의 조성

(1) 학급풍토

여러 학교나 교실을 관찰해 보면 각 학교나 교실은 그 나름대로의 각기 다른 분위기를 가지고 있음을 느낀다. 이런 분위기를 분명하게 규정하기는 어렵지만, 집단이 지니는 전체적 특징의 요약으로 나타나는 이런 분위기를 풍토(climate)라고 부른다. Seiler 등(1984)은 풍토를 '교육의 과정에 관여하는 사람들 혹은 그것을 관찰하는 사람들의 느낌이나 견해 속에서 지각된 모습을 나타내는 학교 혹은 교실의 분위기'(p. 19)라고 정의하였다.

Anderson(1981)은 학교풍토에 관한 모형을 종합하여, 학교풍토는 네 가지 측면의 요소들의 총합으로 구성된다고 하였다. 네 가지 측면은 물리적 측면, 구성원 특성 측면, 조직적·사회적 측면, 문화적 측면이다.

● 물리적 측면의 요소에는 건물의 모양새, 학교 및 학급규모 등이 포함된다.

- 구성원 특성 측면은 개인 또는 집단의 특성으로 학생특성, 교사특성, 교사와 학생의 사기 등의 요소가 포함된다.
- 조직적·사회적 측면은 학교의 운영과 구성원 상호 간의 관계와 관련된 것으로 경영 조직 형태, 교수프로그램, 학생집단편성 방법, 의사결정의 형태, 의사소통, 교사-학생 관계, 학생의 참여기회, 교사와 행정가 및 동료교사와의 관계 등이 포함된다.
- 문화적 측면은 집단 구성원의 신념체계, 가치, 인지구조 등이 포함된다.

이러한 요인들로 인해서 어떤 학교나 교실은 그 나름대로의 하나의 분위기를 만들어 내며, 학교나 교실 구성원과 그들의 관계에 대한 인상을 갖게 된다. 그리고 그것은 구성원들의 행동에 영향을 미친다.

(2) 효과적인 학급풍토와 비효과적인 학급풍토

많은 연구들은 어떤 학급풍토는 교수-학습을 촉진시키고 문제행동을 억제하며 구성원의 사기를 높여 주는 반면에, 어떤 학급풍토는 그렇지 못함을 말해 주고 있다. 교사와 학생들이 서로 지원하는 분위기의 학급은 자긍심과 기본적 동기를 만족시켜 준다. 또한 그러한 학급은 학생들이 지적 능력을 최대한으로 발휘할 수 있는 기회를 준다(Schmuck & Schmuck, 1983). 그러나 경쟁심, 적의, 소외감 등의 학급 분위기는 많은 학생들의 불안과 걱정의 원인이 될 뿐만 아니라 지적 발달을 도모하지 못한다. 즉, 학급풍토에는 학습에 대해 긍정적·효과적 풍토가 있고 부정적·비효과적 풍토가 있다.

Seiler 등(1984)은 효과적인 혹은 비효과적인 학습풍토는 구성원들이 조성한 다음과 같은 대조적 성격으로 구분된다고 하였다. ① 개방 대 방어, ② 자신감 대 불안, ③ 수용 대 거부, ④ 소속감 대 소외감, ⑤ 신뢰 대 불신, ⑥ 높은 기대 대 낮은 기대, ⑦ 질서 대 혼란, ⑧ 통제 대 갈등이 그것이다. 학습에 효과적인 학급풍토는 개방성, 자신감, 수용감, 소속감, 신뢰감, 높은 기대, 질서, 통제감 등으로 특징지어지고, 비효과적인 학급풍토는 방어성, 두려움, 거부감, 소외감, 불신감, 낮은 기대, 혼란, 좌절감 등으로 특징지어진다. 교사는 학급풍토가 다양한 요소들이 복합적으로 작용하여 형성된다는 점에 유의하면서 효과적인 학급풍토의 특징이 나타나는 환경을 조성하여야 한다.

5. 학급경영계획

1) 학급경영계획의 의의

학급담임이 맨 먼저 수행할 학급경영상의 과제는 학급경영계획을 세우는 일이다. 학급경영계획은 앞으로의 학급활동을 구상하고 준비하는 활동이다. 따라서 학년 초가 되면 교사는 새 학급의 실태를 파악하여 일정기간 동안에 학급이 성취할 목표를 세우고, 이의 달성을 위한 여러 가지 조건과 활동방안을 구안하고, 그것을 실천할 구체적인 방법을 학급경영계획안으로 작성하게 된다. 계획은 설계도와 같은 것으로, 잘 짜여진 학급경영계획은 학급을 합리적이고 효율적으로 운영하는 데 길잡이 역할을 한다.

학급경영안 작성의 의의를 다음과 같이 정리할 수 있다[永岡順 · 奧田眞文 (編), 1995].

첫째, 학급활동의 구상과 수행해야 할 내용을 보다 명확히 한다. 불명확한 구상을 보다 명확히 하고, 이제까지 간과하고 있던 지도요점을 보다 구체적으로 명확히 할 수 있다.

둘째, 학급담임의 지도방침을 명확히 보여 준다. 학급경영안은 학급담임의 경영방침 · 내용을 학교 내의 다른 교사에게 명시하고 자신의 자세와 입장을 명확히 하는 역할을 한다.

셋째, 동료 · 선배교사로부터 학급경영에 관한 조언을 받을 수 있는 자료가 된다. 학급경영안은 항상 개방되어 있어야 한다. 학급경영자는 교장을 포함한 동료 · 선배교사로부터 지도 · 조언, 때로는 비판을 받을 유연한 자세가 필요하며, 그 때 학급경영안은 지도 · 조언을 받을 수 있는 중요한 창구가 된다.

넷째, 교육소재의 책임을 명시하고 있다. 학급아동에 대해서 책임을 지고 있는 교사에게 의도적 · 계획적 학급경영의 설계가 요구되고, 이런 학급경영안은 교사로서 스스로 교육책임의 소재를 공적으로 표명하는 것이기도 하다.

2) 학급경영계획의 수립과정

학급경영계획은 학급교육목표의 설정, 학급경영목표의 설정, 학급경영방침의 설정, 학급활동계획, 학급경영평가 계획, 학급경영안 작성 등의 절차를 거쳐 수립된다. 각 단계별 주요 내용을 살펴보면 다음과 같다.

■ 학급교육목표의 설정

학급교육목표는 학교-학년-학급으로 이어지는 교육목표의 연계체제 속에서 학급을 단위로 하여 전개되는 교육활동의 목표이다. 따라서 학급교육목표는 학급단위에서의 교육과정 운영, 학생실태 및 경영실태를 고려하여 학급에서 성취할 수 있는 교육목표로 구체화된다. 학급교육목표는 지적, 정의적, 사회적 영역 등에서 학생들이 성취하여야 할 행동이나 행동특성으로 구체적으로 진술한다.

■ 학급경영목표의 설정

학급경영목표는 교육목표를 효과적으로 달성하기 위해 전개되어야 할 경영상의 목표로, 학급의 교육목적 달성을 위해서 마련되어야 할 조건과 수행되어야 할 활동에 관련된 것이다. 학급경영목표에는 교육목적 달성과 관련된 학급의 제반 경영활동이 포함된다. 학급경영목표는 각 영역별로 보다 구체적으로 진술하되, 가능한 한 성과기준을 계량화하여 정하고 평가의 지표로 삼도록 한다.

■ 학급경영방침의 설정

학급경영방침은 학급경영목표를 달성하기 위한 행동전략으로 경영목표를 달성하기 위한 구체적인 경영활동 또는 행동노선으로 진술한다. 또한 이는 경영활동의 지침으로도 사용된다.

학급경영계획을 수립하는 데는 여러 가지 자료가 필요하며, 무엇보다도 학급의 학생실태를 다각적으로 조사하여 그들에 관한 개인적ㆍ집단적 제반 실정을 정확하게 파악하는 것이 중요하다. 학급담임교사는 이러한 자료를 수집하기 위하여 필요한 제반 기초조사를

실시함은 물론이고, 전(前) 학년까지의 담임교사가 보유하고 있는 학생이해에 관한 자료
와 의견 등도 가능한 한 광범위하게 수집하여 각종 계획수립 시 활용한다.

학급경영에 필요한 조사자료를 개략적으로 살펴보면 다음과 같다(김종철, 진동섭, 허병
기, 1993, pp. 267-268).

- 학생조사: 전년도까지의 성적 · 성격 · 지능 · 적성 · 생년월일, 연령 · 주소, 성장지 ·
  종교 · 출신교 또는 입학 이전의 생활 · 취미, 특기, 기호물 · 좋아하는 교과, 싫어하
  는 교과 · 교우관계 · 통학관계 · 신체발달상황(체력, 체격) · 장래희망 · 특별활동 부
  서 · 과거 학교생활태도, 생활지도 경력 등
- 학급조사: 성적 경향 · 신체적 경향 · 학급풍토, 교우관계 · 과거의 반장, 부반장, 학급
  임원 · 학생출석 경향 · 학급의 보스 · 교실 기자재 등
- 가정조사: 부모에 관한 사항(연령, 직업, 교육정도 등) · 생활 정도 · 가족 상황 · 종교 ·
  자녀교육에 대한 학부모의 관심 · 자녀에 대한 부모의 장래 희망 · 가정 내 학습환경
  (공부방) · 가정문화시설 등
- 지역사회조사: 문화시설 · 산업시설 · 자연조건 · 주민생활상 · 지역역사 · 문화유적 ·
  통학조건(거리, 수단, 시간 등) · 중요 기관 · 지역인사 등

■ 학급활동계획

활동계획은 경영방침을 실천하기 위한 세부 실천계획으로 누가, 무엇을, 언제 수행할
것인가를 정확하게, 그리고 상세하게 기술한다. 세부 실천계획을 구체화하는 데 포함되는
주요 사항에는 활동의 대상, 동원될 사람, 필요한 물적 자원, 소요비용과 같은 투입될 자
원, 실시 시기와 같은 시간계획, 담당자(부서)와 그들의 권한, 의사소통계통과 같은 운영
체제 등이 있다.

■ 학급경영평가 계획

학급경영평가 계획에서는 학급경영의 성과를 진단 · 평가할 수 있는 평가방법을 구체
화한다. 계획과 실천은 연속적 순환과정으로 상호보완적 관계에 있으므로, 경영평가자료

는 계획의 수정과 보완 및 차기(次期)의 학급경영계획에 활용한다. 학급경영평가 계획은 학급경영영역 또는 활동별로 작성하여 구체화한다.

■ **학급경영안 작성**

학급경영안의 작성은 학급경영계획 단계별로 구상되고 구체화된 학급경영계획을 일정한 양식에 따라 기록·작성하는 일이다. 학급경영안은 학교의 통일된 일정한 양식에 따라 작성될 수도 있고, 교사 자신이 학급경영안 양식을 개발하여 사용할 수도 있다.

학급경영안에 포함되는 주요 내용은 ① 학급교육목표, ② 학급경영목표, ③ 학급경영방침, ④ 학급활동계획(활동영역, 대상, 필요한 자원, 시간계획, 운영계획 등), ⑤ 학급경영평가 계획 등이다. 이는 학급경영계획 단계별 주요 내용들이기도 하다.

이러한 계획내용들을 학기별, 월별, 주별, 또는 일별 학급경영안으로 작성하여 실천한다.

3) 학년초 계획

학년초 계획은 학급경영계획에서도 특별한 의미를 갖는다. 학년 초가 되면 학생들은 새로운 학교생활의 시작에 대해 많은 기대와 희망을 갖는 동시에 어느 정도 불안감을 갖는다. 따라서 교사는 학생들이 빨리 학급집단에 입문하여 안정감을 갖고 학급활동을 할 수 있도록 특별히 치밀하고 체계적인 학년 초 학급경영계획을 세워야 한다.

아동·학생들이 새로운 학교환경에 잘 적응하여 즐겁게 학교생활을 시작할 수 있도록 하기 위해서는 ① 학교의 물리적 환경에 익숙하도록 해야 하고, ② 인간관계를 익히도록 하고, ③ 원만한 집단생활을 위한 기본적인 생활규범을 익히도록 하고, ④ 학습활동에 필요한 기초기능과 태도를 습득하도록 하여야 한다. 따라서 이를 위한 계획이 학년 초 경영계획에 포함되어야 한다. 학년 초에는 교사의 지시에 대한 학생들의 수용성이 높은 편이므로 이때의 학생행동에 대한 교사의 확실한 지도는 교육적 효과가 크다.

학년 초 학급경영계획에 포함될 주요 사항을 정리하면 [그림 15-1]과 같다.

- 교실준비
- 학교생활 시작 활동
- 장애 학생 확인
- 잠재적 문제들에 대한 전략 수립
- 행정 사항 점검
- 행동 점검
- 학급 구성원과 친숙하기
- 부적절한 행동 저지
- 규칙 및 절차의 결정
- 수업준비
- 행동 결과의 결정과 전달
- 학생 책무성 확인
- 규칙 및 절차 가르치기

[그림 15-1] 학년 초 학급경영계획의 주요 내용

참고로, 초등학교 1학년 어린이들의 입학 시 집단지도 내용들을 열거하면 [그림 15-2]와 같다.

- 인사 지도
- 입실 지도
- 전체 조회 때 줄서기 지도
- 복도 통행지도
- 청소지도
- 책상 및 사물함 정리 지도
- 소지품 보관 및 정리 지도
- 신발장 이용방법 지도
- 세면장 사용법 지도
- 화장실 사용법 지도
- 하교 지도 등

[그림 15-2] 초등학교 1학년 입학 시 집단지도 내용

6. 수업

수업은 교사가 학급에서 하는 일 중에서 가장 핵심적인 활동이다. 교육지도자들은 한결같이 수업의 질이 학생의 학업성취와 행동에 영향을 미치는 핵심적 요소임을 강조하고 있다. 따라서 교사들은 학생들이 성공적으로 학습할 수 있는 다양한 수업방법을 개발하여 지니고 있어야 한다. 여기에서는 수업단계를 먼저 살펴보고 효과적인 수업전략 및 방법을 알아본다.

1) 수업의 단계

교사의 활동 중에 가장 핵심적인 활동은 학습지도이다. 학습지도는 수업체제를 구안하고 실천하는 활동으로서 학습목표와 내용을 선정하고 학습조건을 갖추어 수업을 전개하는 일련의 교수-학습활동을 말한다. 이런 수업활동은 교육과정을 기초로 하여 교과별로 이루어진다. 그리고 학습자로 하여금 수업목표를 효율적으로 달성하도록 한다.

학습지도는 수업계획, 수업전개, 수업평가의 세 단계로 이루어진다(변영계, 김영환, 1996).

(1) 수업계획

수업계획이란 수업목표를 학습자들에게 효율적으로 성취시키기 위해서 제공될 여러 가지 조건과 행동에 관한 사전계획을 말한다. 수업계획 또는 수업설계는 학교에서 단원전개계획, 학습지도안, 수업안 등이라 부르고 연간, 월간, 주간, 일안, 시안 등으로 세분화하여 작성된다. 어떠한 수준의 계획에서나 수업계획에는 다음의 세 가지 사항에 대하여 구체적이어야 한다. 첫째, 학습자가 무엇을 학습해야 하는가를 계획한다. 둘째, 학습자들이 수업목표를 효과적으로 성취하기 위해서 어떠한 절차와 자료가 적합한가를 찾아내어 계획한다. 셋째, 학습자들이 수업목표를 달성했는지를 어떻게 밝힐 것인가를 계획한다.

(2) 수업전개

수업전개는 본 수업이 진행되는 단계로서 대개 도입, 전개, 정리의 세 단계로 이루어진다. 도입 단계에서는 학습의 구체적 목표를 학생들이 알도록 제시하고, 선수학습을 확인하고, 학습동기를 유발한다. 전개는 학습내용을 학생들에게 제시하고 학생들은 이에 반응하여 이해해 나아가는 단계인데, 이때 여러 가지 학습지도방법과 교육매체를 활용하며 시간과 자원을 효과적으로 관리한다. 마지막 정리단계는 학습된 내용을 정리하고, 확실히 하며, 연습을 통해 강화시키고, 새로운 사태에 적용하고 일반화할 수 있도록 지도하는 단계로, 보충학습자료를 제시하며 다음 시간의 학습내용을 예고한다.

(3) 수업평가

수업지도의 마지막 단계는 수업평가이다. 수업평가는 수업의 전(全) 과정을 종합적으로 평가한다. 이는 수업계획안의 검토와 수업계획에 따른 실천여부, 수업내용과 과정의 분석 검토 및 수업의 효과 등을 교사, 학생 및 수업자료를 통해서 체계적으로 판단하는 과정이다. 그러나 일반적으로 수업평가는 의도된 수업목표가 실제로 어느 정도 달성되었는지를 학생의 학업성취 평가로 알아보는 것을 말한다. 이러한 평가의 결과는 학생들의 성적을 판단하는 데 이용되며, 수업과정의 질적인 관리를 위하여 사용된다.

2) 효과적인 수업전략

교사의 일차적 임무는 수업을 잘 하는 것이다. 교사는 학습지도를 위해 수업의 질을 향상시킬 수 있는 수업방법과 교수기법을 개발하여 지니고 있어야 한다. 지난 수년 동안 수업의 질에 초점을 두는 연구와 학교현장의 관심은 크게 두 가지 흐름으로 모아지고 있다 (Jones & Jones, 1990).

하나의 흐름은 여러 연구들에서 많은 학생들이 기본적 학습요소에 관한 기초적 지식을 충분히 알고 있지 못하다는 것을 보여 주기 때문에, 학생들이 기본적 학습요소를 습득하도록 도와주는 데 필요한 교수기법들을 교사들이 습득하는 것이 매우 중요하다는 것이다. 다른 하나는 주로 교육자 집단에서 주장하는 것으로서, 중요한 기초기능뿐만 아니라 보다 높은 수준의 인지적 기능과 대인관계 기술의 습득을 목적으로 하는 수업활동에 학생들을 적극적으로 참여시키는 수업방법의 개발이다. 이러한 경향은 학업성취가 학생의 책임감과 자기 통제에 의한 학습에서 증가한다는 주장과 부합하여 학생의 적극적 학습참여를 중요시한다.

이 두 경향을 종합하면 교사는 학생들을 직접 가르치는 과정에서 그들에게 체계적으로 학습자료를 제시하는 기법을 가져야 한다는 것을 알 수 있다. 또한 학생들이 학습목표를 설정하고, 자신들이 스스로 학습하고, 그 결과를 평가하고, 학습과정에서 협동하고, 분석력·종합력·탐구력과 같은 고등인지과정 기술을 개발하도록 도와주는 기법을 가져야 한다. 그러나 이 모든 것을 달성할 수 있는 하나의 수업방법은 없다. 따라서 교사는 다양한 교수방법을 개발하여 익혀두어야 한다.

Jones와 Jones(1990)은 그 동안의 연구결과와 현장경험을 토대로 하여 학생들의 동기와 흥미, 그리고 기초학습능력뿐만 아니라 고등인지 기능을 증대시킬 수 있는 효과적인 수업 전략 및 방법을 제시하였다([그림 15-3] 참조). 각 수업전략을 아래에서 간략히 살펴본다.

1. 직접적 수업의 질 개선	6. 학생의 인지 발달수준에 대한 고려
2. 사실 이상의 교수	7. 학습목표 설정에 학생 참여
3. 학습과정에 관한 정보 제공	8. 자기평가의 실행
4. 학생 흥미의 통합	9. 협동학습
5. 학생의 개별적인 학습방식에 대한 반응	10. 급우 간 학습의 사용

[그림 15-3] 학생들의 동기와 성취를 증진시키기 위한 수업전략

(1) 직접적 수업의 질 개선

'직접적 수업(direct instruction)'은 교사가 수업을 주도하는 교사중심 수업형태이다. 이 수업방식은 학생들이 기본적인 사실 · 정보 · 기술을 암기하고, 연습하고, 숙달하도록 요구하는 교육목표를 달성하는 데는 효과적인 방법이다. 직접적 수업의 핵심이 되는 네 가지 요소는 ① 분명한 목표결정과 제시, ② 교사 지도적 수업, ③ 학생들의 학습결과에 대한 주의 깊은 점검, ④ 효과적인 학급조직과 경영방법의 사용이다. 즉, 직접적 수업이 효과를 거두기 위해서는 교사는 분명한 교육목표를 설정하여 이를 명확히 제시하고, 교육목표에 따른 수업을 학습원리를 적용하여 전개하고, 학생들의 학습결과를 주의 깊게 점검하여 수업을 조정하여야 한다. 이런 수업은 질서 있는 학급분위기 속에서 효과를 거둘 수 있으므로 교사는 수업집단의 편성과 운영 및 전체집단을 지도하는 학급경영 능력을 발휘하여야 한다.

(2) 사실 이상의 교수

사실적 정보를 가르치는 것은 학교의 중요한 기능이다. 학교는 정보를 전달하고 아동들에게 읽기, 쓰기, 셈하기의 기초 기술을 가르친다. 그러나 아동은 점차적으로 그들의 환경

을 분석하고 중대한 개인적 결정을 하기 위하여, 기초 능력 외에 보다 높은 수준의 능력과 기술을 필요로 한다. 따라서 학교는 일찍부터 기초 지식과 기술을 보다 분석적이고 창의적인 목적에 사용하는 능력과 기술을 가르쳐야 한다.

(3) 학습과정에 관한 정보 제공

학생이 학습과정을 이해하고 있을 때 그들은 더 생산적으로 학습환경에 참여한다. 따라서 교사는 수업방법, 절차 및 평가방법 등 학습과정에 관한 정보를 학생에게 제공하고, 수업내용과 방법에 관해서 학생들과 수시로 대화의 기회를 가짐으로써 학생들의 학습동기와 참여를 증대시킬 수 있다.

(4) 학생 흥미의 통합

학생들의 동기와 학습을 높이기 위해서는 학생의 흥미를 교육과정에 직접적으로 통합하는 광범위한 전략을 사용하여야 한다.

(5) 학생의 개별적인 학습방식에 대한 반응

개별 학생들의 감각과 인지양식, 필요한 학습시간, 학습에 영향을 주는 심리적·사회적 요인이 서로 다르고, 각자 선호하는 물리적·사회적 학습환경, 학습시간, 학습습관 등이 다르기 때문에 개별학습의 필요성이 제기된다. 그러나 학생이 각자 선호하는 학습방식에 따라 개별화하고자 시도하기보다는, 학생들의 학습방식 간의 분명한 차이를 전체에 대해 적응하는 다양한 수업기법을 사용하는 것이 합리적인 접근방법이라고 할 수 있다.

(6) 학생의 인지 발달수준에 대한 고려

학생의 인지적 발달을 고려하여 수업전략을 구안한다. 초등학생들을 가르칠 때는 직접적인 수업과 연관되는 많은 전략들이 중요하다. 구체적으로, 수업은 작은 단위들로 분절되어야 하며, 각 부분 단위는 충분한 연습 그리고 완전한 학습이 이루어져야 한다. 청소년 전기(前期)의 학생 수업에서는 학생 자신의 삶과 관련시킬 수 있는 흥미로운 자료를 연구하고, 급우들과 협동적으로 일하며, 학교 외부환경에서 정보를 조사하고, 그들이 선호하는 학습 양식과 일치하는 방법으로 학습하도록 허용하는 수업전략들이 요구된다.

(7) 학습목표 설정에 학생 참여

학생들은 환경을 통제한다는 느낌을 경험하고 스스로 사물을 처리하는 존재로 지각할 때 보다 잘 동기화된다. 학생들이 자신의 학습목표를 세우는 개별목표 설정은 학생들로 하여금 학습에 대한 이해와 통제감을 경험하도록 해주는 가장 효과적인 방법이라 할 수 있다. 개별 목표 설정에서는 교사가 개별학생을 진단하여 그들의 학습목표나 활동을 결정하는 데 학생을 참여시킨다. 이 방법은 교사와 개별 학생 간에 학습목표와 학습활동에 대해 일종의 계약(contract)을 맺는 형식을 취한다고 볼 수 있다. 학습목표 진술 또는 계약에는 학생이 학습하고자 계획하는 학습내용, 학습목표 달성을 위해 수행할 활동, 학생이 도달할 숙달 기준, 학습이 일어났음을 학생이 증명하는 방법을 포함하여야 한다.

(8) 자기평가의 실행

학생의 자기 학습평가에 학생을 참여시키는 것은 교사의 시간과 노력을 상당히 절약할 뿐만 아니라 학생들에게 그들 자신의 학업성취를 보다 잘 이해하고, 개인적 책임감을 경험할 수 있는 기회를 제공해 준다. 학생들이 자신의 학업을 평가하고 기록할 때, 내적 통제력을 발달시키고 자신의 노력으로 인하여 학업이 향상되었다고 생각할 가능성이 높다. 유사하게, 자기평가는 학생들로 하여금 자신들의 부족한 부분을 깨닫게 해줄 수 있다. 또한 학생들에게 그들 자신의 학업에 점수를 매기도록 하는 것은 그들에 대한 교사의 존중을 나타내는 것이 되어 학생들의 유능감, 자신감, 그리고 자아 존중감을 높여 학생들의 행동에 긍정적인 효과를 가져온다. 자기평가의 실행방법으로는 학생들이 학습결과를 그래프로 표시하는 방법을 배우고 난 후, 자신의 학습 진보를 관찰하여 그래프로 표시해 나가는 그래프 사용법이 적합하다.

(9) 협동학습

아동들이 덜 자아중심적이고 보다 사회적이 되면서, 그들은 더욱더 급우들과 함께 공부하는 것을 즐기고 도움을 받게 된다. 이런 맥락에서 협동학습은 여러 가지 장점을 지니고 있다. David Johnson(1979)은 협동학습은 개념 · 법칙 · 원리를 숙달, 기억, 전이하는 데 유리하며, 다른 사람의 정보를 효과적으로 탐색 · 활용하게 하고, 학습된 내용을 지적으로 소화하여 자신의 언어로 명확히 표현하게 하며, 짧은 기간에 보다 많은 학습내용을 다루게 한다고 하였다. 또한 협동적인 태도와 경험을 많이 가질수록 자신을 더욱 내적으로 동기화된 존재로 보게 할 뿐만 아니라 학습목표 추구에 대한 인내심을 가지게 하고, 학업의 성공을 결정하는 것은 자신의 노력이라고 믿게 하며, 새로운 아이디어와 감정을 배우는 것에 긍정적이게 되는 등 교과학습에서의 효과도 높여 준다.

(10) 급우 간 학습의 사용

학급에서 급우 간 학습을 실시함으로써 많은 이점들을 이끌어낼 수 있다.

첫째, 급우 간 학습은 도움을 요청하고 제공하는 것이 긍정적인 행동이라는 개념을 갖게 한다. 이러한 행위는 협동과 급우들에 대한 배려를 촉진하고 보다 협동적이고 안전한 학습환경을 조성한다.

둘째, 다른 아동을 가르치는 기회는 학생들에게 유능감과 개인적 가치감을 제공할 수 있다.

셋째, 다른 학생을 도와주는 과정에서 학습내용을 보다 철저하게 학습하게 된다.

넷째, 급우 간 학습은 교사로 하여금 수업을 감독하고 개별화하도록 도와준다.

급우 간 학습은 이러한 많은 이점들을 가지고 있지만, 만약 학생들이 서로 돕는 방법에 관한 기술들을 익히지 못한다면 그것은 좌절을 일으키고 비생산적인 활동이 될 수 있다. 따라서 급우 간 학습을 실시하기로 계획할 때는 학생들에게 다른 학생을 도와주는 방법에 대하여 가르치는 것이 중요하다.

7. 특별활동

특별활동은 교과활동과 더불어 학생의 전인적 성장을 돕기 위해서 설정된 교육과정의 한 부분으로 전인적 교육을 추구하는 학교교육에서 중요한 부분을 차지하고 있다. 그러므로 학생의 조화로운 인격발달을 도모하고자 하는 교사는 특별활동에 각별한 관심을 가져야 한다.

이 절에서는 교육부의 지도서에 의거하여 특별활동의 의미와 목적과 특별활동의 영역별 지도를 살펴본다.

1) 특별활동의 의미와 목적

특별활동은 일반 교과활동과 상호보완적인 관계를 가지고 학생의 심신을 조화롭게 발달시키기 위하여 전인교육의 일환으로 실시되는 교과 이외의 교육과정 활동이다. 교과활동이 교과를 가르치는 일을 중시하는 교육과정의 한 영역이라면, 특별활동은 교과와는 달리 학생들의 자주적 · 협동적인 집단활동, 개성과 특기 신장, 민주적 자질 함양 등을 주요 목표로 하는 교육과정의 한 영역이다. 특별활동이 전인적 인간을 추구하는 포괄적 교육활동이라는 점에서, 우리나라 교육과정에서 추구하는 인간상 구현에 교과활동 못지 않은 중요성을 지니고 있다.

일반적으로 특별활동은 '학교교육의 목표를 달성하기 위하여 마련된 교과학습 이외의 학교교육활동, 즉 학생의 개성 신장, 건전한 취미와 특수 기능 그리고 민주적 생활태도 등을 육성하기 위하여 집단활동을 통해서 이루어지는 교육활동'이라고 정의된다. 교육과정상 특별활동의 일반목표는 '다양하고 건전한 집단활동에 자발적으로 참여하여 개성과 소질을 계발 · 신장하고, 공동체 의식과 자율적인 태도를 기름으로써 민주시민으로서의 기본적인 자질을 함양한다'는 것이다(교육부, 1999, p. 216). 즉, 특별활동은 바람직한 집단활동의 참여를 통하여 학교생활에 잘 적응할 수 있게 하고, 민주시민의 자질을 기르고자 한다. 또한 특별활동은 다양한 자기표현의 기회를 제공하여 학생의 개성과 소질을 계발 ·

신장하고, 건전한 취미를 갖게 하여 자아실현을 돕고, 여가를 잘 활용할 수 있게 한다. 이러한 특별활동은 일반목표를 달성하기 위해 5가지 영역별 활동(자치활동, 적응활동, 계발활동, 봉사활동, 행사활동)을 갖는다.

특별활동의 성격을 정리하면 다음과 같다(교육부, 1999, pp. 214-215). 이는 특별활동이 교과교육과 대비되는 특성이기도 하다.

첫째, 특별활동은 교육과정의 한 분야로서 교과활동과는 상호 보완적인 관계에 있다.
둘째, 특별활동은 학생들의 자발적이고 자율적인 활동에 바탕을 둔다.
셋째, 특별활동은 집단을 단위로 하는 활동이다.
넷째, 특별활동은 그 운영에서 융통성을 가진다. 특별활동은 학생과 교사가 주제를 자유롭게 선정하여 장소, 시간, 방법에 구애받지 않고 자유롭게 탄력적으로 운영할 수 있다.

2) 특별활동 영역별 지도

특별활동의 영역별 지도 계획은 영역의 목표를 달성할 수 있도록 그 특성에 따라 수립되어야 한다. 무엇보다 학생의 발달 단계가 먼저 고려되어야 하고, 학교가 위치한 지역사회와 학교의 교육 여건, 특별활동에 대한 교육적 요구를 반영하여 수립되어야 한다. 여기서는 특별활동의 5개 영역인 자치활동, 적응활동, 계발활동, 봉사활동, 행사활동의 지도에 대하여 살펴보고자 한다.

(1) 자치활동 지도

자치활동이란 학생들끼리 민주적인 의사결정을 하고, 결정된 것을 집행하기 위해 역할을 나누고, 여러 가지 자율적 활동을 통해서 민주시민으로서의 기본 자질을 기르는 매우 중요한 활동이다.

특별활동 교육과정의 자치활동 영역에서 달성하고자 하는 교육목표는 다음과 같다.

① 학급과 학교에서 일어나는 제 문제에 대해 적극적으로 참여하고 협의 · 실천하는 가

운데 자주성과 사회성을 기른다.

② 다양한 실천과 협의 경험을 통해 합리적으로 문제를 해결할 수 있으며, 민주적인 의사결정의 기본 원리를 익힌다.

③ 역할 수행을 통하여 일에 대한 기쁨을 맛보고, 학급 또는 학교 일에 적극적으로 참여하는 태도를 기른다.

자치활동에는 협의 활동, 역할분담 활동, 민주시민 활동이 포함된다.

(2) 적응활동 지도

적응활동은 청소년기에 있는 학생들이 학교·학급 내의 공동체 속에 잘 적응하여 원만한 생활을 영위하고, 나아가 여러 가지 상황에 잘 대처하는 능력을 길러 자신의 문제를 능동적으로 해결해 나가도록 하는 데 그 교육적 의의가 있다.

특별활동 교육과정의 적응활동 영역에서 달성하고자 하는 교육목표는 다음과 같다.

① 집단생활에 원만하게 적응할 수 있는 기본생활습관을 몸에 익힌다.

② 친교 및 협동활동을 통해 건전한 교우관계를 형성한다.

③ 자신의 문제를 상담과 대화를 통해 해결함으로써 명랑하고 즐거운 학교생활을 한다.

④ 진로와 직업 선택의 중요성을 인식하고, 자신의 적성과 소질에 맞는 진로를 탐색·설계한다.

적응활동에는 기본생활습관 형성활동, 친교활동, 상담활동, 진로활동, 정체성 확립 활동이 포함된다.

(3) 계발활동 지도

계발활동이란 서로 같은 취미나 적성, 특기를 가진 학생들이 집단을 이루어 자신의 소질과 적성을 계발하고 발전시켜 나가도록 함으로써 전인적 발달을 도모하는 한편, 자아실현의 기초를 닦게 하려는 의도로 설정된 영역이다.

특별활동 교육과정의 계발활동 영역에서 달성하고자 하는 교육목표는 다음과 같다.

① 흥미, 취미, 적성이 비슷한 학생들로 구성된 집단에 자발적으로 참여하여, 즐거움 속에서 삶의 질서를 배우며 협동심을 기르고, 원만한 인간관계를 형성한다.
② 다양한 활동에 참여하여 자신의 잠재능력을 최대한 계발·신장하고, 자아실현의 기초를 닦는다.
③ 여가를 효율적으로 활용하는 생활습관을 형성한다.

계발활동에는 학술문예 활동, 보건체육 활동, 실습노작 활동, 여가문화 활동, 정보통신 활동, 청소년단체 활동이 포함된다.

(4) 봉사활동 지도

봉사활동은 봉사활동의 진정한 의미를 이해하고 봉사를 통하여 삶의 보람과 자신의 가치를 인식하는 데 중점을 둔 영역이다.

특별활동 교육과정의 봉사활동 영역에서 달성하고자 하는 교육목표는 다음과 같다.

① 지역사회의 일들에 관심을 가지고 참여함으로써 사회적 책임을 분담하고 호혜정신을 기른다.
② 다양한 봉사활동의 실천으로 서로 협력하는 태도를 기르고, 지역사회의 발전에 이바지하는 태도를 가진다.
③ 타인을 배려하는 너그러운 마음과 더불어 사는 공동체 의식을 가진다.

봉사활동에는 일손돕기 활동, 위문 활동, 캠페인 활동, 자선구호 활동, 환경·시설보전 활동이 포함된다.

(5) 행사활동 지도

행사활동은 민주시민의 자질을 육성하고, 나아가 전인으로서의 인간을 육성하는 종합적이고 복합적이며 다양한 교육활동들을 포함하고 있다. 다양한 체험을 통하여 교과활동에서 추구하기 어려운 여러 가지 지적, 정의적, 신체적 발달을 추구할 수 있는 매우 중요한 활동이라고 할 수 있다.

특별활동 교육과정의 행사활동 영역에서 달성하고자 하는 교육목표는 다음과 같다.

① 교내외에서 실시되는 여러 행사의 의의와 중요성을 이해하고 자발적으로 참여하여 학교와 지역사회의 발전을 위해 노력하는 태도를 가진다.
② 학예와 체육 등 행사활동을 통하여 평소의 학습성과를 창의적으로 발표하는 기회를 가짐으로써 협동 및 봉사의 정신과 연대의식을 높인다.
③ 학교 밖의 자연과 문화에 직접 접촉함으로써 견문을 높이고 풍부한 감성을 지닌다.
④ 각종 수련활동에 참여하여 심신의 조화로운 발달을 이루며, 극기의 정신과 진취적 기상을 기른다.
⑤ 지역 간, 국제 간 다양한 인적 교류를 통하여 다른 문화의 가치를 이해하고 수용한다.

행사활동에는 의식행사 활동, 학예행사 활동, 보건체육행사 활동, 수련 활동, 안전구호 활동, 교류 활동이 포함된다.

특별활동의 영역별 활동 내용을 정리하면 〈표 15-1〉과 같다(교육부, 1999, p. 205).

〈표 15-1〉특별활동의 내용 체계표

영역	역기능
자치활동	협의 활동, 역할분담 활동, 민주시민 활동
적응활동	기본 생활습관 형성 활동, 친교 활동, 상담 활동, 진로 활동, 정체성 확립 활동
계발활동	학술문예 활동, 보건체육 활동, 실습노작 활동, 여가문화 활동, 정보통신 활동, 청소년단체 활동
봉사활동	일손돕기 활동, 위문 활동, 캠페인 활동, 자선구호 활동, 환경·시설보전 활동
행사활동	의식행사 활동, 학예행사 활동, 보건체육행사 활동, 수련 활동, 안전구호 활동, 교류 활동

8. 생활지도, 안전관리 및 사무관리

오늘날 학교교육에서 생활지도는 교과활동에 못지 않은 중요한 교육활동 영역이 되었다. 이는 교육에서 인간의 자율적 성장을 중시하고 전인교육을 강조하는 교육사조와 더불어 급격하게 변화하는 가정과 사회의 구조와 기능의 변화가 학생들의 개인적 문제를 증대시켜 생활지도의 필요성을 높이고 있기 때문이다. 또한 학생의 복지는 인간의 존엄성의 고양이라는 측면에서 강조되고 있다. 이 절에서는 생활지도, 안전관리, 건강관리, 사무관리에 대해서 살펴본다.

1) 생활지도

(1) 생활지도의 의미

학교교육에서 생활지도(guidance)는 교과지도와 더불어 학생의 건전한 성장과 발달을 돕는 학생지도의 교육영역이다. 교과지도가 교과목을 중심으로 학생교육이 이루어지고 있는 반면에 생활지도는 학생들이 당면한 일상생활 전반에 걸쳐서 학생지도가 이루어진다. 즉, 학생들이 당면한 여러 가지 현실적 문제를 학생 스스로의 힘으로 해결할 수 있도록 도와주는 활동이 생활지도이다.

이러한 생활지도의 의미를 좀 더 살펴보면, 황응연과 윤희준(1983)은 생활지도를 "학생들이 일상 생활에서 당면하는 여러 가지 문제, 좀 더 구체적으로 말해서 가정적 · 교육적 · 직업적 · 신체적 · 정서적 · 인성적인 여러 문제를 자력으로 해결할 수 있도록 지도하기 위한 봉사활동이다."(p. 28)라고 정의하였으며, Traxler와 North(1996)는 생활지도란 "학생 각자로 하여금 자기가 가지고 있는 능력, 흥미 및 인격적 제 특성을 이해케 하여 이를 최대한으로 발전시켜 나가며, 또한 자신의 생활목표와 결부시켜 민주사회의 바람직한 시민으로서 원만하고 성숙한 자기 지도를 이루게 하는 과정이다."(p. 3)라고 하였다. 이러한 정의들에 포함되어 있는 생활지도의 의미는 학생들이 자신에 대한 이해와 자기 지도를 통해서 그들이 생활에서 당면한 문제를 해결해 나아가는 능력과 힘을 키우도록 도와주는 것이다.

(2) 생활지도의 목표

생활지도의 의미는 생활지도의 구체적 목표에서 보다 잘 드러난다. Humpherys와 Traxler(1954)는 생활지도의 직접적 목표를 다음과 같이 열거하였다(황응연, 윤희준, 1983, pp. 28-29).

- 학생 개개인으로 하여금 그들 자신을 정확하게 이해하도록 한다.
- 학생 개개인으로 하여금 가능한 한 그들 자신의 노력으로 그들이 지닌 여러 가지 자질을 발견해서, 그것을 최대한으로 발전시키도록 한다.
- 학생 개개인으로 하여금 수시로 그들이 부딪힌 문제를 파악해서 스스로의 힘으로 해결하도록 한다.
- 학생 개개인으로 하여금 복잡하고 다양한 생활환경 속에서 현명한 선택을 하고 적절하게 적응하도록 한다.
- 학생 개개인으로 하여금 성숙된 적응을 할 수 있는 영구적 터전을 마련하도록 한다.
- 학생 개개인으로 하여금 신체적, 지적, 정서적, 그리고 사회적인 모든 면에서 조화로운 삶을 누릴 수 있도록 한다.
- 학생 개개인으로 하여금 그들이 속한 사회를 위해서 그 나름의 공헌을 할 수 있도록 한다.

이상의 생활지도의 목표들은 서로 연관성을 지니고 있다. 이들 생활지도의 목표를 개관해 볼 때 생활지도의 중심은 어디까지나 학생 각 개인이며 동시에 그들의 자율적인 성장에 있는 것이다.

(3) 생활지도 활동

생활지도 활동은 상담활동을 중심으로 하여 크게 다섯 가지 활동으로 이루어진다. 다섯 가지 활동은 학생이해 활동, 정보제공 활동, 상담 · 지도 활동, 정치활동, 추수활동이다. 이런 활동들은 일반적으로 단계적으로 실시되지만, 어느 한 단계의 활동이 독립적으로 실시되어 학생의 당면문제를 해결할 수도 있다. 각 활동의 내용을 다음에서 간략히 살펴본다.

- 학생이해 활동: 학생이해 활동은 개별 학생에 관한 구체적이고 종합적인 자료와 정보를 수집하여 학생을 깊이 이해하는 일이다. 학생이해 활동은 주로 학생조사 활동을 통해서 이루어진다.
- 정보제공 활동: 정보제공 활동이란 학생이 문제에 직면했을 때나 미래의 계획이나 의사결정을 할 때, 자기 자신과 그를 둘러싼 생활환경의 이해에 필요한 모든 사실과 정보를 수집하고 제공해 주는 활동을 말한다. 오늘날에는 정보제공 활동의 중요성이 더욱 증대되고 있다. 정보의 유형에는 교육정보, 직업정보, 개인적-사회적 정보가 있다.
- 상담·지도 활동: 상담·지도 활동은 개인적 상담을 필요로 하는 문제를 가진 학생을 교사가 개별적으로 면접하고 상담함으로써 그 학생의 자주적 문제해결을 돕는 활동이다.
- 정치활동: 정치활동(placement service)은 학생들이 새로운 활동을 전개하기 위하여 다음 단계의 계획을 세우고, 새로운 위치를 정하고, 정진하도록 돕는 일체의 활동을 말한다.
- 추수활동: 추수활동(follow-up service)은 학생을 지도한 후 학생의 자율적 성장을 계속 보살펴 주는 활동으로 생활지도의 마지막 단계이며, 생활지도의 전체적인 성과를 계속해서 체계적으로 확인해 보는 활동이다.

2) 안전관리

안전관리는 학생들이 정신적, 신체적, 심리적인 면에서 존엄한 인간으로 성장해 가도록 그에 적합한 여건과 편의를 제공하는 데 관심을 갖는다. 구체적으로 안전한 학급환경을 조성하는 목적은 교사와 학생이 교수하고 학습하고 생활하는 데 쾌적하고 안전한 장소를 제공하기 위함이다. 학교는 여러 가지 시설물과 많은 학생을 수용하고 있기 때문에 안전사고가 발생할 위험이 도사리고 있다. 따라서 안전은 학생복지와 관련된 여러 가지 활동 중에서 가장 중요시된다.

학생복지와 관련하여 안전한 학급환경 조성은 다음과 같은 목적을 갖는다(DeRoche & Kaiser, 1980).

- 학급의 모든 학생의 안전과 복지를 향상한다.
- 학교·학급 시설물의 안전성을 도모하고 파손행위를 막는다.
- 학교·학급 및 개인 재산의 도난을 방지한다.
- 학생 및 교사, 교직원에 대한 상해행위를 방지한다.
- 수업방해 행위를 억제한다.
- 학교·학급 규율과 학생행동을 향상한다.
- 학생의 태도와 학교와 학급에 대한 관심을 향상한다.

안전사고는 발생할 수 있으나 사전교육과 안전점검을 통해서 피할 수 있다. 다음은 교사와 학생의 안전의식을 고취할 수 있는 방안들이다(DeRoche & Kaiser, 1980, p. 163).

- 교사는 안전개념과 원리를 학급에서 가르치는 교과에 통합하여 가르친다.
- 포스터와 게시판을 이용하여 안전의식을 고취한다.
- 교실, 강당, 체육관 등 학교에서 학급학생이 이동하는 장소 어디에서든 학급에 봉사하는 안전위원으로 학생을 윤번제로 정하여 봉사하도록 한다.
- 청결, 질서, 안전을 향상하는 학급경영 절차를 수립한다.
- 교사는 학교안전에 관한 문헌을 읽고 학생들에게 추천한다.
- 장비와 비품, 특히 페인트, 종이, 유리제품 등을 보관하는 방법에 주의한다.
- 교사나 교사들의 소집단(예를 들면, 학년교사, 과학교사, 체육교사 등)은 시설물에 대한 안전점검표와 학생활동에 대한 안전점검표의 두 가지 종류의 안전점검표를 준비한다.
- 교사는 특별한 안전활동, 예컨대 화재예방을 준비하고 훈련한다.
- 각 교사는 학급에서 행한 안전활동을 기록·보관하고, 이를 학교안전 유인물 작성에 반영한다.
- 교사는 개인적 안전, 학급안전, 사고보고(서), 안전실행과 절차에 관한 규칙과 규정을 평가한다.

(1) 시설물의 안전

학교·학급의 각종 시설물은 학생의 안전과 건강을 위해서 일차적으로 중요시하여야할 대상이다. 시설물 안전은 시설물 자체의 안전성과 학생의 시설물 사용과 이동에서 학생행동 안전성의 두 가지 측면을 고려하여야 한다. 안전점검의 주요 대상이 되는 시설물에는 운동장, 교실, 계단, 복도, 식당, 장비 비품의 보관장소, 열관리 장소, 실험실, 급수시설, 도서실, 휴게실, 화장실 등이며, 시설물의 모서리, 창틀, 내리닫이 창틀, 벽, 기둥, 보관함, 교재·교구의 위치, 게시 및 전시물, 책상과 걸상, 교실 내 통로 등에 대해서도 세심한안전점검이 이루어져야 한다.

(2) 등하교 시의 안전

등하교 시에 사고, 사건, 문제행동들이 많이 일어난다. 등하교 시의 교통사고, 횡단보도 사고, 폭력사고 등의 예방을 위해서 안전위원회, 안전프로그램, 봉사활동을 운영하고, 가능하면 지역사회와 협조하여 등하교 시의 안전교육과 대책을 마련한다.

(3) 긴급구호와 화재예방

교사와 학생은 긴급상황이 발생했을 때를 대비하여 준비와 훈련이 되어 있어야 한다. 긴급구호 시를 대비하여 구급약을 상비해 두고 긴급구호 기술을 익혀 둔다. 긴급구호 기술은 학교 밖에서도 유용하게 사용할 수 있는 기술이다. 교사는 화재예방교육, 화재발생시 교사와 학생의 대처방안, 사고발생 시 보고사항, 화재예방 대처방안에 대한 주기적 점검 등에 대해 준비하고 점검해 두어야 한다.

(4) 학생폭력 방지

학생폭력은 학생 개인에게 심대한 신체적, 심리적 손상감을 경험하게 하고, 학생 간의인간관계를 저해하여 학습분위기를 해친다. 따라서 교사는 이에 대한 예방과 처리에 특별한 관심을 가져야 한다. 학교폭력 예방을 위해서 교사는 학생폭력 실태를 파악하고, 폭력을 없앨 수 있는 프로그램을 개발하고, 이의 추진사항을 점검해 나아가야 한다. 특히 폭력근절을 위해서는 학교에서의 인성교육뿐만 아니라 가정과 지역사회와 연계된 선도 프로그램의 개발이 중요시된다.

3) 사고 관리

기물파손, 도난과 같은 사고는 학습분위기를 해치고, 교사와 학생, 학생과 학생과의 인간관계를 저해할 뿐만 아니라 학생 개인에게도 심대한 자아 손상감을 경험하게 하므로, 교사는 이의 예방과 처리에 특별한 관심을 가져야 한다. 파손이나 도난사고를 줄이기 위해서 교사는 사고발생에 관련되는 정보를 수집하고, 사고방지 프로그램이나 활동을 전개하고, 사고예방을 평가한다.

사고예방에는 사고원인에 대한 이해가 중요한 만큼 교사는 사고의 배경과 원인에 대해 정확한 정보를 확보해 두어야 한다. 일반적으로 사고가 적게 나는 학교는 소규모인 학교, 범죄율이 낮은 지역의 학교, 학교의 규칙이 공정하고 그것이 협력적으로 엄격하고 일관성 있게 추진되는 학교, 가정으로부터 지원을 받는 훈육정책을 세우는 학교, 교사가 적대적이거나 권위주의적이 아니며 훈육문제를 성적에 반영하지 않는 학교라고 연구결과들은 밝히고 있다(DeRoche & Kaiser, 1980). 사고의 배경자료와 더불어 교사는 학급에서 무슨 일이 일어나고 있는지의 상황과, 기물파손이나 도난과 관련된 요인에 대해 정확하고 구체적 정보를 수집하고 기록해 두어야 한다.

4) 건강관리

학생의 건강관리에 대한 관심은 그들의 학업성취에 대한 관심보다 낮은 경향이 있으나, 오히려 건강한 신체와 정신이 학업성적보다 더욱 중요하다. 학생의 건강관리에 대한 관심의 소홀은 학생이 신체적 손상을 입게 되고, 건강문제로 정상적 교육을 오랫동안 받지 못하게 되고, 질병을 전염하는 결과를 가져온다. 정신적·신체적 건강 없이는 교육이 이루어질 수 없는 것이다.

학급의 건강관리를 위해서는 다음과 같은 사항에 대한 계획이 세워져야 한다.

- 모든 학생들에 대한 건강상태의 진단·점검
- 질병·결함, 예컨대 부상, 영양부족, 약물, 성질환, 각종 질병의 구제
- 학생의 구체적 장애 확인
- 장애아의 교육지도
- 긴급구조의 제공
- 질병의 예법과 통제
- 건강정보의 제공

학생의 건강관리를 위한 프로그램과 활동은 보건교사, 학교의사, 특수교육전문가, 상담교사, 학부모 및 지역사회 인사와 협동적으로 연계하여 수립, 수행한다. 그리고 교사는 학생의 건강기록부를 작성, 보관, 활용한다.

5) 학급사무관리

사무라는 말은 일반적으로 행정을 수행하는 과정에서 수반되는 기록과 장부의 작성 및 보관, 공문서와 제 보고의 처리, 회계 경리와 용도 등, 대체로 문서관리를 위주로 하는 업무를 말한다. 학급사무관리는 학급경영상 필요한 모든 서류 또는 기록물을 총칭하는 문서를 작성, 유통, 정리, 보존, 활용하는 활동이다. 이러한 효율적인 학급사무관리는 학급경영활동을 보다 체계적이고 효율적으로 수행할 수 있게 한다.

학급담임교사가 관리해야 할 학급사무의 내용들을 정리하면 다음과 같다.

- 학급경영 일반에 관한 사무: 학급경영안, 학급일지, 가정통신 사무, 학급어린이회 사무, 학예활동, 학급경영평가 사무, 학년회 사무, 직원협의회 사무 등
- 표부류(表簿類)에 관한 사무: 생활기록부, 출석부, 건강기록부, 환경조사부 등
- 통계처리 사무: 출결석 월말 통계자료, 신체검사 통계자료, 학력검사 통계자료 등
- 교수-학습에 관한 사무: 교육과정계획(연간 월간계획, 주안·일안 작성), 학습평가 및 성적처리 등

- 조사 검사 관찰에 관한 사무: 아동조사, 가정조사, 환경조사, 지역조사, 체질 · 체능 · 체력검사, 성격검사, 흥미검사, 지능검사, 사회성검사, 아동관찰기록, 사례연구 등
- 학급비품에 관한 사무: 학급문고 사무, 학급비품관리 사무(운동용구, 시청각교구, 책걸상, 칠판, 청소용구 등) 등
- 교사연구에 관한 사무: 시청각 교육 연구, 학년교과별 연구, 학교분장에 의한 교과연구 사무
- 금전에 관한 사무: 학급금전출납부, 학생저축대장
- 학교사무분장에 의한 사무: 교무분장에 의한 사무, 지역사회 발전에 관한 사무

9. 가정·지역사회와의 관계

교육은 학교와 가정, 그리고 지역사회에서 각각 이루어진다. 효과적인 교육을 위해서는 가정, 학교, 지역사회 간의 교육적 협력관계가 필요하다. 특히 학급담임과 학부모와의 관계는 개별 학생의 교육을 위해서 뿐만 아니라 학교와 지역사회 관계를 위해서도 중요하다. 여기에서는 학급과 가정 · 지역사회 관계의 의의, 바람직한 교사와 학부모의 협력관계, 가정 · 지역사회와의 교류 방안에 대해서 살펴본다.

1) 학급과 가정 · 지역사회 관계의 의의

학급과 지역사회 관계는 학부모와 주민들에게 학교와 학급에서 하는 일을 알리고, 그들로부터 협조를 구하는 데 있다. 학부모와 주민들에게 학교와 학급의 교육방침, 교육내용과 방법, 결과 등을 알려서 이해를 공유하고, 학교운영에 참여의 기회를 제공하며, 가정과 지역사회로부터 지원과 협조를 구하는 일은 학급담임의 임무를 효과적으로 수행하는 방안이다.

학급과 지역사회 관계의 초점은 무엇보다도 학생교육에 모아져야 한다. 아동의 인격형성은 학교교육의 힘만이 아니라 가정교육, 그리고 지역사회의 교육력을 통해 완성된다.

따라서 학교, 가정, 지역사회가 서로 긴밀하게 연계되고, 유기적으로 각각의 교육력을 발휘하여 상호보완적이고 협동적 관계에서 아동·학생의 교육에 임하여야 한다. 학교와 지역사회 관계의 의의는 학교가 가정과 지역사회가 갖는 교육력을 이끌어 내어 그것을 학생교육에 활용하는 데 있다고 하겠다.

2) 바람직한 교사-학부모 협력관계

학교와 가정·지역사회 관계는 여러 가지 형태의 교류를 통해서 이루어진다. 효율적인 교류를 위해서는 교사와 학부모 간에 협력관계가 구축되어야 하고, 이를 위해서는 학부모와 교사 상호 간에 바람직한 태도가 형성되어야 한다.

학부모에 대한 교사의 바람직한 태도로는 다음과 같은 것을 들 수 있다(박연호, 1984).

- 학부모의 의견이나 보호자로서의 권리를 존중한다. 학부모는 자기 자녀를 양육하고 교육할 의무와 권리를 가지고 있기 때문에, 교사가 아무리 전문적인 지식과 기술을 가지고 있다고 하더라도 학부모의 의견을 경시해서는 안 된다.
- 학부모가 부담 없이 학교를 방문하고 자유롭게 대화할 수 있는 분위기를 조성한다. 교사는 학부모의 자발적 학교방문을 고무하고, 자유로운 분위기에서 교사와 학생, 그리고 학부모 간에 대화를 나눌 수 있는 기회를 제공하도록 힘쓴다.
- 자녀교육을 학교에만 의존하려는 학부모의 태도를 시정한다. 교사는 학부모로 하여금 자녀교육을 전적으로 맡겨야 한다거나 맡기겠다는 생각을 하지 않도록 해야 한다. 교사는 전문적인 식견과 지식, 그리고 경험을 가지고 학부모가 자녀교육을 학교에 전적으로 의존하려는 생각과 태도를 시정하도록 한다.

한편 학부모의 교사에 대한 바람직한 태도는 다음과 같이 들 수 있다.

- 교사에 대한 긍정적인 태도를 가진다. 학부모가 교사의 인격과 자질을 부정적으로 생각하게 되면 그러한 태도가 학생에게 전달되어 교육의 효과를 저해한다.

- 수용적·참여적 태도를 가진다. 학부모는 학교의 후원자라는 입장에서 교사의 의견을 수용하는 자세를 가지고 보다 적극적으로 참여하여 교사의 교육활동을 도와야 한다.
- 부모의 교육에 대한 일치된 의견 수립이 필요하다. 아버지와 어머니는 자녀지도에 상호 일치된 의견을 가지고 자녀를 교육해야 한다.
- 학교와 상이한 견해를 줄이려는 노력을 한다. 가정과 학교에서 요구하는 행동양식이나 규범이 상이할 때 학생은 갈등을 겪게 되므로 학부모는 학교와 보조를 맞추려고 노력하여야 한다.
- 자녀의 학교생활과 가정생활이 연속적 생활과정이 되도록 노력한다. 학교생활과 가정생활이 유리되지 않도록 교사와 유기적인 연락을 통하여 학습활동이나 놀이, 정서활동에 관한 정보를 교환하여야 한다.
- 교사에 대한 부정적 사례를 하지 않는다. 학부모는 자기 자녀의 바람직하지 못한 이익을 위해 금품을 교사에게 건네주는 일을 해서는 안 된다.

3) 가정·지역사회와의 교류

학교와 가정·지역사회와의 연계방안은 가정·지역사회와의 정보교류, 학부모·주민과의 직접교류 등으로 구분된다.

(1) 가정·지역사회와의 정보교류

학교와 가정·지역사회와의 연계는 이해로부터 시작되고, 그 이해는 정보의 교류로부터 시작된다. 가정과의 교육정보 교류는 학부모가 필요로 하는 학교정보를 제공하고, 가정으로부터 학교에서 필요한 정보를 얻어 학생교육에 활용하는 것이다. 학교는 학부모의 여러 가지 궁금증을 풀어 주는 것을 교류의 기본으로 삼아야 한다.

다음은 학부모가 학교에 대해서 알고 싶어 하는 사항들이다. 이는 곧 교사가 학부모에게 알려 주어야 할 사항이 된다(Charles & Senter, 1995, p. 188).

- 교육프로그램: 교육과정 및 특별활동 등 학급에서 제공되는 교육프로그램을 요약하여 알려 준다. 이것을 한꺼번에 전달할 필요는 없으며, 학기 동안에 나누어 알려 준다.
- 학생에 대한 기대: 교사가 학급활동, 행동, 숙제, 보충활동 등을 포함하여 학생에게 기대하는 것을 알려 준다.
- 기대 구현 방안: 학생에 대한 기대를 교사는 어떻게 실행하려는지에 대해 훈육방법을 포함하여 학부모에게 알려 준다.
- 학생의 학교생활: 아동이 학교에서 어떻게 생활하고 있는지를 일반적인 학교생활과 구체적인 교과활동을 포함하여 알려 준다. 학부모 역시 그들 아동들이 가지고 있는 문제가 무엇인지를 알 필요가 있다.
- 협조방안: 아동의 진보를 위해서 학부모가 도울 수 있는 것이 무엇인지를 알려 준다.
- 특별활동 및 행사: 학교가 계획하는 특별활동이나 행사에 관해 알려 준다.
- 정보의 교류방법: 학급 소식지(newsletter), 학교행사 안내, 통지표, 연락장, 전화 등이 있다.

학교·가정과의 정보교류에서 유의할 점은 다음과 같다[永岡順, 奧田眞文 (編), 1995, p. 172].

- 담임은 학교에서 보내는 정보는 한 개인의 정보가 아니라, 학교 전체의 질을 담고 있는 정보라는 사실을 알아야 한다.
- 학교에서 보내는 정보는 교육활동에 관한 정보제공이고, 학부모에 대한 협조 의뢰이다.
- 아동의 학교생활이 생기 있게 그려져 있는 통신이 유용한 통신이다.
- 가정, 지역에서 많은 정보를 얻는 것은 훌륭한 교육실천을 위한 필요조건이다.

(2) 학부모·지역주민과의 직접교류

학부모 및 지역주민과의 직접교류는 학급교사가 주체가 되어 직접적으로 학부모와 교류하는 것이다. 이런 교류에는 학급협의회, 수업참관, 가정방문, 지역주민과의 교류 등이 있다. 서신이나 기록을 통한 정보 교류가 비인격적 교류라고 한다면, 직접적 교류는 대면적·인격적 교류이다. 따라서 교사는 직접적 교류에 임하는 자세와 방법에 각별히 신경을 써야 한다. 학부모·지역주민과의 직접교류방법을 아래에서 살펴본다.

■ 학부모협의회

학부모협의회(class conference)는 학교에서 학부모와 교사가 서로 만나 상호이해를 도모하는 교류방법이다. 학급협의는 개별적으로 또는 집단적으로 이루어진다. 협의가 어떤 형태로 이루어지든 잘 조직된 학급협의는 학부모와 교사 간의 의사소통을 위한 최선의 기회가 된다. 학부모협의회는 비형식적이고 자연스러운 것이 좋다. 그러나 학급협의가 성공적이기 위해서는 사전계획과 준비가 필요하다.

■ 수업참관

수업참관은 학부모를 초청하여 실제수업을 참관하도록 하는 것이다. 보호자의 수업참관의 의미는, 첫째, 보호자에게는 자신의 아이가 단체 속에서 생활하는 모습을 봄으로써 보다 자세하게 아동을 이해하는 기회가 되며, 교사에게는 아동의 특성을 확인할 수 있는 기회가 된다. 둘째, 학교가 직접 수업을 통해 교육목표와 지도의 중점, 또는 교과영역의 목적과 지도내용, 더 나아가서는 현재의 학교교육을 보호자에게 이해받는 기회가 된다. 셋째, 아동집단의 실태를 정확하게 파악하여 그것을 보다 발전시킬 수 있도록 한다. 따라서 있는 그대로의 일상적인 모습을 보여 주는 것이 필요하며, 학습목표나 지도안 등과 같이 필요한 내용을 사전에 보호자에게 배부하도록 한다.

■ 가정방문

가정방문은 가정과 학급 사이에 연계를 갖게 하고, 부모와 교사의 계속적·체계적인 관계를 형성케 하는 본질적인 요소이다. 아동의 생활환경, 특별한 배려를 요하는 아동, 보호자의 교육에 대한 자세 등에 대한 이해를 목적으로 가정방문이 이루어지며, 교사는 이러한 가정방문을 통해 학생 가정의 학습환경을 직접 확인할 수 있고, 부모와 함께 상호 이해와 신뢰를 돈독히 할 수 있다. 이 외에도 학교에서 학생교육과 관련하여 수행되고 있는 것을 부모에게 전달하고, 가정에서 하고 있는 것을 교사에게 알려 주며, 특정 문제에 대하여 부모의 협력을 구할 수 있다.

가정방문 시 유의할 점으로는 계획을 무리없이 세워 시간을 정확하게 지키는 것, 복장을 단정하게 하기, 다과 접대는 미리 거절하기, 보호자의 요망에 진지하게 귀 기울이기, 남겨진 과제에 대해 후일의 창구를 열어 두기, 절도 있는 태도와 말씨로 임하기 등을 들 수 있다. 이러한 것들은 보호자의 신뢰를 얻기 위한 필요조건이지만, 이 신뢰야말로 연계의 기본이 된다.

■ 학급과 지역주민과의 교류

학급과 지역주민과의 교류를 위해서는 학교 · 학급행사 소개와 아동들의 모습, 학교교육 현황과 과제의 설명, 학교 · 학급행사를 지역민과 함께 하기, 경로의 날에 지역사회의 노인에게 편지 쓰기, 연극이나 노래하기, 지역행사에 학교 · 학급 개방하기, 지역행사에 참여하기 등의 활동을 할 수 있다.

■ 지역의 교재화와 인재활용

지역에는 학교교육에 도움이 되는 '물적 조건과 사람, 장소'가 많이 있다. 지역사회 활용 방안은 학교의 교육목표, 교육과정의 내용, 아동의 연령과 필요 등을 고려하여 구체적 내용을 결정하여야 한다. 학급은 학교의 지역사회의 교육적 활용 방안에 따라 학급아동에게 교육적으로 적합한 활동내용을 결정한다.

이러한 활동에는 아동이 스스로의 생활 속에서 학습과제를 체험함으로써 의욕을 갖고 학습을 할 수 있도록 하여, 지역사회를 살아갈 자질을 키우고 자기실현을 도모할 능력과 태도를 기르고자 하는 지역의 교재화 방안과, 필요할 경우 발굴된 교재에 대해 지역주민을 각 분야의 교사로 초대하여 지역사람의 지혜, 지식, 기능 등을 활용하는 인재활용방안 등이 있다.

10. 훈육

학생의 훈육문제와 질서유지는 학교를 특징짓는 보편적 현상이다. 그러나 그것은 학습활동, 학습풍토, 그리고 학습결과에 영향을 주어 학교교육의 질을 결정하는 중요한 요소로 작용한다. 또한 학생의 훈육문제는 교사, 특히 초임교사가 직면하는 가장 어려운 문제 중의 하나이다. 학생의 훈육문제로 인하여 많은 교사들이 자신의 학생 통제 능력에 회의를 갖게 되고 교사로서의 정체성에 위협을 느끼게 된다. 나아가서 훈육문제가 심각해지면 학교의 교육적 기능이 제대로 이루어지지 못하는 교육의 '위기' 상황에 이를 수도 있다. 따라서 훈육문제를 효과적으로 다루어 학교·학급 질서를 유지하는 일은 학교·학급경영상 그리고 교육지도상 매우 중요한 과제이다. 여기에서는 훈육문제의 성격과 효과적 훈육방법에 대해 박병량(2001)의 『훈육』을 토대로 하여 살펴보고자 한다.

1) 훈육문제의 이해

(1) 훈육문제의 의미

학생의 훈육문제는 위반사항을 확인하고 거기에 따라 처벌하는 단순한 문제가 아니다. 훈육문제행동은 많은 요인들로 인한 영향의 결과라고 볼 수 있으므로, 문제행동을 정의하고 확인하고 반응하는 데는 주의 깊은 검토가 요구된다. 훈육문제의 정의는 어떠한 행동이 훈육문제가 되는가와 관계되는 문제이다. 다음은 대표적인 훈육문제의 정의들이다.

- 훈육문제란 "교사 또는 학생들의 활동에 심각하게 지장을 주는 학생의 행동이다." (Emmer et al., 1989, p. 187)
- 훈육문제란 "교수활동을 방해하고, 다른 사람의 학습할 권리를 침해하며, 심리적 또는 물리적으로 불안전한 행동이나 기물을 파손하는 행동이다."(Levin & Nolan, 1996, p. 22)
- 훈육문제는 사회적으로 수용되지 않는 행동, 말하자면 반사회적 행동이다(Dreikurs, 1968).

● 훈육문제란 "그 행동이 일어나는 장면 또는 상황에 부적절하다고 여겨지는 행동이다."(Charles, 1996, p. 2)

가장 넓은 의미에서 훈육문제란 행동이 일어나는 상황에 부적절한 행동으로 규정할 수 있다. 좀 더 구체적으로, 훈육문제는 사회집단의 규범이나 과업수행 및 상황이 요구하는 행동에 어긋나는 행동으로 정의할 수 있다. 이런 관점에서 학교에서의 훈육문제란 학교의 규범이나 질서 및 과업수행을 저해하는 행동이라고 규정할 수 있다. 이런 정의에 포함되는 훈육문제의 행동에는 과업(수업)을 방해하는 행동, 공격적 행동, 권위에 도전하는 행동, 규칙과 절차를 어기는 행동, 공동체 생활질서를 지키지 않는 행동, 예의를 지키지 않는 행동, 게으름을 피우는 행동, 비도덕적 행동 등이 포함된다.

■ 행동상의 훈육문제와 성격상의 훈육문제

학교 또는 교실 상황에서 발생하는 훈육문제들을 원인적 차원에서 분류하면 크게 행동상의 훈육문제와 성격상의 훈육문제로 구분된다. 행동상의 훈육문제는 개인의 어떤 심층적인 성격문제의 결과로 나타나는 행동이 아니라 정상적인 발달과정에서 나타나는 행동이다. 학급에서 일어나는 대부분의 훈육문제는 이 범주에 속한다. 이러한 훈육문제는 정상적인 학생들에게 흔히 나타나는 행동이기 때문에 일반적 문제행동 또는 표면 행동(surface behavior)이라고 부른다(Levin & Nolan, 1996, p. 155).

성격상의 훈육문제는 개인 성격상의 성향의 결과로 나타나는 훈육문제이지만, 어디까지나 심각한 또는 임상적 수준에 이르지 않는 경미한 부적응적 행동으로써 교사가 교정할 수 있는 행동이다. 따라서 성격장애 행동과는 구별된다. 이 범주에는 몽상, 게으름, 속이는 것, 이기주의, 무례, 폭력성 등이 포함될 것이다.

■ 문제행동의 정도를 판단하는 기준

문제행동의 이해와 규정 그리고 문제행동에 대응하는 교사의 결정을 위해서 문제행동의 정도(심각성)를 판단하는 것은 중요하다. Cairns(1987)는 Leach와 Raynold(1972)의 연구를 토대로 교사가 학생의 문제행동의 심각성을 판단하는 데 최소한 다음 8가지를 고려해야 한다고 하였다. 이 8가지는 교사가 문제행동에 대해 어떤 결정을 내려야 할 때 고려해야 할 사항이기도 하다.

- 강도: 행동이 다른 학생의 활동을 어느 정도 방해하는가?
- 기간: 행동이 얼마 동안 지속되는가?
- 빈도: 행동이 얼마나 자주 나타나는가?
- 상황: 행동의 원인이 분명한가, 그리고 그 상황에서 그 행동은 합리적이었는가?
- 연계성: 문제행동이 다른 특정한 행동과 연계되어 나타나는가?
- 보편성: 문제행동이 여러 경우에 걸쳐서 나타나는가?
- 정상성: 문제행동이 같은 연령집단의 기준으로부터 이탈하는가?
- 다른 사람에게 미치는 결과: 행동이 다른 사람을 방해하는가?

■ **훈육문제의 인식**

훈육문제를 규정함에 있어서 인식은 정의 못지않게 중요하게 작용한다. 훈육문제는 인식자에 따라 다르게 규정될 수 있으며, 또 실제 훈육은 주로 인식된 훈육문제에 의해서 행해진다는 점이다.

훈육문제의 인식은 행위자와 인식자 간의 상호작용에 의해서 발생하고, 그 인식과정에 인식자 요인, 행위자 요인, 상황 요인들이 복잡하게 작용하여 결정된다. 훈육문제에 대한 교사의 인식에 영향을 주는 행위자로서 학생 요인에는 학생의 신체적 특성, 성격적 특성, 지적 특성, 인간 발달적 특성, 성, 연령, 행동 의도성 등이 포함된다. 훈육문제의 인식자로서 교사 요인에는 교사의 가치관, 성격 특성, 기대 수준, 관용 수준, 관습 및 문화, 그리고 인식자가 누구인가(교사, 학생, 학부모), 문제의 소유자가 누구인가(학생 또는 교사) 등이 포함된다. 훈육문제의 상황요인으로는 문제행동이 발생된 시간, 장소, 청중, 문화·풍토·관습 등이 포함된다.

(2) 훈육문제의 관련 요인

문제행동에 영향을 미치는 요인들과 그들의 범위를 알아 두는 것은 문제행동의 이해와 지도에 도움이 된다. 문제행동에 영향을 주는 요인들을 개인 요인과 환경 요인으로 나누어 살펴본다.

■ 개인 요인

가. 생리적 요인

인간행동에 영향을 줄 뿐만 아니라, 만약 이상이 있을 경우 발달과정에 심각한 영향을 미치는 생리적 요인으로는 신경계통 장애, 내분비선 장애, 유전, 염색체 구조 이상, 유전인자 이상, 항진, 뇌전증(간질), 천식 등이 있다(Charlton & George, 1993).

나. 심리적 요인

개인의 정의적 · 지적 심리상태가 행동에 영향을 준다는 것은 잘 알려진 사실이다. 특히 부정적 자아개념, 공격적 성격, 불안, 정서 장애, 학습능력 저하, 사회성 및 도덕성의 결핍 등은 문제행동과 밀접하게 관련되는 심리적 요인들이다.

■ 환경 요인

가. 가정 요인

가정은 학생의 성장과 발달에 지대한 영향을 미치는 중요한 환경요인이다. 우리나라 가정은 전통적 대가족제도에서 핵가족화되면서 가정의 구조와 기능이 변화되고 있다. 변화된 가정 형태의 많은 부분들은 다음과 같은 측면에서 청소년 문제와 연결된다(권이종 외, 1998, pp. 129-146).

- 가정교육의 약화: 언어, 습관, 태도, 윤리, 도덕, 예절 등에 관한 가정교육의 약화와 이에 따른 교육기관(학교)의 상대적 역할 증대
- 생활의 불안정성: 단일 세대 소인수 가족, 맞벌이 부부의 증가, 가족 구성원간의 대화 부족, 고립된 생활공간 등으로 인한 고립감, 소외감, 정서적 불안정성의 증대
- 부모의 양육 태도: 과잉보호(의존성, 심약성, 비타협적 성향), 지나친 기대(정서적 불안과 갈등), 과잉통제, 무관심, 방임 등 부모의 그릇된 양육태도(자녀수가 적은 핵가족에서

자녀에 대한 과보호와 지나친 기대 또는 과잉 통제가 일어날 소지가 크다.)
- 문제 가정: 현대 사회의 가족 구조 변화와 함께 정상적인 가정기능이 결여된 가정이 증대

청소년 문제행동과 관련하여 비교적 상관관계가 높다고 여겨지는 현대사회에서의 결손 가정의 형태를 분류하면 다음과 같다(Sutherland & Cressy, 1975; 권이종 외 1998, pp. 137-138 재인용).

- 부도덕 가정: 가족원 중에 범죄자, 비행자 등이 있는 가정
- 결손 가정: 양친 중 일방 혹은 쌍방이 사별, 이혼, 별거, 실종, 장기수형 부재 등에 의한 결손 가정
- 애정결여 가정: 부모-자녀 사이, 형세자매 간에 애정적 관계가 결여된 가정
- 갈등 가정: 가족원 간 감정, 이해관계, 가치관 등의 불일치로 갈등을 느끼는 가정
- 훈육결여 가정: 자녀에 대한 훈육과 감독이 적절하지 못한 가정
- 빈곤 가정: 경제적으로 가계에 타격을 받고 있는 가정
- 시설 가정: 고아원 등 아동양육시설이 가정의 역할을 하는 경우

나. 사회문화적 요인

청소년은 부모의 통제를 벗어나 접하게 되는 사회문화적 환경에 민감하게 반응한다. 그래서 변화되고 있는 사회문화 환경은 어떤 형태로든 개인의 행동에 영향을 미친다. 청소년 문제는 주로 변화되는 사회의 부정적 측면과 관계된다. 자주 지적되는 청소년 문제행동과 연결될 수 있는 우리 사회의 사회문화적 요인의 예를 들면 다음과 같다(권이종 외, 1998 참조).

- 불건전한 사회풍조: 물질주의, 향락주의, 편의주의적 생활풍조, 공동체 기본 질서 무시, 도덕적 해이, 부정·부패의 사회 부조리, 법·도덕·규칙 등의 통제력 결여
- 지역사회의 유해환경: 유흥업소, 불건전 오락실, 성인용 PC방

- 대중매체: TV, 영화, 동영상, 잡지, 신문 등의 지나친 상업적·선정적·폭력적·향락적인 내용
- 청소년 문화·하위 문화: 일탈적 사고, 소외, 감각적·충동적 반응, 과소비, 무비판적 외래 풍조의 모방, 외래·사치성 소비 성향, 성 도덕의 문란 등 문제행동과 연결될 수 있는 청소년 하위 문화
- 세대차에 의한 갈등: 세대 간의 가치관과 행동양식의 차이에서 오는 갈등
- 소외계층: 빈부·계층 간 격차에서 오는 소외감, 좌절감, 반항 의식

다. 동료집단 요인

아동이 성장함에 따라 동료집단의 영향을 많이 받는다. 학교 내에서는 여러 종류의 동료집단이 형성되어 있고, 그들 특유의 고유한 사고방식과 행동양식을 가지고 있다. 즉 동료집단은 취미, 오락, 유행 및 학교, 교사, 훈육, 문제행동에 대해 공유된 태도를 지니고 있다. 불건전한 집단에 소속된 학생들은 집단의 규범과 문화에 동조하여야 한다. 집단의 동조 압력은 청소년 증후군(adolescent syndrome)과 어울려 중학교 3학년 이후부터 강해진다(Hargreaves, 1967, pp. 169-170, 172). 따라서 불량서클 가입, 불건전한 집단활동 참여는 문제행동과 직접적으로 관련된다.

라. 학교 요인

학생들의 학교경험은 그들의 행동발달에 큰 영향을 미친다. 훈육문제와 관련된 학교 요인으로는 교사, 급우, 수업, 결석사항 등이 자주 지적된다. 훈육문제와 학교교육과의 관계를 집중적으로 분석한 Glasser(1990)는 학생의 학습부진과 문제행동은 학교교육의 질과 관계된다고 주장한다. 그는 학교가 학생들의 심리적 욕구를 충족해 주지 못할 때 문제행동이 발생하며, 이와 관련된 학교 요인으로 학생의 심리적 욕구를 충족시켜 주지 못하는 교육과정, 단편적인 암기·시험 위주의 평가, 비참여적이고 유용성을 느끼지 못하는 재미없는 수업 등을 들고 있다. 그는 이런 학교 요인이 개선될 때 훈육문제는 감소한다고 주장한다.

훈육문제와 연결될 수 있는 학교운영 실제의 각 측면들의 구체적인 예를 종합하면 다음과 같다.

- 교육과정: 과다한 학습량, 입시위주의 교육과정 운영, 정의적 교육의 소홀, 평가체제에 대한 불안
- 상·벌 체제: 공정하지 못한 상·벌 체제, 상·벌의 남발로 인한 실효성 약화, 체벌 위주, 학생의 자존심을 손상시키는 교사의 질책
- 환경: 통학거리, 각종 시설·설비 부족(냉난방 시설, 조명, 공기 오염, 소음, 책걸상, 공학기재, 교재, 교구)과 안정성 결여, 혼잡한 복도·계단·식당, 비위생적인 화장실, 각종 시설·설비의 안정성 결여, 학교 주변 유해 환경
- 학생: 학생의 책임감 결여, 자기중심적 이기심, 예의 부족, 급우를 괴롭히는 학생, 불량서클 활동
- 수업: 흥미를 끌지 못하는 수업, 지겨운 수업, 어려운 수업내용, 통제되지 못한 수업, 질이 낮은 수업
- 학급경영: 학생 수의 과다, 나쁜 교실 분위기, 잘못된 학습집단 편성, 무질서한 학급, 통제되지 못한 학급, 훈육문제가 많이 발생하는 학급
- 학교 전체 경영: 통제위주의 학교, 체벌이 많은 학교, 결석률이 높은 학교, 교사 이직률이 높은 학교, 학생 참여가 부족한 학교, 교사들이 수업 외의 활동에 많은 시간과 노력을 투입하는 학교, 교사들의 학생에 대한 인식이 그릇된 학교, 질적 수준이 낮은 교사들로 구성된 교직원 조직, 교사 간 갈등이 심한 학교
- 의사소통 체제: 하향식 의사소통이 많은 학교, 교사 상호 간에 의사소통이 부족한 학교, 교사들의 대화가 교육 외의 사항이 많은 학교
- 학부모-학교 관계: 학부모가 학교 방문을 싫어하는 학교, 학부모와 교사의 교육적 협조가 부족한 학교, 촌지가 심한 학교

마. 교사 요인

교사는 학교에서 학생에게 가장 큰 영향을 미치는 요인이다. 하지만 교사들이 학생에게 긍정적 영향만을 미치는 것은 아니다. 교사가 의도하지는 않더라도, 교사의 말과 행동이 학생에게 부정적 영향을 미치고 훈육문제로 연결될 수도 있다(Cooper & Upon, 1990). 예컨대, 학생의 훈육문제 행동을 시정하려는 교사의 말이 잘못 되었을 때 의외로 더욱 심각

한 문제행동을 유발하게 된다.

Blandford(1998, p. 4)는 학생 훈육에 영향을 주는 교사 요인을 인성, 외모, 의사소통 기술, 교수 기술, 교육과정 지식으로 분류한 바 있다. 이 분류에 통제기술을 더하여, 훈육문제 행동과 연결될 수 있는 교사 요인의 예를 열거하면 다음과 같다.

- 인성: 권위적인 교사, 냉담한 교사, 폭력적인 교사, 우유부단하고 일관성이 없는 교사, 학생에 무관심한 교사, 통제감이 결여된 친애적인 교사
- 외모: 교사로서 부적절한 옷 또는 머리 모양, 지나친 화장
- 의사소통 기술: 너무 크거나 작은 목소리, 말을 더듬는 것, 부정확한 발음, 학생의 자존심을 손상시키는 말, 점잖치 못한 말씨
- 교수 기술: 지루하고 재미없는 수업 방식, 수업의 목표를 달성하지 못하는 교사
- 교육과정 지식: 교과지식 부족, 불공정한 평가
- 통제 기술: 학급을 통제하지 못하는 교사, 훈육문제를 방관하는 교사, 훈육방식이 나쁜 교사

오늘날 학생들이 교사를 대하는 태도는 옛날과 사뭇 다르다. 옛날에는 학생들이 교사에게 '스승'이라는 이미지를 갖고 일정한 형태의 고정된 반응(예, 존경 또는 복종)을 보였다. 그러나 오늘날 학생들은 한 인간으로서 있는 그대로의 '교사' 또는 교사가 하는 말과 행동 그 자체에 직접적으로 반응한다. 따라서 교사의 말과 행동은 그 어느 때보다 학생들에게 직접적인 영향을 미치므로 중요하다.

2) 훈육의 의미

훈육은 훈육문제를 근간으로 하여 성립되므로 일견 그 의미가 분명해 보인다. 즉, 훈육은 훈육문제를 해소하려는 활동이다. 그러나 이런 순환적 정의에서 벗어나서 그 실체를 좀 더 개념적이고 실체적으로 파악하고자 하면 어려움을 느낀다. 여기에서는 훈육의 어원과 기존 훈육의 정의들을 살펴보면서 훈육의 의미를 더 분명히 하고자 한다.

(1) 훈육의 어원에 관한 견해

훈육의 어원은 훈육의 의미를 해석하는 데 시사하는 바가 크다. 훈육으로 번역되는 영어의 'discipline'의 어원에 대해서는 두 가지 견해가 있다(Slee, 1995, p. 23). 그리고 이 두 가지 견해는 훈육의 의미 해석에 큰 주류를 형성한다.

하나는 훈육의 어원을 라틴어 'disciple'로 보는 견해다. 'disciple'은 '추종자, 복종, 가르치다'의 뜻을 갖는다. 따라서 훈육은 권위 있는 사람에게 복종하는 것을 가르치는 의미를 갖는다. 훈육을 'disciple'과 관계 짓는 Bagely(1914)에 따르면, 역사적으로 훈육의 과제는 개인의 감정과 행동을 주인, 지도자 또는 선생의 생각과 기준에 일치시키는 것이었다. 그 전형적인 예가 군대에서의 훈육이다. 군대 훈육은 군인 집단을 지휘자의 의지에 따라 반응하도록 훈련시키는 것을 의미한다. 학교의 훈육 역시 오랫동안 군대 훈육과 비슷하게 교사의 의지에 학생의 의지를 복종시키는 것을 의미하였다(Bagely, 1914, p. 6). 이러한 훈육의 의미 해석은 복종과 외부 규제를 훈육의 중요 내용으로 삼는다. 그리고 이러한 훈육의 해석 방식은 전통적 · 권위적 훈육접근이라 지칭할 수 있다.

다른 견해는 훈육의 어원을 라틴어 'disco'에서 찾는다. 'disco'는 '나는 배운다(I learn)'를 의미한다. 따라서 훈육은 학습을 의미한다. 훈육의 어원을 'disco'로 보는 Hirst와 Peters(1970)에 따르면, 훈육에서 복종이라는 개념은 학습해야 할 것을 구성하는 규칙에 따르는 것으로 해석한다. 그들은 학습원리에 충실함을 훈육개념의 핵심으로 본다(Hirst & Peters, 1970, p. 126). 학습원리에 충실한 훈육이란 학습원리와 훈육의 목적, 방법 그리고 훈육풍토가 일치하는 것이다. 물론 여기에서의 학습원리란 외부의 강압적 통제 또는 행동주의의 조작적 자극과 구별되는 진보주의적 교육개념이다. 비슷한 맥락에서 대부분의 발달심리학자들도 훈육을 학습으로 본다. 발달심리학자들에게 훈육은, 내적 충동성을 억제하는 자기 규제의 발달(Freud 학파), 도덕성의 발달(Kohlberg 학파), 사회성의 발달(Piaget 학파) 등의 지적 · 정의적 발달(학습)을 의미한다(Dorr et al., 1986). 이렇게 훈육을 규범적 행동의 자기규제를 하는 학습 혹은 발달로 보는 견해를 교육 · 발달적 접근이라 지칭할 수 있다.

다음으로 훈육의 한자어인 '訓育'의 어원적 풀이를 살펴보자. 먼저 訓자는 言자와 川자로 구성(訓=言+川)된 한자로, 訓의 풀이에 대해서는 대체로 두 가지 설이 있다. 하나는 川

은 '따른다'는 뜻으로, 물이 흘러가듯 이치에 따라 순응함을 의미한다. 따라서 訓은 말을 통해 이치와 도리에 따르도록 가르침을 의미한다. 다른 하나의 풀이는 川을 '꿰뚫다'의 뜻으로 풀이한다. 따라서 訓은 말을 통해 이치를 꿰뚫어 알도록 가르침을 의미한다. 訓자의 의미는 전체적으로, 피교육자가 잘 따르도록 가르친다는 의미로 풀기도 하지만, 어원학의 고전이라 할 수 있는 허신(許愼)의 '說文解字'에서는 訓의 의미를 '이치를 풀어서 설명하여 따르도록 하다.'고 하여, 교육자가 이치에 맞게 말로 잘 설명하는 것으로 보았다. 결국 그렇게 되면 피교육자가 잘 따르게 된다는 것이다.

　育은 肉자(윗부분)와 月자(아랫부분, 月=肉)로 구성된 한자이다. 윗부분(肉)은 아이가 어머니 자궁에서 머리부터 빠져나오는 모습으로, 순조로움, 순리에 맞음을 의미한다. 순리에 맞다는 것은 곧 선(善)을 의미한다. 아랫부분은 단지 발음(육)을 나타낸다. 育자 전체의 의미는 '자식으로 하여금 善을 행하도록 가르쳐 기른다'는 뜻이다.

　이상과 같은 訓育의 어원적 풀이로 보면 훈육은 '자식으로 하여금 이치와 도리에 따르도록 가르쳐 기른다.'를 의미한다. 여기에서 도리란 자연과 세상사의 질서로 해석된다. 훈육의 한자어에 대한 어원적 풀이는 앞에서 언급한 훈육의 교육 · 발달적 의미를 나타낸다.

　훈육을 복종과 외부 규제로 보는 전통적 · 권위적 접근과 훈육을 도리(道理)의 학습과 그 결과로써 자기 규제 메커니즘의 발달로 보는 교육 · 발달적 견해는 훈육의 목적과 방법을 달리하여 강조한다. 두 견해의 차이점을 훈육의 사전적 의미를 해석하는 데 적용하여 보자. 훈육(discipline)의 사전적 의미는 '규칙에 따라 행동하도록 훈련시키는 것'이다(Random House Webster's College Dictionary, 1991). 이 정의에서 어떤 규칙을 어떤 방식으로 훈련시키느냐는 훈육을 해석하는 접근방식에 따라 달라진다. 전통적 · 권위적 접근방식에서의 규칙은 권위(자)에 의해 외부에서 주어진, 복종해야 할 규칙이 될 것이고, 훈련방식은 외부에서 가해지는 통제 처치들, 예컨대 권위, 힘, 행동수정이 될 것이다. 교육적 · 발달적 접근에서의 규칙은 학습원리 또는 이치와 도리 혹은 내부에서 발달된 규칙이 될 것이고, 훈련(교육)방식은 훈육의 목적, 방법, 풍토를 학습원리에 일치시키는 교수(가르침)가 될 것이다. 발달론자에 따르면 자기규제 또는 통제방식은 아동의 지적 · 정의적 발달 단계에 맞추어 학습시키는 것이 될 것이다. 우리말 큰 사전(한글학회 편, 1992)의 훈육의 정의인 '품성이나 도덕 따위를 가르치고 기름'은 훈육에 대한 교육적 · 발달적 접근의 의미 해석에 더 가깝다.

(2) 훈육의 정의

이상의 훈육의 의미에 대한 두 가지 해석은 다음의 몇 가지 훈육의 정의에서도 반영되고 있다.

- 훈육은 벌 및 보상을 통한 학생 행동의 지시적이고 권위적인 통제이다(Dictionary of Education, 1973).
- 훈육은 환경의 질서와 안정을 해치는 학생의 행동과 관련되는 교사의 행동에 초점을 둔 경영의 하위 영역이다(Eggen & Kauchak, 1994).
- 훈육은 학교에서 수용될 수 있는 행동을 하도록 학생을 돕는 교사의 행동이다(Charles, 1996, p. 2).
- 훈육은 일반 성인사회의 사회적 모임과 과업 장소의 규범에 부합되는 행동의 규칙을 따르게 하는 것이다(Wynne, 1990).
- 훈육은 생산적인 학습을 하는 데 충분할 정도로 질서 있는 학생행동을 유지하는 데 사용되는 방법들이다(Wiles & Bondi, 2000, p. 75).
- 훈육은 교육목적을 추구하는 활동(주로 교실수업)에 방해되는 학생들의 문제행동을 예방·억제하여 교실과 학교 내에 바람직한 풍토를 조성해 나가는 과정이다(권균, 2000).
- 훈육은 개인이 자기 자신을 통제할 수 있는 내적 기제의 발달에 관심을 갖는다(Blandford, 1998, p. 2).
- 훈육은 아동이 인간성을 유지하고 사회를 돌볼 수 있는 마음과 정신의 품성(qualities) 그리고 이런 마음과 정신의 품성을 발달시키는 전략을 의미한다(Lewin, Watson, & Schaps, 1999).

훈육은 사회집단의 규범이나 과업수행 및 상황이 요구하는 행동에 어긋나는 행동을 개선하여 올바른 행동을 하도록 하는 활동이라고 할 수 있다.

　학교훈육이 지향하는 바는 바람직한 방향으로 학생의 문제행동을 예방·지도하는 것으로, 학교훈육은 학교 또는 학급 내에 교육적 질서를 유지하기 위한 행위이다. 넓은 의미로 학교훈육은 학교의 질서를 유지하고, 학생의 안전과 복지를 증진시키고, 건설적인 학습환경을 조성하여 문제행동을 예방하고 개선시키려는 학교의 경영활동이라고 할 수 있다.

3) 훈육 지도방법

(1) 훈육을 위한 효과적인 학급경영의 일반적 원리

　효과적인 훈육은 학생들의 성장과 학습을 지원하는 교육환경 조성과 그들의 긍정적이고 바람직한 방향으로의 행동변화에 역점을 두는 학급교사의 학급경영 능력에 의존한다. 학급교사의 효과적인 학급집단관리, 효과적 수업지도, 학생과의 긍정적인 인간관계 및 문제행동에 대처하는 기술에 따라 학급의 훈육문제는 크게 줄어들 수 있다. 말하자면, 학생들이 수용하고 이해하는 규칙과 절차를 만들고, 그들의 흥미와 적성을 자극하는 의미 있는 학습활동을 전개하고, 통제보다는 학생들이 생산적인 활동에 열중하도록 하는, 궁극적으로는 학생들이 자기 통제력을 발전시키는 학급경영 전략은 훈육문제를 감소시킨다.

　Good과 Brophy(1991)는 훈육문제를 감소시키는 효과적인 학급경영의 핵심 원리를 다음과 같이 제시한다.

① 학생은 그들이 이해하고 수용하는 규칙을 잘 따른다.
② 학생들이 그들의 흥미와 적성에 맞는 의미 있는 활동을 계속할 때 훈육문제는 최소화된다.
③ 학급경영은 문제행동의 통제를 강조하는 부정적 관점보다는 생산적인 활동에 열중하는 학생의 시간을 극대화하는 쪽에 주목하여 접근하여야 한다.
④ 교사는 단순히 학생들을 통제하려고 하기보다는 학생들의 자기 통제력을 발달시키는 데 그 목표를 두어야 한다.

(2) 효과적인 교사의 훈육행동

훈육은 본질적으로 교사와 학생이 상호작용을 통해서 문제를 해결하려는 노력이다. 그래서 교사의 훈육방법에 대한 학생의 수용이 중요하다. 즉 교사의 훈육방법에 대해 학생이 어떻게 생각하느냐가 훈육의 효과를 결정하는 중요한 요소가 된다. 따라서 교사는 학생들 간에 비교적 분명하게, 그리고 일관성 있게 수용되는 훈육의 행동강령을 하나의 불문율로써 항상 마음에 간직해 두어야 한다.

다음은 학생들이 훈육상황에서 교사에게 기대하는 행동으로서 효과적인 교사의 훈육행동이 된다(Denscombe, 1985, pp. 97-98).

- 확고함(firm): 무엇보다도 먼저 좋은 교사는 개별 학생과 학급을 통제할 수 있는 의지와 능력을 가지고 있다.
- 공정함(fair): 좋은 교사는 심하다고 생각되는 벌을 가하지 않고, 잘못한 사람에게만 벌을 준다.
- 학생 존중(respectful): 좋은 교사는 학생, 특히 청년기 학생이 가치를 두고 있는 존엄성을 그들이 유지할 수 있도록 한다.
- 우호적(friendly): 좋은 교사는 학생에게 냉담하거나 거리감을 두지 않는다. 교사는 웃을 수 있고 농담할 수 있어야 한다.
- 수업을 잘함: 좋은 교사는 학생들이 성취감을 느낄 수 있고 교과에 흥미를 가질 수 있도록 수업을 잘한다.

(3) 훈육의 일반적 지도방법

효율적인 학급경영에서 가장 중요한 요소는 심각한 문제가 발생하기 전에 학생들의 사소한 문제행동을 다루는 교사의 능력이다(Kounin, 1970). 다음에 제시된 아홉 가지 방법은 사소한 학급방해행동에 대하여 초기에 반응하는 기법들이다(Jones & Jones, 1990).

① 교사가 모든 학생들을 잘 볼 수 있고 학생 근처로 쉽게 이동할 수 있도록 좌석배치를 한다.

② 발생 가능한 문제들이나 사소한 수업방해 행동에 대해 주목하고 반응할 수 있도록 교실을 자주 살펴본다.

③ 문제행동에 대한 교사 개입이 학생의 문제 행동보다 더 큰 혼란을 유발해서는 안 된다. 따라서 아주 사소한 방해행동은 무시하는 것이 좋다.

④ 적절하지 못하게 화를 내는 교사의 반응은 긴장을 불러일으키고 학생의 불복종과 방해행동을 증가시킨다.

⑤ 교사가 조용하고 신속하게 학생의 문제행동에 대처할 때, 다른 학생들은 그들의 행동을 개선하는 반응을 한다.

⑥ 문제행동이 발생할 때, 첫 단계는 조용하게 그 학생과 접촉하는 것이다.

⑦ 갈등을 해결할 때 효과적인 의사소통 기술을 사용한다.

⑧ 학생들에게 그들이 어기고 있는 학급규칙이나 절차를 상기시킨다.

⑨ 한두 명의 학생이 심하게 혼란을 일으키는 경우, 다른 학생들은 과제수행에 몰두하도록 한 연후에 소란을 피우는 학생과 개인적으로 이야기하는 것이 최선책이다.

■ 효과적인 지적 또는 질책

훈육에서 교사의 부정적 반응보다는 긍정적 반응이 권장된다. 학생이 적절한 행동을 보일 때 교사는 '좋다' '맞았다' 또는 '훌륭하다'라고 칭찬함으로써 문제행동을 개선하고 올바른 행동을 증진시킬 수 있다. 그러나 질책과 벌은 교사가 흔히 사용하는 훈육방법이고 필요한 경우도 있다. 따라서 교사가 질책 또는 벌을 사용할 때는 그것의 역효과에 세심한 주의를 기울여서 훈육의 효과를 거두도록 한다.

지적(reprimands)은 교사가 학생의 잘못된 행동에 대해 수용하지 않는다는 것을 언어적 혹은 비언어적 방법으로 전달하는 것이다. 벌에 앞서 가벼운 지적 또는 경고 및 질책으로 문제행동을 통제할 수 있다(Kyriacou, 1986, p. 162).

다음은 학생의 잘못된 행동을 효과적으로 다루는 지적 또는 질책 방법이다(Kyriacou, 1986, pp. 163-164).

① 문제를 일으킨 학생을 지적 대상으로 정확히 확인한다.

② 언어적 질책은 분명하고 확고하여야 한다.

③ 친밀한 관계와 상호존중의 기반을 구축한다.

④ 긍정적 행동을 강조한다.

⑤ 심리적 흐름을 따른다.

⑥ 대결을 피한다.

⑦ 행동을 비판하고, 학생을 비판하지는 않는다.

⑧ 공개적 지적보다는 비공개적 지적을 한다.

⑨ 처음 나타나는 문제행동에 대한 질책일수록 효과적이다.

⑩ 규칙과 이유를 말한다.

⑪ 적대적이고 경시하는 말은 삼가야 한다.

⑫ 불공정한 비교를 피한다.

⑬ 일관성이 있어야 한다.

⑭ 헛된 위협은 피한다.

⑮ 전체 학급을 대상으로 하는 질책은 피한다.

⑯ 본보기 질책이 필요할 때가 있다.

■ 효과적인 벌

벌이란 바람직하지 못한 행동을 금지시키거나 잘못 형성된 습관을 소멸시키기 위하여 주어지는 불쾌한 자극의 총체를 의미하는 것이어서, 그것은 신체적 고통자극만이 아니라 심리적 불쾌자극까지 모든 것을 포함한다(임승권, 1993, p. 242). 훈육에서는 벌과 같은 부정적 반응보다는 긍정적 반응이 권장된다. 그러나 벌은 교사가 흔히 사용하는 훈육방법이고, 학급의 질서유지를 위해 필요한 경우도 있다. 따라서 벌을 사용할 때는 그것의 역효과에 세심한 주의를 기울여서 훈육의 효과를 거두도록 한다.

다음은 벌을 사용할 때 유념해야 할 효과적인 벌의 특징이다(Kyriacou, 1986, p. 166).

● 벌은 아껴서 꼭 필요한 경우에만 사용한다.

● 벌은 가능한 한 위반사항이 있은 직후에 주어져야 한다.

- 벌은 교사가 냉정을 잃고 홧김에 주어서는 안 된다.
- 벌의 종류와 엄한 정도는 위반사항에 맞게 적용하여야 한다.
- 정당한 과정(due process)을 거쳐서 벌이 주어진다.
- 벌은 학교의 전반적인 훈육정책과 관계를 맺어야 한다.
- 벌은 학생이 실제로 불쾌를 느끼는 것/싫어하는 것이어야 한다.

다음은 벌을 효과적으로 사용하는 방법들이다(김중석, 1992, p. 108; 임승권, 1993, p. 244).

- 벌을 주려면 직접적으로 그리고 피할 수 없도록 단호하게 준다.
- 벌은 바람직하지 않은 행동에 즉각적으로 준다.
- 벌을 주기 전에 사전 경고(예비신호)를 주는 것이 바람직하다.
- 사람(학생)보다도 잘못된 행동에 초점을 두고 벌한다.
- 냉소적인 발언을 삼가고 문제행동을 지적한다.
- 벌을 주는 데 일관성을 유지한다.
- 학생이 자기행동에 스스로 책임을 지도록 한다.
- 벌과 칭찬은 균형을 이루도록 한다.
- 벌이 오히려 문제행동의 강화요인이 될 수 있음을 유념한다.
- 벌을 줄 때는 학생의 나이와 심리적, 정서적, 신체적 상태가 고려되어야 한다.
- 벌에 대한 지나친 공포를 주지 않는 것이 좋다.
- 벌은 항상 공정하게 준다.
- 집단의 면전에서 벌을 주는 것보다 비공개적으로 벌하는 것이 좋다.

■ 벌의 단점

　벌은 학생의 문제행동에 대한 반응으로서 몇 가지 심각한 문제점을 가지고 있다. 벌이 지니고 있는 단점들은 다음과 같다(Jones & Jones, 1990, pp. 297-298).

- 벌은 학생이 앞으로의 문제행동을 예방하는 데 사용할 수 있는 대안이 되는 행동을

가르쳐 주지 않는다.

- 벌은 학습을 억제한다.
- 벌은 학생의 행동을 변화시키기 위한 효과적인 방법이 아니다.
- 벌은 학생들로 하여금 행동에 대한 책임을 지게 하기보다 책임을 회피하게 한다.
- 벌로써 하는 행동에 대해서는 반감을 갖는다.

임승권(1993)은 벌의 부정적 효과를 다음과 같이 열거하였다(p. 244).
- 벌은 자기통제력을 약화시킨다.
- 벌은 부정적 모델을 유발한다. 매를 맞은 경험이 있는 자는 때릴 줄 안다.
- 벌의 피해자는 공격적이 된다.
- 벌로 인하여 학교나 학습에 기피현상이 나타날 수 있다.
- 벌은 불유쾌한 정서적 경험을 주게 된다.

■ 법적 제약을 받는 훈육방법

훈육은 법적으로 보장된 교사의 권리이지만 훈육방법은 법적 제약을 받는다. 다음과 같은 훈육방법은 법에 저촉될 수 있으므로 사용할 경우 특별한 주의가 요청된다(Denscombe, 1985, pp. 92-93).

- 벌: 폭행, 신체적 가해, 점잖치 못한 행동이나 말, 교사윤리강령에 저촉되는 훈육방법은 피하여야 한다.
- 학생 소유물의 압수: 학생 소유물을 압수하였을 경우, 교사가 이를 보관, 사용, 훼손해서는 안 된다. 위험하거나 유해한 물건은 학부모를 통해 넘겨 주고, 아주 위험한 물건인 경우는 경찰에 넘겨 준다.
- 학생의 학교잔류: 방과 후 학생을 학교에 잔류시키는 것은 교사의 법적 권한이다. 이경우 최대로 잔류시킬 수 있는 시간/기간과 가정에 통지해 주어야 할 시간을 알아 두어야 한다.
- 사회적 · 신체적 접촉: 학생과 부적절한 사회적 · 신체적 접촉은 피하여야 한다. 학생

과의 거래나 신체적 접촉은 도덕적/법적 비난이나 혐의를 받는 이상으로 교사로서의 책임을 져야 할 사항이 될 수 있다.

● 차별적 처사: 학생을 성별에 따라 혹은 어떤 부당한 근거로 차별적으로 훈육해서는 안 된다.

이상의 경우 외에도 구체적으로 제시되어 있지는 않지만, 도덕적·사회적·법적인 측면에서 고려해 보았을 때 피해야 할 훈육방법이 있을 것이다. 훈육방법은 궁극적으로 교사의 교육적 태도에 따라 결정될 것이다.

4) 훈육기술체제

(1) 훈육기술체제의 성격

훈육기술체제란 훈육상황에 따라 교사가 단계적으로 사용할 처치기술을 위계화하여 조직한 것이다. 말하자면, 훈육기술체제란 학생의 문제행동에 따라서 교사가 처음에는 어떻게 반응하고 그것이 효과가 없을 때는 다음 단계로 어떤 대응 방법을 사용할 것인가 하는, 처치 효과에 따라 단계적으로 사용할 대처 행동, 즉 훈육방법을 계획한 것이다.

이러한 훈육기술체제는 교사들이 훈육문제를 효과적이고 신속하게 다룰 수 있는 처방전을 제공한다. 교사들은 훈육기술체제의 계열성을 마음속으로 생각하고 있음으로써 학생들의 훈육문제에 대해 단계적으로 신속하면서도 차분하게 그리고 확신을 가지고 대처해 나갈 수 있다.

훈육기술체제를 개발할 때 적용되어야 할 원칙은 다음과 같다(Levin & Nolan, 1996).

① 처치는 학생이 자신의 행동을 스스로 통제할 수 있는 기회를 제공해야 한다. 즉, 훈육처치의 단계는 학생들이 자신의 훈육문제를 스스로 통제할 수 있는 학생 중심적 처치에서 교사의 개입이 점점 커지는 교사중심적 처치로 이동한다.

② 처치는 학생들의 문제행동 그 자체보다는 교수-학습활동에 방해가 덜 되어야 한다.

③ 훈육기술체제는 융통성 있게 사용되어야 한다. 교사는 정해진 단계적 순서를 반드시

따라야 할 필요는 없다. 훈육 상황에 알맞은 수준의 처치 행동을 결정하여 사용하면
된다.

(2) 훈육기술체제 단계

여기에서 제시되는 훈육기술체제는 비언어적 처치, 언어적 처치, 결과 처치의 세 가지
단계층의 기술들로 구성된다(〈표 15-2〉 참조)(훈육기술에 대한 보다 자세한 설명은 박병량
(2001) 『훈육』 제15장 참조).

■ 단계 1: 비언어적 처치

훈육기술체제의 첫번째 단계인 비언어적 처치(nonverbal intervention)는 비언어적 메시
지를 사용하여 문제행동을 예방, 저지, 교정하는 것이다. 비언어적 처치에는 계획적으로
무시하기, 신호 보내기, 거리 조절로 통제하기, 접촉으로 통제하기가 포함된다.

■ 단계 2: 언어적 처치

언어적 처치(verbal intervention)는 교사가 말을 사용하여 문제행동을 바로 잡는 것이다.
단계적으로 보아 언어적 처치는 비언어적 처치가 별 효과가 없다고 판단될 때 언어적 개
입으로 문제행동을 바로 잡는 것이다.

언어적 처치 기술의 단계는 크게 힌트(hints), 질문(questions), 요구(requests/ demands)의
세 가지 범주로 구성된다.

- 힌트: 힌트는 행동 자체에 대해 직접적인 언급은 하지 않으면서 행동을 다루려는 언
  어적 시도이다.
- 질문: 질문은 학생이 하고 있는 행동과 그 행동이 다른 학생에게 어떤 영향을 미치는
  가에 대해 학생이 의식하고 있는지를 교사가 물어보는 것이다.
- 요구: 요구는 학생이 문제행동을 그만두도록 교사가 학생에게 직접적으로 명확하게
  말하는 것이다.

〈표 15-2〉 훈육기술체제

단계 1	비언어적 처치 • 계획적 무시 • 신호 전달 • 거리 조절 • 접촉	학생 통제
단계 2	언어적 처치 힌트 • 근처의 급우 강화하기 • 학생의 이름 부르기/사용하기 • 유머 사용 질문 • 문제행동의 영향을 일깨우는 질문하기 요구 • '나(I)-메시지' 사용하기 • 직접적인 호소 • 긍정적인 결과 말하기 • 본연의 목적 가르치기 • 학급규칙 상기시키기 • 세 가지 질문 사용하기 • 명확한 교정 지시 • 반복 기술 사용하기	
단계 3	결과 처치 자연적 결과 • 진정한 사과 • 경미한 자연적 결과 경험 논리적 결과 • 논리적 결과 선택하기 • 논리적 결과 직접 적용 인위적 결과 • 고립시키기 • 방과 후 학교에 남기기 • 개인적 권리 박탈하기 • 규칙과 절차 재교육 • 학부모에게 알리기 • 학부모와 만남 갖기 • 다른 사람에게 의뢰하기	교사 통제

■ 단계 3: 결과 처치

훈육기술체제의 마지막 단계인 결과 처치(use of consequences)를 사용하여 문제행동을 억제하고 통제할 수 있다.

훈육문제에서 사용되는 결과는 보통 부정적 결과를 뜻하고, 결과의 처치는 문제행동으로 인하여 학생이 바라지 않거나 또는 불이익이 되는 사건이나 조건이 주어지는 것을 의미한다. 결국 결과의 처치는 처벌적 성격을 갖게 된다.

결과 처치의 기술 체계는 크게 자연적 결과, 논리적 결과, 인위적 결과의 세 가지 범주로 구성된다.

- 자연적 결과(natural consequences): 교사의 개입 없이 학생의 행동으로부터 직접적으로 발생하는 결과이다.
- 논리적 결과(logical consequences): 행동과 직접적으로 그리고 논리적으로 관계되는 결과이다.
- 인위적 결과(contrived consequences): 학생의 행동과 관계가 있거나 문제행동의 교정을 넘어선, 교사가 인위적으로 적용하는 결과이다. 인위적 결과는 흔히 벌이라 한다.

11. 학급경영평가

학급경영평가는 학급을 합리적으로 운영하는 데 필요한 활동이다. 학급경영평가를 통해서 학급경영의 결과를 알아보고, 학급경영이 잘되었는지 또는 잘못되었는지를 파악하여 잘못된 점은 개선하고 잘된 점은 발전시킨다. 여기에서는 학급경영평가의 기능, 학급경영평가의 내용, 평가자료의 수집방법을 알아본다.

1) 학급경영평가의 기능

평가는 평가대상의 가치를 체계적으로 조사하는 활동이다. 그래서 학급경영평가는 이

제까지 해 왔던 학급경영이 가치가 있는 활동이었는지, 그리고 가치가 있는 활동이었다면 어느 정도 가치가 있었는지를 알아보려는 활동이다. 또한 학급경영평가에는 학급경영이 성공하였으면 왜 성공하였는지를, 실패하였으면 그 이유가 어디에 있는지를 분석하는 일도 포함한다. 말하자면, 학급경영평가는 학급이 잘 운영되었는가 또는 잘못 운영되었는가를 판단하고, 그 원인을 분석하는 활동이다.

학급경영평가의 과정은 ① 평가의 대상과 목적을 정하고, ② 준거와 기준을 설정하고, ③ 준거와 기준에 관련된 자료를 수집하고, ④ 준거자료를 기준에 비추어 사정하여, ⑤ 평가대상의 가치를 판정하는 단계로 이루어진다. 평가과정에서 가장 핵심적인 부분은 준거와 기준을 설정하는 일이다. 평가의 준거(criteria)는 가치판단의 근거가 되는 개념으로서 평가대상이 함유한 속성 혹은 질(양적, 질적)을 의미한다. 평가의 기준(standards)은 가치의 수준을 결정하는 척도이며, 평가준거로 확인된 속성 또는 질이 어느 수준인가를 사정(査定)하는 데 사용된다. 평가대상의 가치는 준거로 확인된 속성을 기준에 비추어(비교하여) 사정함으로써 결정된다.

말하자면, 평가대상의 가치는 가치가 있다고 여겨지는 '무엇'이 '어느 수준'에 있게 될 때 결정하는데 '무엇'에 해당하는 것이 준거이고, '어느 수준'을 결정하는 척도가 기준이다. 예를 들면, 학생을 평가하는 데 학습능력은 준거이고, 학업성적은 그 준거를 추정하는 지표가 되고, 학업성적 90점 또는 상위 10% 이내는 '수'의 등급을 매기는 기준점이 된다. 따라서 준거와 기준은 평가에서 가장 핵심적 요소이며, 그것들을 어떻게 설정하느냐에 따라 평가결과도 달라지게 된다. 평가계획 시 준거와 기준은 미리 설정하여 둔다.

학급경영평가는 다음과 같은 기능들을 가지고 있다.

- 학급경영평가는 경영활동의 성취도를 확인해 준다.
- 학급경영평가로 학급경영의 문제점을 진단할 수 있다.
- 학급경영평가는 교사를 포함하여 학급 구성원의 동기를 유발시킨다.
- 학급경영평가는 학급경영의 개선을 위한 정보를 제공해 준다.
- 학급경영평가는 학급경영의 책무성, 특히 학급경영에 참여한 사람들의 책임을 확인해 준다.

● 앞의 기능들과 합해 학급경영에 대한 제반 의사결정을 하는 데 도움을 준다.

2) 학급경영평가의 내용

(1) 학급경영체제평가의 내용

학급경영의 전 활동을 체계적으로 평가하기 위하여 투입–과정–산출의 학급경영체제 모형을 사용하여 평가하는 것이 오늘날 경영평가의 일반적 접근방법이다. 이 접근방법에 따라 학급경영체제평가를 투입평가, 과정평가, 산출평가, 총합평가로 분류하여 각 평가의 중요 요소를 살펴보면 다음과 같다.

■ **투입평가**

투입평가(input evaluation)에서는 학급경영활동에 투입된 요소들의 질과 양이 평가된다. 학급에 투입된 요소로는 교사(학력, 경력, 경영능력 등), 학생(선수학습능력, 학습태도, 가정환경 등), 학급의 시설과 설비, 경비, 교육과정, 시간과 노력(교사와 학생), 학부모의 지원 등이 포함된다. 이들 요소들은 절대평가나 혹은 상대평가에 의하여 그 질과 양이 평가된다.

■ **과정평가**

과정평가(process evaluation)에서는 학급경영계획을 실천하는 활동이 평가된다. 즉, 영역별 활동이 평가되고 분석된다. 여기에는 학급경영안 작성, 학급의 물리적 환경 정비, 학급집단지도, 학습지도, 특별활동지도, 생활지도, 학급사무관리, 지역사회와 관계 등에 대한 평가가 포함된다. 각 영역별 과정은 개별적으로 세분화되어 평가된다.

이들에 대한 평가질문으로는 '각종 지도방안은 이론적인 타당성이 있는가?' '각종 지도방안은 유기적인 연관성을 지니고 있는가?' '각종 지도방안은 계획대로 운영되었는가?' '각종 지도방안을 실행하는 데 학급분위기는 적합하였는가?' '각종 지도방안을 실행하는 과정에서 외부적 영향은 없었는가?' '각종 지도방안을 실시할 수 있는 기술적 행정적 조건을 학급 또는 학교는 갖추고 있었는가?' 등을 열거할 수 있다. 이러한 평가질문을 통해서 학급경영과정의 평가방안을 구체적으로 작성하여 실시한다.

■ 산출평가

산출평가(output evaluation)는 학급의 산출, 곧 목표가 어느 정도 달성되었는가를 판단하여 학급경영의 효과를 측정하는 평가이다. 산출평가에서는 전통적으로 학생의 행동변화(지적, 정의적, 신체발달면)를 측정하여 학급의 목표달성도를 판단한다. 그 밖에 학년진급 및 중퇴율, 문제학생수 등이 학급경영의 산출지표로 사용될 수 있다.

■ 총합평가

총합평가는 투입평가, 과정평가, 산출평가의 결과를 결합하거나 종합하여 학급경영을 총괄적으로 평가하는 것이다. 여기에서는 앞에서 열거한 여러 가지 준거, 예컨대 노력, 효과성, 만족성, 적합성, 능률성, 질, 결과, 과정 등을 복합적으로 사용하여 학급경영의 전반을 종합적으로 평가한다.

학급경영평가의 궁극적 목적은 학급경영체제를 개선하여 발전시키는 데 있다. 학급교사는 학급경영의 투입, 과정, 산출 및 총괄적 결과에 대한 다각적인 평가와 분석을 통해서 학급경영체제를 발전시키는 데 노력하여야 한다.

(2) 학급경영 영역별 평가 내용

학급경영 영역별 평가는 학급경영을 몇 개의 영역으로 나누고 각 영역에서 수행하여야 할 활동을 평가항목으로 구체화하여 평가한다. 학급경영 영역별 내용(항목)을 예시하면 〈표 15-3〉과 같다.

〈표 15-3〉학급경영평가표

	평가항목
학년 · 학급 목표	1. 학교경영방침을 파악하고, 아동실태를 파악하여 목표를 설정하였는가? 2. 목표를 달성하기 위한 방책, 실시 계획이 충분한가? 3. 학급목표가 아동의 노력목표에까지 구체화되어 있는가? 4. 계획에 따라 실시되고, 반성이나 기록을 행하였는가?
아동이해	1. 개개인의 장단점이나 학력상황을 파악하고 있는가? 2. 개개인의 가정환경이나 건강상황을 정확히 파악하고 있는가? 3. 개개인의 성격이나 고유경향을 파악하고 있는가? 4. 아동이해를 위한 자료를 수집 · 정리하고 있는가?
교과지도	1. 교재연구나 교구준비가 사전에 이루어졌는가? 2. 체험적 활동을 하고 학습의욕을 높일 수 있도록 지도(노력)하였는가? 3. 개성을 살리는 지도방법 개선에 노력하였는가? 4. 학습습관을 몸에 배도록 지도에 노력하였는가?
도덕지도	1. '도덕학급에서의 계획'의 유효한 활용이 시도되고 실천화되고 있는가? 2. '도덕시간'에 도덕적 실천력의 육성에 노력하였는가? 3. 전교육활동을 통해서 도덕교육이 충실히 이루어졌는가?
특별활동 지도	1. 아동이 학급의 제 문제를 자발적으로 해결하도록 하였는가? 2. 제 활동(특별활동, 관련활동)에 자발적으로 참여하고 있는가? 3. 학교행사나 제 활동의 의의를 이해하고 적극적으로 참가하고 있는가?
건강 · 안전 지도	1. 자신의 신체나 주위의 청결 · 정리정돈에 대한 지도가 충실히 이루어졌는가? 2. 놀이나 체력관리를 공부와 아울러 실천하고 있는가? 3. 교내에서의 사고방지를 주의하도록 지도하였는가? 4. 교통안전에 주의하여 행동하도록 지도를 충실히 하였는가?
학생지도	1. 집단생활에서 기본적 규칙을 지키는 습관이 몸에 배도록 하였는가? 2. 개개인에 대한 지도목표를 명확히 하여 지도하고 있는가? 3. 교사와 아동, 아동 상호 간에 좋은 인간관계를 형성하도록 노력하고 있는가? 4. 상황에 따른 적절한 판단력을 육성하도록 지도가 행해지고 있는가?
가정과의 연계	1. 학년 · 학급목표를 부모에게 알리고 협력을 구했는가? 2. 학급간담의 내용은 사전에 계획적으로 준비되고 있는가? 3. 학년 · 학급통신내용이 연구 · 개선되고 있는가? 4. 개개인의 지도에서 공통이해가 깊이 이루어지고 협력이 구해졌는가?
학급사무	1. 출석부 · 생활기록부 등의 제 장부는 적절히 관리되고 있는가? 2. 각종 조사 · 사무 · 제 기록이 정확히 이루어지고 있는가? 3. 성적물이나 작품의 보관 · 처리는 적정히 이루어지고 있는가? 4. 금전처리는 신속하고 적정히 이루어지고 있는가?

3) 평가자료의 수집방법

평가에 필요한 자료를 수집하는 데는 질문지, 검사, 관찰, 면담 등 여러 가지 측정 도구 또는 방법이 사용된다. 여러 방법 중에서 평가의 목적과 내용에 적합한 방법을 선택한다. 어떠한 평가방법을 사용하든 간에 평가결과가 믿을 만하고 타당하기 위해서는 자료수집 도구가 타당도, 신뢰도, 객관도, 실용도 등을 갖추고 있어야 한다.

(1) 자료수집 방법의 종류

평가자료의 수집방법에는 토의, 면담과 같은 듣고 말하기를 이용하는 방법과, 관찰, 검사를 사용하는 방법들이 있다.

■ 듣고 말하기를 이용한 방법

우선 듣고 말하기를 통하여 평가자료를 수집하는 방법이 있다. 학습은 교사와 학생 간에 듣고 말하기를 통해 이루어진다. 그래서 듣고 말하기는 정보를 수집하는 방법이 된다. 듣고 말하기 방법에는 비형식 토의, 개인 면담, 집단 토의 등이 있다(Harris & Bell, 1994, pp. 48-58).

■ 관찰

관찰(observation)은 매우 보편적인 자료수집 방법이다. 교사는 학생을 가르치면서 계속 교실을 관찰하고 자신의 수업에 대한 정보를 얻는다. 관찰을 통해 유용한 정보를 얻기 위해서는 관찰의 대상이 분명하여야 하고, 관찰이 계획적으로 이루어져야 하며, 관찰 결과가 요령 있게 기록되어야 한다.

■ 검사

검사(tests)는 개인이 지니고 있는 특성을 측정할 목적으로 응답자로 하여금 반응하도록 하는 일련의 질문 또는 과업을 말한다. 지필검사란 말 그대로 연필과 종이를 사용한 검사로서 응답자가 대답을 적는 방식의 검사이다. 지필검사에는 질문지, 표준화된 검사, 개인

자작검사 등이 있다.

학생의 학업 진보를 알아보기 위한 학력검사는 학급에서 사용되는 대표적인 검사이다. 학력검사는 그 용도에 따라 준비도검사, 진단검사, 형성검사, 총합검사 등으로 구분된다. 준비도검사(readiness tests)는 학습자가 새로운 학습을 하는 데 필요한 지식, 능력, 기술 등을 가지고 있는가를 알아보는 검사이다. 진단검사(diagnosis tests)는 학습자가 학습에서 갖는 구체적인 장점과 단점을 알아보는 검사이다. 형성검사(formative tests)는 수업이 진행되는 도중에 수업개선을 위해 학생의 학습진전을 알아보기 위해 실시하는 검사로, 쪽지검사와 퀴즈와 같은 간단한 검사로 실시한다. 총합검사(summative tests)는 교수-학습활동이 끝난 다음 수업목표의 성취도를 측정하는 검사이다.

이러한 검사들은 교사가 직접 만든 자작검사나 표준화검사를 사용하여 실시한다. 교사가 학력검사를 만들 때는 사전에 수업목표와 연관하여 검사내용을 분명하고 구체적으로 진술하는 것이 중요하다. 이 경우 앞에서 설명한 학생평가의 준거내용들은 도움이 된다. 검사문항은 질문지와 유사하게 선택형과 개방형으로 구분된다. 선택형은 주어진 답지에서 정답을 선택하는 형식이며, 개방형은 응답자로 하여금 정답을 쓰게 하는 형식이다. 선택형은 채점이 용이하고 학습내용을 폭넓게 고루 출제할 수 있는 장점이 있으나 단순한 암기력 측정에 빠지는 단점이 있다. 개방형은 채점의 객관성과 신뢰성을 확보하는 데 어려움이 있으나 사고력을 측정하는 데 효과적이다. 학급에서 교육용으로 사용되는 검사는 표준화검사보다는 준거지향형의 교사 자작검사가 더욱 필요하고 효과적이다.

■ 기타 자료

개인의 기록물, 예컨대 일기, 편지, 계획서 등이나 개인의 생산물, 예컨대 작품, 공작물 등도 평가를 위한 자료의 원천이 된다. 개인 기록물들을 통해서 학습자의 내부에 과거에 어떤 일이 일어나고 있었는가를 알 수 있다. 그러나 개인 기록물은 부분적이고, 기록보다는 개인의 감정을 표현하는 경향이 있으므로 사용에 주의가 요구된다. 학습자의 작품이나 공작물은 수행검사(performance tests)의 일종이다. 학급평가에서 지필검사뿐만 아니라 수행검사의 활용이 크게 기대된다.

제16장
학교효과성과 학교개선

학교발전은 학교 구성원 모두의 공동과제이다. 학교발전을 구상하고 실천 방안을 강구하기 위해서는 학교발전과 관련된 학교효과성, 학교개선, 학교재구조화 및 학교의 질과 같은 개념에 대해 이해가 필요하다. 이 장에서는 이런 개념에 대한 이론과 실제 그리고 연구결과를 검토하고 우리나라 학교의 개혁 방향을 살펴보고자 한다.

1. 학교효과성

효과성은 조직이 추구하는 가치 개념이다. 조직은 효과성을 추구하고 이에 의해서 관리되고 평가된다. 따라서 효과성은 조직발전의 지표가 된다. 학교효과성을 조직효과성 개념과 학교효과성 연구의 두 측면에서 살펴본다.

1) 학교의 조직효과성

조직효과성(organizational effectiveness)은 경영에서 핵심적인 주제로 조직이론가나 실무자 모두에게 큰 관심사이다. 조직효과의 증대와 이를 위한 조건 마련은 경영 실무자의 관심사이다. 그러나 조직효과성 개념은 의외로 분명하지 않다. 따라서 조직효과성의 정의, 조직효과성의 구성 요소, 조직효과성을 결정하는 조직 요인, 조직효과성의 측정과 평가 등은 조직이론가의 관심사가 된다.

조직효과성은 일반적으로 두 가지 의미로 사용되어 왔다. 하나는 목표모형에 의한 정의로서 조직의 목표달성의 정도를 의미하고, 다른 하나는 자원체제 모형에 의한 정의로서 조직이 자원을 성공적으로 획득하고 활용하는 정도를 의미한다. 전자는 조직의 산출 결과를 중시하고, 후자는 조직의 환경과의 관계를 중시한다(Hoy & Miskel, 2001).

그러나 조직효과성은 이 두 가지 정의만이 있는 것이 아니다. 조직효과성은 조직효과성 모형에 따라 여러 가지 방식으로 정의될 수 있는 다원적인 개념이다. 이는 효과적인 조직이 어떤 조직인가는 조직효과성을 정의하는 또는 평가하는 접근방법에 따라서 결정됨을 의미한다.

(1) 조직의 효과성 모형

조직효과성 모형은 조직효과성을 정의하고 평가하는 모형이다. 조직효과성 모형에는 목표모형, 체제자원모형, 과정모형, 참여자 만족모형, 사회기능모형, 체제모형 등이 있다 (Hall, 1982; 김창걸, 1985, pp. 274-277).

- 목표모형(goal model): 목표모형은 목표달성의 정도를 효과성으로 정의하고, 조직의 목표를 효과성의 준거로 삼는다. 목표모형의 기본적 입장은 조직의 본질이 조직의 목적을 달성하는 데 있다고 본다. 그래서 조직의 산출 결과로서의 목표달성 정도를 조직평가의 준거로 삼는다.
- 체제자원모형(system resource model): 이 모형은 조직의 효과성을 조직이 자원을 성공적으로 획득하고 활용하는 정도로 정의하고, 환경으로부터의 자원획득 능력을 조직

효과성으로 본다. 이 모형은 조직을 하나의 개방체제로 보고, 조직과 환경 간의 경쟁적인 협상관계에서 조직이 유리한 위치를 점유하여 희소하고 가치로운 자원을 획득하는 능력을 조직효과성의 결정요인으로 본다. 그래서 체제자원 모형에 의한 조직효과성은 투입과 관련된 자원효과성의 성격을 지닌다.

- 과정모형(process model): 이 모형은 조직의 효과성을 조직과정, 즉 조직의 기능적 활동상태로 파악한다. 과정모형은 조직실행(organizational performance)을 평가하는 데 있어 결과에서 추정하기보다는 조직활동 자체를 평가대상으로 하는 것이 보다 타당한 접근방법이라는 입장을 취한다. 예컨대, 지도과정, 동기부여, 의사소통과정, 상호작용 및 영향관계, 의사결정, 목표설정, 통제과정과 같은 과정요소들을 조직효과성을 결정하는 변인으로 삼고 있다. 과정모형을 기능모형이라고도 한다.

- 참여자 만족모형(participant satisfaction model): 이 모형은 조직구성원의 욕구를 균형 있게 충족시켜 주는 정도를 조직의 효과성으로 본다. 그래서 이 모형에서는 조직활동의 결과가 지니는 객관성보다는 조직구성원들의 욕구만족을 더 강조하여, 그들의 사기, 직무만족, 응집성 등을 조직효과성의 준거로 삼는다. 참여자 만족모형은 조직목표를 중시하는 목표모형과는 대비되는 모형이다.

- 사회기능모형(social function model): 이 모형에서는 조직을 전체 사회체제의 하위체제로 보고, 상위체제에 대한 공헌, 즉 사회에의 공헌도를 조직효과성으로 평가하는 모형이다. 이 모형에서는 조직의 내적인 측면보다는 조직의 외적인 기여도를 근거로 평가하게 된다. 조직은 환경에서 여러 가지 자원을 받아들이고 산출된 결과를 외부 환경에 보냄으로써 사회와 국가에 기여하게 되므로, 조직의 이러한 사회적 기능을 평가해야 한다는 것이다. 조직산출이 사회의 제 영역에 미치는 파급효과는 사회적 기능모형의 준거의 예라 할 수 있다.

- 체제모형(system model): 이 모형은 조직효과성을 체제에 의거하여 규정하고 평가한다. 앞에서 언급한 여러 가지 조직효과성 모형들은 조직의 투입, 과정, 산출 및 환경 중에서 일부 영역만을 대상으로 하고 있는 데 반하여, 체제모형은 이 모든 영역을 개념적으로 다 포함한 조직활동 전체를 투입, 과정, 산출 측면으로 일반화한다.

(2) 학교체제의 효과성 지표

다양한 조직효과성 모형들은 조직효과성을 판단하는 데 있어 복합적인 기준의 사용이 필요함을 강력히 시사하고 있다. 조직효과성의 복합적 기준을 통합적이고 체계적으로 포함하고 있는 체제모형은 조직효과성을 분석하는 가장 유용한 모형이라고 할 수 있다. 학교체제모형의 투입, 과정, 산출 각 측면의 효과성의 지표의 예를 들면 다음과 같다(Hoy & Miskel, 2001, pp. 295-296).

- 산출 기준: 학교 산출은 학교가 학생, 교직원, 지역사회에 제공하는 산출물과 서비스의 양과 질이다. 산출결과를 나타내는 지표에는 학업성취, 직무 만족, 교사와 학생들의 태도, 학생 탈락률, 교사 결근율, 조직에 대한 직원들의 헌신 정도, 학교의 효과성에 대한 사회의 인식 등이 있다.
- 과정 기준: 과정은 투입을 산출로 전환시키는 활동의 양과 질에 관련된 것이다. 과정에 포함되는 지표는 구조적 기준과 과정적 기준으로 나누어진다. 구조적 기준에는 조직, 개인, 문화, 정치 체제 간의 일치 등이 있다. 과정적 기준에는 대인간 풍토의 건강, 학생과 교사들의 동기수준, 교사와 행정가의 리더십, 시험 실시 횟수, 수업의 질, 수업 기술의 활용, 직원 평가 등과 같은 질-통제 절차 등이 포함된다.
- 투입 기준: 투입은 학교가 확보한 자원과 능력이다. 투입에 포함되는 지표에는 학교구의 재정 상태, 학생들의 능력, 교사와 행정가의 능력, 학부모들의 지원, 도서관의 보유 장서 수, 수업 매체의 질과 양, 학교 시설 상황 등이 있다.

2) 학교효과성 연구

학교효과성 연구 영역은 지난 30년 동안 급속히 발전한 학문 영역으로서 오늘날 교육논의에서 중심적 위치를 차지하고 있다. 학교효과성 연구의 주된 관심은 학교효과의 측정과 학교효과에 영향을 미치는 학교요인을 조사하는 데 있다. 학교효과성 연구에서 학교효과는 대부분 목표모형에 의거하여 정의되고 있기 때문에, 학교효과의 측정은 거의 학업성취에 한정되고 있다. 학교 요인에는 학교의 자원, 과정, 조직 조건 등과 관련된 변인들이 포함된다. 학교효과성 연구의 주된 목적은 학교가 학생의 학업적 성취에 영향을 미치는가를 판단하고, 만약 미친다면 어떤 학교 요인이 어떤 방식으로 영향을 미치는가를 파악하는 데 있다. 전통적으로 학교효과성 연구는 학교 간의 차이에 관심을 가져 왔다. 학교가 효과적인가 비효과적인가를 알아보는 것은 이론적 그리고 실제적 측면에서 중요한 의의를 지니기 때문이다. 최근에는 학교효과에 학업성적뿐만 아니라 보다 폭넓은 산출을 포함시키고 있다.

주지하다시피, 학교효과성 연구는 학교의 효과에 대한 비관적 해석을 한 Coleman 등 (1966)과 Jencks 등(1972)의 연구 결과로 인하여 크게 촉발되었다. Coleman과 Jencks가 그들의 동료들과 수행한 연구에서는 학교가 학생의 학업성적에 미치는 영향은 미미하며, 학생의 사회 · 경제적 가정환경이 더 큰 영향을 미친다는 결론을 제시하였다. Coleman과 Jencks의 연구를 비롯하여 학교효과에 대한 초기 연구들이 투입-산출 모형을 사용하여 학교변인으로 재정적, 물리적 투입요인을 포함시키고, 학업성취에 직접적으로 영향을 줄 수 있는 학교의 사회 · 심리적 풍토와 학교/교실의 과정요인을 포함시키지 않음으로써 학교효과를 과소평가하였다는 연구방법상의 문제점이 지적되었다. 하지만 학교효과에 대한 그들의 부정적인 결론은 '학교효과'의 측정과 학교효과에 관련되는 학교 내 변인에 대한 관심을 촉발하였다.

(1) 효과적인 학교의 특성

학교효과성의 대표적인 초기 연구는 미국의 Edmonds(1979)와 영국의 Rutter 등(1979)의 연구이다. 이 두 연구 모두 학교는 학생들의 학업성취에 작지만 중요한 차이를 나타내는 영향을 미친다는 결론을 내리고 있다. 학교효과성 연구의 선구자라 할 수 있는 Edmonds(1979, 1981)는 학생의 학업성취와 관련된 요인을 도출하여 소위 학교효과성의 '다섯 가지 요인 이론(Five Factor Theory)'을 제시하였다. 효과적인 학교의 다섯 가지 특성 요인은 다음과 같다.

① 학교장의 강력한 지도성, 특히 수업부분에서
② 학업성취에 대한 교사들의 높은 기대

③ 기초 기능의 강조

④ 질서정연한 환경

⑤ 빈번하고 체계적인 학생진도의 평가

Purkey와 Smith(1983)는 학교효과성에 관한 그동안의 문헌을 종합적으로 분석하여 효과적 학교의 특성을 조직-구조적 차원과 과정 차원의 두 가지 차원으로 나누어 모두 13개의 변인으로 분류하였다. Purkey의 연구는 학교효과성의 다른 연구와는 달리 학교조직의 측면이 학교효과성의 중요한 요인임을 밝히고 있다. 즉, 학교의 규범, 관습, 가치, 기술, 교육과정 등이 결합되어 형성된 학교문화 혹은 풍토가 학교효과성과 밀접히 관련된다는 것이다. 두 가지 차원의 효과성 변인은 다음과 같다.

■ **조직-구조적 차원**
- 학교단위 경영
- 수업지도성
- 교직원 안전성
- 교육과정 조직과 관리
- 교직원 개발
- 학부모의 참여와 지원
- 학업성취에 대한 인정
- 학습시간의 극대화
- 지역 교육청의 지원

■ **과정 차원**
- 동료 간 협동적 계획과 동료 간 협동적 관계
- 공동체 의식
- 분명한 목표와 높은 (학습)기대
- 질서와 훈육

효과적 학교 특성에 관한 연구를 가장 포괄적으로 검토·종합한 최근의 연구로는 Levine과 Lezotte(1990)와 Sammons, Hillman과 Mortimore(1995)의 두 연구를 들 수 있다. Reynold와 Teddie(2000, p. 144)는 이 두 연구를 다시 종합하여 아홉 가지 특성을 효과적인 학교의 과정 특성으로 요약하였다. 그것은 효과적인 지도성, 효과적인 교수, 학습에 초

〈표 16-1〉 효과적인 학교의 과정

과정	과정의 요소
1. 효과적인 지도성 과정	• 단호하고 유목적적임 • 과정에 다른 사람들 참여시키기 • 수업지도성 발휘 • 빈번한, 개인적 점검 • 교직원 선발과 교체
2. 효과적인 교수 과정	• 수업시간 최대화 • 성공적인 집단화와 조직 • 최고의 교수 실제 제시 • 실제를 교실의 개별 사항에 적용
3. 학습에 대한 초점의 개발과 유지	• 학업에 초점 • 학교 학습시간의 최대화
4. 긍정적인 학교문화 창조	• 공유된 비전의 창출 • 정돈된 환경 조성 • 긍정적 강화 강조
5. 모두에 대한 높은(적절한) 기대 창출	• 학생들에 대한 • 교직원에 대한
6. 학생 책임과 권리 강조	• 책임 • 권리
7. 모든 수준에서의 진보에 대한 점검	• 학교수준에서 • 교실수준에서 • 학생수준에서
8. 학교현장에서 교직원 기술 개발	• 현장중심 • 교직원 전문성 발달단계 고려
9. 생산적이고 적절한 방식의 학부모 참여	• 부정적인 영향 완화 • 학부모들과 생산적인 상호작용 자극

점, 긍정적 학교문화, 높은 기대, 학생의 책임과 권리 강조, 모든 수준에서 진보의 점검, 교내 교직원 개발, 건설적인 학부모 참여 문화 등이다. 각 특성의 세부적인 과정 요소는 〈표 16-1〉과 같다.

(2) 학교효과성 연구의 공헌

학교효과성 연구가 거둔 다음과 같은 성과는 학교효과성 연구의 공헌이라 할 수 있다 (Harris, 2001).

첫째로, 학교효과성 연구는 학교가 학생의 교육적 그리고 사회적 성취에 차이를 만들어 낼 수 있다는 것을 증명해 보였다. 학교효과성 연구의 가장 큰 공헌은, 학생들의 학업성취나 생애기회에 학교는 별 영향을 미치지 못하고 사회·경제적 가정환경이 더 큰 영향을 미친다는 학교교육에서의 사회학적 결정론과 학습에 관한 개인적 심리학 이론을 물리치고, 모든 학생들은 그들의 사회·경제적 상황과 관계없이 학습할 수 있다는 낙관적 결론을 제시하였다는 것이다.

둘째로, 학교효과성 연구는 일관되게 효과적인 학교는 덜 효과적인 학교보다 구조적, 상징적, 그리고 문화적으로 더 단단히 결합되어 있다는 사실을 보여 주고 있다는 점이다. 효과적인 학교는 개별적으로 흩어진 하위 체제들의 느슨한 집합체로서가 아니라 보다 유기체적인 전체로서 작동한다. 따라서 많은 학교개선 프로그램은 학교의 구조적, 문화적 변화를 촉진하는 데 초점을 둔다.

마지막으로, 학교효과성 연구의 가장 강력하고 지속력 있는 교훈은 교사가 학생의 교육적, 사회적 성취의 가장 중요한 결정인자라는 것이다. 학교효과성의 연구자들은 교사효과성이 학교효과성에 미치는 기여를 계속적으로 증명하여 왔다.

하지만 학교효과성 연구에 대한 비판도 제기되고 있다. 그것은 학교효과성이 목표모형에 의거하여 학교의 효과성을 학업성취로 국한하고 있으며, 학교효과성 연구가 구조적이고 기술적인 측면만 다루고 문화의 과정을 무시하고 있고, 학교 밖의 환경과 학교제도의 틀 속에서 다른 체제와의 관계를 무시하였다는 것이다(Creemers, 1994).

2. 학교개선

　교육을 발전시키는 노력은 역사상 꾸준히 계속되어 왔다. 최근에는 교육개혁을 통해서, 그리고 각종 학교개선 프로그램의 실시와 연구를 통해서 학교교육을 발전시키려는 노력이 추구되었다. 교육의 변화를 추구하는 학교개선의 노력을 교육개혁 및 학교재구조화와 학교개선 연구의 측면에서 살펴본다.

1) 교육개혁: 학교재구조화

　1980년대부터 미국을 비롯하여 세계 각국이 교육의 수월성을 확보하기 위해서 교육개혁을 국가적 과제로 추진하였다. 각국이 추진한 교육개혁은 그 나라의 실정에 따라 다르지만, 일반적으로 개혁의 초점을 교육과정, 학교책무성, 지배구조, 시장요소, 교사지위에 두었다(Hopkins & Levin, 2000, pp. 18-19).

- 교육과정: 교육과정 요구의 강화, 기본교과의 강조
- 책무성: 학생평가의 공개, 학교의 외부평가
- 지배구조: 단위학교로 의사결정 권한의 분권화, 학부모의 학교지배구조 참여
- 시장요소: 시장요소의 도입, 학부모의 학교선택권
- 교사지위: 교사와 교직단체의 지위에 대한 정부의 일방적인 변경

　이러한 교육개혁의 일환으로 학교체제를 체계적으로 변화시키고자 학교재구조화가 추진되었다. 학교재구조화(school restructuring)는 학생의 학업성취를 향상시키기 위하여 기존 학교의 구조와 기능을 변화시켜서 새로운 학교조직과 경영체제를 구축하고자 한다. 학교재구조화의 내용에는 직무역할, 조직풍토, 조직구조, 지배구조, 학교와 환경과의 관계, 교육과정과 교수-학습 과정이 포함된 핵심 기술 체제 등이 포함되었다. 또한 학교재구조화에는 학교의 교육적 과정에 참여하는 구성원들 간의 관계에서의 근본적인 변화가 포함

된다. 이런 재구조화 노력에는 학교효과성 연구와 학교개선 연구의 결과들을 활용하여 실행하고자 하는 의도가 반영되었다(Murphy, 1991, pp. 12-13, 1992).

Elmore(1990)는 진정한 학교교육의 변화를 위해서는 학교재구조화에 다음과 같은 세 가지 측면이 공통적으로 포함되어야 한다고 제안하였다.

- 학교에서 교수하고 학습하는 방식을 변화시키는 것
- 학교의 조직과 내적 특성, 말하자면 근무활동의 조건을 변화시키는 것
- 학교와 조직 고객 간의 권력 배분을 변화시키는 것

Elmore는 이 세 가지가 동시에 이루어지지 않으면 학생 성과에서 괄목할 만한 향상이나 학교의 핵심 목표를 성취하기가 어렵다고 주장한다. 성공적인 학교재구조화를 위해서는 학교구조의 심층적 변화가 수반되어야 한다.

Newmann 등은 1990년대에 학교재구조화 연구에 참여했던 수많은 교육구를 통해서 성공적인 학교를 가져온 핵심적인 특성으로서 다음과 같은 요인들을 들었다(Newmann & Wehlage, 1995; Newmann et al., 1996).

- 학생의 학습에 대한 초점
- 높은 수준의 교수활동
- 학교 전체의 공동체적인 능력과 역량 계발
- 외부 환경의 적극적인 지원

이상의 성공적인 학교의 특성은 학교효과성과 다음에 논의할 학교개선 연구의 결과와도 일치하고 있다.

2) 학교개선 연구

과거 30년간 학교개선(school improvement) 연구 분야는 교육정책과 실제에 많은 영향

을 끼쳐 왔다. 학교효과성 연구에서 입증된 학교는 차이를 만들 수 있다는 메시지는 다양한 학교개선 프로그램들과 개혁 노력을 촉진하였으며, 동시에 학교개선 프로그램에 대한 연구가 활발히 이루어졌다.

학교효과성 연구와는 대조적으로 학교개선 연구자들은 학교교육의 문화적 측면에 관심을 집중시켰다. 그들은 연구의 초점을 학교 수준에서의 변화의 과정과 그런 변화를 성취하는 데 필요한 개선 전략에 두었다. 그들의 입장은 성취 결과보다는 과정 처치를 강조하는 학교발전에 있다. 학교개선 연구자들의 주된 관심은 어떻게 학교가 변화하고, 보다 효과적으로 되는가를 이해하는 데 있다.

Hopkins(1996)는 학교개선이라는 용어는 두 가지 의미로 사용되고 있다고 하였다. 첫 번째는 상식적인 의미로서 학교를 아동·학생이 학습하는 데 보다 좋은 장소로 만드는 일반적인 노력을 의미한다. 두 번째 의미는 보다 기술적이고 구체적으로 Hopkins가 정의한 것처럼, 학교개선은 '학생 성취를 향상시키는 교육변화와 더불어 변화를 경영하는 학교의 능력을 강화하는 전략'(p. 32)을 의미한다. 이 정의는 학교개선을 교육변화의 접근으로 규정하고, 그 초점을 교수-학습과정과 이 과정을 지원하는 조건에 둠으로써 학생성취를 향상시키는 데 관심을 둔다. 이런 관점에서 Hopkins(1996)는 진정한 학교개선 노력은 외부의 강요에 의하기보다는 학교가 스스로 변화와 발전을 도모하는 핵심적 원리를 실현하는 것이라고 하였다.

학교 자체 쇄신의 접근 방법으로서 학교개선은 몇 가지 핵심적인 가정에 근거한다. 그 가정에는 학교는 자신을 향상시킬 수 있는 능력을 가지고 있다는 신념, 학교개선은 문화적 변화가 수반되어야 한다는 신념, 학교의 문화적 변화는 개별 학교 내의 내적 조건을 변화시킴으로써 가장 잘 성취할 수 있다는 신념이 포함된다(Hopkins & West, 1994). 요약하면, 학교개선은 변화와 성장을 위해 학교의 조직능력(organizational capacity)을 구축하는 데 주된 관심을 갖는다.

Hopkins(2001)는 성공적으로 운영된 학교개선 프로그램들을 검토하여 '진정한' 학교개선 프로그램의 특징을 다음과 같이 제시하였다(pp. 16-17).

- 학업성취에 초점: 진정한 학교개선 프로그램은 단순한 시험성적이나 검사점수보다 더

넓은 의미에서 학생의 학습과 성취에 초점을 둔다.

- 포부의 강화: 진정한 학교개선 프로그램은 변화과정에 참여하는 사람들에게 교육계에서 그들에 대한 기대와 신뢰 수준을 높일 수 있는 학습과 변화수행의 기술을 제공한다.
- 연구와 풍부한 이론에 근거: 진정한 학교개선 프로그램은 효과에 대한 누적된 검증기록을 가지고 있고, 다른 영역의 지식, 이론과도 관계를 맺으며 또한 그것들을 활용하여 구안된 프로그램과 프로그램 요소들에 근거하여 그 전략을 세운다.
- 상황 구체성: 진정한 학교개선 프로그램은 학교상황의 고유한 특성에 주목하여 그 특정 상황의 분석을 토대로 전략을 세운다.
- 본질적으로 능력 구축: 진정한 학교개선 프로그램은 계속적인 개선을 지원하는 조직조건들을 구축하는 것을 목적으로 한다.
- 꾸준한 검토: 진정한 학교개선 프로그램은 프로그램을 실행하면서 계속적으로 검토하는 일을 전체 과정의 필수적인 부분으로, 그리고 프로그램을 유지하는 중요한 과정으로 여긴다.
- 실행 지향: 진정한 학교개선 프로그램은 학급 실제와 학생 학습의 질에 직접적인 초점을 둔다.
- 개입적이고 전략적임: 진정한 학교개선 프로그램은 학교 또는 체제의 현재 상황의 개선을 위하여 중기적인 관점에서 변화의 경영을 유목적적으로 설계하고, 거기에 따라 발전을 계획하고 우선순위를 정한다.
- 외적 자원 확보: 진정한 학교개선 프로그램은 프로그램을 지원해 주는 기관을 학교 주변에 확보하고, 프로그램을 확산·유지하는 네트워크를 구축하여 조정한다.
- 체계적: 진정한 학교개선 프로그램은 중앙집권화된 정책상황의 현실을 인정하지만, 내적 목적을 위해서 외적 변화에 적응할 필요를 인식하고 체제 내에 존재하는 창의성과 협동력을 발휘한다.

(1) 학교의 조직능력 향상

학교개선 접근에서는 학교의 변화를 가져오고 그 변화를 지속시키고 정착시키는 학교의 조직능력을 강조한다. 학교 조직능력이란 개선을 지원하고 추진하는 학교의 내부 조건으로서 학교의 조직적·경영적 장치를 말한다. 학교개선을 시작하는 것만으로는 불충분하다. 개선을 정착시키고 지속시키기 위해서는 이를 가능케 하는 학교의 내부 조건이 갖추어져야 한다. 이런 내부 경영체제가 갖추어지지 않으면 학교개선은 점점 약화되어 지속되지 못하게 된다. 학교의 조직적·경영적 내부 조건들은 학교의 조직능력인 동시에 학교의 발전 능력을 나타낸다(Hopkins, 2001).

Hopkins와 West(1994)는 학교개선을 위해 갖추어야 할 학교 내부 조건으로 여섯 가지를 제시하였다.

- 교직원 개발
- 교직원, 학생, 그리고 지역사회의 참여
- 지도성 실제
- 조정 전략
- 탐구와 성찰
- 협력적 기획

Hopkins와 West(1994)는 학교개선 프로그램의 실천 연구를 통해서 학교개선과 이들 여섯 가지 조건과의 관계에 대해 [그림 16-1] 같은 명제를 발전시켰다.

명제 1

교사들이 개인적으로 그리고 집단적으로 발전하지 않으면 학교는 개선되지 않을 것이다. 교사들은 종종 개인적인 차원에서 그들의 실무를 발전시킬 수 있지만, 학교 전체가 발전하려면 교사들이 함께 학습할 수 있는 교직원 개발 기회가 많이 있어야 한다.

명제 2

성공적인 학교는 다수의 이해 관련 집단, 특히 학생들로부터 참여의 감정을 북돋우는 방법을 가지고 있는 것 같다.

명제 3

개선에 성공한 학교는 그들 스스로 명확한 비전을 확립하고, 지도성을 한 개인에게 부여된 책임이라기보다는 직원들이 기여하는 기능으로 여긴다.

명제 4

조정활동은 특히 정책 변화가 시도되었을 때 사람들을 참여하도록 하는 중요한 방법이다. 교사들 간의 비형식적인 상호작용과 같이 학교 내에서의 의사소통은 조정의 중요한 측면이다.

명제 5

연구와 성찰을 학교개선의 중요한 과정으로 인식하는 학교들은, 발전의 우선순위에 대해 보다 쉽고 명확하게 인식하고, 공유된 의미를 확립하며, 또한 학생을 위한 의도된 성과를 어느 정도 실제로 산출하였는지를 점검하는 데 보다 좋은 위치에 있게 된다.

명제 6

학교 발전을 위한 계획 과정을 통해서 학교는 그의 교육적 포부를 확인된 우선순위 및 우선순위의 시계열과 연결시킬 수 있고, 학급 실제(교수-학습)에 초점을 맞추는 것을 유지할 수 있다.

[그림 16-1] **학교개선을 위한 조건 형성: 명제**

(2) 학교개선 연구의 공헌

학교개선 분야는 학교에서 변화가 어떻게 이루어지는가를 이해하는 데 공헌하였다. 이 분야의 연구들은 성공적인 학교 수준의 변화 과정에 관한 몇 가지 중요한 연구결과를 제시하고 있다(Harris, 2001).

첫째, 학교개선 연구는 학교 수준의 변화에서 교사 개발이 지극히 중요하다는 점을 중명해 보이고 있다. 이 분야 연구들은 교사 개발이 학교발전과 매우 밀접하게 관련되어 있으며 학교개선의 근본적 부분이라는 것을 일관되게 보여 주고 있다.

둘째, 학교개선 연구는 학교수준의 변화를 확실히 하는 데는 지도성이 중요하다는 것을 강조하고 있다. 연구들은 단일 지도성의 한계를 지적하면서, 위로부터 아래로의 위임형 지도성보다는 분권화되고 참여적인 지도성을 강조한다.

셋째, 학교개선의 경험은 모든 형태의 학교의 변화나 개선을 위한 단일한 행동프로그램은 없다는 것을 보여 준다. 연구들은 학교형태에 맞는 개선전략의 중요성을 증명해 보임으로써 모든 학교에 적용되는 유일한 방법은 없다는 것을 보여 준다.

넷째, 학교개선 운동은 변화의 노력이 구체적인 학생 산출과 관계되어야 할 필요성을 강조한다. 학교개선 운동은 학생수준에 초점을 두고 학급 내 교수와 학습 조건을 향상시키는 것의 중요성을 강조한다.

마지막으로, 학교개선 운동은 학교문화의 이해와 작용의 중요성을 증명해 보였다. 학교개선 운동은 동료협동심, 신뢰, 동료 간의 협력적 관계를 촉진하고 교수와 학습에 초점을 두는 학교문화가 보다 자기 쇄신적이고 개선의 노력에 잘 반응한다는 사실을 일관되게 보여 주고 있다.

3. 학교의 질 관리

1) 질의 의미

학교효과성 그리고 학교개선과 밀접히 관련된 개념이 학교의 질이다. 효과적 학교나 학교개선은 모두 학교의 질 향상을 목표로 한다. 질의 향상은 항상 강조되지만 질을 정확히 정의하기는 어렵다. 질의 사전적 의미를 살펴보면, 첫째, 질은 기대하는 또는 바라는 성질, 특성 또는 속성을 의미한다. 즉, 질은 가치 있는 성질을 말한다. 둘째, 질은 수월성의 정도 또는 등급을 의미한다. 이는 가치 있는 성질의 수준을 말한다. 이 두 가지 의미를 결합하면 질 개념은 가치 있는 성질 또는 특성과 그 수준을 포함한다. 이는 질이 규범적이고 평가적인 개념임을 시사한다.

질을 판단하는 기준에는 여러 가지가 있다. 예컨대, 전통적 기준, 전문가 기준, 관료적 기준, 경영 기준, 고객 기준, 공공적 기준 등이 있다(Bottery, 2000). 이 중에서 고객 기준은 가장 널리 사용되는 기준으로서, 이를 적용하면 질은 산출물 또는 서비스가 고객들의 기대를 충족하거나 이를 능가하는 정도로 정의된다(Reeves & Bednar, 1994). 하지만 위의 다른 기준을 적용하면 다른 종류의 질이 된다. 질을 판단하는 기준이 무엇이 되었든 간에 질의 속성은 규범적 성격을 지니고 있으므로 질의 속성을 찾는 데는 가치 신념이 배경이 된다. 질의 정의는 가치 관점에 따라 달라질 수 있다는 것이다. 교육사항의 질 속성을 확인하는 데 사용되는 가치 신념에는 효과성, 효율성, 수월성, 평등, 사회정의 등이 있으며, 그 외에도 더 첨가할 수 있다.

또한 질은 조직효과성 개념과 비슷하게 단순히 결과 또는 산출물에만 국한되지 않는다. 오히려 그것은 체제와 그것을 구성하고 있는 모든 요인들의 질과 관련되어 있다. 따라서 연구자와 실무자들은 산출의 질뿐만 아니라 투입과 과정의 질에도 관심을 갖는다(Hoy & Miskel, 2001, p. 308).

조직의 발전을 위해서는 질 관리가 강조된다. 질 경영의 대표적인 접근방법인 총체적 질 관리를 Hoy와 Miskel(2001, pp. 308-311; 김형관 외 공역, 2004, pp. 429-432)의 설명을 토대로 다음에서 살펴보고자 한다.

2) 총체적 질 관리(TQM)

총체적 질 관리(total quality management: TQM)는 조직의 질을 강조하거나 향상시키는 일련의 종합적인 관리적 아이디어를 특징으로 한다. 총체적 질 관리의 목적은 조직의 질 향상을 조직 관리의 우선순위로 삼는 것이다. 총체적 질 관리에는 여러 가지 접근방법이 있다. Hackman과 Wageman(1995)은 총체적 질 관리의 공통적인 가정을 다음과 같이 제시하고 있다.

- 빈약한 기량(workmanship)보다는 질이 조직의 비용을 줄인다.

- 종업원들에게 적절한 훈련과 기술이 제공된다면, 이들은 자연적으로 작업의 질에 관심을 갖고 개선을 주도할 것이다.
- 각 부분이 서로 매우 의존하고 있는 체제에서, 조직의 가장 핵심적인 문제는 전통적인 기능라인을 넘는 것이다. 예를 들어, 질 높은 수업 자료를 확보하기 위해서 교육과정 전문가들은 교사들과 긴밀히 협동적으로 일해야만 한다.
- '질'은 최고 관리자의 궁극적이자 피할 수 없는 책임이다. 따라서 TQM은 상의하달식 학교 관리 접근이다.

Dean과 Bowen(1994)은 다양한 TQM 아이디어들을 유용한 방식으로 종합하고 있다. 이들은 TQM을 고객 중심(가장 중요함), 지속적인 개선, 팀워크 등 세 가지 변화 원리와 관련되어 있는 철학으로 파악하고 있다. 이러한 각 원리들은 상호 관련된 일련의 실무 및 기술들을 통해 실행된다. Dean과 Bowen의 아이디어를 교육에 적용하였을 경우, 원리의 예는 다음과 같다.

- 학교에서, 고객 중심은 학생들의 학문적, 정서적 욕구를 만족시키는 것이다.
- 지속적인 개선은 규칙적 또는 계속적인 조사를 통해 수업 및 행정과정을 개선하는 것을 의미한다.
- 팀워크는 학교행정가와 교사, 학년수준과 각 부서들과 같은 학교 하위 단위들 간, 그리고 학생과 학교 직원들 간의 협동을 의미한다.

Deming(1986, 1993)의 총체적 질 관리에 대한 철학과 원리는 특별히 주목을 받아 왔다. Deming(1986)의 접근은 조직과 그 행정을 변화시키고 개선하기 위한 14가지 원칙으로 요약된다. 14가지 원칙들은 〈표 16-2〉에 제시되어 있다. Deming의 접근의 핵심적인 주장들은 다섯 가지 명제로 요약된다. 이러한 명제는 총체적 질 관리의 성공을 설명하는 이론 체계를 개발하는 데 사용될 수 있다(Anderson, Rungtusanatham, & Schroeder, 1994). 다섯 가지 명제는 다음과 같다(Hoy & Miskel, 2001, p. 310).

〈표 16-2〉 Deming의 14가지 TQM 원리

• 개선을 향한 불변의 목적을 설정하라. • 새로운 철학을 받아들이라. • '질'을 달성하기 위해 평가와 검열에 의존하지 말라. • 정가표만을 토대로 상주하는 일을 없도록 하라. • 산출물과 서비스의 질을 향상시키기 위해 조직 내 모든 체제를 부단히 개선하라. • 직무 훈련을 실시하라. • 리더십을 확립하라.	• 두려움을 떨쳐버리라. • 사람들에게서 장인정신의 긍지를 빼앗는 장벽을 제거하라. • 부서들 간의 장벽을 타파하라. • 노동자를 위한 표어, 권고, 타깃을 제거하라. • 작업 표준과 수에 의한 관리를 탈피하라. • 자기 개선과 교육 프로그램을 실시하라. • 조직을 변화시키는 일에 모든 사람들이 참여하도록 하라.

- 명제 1: 변혁적 리더십은 협동적 조직과 학습하는 조직을 동시에 형성할 수 있게 만든다.
- 명제 2: 협동과 학습을 동시에 촉진하는 조직은 과정-관리(process-management)의 실행을 위한 기회를 높여 주고, 결과에 의한 관리를 제한한다.
- 명제 3: 과정-관리 실행은 지속적 개선과 종업원 충실을 향한 압력을 동시에 산출한다.
- 명제 4: 지속적 개선과 종업원 충실을 향한 조직의 노력은 고객들의 만족을 높여 준다.
- 명제 5: 지속적 개선과 종업원 충실을 향한 조직의 노력은 과정, 서비스, 산출물의 질을 향상한다.

Deming의 원리는 학교에도 적용될 수 있다. 이 원리들은 체제적 사고의 중요성, 참여, 동기화, 합리적 의사결정, 변혁적 리더십 등 학교개선의 중요 개념들과 밀접히 관련을 맺고 있다. Deming의 질 관리 원리들은 학교의 질을 향상하는 동안 검증된 원리 및 관리방법을 강화해 주고 있다.

4. 학교의 개혁 방향

우리나라 학교개혁의 전반적인 방향에 대해서는 본서의 제4장 6절 학교의 재구조화에서 상론한 바 있다. 여기에서는 단위학교경영개혁에 초점을 두어 그 방향을 살펴보고자 한다.

단위학교의 경영은 단위학교가 목표달성을 극대화할 수 있도록 학교의 본질적인 활동인 교수-학습활동을 중시하고, 이를 위해 교직원들의 지속적인 전문성과 능력을 계발해 나가는 방향이어야 한다. 이를 위해 단위학교의 경영에 대한 자율성을 보장하고 학교 구성원들의 민주적인 참여를 활성화한다. 단위학교경영자는 단위학교경영에 필요한 전문성을 지니고 정보화 사회에 적합하게 능동적으로 학교를 운영해 나가야 한다. 우리나라 단위학교경영의 개혁은 학생의 성취도 향상, 교수학습활동 중심, 단위학교의 학습공동체 형성, 자율적인 학교경영, 민주적인 학교경영, 전문적인 학교경영, 정보화사회에 적합한 교육 등의 방향으로 나아가야 한다(박병량, 주철안, 성병창, 1995).

■ 학생의 교육적 성취 향상

학교의 기본적인 임무는 교육을 통한 학생의 교육적 성취이다. 학교는 여러 가지 교수활동을 통해서 학생의 지적, 정서적, 신체적인 능력을 계발하고 함양한다. 학교에서 학생들은 미래의 사회환경에서 생활해 나가는 데 필수적인 수준 높은 지식과 기술 및 태도를 길러야 한다. 이를 위해서 학교에서는 수준 높은 교수활동을 통해서 학생의 사고력 계발, 도덕성 및 사회성 계발, 학습 내용에 대한 심층적인 이해, 학교에서 학습한 내용을 실제 생활에 응용할 수 있도록 학생들을 가르친다.

■ 교수-학습활동 중심

학교의 모든 학생들이 높은 수준의 교육을 받을 수 있게 하는 데 목적을 가지고 학교를 운영한다. 학교조직은 효과적인 교수활동이 이루어질 수 있도록 재구조화한다. 현재 우리나라의 학교조직은 교수-학습조직, 교무분장조직, 운영조직, 행정관리조직의 부문으로 구분된다. 교과별 학년 학급에서 수행하는 교수-학습활동은 학교의 교육목적을 직접적으로 수행하는 가장 중요한 활동이기 때문에 학교의 다른 부서 활동들은 이를 지원하는 방향으로 재구조화한다. 학교의 교수-학습활동조직이 중핵적인 부서로 자리 잡고, 교무분장조직에서는 교수-학습활동을 전문적으로 지원하는 장학기능이 중시되어야 한다. 사무관리활동은 교수-학습조직을 지원하고 협력한다.

■ 학습공동체의 형성

학교의 교육목표를 달성하기 위해서 학교 전체 구성원들의 공동체적인 역량이 중요하다. 특히 교사들의 해당 교과에 대한 전문성, 학생에 대한 이해, 교육학적 지식 등의 지속적인 함양이 필요하다. 이러한 교직원들의 전문성과 능력을 계발하기 위한 연수활동을 강화하고 이에 필요한 재정을 매년 투자한다. 교사들에 대한 연수활동은 전문단체 및 기구들과 연계하여 교사들의 전문적인 교수활동에 도움이 될 수 있도록 실시한다. 이와 아울러 교사들은 동료교사들과의 협력과 토의를 통해서 교수방법을 개선해 나가고 서로의 자질을 향상해 나간다. 교사들은 학생의 학습에 대해서 교과별 또는 학급별로 개인적인 책임을 지는 것이 아니라 여러 동료교사들과 함께 공동의 책임을 진다. 이러한 공동의 노력을 통해서 학교 전체의 총체적인 역량을 증대하고 전문적인 학습공동체를 만들어 나간다.

■ 자율적인 학교경영

단위학교에서 높은 학생 성취도를 보여 주기 위해서는 교육활동이 직접 이루어지고 있는 단위학교의 자율성이 필수적이다. 단위학교에서는 교육활동에 필요한 교육과정, 교직원 인사, 학교재정의 운영 등에서 실질적인 권한을 확보한다. 단위학교는 교육활동에 필요한 권한을 지닌 대신에 학교운영에 대한 책임을 진다. 상급교육행정기관에서는 단위학교의 원활한 운영을 위해서 필요한 각종 사항을 지원하고 협조하는 동시에, 단위학교의 교육활동에 대한 평가를 통해서 단위학교 교육활동을 점검하고 감독한다.

■ 민주적인 학교경영

단위학교는 학교의 성과를 향상하기 위해서 학교의 공식적인 권한을 학교 조직 전체에 분산시킨다. 교육청에서 부여된 학교경영에 관한 의사결정권한은 교수-학습활동에서의 개선에 초점을 두고서 활용한다. 예컨대, 학교장은 학교의 교사나 학생 등 학교를 구성하는 다양한 집단의 의사결정과정에 참여함으로써 이들의 전문성과 의견을 최대한 반영하고 존중한다. 이러한 참여적 의사결정구조의 확립을 통해, 단위학교를 민주적으로 운영하기 위한 학교 내 의사결정체제의 구성과 기능, 참여자, 참여방식 등을 결정한다. 구체적인 학교운영 방식에는 학교장의 전문성, 교사의 전문성, 학부모 및 지역사회의 참여도, 학생의 수준 및 참여요구, 다루는 사안의 내용 등을 감안하여 결정한다.

■ 전문적인 학교경영

과거에는 단위학교의 교육과정운영, 교육계획, 재정운영 등에서 자율권이 거의 없었기 때문에 단위학교경영자의 전문성이 높지 않아도 단위학교가 유지될 수 있었다. 이제는 교육자치제의 실시에 따라 교육과정 편성 및 운영, 학교재정 등에 관한 권한이 점차로 단위학교에 위임되고 있으며 단위학교의 학교운영에 대한 권한은 더욱 강화될 전망이다. 이에 따라 단위학교 행정가의 효과적인 학교경영 능력은 대단히 중요하다. 단위학교의 행정가는 학교경영에 대한 권한을 부여받는 대신에 이에 상응하는 책임을 져야 한다. 학교행정가는 교육과정, 교수방법, 학교 운영, 학교재정 및 시설, 학교문화 형성 등 여러 방면에서 전문성이 필요하다. 이와 아울러 학교경영자는 학교의 건설적인 변화를 관리하고 촉진하는 역할을 담당하고 학교의 구성원들을 적극적으로 이끌어서 학교를 효과적인 학습공동체로 만들어 나가는 지도성을 발휘해야 한다.

■ 정보화사회에 적합한 교육

학교를 둘러싼 정보기술의 발전이 가속화되고 이러한 정보기술이 학교교육에 활용되고 있다. 정보기술의 활용에 따라 학교의 시설, 교수-학습 방법, 교사와 학생, 학부모들의 역할이 변모되어 갈 것이다. 미래사회의 노동시장은 대부분의 직무를 수행하는 데 고도의 지적 능력을 요구하게 된다. 이와 같은 필요를 충족하기 위해서 학교는 학생의 지속적인 계발, 개별화 학습 및 개별화 평가, 성과 평가, 학습결과 중시, 협동 학습을 지향해야 한다. 종래의 교실 위주 학습에서 학습센터 위주 학습으로 전환하고, 교사의 역할도 지식의 전달자에서 학습을 촉진하는 코치로 바뀌어야 한다(Reigeluth, 1994). 학생의 학습은 사실적 지식의 단순한 암기에서 사고 능력, 문제해결 능력, 의사소통의 기술 습득으로 전환되어야 한다. 미래의 정보화 사회의 필요에 부응하기 위해서 학교는 과거의 경직된 관료적 조직에서 보다 유연하고 유기적인 조직으로 변화하여야 한다.

참고문헌

강영삼 외(1995). 장학론. 한국교육행정학회.

공은배 외(1997). 교육투자의 효율성 제고방안. 한국교육개발원.

교육개혁위원회(1995). 신교육체제 수립을 위한 교육개혁 방안.

교육개혁위원회(1996). 신교육체제 수립을 위한 교육개혁 방안(Ⅲ).

교육개혁위원회(1998). 한국교육개혁백서.

교육부(1994). 중학교교육과정해설. 서울: 교육부.

교육부(1994). 초등학교교육과정해설. 서울: 교육부.

교육부(1995). 고등학교교육과정해설. 서울: 교육부.

교육부(1999). 교육발전 5개년 계획(시안).

권균(2000). 훈육과 훈련도 해야 한다. 김호권 외(편). 학교가 무너지면 미래는 없다. 서울: 교육과학사.

권기욱 외(1995). 교육행정학개론. 서울: 양서원.

권영찬(1967). 기획론. 서울: 법문사.

김규태, 주영효(2009). 분산적 지도성의 이론적 탐색. 교육행정학연구. 제27권 제2호.

김대현 외(1996). 교육과정 및 교육평가. 서울: 학지사.

김동규(1990). 북한의 교육학. 서울: 문맥사.

김명한 외(1994). 교육행정 및 경영. 서울: 형설출판사.

김명한, 박종렬(2001). 교육행정 및 학교경영. 서울: 형설출판사.

김봉수(1983). 학교와 학급경영. 서울: 형설출판사.

김성렬(1993). 학교의 조직론적 특성. 교육행정학연구회(편). 한국교육행정의 발전과 전망. 서울: 과학과 예술.

김성열(1991). 교사중심 교육민주화 운동의 내용과 쟁점. 80년대 교사 중심 민주화 운동. 경남대 교육문제연구소.

김성열(1995). 학교운영위원회의 설치와 단위학교 의사결정체계의 재구성. 교육행정학연구. 제13권 제4호.

김세기(1984). 현대학교경영. 서울: 정민사.

김신복(1980). 교육행정과 교육계획론. 교육행정학연구회(편). 현대교육행정이론. 서울: 형설출판사.

김신복 외(1996). 교육정책론. 한국교육행정학회.

김영돈(1979). 학급경영론. 서울: 교육과학사.

김영식 외(1996). 교육제도의 이념과 현상. 서울: 교육과학사.

김영식, 주삼환(1992). 장학론. 한국방송통신대학 출판부.

김영식, 최희선(1988). 교육제도 발전론. 서울: 성원사.

김윤태(1994). 교육행정·경영신론. 서울: 배영사.

김정택, 심혜숙(1991). MBTI 안내서. 한국심리검사연구소.

김정한(2002). 장학론: 이론, 연구, 실제. 서울: 학지사.

김종서 외(1987). 교육과정과 교육평가. 서울: 교육과학사.

김종철(1974). 교육계획론. 서울: 교육출판사.

김종철(1982). 교육행정의 이론과 실제. 서울: 교육과학사.

김종철, 진동섭, 허병기(1991). 학교학급경영론. 서울: 한국방송통신대학출판부.

김중석(1992). 학습심리. 한국교원대학교 대학원 교재 유인물.

김창걸(1985). 교육행정학. 서울: 박문각.

김형관 외 역(2003). 교육행정: 이론, 연구, 실제. 서울: 원미사.

김형찬 외(1990). 북한의 교육. 서울: 을유문화사.

김희복(1992). 학부모 문화 연구-부산지역 중산층의 교육열. 서울대학교 박사학위논문.

남정걸 외(1995). 교육조직론. 서울: 도서출판사 하우.

라연재 외 역(2010). 리더를 뛰어넘는 리더십 분산적 지도성. 서울: 학지사.

류방란 외(2002). 초등학교 교사의 생활과 문화. 서울: 한국교육개발원

문낙진(1993). 학교·학급경영의 이론과 실제. 서울: 형설출판사.

박병량(1988). 학교경영평가의 준거체제 개발. 부산대학교 사대 논문집. 제17집.

박병량(1993). 교수-학생 의사소통에 관한 연구. 부산교육학연구. 제6집.

박병량(2003). 학급경영. 서울: 학지사.

박병량(2001). 훈육: 학교훈육의 이론과 실제. 서울: 학지사.

박병량, 주철안, 성병창(1995). 학교조직의 구조개선에 관한 연구. 교육연구. 제5권.

박상완, 나민주(2014). 교육전문직의 관점에서 본 컨설팅장학 운영 특성 분석. 교육행정학연구. 제32권 제3호.

박수연, 박정애(2000). 교육조직론. 서울: 교육과학사.

박수정(2015). 컨설팅 장학의 원리 탐색: 컨설턴트의 인식을 중심으로. 교육행정학연구. 제33권 제3호.

박연호(1984). 교사와 인간관계론. 서울: 법문사.

박종렬(1996). 중등학교의 학교단위 책임경영을 위한 학교 평가기준 개발. 교육행정학연구. 제14권 제2호.

박철홍(2002). 교육의 개념적 기초. 신교육의 이해(윤정일 외 공저). 서울: 학지사.

배호순(1994). 프로그램평가론. 서울: 원미사.

변영계(1997). 수업장학. 서울: 학지사.

변영계, 김영환(1996). 교육방법 및 교육공학. 서울: 학지사.

서정화(1994). 교육인사행정(수정·증보판). 서울: 세영사.

서정화 외(2002). 교장학의 이론과 실제. 서울: 교육과학사.

성병창 역(1995). 학교 조직과 경영. 서울: 양서원.

신극범 외(1998). 교육개혁의 성공전략에 관한 연구. 교육부 중앙교육심의회.

신철순, 강정삼(1997). 학교효과성 측정도구의 타당화 연구. 교육행정학 연구. 제15권 제3호.

유광찬, 홍광식(1996). 특별활동교육론. 서울: 교육과학사.

윤정일 외(1988). 교육행정학원론. 서울: 학지사.

윤정일 외(1995). 교육의 이해. 서울: 학지사.

윤정일 외(1998). 교육행정학원론(개정판). 서울: 학지사.

윤정일(2000). 교육재정의 이론과 실제. 서울: 세영사.

이경섭(1984). 현대교육과정연구. 서울: 교육과학사.

이군현(1996). 교육행정 및 경영. 서울: 형설출판사.

이돈희 외(1998). 교육이 변해야 미래가 보인다. 서울: 현대문학.

이병진(1996). 초등교육학개론. 서울: 문음사.

이용걸(1971). 학습의 기초. 서울: 배영사.

이원호, 박병량, 주철안(1996). 한국의 고등학교 교육. 서울: 집문당.

이윤식 외(1989). 교내자율장학의 활성화 방안 탐구. 서울: 한국교육개발원.

이윤식(1999). 장학론: 유치원, 초등, 중등 자율장학론. 서울: 교육과학사.

이인효(1990). 인문계 고등학교 교직문화 연구. 서울대 대학원 교육학박사학위 논문.

이인효(1992). 한국교육의 종합이해와 미래구상(Ⅲ)-교사와 교직풍토편. 서울: 한국교육개발원.

이종승(1984). 교육연구법. 서울: 배영사.

이종재 외(2003). 교사론. 서울: 교육과학사.

이형행(1989). 교육행정: 이론적 접근. 서울: 문음사.

이혜영(1992). 한국교육의 종합이해와 미래구상(Ⅲ)-교육행정과 재정편. 서울: 한국교육개발원.

이혜영 외(2001). 중등학교 교사의 생활과 문화. 서울: 한국교육개발원.

임승권(1993). 교육의 심리학적 이해. 서울: 학지사.

정원식(1974). 교육환경론. 서울: 교육출판사.

정재걸(1992). 한국교육의 종합이해와 미래구상(Ⅲ)-학생들의 삶과 문화편. 서울: 한국교육개발원.

정태범(1990). 학교경영계획 수립의 이론적 기저와 실제. 한국교육행정학의 탐구(남정걸 외). 서울: 교육과학사.

정태범 외(1995). 학교·학급경영론. 서울: 한국교육행정학회.

정태범(1996). 장학론. 서울: 교육과학사.

조병효(1991). 현대장학론. 서울: 교육과학사.

조석훈(2002). 학교와 교육법. 서울: 교육과학사.

조용환, 황순희 역(1992). 교육 사회학: 해석적 접근. 서울: 형설출판사.

주삼환(1985). 장학방법의 개선. 대한교육연합회. 한국교육의 질 향상을 위한 장학의 방향(장학제도 세미나 자료).

주삼환(1997). 변화하는 시대의 장학. 서울: 원미사.

주철안(1991). 교육정책집행과정에서 정책변형 및 수정에 관한 분석연구. 교육행정학연구. 제8권 제2호.

주철안(1997). 학교단위예산제도에 관한 연구. 교육행정학연구. 제15권 제1호.

주철안 역(2004). 학교공동체 만들기. 서울: 에듀케어.

진동섭(2003). 학교컨설팅. 서울: 학지사.

진동섭 외(2008). 학교경영컨설팅과 수업컨설팅. 서울: 교육과학사.

진미석(1995). 교육조직의 이론과 실제. 서울: 길안사.

차경수 역(1978). 아동의 교실생활. 서울: 배영사.

차배근(1991). 커뮤니케이션학 개론(上). 서울: 세영사.

차병권(1987). 재정학개론. 서울: 박영사.

최영표 외(1988). 북한과 중국의 교육제도 비교연구. 서울: 한국교육개발원.

한국교육행정학회(1995). 장학론. 서울: 도서출판 하우.

한글학회 편(1992). 우리말 큰 사전. 서울: 어문각.

한상준(1996). 학교재정 운용의 효율화 방안. 서울: 한국교육개발원.

한의영(1987). 신고 경영학원론. 서울: 법문사.

허경철 외(1996). 교육개혁과제 현장적용 지원연구. 서울: 한국교육개발원.

홍대식 역(1982). 사회심리학. 서울: 박영사.

황응연, 윤희준(1983). 현대생활지도. 서울: 교육출판사.

西穰司(1983). 學校の組織運營と敎職員. 永岡順(編). 學校經營. 東京: 有信堂.

新谷民夫(1983). 學校·學級經營と學校經營. 永岡順(編). 學校經營. 東京: 有信堂.

野村哲也(1967). 都市 高校生の生活態度と價値觀. 敎育社會學硏究. 第22輯.

永岡順, 奧田眞文(編)(1995). 學校·學級經營. (東京: 株式會社 ぎうせ).

日保周二(1983). 敎育課程の展開と敎授-學習組織. 永岡順(編). 學校經營. 東京: 有信堂.

Acheson, K., & Gall, D. (1980). *Techniques in clinical supervision: preservice and inservice application*. New York: Longman.

Adams, J. S. (1965). Inequity in social exchange. In L. Berkowitz (Ed.), *Advances in experimental social psychology, 2*. New York: Academic Press. pp. 267-299.

Alderfer, C. P. (1972). *Existence, relatedness, and growth*. New York: Free Press.

Alderfer, C. P. (1979). Consulting to underbound system. In C. P. Alderfer & C. Cooper (Eds.), *Advances in experiential social processes, 2*. New York: Wiley.

Alfonso, R. J., Firth, G. R., & Neville, R. F. (1981). *Instructional supervision: A behavior system* (2nd ed.). Boston: Allyn and Bacon.

Alkin, M. C. (1969). Evaluation theory development. *Evaluation Comment, 2*(1).

Anderson, J. C., Rungtusanatham, M., & Schroeder, R. G. (1994). A theory of quality management underlying the Deming management. *Academy of Management Review, 19*(3), pp. 472-509.

Anderson, J. (1976). Giving and receiving feedback. In P. R. Lawrence, L. B. Barnes, & J. W. Lorsch (Eds.), *Organizational behavior and administration.* Homewood, IL: Irwin.

Anderson, L. (1981). Student responses to seatwork: implications for the study of students' cognitive processing. *Paper presented at the annual meeting of the American Educational Research Association.* Los Angeles.

Argyris, C. (1957). *Personality and organization.* New York: Harper & Row.

ASCD (1965). *Role of supervision and curriculum director in a climate of change.* Yearbook. Washington, DC: Association for Supervision and Curriculum Development.

Atwater, D. C., & Bass, B. M. (1994). Transformational leadership in teams. In B. M. Bass & B. J. Avolio (Eds.), *Improving organizational effectiveness through transformational leadership.* Thousand Oaks, CA: Sage.

Avolio, B. J. (1994). The alliance of total quality and the full range of leadership. In B. M. Bass & B. J. Avolio (Eds.), *Improving organizational effectiveness through transformational leadership.* Thousand Oaks, CA: Sage.

Bagely, W. (1914). *School discipline.* New York: Macmillan.

Baldridge, J. V. (1971). *Power and conflict in the university.* New York: Wiley.

Bandura, A. (1986). *Social foundations of thought and action.* Englewood Cliffs, NJ: Prentice-Hall.

Barnard, C. I. (1938). *Functions of an executive.* Cambridge, MA: Harvard University Press.

Baron, R. A. (1998). *Psychology*(4th ed.). Boston: Allyn and Bacon.

Bass, B. M., & Avolio, B. J. (1994). Introduction. In B. M. Bass & B. J. Avolio (Eds.), *Improving organizational effectiveness through transformational leadership.* Thousand Oaks, CA: Sage.

Bass, B. M. (1985). *Leadership and performance beyond expectation.* New York: Free Press.

Beach, D. M., & Reinhartz, J. (2000). *Supervisory leadership: focus on instruction.* Boston: Allyn and Bacon.

Becker, W., Engelman, S., & Thomas, D. (1975). *Teaching I: classroom management.* Champaign, IL: Research Press.

Bedeian, A. G. (1980). *Organizations: theory and analysis.* Hinsdale: The Dryden Press.

Bell, D. (1976). *The coming of post-industrial society: A venture in social forecasting.* New York: Basic Books.

Bellon, J. J., & Bellon, E. C. (1982). *Classroom supervision and instructional improvement: A synergetic process*(2nd ed.). Dubuque, Iowa: Kendal/Hunt Publishing Co.

Bennis, W., & Nanus, B. (1985). *Leaders: The strategies for taking charge.* New York: Harper & Row.

Berne, R., & Stiefel, L. (1984). *The measurement of equity in school finance.* Baltimore: Johns Hopkins University Press.

Bertalanffy, L. V. (1968). *General system theory: Foundations, development, applications.* New York: George Braziller.

Bittner, J. R. (1988). *Fundamentals of communication*(2nd ed.). Englewood Cliffs, New Jersey: Prentice-Hall.

Blandford, S. (1998). *Managing discipline in schools.* London: Routledge.

Blau, P. M. (1955). *The dynamics of bureaucracy.* Chicago: University of Chicago Press.

Bloom, B. S. (1956). *Taxonomy of educational objectives.* New York: David Mckay.

Bolman, L., & Deal, T. E. (1984). *Modern Approaches to understanding and Managing Organizations.* San Francisco: Jossey-Bass.

Bolman, L., & Deal, T. E. (1991). *Reframing organization: Artistry, choice and leadership.* San Francisco: Jossey-Bass.

Bolman, L., & Deal, T. E. (1997). *Reframing organization: Artistry, choice and leadership*(2nd ed.). San Francisco: Jossey-Bass.

Bottery, M. (2003). Uses and abuses of quality: The need for a civic version. In M. Preedy., R. Glatter., & C. Wise (Eds.), *Strategic leadership and educational improvement.* The Open University.

Boyer, E. L. (1983). *High school: A report on secondary education in America.* The Carnegie Foundation for the Advancement of Teaching. New York: Harper & Row.

Brophy, J. E. (1981). Teacher praise: A functional analysis. *Review of Educational Psychology, 71.*

Buckner, A. L. (1970). Network-based management procedures. OPERATION PEP: A state-wide project to prepare educational planners for California.

Burden, P. R. (1983). *Implication of teacher career development: New roles for teachers, administrators, and professors.* Action in Teacher Education.

Burns, J. M. (1978). *Leadership.* New York: Harper & Row.

Cairns, L. G. (1987). Behavior problem. In M. J. Dunkin (Ed.), *The international encyclopedia of teaching and teacher education.* Oxford: Pergamon Press.

Callahan, R. E. (1962). *Education and the cult of efficiency.* Chicago: University of Chicago Press.

Campbell, R. F. et al. (1983). *Introduction to educational administration.* Boston: Allyn and Bacon.

Campbell, R. F. et al. (1971). *Introduction to Educational Administration.* Boston: Allyn and Bacon.

Capper, C. A. (1993). Educational administration in a pluralistic society: A multiparadigm approach. In C. A. Capper (Ed.), *Educational administration in a pluralistic society.* State University of New York Press.

Carnegie Task Force on Teaching as a Profession (1986). *A nation prepared: teachers for the 21st century: the report of the task force on teaching as a profession.* Carnegie Forum on Education and the Economy.

Castetter, W. B. (1986). *The personnel function in educational administration*(4th ed.). Boston: Macmillan.

Central Council for Education (1997). *The model for Japanese education in the perspective of the 21st century*(2nd report).

Chance, P. (1992). Sticking up for rewards. *Phi Delta Kappan, June.*

Charbonneau, M. P., & Reider, B. E. (1996). *The integrated elementary classroom.* Boston: Allyn and Bacon.

Charles, C. M. (1996). Building classroom discipline(5th ed.). New York: Longman.

Charles, C. M., & Senter, G. W. (1995). *Elementary classroom management*(2nd ed.). New York: Longman.

Charlton, T., & George, J. (1993). The development of behavior problems. In T. Charlton., & K. David (Eds.), *Managing misbehaviour in schools*(2nd ed.). New York: Routledge.

Chung, K. A., & Miskel, C. (1989). A comparative study of principals' work behavior. *Journal of Educational Administration, 27.*

Clark, D. L., Astuto, T. A., Foster, W. P., Gaynor, A. K., & Hart, A. W. (1994). Organizational studies: Taxonomy and overview. In W. K. Hoy, T. A. Astuto, & P. B. Forsyth (Eds.), *Educational administration: The UCEA document base.* New York: McGraw-Hill Primus.

Cleland, D. I., & King, W. R. (1972). *Management: A systems approach.* New York: McGraw-Hill. pp. 425-426.

Cogan, M. (1973). *Clinical supervision.* Boston: Houghton Mifflin.

Cohen, M. D., & March, J. G. (1974). *Leadership and ambiguity.* New York: McGraw-Hill.

Cohen, M. D., March, J. G., & Olsen, J. P. (1972). A garbage can model of organizational choice. *Administrative Science Quarterly, 17.*

Cohen, Y. A. (1970). Schools and civilizational states. In J. Fischer (Ed.), *The social sciences and the comparative study of educational systems.* Scranton: International Textbook Company.

Cohn, M. M., & Kottkamp, R. B. (1993). *Teachers: The missing voice in education.* New York: State University of New York Press.

Coleman, J. S., Campbell, E., Hobson, C., McPartland, J., Mood, A., Weinfeld, F., & York, R. (1966). *Equality of educational opportunity.* Washington, DC: USPO.

Coleman, J. (1961). *The adolescent society.* New York: Free Press.

Coleman, J. (1965). *Adolescent and the school.* New York: Basic Books.

Cooper, P., & Upon, G. (1990). An ecosystemic approach to emotional and behavioral difficulties in schools. *Educational Psychology, 10*(4), 301-321.

Creemers, B. P. M. (1994). *The effective classroom*. London: Cassell.

Cronbach, L. J. (1963). Course improvement through evaluation. *Teachers Collage Record, 64*(8).

Culberston, J. A. (1981). Three epistemologies and the study of educational administration. *UCEA Review, 22*(5).

Culberston, J. A. (1988). A century's quest for a knowledge base. In N. J. Boyan (Ed.), *Handbook of research on educational administration*. London: Longman.

Curtin, J. (1964). Supervision in today's elementary schools. New York: Macmillan.

Daft, R. L., & Lengel, R. H. (1984). Information richness: A new approach to managerial behavior and organizational design. *Research in Organizational Behavior, 6*, 191-233.

Daft, R. L., & Lengel, R. H. (1986). Organizational information requirements, media richness, and structural design. *Management Science, 32*, 554-571.

Dance, F. E. X., & Larson, C. E. (1976). *The function of human communication: A theoretical approach*. New York: Holt, Reinchart and Winston.

Darling-Hammond, L., Wise, A. E., & Klein, S. (1995). *A license to teach: Building a profession for 21st-century schools*. Westview Press.

Davis, G. A., & Thomas, M. A. (1989). *Effective schools and effective teachers*. Boston: Allyn and Bacon.

Davis, G. B. (1974). *Management information systems: Conceptual foundations, structure, and development*. McGraw-Hill.

Deal, T. E., & Peterson, K. D. (1990). *The principal's role in shaping school culture*. Washington, DC: United States Department of Education.

Deal, T. E., & Peterson, K. D. (1994). *The leadership paradox: Balancing logic and artistry in schools*. San Francisco: Jossey-Bass.

Deal, T. E., & Peterson, K. D. (1998). *Shaping school culture: The heart of leadership*. San Francisco: Jossey-Bass.

Dean, J. W., & Bowen, D. E. (1994). Management theory and total quality. *Academy of Management Review, 19*(3), 392-418.

Deem, R. (1990). The reform of school-governing bodies: the power of the consumer over the producer? In M. Flude & M. Hammer (Eds.), *The education reform act 1988: Its origins and implication*. London: The Falmer Press.

Deming, W. E. (1986). *Out of crisis. Cambridge: Massachusetts institute of technology*. Center for Advanced Engineering.

Deming, W. E. (1993). *The new economics for economics, government, education. Cambridge: Massachusetts institute of technology*. Center for Advanced Engineering.

Dennison, D. R. (1990). *Corporate culture and organizational effectiveness*. New York: Wiley.

Denscombe, M. (1985). *Classroom control: A sociological perspective*. London: George Allen and Urwin.

Department of Superintendence (1931). *Five unifying factors in American education*. Ninth yearbook of the national. Washington, DC: Education Association.

DeRoche, E. F., & Kaiser, J. S. (1980). *Complete guide to administering school services*. New York: Parker Publishing Company.

DfEE (Department for Education and Employment) (1997). *Excellence in schools*.

Dictionary of Education (1973). In C. V. Good (Ed.), McGraw-Hill Book Company.

Dorr, D., Zax, D., & Bonner, III, J. W. (1986). *The psychology of discipline*. International Universities Press.

Doyle, W. (1986). Classroom organization and management. In C. Wittrock (Ed.), *Handbook of research on teaching*(3rd ed.). New York: Macmillan.

Dreikurs, R. (1964). *Children the challenge*. New York: Hawthorne.

Dreikurs, R. (1968). *Psychology in the classroom*(2nd ed.). New York: Harper and Row.

Dror, Y. (1983). *Public policymaking reexamined*. New Brunswick. New Jersey: Transaction.

Drucker, P. F. (1954). *The practice of management*. New York: Harper & Row.

Drucker, P. F. (1966). *The effective executive*. New York: Harper & Row.

Duke, D. L. (1979). Editor's preface. In D. L. Duke (Ed.), *Classroom management*. Chicago: University of Chicago Press.

Edmonds, R. R. (1981). Making public schools effective. *Social Policy, 12*, 56-60.

Edmonds, R. R. (1979). Effective schools for the urban poor. *Educational Leadership, 37*.

Edwards, W., Guttentag, M., & Snapper, K. (1972). A decision theoretical approach to evaluation research. In F. L. Struening & M. Guttentag (Eds.), *Handbook of evaluation research, 1*.

Eggen, P., & Kauchak, D. (1994). *Educational psychology: Classroom connections*(2nd ed.). New York: Macmillan.

Elmore, R. (1990). *Restructuring schools*. Oakland, CA: Jossey-Bass.

Elmore, R. F., & Associates. (1991). *Restructuring schools: The next generation of educational reform*. San Francisco: Jossey-Bass.

Elmore, R. F. (1995). Teaching, learning, and school organization: Principles of practice and the regularities of schooling. *Educational Administration Quarterly, 31*(3).

Elsbree, W. S., et al. (1967). *Elementary school administration and supervision*. New York: American Book.

Emery, F. E., & Trist, E. L. (1965). *The causal texture of organization environments*. Human Relations, 18.

Emmer, E. T., Evertson, C. M., Sanford, J. P., Clements, B. S., & Worsham, M. E. (1989). *Classroom management for secondary teachers*(2nd ed.). Englewood Cliffs, New Jersey: Prentice-Hall.

Emmer, E. T., & Aussiker, A. (1987). *The hurried child: Growing up too fast too soon*. Reading, Mass: Addison-Wesley.

Etzioni, A. (1964). *Modern oganizations*. Englwood Cliffs, New Jersey: Prentice-Hall.

Etzioni, A. (1967). Mixed scanning: a third approach to decision making. *Public Administrative Review, 27.*

Etzioni, A. (1986). Mixed scanning revisited. *Public Administrative Review, 46.*

Etzioni, A. (1989). Humble decision making. *Harvard Business Review, 67.*

Eye, G. G., Netzer, L. A., & Krey, D. (1971). *Supervision of instruction*. New York: Harper & Row.

Fayol, H. (1949). *General and industrial management.* (trans). by Constance Storres, London: Sir Issac Pitman & Sons.

Ferguson, K. E. (1984). *The feminist case against bureaucracy.* Philadelphia: Temple University Press.

Fiedler, F. E. (1973). The contingency model and the dynamics of the leadership Process. *Advances in Experimental Social Psychology, 11.*

Fiedler, F. E. (1967). *A theory of leadership effectiveness.* New York: McGraw-Hill.

Firestone, W. A. (1991). Merit pay and job enlargement as reforms: Incentives, implementation, and teacher response. *Educational Evaluation and Policy Analysis, 13*(3).

Fisher, R., & Ury, W. (1981). *Getting to yes.* Boston: Houghton Mifflin.

Flagle, C. D. et al. (1960). *Operations research and systems engineering.* Baltimore, Md: The Johns Hopkins Press.

Ford, M. E. (1992). *Motivating humans: Goals, emotions, and social agency beliefs.* Newbury Park. CA: Sage.

Freedman, J. L., Sears, D. O., & Carlsmith, J. M. (1981). *Social psychology*(4th ed.).

French, J. R. P., & Raven, B. H. (1959). The bases of social power. In D. Cartwright (Ed.), *Studies in social power.* Ann Arbor, MI: Institute for Social Research.

Fuhrman, S. H. (1993). *Designing coherent educational policy: Improving the system.* San Francisco: Jossey-Bass.

Gamson, W. A. (1968). *Power and discontent.* Homewood: Dorsey Press.

Gardner, H. (1987). *The mind's new science: A history of the cognitive revolution.* New York: Basic Books.

Gardner, J. W. (1990). *On leadership.* New York: Free Press.

Garms, W. I., Guthrie, J. W., & Pierce, L. C. (1988). *School finance and educational policy: Enhancing educational efficiency, equality and choice.* Englewood Cliffs, New Jersey: Prentice-Hall.

Gaventa, J. (1980). *Power and powerlessness: Quiescence and rebellion in an appalachian.* Valley. Urban: University of Illinois Press.

Geddes, D. S. (1995). *Keys to communication: A handbook for school success.* California: Corwin Press.

Getzels, J. W., & Guba, E. G. (1957). *Social behavior and the administrative process.* The School Review, 65(4).

Getzels, J. W., & Thelen, H. A. (1960). The classroom group as a unique social system. In N. Henry (Ed.), *The dynamics of instructional group.* The 59th yearbook of NSSE. Chicago: University of Chicago Press.

Glasser, W. (1990). *The quality school: Managing students without coercion.* New York: Harper and Row.(Reissued with additional material in 1992).

Glatthorn, A. A. (1984). *Differentiated supervision.* Alexandria, VA: Association for Supervision and Curriculum Development.

Glatthorn, A. A. (1990). *Supervisory leadership: Introduction to instructional supervision.* Glenview, IL: Scott, Foresman and Company.

Glickman, C. D., Stephen, P., & Ross-Gorden, J. M. (2001). *Supervision of instruction leadership: A developmental approach.* Boston: Allyn and Bacon.

Goldhammer, R. (1969). *Clinical supervision.* New York: Holt, Rinehart & Winston.

Goldhammer, R., Anderson, R. H., & Krajewski, R. J. (1993). *Clinical supervision: Special methods for the supervision of teachers*(3rd ed.). Fort Worth, TX: Harcourt Brace Jovanovich.

Goldhammer, R., Anderson, R. H., & Krajewski, R. J. (1969). *Clinical Supervision.* New York: Holt, Rinehart and Winston.

Good, T., & Brophy, J. E. (1991). *Looking in classroom*(5th ed.). New York: Harper and Row.

Goodlad, J. I. (1984). *A place called school.* New York: MaGraw-Hill Book Company.

Gordon, T. (1974). *Teacher effectiveness training.* New York: Wyden.

Grandori, A. (1984). A prescriptive contingency view of organizational decision making. *Administrative Science Quarterly, 29.*

Greenberg, J. (1993). The social side of fairness: interpersonal and informational classes of organizational justice. In R. Cropanzano (Ed.), *Justice in the workplace.* Hillsdale, New Jersey: Erlbaum.

Greenfield, T. B., & Ribbins, P. (Eds.) (1993). *Greenfield on educational administration: Towards a human science.* London: Routledge.

Greenfield, T. B. (1975). Theory about organizations: a new perspectives and its implications for schools. In M. Hughes (Ed.), *Administering education: International challenge.* London: Athlone.

Griffiths, D. E. (1964). The nature and meaning of theory. In D.E. Griffiths (Ed.), *Behavioral science and educational science.* 63rd Year-book of NSSE. New York: Macmillan.

Griffiths, D. E. (1979). Intellectual turmoil in educational administration. *Educational Administration Quarterly, 13*(3).

Griffiths, D. E. (1959). *Administrative theory.* New York: Appleton-century-Crofts.

Gronn, P. (2000). Distributed properties: A new architecture for leadership. *Educational Management and Administration, 28*(3).

Gulick, L. (1937). Note on the theory of organization. In L. Gulick & L. Urwick (Eds.), *Papers on the science of administration.* New York: Institute of Public Administration.

Gutek, G. L. (1988). *Philosophical and ideological perspectives on education.* Englewood Cliffs, New Jersey: Prentice-Hall.

Guthrie, J. W., & Reed, R. J. (1991). *Educational administration and policy*(2nd ed.). Boston: Allyn & Bacon.

Hackman, J. R., & Wageman, R. (1995). Total quality management: Empirical, conceptual, and practical issues. *Administrative Science Quarterly, 40*(2), pp. 309-342.

Hackman, J. R., & Suttle, J. L. (1977). *Improving life at work.* Santa Monica, CA: Goodyear.

Hackman, J. R., & Oldham, G. R. (1980). *Work redesign, reading.* Mass: Addison-Wesley.

Haertel, E. H. (1991). New forms of teacher assessment. In G. Grant (Ed.), *Review of Research in Education, 17.* Washington. DC: American Educational Research Association.

Hage, J. (1980). *Theories of organizations.* New York: Wiley.

Hall, R. H. (1982). *Organizations: structure and process.* Englewood Cliffs, New Jersey: Prentice-Hall.

Halpin, A. W., & Croft, D. B. (1963). *The organization climate of schools.* Chicago: Midwest Administration Center of the University of Chicago.

Halpin, A. W. (1958). *Administrative theory in education.* Chicago: Midwest Administration Center of the University of Chicago.

Halpin, A. W. (1966). *Theory and research in administration.* New York: Macmillan.

Hanson, E. M. (1985). *Educational administration on organizational behavior*(2nd ed.). Boston: Allyn & Bacon.

Hargreaves, D. H. (1967). *Social relationships in a secondary school.* London: Routledge.

Harris, A. (2001). Contemporary perspectives on school effectiveness and school improvement. In A. Harris., & N. Bennet (Eds.), *School effectiveness and school improvement.* New York: Continuum.

Harris, A. (2004). Distributed leadership and school improvement: Leading or misleading. *Journal of Educational Administration, 32*(1).

Harris, B., & Wailand, B. (1969). *In-service education: a guide to better practice.* Englewood Cliffs, New Jersey: Prentice-Hall.

Harris, B. (1975). *Supervision behavior in education*(2nd ed.). Englewood Cliffs, New Jersey: Prentice-Hall.

Harris, D., & Bell. C. (1994). *Evaluating and assessing for learning*. Englewood Cliffs, New Jersey: Nichols Publishing Company.

Harris, T. E. (1993). *Applied organizational communication*. Hillsdale, New Jersey: Erlbaum.

Hersey, Paul., & Blanchard, K. H. (1982). *Management of organizational behavior: Utilizing human resource*(4th ed.). Englewood Cliffs, New Jersey: Prentice-Hall.

Herzberg, F. (1966). *Work and the nature of man*. Cleveland: World.

Herzberg, F. (1982). *The managerial choice: To be efficient and to be human*(rev. ed.). Salt Lake City, UT: Olympus.

Hirschman, A. O. (1970). *Exit, voice, and loyalty*. Cambridge, MA: Harvard University Press.

Hirst, P. H., & Peters, P. S. (1970). *The logic of education*. London: Routledge and Kegan Paul.

Holmes Group (1986). *Tomorrow's teachers: A report of the Holmes Group*. East Lansing, MI: Holmes Group.

Hopkins, D. (1994). Institutional self-evaluation and renewal. In T. Husen. & N. Postlethwaite. (Eds.), *The international encyclopedia of education*. New York: Pergamon Press.

Hopkins, D. (1996). Towards a theory for school improvement. In J. Gray., D. Reynolds., & C. Fitz-Gibbon (Eds.), *Merging traditions: The future of research on school effectiveness and school improvement*. London: Cassell.

Hopkins, D., & Levin, B. (2000). Government policy and school development. *School Leadership and Management, 20*(1), pp. 15-30.

Hopkins, D., & West, M. (1994). Teacher development and school improvement. In D. Walling (Ed.), *Teachers as learners: Perspectives on the professional development of teachers*. Bloomington, IN: Phi Delta Kappan.

House, R. J., Spangler, W. D., & Woycke, J. (1991). Personality and charisma in the U.S. presidency: A psychological theory of leader effectiveness. *Administrative Science Quarterly, 36*, 364-396.

House, R. J., & Baetz, M. L. (1979). Leadership: Some empirical generalizations and new research directions. *Research In Organizational Behavior, 1.*

House, R. J., & Howell, J. M. (1992). Personality and charismatic leadership. *Leadership Quarterly, 3*(2).

Hovland, C. I., Janis, I. L., & Kelly, H. H. (1953). *Communication and persuasion*. New York: Yale University Press.

Hoy, W. K., & Miskel, C. G. (1987). *Educational administration: Theory, research, and practice*(2nd ed.). New York: Random House.

Hoy, W. K., & Miskel, C. G. (1996). *Educational administration: Theory, research, and practice*(5th ed.). New York: Random House.

Hoy, W. K., & Miskel, C. G. (2001). *Educational administration: Theory, research, and practice*(6th ed.). New York: McGraw-Hill.

Hoy, W. K., & Tarter, C. J. (1995). *Administrator solving the problems of practice: Decision-making concepts, cases, and consequences.* Boston: Allyn & Bacon.

Humpherys, J. A., & Traxler, A. E. (1954). *Guidance service.* Chicago: Science Research Associates.

Immegart, G. L. (1988). Leadership and leader behavior. In N. J. Boyan (Ed.), *Handbook on research on educational administration.* New York: Longman.

Immegart, G. L., & Pilecki, F. J. (1973). *An introduction to systems for the educational administrator.* Addison-Wesley Publishing Company.

Ivey, A. E., & Ivey, M. B. (1999). *Intentional interviewing and counseling: Facilitating client development in a multicultural society.* Pacific Grove, CA: Brooks/Cole Publishing.

Iwanicki, E. F. (1981). Contract plans: a professional growth-oriented approach to evaluating teacher performance. In J. Millman (Ed.), *Handbook of teacher evaluation.* Beverly Hills, California: Sage.

Janis, I. L., & Mann, L. (1977). *Decision making: A psychological analysis of conflict, choice, and commitment.* New York: Free Press.

Janis, I. L. (1985). Sources of error in strategic decision making. In J. M. Pennings (Ed.), *Organizational strategy and change.* San Francisco: Jossey-Bass.

Jencks, C. S., Smith, M., Ackland, H., Bane, M. J., Cohen, D., Ginter, H., Heyns, B., & Michelson, S. (1972). *Inequality: A reassessment of the effect of the family and schooling in America.* New York: Basic Books.

John, W. S. (1988). Evaluating the effectiveness of your organizations's communications. *NASSP Bulletin, 73.*

Johnson, L. V., & Bany, M. A. (1970). *Classroom management: Theory and skill training.* New York: Macmillan.

Johnson, M., & Brooks, H. (1979). Conceptualizing classroom management. In D. L. Duke (Ed.), *Classroom management. 78th yearbook of the national society for the study of education, 2.* Chicago: University of Chicago Press.

Johnson, S. M. (1986). Incentives for teachers: What motivates, what matters. *Educational Administration Quarterly, 22.*

Johnson, S. M. (1990). *Teachers at work: Achieving success in our schools.* New York: Basic Books.

Jones, V. F., & Jones, L. S. (1990). *Comprehensive classroom management: Motivating and managing student.* Boston: Allyn and Bacon.

Joo, C. A., & Grow, J. (1997). Ideal goals for schools and real emphases: Perspectives of undergraduates in Korea compared to those of teachers candidates in U.S. ERIC ED 409 306.

Kanfer, R. (1990). Motivation theory and industrial organizational psychology. In M. D. Dunnette & L. M. Hough (Eds.), *Handbook of industrial and organization psychology.* Palo Alto, CA: Consulting Psychologists Press.

Kanter, R. (1977). *Men and women of the corporation.* New York: Basic Books.

Katz, D., & Kahn, R. L. (1978). *The social psychology of organizations*(2nd ed.). New York: Wiley.

Kaufman, R. A. (1972). *Educational system planning.* Englewood Cliffs, New Jersey: Prentice-Hall.

Kelley, C. (1997). Teacher compensation and organization. *Educational Evaluation and Policy Analysis, 19*(1).

Kerchner, C. T., & Mitchell, D. E. (1988). *The changing idea of a teachers' union.* Philadelphia: The Falmer Press.

Kerschner, C. T., & Koppich, J. C. (1993). *A union of professionals.* New York: Teachers College Press.

Kondrasuk, J. N. (1981). Studies in MBO effectiveness. *Academic of Management Review, 6.*

Koontz, H., & O' Donnell, C. (1972). *Principles of management: An analysis of managerial functions*(5th ed.). New York: McGraw-Hill.

Kotter, J. P. (1985). *Power and influence: Beyond formal authority.* New York: Free Press.

Kounin, J. (1970). *Discipline and group management in classrooms.* New York: Holt, Rinehart & Winston.

Krone, R. M. (1980). *Systems analysis and policy sciences.* California: Wiley-Interscience Publication.

Kuhnert, K. W., & Lewis, P. (1987). Transactional and transformational Leadership: A constructive/developmental analysis. *Academy of Management Review, 12*(4).

Kyriacou, C. (1986). *Effective teaching in schools.* Oxford, England: Basil Blackwell.

Labaree, D. F. (1992). Power, knowledge, and the rationalization of teaching: A genealogy of the movement to professionalize teaching. *Harvard Educational Review, 62*(2).

Lasswell, H. D. (1948). The structure and function of communication in society. In L. Bryson (Ed.), *The communication of ideas.* New York: Harper & Brothers.

Lawler, E. E. (1986). *High-involvement management: Participative strategies for improving organizational performance.* San Francisco: Jossey-Bass.

Lawler, E. E., III (1992). *The ultimate advantage.* San Francisco: Jossey-Bass.

Lawrence, B. (1972). The WICHE planning and management system program. In P. W. Hamelman (Ed.), Managing the university press. New York: Praeger.

Leach, D. J., & Raynold, E. C. (1972). *Learning and behavior difficulties in school.* London: Open Books.

LeBreton, P. P., & Henning, D. A. (1961). *Planning theory.* Englewood Cliffs, New Jersey: Prentice-Hall.

Lemlech, J. K. (1979). *Classroom management: Methods and techniques for elementary and secondary teachers.* New York: Harper and Row.

Lemlech, J. K. (1988). *Classroom management: Methods and techniques for elementary and secondary teachers*(2nd ed.). New York: Longman.

Levin, J., & Nolan, J. F. (1996). *Principles of classroom management*(2nd ed.). Boston: Allyn and Bacon.

Levine, D. U., & Lezotte, L. W. (1990). Unusually effective schools: A review and analysis of research and practice. Madison, WI: National Center for Effective Schools Research and Development.

Lewin, C., Watson, M., & Schaps, E. (1999). Recapturing education's full mission: Educating for social, ethical, and intellectual development. In C. M. Reifeluth(2nd ed.). *Instructional-design theories and models.* London: Lawrence Erlbraum Associates.

Lewis, P. V. (1975). Organizational communications: the essence of effective management. Columbus, OH: Grid.

Lindblom, C. E. (1959). The science of muddling through. *Public Administrative Review, 19.*

Locke, E. A. (1991). The motivation sequence, the motivation hub, and the motivation core. *Organizational Behavior and Human Decision Processes, 50.*

Locke, E. A., & Latham, G. P. (1984). *Goal setting: A motivational technique that works.* Englewood Cliffs, New Jersey: Prentice-Hall.

Locke, E. A., & Latham, G. P. (1990). *A theory of goal setting and task performance.* Englewood Cliffs, New Jersey: Prentice-Hall.

Lord, R. G., & Maher, K. J. (1990). Alternative information processing models and their implications for theory, research and practice. *Academy of Management Review, 15*(1).

Lortie, D. C. (1975). *Schoolteacher: A sociological study.* Chicago: University of Chicago Press.

Lovell, J. T., & Wiles, K. (1983). *Supervision for better schools*(5th ed.). Englewood Cliffs, New Jersey: Prentice-Hall.

Lunenburger, F. C., & Ornstein, A. C. (1991). *Educational administration.* Belmont: Wadsworth.

Luthans, F. (1981). *Organizational behavior*(3rd ed.). New York: McGraw-Hill.

Manning, P. K. (1992). *Organizational communication.* New York: Aldine De Gruyer.

Maslow, A. H. (1970). *Motivation and personality*(2nd ed.). New York: Happer and Row.

Massell, D., Kirst, M., & Hoppe, M. (1997). *Persistence and change.* Philadelphia: University of Pennsylvania.

McClelland, D. C. (1961). *The achieving society.* Preceton, New Jersey: Van Nostrand.

McClelland, D. C. (1965). *Toward a Theory of motive acquisition.* American Psychologist. 20(5).

McClelland, D. C. (1975). *Power: the inner experience.* New York: Irvington.

McGregor, D. (1960). *The human side of enterprise.* New York: McGraw-Hill.

McKean, R. C., & Mills, H. H. (1964). *The supervisor.* New York: The Center for Applied Research in Education.

Meyer, J., & Rowan, B. (1978). The structure of educational organizations. In M. W. Meyer & Associates (Eds.), *Environments and organizations: Theoretical and empirical perspectives.* San Francisco: Jossey-Bass.

Miles, M. B. (1969). Planned change and organizational health: figure and ground. In F. D. Carver & T. J. Sergiovanni (Eds.), *Organizations and human behavior.* New York: McGraw-Hill.

Mintzberg, H. (1973). *The nature of mangerial work.* New York: Harper & Row.

Mintzberg, H. (1979). *The structuring of organizations.* Englewood Cliffs, New Jersey: Prentice-Hall.

Mintzberg, H. (1983). *Power in and around organizations.* Englewood Cliffs, New Jersey: Prentice-Hall.

Mohrman, S. A., Lawler, E. E., III & Mohrman, A. M. (1992). Applying employee involvement in schools. *Educational Evaluation and Policy Analysis, 14*(4).

Monbusho (1997). *Ministry of education, science, sports and culture.* Program for Educational Reform.

Monk, D. H. (1991). *Educational finance: An economic approach.* New York: McGraw-Hill.

Moos, R. H., & Trickett, E. (1986). *Classroom environment scale manual*(2nd ed.). Palo Alto, CA: Consulting Psychology Press.

Mosher, R., & Purpel, D. (1972). *Supervision: The reluctant profession.* Boston: Houghton-Mifflin.

Murdock, G., & Phelps, G. (1972). Youth culture and the school revisited. *British Journal of Sociology, 23.*

Murnane, R. J., & Cohen, D. K. (1996). Merit pay and the evaluation problem: Why some merit pay plans fail and a few survival. *Harvard Educational Review, 56*(1).

Murnane, R. J., & Levy, F. (1996). *Teaching the new basic skills.* New York: The Free Press.

Murphy, J. (1991). *Restructuring schools: Capturing and assessing the phenomena.* New York: Teachers College Press.

Murphy, J. (1992). School effectiveness and school restructuring: Contributions to educational improvement. *School Effectiveness and School Improvement, 3*(2), 90-109.

Murphy, J. (1994). Transformational change and the evolving role of the principal: Early empirical evidence. In J. Murphy & K. S. Louis (Eds.), *Reshaping the principalship: Insights from transformational reform efforts.* CA: Corwin Press.

Myers, I. B. (1980). *Introduction to type: Adescriptive of the theory and applications of the Myers-Briggs type indicator.* Palo Alto, CA: Consulting Psychologists Press.

Myers, I. B., & McCaulley, M. H. (1985). *A guide to the development and use of the Myers-Briggs type indicator.* Palo Alto, CA: Consulting Psychologists Press.

Myers, M. T., & Myers, G. E. (1982). *Managing by communication: An organizational approach.* New York: McGraw-Hill.

National Commission on Excellence in Educational Administration (1987). *Leaders for America's schools.* Tempe, AZ: University Council for Educational Administration.

Newmann, F. M., & Wehlage, G. (1995). *Successful school Restructuring.* Madison, WI: Center of Organization and Restructuring of Schools.

Newmann, F. M. et al. (1996). *Authentic achievement: restructuring schools for intellectual quality.* San Francisco: Jossey-Bass.

Odden, A. R.(Ed.) (1992). *Rethinking school finance: An agenda for the 1990s.* San Francisco: Jossey-Bass.

Odden, A. R., & Busch, C. (1998). *Financing schools for high performance: Strategies for improving the use of educational resources.* San Francisco: Jossey-Bass.

Odden, A. R., & Kelly, C. (1997). *Paying teachers for what they know and do: New and smarter compensation strategies to improve schools.* Thousands Oaks, CA: Corwin Press.

Odden, A. R., & Odden, E. (1995). *Educational leadership for America's schools.* New York: McGraw-Hill.

Odden, A. R., & Picus, L. O. (2000). *School finance: A policy perspective.* New York: McGraw-Hill.

Odden, A. R., Porter, A., & Youngs, P. (1998). Advances in teacher assessments and their uses. In V. Richardson (Ed.), *Handbook of research on teaching*(4th ed.). New York: MacMillan.

O'Leary, D., & O'Leary, S.(Eds.) (1977). *Classroom management: the successful use of behavior modification*(2nd ed.). Oxford, England: Pergamon Press.

Oliva, P. F., & Pawlas, G. E. (1997). *Supervision for today's schools*(5th ed.). New York: Longman.

Ordiorne, G. S. (1965). *Management by objective.* New York: Pittman.

Otto, H. J., & Sanders, D. C. (1964). *Elementary school organization and administration*(4th ed.). Meredith.

Ouchi, W. (1981). *Theory Z.* MA: Addison-Wesley.

Owens, R. G. (1991). *Organizational behavior in education*(4th ed.). Englewood Cliffs, New Jersey: Prentice-Hall.

Pajak, E.(Ed.) (1989). *Identification of supervisory proficience project.* Washington, DC: Association for Supervision and Curriculum Development.

Park, B. Y. (1979). The development and application of a decision theoretic evaluation method. A doctoral thesis. The University of Pittsburgh.

Parkay, F. W., & Stanford, B. H. (1998). *Becoming a teacher*(4th ed.). Boston: Allyn and Bacon.

Peterson, K. D. (1982). Making sense of principals' work. *The Australian Administrator, 3*(3).

Pintrich, P. R., & Schnuk, D. H. (2002). *Motivation in education: Theory, research, and applications*(2nd ed.). New Jersey: Pearson Education.

Popham, J. W. (1995). *Classroom assessment: What teachers need to know?* Boston: Allyn and Bacon.

Purkey, S. C., & Smith, M. S. (1983). *Effective schools: A review.* Elementary School Journal, 83.

Random House Webster's College Dictionary. (1991). Random House Inc. New York: Random House.

Redfern, G. B. (1980). *Evaluating teachers and administrations.* Boulder, Colorado: Westview Press.

Redfield, C. E. (1958). *Communication in management*(rev. ed.). Chicago: University of Chicago Press.

Reeves, C. A., & Bednar, D. A. (1994). Defining quality: Alternatives and implications. *Academy of Management Review, 19*(3), pp. 419-445.

Reigeluth, C. M. (1994). *The imperative for systemic change.* Englewood Cliff, New Jersey: Educational Technology Publications.

Roethlisberger, F. J., & Dickson, W. J. (1939). *Management and the worker.* Cambridge: Harvard University Press.

Rosenau, P. M. (1992). Post-modernism and the social sciences: insights, inroads, and intrusions. Princeton University Press.

Rowan, B. (1995). Learning, teaching, and educational administration: toward a research agenda. *Educational Administration Quarterly, 31*(3).

Rutter, M., Maughan, B., Mortimore, P., & Ouston, J. with Smith, A. (1979). *Fifteen thousand hours: Secondary schools and their effects on children.* London: Open Books.

Sammons, P., Hillman, J., & Mortimore, P. (1995). *Key characteristics of effective schools: A review of school effectiveness research.* London: Office for Standards in Education and Institute of Education.

Sayles, L. R., & Strauss, G. (1966). *Human behavior in organizations.* Englewood Cliffs, New Jersey: Prentice-Hill.

Schein, E. H. (1965). *Organizational psychology.* Englwood Cliffs, New Jersey: Prentice-Hall.

Schein, E. H. (1981). SMR forum: Improving face-to-face relationship. *Sloan Management Review, winter.*

Schein, E. H. (1985). *Organizational culture and leadership.* San Francisco: Jossey-Bass.

Schmuck, R. A. (1963). Some relationships of peer liking patterns in the classroom to pupil attitudes and achievement. *School Review, 71.*

Schmuck, R. A. (1966). Some aspects of classroom social climate. *Psychology in the School, 3.*

Schmuck, R. A., & Schmuck, P. A. (1983). *Group processes in the classroom*(4th ed.). Dubuque, Iowa: Wm. C. Brown.

Schmuck, R. A., & Schmuck, P. A. (1992). *Group process in the classroom*(6th ed.). Dubuque, Iowa: Brown & Benchmark.

Schram, W. (1971). The nature of communication between humans. In W. Schram & R. F. Roberts (Eds.), *The process and effects of mass communication.* Urbana, IL: University of Illinois Press.

Schultz, T. W. (1961). Investment in human capital. *American Economic Review, 51.*

Scott, W. G. et al. (1976). *Organizational theory: A structural and behavior analysis.* Irwin.

Scriven, M. (1967). The methodology of evaluation. In R. E. Stake (Ed.), *Curriculum evaluation.* Chicago: Rand McNally.

Seiler, W. J., David, S. L., & Lieb-Brilhart, B. (1984). *Communication for the contemporary classroom.* New York: CBS College Publishing.

Sergiovanni, T. J. et al. (1980). *Educational governance and administration.* Englewood Cliffs, New Jersey: Prentice-Hall.

Sergiovanni, T. J. (1994). *Building community in schools.* San Francisco: Jossey- Bass.

Sergiovanni, T. J., & Starratt, R. J. (1998). *Supervision: A redefinition*(6th ed.). Boston: McGraw-Hill.

Shakeshaft, C. (1986). *Women in educational administration.* Newbury Park, CA: Sage.

Sheehan, B. S. (1972). Report one-western canadian universities task force on information needs and systems. University of Calgary.

Sherman, J. D., & Smith, H. L. (1984). The influences of organizational structure on intrinsic versus extrinsic motivation. *Academy of Management Journal, 27.*

Simon, H. A. (1947). *Administrative behavior.* New York: Macmillan.

Simon, H. A. (1957). *Administrative behavior*(2nd ed.). New York: Macmillan.

Simon, H. A., Smithburg, D. W., & Thompson, V. A. (1950). *Public administration.* New York: Knopf, pp. 423-424.

Simon, H. A. (1976). *Administrative behavior: A study of decision-making process in administrative organization.* New York: The Free Press.

Slee, R. (1995). *Changing theories and practices of discipline.* The Falmer Press.

St. John, W. (1989). Evaluating the effectiveness of your organization's communications. *NASSP Bulletin, 73.*

Spillane, J. P.(2006). *Distributed leadership.* San Francisco: Jossey-Bass.

Stedman, L. C. (1987). It's time we changed the effective schools formula. *Phi Delta Kappan, 69.*

Steers, R. M., & Porter, L. W.(Eds.) (1983). *Motivation and work behavior*(3rd ed.). New York: McGraw-Hill.

Stevens, S. S. (1950). A definition of communication. *Journal of Acoustical Society of America, 22.*

Stiggins, R. J., & Conklin, N. F. (1992). *In teachers' hands: investigating the practices of classroom assessment.* Albany, New York: State University of New York Press.

Stogdill, R. M. (1948). Personal factors associated with leadership: A survey of the literature. *Journal of Psychology, 25.*

Stogdill, R. M. (1981). Traits of leadership: A follow-up to 1970. In B. M. Bass (Ed.), *Stogdill's Handbook of Leadership.* New York: Free Press.

Stoops, E., Rafferty, M., & Johnson, R. E. (1981). *Handbook of educational administration: A guide for the practitioner*(2nd ed.). Boston: Allyn & Bacon.

Stringfield, S., Ross S., & Smith, L.(Ed.) (1996). *Bold plans for school restructuring: The new American schools designs.* Mahwah, New Jersey: Lawrence Erlbaum Associates Publishers.

Stufflebeam, D. L. et al. (1971). *Educational evaluation and decision making.* Itasca, Illinois: F. E. Peacock Publishers.

Sugarman, B. (1967). Involvement in youth culture, academic achievement and conformity in school. *British Journal of Sociology, 18*(2).

Taylor, F. W. (1947). *Scientific management.* New York: Harper & Row.

Thelen, H. A. (1981). *The classroom society: The construction of educational experience.* New York: John Wiley & Sons.

Thomas, K. (1976). Conflict and conflict management. In M. D. Dunnette (Ed.), *Handbook of industrial and organizational psychology.* Chicago: Rand McNally.

Thomas, K. (1977). Toward multi-dimensional values in teaching: the example of conflict behavior. *Academy of Management Review, 20.*

Traxler, A. E., & North, R. D. (1996). *Techniques of guidance.* New York: Harper & Row.

Trusty, F. M., & Sergiovanni, T. J. (1966). Perceived need deficiencies of teachers and administrators: A proposal for restructuring teacher roles. *Educational Administration Quarterly, 2.*

Tyler, R. W. (1949). Basic principles of curriculum and instruction. Chicago: University of Chicago Press.

Urwick, L. F. (1937). Organization as a technical problem. In L. Gulick and L. F. Urwick (Eds.), *Papers on the science of administration.* New York: Institute of Public Administration. Columbia University.

Vroom, V. H. (1964). *Work and motivation.* New York: Wiley.

Weber, M. (1947). *The theory of social and economic organization.* (trans) by A. M. Henderson & T. Parsons. New York: The Free Press.

Weick, K. E. (1976). Educational organizations as loosely coupled systems. *Administrative Science Quarterly, 21.*

Weick, K. E. (1979). Cognitive processes in organizations. *Research in Organizational Behavior, 1.*

Weiner, B. (1986). *An attribution theory of motivation and emotion.* New York: Springer-Verlag.

Whitty, G., & Power, S. (1997). Quasi-markets and curriculum control: Making sense of recent education reform in England and Wales. *Educational Administration Quarterly, 33*(2).

Wiles, J., & Bondi, J. (1980). *Supervision: A guide to practice.* Columbus, Ohio: Charles E. Merrill

Publishing Co.

Wiles, J., & Bondi, J. (2000). *Supervision: A guide to practice*(5th ed.). Upper Saddle River, New Jersey: Prentice-Hall.

Wiles, K. (1967). *Supervision for better schools*(3rd ed.). Englewood Cliffs, New Jersey: Prentice-Hall.

Wiles, K., & Lovell, J. (1975). *Supervision for better schools*(4th ed.). Englewood Cliffs, New Jersey: Prentice-Hall.

Wilson, B. L., & Corcoran, T. B. (1987). *Successful secondary schools: Visions of excellence in American public education.* New York: Falmer Press.

Wohlstetter, P., et al. (1997). *Organizing for successful school-based management.* Alexandria, Virginia: Association for Supervision and Curriculum Development.

Wynne, E. A. (1990). Improving pupil discipline and character. In O. C. Moles (Ed.), *Student discipline strategies: research and practice.* New York: State University of New York Press.

Yukl, G. (2002). *Leadership in organizations*(5th ed.). New Jersey: Prentice-Hall.

Yukl, G. A. (1994). *Leadership in organizations*(3rd ed.). Englewood Cliffs, New Jersey: Prentice-Hall.

찾아보기

인명

Barnard, C. I. 35
Bolman, L. 84, 150
Boyer, E. L. 93
Burns, J. M. 286

Castetter, W. B. 332
Cogan, M. 380
Cohen, M. D. 14, 88, 237
Coleman, J. S. 513

Deal, T. E. 84, 150, 219
Deming, W. E. 525

Elmore, R. F. 112, 518
Etzioni, A. 234

Fayol, H. 27
Fiedler, F. E. 37
Fisher, R. 171

Getzels, J. W. 43, 44

Goldhammer, R. 380
Goodlad, J. I. 18
Guba, E. G. 43

Hage, J. 85
Herzberg, F. 125
Hirschman, A. O. 175
Hopkins, D. 519
Hoy, W. K. 33

Jencks, C. S. 513

Latham, G. P. 130
Lindblom, C. E. 233
Locke, E. A. 130
Loethlisberger 33

March, J. G. 88, 237
Maslow, A. H. 122
Mayo 33
Meyer, J. 89

Mintzberg, H. 87, 173
Miskel, C. G. 33

Newmann, F. M. 518

Owens, R. G. 245

Peterson, K. D. 219
Purkey, S. C. 514

Rowan, B. 89

Schein, E. H. 185
Sergiovanni, T. J. 16, 92
Simon, H. A. 35, 226, 232
Smith, M. S. 514
Spillane, J. P. 289
Stogdill, R. M. 273
Sugarman, B. 200

Taylor, F. W. 26

Thelen, H. A. 44
Thomas, K. 161

Ury, W. 171

Vroom, V. H. 135

Weber, M. 28, 152

김규태 289
김종철 17

박수정 392

서정화 332

윤정일 16, 50

주영효 289
진동섭 392

차배근 251

내용

Hawthorne 실험 32
POSDCoRB 28
Z 이론 189

가산점평정 342, 346
가정방문 480
가정·지역사회 478
가치 188
간접교육비 404
갈등 161
갈등관리 164
감정이입 261
강제적 권력 160
개방적 풍토 208
개방체제 39
개별화된 배려 288
개인성과급 355
개인적 수익 405
갠드도표 321
건강관리 474
게시 450
결과 처치 502
경력단계 147
경력단계 프로그램 360
경력지향성 29

경력평정 342
경청 262
계발활동 466
계획관리기법 312
계획-실천-평가 305
계획예산제도 416
계획평가검토기법 323
고등교육법 56
고전이론 26
공공성 16
공식적 의사소통 256
공적인 수익 406
공정성 402
공통가산점 346
공평성 20
공평성이론 134
과업지향적 행동 279
과정모형 511
과정평가 504
과학적 관리론 26
과학적 관리 장학 368
관계지향적 행동 279
관료제 28
관리원리 28
관찰 전 협의회 381

관찰 후 협의회 382
교과전담제 434
교내장학 375, 380
교무분장조직 102
교사 권한 부여 118
교사문화 196
교사의 개인적 발달 378
교사의 경력단계 359
교사의 전문적 발달 378
교사평가 349
교사-학부모 협력 477
교사-학생 관계 442
교수체제 110
교수-학습조직 108
교수-학습집단 108
교원노조 364, 366
교원능력개발평가 351
교원단체 363
교원 보수체계 354
교원의 노동조합 설립 및 운영 등
    에 관한 법률 363
교원의 능력 계발 339
교원의 단체활동 363
교원의 보수 352
교원의 임용 과정 334

교원의 전보 347, 348
교원의 전직 347, 348
교원의 지위 향상 및 교육활동 보
　호를 위한 특별법 363
교원지위향상을 위한 특별법 363
교육감 58, 76
교육개혁 113, 517
교육공무원승진규정 346
교육권 52
교육기본법 53
교육기회균등 52
교육당사자 54
교육법 50
교육부 72
교육비 403
교육비특별회계 412
교육세 408
교육위원회 78
교육이념 63
교육자주성 51
교육재정 58
교육적 학급경영 430
교육전문성 52
교육중립성 52
교육지원청 77
교직적성 심층면접 336
구조적 관점 150
구조적 지도성 291
국가위원회의 평가모형 350
국고보조금 414
권력 153
권력의 괴리 156
규범 188
규범변화 219
규범적 권력 160
규율성 20
근무성적평정 342, 343
기계적 조직 87

기대이론 135
기본적인 가정 189
기본학제 61
기술구조층 87
기술적 지도성 294
기준재정수요액 411
기준재정수입액 411

내부 고발 181
내부 연합 173
내재적 동기 143
내재적 보상 352
노동직관 333
논리적 결과 502
놀이 192
놀이-교우지향형 201
놀이문화 201
놀이지향형 학생문화 204
느슨한 결합 89
능력기준 보수 355
능률성 20

다원적인 구조 102
단선형 62
단위학교예산 416
대중매체문화 201
대학의 자율성 53
델파이 기법 316
동기 121
동기위생이론 125
동기이론 122
동료교원 평가 351
동료장학 383
동료집단 487
동질집단편성 435
동화 191

만족도 조사 351

만족화 모형 232
면학지향형 201
면학지향형 학생문화 203
목적사업비 413
목표관리 144
목표관리기법 317
목표모형 510
목표설정이론 130
몰입정성 29
무상의무교육 53
문제행동 483
문화 184
문화 상징물 190
문화상징적 관점 184, 185
문화상징적 지도성 292, 296
문화상징적 지도자 212
문화의 수준 187, 190
물리적 환경 447
미국교원연맹 365
미래예측기법 315
민주성 19
민주적 의사결정 246
민주적 학급경영 430

반학교지향형 201
반학교형 학생문화 204
배움공동체 92
변혁적 지도성 285
변혁적 지도자 287
변화지향적 행동 279
보상기대 136
보상적 권력 160
보상체제 352
보조금 410
보직교사 338
복선형 62
봉사활동 467
분기형 62

분단조직 437
분산적 지도성 288
분석 382
분업 29
브레인스토밍 170
비공식적 의사소통 256
비공식집단 34
비언어적 의사소통 254
비언어적 처치 500
비참여적 풍토 208
비판이론 46
비합리적인 의사결정 236
비행과 일탈문화 201

사고 관리 474
사회과정이론 43
사회기능모형 511
사회성 측정법 445
사회체제 41
산출평가 505
상황적응 갈등관리 164
상황적응론 37
상황적응 보수 356
상황적응이론 280
생존-관계-성장이론 127
생활지도 469
서클차트 기법 171
선망관리기법 320
선택가산점 346
선택적 장학 393
성과급 143, 355
성과기대 136
성과주의예산 415
성실성의 검증 240
성직관 333
세입예산 413
세출예산 413
수석교사 104, 362

수석교사제도 361
수업계획 458
수업관찰 382
수업능력 평가 336
수업연구중심 동료장학 384
수업전개 458
수업전략 459
수업참관 389, 480
수업 컨설팅 393
수업평가 459
수용권 240
수익자부담경비 414
수직적 의사소통 255
수평적 의사소통 255
승-승 접근방법 169
승진 346
승-패 접근방법 169
시계열분석 316
시·도 교육연합회 364
신규 임용 335
신화 190
쌍방적 의사소통 255
쓰레기통 모형 236

안전관리 471
약식장학 387
양적-합리주의적 195
언어적 의사소통 254
언어적 처치 500
연공급 354
연수성적평정 342, 343
연수중심 동료장학 385
영감적인 동기유발 287
영기준예산 416
영웅적 지도성 288
예산결산 420
예산기법 415
예산편성 417

외부 연합 173
외재적 동기 143
외재적 보상 352
욕구 122
욕구위계이론 122
운영핵심 87
원인귀속이론 132
위원회 토의법 316
유기적 조직 87
유머 192
유아교육법 54
유인가 136
유출효과 406
유치원 54
유해 문화 219
은유 192
의례와 의식 192
의사결정 225
의사결정과정 227
의사결정 모형 231
의사결정체제 246
의사소통 249
의사소통과정 252
의사소통망 257
의사소통의 장애 259
의사소통의 풍요성 254
이념화된 영향력 287
이론화 운동 36
이미지 관리 178
이야기 191
이인동과성 40
이정도표 322
이중적 구조 89
이질집단편성 435
인간관계 442
인간관계론 32
인간관계 장학 369
인간발달 64

인간자원 지도성 291
인공물 187
인과분석기법 316
인위적 결과 502
인태스크 모형 349
일방적 의사소통 255
임상장학 380
임상장학의 단계 381
입문식 183
입시문화 201

자격연수 340
자기장학 386
자기효능감 137
자연적 결과 502
자율성 21, 403
자주성 75
자체연수 391
자치활동 465
장학 367
장학담당자 395
장학의 과업 372
재구조화 113
재단의 전입금 414
적응활동 466
적절성 검증 240
전국교원연합회 365
전국교직원노동조합 363
전문가 노조주의 366
전문성 16, 20, 53
전문성 검증 240
전문적 관리 75
전문적 의사결정 246
전문직관 333
전시 450
전통적 권위 29, 152
절충급 354
점증적 모형 232

정보 관리 177
정보관리체제 313
정치적 관점 150
정치적 중립성 53
정치적 지도성 292
정치적 활동 177
조직건강 209
조직건강척도 210, 211
조직문화 185
조직설계 83
조직풍토 206, 207
조직풍토기술질문지 183
조직행동론 35
조직화된 무질서 88
조직효과성 510
좌석배치 449
주민통제 75
중간관리층 87
중앙교육행정조직 72
즉석분단 438
지도성 269
지도성 실행 290
지도성 유형 277
지도성의 딜레마 298
지도성의 직무 272
지도자 범위확대 289
지도자 행동기술 조사 연구 277
지방교육세 409
지방교육자치에 관한 법률 58
지방교육재정교부금 407
지방교육행정조직 76
지방교육행정협의회 77
지방분권 75
지방자치 74
지방자치단체 전입금 410
지역사회의 참여 114
지역의 교재화 481
지원부서층 87

지적인 자극 288
직무급 354
직무연수 340
직무 재설계 148, 357
직무-특성 모형 145
직무확장 360
직접교육비 403
진행도표 322
질적 예측방법 315
질적-자연주의적 195
집단 의사결정 244

참여예산제 419
참여자 만족모형 511
참여적 의사결정 모형 244
참여적 풍토 208
책무성 21, 517
체계적 개혁 113
체계적 프로그램 369
체제모형 511
체제이론 37
체제자원모형 510
초·중등교육법 55
총체적 질 관리 524
총합평가 505
최고관리층 87
최소선호동료척도 281
최적화 모형 231
충분성 401

카리스마적 권위 29, 152
카리스마적인 지도자 286
컨설턴트 392
컨설팅요청자 392
컨설팅 장학 391

통계적(정량적) 방법 316
투입-산출 전환과정 모형 39

투입평가 504
특별학제 61
특별활동 464
특성이론 273

페미니즘 47
평등성 63, 402
평생교육 53
평생교육법 57
폐쇄적 풍토 209
포스트모더니즘 47
포트폴리오 활동 350
표준교육비 417
품목별예산 415
프랙시스 모형 349

하위문화 196
하위체제 38
학교개선 517
학교개혁 527
학교경영 17
학교경영계획 305
학교경영과정 305
학교경영목표 310
학교경영 컨설팅 393
학교계통 61
학교교육 14
학교교육목표 309
학교단계 61
학교단위경영 116
학교단위경영제 115
학교단위예산제 423
학교문화 184
학교문화의 변화 218
학교발전 509
학교선택 114

학교성과급 355
학교예산의 집행 419
학교운영위원회 106
학교운영지원비 414
학교의 조직적 발달 378
학교의 질 523
학교인사 332
학교재구조화 112, 517
학교제도 59
학교조직 재구조화 119
학교컨설팅 392
학교풍토 183, 206
학교효과성 509, 512
학급경영 425
학급경영계획 453
학급경영목표 454
학급경영방침 454
학급경영안 456
학급경영평가 455, 502
학급교육목표 454
학급담임 337, 432
학급담임제 434
학급사무 475
학급집단 434
학급집단지도 441
학급풍토 451
학급환경 447
학급활동계획 455
학년초 계획 456
학부모문화 205
학부모협의회 480
학생문화 199
학생 이해의 학급경영 430
학생폭력 473
학생-학생 관계 446
학습공간 450

학습공동체 528
학습권 54
학습센터 451
한국교원단체총연합회 363
한국교육총연합회 364
한국교직원노동조합 363
합법적 권위 29, 152
합법적인 권력 151
해석론 46
행동과학 35
행사활동 467
행정과정 27
행정관리론 27
행정적 시학 368
행정적 지도성 294
헌법 52
현직교육 339
협동교수제 434
협동학습 462
협상방법 168
협상 원리 168
협의중심 동료장학 385
혼합 모형 234
효과성 20
효과성 지표 512
효과적인 의사소통 264
효과적인 지도성 284
효과적인 지도자 274
효과적 학교 515
효율성 64, 402
효율성주의 26
효율적 학급경영 430
훈육 482
훈육기술체제 499
훈육문제 482
훈육 지도 493

저자 소개

주철안(朱哲安 / Joo, Chul An) ──────────

서울대학교 사범대학 교육학과 문학사
서울대학교 행정대학원 행정학 석사
미국 하버드대학교 대학원 교육학 박사
미국 위스콘신대학교 연구교수 역임
영국 노팅엄대학교 연구교수 역임
한국교육행정학회장 역임
부산대학교 교육부총장 겸 대학원장 역임
현 부산대학교 교수

〈주요 저서 및 역서〉
전환시대의 한국교육행정(공저, 원미사, 2002)
학교 공동체 만들기(역, 에듀케어, 2004)
교육리더십(공저, 교육과학사, 2004)
배움과 돌봄의 학교공동체(공저, 학지사, 2009)
교육재정학(공저, 학지사, 2014) 외 다수

홍창남(洪昌男 / Hong, Chang Nam) ──────────

서울대학교 사범대학 영어교육과 문학사
서울대학교 대학원 교육학 석사
서울대학교 대학원 교육학 박사
한국교육개발원 연구위원 역임
한국교원교육학회 회장 역임
부산대학교 사범대학장 역임
전국 국립대학교사범대학장협의회 회장 역임
현 부산대학교 교수

〈주요 저서 및 역서〉
학교경영컨설팅과 수업컨설팅(공저, 교육과학
　사, 2009)
한국교육 60년(공저, 서울대학교출판문화원,
　2010)
학교경영과 신뢰(공역, 원미사, 2010)
장학과 수업 리더십(공역, 아카데미프레스,
　2016) 외 다수

박병량(朴炳樑 / Park, Byung Ryang) ──────────

서울대학교 사범대학 교육학과 문학사
서울대학교 교육대학원 교육학 석사
미국 피츠버그대학교 대학원 철학 박사
한국교육개발원 책임연구원
미국 피츠버그대학교 교환 연구교수 역임
현 부산대학교 명예교수

〈주요 저서〉
학교 · 학급경영론(공저, 하우, 1995)
한국의 고등학교 교육(공저, 집문당, 1996)
훈육(학지사, 2001)
학급경영(개정판, 학지사, 2003)
학교발전과 변화(학지사, 2006) 외 다수

교육행정 및 교육경영(2판)

Educational Administration & Educational Management (2nd ed.)

2012년 3월 12일 1판 1쇄 발행
2017년 4월 20일 1판 3쇄 발행
2021년 3월 20일 2판 1쇄 발행

지은이 • 주철안 · 홍창남 · 박병량
펴낸이 • 김진환
펴낸곳 • (주) **학지사**

04031 서울특별시 마포구 양화로 15길 20 마인드월드빌딩
대표전화 • 02)330-5114   팩스 • 02)324-2345
등록번호 • 제313-2006-000265호

홈페이지 • http://www.hakjisa.co.kr
페이스북 • https://www.facebook.com/hakjisa

ISBN 978-89-997-2373-5 93370

정가 25,000원

출판 · 교육 · 미디어기업 **학지사**

간호보건의학출판 **학지사메디컬** www.hakjisamd.co.kr
심리검사연구소 **인싸이트** www.inpsyt.co.kr
학술논문서비스 **뉴논문** www.newnonmun.com
원격교육연수원 **카운피아** www.counpia.com